纽 约

"只要决定出发,最困难的部分就已结束。

那么,出发吧!"

托尼·惠勒(Tony Wheeler),Lonely Planet联合创始人

本书作者

雷吉斯·圣路易斯(Regis St Louis)　罗伯特·鲍尔科维奇(Robert Balkovich)
雷·巴特利特(Ray Bartlett)　阿里·勒梅尔(Ali Lemer)
迈克尔·格罗斯贝格(Michael Grosberg)　布莱恩·克鲁菲尔(Brian Kluepfel)

中国地图出版社

目录

计划你的行程   4

欢迎来纽约............4	最佳行程............24	就餐............39
纽约Top16............6	如果你喜欢............26	饮品和夜生活............43
新线报............17	每月热门............29	娱乐............46
行前参考............18	带孩子旅行............33	购物............50
初次到访............20	当地生活............35	运动和活动............53
当地交通............22	省钱妙计............37	同性恋............57

探索纽约   60

区域速览............62
- 下曼哈顿和金融区............64
- 苏豪区和唐人街............90
- 东村和下东区............113
- 西村、切尔西和肉类加工区............140
- 联合广场、熨斗区和格拉梅西............174
- 中城区............187
- 上东区............227
- 上西区和中央公园............244
- 哈莱姆和上曼哈顿............264
- 布鲁克林............280
- 皇后区............325

纽约周边一日游............345
住宿............357

了解纽约   375

今日纽约............376	艺术............393	酷儿之都：从石墙事件到婚姻平等............405
历史............378	建筑............399	银幕上的纽约............409
纽约美食............388		

生存指南   415

交通指南............416	出行指南............423	索引............430

纽约地图   441

(左)椒盐面包(见39页)
享受全世界的美食。

(上)下曼哈顿(见64页)
曼哈顿岛尖端区满是必去景点。

(右)出租车(见420页)
纽约标志性的黄色出租车。

Harlem & Upper Manhattan
哈莱姆和上曼哈顿
264页

Upper West Side & Central Park
上西区和中央公园
244页

Upper East Side
上东区 227页

West Village, Chelsea & the Meatpacking District
西村、切尔西和肉类加工区 140页

Midtown
中城区 187页

Union Square, Flatiron District & Gramercy
联合广场、熨斗区和格拉梅西 174页

Queens
皇后区 325页

SoHo & Chinatown
苏豪区和唐人街
90页

East Village & Lower East Side
东村和下东区
113页

Lower Manhattan & the Financial District
下曼哈顿和金融区
64页

Brooklyn
布鲁克林 280页

欢迎来纽约

艺术中心、餐饮和购物之都、潮流引导者——纽约头衔繁多,并且为你全方位奉上不可抗拒的诱人盛宴。

美食之都

再也没有比纽约更好的美食之都了。这座城市打造以本地应季食材为原料的美食,餐厅在屋顶花园或是偏远的自营农场里种植蔬菜,从附近注重环保的机构中采购肉类和海鲜。可以来品尝别具匠心的料理,包括烘焙咖啡、蒸馏威士忌和手工巧克力与奶酪。酒吧也将创意演绎到了新的高度,提供禁酒时代之前的鸡尾酒,再配上精致的小菜。餐吧(gastropub)是目前创意料理的主要汇集之地。当然,你也可以去美食快餐车体验一把,或是选择更为传统的方式——在纽约2万多家堂食餐厅中的一家就餐。

艺术中心

作为艺术世界的标杆,大都会艺术博物馆、现代艺术博物馆和古根海姆博物馆仅仅是炫目列表的开端。你会发现这里有各式各样的博物馆,展览的主题从19世纪末的维也纳到下东区的移民生活,应有尽有。琳琅满目的博物馆里陈列着日本雕塑、后现代风格的美国绘画作品、喜马拉雅纺织品和纽约传说。如果要一睹当代和未来的杰作,可以在切尔西和下东区的前沿美术馆中徜徉,探索它们的多种展览空间和"开放夜"的派对(通常在周四晚上,欢迎加入)。

活力夜晚

当太阳缓缓地从哈德逊河落下时,灯火通明的摩天大楼点亮了夜晚,纽约变成了豪华璀璨的舞台。知名演员奔赴百老汇的舞台,世界一流的独奏家、舞蹈家和音乐家在城市中大大小小的场所表演。无论是阳春白雪还是下里巴人,纽约都有包容的气度:颠覆传统的摇滚在威廉斯堡上演,雍容华贵的歌剧在林肯中心拉开帷幕,中庸之道尽显其中。这座城市海纳百川,实验戏剧、即兴喜剧、独立电影、芭蕾、诗歌朗诵、滑稽短剧、世界音乐、爵士乐等,都在此尽显魅力。任何虚构的场景,似乎都能上演。

都市漫游者

城市结构紧凑,街道上布满了各种吸引大众眼球的建筑瑰宝、古色古香的咖啡馆、充满艺术氛围的书店和古玩店,纽约可以让城市漫步者找到很多乐趣。这座大都市生活着来自200多个国家的不同族群,跨越五大洲就像穿越几条大街一样易如反掌。你可以沉迷在唐人街的人群中,参观色彩明亮的佛寺,品尝热气腾腾的面条;然后漫步到诺莉塔(Nolita),领略精品店的迷人之处和咖啡的浓郁醇香。每个街区都展现了纽约截然不同的面貌。漫步街头是体验这座城市最好的方式。

我为什么喜欢纽约

本书作者 雷吉斯·圣路易斯（Regis St Louis）

尽管爱上纽约有无数个理由，但我一直偏爱这座城市所蕴含的能量。大量的创意和狂野的想象填满这里的美术馆和音乐厅，更不要说餐厅里融合全球风味的创意菜肴了。尽管在纽约已经生活多年，但我从来都不会对探索这座城市感到厌倦。只需要刷一下地铁卡，你就能够探访包含多种精彩文化和种族的色彩斑斓的街区。人、美食和艺术，纽约的优点真是太多了，这也是为什么许多人绝对不想搬离纽约的原因。

欲了解更多有关本书作者的信息，见486页。

上图：时代广场（见189页）

纽约 Top 16

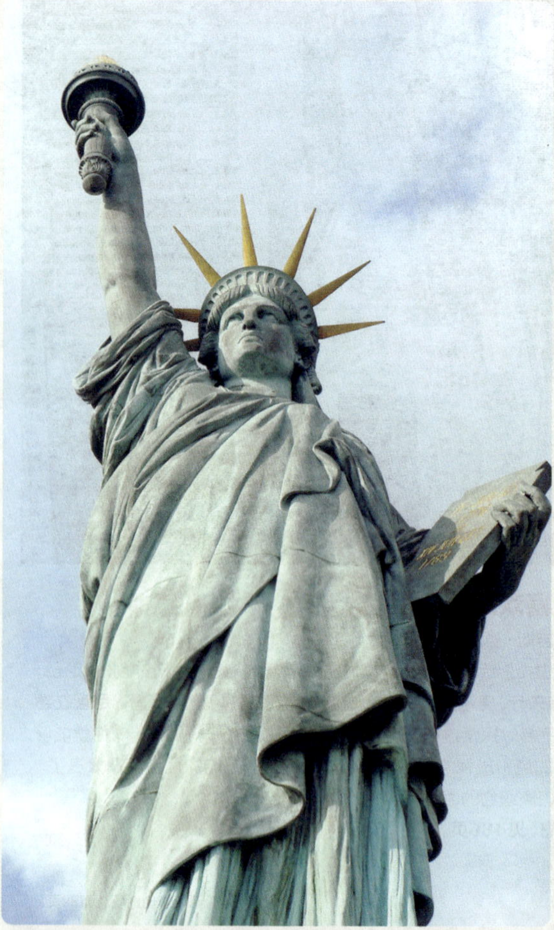

GINGERLOCKS / BUDGET TRAVEL ©

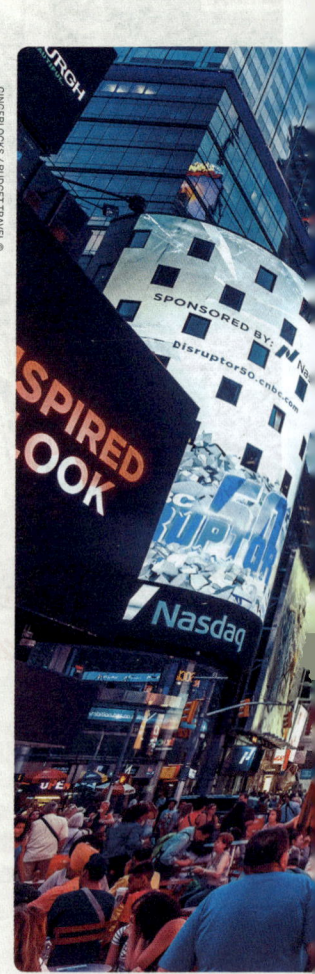

自由女神像和艾利斯岛（见66页）

1 自1886年揭幕以来，自由女神像（Statue of Liberty）已经迎来了几百万的移民，他们曾乘船进入纽约港，希望能够在此拥有更好的生活。现如今她迎接着无数游客，许多人登上她的王冠，只为眺望纽约最好的天际线和水域景致。这里临近艾利斯岛（Ellis Island），1892~1954年这里作为美国的大门，见证了1200多万新移民的到来。现在纽约市最令人动容的博物馆入驻艾利斯岛，歌颂这些移民以及他们不可磨灭的勇气。

◉ 下曼哈顿和金融区

百老汇和时代广场（见189页）

2 炙热的灯光，令人振奋的活力，这正是世界对美国的想象。从40th St延伸至54th St，纽约的梦工厂坐落在Sixth Ave和Eighth Ave之间。浪漫、背叛、谋杀和胜利都在这炫目的服装和震撼的配乐中上演。闪亮耀眼的时代广场（Times Square）是本地区无可争议的明星。它不仅是百老汇大街和Seventh Ave的交会点，还是美国的精华所在——好莱坞广告牌、闪耀的可乐标志和健壮的袒胸牛仔，强烈而又令人陶醉的冲击感扑面而来。

☆ 中城区

计划你的行程 纽约 Top 16

计划你的行程 纽约 Top 16

中央公园（见246页）

3 伦敦有海德公园（Hyde Park），巴黎有布洛涅森林（Bois de Boulogne），而纽约有中央公园（Central Park）。作为世界上最知名的绿色空间之一，它拥有843英亩（约3.4平方公里）起伏延绵的草地、铺满圆石的地面、两侧种有榆树的人行道、修剪整齐的欧式花园、小湖和蓄水池，还有户外剧院、约翰·列侬纪念馆、颇具田园风情的水边餐馆（Loeb Boathouse）和非常著名的爱丽斯梦游仙境的雕像。最大的挑战是什么呢？是想好从哪儿开始。

◉ 上西区和中央公园

大都会艺术博物馆（见230页）

4 藏品达200多万件，大都会艺术博物馆就是这样炫目！这里的藏品包罗万象，从古希腊轮廓分明的雕塑，到巴布亚新几内亚引人共鸣的部落雕刻。文艺复兴美术馆里陈列着古代大师之作，古埃及的遗迹点燃了人们的想象力，特别是丹铎神庙（Temple of Dendu），拥有2000多年历史的石墙上刻有象形文字，还有仿佛真的生长在池塘中的纸莎草雕刻。如果已经看过瘾了，就去屋顶瞧瞧，那里能够观赏到中央公园的全景。

◉ 上东区

高线公园（见144页）

5 又一令人瞩目的市区改造成就。这座城市一直致力于将城市工业化的遗迹改造成赏心悦目的空间，而高线公园（High Line）无疑是最令纽约骄傲的成果。以前，一条难看的高架火车轨道在屠宰场和低矮破旧的民宅之间蜿蜒，如今却变成了公园区域内展开的翡翠项链，让这里变得平静，能够抚慰人们的心灵。果不其然，它吸引了不少房地产商来这里投资，世界级的建筑师也来到这里，打造了一座夺目的华丽居所。

◉ 西村、切尔西和肉类加工区

音乐和夜生活（见43页）

6 时下流行的通宵娱乐场所就在中国餐馆背后；卖玉米卷的商店私下经营歌舞表演；体育场大小的夜店喧哗吵闹，和着DJ的节拍；屋顶上的派对接二连三，一直延续到旭日东升。另一个世界潜伏在日常生活的每一个缝隙里，这里像欢迎消息灵通的当地人一样欢迎懂行的游客。既然午夜时分的纽约没有变身南瓜车，你为什么着急离开呢？图为INK48的屋顶露台酒吧（见368页）。

🍷 **饮品和夜生活**

布鲁克林（见280页）

7 复古的鸡尾酒吧充满大萧条时期的氛围。高雅的餐厅包括家常素食和米其林星级料理。音乐厅和啤酒花园的数量足够让竞竞业业的夜猫子的活动好几周都不重样。那白天该怎么过呢？布鲁克林拥有漂亮的绿地（展望公园和布鲁克林大桥公园）、数不胜数的艺术收藏（包括备受尊崇的布鲁克林博物馆）和沿着老派木栈道延伸的大众海滨（康尼岛！）。图为《威廉斯堡艺术品蒙娜丽莎》，COLOSSAL MEDIA 和 STEVEN PAUL 的作品。

👁 **布鲁克林**

就餐（见39页）

8 纽约最大的财富之一是它的餐厅十分多元化。在一个社区里,你能够找到满是葡萄酒的美食酒吧、寿司柜台、西班牙风味小吃、法国小酒馆、烧烤店、比萨店、素食咖啡馆和老式的熟食店,还有配上熏鲑鱼和奶油乳酪的烤百吉饼。但这仅仅是个开始。无论是从快餐车上点餐,还是去超市扫荡一番,抑或是凌晨4点在市区嗨翻一夜后坐在软皮座椅上享受一顿美餐,不论在哪里,不管吃什么,都是不错的选择。图为ROBERTA'S的比萨（见299页）。

✗ **就餐**

计划你的行程 纽约 Top 16

帝国大厦（见192页）

9 这座装饰风格引人注目的摩天大楼或许已不再是纽约最高的建筑，但是它依旧是最具辨识度的标志之一。帝国大厦（Empire State Building）在许多电影里出现过，这里的观景视野在市区依旧数一数二，尤其是当落日余晖与城市（以及周边地区）灯光交相辉映之时。这一深受人们喜爱的地标建筑从未失去其回头率，尤其是在新增的LED灯创造出1600多万种色彩之后。每逢重大节日，一定要盯紧天空，激动人心的灯光秀会点亮整个夜空。

◉ 中城区

布鲁克林大桥（见282页）

10 这座哥特式复兴的杰作于1883年完工，由纯花岗岩打造，为杰克·凯鲁亚克（Jack Kerouac）的诗歌《布鲁克林大桥蓝调》、弗兰克·西纳特拉（Frank Sinatra）的音乐《布鲁克林大桥》和大量的艺术作品——如沃克·埃文斯（Walker Evans）的摄影带来了创作灵感。这也是从曼哈顿到布鲁克林风景最秀丽的路线。最好一大清早出发（我们指的是日出时分），这样才能最大限度地独享这座大桥。日落时分来这里欣赏浪漫的景色，琥珀色的天空为下曼哈顿打造出最华丽的背景。除了沿着木板路散步，还能骑自行车穿过大桥。

◉ 布鲁克林

现代艺术博物馆（见194页）

11 现代艺术博物馆（MoMA）是一片文化乐土，也很有可能是世界上最伟大的现代艺术杰作殿堂。在这里，你将看到凡·高的《星月夜》（The Starry Night）、塞尚的《沐浴者》（The Bather）、毕加索的《亚威农少女》（Les Demoiselles d'Avignon）、波洛克的one: Number 31和沃霍尔的《坎贝尔汤罐头》（Campbell's Soup Cans）。一定要留些时间给夏加尔、迪克斯、罗斯科、德·库宁和哈林，再看一场免费的电影，在雕塑花园品一杯酒，体验一次时髦的购物疗法，享受一顿高档室内餐厅的美食。

◉ 中城区

9

10

11
The Museum of Modern Art

计划你的行程　纽约 Top 16

新世贸大厦观景台

（见73页）

12 纽约最高和最备受期待的摩天大楼已经落成,这座104层的地标像是高耸于下曼哈顿的灯塔。乘坐"天空之舱"(sky pod)极速登顶,视野遍及城市和附近的州。除了令人惊叹连连的全景,你还能了解帮助建造这座高楼的建筑工人,看到为修建大厦而建立的地基。这里还有虚拟延时摄影,展示17世纪至今城市天际线的演变。

◉ **下曼哈顿和金融区**

计划你的行程 纽约 Top 16

街区漫步（见152页）

13 领略纽约最佳方式之一就是选择一个街区，穿上运动鞋，花一整天的时间去探索。从格林尼治村开始就是个不错的选择，鹅卵石铺成的街道风景如画，阳光照射着路边的商店，狭窄的人行道上，咖啡馆和古雅的餐厅呼唤着你。如果想看看不一样的纽约，那就前往波希米亚风格的东村，去唐人街刺激自己的感知，或是感受画廊密布的切尔西本地风光。在这座城市，随处都可以进行一场漫步之旅。

◉ 西村、切尔西和肉类加工区

水上出游（见79页）

14 离开曼哈顿岛踏上轮渡，城市的地平线渐渐进入视野。此时，你会对那些人流拥堵的街道有新的认知，总督岛（Governors Island）就是个很好的目的地，除了有新的公用场地和艺术展览，这里平静的机动车禁行的道路上适合散步或是骑自行车。你也可以穿过布鲁克林，踏上东河轮渡。临近布鲁克林大桥公园的码头是进入该区域的绝佳入口。同时，乘坐免费的史丹顿岛渡船可以看见自由女神像壮观的美景。

◉ 下曼哈顿和金融区

购物（见50页）

15 从霍莉·戈莱特丽（Holly Golightly）和凯莉·布拉德肖（Carrie Bradshaw）身上就能看出，纽约是物质世界的风向标。来自当地和国际的成百上千的创造者欣然前往这座城市，来展示他们的作品。你会发现几十种把腰包掏光的方式，在纽约购物一整天，并非只是将壁橱填满，而是通过艺术和手工艺品领略这座城市的多元文化。图为梅西百货（见224页）。

🛍 购物

9·11国家纪念碑和博物馆（见70页）

16 9·11国家纪念碑和博物馆（National September 11 Memorial & Museum）在世贸大厦的废墟中重生，是对整个城市黑暗篇章的绝美而又富有尊严的回应。双子塔曾经矗立的地方如今是两座倒影池，黑暗而优雅的瀑布如同泪水。倒影池四周记载了"9·11"事件和1993年世界贸易中心爆炸案中遇难者的名字。下面深藏着一座纪念博物馆，深刻而有力地探讨了这些灾难事件，其中"9·11"事件可谓是对美国本土最为致命的攻击。

👁 下曼哈顿和金融区

新线报

石墙国家纪念碑

前总统巴拉克·奥巴马在2016年将西村7.7英亩（约46.7亩）的土地规划为美国国家纪念地，这是美国历史上首次为同性恋民权运动设立纪念地。（见147页）

乘坐渡船逛纽约

纽约又一次选择了渡船，航线连接了曼哈顿、布鲁克林和皇后区。在下曼哈顿和洛克威海滩之间，甚至还有一条新的航线，这条前往海滩的景观航线的票价与地铁票价一样。（见420页）

绿色饮食

素食和纯素餐厅的选择持续增长。你在全城各区都会找到素食餐厅，热门的选择包括哈莱姆的Seasoned Vegan（见273页）和格林尼治村的米其林星级餐厅Nix（见153页）。

全新的博物馆

2016年，大都会艺术博物馆布劳恩分馆占据了惠特尼博物馆原来在上东区的位置。馆内主要展览现当代艺术家的作品，赢得评论家的纷纷赞誉。（见234页）

哈莱姆的音乐

多亏近几年落成的现代音乐演出场所，你在哈莱姆可以看到来自全球的各类音乐演出。由以色列裔和非洲裔运营的Silvana（见276页）和Shrine（见276页）在每天晚上都会有众多现场乐队和歌手的表演。

别样体验

纽约也有了自己的桌游咖啡店。新开的店就在西村，你可以深夜玩着桌游，同时品着精酿啤酒，大口吃着奶酪馅饼。（见162页）

大厨俱乐部

在这家诺莉塔的新店，来自全球的知名主厨都会轮番上阵，时间从几周到数月不等。（见101页）

第二大道地铁

经过10年建设和近45亿美元的成本投入，第二大道地铁线落成运营。Q线列车的延伸段现在已经在72nd St、86th St和96th St设站，可以方便出入上东区。

美食

餐饮业蓬勃发展，纽约增添了多处可以简单用餐的美食广场。DeKalb Market Hall（见297页）设有几十家诱人的美食摊位，你还可以前往几处传奇的美食场所，比如切尔西市场（见158页）。

文化升级

现代艺术博物馆目前正在经历翻修，将会增加5万平方英尺（约4645平方米）的面积用于展品展览。装修预期在2019年10月下旬完成。（见194页）

对于更多推荐和评论，可以查看lonelyplanet.com/usa/new-york-city。

行前参考

欲了解更多信息,请参见"生存指南"(见415页)。

货币
美元(US dollar, US$)
人民币与美元的汇率为¥1≈ $0.15

语言
英语

签证
持中国大陆护照的旅行者需申请签证,一般有效期为10年,可多次入境。但入境前需登录网站填写evus表格。

现金
自动柜员机很多,大多数酒店、商店和饭店都接受信用卡。农贸市场、餐车和一些饭店、酒吧只收现金。

手机
中国的三大运营商均提供美国漫游服务,你也可以在纽约买一张预付费的SIM卡,激活后即可使用。

你还可以在美国购买一部便宜的手机,话费用完可以充值。

时间
东部标准时间(GMT/UTC减5小时)。3月第二个星期日至11月第一个星期日启用夏令时,将表拨快1小时。纽约时间比北京时间晚13小时(夏令时则晚12小时)。

旅游信息
城市到处都有官方的纽约市旅客信息中心。总部在中城区(见426页)。

每日费用

经济:
少于$100
- 床铺: $40~70
- 比萨切片: 约$4
- 快餐车出售的玉米卷: $3起
- 乘公共汽车或地铁: $3

中档:
$100~300
- 中档价位酒店双人间: $200左右起
- 中档餐馆双人早午餐: $70
- 中档餐馆双人晚餐: $130
- 酒吧手工鸡尾酒: $14~19
- 从TKTS购买百老汇演出的折扣票: $80

高档:
$300以上
- NoMad Hotel的奢华住宿: $325~850
- 高档餐厅的品尝套餐: $90~325
- 在Great Jones SPA进行90分钟的按摩: $200
- 大都会歌剧贵宾席: $100~390

提前计划

2个月前 尽早预订酒店——越早预订,价格越优惠。抢购你最喜欢的百老汇演出门票。

3周之前 如果你还没准备妥当,那就从你最中意的几家高端餐厅里敲定一个。

1周之前 上网搜索,了解有关餐厅和酒吧新开业的信息。了解近期艺术展览信息。

参考网站

纽约: 官方指南 (NYC: The Official Guide; www.nycgo.com) 纽约市官方的旅游门户。

探索布鲁克林(Explore Brooklyn; www.explorebk.com) 布鲁克林的专门网站,可以了解活动内容。

Free Williamsburg (www.freewilliamsburg.com)、**Brokelyn**(www.brokelyn.com)和**Brooklyn Based**(www.brooklynbased.com)了解最新的街区新闻和活动。

纽约杂志(New York Magazine; www.nymag.com)综合性的网站,有关于酒吧、餐厅、娱乐和购物的列表。

《纽约时报》(New York Times; www.nytimes.com)绝佳的当地新闻信息和剧院列表。

孤独星球(Lonely Planet; www.lonelyplanet.com/usa/new-york-city)提供目的地信息、酒店预订、旅行者论坛等。

何时去

夏天有时会异常炎热,但活动精彩纷呈。冬天很冷,还有暴风雪。春天和秋天是旅行的最好时节。

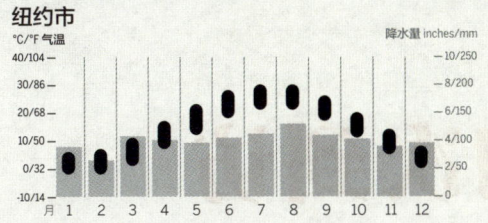

纽约市

计划你的行程 行前参考

抵达纽约

肯尼迪国际机场(John F Kennedy International Airport) 机场快轨($5)接驳地铁($2.75),搭乘地铁1小时可到达曼哈顿,搭乘快速巴士前往中央火车站或港务局花费$18。出租车的花费一般为$52,不包括通行费、小费和高峰时间附加费。

拉瓜迪亚机场(LaGuardia Airport) 这是距离曼哈顿最近的机场,但公共交通不是很方便:搭乘Q70快速巴士从机场到74th St-Broadway地铁站。通往中城区的快速巴士费用为$15。出租车费用为$34~53(不包括通行费和小费)。

纽瓦克自由国际机场(Newark Liberty International Airport) 搭乘机场快轨前往纽瓦克机场火车站,乘坐任何一趟前往纽约宾夕法尼亚火车站的列车($13)。出租车费用为$60~80(不包括必付的$15通行费和小费)。预留45分钟到1小时的时间。

想要知道更多的信息,可以查阅**抵达纽约**(见416页)。

当地交通

查阅大都会交通局(Metropolitan Transportation Authority)的网站(www.mta.info),了解公共交通信息(公共汽车和地铁)。随着乘车人数增加,延误的情况也时有发生。

地铁 票价不贵,运营高效,而且全天候都能使用,不过路线复杂。使用MetroCard的单次费用价格为$2.75。

公共汽车 非高峰时间运营高效,尤其是在联通东西两侧的城市交通的时候。可以使用MetroCard,与地铁票价格相同。

出租车 计价器起价$2.50,每20个街区增加大约$5。可以查阅www.nyc.gov/taxi。

自行车 纽约的自行车共享系统Citi Bike很受大家欢迎,可以借此很方便地到达曼哈顿的多数地区。

区间渡船 纽约渡船(New York City Ferry, www.ferry.nyc)为曼哈顿、布鲁克林和皇后区之间的航行提供方便的运营服务。

想要知道更多的信息,可以查阅**当地交通**(见419页)。

住宿

一般来说,纽约的房价很高,而且房间面积也很小。房费的价格还会因需求而变动,淡旺季的规律并不适用。当然,节假日的费用更加昂贵。住宿通常都很紧俏,夏季更是如此。房间类型从一板一眼的连锁酒店到奢华的精品酒店,应有尽有。在曼哈顿以外的街区,酒店的风格多种多样。并且,你会在布鲁克林和皇后区找到性价比更高的酒店。另外,纽约还散布着一些民宿和青年旅舍。

实用网站

newyorkhotels.com(www.newyorkhotels.com)自称纽约酒店行业的官方网站。

NYC(www.nycgo.com/hotels)纽约官方指南(NYC Official Guide)罗列了酒店信息。

孤独星球(www.lonelyplanet.com/usa/new-york-city/hotels)住宿评论和网上预订服务。

想要知道更多的信息,可以查阅**住宿**(见357页)。

初次到访

欲了解更多信息,请参见"生存指南"(见**415**页)。

检查清单

➡ 确保你的护照在入境日之后还有至少6个月的有效期。

➡ 确认自己的evus表格填写完毕。

➡ 检查航空公司的行李限额。

➡ 购买合适的旅行保险。

➡ 告知你的借记卡或信用卡发卡银行出境旅游事宜。

➡ 尽早预订热门餐厅、演出和住宿。

带什么

➡ 一双好鞋:纽约市是适合步行游览的城市,因此要确保你带了舒适的鞋。

➡ 高档餐厅和酒吧需要穿皮鞋和礼服。

➡ 如果你自备药品出门,要确认是否携带了足够的药物。

➡ 适用于美国的转换插头。

旅行重要提示

➡ MetroCard能够用于地铁、公共汽车、渡船和前往罗斯福岛的电车。如果你要住上一阵,那可以买一张7天无限次使用的通票(7-Day Unlimited Pass)。

➡ 如果出租车的顶灯上的数字是亮着的,那么就可以乘坐。

➡ 提供地址的时候,记得要给出邻近的交叉路名(例如700 Sixth Ave靠近22nd St)。

➡ 时代广场的TKTS Booth(见191页)针对部分演出和音乐剧提供半价的当日票。South Street Seaport(见65页)和布鲁克林市中心(见47页)的营业部也销售次日的午后场演出票。

穿什么

如果在纽约闷热的夏季前来,那么要穿轻便的服装。时尚短裤、T恤衫、夏裙和短裙都是白天可以穿着的服饰,不过高端的餐厅和酒吧则需要更正式的穿着,最好带上至少一件晚礼服或长袖衬衫、长裤和皮鞋。春秋两季昼夜温差较大,需要多穿几件衣服:长裤、牛仔裤或保暖的衣物,再搭配T恤衫、长袖衬衫、毛衣和夹克衫。纽约的冬天会特别寒冷,需要穿戴手套、围巾、帽子、保暖内衣、防水夹克衫和防水靴子。晚上,许多餐厅、酒吧和娱乐场所还需要"穿着华丽"。

保持警惕

纽约市是美国最安全的城市之一,2017年杀人案件创纪录地降至300起以下,而暴力犯罪的数据也已经连续27年下降。不过,还是要保持警惕。

➡ 夜间在居民不多的地方避免一个人走夜路。

➡ 把白天需要使用的钱放在衣服或内侧口袋里,而不要从钱包掏出。

➡ 在热闹的地方尤其要小心扒手。

➡ 虽然午夜以后的地铁一般都很安全,但如果一个人出行的话,最好还是坐出租车。

现金

自动柜员机到处可见；多数酒店、商店和餐厅可用信用卡。农贸集市、餐车、一些餐厅和酒吧只接受现金。

想要知道更多的信息，可以查阅424页。

税和退税

餐厅和零售商的标价都不会包括销售税（8.875%），所以如果你兜里只有$5的话，看到$4.99的特价午餐，那可要小心了。一些所谓的奢华项目，包括租车和干洗，都需要额外缴纳5%的城市附加税，所以享受这些服务的话，还需要多缴纳13.875%的税。购置价格低于$110的服饰和鞋子是免税的。纽约市的酒店客房需要缴纳14.75%的税，另外每晚还固定收取每间客房$3.50的酒店税。因为美国没有全国范围的增值税，因此外国游客也就没有机会进行"免税"购物了。

付小费

必付，只在服务奇差无比的情况下才可拒付小费。

餐厅服务员 18%~20%，除非小费已经包含在账单里。

调酒师 每轮点酒15%~20%，另外普通饮料每杯$1，特调鸡尾酒每杯$2。

出租车司机 10%~15%，并四舍五入归整。

机场和酒店行李搬运工 每个包$2，每个推车至少$5。

酒店打扫 每晚$2~4，留在信封里或放在提供的房卡下。

熨斗大厦（见177页）

礼节

礼貌 进出商店、咖啡馆或餐厅时，应该要向邻近的服务员礼貌问候。

问候 初次见面或告别时，男女间应握手。可以亲吻（或飞吻）女性。

禁忌话题 特朗普在纽约人人喊打，但政治和宗教话题最好还是避免。

交通 乘坐地铁先下后上，不要堵住进出过道。

小费 在餐厅或酒吧必须付小费，不要忘了。

当地交通

欲了解更多信息,请参见"交通指南"(见416页)。

重要提示

➡ 留意"下城(Downtown)"和"上城(Uptown)"的地铁站入口。有时并非同一入口(通常分别在街道的两侧),视列车行驶方向而定。

➡ 仔细计划路线。有时,步行穿过几个街区你就能够搭乘更快或更直接的地铁线路,可以节省时间。

➡ 路途不远的话,可以考虑一下纽约自行车共享系统。

关键词

Boro Taxi 如果你在曼哈顿116街以北,或是在市外区域,你可以搭乘这些绿色的出租车,计价费用和黄色出租车的价格一样。

小汽车服务(Car Service) 你可以打电话叫车(通常为黑色轿车)来接你。返回机场或是在郊外(通常少有出租车)需要交通工具时很有用。

纽约自行车共享系统(Citi Bike) 随处可见的蓝色自行车以及数百个快速租借亭是纽约市自行车共享计划的组成部分。

地铁快车/慢车(Express train/local train) 地铁快车停站少,跳过很多站点。而慢车每站都会停靠。在两种列车之间换乘,通常需要穿过站台。

LIRR 长岛铁路,能够快速通往肯尼迪国际机场和海滩入口。

MetroCard 黄蓝相间的公交卡,很薄,可充值,地铁或公交车均可使用。

上城区/下城区(Uptown/Down-

麦迪逊广场花园球场外的共享自行车

纽约自行车共享系统

使用纽约自行车共享系统（Citi Bike）需要这样做：在纽约自行车共享系统的任一个亭子购买1张24小时或7天的通用券（含税约$12或$24）。你将获得一串5位数的密码，用来解锁1辆自行车。30分钟之内将自行车归还到任一站点，避免产生额外的费用。重新插入信用卡（不会扣费），按照提示再取1辆自行车。在24小时或是7天之内，你可以无限次地进行这种30分钟内的借还操作。

town）上城区意味着向北方去（上东区、哈莱姆等），而下城区则是向南方去（苏豪区、下曼哈顿等）。

主要线路

观光路线 搭乘J线、M线或Z线穿过威廉斯堡大桥，搭乘B线、D线、N线或Q线穿过曼哈顿大桥，看看曼哈顿的风景。还有罗斯福岛电车（见203页）。

上城区方向 4号线、5号线和6号线，以及新开通的第二大道Q线开往上东区方向，前往上西区则要搭乘B线、C线、1号线、2号线或3号线。

如何坐出租车

➡ 在纽约打黄色出租车，要找车身上方亮灯的，没亮灯表明出租车在载客中。

➡ 站在路边显眼的地方，伸出手臂。

➡ 坐上车之后，告诉司机你的目的地（司机拒载是违法的）。

➡ 行程的最后付钱，现金或信用卡均可，信用卡付账需使用后方的触摸屏。别忘记给小费（通常为10%~15%）。

何时出行

➡ 交通高峰时段不仅仅只有1个钟头。在工作日的8:00~9:30和16:30~18:30，火车和公共汽车都挤得令人沮丧。

➡ 如果不能避开在高峰期出行，一定要多预留时间，尤其是抵离机场的时候。

➡ 工作日的16:00~17:00是很难打上出租车的，因为这是司机的换班时间。要是遇到下雨天，打上车可以说比登天还难。

礼仪

➡ 在过检票口前准备好自己的公交卡。纽约人非常擅长通过检票口，连步伐都不减慢。

➡ 在地铁月台上站在列车门口的一侧，等乘客都下车后再上车。

➡ 要站在自动扶梯的右手边，如果你要加急步行的话请走左边。

➡ 在人行道上行走时，将自己想象成街上的一辆汽车：不要急停，注意时速，如果需要查看地图或是从自己包里找雨伞的话就靠边停一下。

车票和通票

➡ 黄蓝相间的公交卡（Metro Card, www.mta.info/metrocard）可用于纽约所有的公共交通。你可以在任何车站找到自动售票机，轻松方便地进行购买或充值。地铁或公共汽车（快速巴士除外）单程花费为$2.75。

➡ 在地铁站的售票亭购买公交卡（卡花费$1），然后充值（充$20就可以了，可搭乘8次，还能找些零钱）。如果你计划多次乘车，可以购买无限次的7天卡（$32）。这些公交卡对旅行者来说非常方便，尤其当你一天需要辗转好几个不同的地方时。

➡ 地铁的售票处接受信用卡或储蓄卡（大型机器也接受现金）。如需充值较大金额，插入卡片并按照提示操作（提示：非美国居民在输入邮编时，输入"99999"）。

➡ 在地铁和公共汽车之间换乘是免费的，只要刷卡就好，不会产生额外费用。

想要知道更多的信息，可以查阅**当地交通**（见419页）。

最佳行程

第一天

上西区和中央公园（见244页）

将早上的时间用于游览**中央公园**，观赏被绿色环绕的堡垒一般的摩天大楼群。从**哥伦布圆环**（Columbus Circle）开始，向东北方向前进，经过东边的**中央公园动物园**、**贝塞斯达喷泉**（Bethesda Fountain）、**保护水域**（Conservatory Water）和**草莓园**。如果带孩子来的话，在**美国自然历史博物馆**看看恐龙骨架，然后去**Loeb Boathouse**租划艇游览。

 午餐 在Zabar's（见261页）挑选一些食物，以备在中央公园野餐之用。

中城区（见187页）

探索绿意之后，是时候去挖掘城市的建筑之美了。比如**中央火车站**、**克莱斯勒大厦**（Chrysler Building）、**纽约公共图书馆**（New York Public Library）和**洛克菲勒中心**（Rockefeller Center）。下午就用来参观讨人喜爱的城市博物馆——**现代艺术博物馆**（MoMA）。

 晚餐 去百老汇看演出前，一定要记得在ViceVersa（见211页）吃个早晚餐。

中城区（见187页）

在**百老汇**的熠熠灯光下度过夜晚，在**剧作家地平线剧院**（Playwrights Horizon）或**签名剧院**（Signature Theatre）观看红极一时的演出或是一些超越潮流的东西。在**TKTS售票亭**感受**时代广场**拉斯维加斯般的氛围，在**Rum House**畅饮鸡尾酒，然后爬上**峭石之巅**（Top of the Rock）的楼顶，向整个城市道晚安。

第二天

上东区（见227页）

从令人惊诧的**大都会艺术博物馆**开始，漫步于埃及和罗马藏品之间，领略欧洲大家之作，最后来到房顶（夏季）俯瞰中央公园。走访附近的**新美术馆**，在一座1914年的大厦中欣赏来自德国和奥地利的艺术盛宴。

 午餐 在优雅的Café Sabarsky（见236页）品尝奥地利美食。

苏豪区和唐人街（见90页）

下午，前往苏豪区沿着Prince St和Spring St购物，在拥挤的游客人潮中寻找世界最好的品牌。逛逛唐人街的**桑树街**，去那里感受主流消费主义之外的世界，事实上，也只有几个街区而已。在附近的**佛教寺庙**散步，停下来尝尝奶油蛋挞和杏仁冰激凌之类的零食。

 晚餐 在南欧风味的Boulud Sud（见255页）品尝丰盛大餐。

上西区和中央公园（见244页）

在看戏前来到评价很好的地中海餐厅Boulud Sud享用美食，然后过马路再去**大都会歌剧院**的**林肯中心**看歌剧或是在**艾弗利费雪厅**（Avery Fisher Hall）听交响乐。之后去华丽的**Manhattan Cricket Club**喝上一杯（需要预订）。

第3天

布鲁克林（见280页）

赶上前往当泊区（Dumbo）的东河轮渡，从全新的**布鲁克林大桥公园**欣赏曼哈顿的绝美景色。然后在当泊区由鹅卵石铺成的街道上漫步，逛逛书店、古董店和咖啡馆。不要错过古色古香的**Jane's旋转木马**（Jane's Carousel），也不要错过**帝国富尔顿轮渡**上的美丽景色。

午餐 在很有情调的AlMar（见297页）品尝性价比极高的特价午餐。

布鲁克林（见280页）

到达**布鲁克林博物馆**，看看来自非洲、美国和古埃及的奇妙作品，还有不错的临时展览。然后去**展望公园**（Prospect Park）散散步，在**湖边**如画的景致中恢复活力。

晚餐 在Marlow & Sons（见309页）感受布鲁克林的厨艺复兴。

布鲁克林（见280页）

搭乘绿色出租车（Boro Taxi）前往该区北部的**威廉斯堡**，寻觅**Maison Premiere**的牡蛎和定制鸡尾酒。来到屋顶酒吧，**The Ides**为你带来整座城市难以言喻的风景。晚上结束时，可以跨过街道来到**Brooklyn Bowl**打会儿保龄球，再欣赏一下绝妙的音乐表演。

第4天

下曼哈顿和金融区（见64页）

一大早搭乘**史丹顿岛轮渡**（Staten Island Ferry），看太阳从下曼哈顿的摩天大楼上升起。然后前往**新世贸大厦观景台**（One World Observatory）欣赏壮丽风景，再去参观令人伤感的**9·11国家纪念碑和博物馆**。

午餐 在美食云集的切尔西市场（见158页）品尝美味。

西村、切尔西和肉类加工区（见140页）

前往肉类加工区，欣赏雄伟的**惠特尼美国艺术博物馆**（Whitney Museum of American Art）。然后沿着附近的台阶登上**高线公园**（High Line），这条曾经被废弃的铁路线现在沿途已是小吃店、咖啡店和醉人的城市风景。

晚餐 在RedFarm（见155页）品尝创意十足的亚洲融合菜肴。

西村、切尔西和肉类加工区（见140页）

在格林尼治村可爱又曲折的街道上漫步。夜晚在**Mezzrow**、**Smalls**或是**Village Vanguard**近距离听听现场的爵士乐，深入地感受这里的灵魂之源。此后，在热闹的**Buvette**喝点小酒，吃些东西，然后前往这座城市最好的小夜店之一——**Cielo**跳舞。

如果你喜欢

博物馆

大都会艺术博物馆 美国最令人难以置信的百科全书式博物馆,有自己的埃及神庙。(见230页)

现代艺术博物馆 纽约这座迷人的博物馆拥有精心策划的展览空间,展出世界上最好的艺术品。(见194页)

古根海姆博物馆 展出物品的水平参差不齐,但这座由弗兰克·劳埃德·赖特(Frank Lloyd Wright)设计的建筑本身就是一位真正的明星。(见229页)

惠特尼美国艺术博物馆 以当代前沿和20世纪作品而著称。在惠特尼双年展欣赏未来美国的大作。(见147页)

弗里克私人博物馆 镀金时代的豪宅,收藏有弗美尔、埃尔·格列柯和戈雅的作品,还有一座耀眼的庭院喷水池。(见234页)

修道院博物馆和花园 这里的中世纪珍宝包括一副令人沉醉的16世纪的挂毯,描述的是围猎独角兽的场景。(见271页)

布鲁克林艺术博物馆 拥有古埃及文物,收集大量的美国绘画,是前沿的女性艺术中心。(见294页)

下东区廉租公寓博物馆 对19世纪和20世纪初移民生活的奇妙洞察。(见115页)

天际线风景

帝国大厦 从地标建筑最高的观景台俯瞰城市全景。(见192页)

布鲁克林大桥公园 可以广角度观赏到曼哈顿闹市区、布鲁克林大桥和曼哈顿大桥。(见283页)

康尼岛(见296页)

总督岛 港边绿意盎然的无车区域是拍摄曼哈顿和自由女神像的好去处。（见79页）

Top of the Strand 融入景色之中，享用美酒，要比盯着市中心的混乱好得多。（见213页）

The Standard Hotel 从屋顶时尚的Le Bain欣赏市中心的景色。（见162页）

布鲁克林高地步行道 一天24小时都能欣赏到令你瞠目结舌的景观。（见287页）

罗斯福岛 从路易·卡恩的富兰克林·D.罗斯福四大自由公园里看河流和摩天大楼的场景。（见201页）

Cantor Roof Garden Bar 4月底至10月，大都会艺术博物馆的屋顶花园能观赏令人难以置信的景色。（见231页）

东河州立公园 从威廉斯堡的海滨看一眼中城区令人振奋的景观。（见295页）

历史景点

艾利斯岛 对于许多美国移民来说，这是通往自由和机遇的大门。（见68页）

弗里克私人博物馆 少有的从镀金时代存留至今的大厦，如今是上东区的一家博物馆。（见234页）

下东区廉租公寓博物馆 了解早期移民的生活，游览移民保留的住所。（见115页）

美国华人博物馆 了解这些被忽略的人为美国做出的巨大贡献。（见93页）

摩根图书馆与博物馆 实业家J.P.摩根以前的宅邸，可以欣赏其精巧的内部装饰。（见202页）

莫里斯-朱梅尔大厦博物馆 乔治亚-联邦结构，是曼哈顿最古老的建筑。（见272页）

里士满历史名镇 史丹顿岛上一座古老的建筑，是国家最早的校舍所在地。（见76页）

格雷西大厦 优雅的联邦风格结构，现如今是市长的府邸。（见235页）

免费去处

中央公园 纽约标志性的绿地空间。（见246页）

高线公园 在城市30英尺（约9米）的高空散步、闲坐和野餐，享受曼哈顿日益变化的都市风景线。（见144页）

史丹顿岛渡船 下曼哈顿至史丹顿岛圣约翰街区的航程是纽约最棒的免费旅程之一。（见420页）

美国国立印第安人博物馆 史密森学会附属的展览馆收藏着精美的装饰艺术、纺织品和仪式物件。（见74页）

大卫·兹维那 切尔西最佳的艺术展馆之一。（见157页）

布鲁克林大桥公园 拥抱东河的漂亮公园，下曼哈顿的景色足以让你惊叹连连。（见283页）

夏日舞台 从6月至9月初，中央公园会上演一系列户外音乐会。（见251页）

美国民间艺术博物馆 了解另类艺术世界，周五夜晚还有免费的音乐会。（见252页）

Big Apple Greeter tours 提供免费团队游，有当地人给你充当导游，他们就是喜欢"炫耀"自己的城市。（见421页）

9·11国家纪念碑和博物馆 庄严动人的纪念碑。（见70页）

欲了解更多纽约顶级地点，可以查看：

➡ 就餐（见39页）
➡ 饮品和夜生活（见43页）
➡ 娱乐（见46页）
➡ 购物（见50页）
➡ 运动和活动（见53页）
➡ 同性恋（见57页）

计划你的行程 如果你喜欢

老派纽约

康尼岛 娱乐中心，可追溯到20世纪初，不要忘记著名热狗连锁店Nathan's Famous的热狗。（见296页）

Barney Greengrass 从业百余年，出售一些市内最好的熏鱼。（见255页）

俄罗斯-土耳其洗浴 在这一东村经典之地把压力赶跑，它已有120余年的历史。（见139页）

Katz's Delicatessen 再吹毛求疵的人也会被这里的熏肉折服。（见126页）

Marie's Crisis 在西村这家传奇的同性恋酒吧能听到百老汇音乐剧片断，还有顾客轮番演唱。（见161页）

Zabar's 自20世纪30年代起就营业的商店，满足各类饕客的胃口。（见261页）

McSorley's Old Ale House 亚伯拉罕·林肯、特威德老大和伍迪·盖瑟瑞都曾在这家地板上有木屑的酒吧里喝过酒。（见130页）

绿色空间

中央公园 全市最著名的公园，拥有超过800英亩（约3.2平方公里）起伏的草地和鹅卵石点缀的

计划你的行程

如果你喜欢

山丘。（见246页）

高线公园 由野生植物组成的细长绿化带，在以前的铁路线上变出了令人惊讶的风景。（见144页）

展望公园 布鲁克林最受欢迎的户外空间，可以野餐、放风筝、奔跑、骑自行车，还有美景相伴。（见284页）

哈德逊河公园 多亏了新草地扩展到公园的西边，曼哈顿看起来更绿意盎然了。（见148页）

布鲁克林大桥公园 一座全新的公园连接了当泊区的海滨区，条条道路都通向大西洋大道。（见283页）

绿林公墓 郁郁葱葱的绿洲和悠闲的小径可追溯到19世纪30年代。（见289页）

布鲁克林植物园 春日樱花烂漫，夏日生机勃勃，秋日一片金黄，三个季节都很美。（见292页）

夜生活

Smalls 在气氛浓重的西村爵士之地，赶凌晨1点的"下班"演出。（见168页）

Silvana 前往哈莱姆，在DJ助兴的狂欢下尽享夜晚的世界音乐盛宴。（见276页）

IFC Center 周末，在西村观看经典午夜电影。（见169页）

唐人街 分散在各处的午夜酒吧隐藏在破旧的小吃店背后。（见105页）

Rue B 这家东村的凌晨爵士小店是结束夜晚的绝佳之处。（见128页）

Slipper Room 在上东区观赏狂野滑稽的歌舞杂剧，感受下骄奢

淫逸的生活。（见134页）

Employees Only 午夜不必吃那些恶心的快餐。西村的这家餐吧在凌晨3点以后还能提供精美的料理。（见159页）

Veselka 能够在凌晨4点吃到自制饺子（pierogi）和其他乌克兰美食的必到之地。（见123页）

终极放纵

Barneys 时尚界达人梦寐以求的衣柜，件件都价格不菲。（见223页）

Dough 品尝世界上最好吃的甜甜圈。（见300页）

Pegu Club 时尚的酒吧，氛围极好，诚挚欢迎（不要嫌弃$15一杯的鸡尾酒）。（见107页）

Brandy Library 在如此高雅静地，品尝一杯珍贵的琥珀色阿马尼亚酒。（见84页）

Bowery Hotel 在这家市中心设计华美的住处，好好奢侈地享受一番。（见362页）

隐藏的聚会场所

Beauty & Essex 当铺的外观下，实则是个迷人的饮酒场所。（见131页）

Bathtub Gin 隐藏在一家温馨的咖啡馆的假墙后面，禁酒时代的格调，有复古的鸡尾酒。（见164页）

Mulberry Project 低调的楼梯通往华丽的鸡尾酒实验室，店主们来自世界各地，他们招待志趣相投的客人。（见108页）

Smith & Mills 推开没有标记的门，看到古怪的工业化风格

（想想20世纪初的工厂）的室内空间，可以在里面优雅地喝酒。（见86页）

Freemans 走进一条小巷子，寻找类似小木屋的古雅环境，还有成群结队的热衷吃早午餐的人。（见126页）

Little Branch 你永远都不会猜到，超棒的鸡尾酒居然是在这座像被遗弃的西村建筑里调制出来的。（见160页）

Apothéke 唐人街的这家隐藏药房变身鸡尾酒廊。（见105页）

PDT 隐藏在热狗店后面的酒吧，通过电话亭进入。（见130页）

探索另辟蹊径

法拉盛 美食爱好者深入皇后区中心地带，走过纽约最大和最好的唐人街。（见331页）

纽约植物园 坐落在布朗克斯（Bronx）的巨大花园，有50英亩（约20.2公顷）的森林和维多利亚风格的温室。（见278页）

茵伍德山公园 是曼哈顿的一部分，却又不像，这座公园留存着奇妙的原生态样貌。（见271页）

皇后区博物馆 极好的展览，没有宣传噱头，也没有曼哈顿其他博物馆里拥挤的人群。（见332页）

迪克曼农庄博物馆 曼哈顿仅存的荷兰农舍。（见271页）

红钩 在布鲁克林水滨的鹅卵石老街散步，寻找酒吧和海鲜餐馆，驻足品尝。（见288页）

迪特马斯公园 一下午偷偷瞥见华丽的故居，然后去街区的酒吧喝上一杯。（见293页）

每月热门

最佳节庆

翠贝卡电影节,4月

樱花节,4月或5月

中央公园夏日舞台,6月至8月

独立日,7月

乡村万圣节游行,10月

1月

圣诞节和新年后就是一段活动的沉默期。虽然长夜漫漫,纽约人却能利用好寒冷的日子,前往户外溜冰场,或周末去卡茨基尔山脉(Catskills)滑雪。

新年冬泳(New Year's Day Swim)

还有比在冰冷的大西洋里游泳来欢庆新年更好的方式吗?加入康尼岛"北极熊"俱乐部(Coney Island Polar Bear Club),感受一年最冷的活动(www.polarbearclub.org)。

地铁无裤日(No Pants Subway Ride)

1月的第二个周日,大约4000名纽约人会裸露大腿搭乘公共交通。任何人都可以加入,而且放肆的活动之后还会有派对活动。登录网站了解活动集队时间和具体信息。

冬季爵士音乐节(Winter Jazzfest)

在1月中旬这项为期4天的音乐节(www.winterjazzfest.com)期间,市内十几处音乐场所会举行超过100场演奏。多数活动在西村附近举行。

2月

零度以下的温度让2月成为待在室内的好时节,可以在舒适的酒吧或小酒馆里喝个小酒或是吃顿热乎饭。

春节

美国最隆重的中国农历新年庆典活动之一,烟火表演和舞龙将大量寻求刺激的人吸引到了唐人街。中国春节日期每年都有变化,通常在公历2月上旬。

冬季美食周(Winter Restaurant Week)

从1月底至2月初,在冬季美食周内,来城市最好的就餐场所大快朵颐以庆祝有些沉闷的季节(www.nycgo.com/restaurant-week),美食周持续3周。一顿3道菜的午餐约花费$26(晚餐为$40)。

3月

数月与低温和厚冬衣为伴之后,温暖的春日让所有人都欢欣雀跃,虽然一般在此之后会有一周左右的倒春寒。

Armory Show

纽约最大的当代艺术展(www.thearmoryshow.com)在3月席卷全城,在伸入哈德逊河的两个码头上展示了来自全世界数千位艺人的作品。

圣帕特里克节游行(St Patrick's Day Parade)

人山人海,现场闹哄哄的,一杯杯绿啤让人摇摇晃晃。这一颇受欢迎的游行于3月17日在第五大道上演,风笛手、闪亮的花车和许多钟情于爱尔兰的政客轮番出镜。该游行最早于1762年举办,是该市最古老、最盛大的游行。

4月

春天终于来了,城市广场上满是鲜艳的郁金香和花团锦簇的树木,街边座椅上满是喜气洋洋沐浴着春光的人。

☆ 翠贝卡电影节 (Tribeca Film Festival)

罗伯特·德尼罗（Robert De Niro）的市中心电影节（见48页）是为纪念"9·11"事件而设，已迅速成为独立电影圈的明星。你必须要做出艰难的选择：为期10天的节日有150多部电影上映。

5月

4月的雨孕育了5月的鲜花，灿烂的花朵装饰着全市的花树。气候温和，也没有夏日恼人的湿气。

樱花节 (Cherry Blossom Festival)

在日本被称为樱花祭（见292页），是每年都有的传统，在4月末或5月初的某个周末举办，以庆祝布鲁克林植物园里娇艳的樱花盛开。还有娱乐项目和一些活动，以及振奋人心的令人惊叹的美景。

海军周 (Fleet Week)

月末的一周，曼哈顿会搭建20世纪40年代电影中的场景，许多身穿制服的新鲜面孔的水手会"进城"探险。如果游客对水兵不感冒，这将是个免费游览舰船的好机会，这些船曾去往全球多个角落。

🏃 道明银行自行车畅游 (TD Bank Five Boro Bike Tour)

5月是自行车月，"两轮游"成为主旋律，还有许多属于纽约"脚踏板追逐者"的聚会和活动。道明银行（TD Bank）自行车畅游是主要的活动，数千名骑行者在马路上驰骋42英里（约68公里），大部分都是交通管制道路或是水滨之路。

6月

夏天真的来了，人们走出办公室的隔间，在城市绿色的空间中放松自我。游行队伍占据了最忙碌的街道，便携式的电影屏幕在多个公园内挂了起来。

☆ 布莱恩特公园夏天电影节 (Bryant Park Summer Film Festival)

6月开始8月结束，布莱恩特公园主办周一免费户外电影放映夜（见37页），播放经典的好莱坞电影，日落后开始。早点儿去（草坪区域17:00开放，人们16:00就开始排队了）。

美人鱼游行 (Mermaid Parade)

这一美好而离奇的下午游行（见36页）是为了庆祝沙滩、海洋和夏天的开始。精心打扮的人们在康尼岛的木板人行道上展示着鱼儿一般的华丽服装，星光熠熠，魅力闪烁。在本月最后一个周六举行。只要穿上泳服就会受到欢迎。

纽约骄傲大游行 (NYC Pride)

6月是同性恋游行月，在最后一个周日，第五大道会有大型的游行活动。彩虹旗下，纽约骄傲大游行（www.nycpride.org）时长5小时，舞者、变装皇后、同性恋警察官员、穿皮衣的人、女同性恋足球队员妈妈以及其他同性恋群体的代表在此得以展示。

波多黎各日大游行 (Puerto Rican Day Parade)

6月的第二个周末吸引了数千名摇着小旗的狂欢者来参加年度波多黎各日大游行。这已是第50个年头了，游行在第五大道从44th St一直延续到86th St。

☆ River to River Festival

表演者在6月的12天里会在市内公园进行戏剧、音乐和舞蹈表演，还会放映电影。超过100项免费的活动（见37页）会在下曼哈顿和总督岛的户外区域进行。

7月

随着天气变得闷热，当地人都跑到长岛海滨地区避暑。对旅游业来说7月是忙碌的月份，北美人和欧洲人挤满了这座城市。

夏日舞台 (SUMMERSTAGE)

中央公园的夏日舞台（见251页）从6月持续到8月，整个夏日都会上演一系列令人难以置信的音乐和舞蹈节目。迪亚戈·迪亚戈（Django Django）、菲米·库堤（Femi Kuti）、夏奇·奥迪斯（Shuggie Otis）和玛莎葛兰姆舞团（Martha Graham Dance Company）是近年来的佼佼者。大多数活动都是免费的。如果你带着孩子的话，还有夏日舞台儿童项目。

计划你的行程 每月热门

上图:纽约骄傲大游行
下图:春节游行中的舞龙表演(见29页)

☆ 莎士比亚公园戏剧节(Shakespeare in the Park)

深受人们喜爱的莎士比亚公园戏剧节(见251页)向游吟诗人致敬,在中央公园提供免费表演。热门活动?当然!你必须要排几个小时的队买票,或是在网上抢票。演出当天正午开始发放门票,不要晚于10:00到。

☆ 独立日烟火表演(July Fourth Fireworks)

在每年7月4日美国独立日,东河都会从21:00起举行盛大的烟火表演。下东区和布鲁克林威廉斯堡的河滨地区,以及曼哈顿朝东的公寓房间和楼顶都是很好的观景处。

9月

劳动节正式宣告汉普顿租房季结束,夏日高温渐消。当本地人都回去工作了,文化活动的日期即将到来。

☆ BAM!下一波艺术节(BAM's Next Wave Festival)

布鲁克林音乐学院的下一波艺术节(见317页)已有30多年的历史,贯穿整个12月,展示了世界级的前卫喜剧、音乐和舞蹈。

☆ 电子公园(Electric Zoo)

在劳动节周末庆祝,电子公园(www.electriczoofestival.com)是纽约的电子音乐节,在庞大的兰德尔岛公园(Randall's Island Park)举行。明星莫比(Moby)、阿弗洛杰克(Afrojack)、大卫·库塔(David Guetta)、马丁·索尔维格(Martin Solveig)和滑雪兄弟乐团(Chemical Brothers)曾在这里演出过。

Feast of San Gennaro

闹哄哄的当地人聚集在小意大利狭窄的街道上进行狂欢游戏,一晚上还能品尝更多意大利的美味。在9月中旬举行11天,至今依然保留着过去的传统。2017年已是这项节日第90个年头了(见96页)。

10月

气候凉爽,露天咖啡馆终于关上了窗子,树木色彩缤纷。和5月一样,10月也是纽约最舒适、最优美的月份之一,是旅游的好季节。

动物赐福 (Blessing of the Animal)

于月初举办,是为了纪念圣弗朗西斯的节日,宠物主人们带着他们的朋友——贵宾犬、蜥蜴、鹦鹉、羊驼等,聚集在圣约翰大教堂参加动物的年度祷告赐福活动。

动漫展 (Comic Con)

粉丝们不论远近,都齐聚在他们所痴迷的领域极具代表性的年度盛会(www.newyorkcomiccon.com)上,他们打扮成各自喜欢的角色,和志同道合的漫画爱好者一起狂欢。

纽约开放参观日 (Open House New York)

国内最大的建筑和设计活动——纽约开放参观日(www.ohny.org)提供特别的建筑主题团队游,还有讲座、设计专题研讨会、工作室参观和全市范围内特定地点的表演。

乡村万圣节游行 (Village Halloween Parade)

在万圣节,纽约人会穿上最狂野的衣服度过狂欢之夜。在乡村万圣节游行(见36页)中,观看在西村的Sixth Ave上演的狂野而胆大的展出。看着很有意思,但是加入其中会收获更多的乐趣。

11月

树叶飘落,薄夹克被羊毛衫替换了下来。在准备"窝冬"之前,这里还有著名的马拉松比赛,然后人们就开始和家人聚在一起准备过感恩节了。

纽约市马拉松 (NYC Marathon)

在11月的第一周举行,这一年度长跑(www.nycmarathon.org)全程26英里(约41.8公里),吸引了来自世界各地的运动员,许多兴奋的观众站在街道两旁为选手加油助威。

纽约喜剧节 (New York Comedy Festival)

纽约喜剧节(见47页)期间,乐趣制造者席卷整个城市,单口相声和即兴表演纷纷上演,还有像罗西·奥唐纳(Rosie O'Donnel)和瑞奇·热维斯(Ricky Gervais)等人主持的大型节目。

洛克菲勒中心圣诞树亮灯仪式(Rockefeller Center Christmas Tree Lighting)

轻轻一按开关,洛克菲勒中心的巨大圣诞树就被点亮了,预示着假期的正式到来。它有超过25,000个彩灯装饰,是纽约市非官方的圣诞季总部,也是12月去纽约的游客的必看项目。

感恩节游行 (Thanksgiving Day Parade)

巨大的氦气球升至高空,高中军乐队吹奏着各自的乐器,数百万的旁观者裹着围巾和外套,与长达2.5英里(约4公里)的游行队伍一起庆祝世界知名的由梅西百货主办的感恩节(11月第四个星期四)。

12月

冬天真的来了,很多的节假日足以令人振奋精神。大多数的建筑都装饰着圣诞彩灯,第五大道的百货商店(也包括梅西百货)在自己的店面橱窗里打造出了精致的世界。

除夕

时代广场是听新年钟声的最佳地点,届时人山人海,挤得像沙丁鱼罐头一样。人们大口喝酒,在寒冷中打战,再一同见证"跨年球"在新年到来那一刻下坠,齐声高喊:"10、9、8……"

带孩子旅行

纽约为小家伙们准备了许多活动,包括极具想象力的游乐场和绿树成荫的公园,孩子们可以在那里自由奔跑,还有许多适合儿童的博物馆和景点。其他有趣的活动还包括坐旋转木马、看木偶戏,当然在城里的市场吃点心也必不可少。

景点

对于孩子而言,纽约著名景点乐趣无穷。

野生动物

这座城市有许多动物园。目前为止最好的是布朗克斯动物园(见278页),因其设计精良的动物栖息地而著名(刚果大猩猩森林就很出彩)。如果你赶时间的话,中央公园和展望公园的动物园很适合短时间游览。

自由女神像

在开往**自由女神像**(见66页)的游船上悠闲地欣赏纽约港,了解这一大多数孩子只在课本上见过的地标。

在世界之巅(On Top of the World)

玻璃顶的电梯直通峭石之巅(见198页),这里能够看到纽约的闪耀景色。

康尼岛(Coney Island)

热狗、冰激凌、游乐园——如想体验最简单的娱乐项目,康尼岛(见296页)不失为首选。

最佳博物馆

美国自然历史博物馆(见252页)有恐龙、海洋世界、天文馆和IMAX电影,这些都是不容错过的。几乎每一家大型博物馆——大都会艺术博物馆(见230页)、现代艺术博物馆(见194页)、古根海姆博物馆(见229页)、纽约市立博物馆(见235页)和库珀休伊特国家设计博物馆(见234页)——都有儿童项目,但许多规模小一些的场馆更吸引年纪小的参观者。在下东区廉租公寓博物馆(见115页),孩子们可以在互动导览里遇到一位移民(由解说员装扮),了解过往的岁月。

学步期

对于学步年龄段的孩子(1~5岁),可以去位于西苏豪区的儿童艺术美术馆(见94页)和位于皇冠高地的布鲁克林儿童博物馆(见293页)。这两家都有故事时段、艺术课堂、手工课和绘画环节。

中央公园的旋转杯游艺项目(见246页)

> **城市大探秘**
>
> 想要深入了解适合孩子游玩的纽约,不妨看看Lonely Planet的《城市大探秘:纽约》。这本书尤其适合8岁及以上的儿童,为他们打开一个有趣迷人的故事世界,讲述纽约的风土人情、历史文化。

5岁及以上

大一点的孩子可以在纽约交通博物馆(见286页)的复古地铁车上攀爬,在纽约市消防博物馆(见94页)的滑竿上滑下,在市外的阿斯托利亚,运动影像博物馆(见330页)为孩子们提供互动展品。

最佳公园和游乐场

中央公园

800多英亩(约3.2平方公里)绿地,湖上有划艇,有旋转木马和动物园,还有《爱丽斯梦游仙境》的巨大雕塑。Heckscher游乐场临近Seventh Ave和中央公园南部,是中央公园21处游乐场(见246页)中最大最好的。

展望公园

位于布鲁克林、占地585英亩(约2.4平方公里)的展望公园(见284页)地势多山,对于孩子来说乐趣无穷,还有动物园、几处游乐场、莱弗茨历史故居(Lefferts Historic House)的动手玩具和新的溜冰场,夏天溜冰场会变成水上公园。这里的湖是布鲁克林唯一可以划船的湖,在园内的勒弗拉克湖畔中心还有许多适合儿童玩耍的自行车。

布鲁克林大桥公园

探访公园崭新的游乐场,然后前往6号码头的水上公园玩耍,之后在Fornino(见298页)海滨吃美味的比萨。2号码头有推圆盘和地滚球赛场,旱冰场到冬天就会变成溜冰场。

哈德逊河公园

奔驰在曼哈顿西区,这座公园(见148页)提供了很多令孩子兴奋的东西,包括Moore St(翠贝卡)附近的迷你高尔夫、West St(西村)有趣的游乐场、紧邻W 22nd St的旋转木马、位于W 23rd和Eleventh Ave交叉路口的水乐园,还有W 44th St附近的科学主题游乐场。

高线公园

纽约著名的高架绿地(见144页),有食品摊贩、水景(孩子可以玩水)和很棒的景色,再加上天气温暖时的家庭活动——故事时段、科学和手工艺项目、食物的乐趣等。登录网站(www.thehighline.org/activities/family_programs)获取更多信息。

河边公园

上西区的河边公园(见251页)有自行车小道,可以看到哈德逊河的景色。在沿河跑步操场(River Run Playground,位于W 83rd St)歇一会儿,或是去奇思妙想的"河马游乐场"(Hippo Playground,靠近W 91st St)。

亲子同乐

纽约市周边的市场是绝佳的小吃圣地,尤其是布鲁克林跳蚤市场(见321页),那里的小贩卖各种东西,从冰棒、甜甜圈、泡菜到玉米饼和猪肉三明治,应有尽有。

切尔西市场(见142页)充满诱惑,准备好食物然后前往哈德逊河公园,来个水边野餐。

受儿童欢迎的剧院

小小的**Puppetworks**(见319页)位于布鲁克林公园的斜坡(Brooklyn's Park Slope),全年每周五都有好玩的木偶演出。

> **行前参考**
>
> **儿童汽车座椅** 7岁以下的儿童在乘坐出租车时坐在成年人的大腿上是合法的,但也可以放置自己的儿童汽车座椅。拼车服务可能也有儿童座椅。
>
> **在线资源** Time Out New York Kids(www.timeout.com/new-york-kids)和Mommy Poppins(www.mommypoppins.com)。
>
> **地铁** 身高1.1米以下的儿童都可以免费乘坐。

当地生活

提到夜生活、外出就餐和享受丰富多彩的文化活动,纽约人有自己的制胜策略。从周末的早午餐到春日里的悠闲游园,进行本土体验的方式很多,而且还不用花冤枉钱。

沃尔曼溜冰场(见263页)

要和不要:出行礼仪

➜ 只有车顶灯亮时才叫车。如果灯没亮,那么出租车已载客,就请把你的胳膊放下来吧。

➜ 不用遵从交通指示灯,只要没有来往车辆,就可以过马路。

➜ 当应对人行道上的来往行人时,将自己想象成街上的一辆汽车:不要短暂停留,注意速度,如果需要查看地图或是从自己包里找雨伞的话就靠边停一下。大多数纽约人都很尊重个人空间,但是如果你挡了路,他们会撞你一下,并且不会道歉。

➜ 上地铁时,等乘客下完车后再上,上车时一定要具备十足的进攻性,否则只能看着车门在你面前关闭。

➜ 排队时,纽约人说"on line",而不是"in line"(所以"on line"在这里可不是上网的意思!),表达整点差15分钟的时候,会说"quarter of",而不是"quarter to"。

➜ 对了,Houston St的读法是How-sten St,而非Hugh-sten。懂了吗?

餐饮

早午餐文化

早午餐已经被深深地编织进了纽约人的生活里,就像英国王室的饮茶时间一样重要。尽管有些地方已经开始每天供应早午餐了,尤其是布鲁克林,但是早午餐主要还是在周末11:00~16:00。这样的一餐为好友提供了绝佳的聚会场合,可以聊聊一周内发生的事情和周末的恶作剧,餐点基本上都是早餐的食材,但任性地混搭了鸡尾酒或咖啡。

周末是属于菜鸟的

在周末,纽约人会避开大的夜店、拥挤的酒吧和某些社区(东村、下东区),因为你会发现你就混在一大群没什么经验的人中间[有人甚至不太友好地称他们为"草包"(douchebags)]。相反,工作日的晚上是外出的好时段,人少且"草包"也不多,更多的是具有创造力的人,他们并不从事朝九晚五的工作(演员、作家、艺术家),另外你还可以享受"欢乐时光"和"周初特色"的优惠。

酒吧食品

纽约许多最好的酒吧在吃与喝之间没有明确的界限。坐上酒吧的高脚凳翻开菜单,你会发现有许多令人惊讶的餐点选项。酒吧可能有牡蛎、小吃拼盘(烤扇贝、小三明治、松露油菜荟)、奶酪拼盘、熟食,以及各种其他食物——烤甜菜沙拉、美味三明治、炖洋蓟和羊排。制订用餐计划时,不要局限于堂食餐厅,完全可以在美食酒吧里享受一番,享用美食的同时玩转社区。

融入

说实话,观看游行实在无聊透顶,而加入其中则要有趣得多。在队伍旁边,有很多方式可以让你融入其中。换上一身大胆的服装去参加乡村万圣节游行(www.halloween-nyc.com; Sixth Ave, 从Spring St 到16th St; ⊙10月31日 19:00~23:00)或康尼岛夏日美人鱼游行(www.coneyisland.com; ⊙6月底)。加入城市里组织的赛跑,纽约跑步者俱乐部(New York Road Runners)会组织许多年度赛跑。在布鲁克林室内攀岩或是皇后区的悬崖参加一些攀岩课程,可以选择Brooklyn Boulders(见323页)或Cliffs(见343页)。沉醉于那些古老的诗歌,登上Nuyorican Poets Café(见135页)即兴之夜的舞台,或者如果有音乐对了你的胃口,那就在Sidewalk Café(见135页)自愿献艺吧。同时,Brooklyn Brainery(见323页)提供各类主题的傍晚和周末课程。不论你热衷于哪一样,国际象棋、嘻哈、绘画、建筑还是酿酒,在纽约都能找到无数知音。

从推特了解纽约

关注下面列出的我们最喜欢的纽约推特账号,它们常常发布城市最新的必读内容。

Everything NYC(@EverythingNYC)网罗纽约最好看、最好玩和最好吃的东西。

Pete Wells(@pete_wells)《纽约时报》的餐厅评论人。

New Yorker(@NewYorker)政治和文化的深入评论。

Guest of a Guest(@guestofaguest)对纽约聚会、社交和时尚的信息无所不知。

Gothamist(@gothamist)新闻和趣事。

Hyperallergic(@Hyperallergic)纽约最受欢迎的艺术博客杂志的推文。

Colson Whitehead(@colsonwhitehead)曼哈顿本地人、小说家、《纽约客》撰稿人。

Paul Goldberger(@paulgoldberger)获普利策奖的建筑评论家。

Tom Colicchio(@tomcolicchio)Craft的知名主厨和老板。

Sam Sifton(@samsifton)《纽约时报》的美食编辑。

季节性活动

冬季

即便是枯燥的冬季也有令人愉悦的事情——滑冰。从11月或12月开始,纽约的溜冰场就开始提供丰富的娱乐活动,溜完冰之后去找家温暖舒适的酒吧围着火炉喝上几杯的感觉是很不错的。本地人会避开游客常去的洛克菲勒中心和布莱恩特公园,取而代之的是去中央公园、展望公园或是河岸州立公园(Riverbank State Park)滑冰。

春季

春日里,城市里春花烂漫的公园是野餐、在阳光中散步和在草坪上悠闲度日的好去处。赏花的去处有纽约植物园和布鲁克林植物园。布鲁克林植物园会举办精彩的樱花节,深受市民的喜爱。

夏季

夏天就是进行免费户外活动的时间了:布莱恩特公园的电影放映、全城范围的街道节日,还有中央公园、哈德逊河公园、展望公园和全市其他绿色空间里的音乐会。

秋季

秋天文化活动又开始激增,因为城市最好的艺术表演大厅都将迎来演出季(9月至次年5月),画廊也开启了新的展出(顺便说一句,艺术展开幕通常都在周四晚上)。

省钱妙计

"大苹果城(Big Apple)"纽约并不是世界上最便宜的旅游目的地。但是,有很多不花一分一厘就能玩个过瘾的途径:免费演唱会、喜剧或电影放映、著名博物馆的"随意付费夜"、城市节日,再加上众多绿色空间。

莱恩特公园夏天电影节

现场音乐、剧院和舞蹈

夏天,城里有许多免费的活动。6月至9月初,夏日舞台(见251页)会在整个城市的17座公园里进行100场免费演出,这其中也包括中央公园。展望公园有自己备受推崇的户外夏日演唱会及系列活动——欢庆布鲁克林(bricartsmedia.org/performing-arts/celebrate-brooklyn)。如果想抢到中央公园夏日活动——"莎士比亚公园戏剧节"(见251页)的票,你需要万分执着,但一定物有所值!像梅丽尔·斯特里普(Meryl Streep)和阿尔·帕西诺(Al Pacino)这样的知名演员都曾登上这里的舞台。展望公园也会举办属于自己的正儿八经的露天夏日音乐会和"庆祝布鲁克林"(见284页)系列活动。

有时也会在曼哈顿的哈德逊河公园River to River Festival(www.rivertorivernyc.com;☺6月)节日期间和布鲁克林大桥公园(www.brooklynbridgepark.org;☺5月至10月)水边举行电影放映等活动。对电影爱好者而言,夏日的周一在布莱恩特公园夏天电影节(www.bryantpark.org;☺6月中旬至8月)免费参加电影放映夜也是个不错的选择。

一些地方全年提供免费音乐活动。有些周五和周六晚上,布鲁克林的BAM咖啡馆(见317页)有免费的音乐会(世界音乐、R&B、爵士、摇滚)。在哈莱姆,马乔里·艾略特(见277页)周日在家里免费提供爵士表演。

免费博物馆和景点

长期免费

➡ 高线公园(见144页)

➡ 9·11国家纪念碑和博物馆(见70页)

➡ 美国国立印第安人博物馆(见74页)

➡ 时装技术学院博物馆(见207页)

➡ 汉密尔顿庄园(见270页)

➡ 美国民间艺术博物馆(见252页)

➡ 尼古拉斯·罗维奇博物馆(见252页)

捐赠入场

➡ 美国自然历史博物馆(见252页)

➡ 布鲁克林博物馆(见285页)

- ➡ 纽约市立博物馆（见235页）
- ➡ 布鲁克林历史协会（见286页）

部分时间免费或随意付费

- ➡ 现代艺术博物馆（见194页）周五16:00~21:00
- ➡ 古根海姆博物馆（见229页）周六17:45~19:45
- ➡ 惠特尼美国艺术博物馆（见147页）周五19:00~22:00
- ➡ 新美术馆（见235页）每月第一个周五18:00~20:00
- ➡ 弗里克私人博物馆（见234页）周三14:00~18:00和每月第一个周五18:00~21:00
- ➡ 新博物馆（见116页）周四19:00~21:00
- ➡ 纽约历史学会（见251页）周五18:00~20:00
- ➡ 犹太人博物馆（见234页）周四和周六17:00~20:00
- ➡ 鲁宾艺术博物馆（见149页）周五18:00~22:00
- ➡ 亚洲协会和博物馆（见235页）6月至9月周五18:00~21:00
- ➡ 日本协会（见202页）周五18:00~21:00
- ➡ 现代艺术博物馆PS1馆（见327页）持现代艺术博物馆门票免费
- ➡ 9·11国家纪念碑和博物馆（见70页）周二17:00~20:00

行前参考

获取市内免费和打折活动的信息，便捷的网络资源包括：Club Free Time（www.clubfreetime.com）和the Skint（www.theskint.com）。它们每日会更新免费团队游、演唱会、研讨会、讨论、艺术开幕、读书等活动的列表。

水上游览

免费的史丹顿岛渡船可以让你享受自由女神像的梦幻景致，还可让你在欣赏美景的同时享用冰啤酒（船上供应）。

虽然乘船并不是免费的，但只需花$2.75就可从下曼哈顿到布鲁克林、皇后区甚至是洛克威海滩，这是不错的替代地铁的方案。从5月到10月，你可以乘坐轮渡前往总督岛（见79页；夏季周末上午免费，其他时间 $2），那里是一片没有机动车的绿洲，还有极致的美景供你观赏。

想要更刺激一点，可以体验一把皮划艇，哈德逊河公园、布鲁克林大桥公园和红钩（见323页）均有。

电视拍摄

美国许多顶尖的夜间场景就是在纽约拍摄的（见217页）。斯蒂芬·科尔伯特深夜秀、*Daily Show with Trevor Noah*和*The Tonight Show Starring Jimmy Fallon*都发放免费的演出票。可上网预订。

步行游览

体验这座城市最好的方式之一是让当地人带你转转。极力推荐Big Apple Greeter（见421页）的免费团队游，有当地人给你充当导游，他们就是喜欢"炫耀"自己的城市。

Wi-Fi

如果你白天出行需要上网，那么在高线公园、布莱恩特公园、炮台公园、汤普金斯广场公园和联合广场都能找到免费的Wi-Fi。多数咖啡馆和许多餐厅也提供免费的Wi-Fi。

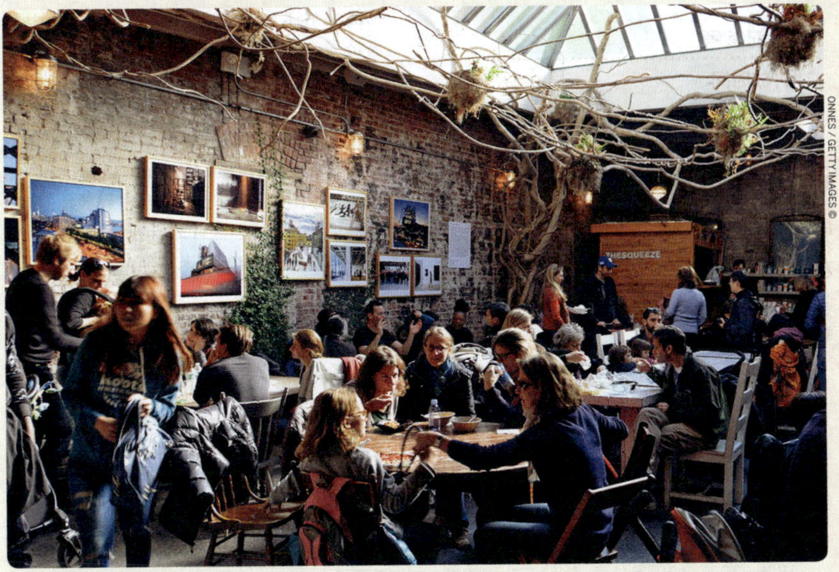

甘斯沃尔特市场（见151页）

就餐

从创新改良的世界美食到地地道道的本土小吃，纽约的餐饮业不仅活力无限，令人兴奋不已，而且更是市民多元化构成的骄傲见证。即使不是吃遍各国美食或追随潮流主厨的终极吃货，你也只要稍微注意一下，就能吃到美妙的一餐。

去市场，去市场

不要让混凝土的街道和建筑唬住你，纽约各式各样、各种规模的市场一派欣欣向荣。位居榜首的应该是切尔西市场（见142页），那里的商店（你可以在这里为野餐准备食材）和小吃摊（你可以就在摊边吃起来）都陈列着各种美食。最近几年还落成了其他的美食集市，包括肉类加工区的甘斯沃尔特市场（见151页）以及位于下曼哈顿Brookfield Place的3个美食集市（见81页）。在河对面的布鲁克林市中心，还有全新的DeKalb Market Hall（见297页），另外在皇冠高地（Crown Heights）的Berg'n，还有一处小型美食集市（见303页）。

许多社区都有自己的农贸市场。其中最大的一个是联合广场农贸市场（见183页），全年每周开放4天。登录**Grow NYC**(www.grownyc.org/greenmarket)获取市内另外50余家市场的名单。

对于吃快餐的人（而非家庭自制餐的人）而言，最好的就是Smorgasburg（见307页），那里有超过100个食品小贩。而布鲁克林跳蚤市场（见321页）也有几十家摊位。

同样非常流行的还有高端的市场杂货一体店，例如Eataly（见179页）和Dean & Deluca（见106页），那里的新鲜农产品和现成的食

行前参考

计划你的行程 — 就餐

开放时间
通常来讲,用餐时间很灵活,因为纽约人有自己的生活节奏:7:00至正午一直有早餐供应,午餐从11:30开始,持续到15:00左右,而晚餐是17:00~23:00。受欢迎的周末早午餐从11:00一直持续到16:00。

价格指南
本指南中,以下价位适用于主菜,不包括税和小费。

$ $15以下
$$ $15~25
$$$ $25以上

小费
纽约人给小费的标准是总价格的18%~20%。如果是外卖,比较有礼貌的做法是在小费罐子里留几美元。

预订
受欢迎的餐厅遵循以下两项规则中的一项:他们要么是接受预订——因此你需要提前(好的餐厅要提前数周或是数月)计划,要么是只给先来的老客户安排座位——如果这样的话,你要一开门就去。不然的话,可能就要等上2小时了。像Open Table和Resy这样的应用程序可能会为你在最后一刻订到座位。

参考网站
Yelp(www.yelp.com)由用户提供的综合性内容和评论。

Open Table(www.opentable.com)可以点击预订许多餐厅。

Tasting Table(www.tastingtable.com)注册订阅最新和最全面的消息。

Eater(https://ny.eater.com)美食新闻和餐厅信息。

Serious Eats(http://newyork.seriouseats.com)餐饮业的小道消息和新闻。

物能够给你五星级的款待。**Whole Foods超市**是另一大亮点,尤其是那崭新、环保、以本地食材为主的布鲁克林美食前沿阵地(见302页)。

近来市场圈有八卦消息称,烹饪栏目主持人安东尼·伯尔顿(Anthony Bourdain)计划开一家国际市场,出售来自世界各地的100多种街头小吃,但是计划开张日期依然一推再推,而且地点也始终未能确定。

团队游和课程
融入纽约无限美食天地的最好方式就是和熟知内情的本地人搭伙,一起进行饮食团队游或是参加烹饪课程。看看以下几个佼佼者:

曼哈顿烹饪教育学院(见88页)美国最大的烹饪学校,提供容易上手的一流烹饪课程,当然还有美食爱好者团队游。

Urban Oyster(www.urbanoyster.com)高品质的美食爱好者团队游,主要在下曼哈顿和布鲁克林。

斯科特比萨之旅(见299页)另类而又充满乐趣,斯科特承诺要揭开市内所有比萨的秘密。

Nosh Walks(见422页)迈拉·艾尔普森(Myra Alperson)带领的美食导览游,聚焦纽约丰富的各国饮食文化。

比萨之家(Pizza A Casa;www.pizzaacasa.com)下东区深受喜爱的西式馅饼学校,擅长制作和装饰各种面团。

Chopsticks & Marrow(www.chopsticksandmarrow.com)皇后区当地美食博主乔·蒂斯塔凡诺(Joe DiStefano)经营,同时也经营美食团队游项目。

厨房联盟(League of Kitchens;www.leagueofkitchens.com)由移民妇女教授的烹饪课程,在布鲁克林和皇后区自家的厨房进行教学。

素食和严格素食
虽然纽约在素食餐饮方面的发展已经远远不及西海岸,而且多年受到美食家的嘲笑,但之前瞧不起这里素食餐馆的人可能要收回当初的评价了。这多亏了当地进行的食物运动,一些新的素食餐馆也融入了大量时尚元素(高端红酒、烈酒和甜点),进行混合。Nix(见153页)排名第一,这是一家赞誉连连的米其林一星餐厅,创意十足。就连一向以大鱼大肉为主的四星级餐厅也在领会豆类食物

Eating by Neighborhood 区域特色就餐

的奥秘；受到市场的灵感驱动，Café Boulud（见237页）菜单的素食区域（le potager）提供趣味高雅的素菜，而Dovetail（见255页）则会在周一夜晚供应3道菜的素食晚餐套餐。

随着市内开设了多家素食餐厅，避免了吃肉的"罪恶"，素食者也可以庆祝一番。最好的去处包括Modern Love（见307页），在威廉斯堡提供家常菜料理；而切尔西及其他地点开设的Blossom（见158页）风格也很优雅。其他很好的餐厅包括Candle Cafe（见237页），已在全城多处有分店；还有位于哈莱姆的美食瑰宝Seasoned Vegan（见273页）。

快餐车和手推车

忽略百吉饼和热狗贩卖车吧。近年来，城内出现了流动餐车，他们提供高端的服务和独特的混搭食物。车子有很多路线，在全市指定的位置停车——联合广场、中城区和金融区附近，因此如果你要找某一特定的贩卖车，最好是在推特上关注他们的行踪。以下是几个我们很喜欢的：

Mad Sq Eats（见179页）麦迪逊广场边缘奢华的美食餐车。

泡菜玉米卷（Kimchi Taco；www.twitter.com/kimchitruck）韩国牛肉加玉米卷的组合令人垂涎欲滴。

Calexico Cart（www.calexico.net/locations）丰盛的墨西哥玉米卷饼、油炸玉米饼。

MysttikMasaala（www.facebook.com/MysttikMasaala）令人垂涎的印度料理，设有3个分店。

King Souvlaki（见336页）值得去阿斯特里亚品尝的传奇希腊街头美食。

Cool Haus（https://cool.haus/foodtrucks）美味的冰激凌三明治和其他美食。

独家推荐

Chefs Club(见101页)巡回主厨来自全世界各国,展示精湛的烹饪技艺。

Battersby(见300页)在布鲁克林餐厅云集的Smith St,这家店食材新鲜,烹饪美味。

Gramercy Tavern(见180页)选料上乘,厨艺精湛,而且有喧闹的酒馆区和高档餐饮区。

RedFarm(见155页)中式菜肴,口味鲜明,却很低调。

Dovetail(见255页)简单至上是这一上西区魅力十足的餐馆的制胜法宝。周一,素食者会聚集在这里。

Foragers Table(见159页)在切尔西,食材直接取自农场,菜品口味丰富,源源不断。

按价位推荐

$

切尔西市场(见142页)在工厂改建的集市里品尝全球美食。

Taïm(见153页)极好的沙拉三明治。

Mamoun's(见150页)著名的辣味"沙威玛"三明治,非常便宜。

$$

Upstate(见123页)位于东村,供应丰盛的海鲜。

Babu Ji(见154页)这家位于联合广场附近的印度餐厅提供闻名的印度街头美食。

$$$

Eleven Madison Park(见180页)高端诱人的料理遇上奇思妙想。

Blue Hill(见155页)西村的高档餐厅,食材来自纽约州北部的农场。

Degustation(见124页)你可以在这家小餐馆里看主厨创作精美的艺术品。

Jeffrey's Grocery(见155页)在西村深受喜爱。

按菜系推荐

亚洲菜

Uncle Boons(见101页)诺莉塔的米其林泰国餐厅,味道浓郁,分量十足。

Zenkichi(见307页)伴着烛光,享用精美的寿司。

Lan Larb(见100页)在唐人街的边缘的一家欢乐小店品味泰国东北部的情调。

意大利菜

IL Buco Alimentari & Vineria(见103页)带你回到这个古老的国度。

Rosemary's(见153页)位于西村,餐厅设计精致,食物令人难忘。

Roman's(见301页)根据季节而变的意大利创意料理。

Barbuto(见153页)在喧闹的场所提供创意意大利菜肴。

素食

Nix(见153页)供应纽约最佳素食菜肴的餐厅之一。

Butcher's Daughter(见101页)富有创意的素食菜肴。

Modern Love(见307页)美味出众的素食家常菜。

最佳面包房

Dough(见300页)可能是纽约最美味的甜甜圈,位于布鲁克林。

Four & Twenty Blackbirds(见302页)位于高湾那运河,有好吃的自制馅饼。

Dominique Ansel Kitchen(见151页)位于西村,纽约最著名的糕点大师创作出美味的甜食。

Arcade Bakery(见80页)在翠贝卡(Tribeca)居然可以找到纽约最棒的杏仁牛角面包。

最佳早午餐

Estela(见103页)在这家热闹的葡萄酒吧品尝时令菜肴。

Rabbithole(见308页)威廉斯堡的小店,早午餐供应到下午5点。

Cookshop(见158页)绝佳的室内和室外就餐地点。

Cafe Mogador(见124页)东村地区早午餐的代表。

ViceVersa(见211页)剧院区附近一流的早午餐去处和意大利餐厅。

最佳纽约老店

Barney Greengrass(见255页)百年老店,有绝佳的烟熏鲑鱼和鲟鱼。

Russ & Daughters(见138页)有名的犹太饭馆。

Zabar's(见261页)这家上西区的商店自20世纪30年代起就出售美食和犹太食品。

Margon(见210页)简洁不变的古巴午餐柜台。

最佳高端食品市场

Eataly(见179页)意大利美食爱好者的圣地。

布鲁克林的Whole Foods超市(见302页)在高湾那运河区全新打造出来的环保购物场所。

联合广场农贸市场(见183页)美味的蔬菜和烘烤商品,来自纽约州北部的农场。

Le District(见81页)在这家美食广场可购买许多法餐食材。

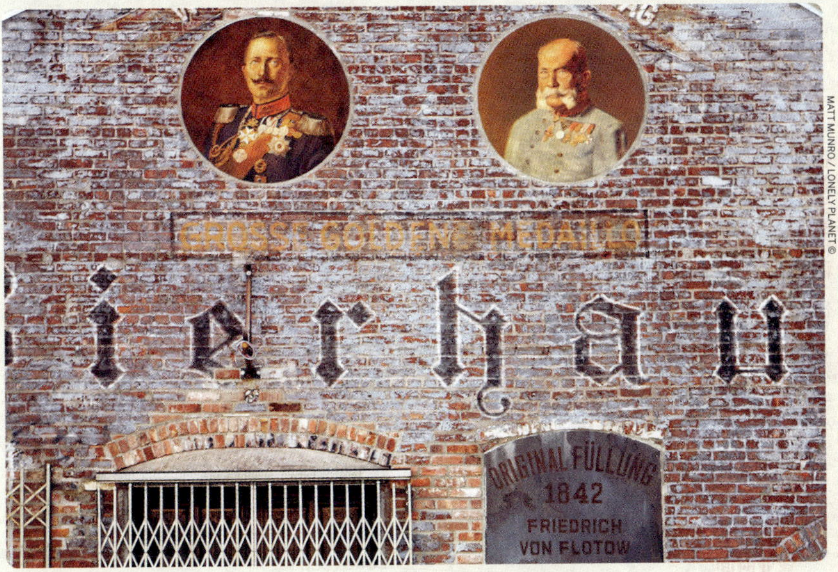

Radegast Hall & Biergarten（见313页）

饮品和夜生活

你会在这里找到各样的饮品去处，从潮流前端的鸡尾酒廊和历史气息的小酒吧，再从精酿啤酒馆到推动第三次浪潮的咖啡馆。此外，这里的夜总会也包罗万象，从名人云集的时尚地标到可以肆意玩乐的小众之地。前往市中心或布鲁克林吧，这就是人们口中所称的不夜城。

经典鸡尾酒、精酿啤酒

鸡尾酒这一术语在这里诞生，这些调制酒品仍然具有无上尊荣。从Dead Rabbit（见84页）的吉莉安·沃斯（Jillian Vose）到Genuine Liquorette（见105页）的埃本·弗里曼（Eben Freeman），城市顶尖的酒吧老板都是真正的名流，他们对创造世间最精致的美酒满怀热情。酒杯之内，常有故事：纽约对重新发现配方的痴迷和禁酒时代的风格继续引领着多家酒廊的酒水单。

城市的啤酒酿造文化也同样富有活力，不断扩展的啤酒厂、酒吧和商店展示着本地的酿造工艺。布鲁克林或许已不再是以往的啤酒出口主力，但精酿啤酒厂，比如布鲁克林酿酒厂（见295页）和六点（Sixpoint，www.sixpoint.com），又让这里受到"酒腻子"们的关注。其他街区也纷纷加入到了啤酒制造的行列中，包括不少新兴公司，如皇后区的SingleCut Beersmiths（www.singlecutbeer.com）和Big Alice Brewery（www.bigalicebrewing.

行前参考

参考网站

New York Magazine（www.nymag.com/nightlife）由熟知一切的人精心策划的夜生活选项。

Thrillist（www.thrillist.com）关于纽约酒吧流行和发展趋势的最棒的网站，包括行业秘密访谈。

Urbandaddy（www.urbandaddy.com）更多最新消息和便捷的"时下热门"清单。

Time Out（www.timeout.com/newyork/nightlife）有关喝酒和跳舞场所的文章、评论和最佳列表。

partyearth（www.partyearth.com/new-york）来自纽约时尚人士的夜店评论。

营业时间

营业时间不统一，有些酒馆最早8:00就开门，但多数地方都是17:00左右开始营业。大多数酒吧开放到4:00，但也有一些地方周四至周六开放至2:00，平时1:00就结束营业。夜店通常从22:00营业至次日4:00或5:00

价格

欢乐时光期间啤酒起价$4，普通生啤为$7或$8，进口酒更贵，每杯葡萄酒约$9起。特制鸡尾酒$14起，直至$20以上。夜店的价格应该在$5~30。

com），以及布朗克斯的Bronx Brewery（见279页）和Gun Hill Brewing Co（www.gunhillbrewing.com）。

夜店

纽约人总是在寻找下一个流行大事，因此纽约夜店业态日新月异。爱玩的家伙们被广告吸引，在纽约城所有好地方乱窜，参与每周的重大活动。如果没有什么活动，那就是时候去舞池里出风头了。

想要体验纽约的夜店，提早计划绝无害处。让你的名字出现在宾客名单上能够减少不必要的沮丧和失望。如果你在参加聚会方面缺乏经验，一定不要露怯。如果被挤到"私人派对"行列中，可以唬唬人，很可能就混进去了。同时不要忘了准备一叠现金，许多夜场（甚至是最繁华的）通常不接受信用卡，店内的自动柜员机手续费很高。

咖啡革命

专业咖啡烘焙的繁荣改变着纽约以往沉闷的咖啡文化。许多本地人关注于单一的咖啡豆原料和不同的制作工艺，许多烘焙师向好奇的顾客提供咖啡课程。许多咖啡馆都来自顶级咖啡城市，其中就有波特兰的斯坦普顿（见213页）和海湾地区蓝瓶咖啡（见162页）。澳大利亚的影响力尤为显著，包括最为独特的小柯林斯（见212页）和Bluestone Lane（见84页）。

区域特色饮品和夜生活

下曼哈顿和金融区（见84页） 办公室的上班族竭尽所能地寻找放松自己的地方，从专业的啤酒和白兰地酒吧到热门鸡尾酒吧，都能见到他们的身影。

苏豪区和唐人街（见105页） 时尚鸡尾酒廊，还有一些低级廉价的酒馆和夜总会。

东村和下东区（见126页） 东村有各种选择，以原始风味的平价酒吧自居。

西村、切尔西和肉类加工区（见159页） 随着富豪阶层涌入这里的酒吧、隐秘的休闲吧和同性恋场所。

联合广场、熨斗区和格拉梅西（见181页） 复古酒吧，活跃的鸡尾酒吧，还有很多有趣的学生聚会，这片纽约三角地带能满足各种口味的需求。

中城区（见212页） 可以在屋顶酒吧欣赏天边景致，有古老的鸡尾酒沙龙和穿越时光的酒吧。

哈莱姆和上曼哈顿（见276页） 融合了热闹的现场音乐、低端的酒吧和老派的夜店。

布鲁克林（见310页） 布鲁克林提供夜生活所需的一切，中心是威廉斯堡。

独家推荐

Silvana（见276页）哈莱姆的地下室酒吧，每天晚上都有现场音乐。

House of Yes（见312页）在丛林仓库空间度过狂野的夜晚，感觉无与伦比。

Apothéke（见105页）藏匿在唐人街的酒廊，这家以前的鸦片馆供应上佳的鸡尾酒。

Rue B（见128页）东村迷人的小酒馆，有现场爵士乐和欢乐的人群。

Maison Premiere（见312页）位于威廉斯堡，苦艾酒、冰镇薄荷酒和牡蛎让这里熠熠生辉。

最佳鸡尾酒

Bar Goto（见130页）下东区的经典酒馆，混搭了纽约的不同风格。

Dead Rabbit（见84页）位于金融区舒适隐蔽的场所中，提供精心研制的鸡尾酒、潘趣酒和pop-inns（加入不同口味的麦芽酒）。

Employees Only（见159页）在忙碌的西村，有获奖的酒吧招待和诱人的酒香。

Lantern's Keep（见216页）在中城区一家悠久的酒店里有一家优雅的酒馆。

Genuine Liquorette（见105页）这家在小意大利的加州风格的杂货店，随心所欲地创作出各类饮品。

最佳啤酒

Spuyten Duyvil（见313页）位于威廉斯堡，深受人们喜爱，供应独特的高品质手工酿造啤酒。

Bier International（见276页）这家哈莱姆的酒馆提供一些欧洲最好的啤酒。

Astoria Bier & Cheese（见341页）位于皇后区，当手工啤酒遇上美味阿斯托利亚（Astoria）奶酪。

Bohemian Hall & Beer Garden（见341页）这家纽约人最爱的啤酒花园提供浓郁的捷克啤酒。

Birreria（见181页）位于熨斗区的某个屋顶，提供未过滤也未经高温处理的麦芽酒。

最佳葡萄酒单

Terroir Tribeca（见84页）位于时尚的翠贝卡，提供百科全书式的葡萄酒单，令人大开眼界。

La Compagnie des Vins Surnaturels（见107页）在小意大利附近的一封写给法国红酒的情书。

Buvette（见159页）位于西村林荫街道的一家烛光红酒吧，非常热闹。

Immigrant（见128页）位于东村，地方不大，但是葡萄酒超级棒。

最佳经典酒吧

Manhattan Cricket Club（见256页）温馨漂亮的鸡尾酒小酒吧。

Pegu Club（见107页）位于苏豪区，供应富有缅甸特色的混搭美食。

Ten Bells（见130页）位于下东区，美丽的烛光再加上极好的饮品和小吃。

Little Branch（见160页）地下酒吧都很前卫，但没有哪家能达到西村这家隐蔽之所的程度。

最佳咖啡

斯坦普顿咖啡馆（见213页）时髦的咖啡师供应波特兰人最爱的咖啡。

Bluestone Lane（见84页）澳大利亚人勇闯华尔街，供应优质咖啡。

La Colombe（见108页）市中心的行家们难以抵挡的烘焙冲击。

小柯林斯（见212页）来到了中城东部，向墨尔本的咖啡文化致敬。

Kaffe 1668 South（见86页）翠贝卡咖啡馆的荣耀，还有座位。

最佳舞蹈俱乐部和驻场DJ

Cielo（见161页）肉类加工区的摩登经典。

Le Bain（见162页）衣着光鲜的人群挤满了这家临近高线公园的夜店。

Berlin（见128页）在这家东村隐蔽的酒吧，可以寻觅往昔舞蹈的自由精神。

Bossa Nova Civic Club（见315页）这家时尚夜店有着丛林风格，满足另辟蹊径的欲望。

最佳地下酒吧

Spring Lounge（见107页）带着酷劲的孩子们在这个位于诺莉塔的资深叛逆之所厮混。

Sunny's（见310页）我们最喜欢的红钩地下酒吧，在布鲁克林水滨附近。

Cowgirl SeaHorse（见84页）位于下曼哈顿的这家主题酒吧总能给你带来欢乐时光。

最佳无酒精鸡尾酒

North End Grill（见81页）位于丹尼·迈耶的市区酒吧和烧烤店，去尝尝让人充满活力的果汁和手工配制的口味。

NoMad（见212页）在奢侈的维多利亚绿洲里品尝精制的无酒精鸡尾酒。

Flatiron Lounge（见181页）熨斗区新鲜的、季节性的无酒精鸡尾酒和装饰艺术。

纽约市芭蕾舞团在大卫·H.科赫剧院表演《玻璃碎片》（见257页）

☆ 娱 乐

演员、音乐家、舞蹈家和艺术家聚集到这座五光十色的"大苹果城"，希望能成功发展。因此，观众能一饱眼福，感受源源不断的表演者的才干和魅力。有句老话说得好：如果你在这里成功了，那么在任何地方也都会功成名就。

戏剧

从百老汇传奇性的制作工厂到散布在无数个闹市街区的黑箱子般的破旧剧场，纽约市提供的剧场体验应有尽有。最著名的地方当然是百老汇，这里的广告牌灯光闪耀，曾因此在1902年被称为"白色大道"。坐在一个华丽的百老汇剧院里，灯光暗淡，让表演带你进入另一个世界，真像有魔力一般。

"非百老汇（Off Broadway）"并不是一个地理概念——它指规模较小的剧院（200~500个座位），与百老汇这个强大对手相比，这些剧院进行华丽制作的预算比票房大戏要少一些。"外非百老汇（Off Off Broadway）"则是指更小的剧院，往往是低成本制作或者是实验性质的制作。

在一些非百老汇的剧场中，最好的包括Public Theater（见109页）、Performing Garage（实验剧团Wooster Group的主场）、St Ann's Warehouse（见317页）和布鲁克林音乐学院（见316页）；后面两家位于布鲁克林。东村和西村的剧院数量最多。

除了传统剧院，另一个可以看戏的地方就是莎士比亚公园戏剧节（见251页）。虽然排队的队伍很长，但在中央公园的免费座位观赏明星云集的表演一定值得这些时间。

现场音乐

纽约市是美国现场音乐之都，不论何种音乐形式在这里都能得到满足，各街区都有多家很棒的音乐场馆。然而，最高雅的歌剧和古典乐在林肯中心（Lincoln Center）表演；全城都有爵士音乐家和乐坛新秀的表演，但哈莱姆、中城区和西村最为出名。大牌的独立摇滚歌手在市中心和布鲁克林演唱。知名表演会在麦迪逊广场花园（Madison Square Garden）和巴克莱中心（Barclays Center）进行。夏天会有户外的音乐节和一些知名的嘻哈音乐节。了解最新演出列表可以查阅《纽约杂志》(*New York Magazine*)和*Time Out*。

舞蹈

舞蹈爱好者可以一饱眼福，纽约市芭蕾舞团（见257页）和**美国芭蕾舞剧院**（见471页地图；212-477-3030；www.abt.org；David H Koch Theater, Lincoln Center, 64th St, at Columbus Ave；b1 to 66th St-Lincoln Center）都在这里。另一个重要的舞蹈专用场所是乔伊斯剧院（见168页），可以欣赏到来自世界各个角落的众多舞蹈团体的优秀当代作品。也有大量的现代舞蹈团队，包括许多大师级的舞者，如艾文·艾利（Alvin Ailey）、保罗·泰勒（Paul Taylor）、摩斯·肯宁汉（Merce Cunningham）、玛莎·葛兰姆（Martha Graham）、比尔·提·琼斯（Bill T Jones）、马克·摩里斯（Mark Morris）以及诸多后起之秀，这些舞蹈团队经常在市中心和布鲁克林音乐学院进行演出（见316页）。

注意，舞蹈演出主要集中在两个阶段：一个阶段是在春天，3月至5月；另一个阶段是在深秋的时候，10月至12月。不过请放心，演出随时都有。

喜剧

在"大苹果城"想要乐一乐很简单，因为在这里，喜剧演员们为了练习新内容或者希望得到制作方和星探的青睐，热切地表演着滑稽的独角戏或者进行即兴表演。开怀一笑的最佳地点是下城，尤其是在切尔西和格林尼治村附近。一些节日，比如纽约喜剧节（www.nycomedyfestival.com；11月），会吸引年度大牌们到此。

行前参考

演出排期和评论

➡ 节目单（Playbill；www.playbill.com）发行色彩明快的黄白相间的节目单，提供百老汇的剧目，还有网上版本。

➡ Talkin' Broadway（www.talkingbroadway.com）发布小道消息和评论，还特设了一个版块用来买卖多余的票。

➡ 出版物包括*Time Out*、《纽约杂志》和《纽约时报》。

票务代理

欲购买演出门票，可直接前往会场售票处，也可在售票服务点（其中大部分额外收取手续费）进行电话或网上订购。

Broadway Line（www.broadway.org）提供Great White Way的演出的剧目介绍和特价票。

SmartTix（www.smarttix.com）是销售百老汇以外剧目的网站，提供喜剧、滑稽歌舞、表演艺术、音乐、舞蹈和市中心剧目演出信息。

Telecharge（www.telecharge.com）销售百老汇和非百老汇演出的票。

Theatermania（www.theatermania.com）提供多种剧目形式的评论和票务。

票务大师（Ticketmaster；www.ticketmaster.com）这是个很老的网站了，出售所有一流演出的票。

TKTS售票处在中城区（见191页）、南街海港（见65页）和**布鲁克林市中心**（www.tdf.org；1 Metrotech Center, Jay St 与 Myrtle Ave交叉路口，Promenade, Downtown Brooklyn；周二至周六 11:00~18:00, 15:00~15:30经常关门；A/C, F, R至Jay St-Metrotech）出售当天演出的优惠票。

电影和电视

纽约市的电影盛宴与传统多元化场景的美国大片是两种完全不同的体验。在这里，电影业存在严重的风险，放映独立电影、

计划你的行程
娱乐

经典电影、前卫电影、国外电影以及其他非常规类电影的电影院很有优势，从这些就可以证明这一点。电影节繁多，像翠贝卡电影节（Tribeca Film Festival；212-941-2400；www.tribecafilm.com；4月），不同主题为观影场景提供了更丰富的质感。

其中最鲜为人知的电影精华之一就是现代艺术博物馆（见194页），那里收藏着丰富的影片，包括各个流派，横跨世界各个地区。林肯中心电影协会（见250页）拥有大量精美绝伦的纪录片和艺术电影。同样值得一去的是BAM玫瑰电影院（见316页），那里的票价与前几个地方差不多。

还有一些电视节目（见38页）是在曼哈顿中城录制的，包括《周六夜现场》（*Saturday Night Live*）和《斯蒂芬·科尔伯特深夜秀》（*The Late Show with Stephen Colbert*）。在线报名或购买候补票，你就有可能成为观众席的一员。

歌剧和古典音乐

提到歌剧就一定会想到一个地方：大都会歌剧院（见257页），舞台设备豪华、歌剧作品卓越非凡。然而，在市区范围内还有许多其他形式的音乐。位于下城的一个名叫**Amore Opera**（见472页地图；347-948-4588；www.amoreopera.org；Riverside Theatre, 91 Claremont St, 120th St和122nd St之间；票价$40起；S 1至116th St, 1至125th St）的团体值得称赞，在新的市内演出场所Riverside Theatre演出的作品令人印象深刻。其他巡回演出团体包括**Opera on Tap**（www.operaontap.org/newyork），该团队的表演并不是在大剧院里进行的，而是选在布鲁克林周遭的酒吧里。布鲁克林另一个很有创意的机构是阁楼歌剧院（Loft Opera；347-915-5638），名副其实，确实是在高湾那运河（Gowanus）的一个阁楼上表演精简版的歌剧。

在纽约市，管弦乐、室内乐和歌剧选择繁多，越来越多的新锐作品占据中心舞台。若要全面欣赏规模宏大的传统音乐，不要错过林肯中心（见250页）和令人瞠目结舌的著名的卡内基音乐厅（见219页）。想要一睹更前沿的作品，可以看看布鲁克林音乐学院的演出。

理查德·罗杰斯剧院（见218页），《汉密尔顿》的诞生地

区域特色娱乐

下曼哈顿和金融区（见86页）翠贝卡有两个备受尊敬的剧团Flea Theater和SoHo Rep。

东村和下东区（见131页）实验性的表演空间、诗歌朗诵会和滑稽独角戏让地下室充满欢声笑语。

西村、切尔西和肉类加工区（见164页）世界爵士乐俱乐部的非官方总部，还有切尔西的大量舞蹈团。

中城区（见217页）令人眼花缭乱的华丽表演、新鲜的美国戏剧、世界级的爵士乐盛宴、滑稽独角戏表演大家。

上西区和中央公园（见257页）林肯中心提供数不胜数的高雅文化，而其他场馆则提供更多感受现场音乐的设施，让人感到身临其境。

布鲁克林（见316页）从古典演出到威廉斯堡的独立摇滚乐队，各种类型的演出都有。

独家推荐

理查德·罗杰斯剧院（见218页）诞生了百老汇最棒的热门作品之一：《汉密尔顿》，上一节都市节奏下的美国历史课。

布鲁克林音乐学院（见316页）在这个神圣的剧场，往往演出的是新锐作品，尤其是在著名的下一波艺术节（Next Wave Festival）期间。

尤金·奥尼尔剧院（见218页）上演百老汇一些最佳作品，比如令人捧腹的《摩门经》（Book of Mormon）。

林肯中心爵士乐厅（见219页）夜晚绚丽夺目的中央公园美景和世界级的音乐表演。

卡内基音乐厅（见219页）传奇般的音乐厅，拥有得天独厚的完美音质，从歌剧到爵士乐，音乐形式多种多样。

Brooklyn Bowl（见317页）上演大量的放克、独立摇滚和世界各地的音乐，还有啤酒和保龄球！

最佳百老汇演出

《摩门经》（见218页）一部由《南方公园》（South Park）的创作者共同完成的精彩有趣的获奖作品。

《芝加哥》（见221页）百老汇最精彩夺目的演出之一。

《长靴妖姬》（见217页）要去看这场有点夸张的音乐剧要提前订好票。

《汉密尔顿》（见217页）如果你买不到票，试着在剧院外站着等候取消息。

最佳剧院(非百老汇)

剧作家地平线剧院（见220页）演出强有力的戏剧作品。

签名剧院（见221页）一些世界顶尖剧作家的作品。

Soho Rep（见86页）上演一些纽约最聚力量和创意的剧目。

St Ann's Warehouse（见317页）邻近布鲁克林滨水区的一座漂亮新址，可以感受创意的能量。

听古典音乐和歌剧的最佳选择

大都会歌剧院（见257页）在这个迷人的地方可以观看到一些全世界最棒的歌剧。

National Sawdust（见317页）位于音乐界前沿的当代作曲家融合了古典、歌曲和全球音乐。

布鲁克林音乐学院（见316页）感受布鲁克林知名当红制作者的新的原创作品。

Bargemusic（见320页）停泊在东河上的一艘游船里传出了弦乐四重奏。

欣赏舞蹈的最佳选择

乔伊斯剧院（见168页）纽约市最好的舞蹈专用场所。

纽约现场艺术（见168页）来自世界各地艺术团体的表演者们带来实验性的表演。

纽约城市中心（见221页）优秀的舞蹈团阵容和小型节日。

布鲁克林音乐学院（见316页）吸引了马克·摩里斯舞蹈团和许多其他的舞蹈团体前来表演。

看电影的最佳选择

Nitehawk Cinema（见318页）在威廉斯堡观赏首映和外语电影的同时尝美食和鸡尾酒。

Film Forum（见109页）市中心创意电影院，有很棒的独立电影。

现代艺术博物馆美术馆（见195页）电影爱好者的必去之处，有着优秀的馆藏电影放映安排。

林肯中心电影协会（见250页）在纽约创意中心的两座优秀的影院。

听爵士乐的最佳选择

林肯中心爵士乐厅（见219页）爵士乐大师温顿·马沙利斯（Wynton Marsalis）指导下的创新性表演。

Village Vanguard（见168页）传奇的西村爵士乐俱乐部。

Smalls（见168页）这个西村极小的地下室联盟能够唤起几十年前的感觉。

Barbès（见317页）在斜坡的圆球欣赏晦涩但喜庆的旋律。

Birdland（见221页）位于时髦的中城区，可以听到爵士乐团演出、古巴黑人爵士乐等。

听摇滚乐的最佳选择

鲍厄里剧场（见135页）著名的市中心音乐厅。

威廉斯堡音乐厅（见319页）在布鲁克林随处可见的独立摇滚乐。

Rockwood Music Hall（见134页）在下东区的这个音乐厅可随时享受音乐。

Bell House（见317页）南布鲁克林的音乐人运用独立音乐和民间音乐创新而成的作品，非常吸引人。

找乐子的最佳选择

正直公民旅团剧院（见218页）滑稽的喜剧小品和即兴表演。

Caroline's on Broadway（见222页）观看著名喜剧演员表演的首选。

Creek and the Cave（见342页）长岛市另类的喜剧俱乐部。

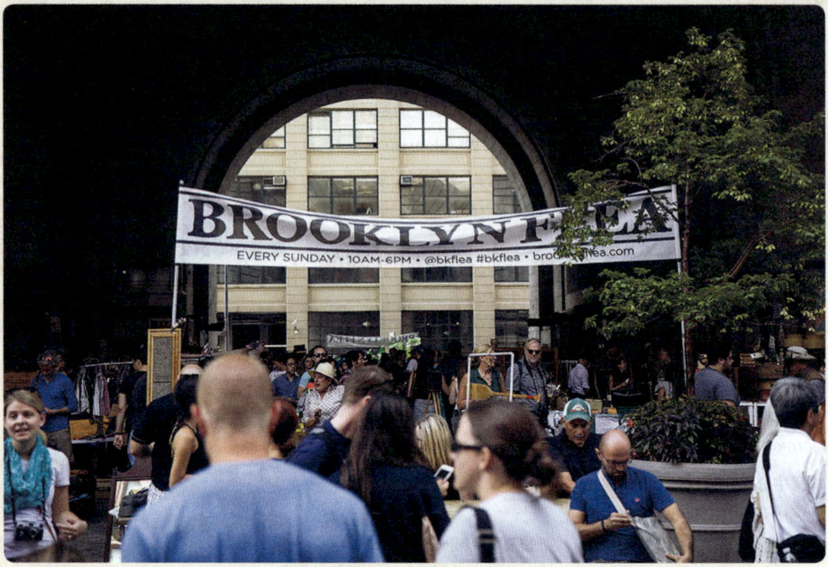

布鲁克林跳蚤市场（见321页）

购物

显然，作为商业、创意和时尚之都，纽约市是地球上的最佳购物目的地之一。每一处角落都有商店，从名牌精品店到地标百货商店，从廉价店到高级女装店，从唱片店到苹果店，从古董店到美食杂货店，花光钱包并不是一件难事。

精品店和百货商店

作为世界时尚之都，纽约一直引领着时尚潮流，全国各地也竞相跟随。要想了解最新设计款式，纽约街头巷尾最受欢迎的精品店值得一去——不管你是否打算要购物。其中最受喜爱的几个店铺包括Opening Ceremony、三宅一生（Issey Miyake）、Marc Jacobs、Steven Alan、Rag & Bone、John Varvatos、Robert James和Piperlime。

如果时间有限，或者你只是想在一时之间看到很多不同牌子的设计，那么你可以去逛逛那些世界知名品牌聚集的地方，比如百货商店，一定会让你眼花缭乱。纽约有着特殊的吸引力——尤其不要错过Barneys（见223页）、Bergdorf Goodman（见223页）、梅西百货（见224页）和布鲁明戴尔百货公司（见222页）。

纽约市的标志

这个城市的一些卖场作为纽约的传奇，其地位相当稳固。没有它们，纽约则会是另一番模样。对于追求品牌的人而言，可以去纽约市一个叫作Century 21（见87页）的地方，那里可以低价买到D&G、Prada、Marc Jacobs等许多大牌的东西。来自世界各地的图书爱好者们聚集在Strand Book Store（见170页）——纽约市最大和最好的书店。由哈西德犹太人经营，并运用机械技巧制造音效的B&H Photo Video（见224页）是数码和音频爱好者的圣地。要买二手服装、家居用品和书籍，热衷慈善的Housing Works Thrift Shop（见172页）一直是人们的首选和最爱，在纽约有很多家店。

跳蚤市场和古董淘选

纽约人喜欢崭新的闪闪发亮的东西，同样也喜欢搜罗别人不要的小物件，这给他们带来无穷的乐趣。最受欢迎的跳蚤市场是布鲁克林跳蚤市场（见321页），一年四季都会在各种场所里举办。另一处备受欢迎的跳蚤市场是Artists & Fleas（见321页），有许多卖家聚集在那里。东村实际上是纽约二手商店的聚集区——时髦人士的不二选择。

特卖会

虽然服装全年都会打折（尤其是在换季或清库存的时候），但是特卖会也会经常举行，主要在中城区的时尚区或苏豪区大型仓储店进行。虽然特卖会的初衷是让设计师解决卖不出去的商品，但现在高端品牌为了减少库存也会在特卖会上大打折扣。如果要查询最新寄卖信息，可以登录 NY Racked（http://ny.racked.com/sales）。旧货寄卖店是另一处可以以折扣价格享受顶级商品的好去处；喜欢品牌的人可以在上东区找到像Michael's（见242页）这样的店铺。

区域特色购物

下曼哈顿和金融区（见87页）虽然下曼哈顿本身不是购物的热门地点，但这里有不少宝贝可供挑选。

苏豪区和唐人街（见109页）西百老汇是名副其实的百科全书式的户外购物中心。这里就像是零售业的联合国。

东村和下东区（见135页）时髦人士的宝库，可以找到经典复古的东西和设计。

西村、切尔西和肉类加工区（见170页）阿宾登广场（Abingdon Sq）附近的Bleecker St精品店林立，W 4th St附近也有几家。

行前参考

网络资源

Racked（www.ny.racked.com）资讯丰富的购物博客，把握时尚脉搏，紧跟潮流。

New York Magazine（www.nymag.com）提供有关"大苹果"购物最佳场所的可靠意见。

The Glamourai（www.theglamourai.com）奢华的市中心时尚博客，充满了前沿想法。

值得关注的网站

Women's Wear Daily（twitter.com/wwd）纽约最新时尚资讯，以及顶级内行刊物。

Andre Leon Talley（www.twitter.com/OfficialALT）安娜·温图尔（Anna Wintour）的顶级时尚编辑，为*Vogue*杂志撰稿。

纽约时报（www.twitter.com//NYT-Fashion）时尚界的万事通。

营业时间

通常情况下，大多数商店的营业时间是周一至周五的10:00~19:00左右，周六11:00~20:00。周日营业时间不固定——有的店不营业，有的店则与工作日的时间一样。市中心街区的商店常常关门更晚一些。小型精品店的营业时间往往不固定——许多店在中午也营业。

营业税

成本低于$110的服装和鞋免征营业税。其他类的商品，每件需要付8.875%的零售税。

中城区（见222页）规模宏大的百货商店、全球连锁店以及鲜为人知的奇珍异宝——只逛不买的顾客们的聚集地!

上东区（见241页）Madison Ave拥有这个国家最昂贵的精品店。

上西区和中央公园（见260页）拥有一些最佳的书店（包括二手书店），还有一些小巧的精品店。

布鲁克林（见320页）独立精品店和旧货店相得益彰。

计划你的行程　购物

计划你的行程 购物

独家推荐

Barneys（见223页）Barneys有一些颇为时尚的商店，它因各种大品牌云集而闻名。

布鲁克林跳蚤市场（见321页）为顾客们提供了大量老式风格的家具、复古的服装和饰品，还有很多小吃摊。

ABC Carpet & Home（见183页）ABC这家店有6个楼层，出售的东西范围很广，像个博物馆一样。

MoMA Design & Book Store（见224页）完美的一站式商店：咖啡桌上摆放的书籍、艺术作品以及一应俱全的家居用品。

Idlewild Books（见170页）令旅行者和空想家振奋的地方，书籍类别涵盖各个领域。

Fishs Eddy（见185页）联合广场附近的这家店惹人注目，提供漂亮的生活用品。

最佳时装精品店

Rag & Bone（见109页）量身定制精美男女服装，在苏豪区和其他街区设有分店。

John Varvatos（见136页）以前曾经是市区的一个摇滚俱乐部。提供耐穿实用的服装。

Opening Ceremony（见108页）苏豪区的前卫时装让人目不转睛。

最佳女士购物选择

Shishi（见261页）在这家上西区的精品店，你不用破费太多就能添置好几套衣裳。

Verameat（见136页）精致的珠宝，在美丽与奇思怪想之间徜徉。

MiN New York（见109页）药店装修风格的独特香水行。

最佳男士购物选择

By Robert James（见137页）当地著名新锐设计师设计的结实耐穿的男装。

Nepenthes New York（见224页）主要出售日本知名热卖品牌。

Odin（见110页）市中心的别致精品店。

最佳儿童用品

Dinosaur Hill（见136页）你会在东村找到乐趣：有趣的创意玩具、书籍和音乐，能够启发儿童心智。

Mary Arnold Toys（见242页）游戏、玩具和其他礼物的宝藏。

Books of Wonder（见185页）给孩子们的超棒的礼品套装，还可以在店内阅读。

最佳老店

Beacon's Closet（见322页）在这家一流的老店里不用花太多钱就能买到一套新衣服。

Screaming Mimi's（见172页）出售许多几十年前的潮流衣物。

Resurrection（见111页）崭新的大牌女装。

最佳书店

Strand Book Store（见322页）据传是纽约市最好的二手书店。

McNally Jackson（见110页）一处书籍阅览和听读书会的好地方。

Housing Works Book Store（见111页）诺莉塔一家出售二手书的咖啡馆，气氛十足。

192 Books（见173页）切尔西最佳的街区书店。

最佳音乐商店

Rough Trade（见315页）在威廉斯堡这个大型的新音乐商店兼演出场地里，黑胶唱片风韵犹存。

A-1 Records（见136页）商店里有成箱的数不尽的唱片。

Black Gold Records（见320页）少见的黑胶唱片（另外还有咖啡和动物标本）。

最佳家居用品与设计商店

Shinola（见87页）来自底特律新锐设计工作室的设计，与众不同，位于翠贝卡。

A&G Merch（见323页）有创意的设计，洋溢着艺术气息。

Magpie（见261页）环保的家居设计装饰你的爱巢。

最佳纽约纪念品

下东区廉租公寓博物馆（见115页）书籍、珠宝、背包、围巾和更多纪念品。

纽约公共图书馆（见203页）文具、手袋、狮子造型的书挡和文学主题的概念T恤衫。

纽约市立博物馆（见235页）这家博物馆商店引人注目，提供各类优质的纽约主题的礼品。

最佳独特纪念品和礼品商店

De Vera（见110页）美丽的玻璃器皿和艺术品。

Brooklyn Superhero Supply Co（见322页）唤起内心的超级英雄的理想，为公益事业出一份力。

Obscura Antiques（见135页）这里就好像一个大橱柜，里面摆满了诡异和怪诞的东西。

Bowne Stationers & Co（见88页）这家古老的印刷店提供复古纽约海报和城市主题的文具。

中央公园内的划船者

运动和活动

在纽约打个车都让人感觉像是进行了一场激烈的运动，大夏天等地铁比蒸桑拿还要热。即便如此，纽约人仍然喜欢在业余时间参加活动或者锻炼身体。加之纽约的绿色空间十分有限，当地人对运动的热爱程度会令许多游客感到惊讶。

观看比赛
棒球

如今，棒球只在美国为数不多的几个地方拥有超过橄榄球和篮球的地位，纽约便是其中之一。票价为$15左右起——相当数量的球迷都是为了观看主队在新开的球场打比赛。两大职业棒球联盟的球队在4月至10月常规赛期间会打162场比赛，之后便是季后赛。

纽约洋基队（见278页）布朗克斯炸弹客（Bronx Bombers）是美国最伟大的棒球王朝，自1900年以来已经赢得超过24次世界大赛冠军头衔。

纽约大都会队（见426页）1962年以来，大都会队在全国联赛中一直是纽约的"新"棒球队。2015年赢得了联赛冠军。

篮球

目前，纽约拥有NBA（全称National Basketball Association，国家篮球协会）两支球队。蓝橙色标志的纽约尼克斯队（New York Knicks, www.nyknicks.com）尽管偶尔受到丑闻困扰，但受到纽约人全体的爱戴，主场在麦迪逊广场花园（见222页）进行。在东河的另一边，则是布鲁克林网队（Brooklyn Nets），就是以前的新泽西网队，主场在高科技的巴克莱中心（见320页）进行。NBA的赛季从10月持

行前参考

网络资源

➜ **纽约公园**(NYC Parks; www.nycgovparks.org)提供公园相关服务的详细信息,包括免费游泳池和篮球场,以及纽约市自行车骑行地图。

➜ **纽约跑步者俱乐部**(New York Road Runners Club; www.nyrr.org)在周末组织纽约市内的跑步活动和赛事。

➜ **中央公园**(www.centralparknyc.org)在纽约最受喜爱的绿地提供无数活动。

➜ **NYC**(www.nycgo.com/sports)列出大量市内进行的大型体育赛事活动。

购票

因为队伍众多再加上赛季重叠,所以基本上每天都有比赛。可以拨打一些球队的热线电话或直接去售票处购票(在相关网站上点击"购票"即可),但是大多数人都会在**票务大师**(Ticketmaster; www.ticketmaster.com)购票。另外一家可购买或出售门票的是 **StubHub**(www.stubhub.com)。

续到次年5月或6月。纽约自由人队(New York Liberty)是职业女篮球队,4次晋级决赛,但未夺过冠军。女篮赛季(WNBA)从5月持续至10月,主场比赛在麦迪逊广场花园进行。

橄榄球

大部分纽约人都会关注NFL(全称National Football League,国家橄榄球联盟)的两支纽约队伍——巨人队(New York Giants; www.giants.com; NFL老牌球队之一,曾4次捧得"超级碗"冠军,最近一次是在2011年)和喷气机队(New York Jets; www.newyorkjets.com),比赛都常常座无虚席。

这两支球队都在新泽西的**大都会球场**(Metlife Stadium; ☏201-559-1500,订票201-559-1300; www.metlifestadium.com; Meadowlands Sports Complex, East Rutherford, NJ; 🚌351从Port Authority, 🚆NJ Transit 从Penn Station至Meadowlands)参加比赛(从曼哈顿搭乘新泽西铁路,途经Seacaucus,往返花费$11)。橄榄球赛季从8月持续至次年1月或2月,进行16场常规赛(多数在周日下午比赛),"超级碗"比赛之前会有最多3场淘汰赛。

冰球

国家冰球联盟(National Hockey League,简称NHL)在大纽约地区有3个分区。9月至次年4月赛季期间,每支球队每周进行3~4场比赛。

纽约游骑兵队(New York Rangers; www.nyrangers.com)曼哈顿最受欢迎的冰球队,比赛在麦迪逊广场花园进行。

纽约岛民队(New York Islanders; www.newyorkislanders.com)自20世纪80年代连续4年赢得斯坦利杯(Stanley Cup)以来,纽约市并没有在岛民队身上投入太多的热情。但该球队自2015年起迁至布鲁克林巴克莱中心(见320页)。

轮滑阻拦赛

纽约唯一全女性参加的轮滑阻拦联赛**哥谭女子轮滑阻拦赛**(Gotham Girls Roller Derby; www.gothamgirlsrollerderby.com; 票价$20~50; ⊙3月至8月; 🚇)有4个以本地街区命名的本土队伍:布朗克斯僵局队(Bronx Gridlock)、布鲁克林惊人队(Brooklyn Bombshells)、曼哈顿骚乱队(Manhattan Mayhem)和皇后痛苦队(Queens of Pain)。你还有可能看到一些高水平选手的比赛:她们组成的全明星队曾经5次夺得世界冠军,最近4年更是所向披靡,未尝败绩。

比赛从3月持续至8月,每月一次在全城不同地区进行;虽然气氛有些嘈杂,但适合全家观赏。看见身材娇小的少年队在中场表演时技惊全场,女孩子们都会惊叹连连。赛事门票常常一抢而空,如果不想空手而归,那就需要事先订票。

跑步

车辆禁行期间,虽然有许多骑自行车和溜旱冰的人,但中央公园的环形道路仍然是最好的选择。杰奎琳·肯尼迪·奥纳西斯水库(Jacqueline Kennedy Onassis Reservoir)周围长为1.6英里(2.6公里)的道路(杰奎琳本人也曾在这里跑步)专供跑步和散步的人使用,水库就在86th St和96th St之间。沿着哈德逊河跑步也很受欢迎,最好的路线在

河边的慢跑者

30th St附近至下曼哈顿的炮台公园之间。上东区沿着FDR Dr和东河（从63rd St至115th St之间）有一条路。布鲁克林的展望公园有许多条路[3英里（4.8公里）环路]可供选择，另外，1.3英里（2.1公里）长的布鲁克林大桥公园内可以欣赏到曼哈顿的绝美景观。纽约跑步者俱乐部（New York Road Runners Club）组织全市范围的周末跑步活动，包括纽约市马拉松比赛（New York City Marathon）。

骑自行车

纽约市在近年里增设了数百英里的自行车道。自行车新手们一定要去公园里那些人不多的小路和水滨道路骑车。

对短途旅行来说，新出台的纽约自行车共享系统Citi Bike（www.citibikenyc.com）方便快捷，但对于距离较长的旅途，租车就会方便很多，值得考虑。推荐Bike the Big Apple（见421页）。

水上运动

毕竟这里是个岛，因此有大量体验水上活动的机会。The Downtown Boathouse（见89页）在哈德逊河的安全水湾里提供免费的20分钟皮划艇项目（包括装备），并且在总督岛也提供划船活动。位于56th St码头的The Manhattan Community Boathouse（见225页）也有免费的皮划艇活动和课程。

在中央公园，Loeb Boathouse（见263页）为浪漫约会的爱侣提供小船，夏季还有威尼斯式样的贡多拉。如果想要出海挑战，那么在切尔西码头（Chelsea Piers）踏上Schooner Adirondack（见173页）的船只吧。

冲浪者可以在城市周围发现大浪，这或许有些让人意外，皇后区的洛克威海滩（见331页）位于90th St，从中城区坐上A线火车75分钟即可到达。

街头运动

那些怀揣着篮球梦的人会在整个纽约市寻找街头篮球比赛，其中最有名的当属West 4th Street的篮球场，被称为"笼子"（the Cage）。也可以去哈莱姆区的**霍尔科姆洛克公园**——许多知名的NBA球员都在这里成长起来。去汤普金斯广场公园和河边公园也能看到街头篮球比赛。

在纽约市，不太为人所知的手球和棍球也很受欢迎，全市的户外公园里都能见到设有一面墙壁的球场。要看棍球比赛，可以咨询**皇家棍球联盟**（Emperors Stickball League），查看在比较暖和的月份里有哪些周末举行的比赛。

计划你的行程 运动和活动

独家推荐

中央公园（见246页）纽约市的一座奇妙乐园，在这里能见到连绵起伏的小山、林间小径、开放式绿地，还有一个美丽的湖泊。

Chelsea Piers Complex（见173页）从跆拳道到冰球，你能想象到的每一种运动都能在这个巨大的屋顶之下欣赏到。

New York Spa Castle（见343页）温泉洗浴的巨大城堡，价格适宜。建造灵感来自朝鲜古代的传统养生之道。这里会让你流连忘返。

布鲁克林大桥公园（见283页）滨水的绿色空间经过设计，令布鲁克林引以为傲，为布鲁克林增添了欢乐。

展望公园（见284页）在布鲁克林这个美丽的公园里避开拥挤的人群，享受公园里的小径、山丘、运河、湖泊和牧场。

观看比赛的最佳选择

纽约洋基队（见278页）全国最优秀的棒球队之一。

纽约巨人队（见54页）橄榄球强队，虽然名字是纽约巨人，但其主场在新泽西。

纽约尼克斯队（见222页）在麦迪逊广场公园看尼克斯队投中三分球。

布鲁克林篮网队（见320页）热门的NBA新球队，标志着布鲁克林球队的复苏。

布鲁克林旋风（见319页）去康尼岛的木栈道附近观看小联盟棒球比赛。

纽约大都会队（见426页）纽约市的另一支棒球队在皇后区的花旗球场比赛。

最佳城市绿地

总督岛（见79页）无车岛，距离下曼哈顿和布鲁克林仅几步之遥。

布莱恩特公园（见204页）中城区的摩天大楼中一块小小的绿洲，引人入胜。

麦迪逊广场公园（见177页）中城区和下城间的漂亮的小公园。

福特格林尼公园（见290页）布鲁克林迷人的小绿洲，适合野餐。

龙门广场州立公园（见330页）皇后区长岛市可爱的河畔去处。

茵伍德山公园（见271页）位于上曼哈顿宁静的森林和盐沼地区。

最佳室内活动

Cliffs（见343页）在皇后区长岛市有大量新开的攀岩中心。

Brooklyn Boulders（见323页）攀岩的另一个好去处，位于布鲁克林南部。

Jivamukti（见185页）联合广场附近一家奢华的瑜伽中心。

Area Yoga & Spa（见324页）在重视健康的科布尔山地区一处练习瑜伽的好地方。

24 Hour Fitness（见226页）随时可在这家全方位服务的健身中心（多个分店）锻炼身体。

MNDFL（见173页）上完一节充实的冥想课程会让你整个人都恢复了活力。

最佳水疗场所

New York Spa Castle（见343页）瀑布和蒸汽房营造出的迷人仙境，位于较远的皇后区。

俄罗斯－土耳其洗浴（见139页）自1892年以来一直是东村的标志。

Great Jones Spa（见112页）预约一次按摩，然后享受蒸汽房、按摩浴缸和桑拿。

最佳保龄球馆

Brooklyn Bowl（见317页）威廉斯堡经典场所，兼具潮人聚会、演唱会和保龄球馆于一体的复合式保龄球馆。

Chelsea Piers Complex（见173页）打一会儿保龄球后，再沿着哈德逊河散个步。

Lucky Strike（见225页）在中城区玩保龄球，度过愉快的夜晚。

最佳新奇活动

Royal Palms（见311页）沙狐球爱好者的圣地，除了有沙狐球赛场，还有食物餐车和精酿啤酒。

New York Trapeze School（见173页）在这里发掘你内心隐藏的马戏团明星，该飞人学校有两个校区。

哥谭女子轮滑阻拦赛（见54页）在纽约市多个地方都可观看热闹的轮滑比赛。

Jump into the Light VR（见138页）通过VR游戏体验大胆刺激的冒险项目。

园艺爱好者的最佳选择

布鲁克林植物园（见292页）日式花园、本地植物，春天樱花盛开很适合拍照。

纽约植物园（见278页）布朗克斯地区50英亩（约0.2平方公里）的古老森林。

修道院博物馆和花园（见271页）美丽的花园旁边是一座中世纪建筑。

高线公园（见144页）野花野草也能夺人眼球。

同性恋

从离开民政局头戴"新郎和新郎"帽双手紧握的同性伴侣,到骄傲游行中被彩虹旗渲染的帝国大厦,毫无疑问,纽约是全球最支持同性恋的城市之一。确实,极少有城市像纽约这样,能够让同性恋者的生活在深度和广度上多姿多彩,包括滑稽歌舞、夜店、节庆和朗读活动。

校园之夜的胡闹

在纽约,任何一个夜晚都是流光溢彩的,尤其是对同性恋群体而言,他们在工作日也会热情高涨地出入社交场合。周三和周四夜晚的聚会源源不断,当地人喜欢在周日(特别是夏天)疯狂一下。周五和周六晚上无疑也会有很多的乐趣,但周末聚会往往让人觉得土气——曼哈顿人经常在非工作日里会朋友、去新餐馆品尝美食或者参加家庭聚会。

承办商

想参加聚会,最好方法之一就是关注你最喜欢的承办商,关注各式最新活动。以下是我们推荐的一些承办商:

BoiParty(www.boiparty.com)
The Saint at Large(www.saintatlarge.com)
Daniel Nardicio(www.danielnardicio.com)
Josh Wood(www.joshwoodproductions.com)
Spank(www.spankartmag.com)

区域特色同性恋场所

东村和下东区 比西区的同性恋社区更加露骨、激情和脏乱。

联合广场、熨斗区和格拉梅西 从东村、西村和切尔西延伸出来的同性恋场所。

西村、切尔西和肉类加工区 西村有酒吧和夜店,而切尔西因为房租高涨,因此有些萧条。

中城区 地狱厨房是纽约一个21世纪的同性恋中心,同性恋和欢迎同性恋的餐馆、酒吧、夜店和商店不断增多。

布鲁克林 各类同性恋的聚集区、各式各样的夜店随处可见。

同性恋人士资源

作为世界最大的同性恋社区中心,LGBT Community Center(见169页)提供大量关于同性恋活动和夜生活的地区出版物,并且会经常组织各类活动,包括舞会、艺术展览、百老汇水准的演出、阅读和政治讨论活动。另外这里还有同性恋、双性恋和变性人历史国家档案馆(National Archive for Lesbian, Gay, Bisexual & Transgender History,对研究者开放,需要预约),还有小型展览空间、坎贝尔-索迪美术馆(Campbell-Soady Gallery)和一家网络中心。

计划你的行程 / 同性恋

独家推荐

纽约骄傲大游行(见30页)五彩纷呈的服饰装扮盛会。

莱斯利洛曼男女同性恋艺术博物馆(见94页)世界上第一座男女同性恋艺术博物馆。

Industry(见217页)仍然是地狱厨房最热门的酒吧夜店。

Marie's Crisis(见161页)在西村充满乐趣的酒吧手舞足蹈地尽情大声歌唱。

Duplex(见168页)阴柔的妙语、醇和的情歌和狂野有趣的钢琴酒吧可以定义这家老店。

Eagle NYC(见164页)骄奢淫逸的风格令人爱恨分明,还有许多皮革布置。

最佳住所

Ink48(见368页)远离地狱厨房的酒吧和夜店,可以欣赏天际线景观。

Standard(见364页)位于时髦的东村,是一处明快、清新别致的精品酒店。

Chelsea Pines Inn(见363页)张贴着好莱坞海报,以歌剧女主角绰号命名的客房,位于切尔西。

Hotel Gansevoort(见365页)位于肉类加工区,内有屋顶泳池,富商名流经常光顾。

最佳老牌场所

Marie's Crisis(见161页)从前是妓女出没的地方,现已转变为展示钢琴曲艺的酒吧。

Stonewall Inn(见163页)是1969年石墙暴动事件中,变装皇后骚乱的发生地。

Julius Bar(见163页)西村最古老的同性恋酒吧。

Cock(见130页)在这家前同性恋/朋克聚会场所里能听到一些低俗玩笑。

女性最佳选择

Ginger's(见312页)欢乐时光特别活动、卡拉OK还有周日宾果游戏吸引着女孩们来到布鲁克林寻求刺激。

Cubbyhole(见162页)一位随和的西村老兵用点唱机播放曲调,还有健谈的常客。

Henrietta Hudson(见163页)一处有趣又经典的夜店,有许多超酷的摇滚小妞。

白天最佳选择

第九大道的早午餐(见150页)选择靠人行道的桌子密切观察四周,《地狱厨房》(Hell's Kitchen,英国一档真人秀节目)风格。

在切尔西购物(见173页)到Nasty Pig和切尔西的其他精品店看看。

45号码头(见148页)根部相连的大树和热恋情侣让这里成为夏季享受日光浴的主要场所。

火岛(见348页)在沙丘遍布的乐园,热浪与热情交织在一起,紧邻长岛。

舞会皇后的最佳选择

Industry(见217页)随着夜幕降临,这里从嘈杂的酒吧变身为重金属风格的夜店。

Monster(见163页)风骚的舞男和更为大胆的变装皇后在地下室里狂欢。

Therapy(见217页)如果你不想去大型夜店,那么就来这里的小型舞池,很有乐趣。

工作日之夜最佳选择

Therapy(见217页)深夜音乐、扮装舞会和娱乐圈艺人成就了工作学习日的夜晚偷偷溜出来的狂欢之夜。

Flaming Saddles(见216页)酒吧里跳着boot-scootin舞步的男招待为你奉上美酒一杯,谁说工作日的夜晚很无聊?

Boxers NYC(见183页)这家运动型酒吧会有很多帅哥在场内场外锻炼。

最佳活动

纽约骄傲大游行(见30页)6月在纽约市为期一个月的庆祝活动,这期间在第五大道会进行大量的聚会、文化活动和著名的游行。

纽约节(NewFest; www.newfest.org)7月在纽约市举办的首屈一指的同性恋电影节,10月会有为期一周的影片展活动。

MIX纽约同性恋实验电影节(MIX New York Queer Experimental Film Festival; www.facebook.com/mixnyc)3月为期4天的先锋题材和政治题材的同性恋电影节。

纽约骄傲大游行

探索纽约

下曼哈顿和金融区...64
重要景点 66
景点 74
就餐 80
饮品和夜生活 84
娱乐 86
购物 87
运动和活动 88

苏豪区和唐人街....90
重要景点 92
景点 94
就餐 97
饮品和夜生活 105
娱乐 108
购物 109
运动和活动 112

东村和下东区......113
重要景点 115
景点 120
就餐 121
饮品和夜生活 126
娱乐 131
购物 135
运动和活动 138

西村、切尔西和肉类加工区........140
重要景点 142
景点 147
就餐 150
饮品和夜生活 159
娱乐 164
购物 170
运动和活动 173

联合广场、熨斗区和格拉梅西..........174
重要景点 176
景点 177
就餐 179
饮品和夜生活 181
娱乐 183
购物 183
运动和活动 185

中城区............187
重要景点 189
景点 202
就餐 207
饮品和夜生活 212
娱乐 217
购物 222
运动和活动 225

上东区............227
重要景点 229
景点 234
就餐 235
饮品和夜生活 238
娱乐 241
购物 241
运动和活动 243

上西区和中央公园...244
重要景点 246
景点 251
就餐 253
饮品和夜生活 256
娱乐 257
购物 260
运动和活动 262

哈莱姆和上曼哈顿..........264
重要景点 266
景点 268
就餐 272
饮品和夜生活 276
娱乐 277
购物 277
运动和活动 279

布鲁克林..........280
重要景点 282
景点 286
就餐 296
饮品和夜生活 310
娱乐 316
购物 320
运动和活动 323

皇后区............325
重要景点 327
景点 329
就餐 333
饮品和夜生活 341
娱乐 342
购物 343
运动和活动 343

纽约周边一日游....345

住宿..............357

世界贸易中心交通枢纽（见72页）

纽约
重要景点

景点	页码
自由女神像	66
艾利斯岛	68
9·11国家纪念碑和博物馆	70
新世贸大厦	72
唐人街	92
下东区廉租公寓博物馆	115
新当代艺术博物馆	116
圣马可坊街	118
切尔西市场	142
高线公园	144
华盛顿广场公园	146
联合广场	176
时代广场	189
帝国大厦	192
现代艺术博物馆	194
中央火车站	196
洛克菲勒中心	198
克莱斯勒大厦	199
罗斯福岛	201
古根海姆博物馆	229
大都会艺术博物馆	230
中央公园	246
林肯中心	250
圣约翰大教堂	266
布鲁克林大桥	282
布鲁克林大桥公园	283
展望公园	284
布鲁克林博物馆	285
现代艺术博物馆PS1馆	327

区域速览

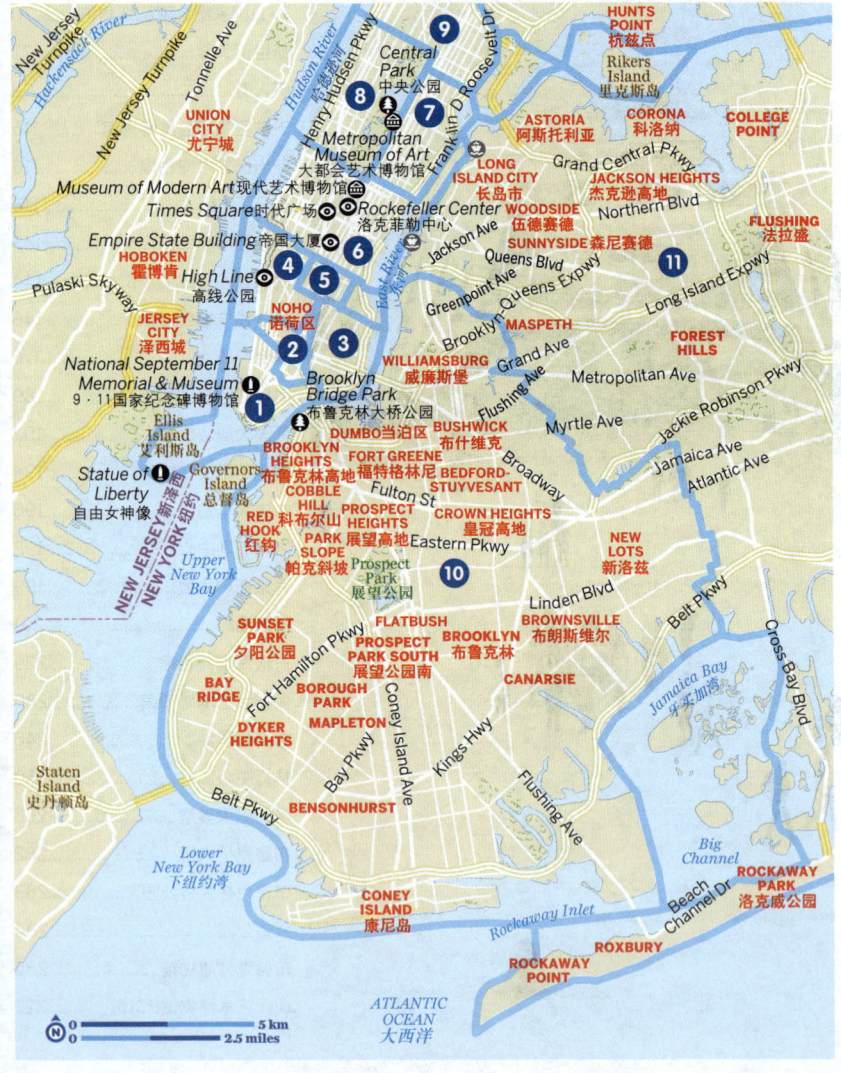

❶ 下曼哈顿和金融区（见64页）

华尔街、9·11国家纪念碑和博物馆、自由女神像等地标建筑云集，在曼哈顿南端，白天被高效激活的精力，入夜就会渐趋安静。然而，在翠贝卡（Tribeca）地区，即便是夜深，也有一大批餐厅和酒廊继续着白日的喧嚣。

❷ 苏豪区和唐人街（见90页）

神圣的寺庙、兜售小玩意的小商贩、卖热气腾腾小笼包的小铺子填充着唐人街忙乱的街道。隔壁的苏豪区与之形成鲜明的对比，在最时髦的街道上和店面里卖的都是世界最高端的名牌。夹在两者之间的是小意大利区（重点在"小"上）。

❸ 东村和下东区（见113页）

这里的每个街区都呈现出新旧交替的感觉——纽约最热辣的夜生活和廉价美食吸引着学生、银行家和穿着邋遢的各色人等。

❹ 西村、切尔西和肉类加工区（见140页）

想找个私密的地方吃吃喝喝，西村别致曲折的街道和保存完好的联排别墅能提供无数选择。肉类加工区隔壁拥有大量时尚的夜生活场所，再往上就是切尔西区，那里有成百上千的美术馆，纽约同性恋群体的活动场所也在那里。

❺ 联合广场、熨斗区和格拉梅西（见174页）

虽然景点不多，但联合广场及其周边常有热闹可看，时常能见到各种抗议者、街头艺人和商贩。在其北边是铺满草坪的麦迪逊广场公园（Madison Square Park），是去往中城区途中的一个优雅绿洲。格拉梅西周围宁静的街道上有一些很高档的餐饮场所。

❻ 中城区（见187页）

在纽约明信片上常常能看到这些地区：时代广场、帝国大厦、百老汇剧院、林立的摩天大楼和川流不息的人群。现代艺术博物馆、布莱恩特公园、第五大道两旁气派的店铺和地狱厨房区里的同性恋酒吧也都在这里。

❼ 上东区（见227页）

高档精品店分列在麦迪逊大道（Madison Ave）两旁，精致优雅的豪宅沿着第五大道平行分布，最精华的所在就是建筑物云集的艺术馆大道（Museum Mile），即使不是全世界范围内，也称得上是纽约最高雅的地区。

❽ 上西区和中央公园（见244页）

纽约就像个钢筋混凝土的丛林，中央公园就是它的解药，这个草木繁茂的地方远离汽车的喇叭声和逼仄的道路。公园与住宅塔楼交相辉映，上西区还是林肯中心（Lincoln Center）的所在地。

❾ 哈莱姆区和上曼哈顿（见264页）

哈莱姆和汉密尔顿高地是非裔美国人文化的堡垒，盛产美食和爵士乐。往上走到达茵伍德（Inwood），可以在绿意葱茏的公园中享受一番，或是去晨边高地（Morningside Heights）感受一下学生的生活。

❿ 布鲁克林（见280页）

如今的布鲁克林已是"艺术时尚"的代名词，不过比起潮流的刻板印象，还有你更多需要了解之处。这片向外延伸的街区拥有纽约一些最有趣、古老和文化多元的街区，还有丰富的餐饮、购物和娱乐选择。

⓫ 皇后区（见325页）

各种社区大杂烩，不管是对回头客还是当地人而言，皇后区都是一片开拓者的领域。你可以去阿斯托利亚的少数民族熟食店大饱口福，去长岛市欣赏一下当代艺术，还可以去洛克威海滩（Rockaway Beach）冲浪。

下曼哈顿和金融区

华尔街和金融区 纽约港 炮台公园城 东河河滨 市政厅和市政中心

区域亮点

❶ **自由女神像**（见66页）攀登美国最有名的雕像，从女神的王冠向下俯瞰，这个世界上最大的城市就铺展在你面前。

❷ **9·11国家纪念碑和博物馆**（见70页）在纽约城这处经精心改造过的世贸大厦遗址反思我们所失去、希望和复苏的。

❸ **新世贸大厦**（见72页）登顶西半球最高的建筑，在新世贸大厦观景台上欣赏动人心魄的曼哈顿远近美景。

❹ **史丹顿岛轮渡**（见88页）乘坐纽约城最不可思议、同时也是免费的浮动标志渡过海港，领略落日中熠熠生辉的摩天大楼。

❺ **艾利斯岛**（见68页）探索这处在塑造今日美国极具重要地位、见证个人辛酸的入境点。

探索下曼哈顿和金融区

事先做一些小计划可节约大量时间。艾利斯岛（见68页）和自由女神像（见66页；可搭第一班轮渡，避开周末，特别是夏天）都是不容错过的景点，你可以在网上订票。好好游览一番这两个景点的话要花4~5小时，最好自备午饭（景区的食物很难吃）。如果去9·11国家纪念碑和博物馆和它附近的新世贸大厦观景台，也强烈建议网上购票。

炮台城周边有几个博物馆，比如摩天大楼博物馆（见78页）、犹太遗产博物馆（见78页）和美国国立印第安人博物馆（见74页），逛一逛半天就过去了。想体验金钱帝国的巨大力量，就在上班时间去金融区。但如果想安静地欣赏这一地区的政府大楼、希腊复兴式神庙以及近代早期的摩天大楼，就下班后再去。

如果天气不错，你可以在南街海港（South Street Seaport）15号码头晒太阳、观赏河岸美景，或者步行穿过布鲁克林大桥，欣赏美不胜收的下曼哈顿风光。晚上想娱乐一下，去翠贝卡可以找到口碑不错的餐馆和小酒馆。

当地生活

➡ **咖啡馆** 内行人爱去Bluestone Lane（见84页）和La Colombe（见86页）。

➡ **葡萄酒** 周日下午在Pasanella & Son（见88页）痛饮免费葡萄酒。

➡ **购物** 到Pearl River Mart（见87页）浏览货架，挑挑具有亚洲风情的小礼物。

➡ **文化** 在Flea Theater（见86页）看一出精彩大戏。

➡ **休闲** 在总督岛（见79页）夏日乐园骑行、欣赏艺术品。

到达和离开

➡ **地铁** 金融区的地铁四通八达，将其与曼哈顿其他地区以及布鲁克林、皇后区和布朗克斯区联结在一起。Fulton St是主要的换乘站，连接着A/C、J/Z、2/3和4/5号地铁线。地铁1号线的终点站是South Ferry，也是史丹顿岛轮渡的始发站。

➡ **公共汽车** 从史丹顿岛轮渡终点站始发的公车路线，包括M15（至东村、中城区东部、上东区和哈莱姆东部）、M55和M20（至翠贝卡、西村、切尔西和中城区西部）。

➡ **轮渡** 史丹顿岛轮渡终点站（见88页）位于Whitehall St南端。开往总督岛（见79页）的渡船从炮台海事大楼（Battery Maritime Building）附近始发。开往自由女神像和艾利斯岛（见67页）的轮渡从炮台公园附近始发。

独家贴士

想买打折票去百老汇看演出吗？别在时代广场的TKTS售票处排大队，去位于南街海港的那家更安静的**TKTS售票处**（www.tdf.org；Front St和John St之间；⊙周一至周六 11:00~18:00,周日至16:00；Ⓢ A/C, 2/3, 4/5, J/Z至Fulton St; R/W至Cortlandt St）买票。那里的队伍移动得稍快些，还可以买到第二天下午场的票（在时代广场那里你可买不到这种票）。TKTS手机App提供实时票务信息。

🍴 最佳就餐

➡ Locanda Verde（见81页）
➡ Bâtard（见81页）
➡ North End Grill（见81页）
➡ Brookfield Place（见81页）
➡ Two Hands（见81页）

详细介绍见80页 ➡

🍷 最佳饮品

➡ Dead Rabbit（见84页）
➡ Brandy Library（见84页）
➡ Smith & Mills（见86页）
➡ Bluestone Lane（见84页）

详细介绍见84页 ➡

👁 最佳怀旧场所

➡ 艾利斯岛（见68页）
➡ 法兰西斯酒馆博物馆（见74页）
➡ 南街海港博物馆（见78页）
➡ 非洲（黑奴）公墓国家纪念碑（见80页）
➡ 联邦大厅（见75页）

详细介绍见68页 ➡

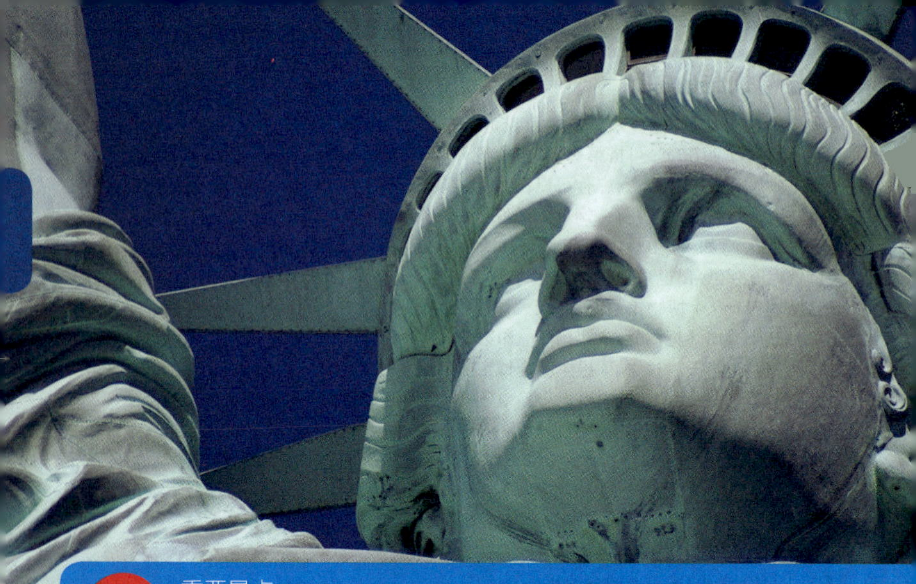

HAYLEON68 / BUDGET TRAVEL ©

重要景点

自由女神像(STATUE OF LIBERTY)

自由女神自1886年以来一直严肃凝望着这片"未启蒙的欧洲"。这尊"流亡者之母"(Mother of Exiles)象征性地提醒着人们旧世界的严酷。"把你那劳瘁贫贱的流民,那向往自由呼吸,又被无情抛弃,那拥挤于彼岸悲惨哀吟,那骤雨暴风中翻覆的惊魂,全都给我!"这是诗人爱玛·拉扎露丝(Emma Lazarus)在1883年的著名诗歌《新巨人》(*The New Colossus*)代自由女神发出的宣言。

从苏伊士到纽约

很多人可能不知道,法国送给美国的这一"厚"礼最初并不是为美国而设计的。当雕塑家弗雷德里克-奥古斯特·巴特勒迪(Frédéric-Auguste Bartholdi)开始设计这一雕塑时,他设想的是一个守卫在埃及苏伊士运河(Suez Canal)入口处的巨大雕像,而苏伊士运河是19世纪法国最伟大的工程成就。巴特勒迪既展现了法国式的创意,又融入了古代世界七大奇迹中的两个,即罗得岛太阳神铜像(Colossus of Rhodes)和亚历山大灯塔(Lighthouse of Alexandria)的特色。野心勃勃的设计理应能满足人类的虚荣心,但是它既没有吸引到法国的投资,也没有获得埃及的资助,巴特勒迪的梦想似乎注定要破灭。而巴特勒迪的救星是他的朋友爱德华·雷内·勒费弗尔·德·拉伯雷(Edouard René Lefèbvre de Laboulaye)——一位法国的法学家、作家和反奴隶积极分子,他提议将这一雕像作为象征法国和美国立国之本的共和制和民主价值所取得的胜利送给美国。机不可失,失不再来,巴特勒

你知道吗?

➡ 自由女神像重225吨,从基座到火炬一共高约93米。

实用信息

➡ 见444页地图,C8
➡ ☎212-363-3200,门票877-523-9849
➡ www.nps.gov/stli
➡ 自由女神岛
➡ 成人/儿童 包括艾利斯岛 $18.50/9,包括王冠$21.50/12
➡ ⏲8:30~17:30,营业时间随季节变化
➡ ⛴至Liberty Island,Ⓢ1至South Ferry,或4/5至Bowling Green

迪马上动工，并且将他最初的想法迅速转变为"照耀世界的自由女神"，作为庆祝美国颁布《独立宣言》一百周年纪念日的绝妙礼物。

创造自由女神像

巴特勒迪花了20年时间将梦想变成了现实，他打造了一座中空的纪念物，并将其矗立在纽约港。这个过程中他遇到了严重的财政问题，在报纸出版商约瑟夫·普利策（Joseph Pulitzer）的融资募捐下，财政问题得到了部分缓解。诗人爱玛·拉扎露丝进一步施以援手，为了集资，她为自由女神像写了一首颂诗，该诗被刻在由美国建筑师理查德·莫里斯·亨特（Richard Morris Hunt）设计的雕像基座上。巴特勒迪的工作进展还因为建筑结构上的挑战而延误，这一问题由金属结构专家、铁路工程师古斯塔夫·埃菲尔（Gustave Eiffel，没错，就是那座著名铁塔的设计师）解决了。最终，自由女神像于1884年在法国完成（勉强赶上百周年纪念日）。雕像被分成350块，装在214个箱子里运往纽约。经过4个月的组装，雕像被安置在美国制造的花岗岩基座上。1886年10月为自由女神像举行了十分隆重的揭幕仪式，纽约举行了第一次彩带游行，还有由近300艘轮船组成的小舰队护航。1933年，自由女神像由美国国家公园管理局（National Park Service）管理。1984年，雕像上氧化的铜得到修复，同年自由女神像被列入联合国《世界遗产名录》。

今天的自由女神像

提前订票可以攀登（陡峭的）393级台阶，一直爬到女神像的王冠上，从那里可以看到摄人心魄的纽约城和纽约港景色。不过这样的机会极其有限，唯一的方式就是提前订票。越早越好（提前6个月就接受预订）。每名游客最多只能预订4张参观王冠的票，身高1.2米以上的儿童才可攀登到王冠处。

如果没买到参观王冠的票，那就试试买参观基座的票，那里的景色也蔚为壮观。基座的票也很有限，最好提前在网上购买或打电话预订。只有持王冠票或基座票才能参观基座中的自由女神像博物馆。

如果你既没有王冠票也没有基座票，别烦躁，持开往自由女神岛（Liberty Island）的所有轮渡票都可以上岛游览，可以跟随讲解员，还可以使用自助语音导览器（有中文解说）。岛上也有礼品店和餐厅。（提示：自己带点吃的，可以在水边一边吃一边欣赏广阔的曼哈顿天际线。）

最佳提示

要想一次性游览自由女神像和艾利斯岛这两个地方，必须在14:00前搭乘**轮渡**（见444页地图；☎877-523-9849；www.statuecruises.com；成人/儿童 $18.50/9起；⊙出发时间 8:30~16:00；⑤4/5至Bowling Green；R/W至Whitehall St；1至South Ferry）。轮渡终点站会进行堪比机场标准的严格安检，所以记得不要随身带小折刀，高峰时期有时候甚至会花90分钟。

强烈建议提前买票，这样可以保证你能在指定的时间进行参观，也可以让你不用和很多没有提前规划好行程的人一样排队买票。

标志

自由女神左手拿着的法典上刻着July IV MDCCLXXVI（1776年7月4日），即美国独立日。王冠上的尖芒代表着七大洲和四大洋。装饰性的25个窗户象征着宝石。女神像的脚下是锁链和打碎的脚镣，象征着挣脱压迫和奴役。她手中的火炬是1986年更换的，最初的火炬现收藏于自由女神像博物馆中。

重要景点
艾利斯岛（ELLIS ISLAND）

艾利斯岛是美国最著名也是最具有历史意义的门户，旧世界的绝望和新世界的期许在这里交会。1892~1924年，超过1200万移民怀揣"美国梦"经由这一检查站踏上美国领土。据估计，当今40%的美国人至少有一位祖先曾在这里过检，证明这个小小的港口岛在塑造今日美国方面的重要地位。

不要错过
- 移民博物馆展览
- 主体建筑
- 美国移民荣誉墙和吉布森堡遗址

实用信息
- 见444页地图，B8
- 212-363-3200，门票 877-523-9849
- www.nps.gov/elis
- 艾利斯岛
- 轮渡票含自由女神像，成人/儿童 $18.50/9
- 8:30~18:00，营业时间随季节而变化
- 至Ellis Island，1至South Ferry，或4/5至Bowling Green

修复

经过1.6亿美元的修复，1990年艾利斯岛上的主体建筑以艾利斯岛移民博物馆的形式重新对外开放。现在任何人都可以乘轮渡来到这里，博物馆的交互式展览展现了曾经的数百万移民在追寻"美国梦"过程中的希望、喜悦和夹杂其中的苦涩与失望。匈牙利人埃里克·怀兹[Erik Weisz，即著名魔术师哈利·胡迪尼（Harry Houdini）]、意大利人鲁道夫·古耶尔米[Rodolfo Guglielmi，即著名演员鲁道夫·瓦伦蒂诺（Rudolph Valentino）]以及英国人阿奇博尔德·亚历山大·里奇[Archibald Alexander Leach，即著名演员加里·格兰特（Cary Grant）]也曾是他们中的一员。

移民博物馆展览

移民博物馆的展览分散在3个楼层。为获得最佳体验，最好选择时长50分钟的自助语音导览游（凭轮渡票在博物馆大厅免费领取）。语音导览有很多身份各异的讲解员，包括历史学家、建筑师和曾经的移民，通过个人物品、官方文件、图片以及胶片等各种藏品，他们栩栩如生的诉说会带你经历那段历史。在这些有故事的大厅和走廊里，看着那些属于个人的悲欢离合，让人不禁感慨万千。

该馆的藏品被分为固定展览和临时展览。如果你的时间紧迫，可以略过1楼的"旅程：1550~1890年美国众生相"（Journey: The Peopling of America 1550~1890），重点关注2楼的展览。2楼有两个非常精彩的展览：一个是"穿过美国之门"（Through America's Gate），展现了当年的美国移民在有漂亮穹顶的登记处通过层层检查的过程（包括用粉笔标出疑似生病的人、恐怖的眼底检查以及被问的29个问题），另一个不容错过的展览就是"移民高峰年"（Peak Immigration Years），探索移民历程背后的动机，以及一旦获得自由，他们在美国开始新生活后所面临的挑战。老照片藏品尤为有趣，能详细了解那些勇敢的新美国人的日常生活。

如果想了解这栋建筑本身的起起落落，那就腾出时间看在3楼举办的"修复里程碑"（Restoring a Landmark）展览，废弃的桌椅等物品安静地诉说着过往。如果想进一步了解收藏品和艾利斯岛的历史，可以选择语音导览的深度播报——很棒的增值服务。如果不想选择语音导览，你可以在任一展区拿起电话，收听于20世纪80年代录制的、艾利斯岛真实感人的移民记忆。还可以选择45分钟展区导游的免费陪同游览。如果提前3周电话预约，还能获得美式手语服务。

主体建筑

由建筑师爱德华·利平科特·蒂尔顿（Edward Lippincott Tilton）和威廉姆·A.博灵

（William A Boring）设计建造的主体建筑，给了当初移民美国的人一个精彩又难忘的"开场白"。1897年，最初的木制建筑被大火烧毁后，设计二人组拿下了修复该建筑的合约。他们曾就读于巴黎国家美术学院（École des Beaux Arts in Paris），难怪修复后的建筑有学院派建筑风格。整个建筑让人联想到巨大的火车站，有3个宏伟的拱形入口、装饰性的荷兰式砌合砖、花岗岩的基座和观景楼。建筑内部长达1.3米的登记室（又称大会堂）位于2楼，令人啧啧称奇。就是在这个房间的漂亮穹顶下，新到的移民排队接受证件核查（一夫多妻者、乞丐、罪犯和无政府主义者等人会被遣返）。附近的黑汤姆码头（Black Tom Wharf）曾发生过军火船爆炸事故，最初的石膏天花板被严重毁坏了。然而，塞翁失马，焉知非福，修复后的建筑被拉斐尔·古斯塔维诺（Rafael Guastavino）饰以精美的鱼骨式图案的瓷砖。纽约中央火车站（Grand Central Terminal）的Grand Central Oyster Bar & Restaurant（见210页）天花板上的漂亮瓷砖也是出自这位加泰罗尼亚工程师之手。

美国移民荣誉墙和吉布森堡遗址

从一楼的"旅程：1550～1890年美国众生相"展览可以看到位于户外的美国移民荣誉墙（American Immigrant Wall of Honor），上面刻着70多万移民者的名字。这被认为是世界上最长的人名墙，由于这是一个集资兴建的项目，任何美国人只要捐款就可以将移民来的亲戚的名字刻在上面。20世纪90年代建造该墙时发现了岛上的最初建筑吉布森堡的遗迹（Fort Gibson），在纪念墙的西南角就可以看到。1808年，吉布森堡被用来抵御英军，与炮台公园的克林顿城堡和总督岛上的威廉斯堡（Castle Williams）一样是海港防御系统的一部分。那时的艾利斯岛只有3.3英亩（约20亩）大，全是沙子和烂泥。1892～1934年，由于对大量进港轮船和兴建地铁而运来的废弃物进行垃圾填埋，艾利斯岛急剧扩张。

爱尔兰移民登场

艾利斯岛的第一位移民是15岁的安娜·安妮·摩尔（Anna Annie Moore）。从爱尔兰科克郡出发，在三等舱经过12天的航程后，安妮与她的兄弟菲利普（Phillip）和安东尼（Anthony）在1892年1月1日抵达艾利斯岛。他们的父母4年前移民到纽约，三兄妹来美国是为了与父母相聚。安娜后来与德国移民约瑟夫·奥古斯都·沙耶（Joseph Augustus Schayer）结为夫妇，生了至少11个孩子，但只有5个孩子存活下来。1924年12月6日安妮去世，被葬在皇后区的加略山墓园（Calvary Cemetery）。

万国医院

20世纪初，艾利斯岛废弃的医院曾是世界上最大的医院之一。医院有22幢大楼，被称为"万国医院"（Hospital of all Nations），是当时美国抵御外来疾病的前线。作家兼制片人洛里·康威（Lorie Conway）的纪录片和随附书籍《被遗忘的艾利斯岛》（*Forgotten Ellis Island*）生动地展示了医院引人入胜的历史。在网上订票时，可以预订有导览的"安全帽之旅"（$53.50）来参观这家废弃医院。

重要景点
9·11国家纪念碑和博物馆

9·11国家纪念碑和博物馆庄严悼念在美国本土遭受的最严重恐怖袭击中的遇难者。以"反省缺失"命名的两个巨大的倒影池记录下了在恐怖袭击中数千遇难者的名字。在水池旁是纪念馆,这个宏伟庄严的地方记录了2001年那改变命运的一天。

倒影池

9·11倒影池四周的广场种着400多棵茂盛的白橡树,倒影池所在地正是当年双子塔被摧毁的位置。水池边缘的小瀑布将源源不断的水流缓缓地从30英尺(约9米)高处注入池中心的深井。水流充满了象征意味,从刚开始几千股的细小水流,汇集形成巨大的水柱,最后缓缓流入深渊中。池塘四周由青铜板镶嵌,镌刻着2001年"9·11"恐怖袭击事件以及1993年2月26日世贸中心汽车爆炸案中罹难者的姓名。水池由迈克尔·阿拉德(Michael Arad)和彼得·沃克(Peter Walker)设计,既令人震撼又发人深省。

纪念博物馆

9·11国家纪念博物馆(见444页地图;National September 11 Memorial Museum; www.911memorial.org/museum;博物馆 成人/儿童 \$24/15,周二 17:00~20:00 免费;周日至周四 9:00~20:00,周五和周六 至21:00,最后入场时间为闭馆前2小时)使追思气氛持续发酵。博物馆的玻璃门位于两个倒影池之间,诡异地让人联想到倒下的双子塔。走进入口,乘自动扶梯走到博物馆地下主厅。往下走,头顶上矗立着两根铁制三叉戟柱子,它们最初是嵌在北塔地基中的。每根柱子高80多英尺(约24米)、重50多吨,它们曾经作为结构支撑物让1360多英尺(约415

不要错过
➡ 倒影池
➡ 纪念博物馆
➡ 圣地亚哥·卡拉特拉瓦穹顶(Santiago Calatrava's Oculus)

实用信息
➡ www.911memorial.org
➡ 180 Greenwich St
➡ 门票免费
➡ 7:30~21:00
➡ S E至世贸大厦;R/W 至Cortlandt St; 2/3至Park Pl

米）高的大楼高耸入云。后来它们仍然矗立在断壁残垣之中，随即变成复苏的标志。

博物馆拥有超过10,300件藏品，这两根三叉戟柱子就在此之中。除此之外还有维塞街楼梯（Vesey Street Stairs）。它的别名是"幸存者之梯"（survivors staircase），9月11日的早晨，数百名员工使用该楼梯逃离世贸中心。楼梯最下面是可以移动的悼念馆（In Memoriam gallery），四周陈列着遇难者的照片和名字。交互式触屏和中央反射间把遇难者的生平展现出来。还可以通过在展的大量个人用品进一步了解他们。其中有属于保险员Robert Joseph Gschaar的布满灰尘的钱包，当时他正在南塔的92层上班。钱包里有Gschaar的妻子Myrta的照片，里面有一张$2的纸币，是Gschaar给Myrta的，以纪念他们两个人重新开始。

从"悼念"馆出来，可以看到纽约消防局第21消防分队的展品。最大的一件是一辆被烧毁的消防车，当时人间地狱的场景历历在目。消防车放在博物馆最重要的展览"历史展"（Historical Exhibition）的入口处。这个展览分为三部分——《当天》《"9·11"前》和《"9·11"后》——通过视频、当时留下的录音、图片、物品和物证，让你全面探究那场惨剧、恐怖袭击之前的事件（包括1993年世贸中心炸弹爆炸）以及事件发生之后人们的悲伤、振作和希望，发人深省。

"历史展"后是具有纪念性质的地基馆，侧面是一部分巨大的泥浆墙原物，大楼建造期间它的作用是挡住哈德逊河的河水。那里还有从现场最后拆除的钢柱，上面装饰着发掘人员、急救人员和遇难者家属的留言和纪念物。

"9·11"天使

扭曲的大梁上有一张怪异的脸，像仙女悲伤的面部轮廓，这就是纪念博物馆最奇特（也是最著名）的藏品之一——被称为"9·11天使"（Angel of 9/11），据传闻这张脸是美国航空公司第11号航班撞击双子塔北楼所产生的（专家们将此现象解释为自然侵蚀和纯属巧合，显然乏味许多）。

卡拉特拉瓦建筑（CALATRAVA ARCHITECTURE）

圣地亚哥·卡拉特拉瓦（Santiago Calatrava）受放飞鸽子画作的启发，为新的世贸中心交通枢纽设计了一个引人注目的白色穹顶（Oculus）。吸睛的交通枢纽由36,500吨钢铁建造而成，把自然光引入耗资39亿美元的换乘中心，这里每天服务25万火车乘客。新的交通枢纽要比纽约中央火车站大了2.5倍，其中有超多层零售和餐饮空间，可以让人们在此消磨时光。每年9月11日，中央天窗会打开102分钟，正是世贸大厦双子塔中的第二幢从受到袭击到倒塌的时间。

重要景点
新世贸大厦（ONE WORLD TRADE CENTER）

新世贸大厦填补了下曼哈顿天际线一个令人心酸又明显的空缺，象征着重生、决心和复苏。它不仅仅是一幢超高建筑，更是富含深刻象征意义的巨人，它代表着铭记过去又着眼未来。对热爱纽约的人来说，又多了一个观赏炫目、难忘的城市盛景的热门去处。

大楼

在世贸中心原址的西北角高耸着建筑师大卫·M.查尔斯（David M Childs）设计的104层高的新世贸大厦，该建筑是对丹尼尔·里伯斯金（Daniel Libeskind）2002年最初理念的再设计。这个锥形巨人不仅是美国最高的建筑，也是目前整个西半球最高的建筑，更是塔顶高度排名世界第四的大楼。大楼直冲云霄，边缘有倒棱，于是从大楼基底朝上看，仿佛有一眼看不完的无数等腰三角形。大楼顶端是一个高408英尺（约124米）带斜拉天线的尖顶，这是雕塑家肯尼斯·斯内尔森（Kenneth Snelson）与他人合作设计的，使得建筑总高度达到1776英尺（约541米），寓意美国独立的年份。

的确，建筑的很多方面都具有象征意义：大楼占用的空间与最初的双子塔一致，而观景台也与被毁建筑的观景台一样高。与最初的双子塔不同，新世贸大厦采用全新安全等级建造，其预警措施包括200英尺（约61米）高的防爆基底（包在2000片闪亮的棱形玻璃里面），所有电梯间、楼梯间、通信和安全系统外都包有39.4英寸（1米）厚的水泥墙。但令建筑师和工程师们始料不及的是天线的噪声，强风刮过天线的架子时会产生恼人的嗡鸣，导致当地一些居民无法入睡。

不要错过

➡ 一幅描绘从底部向上看的照片
➡ 天空之舱电梯
➡ 从观景台赏景

实用信息

➡ 新世贸大厦
➡ 见444页地图，B4
➡ West St和Vesey St交叉路口
➡ Ⓢ E至世贸中心；2/3至Park Pl；A/C, J/Z, 4/5至Fulton St；R/W至Cortlandt St

新世贸大厦观景台

新世贸大厦没有辜负它的雄厚实力,建有**新世贸大厦观景台**(见444页地图;📞844-696-1776;www.oneworldobservatory.com;West St和Vesey St交叉路口;成人/儿童 $34/28;⏰9:00~20:00,售票最晚时间 19:15;🚇E至World Trade Center;2/3至Park Pl;A/C, J/Z, 4/5至Fulton St;R/W至Cortlandt St),是纽约最高端的观景台。尽管观景台占据了第100层到第102层,但体验从底层的全球欢迎中心(Global Welcome Center)就开始了,那里有一幅电子世界地图,高亮显示很多参观者的故乡(数据是从门票扫描传送而来的)。虽然工程开发中间出现了不少苦涩的纷争,但在旁边的"声音"(Voices)展览中,一切都烟消云散了,144块屏幕上播放着建筑师和建筑工人深情讲述大楼落成的真实故事。

在快速了解过大楼的地质情况后,当你走进5部天空之舱的电梯之一,真正的刺激开始了,这是世界最快的电梯之一。电梯上升,1250英尺(381米)高的天空之旅开始了,LED墙板也开始出现画面。突然之间,你仿佛置身于垂直的时间机器之中,观赏曼哈顿是如何从郁郁葱葱的小岛发展成了今天富饶的钢筋丛林。47秒(500页)过去了,102层到了,欣赏一段简短的介绍后,壮丽之景揭开帷幕。

不要去位于101层价格过高的餐厅,再下一楼到100层,那里才是真正的亮点。等着你的是360°壮丽全景,地标建筑让你目不暇接,从布鲁克林和曼哈顿大桥到自由女神和伍尔沃斯、帝国大厦和克莱斯勒大厦。你可以花$15租一部交互式移动平板电脑,内设8种语言。风景如意料中的一样无与伦比——最好在晴天的时候登顶——纽约5个行政区和3个相邻的州一览无余。不过,如果想把中城区的摩天大楼看得更清楚一些,那你最好到帝国大厦楼顶或洛克菲勒中心的峭壁之巅。

知名租户

最有价值的建筑值得最有价值的客户入驻,新世贸大厦就实现了这一点。它最有名的租户当属康泰纳仕出版集团(Condé Nast Publications)。公司于2014年从4 Times Square迁入大厦,旗下拥有一系列高端杂志,比如 *Vogue*、《名利场》(*Vanity Fair*)、*GQ*、《建筑文摘》(*Architectural Digest*),以及重量级的《纽约客》(*The New Yorker*)。正如预期的一样,集团总部非常气派,还有夸张的螺旋楼梯和一个迷人的自助餐厅,美食和价值百万美元的美景两者兼得。

购票与提示

在线订票(www.oneworldobservatory.com/tickets)可以避免长时间的排队。如果用智能手机的话,只需在入口出示截图(包括二维码)并扫描即可进入,不需打印门票。

订票时需选择具体的参观时间;9:15前抵达不需等待太久,人也比较少。日落时分是最忙碌的时刻。

无论你选择了哪个时间段,一定要比计划的时间早到15分钟,以免被安检耽误时间。

景点

华尔街和金融区 (Wall Street & the Financial District)

曼哈顿大部分必看的景点都集中在金融区，比如殖民时代纽约的教堂以及乔治·华盛顿首次就职总统举办典礼的地方。众多值得赞扬的博物馆记录了美国的现代历史，其中有不能错过的9·11国家纪念碑和博物馆。

9·11国家纪念碑 纪念碑

见70页。

9·11国家纪念博物馆 博物馆

见70页。

新世贸大厦 知名建筑

见72页。

新世贸大厦观景台 观景台

见73页。

美国国立印第安人博物馆 博物馆

见444页地图 (National Museum of the American Indian; ☎212-514-3700; www.nmai.si.edu; 1 Bowling Green; ⊙周五至周三 10:00~17:00, 周四至20:00; ⑤4/5至Bowling Green; R/W至Whitehall St) 免费 作为史密森尼学会 (Smithsonian Institution) 的下设机构，这个纪念美国印第安人文化的典雅的博物馆位于卡斯·吉尔伯特 (Cass Gilbert) 1907年设计的壮丽的海关大楼 (Custom House) 中，是纽约最好的学院派建筑风格建筑之一。穿过宽广的椭圆形大厅，这些精美的展馆里不定期会有各种展览，记录印第安人的艺术、文化、生活和信仰。这里的永久性藏品包括美轮美奂的装饰艺术、纺织物和仪式用品，这些收藏记录了整个美国多种多样的印第安文化。

馆外有4尊巨大的女性雕塑，出自丹尼尔·切斯特·法兰奇 (Daniel Chester French) 之手，他还创作了位于华盛顿林肯纪念堂 (Lincoln Memorial) 的林肯坐像。这4尊雕像 (从左到右) 分别代表了亚洲、北美洲、欧洲和非洲，显示了20世纪初美国的世界观。

这里还举办一系列的文化活动，包括舞蹈和音乐表演、为儿童阅读、手工艺展示、电影和工作坊等。博物馆商店里有很多印第安风格的珠宝、书籍、CD和手工艺品。

法兰西斯酒馆博物馆 博物馆

见444页地图 (Fraunces Tavern Museum; ☎212-425-1778; www.frauncestavernmuseum.org; 54 Pearl St, Broad St和Coenties Slip之间; 成人/6~18岁/6岁以下 $7/4/免费; ⊙周一至周五正午至17:00, 周六和周日 11:00~17:00; ⑤J/Z至Broad St; 4/5至Bowling Green; R/W至Whitehall St; 1至South Ferry) 由5座18世纪早期的建筑组成，这座独特的博物馆、餐厅和酒吧的结合体，是为了纪念1783年一个决定美国国家命运的大事件。在独立战争 (Revolutionary War) 接近尾声时，英国正式交出了对纽约的控制权，美军总司令乔治·华盛顿 (George Washington) 在返回位于弗农山 (Mt Vernon) 的家之前，在二楼的餐厅向大陆军的军官们发表了告别演说。

这个地方始建于18世纪20年代，最初是商人斯蒂文·迪兰西 (Stephen De Lancey) 一家的时髦住宅。1762年，酒馆老板塞缪尔·弗朗西斯 (Samuel Fraunces) 将其买下，并改造成一家酒馆，叫作"皇后的脑袋" (Queen's Head)。独立战争结束后，纽约成为美国的第一个首都，这里被用于军事部、财政部和外交部的办公地。19世纪，酒馆关张并被废弃，之后更连遭几起火灾，大部分殖民地时期的建筑和当时荷兰人的建筑都被大火付之一炬。1904年，在历史上意义深远的社团革命之子 (Sons of the Revolution) 购下此处，将其恢复到接近殖民地时期的样子，这被视为美国在历史保护方面迈出的重要的第一步。

圣三一教堂 教堂

见444页地图 (Trinity Church; ☎212-602-0800; www.trinitywallstreet.org; 75 Broadway, 靠近Wall St; ⊙7:00~18:00; ⑤1, R/W至Rector St; 2/3, 4/5至Wall St) 圣三一教堂于1846年竣工，是当时纽约最高的建筑。教堂内有一个高280英尺 (约85米) 的钟楼，圣坛上方有七彩斑斓的彩色玻璃窗。一些名人在此长眠，包括开国元勋和首任财政大臣 (以及百老汇巨星) 亚历山大·汉密尔顿 (Alexander

Hamilton)。在这里还能看到像Concerts at One（周四13:00）这样的顶尖音乐演出，也可以欣赏到宏大的唱诗班演唱会，他们每年12月都会表演亨德尔（Handel）的《弥赛亚》（*Messiah*）。

这里最初是英国圣公会教区教堂，1697年由国王威廉三世（William Ⅲ）下令修建。这座教堂曾经管理几个选区教堂，包括圣保罗教堂（见本页）。由于在下曼哈顿地区拥有庞大的土地范围，这里是整个18世纪美国最富有、最具影响力的教堂。1776年，圣三一教堂在大火中被烧毁，修复后的教堂在1839年时再遇涅槃。又一次被整饬一新的教堂呈现出我们今天所见到的样貌，由英国建筑师理查德·厄普约翰（Richard Upjohn）设计的教堂，体现出新哥特主义对美国的影响。

圣保罗教堂 教堂

见444页地图（St Paul's Chapel；212-602-0800；www.trinitywallstreet.org；209 Broadway，靠近Fulton St；周一至周六 10:00~18:00，周日 7:00~18:00，墓地关闭时间 16:00；S A/C, J/Z, 2/3, 4/5至Fulton St；R/W至Cortland St；E至Chambers St）因1789年乔治·华盛顿举办就职典礼后在此举行祷告仪式而出名，这个古典教堂再次赢得世人关注则是源于"9·11"事件的余波。尽管被毁的世贸大厦离这里只有一街之隔，但它当时只有一块玻璃受损，于是得了"幸免于难的小教堂"（The Little Chapel That Stood）这一绰号。随后，它昼夜不停地提供避难帮助，为最先出动的人员和救援人员提供精神和情感上的支持以及食物。

教堂内部是素净的白色，与镀金的"荣耀"祭坛形成鲜明对比，祭坛是皮埃尔·朗方（Pierre L'Enfant）设计的，他后来还为华盛顿特区规划了主要街道。展品讲述了圣保罗教堂在纽约历史中发生的故事，而在后面的小小的纪念教堂（Chapel of Remembrance）则陈列着"9·11"事件相关的手工制品，其中有用现场找到的钢铁遗留物制作的十字架，令人动容。

2016年，一项重大的修复工程竣工，教堂也迎来了建成250周年。独立战争时期的一些美国名人在教堂后的墓园（16:00停止进入）长眠。

美国金融博物馆 博物馆

见444页地图（Museum of American Finance；212-908-4110；www.moaf.org；48 Wall St，Pearl St和William St之间；成人/儿童 $8/免费；周二至周六 10:00~16:00；S 2/3, 4/5至Wall St）金钱是这家互动式博物馆的主旋律，美国金融史上的历史性时刻在这里被一一展示。这里的永久收藏品中有很多难得一见的具有历史意义的货币（包括南北战争时期美国南方各州使用的邦联货币），还有镀金时代（Gilded Age）的股票、债券，以及华尔街最古老的图片和一台来自大约1875年的证券报价机。

这里曾经是纽约银行（Bank of New York）的总部，这个过于宏伟的建筑有30英尺（约9米）高的天花板、帕拉迪奥式的窗户、连接夹层的华丽楼梯、玻璃枝形吊灯，以及描绘着银行业和贸易业历史场景的壁画。

纽约联邦储备银行 知名建筑

见444页地图（Federal Reserve Bank of New York；212-720-6130；www.newyorkfed.org；33 Liberty St，靠近Nassau St；入口靠近44 Maiden Lane；需预约；导览游 周一至周五 13:00和14:00；S A/C, J/Z, 2/3, 4/5至Fulton St）**免费** 来这里最重要原因是有机会（短暂）一瞥其戒备森严的金库——位于地下80英尺（约24米）处，储存着1万多吨黄金。你当然只能看到九牛一毛，但是可以申请预约免费的导游讲解参观（必须提前几个月预约），绝对不虚此行。

就算不参加导览游，你也可以看看银行的互动式博物馆，可以深入了解银行的历史，当然这也是需要在网上提前预约的。记得带上你的驾照或护照。

联邦大厅 博物馆

见444页地图（Federal Hall；212-825-6990；www.nps.gov/feha；26 Wall St；全年 周一至周五 9:00~17:00，7月至10月 周六 9:00~17:00；S J/Z至Broad St, 2/3, 4/5至Wall St）**免费** 联邦大厅是希腊复兴式杰作，里面有一个专门介绍后殖民地时期的纽约的博物馆。主题包括乔治·华盛顿的就职典礼、亚历山大·汉密尔顿与纽约市的渊源以及约翰·彼得·曾格（John Peter Zenger）的抗争，曾格是一位印刷工，因在报纸中报道政府腐败被控诽谤罪，在此地被收监、审讯并最终被判无罪并释放。这里还有一个游客信息大厅，提供城市地图和实用手册。

联邦大厅所处的位置正是纽约第二座市政厅的所在地，完工于1703年，门口巨大的乔治·华盛顿雕像是它的标志。1788年，大楼经法国工程师皮埃尔·朗方重新规划设计，并被命名为联邦大厅；1789年4月30日华盛顿在此宣誓就任美利坚合众国首任总统（博物馆的藏品中就包括华盛顿当初宣誓时站立的石板）。1812年博物馆遭到毁坏，1834~1842年修复成如今的样子，一直到1862年这里都被用作美国海关大楼（US Customs House）。

每天10:00、13:00、14:00和15:00有时长30分钟的免费团队游。人手不足的时候情况可能有变，所以请提前打电话查询团队游次数和周六的营业时间。

艺术家空间
画廊

见444页地图（Artists Space; ☎212-226-3970; www.artistsspace.org; 55 Walker St, Broadway和Church St之间, SoHo; ⓘ营业时间不定; ⓈA/C/E, N/Q/R, 1至Canal St）**免费**艺术家空间是纽约最值得去的美术馆之一，它开业于1972年，以支持致力于视觉艺术的当代艺术家为使命，展出内容包括视频、电子媒体和表演以及建筑和设计。它已经有40多年历史了，如今搬到了新场地，对想看到新鲜、刺激和实验性质创意的人来说，这里仍然是一个正确的选择。最新展览详情请登录网站查询。

美国海岸警卫队快艇"丁香号"
轮船

见444页地图（USCGC LILAC; www.lilacpreservationproject.org; Pier 25, 靠近N Moore St; ⓘ5

值得一游

史丹顿岛（STATEN ISLAND）

史丹顿岛又被嘻哈乐队Wu Tang Clan叫作"少林之地"，这里有丝绒运动服、分隔板和铝壁板，MTV出品的电视剧Jersey Shore里有3位演员也是出自这里，但这里感觉和曼哈顿差了十万八千里。要不是因为与这个岛同名的渡船停泊在下城区的圣乔治（St George），史丹顿岛恐怕早就被人遗忘了。但这个不怎么时尚的郊区也不乏吸引人的地方，特别是在文化和美食方面。夏天，在河滨的**County Bank Ballpark**（☎718-720-9265; www.siyanks.com; Richmond County Bank Ballpark, 75 Richmond Tce; 门票 $12; ⓘ售票处 周一至周五 9:00~17:00; ⒮Staten Island）会举办有趣的美国职棒小联盟比赛。

斯纳格港文化中心和植物园[Snug Harbor Cultural Center & Botanical Garden; ☎718-425-3504; www.snug-harbor.org; 1000 Richmond Tce; 美术馆和寄兴园（Chinese Scholar's Garden）成人/儿童 $8/免费, 只参观花园 免费; ⓘ欣赏庭院 每天 黎明至黄昏, 寄兴园 周三至周日 10:00~17:00, 11月至次年3月 周五至周日 11:00~16:00, 纽豪斯当代艺术中心（Newhouse Center for Contemporary Art）, 周三至周日 10:00~17:00, 海上珍品收藏（Noble Maritime Collection）周四至周日 13:00~17:00, 史丹顿岛博物馆 周二至周五 11:00~17:00, 周六和周日 10:00~17:00; ⒮S40至Snug Harbor]是史丹顿岛最佳景点，从这里能一览静谧的花园、历史建筑和艺术馆。亮点有艺术品云集的史丹顿岛博物馆、古代风格的寄兴园、仿佛罗伦萨的Villa Gamberaia而建的托斯卡纳花园（Tuscan Garden）、还有一个迷人的航海博物馆。从轮渡码头向西走2英里（约3.2公里）就可以到达；可搭乘在主入口停靠的公交S40。

在史丹顿岛正中心的**里士满历史名镇**（Historic Richmond Town; ☎718-351-1611; www.historicrichmondtown.org; 441 Clarke Ave; 成人/儿童 $8/5, 周五 免费; ⓘ周三至周日 13:00~17:00, 6月至8月 正午起; ⒮S74至Arthur Kill Rd & Clarke Ave）有一些著名建筑，比如美国最古老的校舍、拥有300年历史的两层红木建筑瓦尔莱泽之家（Voorlezer's House）。平日的导览游（含门票）在13:30开始，周末是15:30开始。从轮渡处搭乘公交车，到这里要花40分钟。

爱丽斯·奥斯汀（Alice Austen）是美国第一位在历史上留名的女摄影师，她的**故居**（☎718-816-4506; www.aliceausten.org; 2 Hylan Blvd, 靠近Edgewater St; 建议捐赠 $3; ⓘ3月至12月

月末至10月 周四16:00~19:00，周六和周日14:00~19:00；🚇；[S]1至Franklin St；A/C/E至Canal St）**免费** 航海爱好者可以登上美国海岸警卫队快艇"丁香号"，这是美国仅存的一艘蒸汽动力灯塔补给船，曾经在美国灯塔全面自动化之前，把补给品送给灯塔和灯塔守护者。丁香号于1933年开始投入使用，1972年退役，从2011年起就停泊在Pier 25码头上，经过翻修，现在成为教育和社区资源。

鲍灵格林公园 公园

见444页地图（Bowling Green；Broadway和State St交叉路口；[S]4/5至Bowling Green；R/W至Whitehall St）鲍灵格林公园是纽约最古老，可能也是最小的公园。据说就在这里，荷兰殖民者彼得·米纽伊特（Peter Minuit）用相当于24美元的价格从印第安人手中买下了曼哈顿岛。公园的北边矗立着阿图罗·迪·莫迪卡（Arturo Di Modica）设计的重约3175千克的华尔街铜牛。1989年，也就是股市崩溃2年之后，铜牛曾神秘地出现在纽约证券交易所门口，之后就一直放在公园里。

2017年3月，一家金融公司树立了一座名为《无畏女孩》（Fearless Girl）的雕像，她的姿势好像在对抗铜牛，公众对此评价不一，于是公园重新进入到人们的视线里。有人为雕像所包含的女性主义和反资本主义的强烈象征意义而欢呼。但铜牛雕像的创作者迪·莫迪卡（Di Modica）却斥责它歪曲抹黑了自己的创作，并要求立刻把女孩雕像撤掉。随后公众围绕此争议展开了争论和协商，直到2018年雕像才被移走。

周二至周日11:00~17:00，1月和2月 只接受预约；🚌S51至Hylan Blvd & Bay St）位于海港边。这里可以让你一睹她的生活和艺术作品。故居就位于韦拉札诺海峡大桥（Verrazano-Narrows Bridge）的北面，可以在轮渡终点站搭乘公交车，距离约2.4英里（约3.9公里），坐15分钟就到了。

从渡船码头走几步就来到**Enoteca Maria**（📞718-447-2777；www.enotecamaria.com；27 Hyatt St；主菜$16~25；⏰周三至周五 正午至23:00，周六和周日 15:00起；📶；🚢Staten Island），这是一家气氛愉快、温馨明亮的意式餐馆，友好热情又特别内行的"nonne"（意大利语"祖母"的意思）用旧世界的菜谱精心烹制佳肴。需提前预订。

要想喝到价格合理的咖啡、吃到鹰嘴豆沙三明治、买到二手书，顺便感受社会行动主义，不要错过**Everything Goes Book Café & Neighborhood Stage**（📞718-447-8256；www.etgstores.com/bookcafe；208 Bay St；三明治$4~7；⏰周二至周四 正午至21:00，周五和周六 至22:00，周日 正午至17:00；📶📶；🚢Staten Island）。从渡船码头出发，沿着Bay St往南走0.5英里（约800米）即可到达。

走进**Lakruwana**（📞347-857-6619；http://lakruwana.com；668 Bay St和Broad St交叉路口；主菜$12~14；⏰周二至周五 正午至15:00和17:00~22:00，周六和周日 正午至22:00；🚢Staten Island）就像踏进了一座印度神庙。这家颇有风情的小吃馆有让人垂涎三尺的咖喱、用藏红花着色的米饭和其他斯里兰卡美食。周末来再好不过，届时会有自助餐，让你大快朵颐。吃饱以后，别忘了参观楼下的小博物馆，那里展出斯里兰卡的仪式物品。这里位于渡船码头以南1.2英里（约2公里）处。

Flagship Brewing Company（📞718-448-5284；www.flagshipbrewery.nyc；40 Minthorne St；⏰周二和周三14:00~22:00，周四至周六 正午至午夜，周日 正午至20:00；🚢Staten Island）足以让你乘渡船登岛后流连忘返，它在一个庞大的酒吧里供应解渴的精酿啤酒，每个月还有现场乐队演出。

要想上岛，可以免费乘坐史丹顿岛渡船（见88页），连接下曼哈顿和史丹顿岛最北端的圣乔治。游轮整点都有班次。

⊙ 纽约港

自由女神像 纪念碑

见66页。

艾利斯岛 地标

见68页。

⊙ 炮台公园城

★ 犹太遗产博物馆 博物馆

见444页地图(Museum of Jewish Heritage; ☎646-437-4202; www.mjhnyc.org; 36 Battery Pl; 成人/儿童 $12/免费,周三 16:00~20:00 免费; ⓗ周日至周二10:00~18:00,周三和周四 至20:00, 3月中至11月中 周五 至17:00,全年其他时间周五 至15:00,周六闭馆; ♿; ⓢ4/5至Bowling Green; R/W至Whitehall St)这座滨水的博物馆展示了近代犹太民族身份和文化的方方面面,从宗教传统到艺术成就。博物馆的核心展览详细介绍了大屠杀发生的情况,展出了个人手工制品、照片和纪录片,让人感同身受,引人遐思。博物馆外的墓园(Garden of Stones)由艺术家安迪·高兹沃斯(Andy Goldsworthy)设计建造,献给那些在犹太人大屠杀(Holocaust)中痛失所爱的人们。18块巨石形成了一条幽深的小径,让人感慨生命的脆弱。

建筑本身有三层和六条边,象征着大卫之星和在第二次世界大战中被屠杀的600万犹太人。除了展览,这里还会放映电影、举办音乐会和系列讲座,特殊节日还会有演出。这里经常向带孩子的家庭提供免费学习班,现场还会提供符合教义的犹太洁食,包括多种风味的熏鲑鱼。

炮台公园 公园

见444页地图(Battery Park; www.nycgovparks.org; Broadway, 靠近Battery Pl; ⓗ日出至次日1:00; ⓢ4/5至 Bowling Green; R/W至Whitehall St; 1至 South Ferry)这座占地12英亩(约4.85公顷)的绿地位于曼哈顿的南端,有公共艺术品、蜿蜒的步道和多年生植物花园,吸引着游客光临。这里矗立着大屠杀纪念碑(Holocaust Memorial)和爱尔兰饥荒纪念碑(Irish Hunger Memorial)。荷兰人1623年的定居点就是公园所在地。也就是在这里,第一个加农炮"炮台"树立起来,保护阿姆斯特丹人新建立的定居点。你还可以在这里参观历史悠久的**克林顿城堡**(Castel Clinton; 见444页地图; ☎212-344-7220; www.nps.gov/cacl/index.htm; ⓗ7:45~17:00),或者乘坐渡船前往艾斯利岛和自由女神像。

注意!很多骗子都在欺骗想去参观自由女神像的游客。Statue Cruises是唯一的正规售票公司。如果你没在网上购票,就到克林顿城堡的售票处买票。谨防看起来很正规,实际是在兜售假票或者在卖其他渡船公司的票的骗子。

摩天大楼博物馆 博物馆

见444页地图(Skyscraper Museum; ☎212-968-1961; www.skyscraper.org; 39 Battery Pl; $5; ⓗ周三至周日 正午至18:00; ⓢ4/5至Bowling Green; R/W至Whitehall)热衷于生殖器崇拜式建筑的人肯定会喜欢这所紧凑而闪耀的博物馆,他们可以从设计、工程、城市改造方面细细品味这些高楼大厦。这里主要是一些临时展览,比如曾有展览探索了纽约新一代超薄的住宅楼建筑和世界最新超高层建筑。固定的展览包括帝国大厦和世贸中心的设计及建筑方面的资料。

⊙ 东河河滨 (East River Waterfront)

南街海港博物馆 博物馆

见444页地图(South Street Seaport Museum; www.southstreetseaportmuseum.org; 12 Fulton St; 印刷厂和商店免费; ⓢ2/3, 4/5, A/C, J/Z 至Fulton St)南街海港博物馆坐落在鹅卵石铺成的街道里,2017年迎来了开馆50周年,这里内容丰富的展览展示了纽约的海上历史,还有一个18世纪的印刷厂和商店(见88页),Pier 16码头上还有几艘巨大的帆船。其中一艘是19世纪的先锋号(见89页),天气温暖的月份可以乘坐它在海港行驶2小时。

⊙ 市政厅和市政中心 (City Hall & Civic Center)

伍尔沃斯大楼 知名建筑

见444页地图(Woolworth Building; ☎20

值得一游

总督岛（GOVERNORS ISLAND）

这个以前的军事基地200年来从不对外开放。现在的**总督岛**（☏212-825-3045；www.govisland.com；◉5月至10月 周一至周五10:00~18:00，周六和周日 至19:00；Ⓢ4/5至Bowling Green；1至South Ferry）**免费**却是纽约最受欢迎的季节性游乐场之一。每年夏天，免费轮渡将游客从下曼哈顿带到这处172英亩（约1044亩）的绿洲，只需7分钟。30英亩（约182亩）的绿地包括占地6英亩（约36亩）的、极具艺术性的利格特台地（Liggett Terrace）、10英亩（约60亩）的吊床林（Hammock Grove，设有50个吊床）和14英亩（约85亩）的游乐草坪（Play Lawn），草坪里有两块天然的草地球场，成人们可以玩垒球，还有为孩子们举办的少年棒球联赛。

随着山丘（The Hills）的建成，2016年7月开始，福利会更多。这个雄心勃勃的项目有4座假山，可以一览纽约城以及港口的壮丽美景。其中一座假山里建了4条滑道，其中一条是纽约最长的（57英尺，17.38米）。与此同时，大步道（Great Promenade）的精彩也不容错过。这条环绕总督岛、长2.2英里（约3.5公里）的漫步道，将下曼哈顿、布鲁克林、史丹顿岛和新泽西的美景一网打尽。岛上可以租自行车。

独立战争时期，这里成功地起到了军事要塞的作用。南北战争时期这里是同盟军的征兵处。1909年，威尔伯·莱特（Wilbur Wright）将这里选为起飞地，完成了绕着自由女神像飞行的壮举。1988年，这里还是标志着冷战结束的里根-戈尔巴乔夫峰会（Reagan-Gorbachev summit）召开的地方。**旗舰之家**（Admiral's House）建于1843年，这个巨大的、有柱廊的军事驻地属于诺兰公园（Nolan Park）中别致鬼镇的一部分，也是当年峰会的举办地，不妨一游。

其他历史古迹还包括：**杰伊要塞**（Fort Jay），虽然在1776年时被加固，但仍未能阻止英军进攻曼哈顿；**上校排**（Colonel's Row）展示了一些19世纪可爱的砖砌军官宿舍；还有恐怖的**威廉斯城堡**（Castle Williams），这栋19世纪的城堡后来被用作军事监狱。探索这里的最佳方式就是通过**美国国家公园管理局**（www.nps.gov/gois/planyourvisit）提供的导游服务，领略这一历史地区。具体日期和时间请登录网站查询。

到了6月，岛上会举办为期一周的Figment互动艺术节（www.figmentproject.org），届时艺术会大发光彩。

上岛需从炮台海事大楼（Battery Maritime Building）乘**渡船**（见444页地图；www.govisland.com；Battery Maritime Bldg, 10 South St；往返游 成人/儿童 $2/免费，周六和周日 10:00~11:30 免费；◉出发 5月至10月 周一至周五 10:00~16:15，周六和周日 至17:30；Ⓢ1至South Ferry；R/W 至Whitehall St；4/5 至Bowling Green）。

下曼哈顿和金融区 景点

3-966-9663；www.woolworthtours.com；233 Broadway，靠近Park Pl；30/60/90分钟的团队游 $20/30/45；ⓈR/W至City Hall, 2/3至Park Pl；4/5/6至Brooklyn Bridge-City Hall）在1913年竣工时，伍尔沃斯大楼是当时世界最高的大楼[1930年"世界第一高"称号让位给克莱斯勒大厦（Chrysler Building）]，由卡斯·吉尔伯特（Cass Gilbert）设计的这栋60层、792英尺（约241米）高的大楼是一个新哥特式建筑的奇迹，外表覆盖着砖石和陶瓦，十分优雅。其标志性的大厅里那瑰丽庭式的马赛克令人目眩神迷，叹为观止。只有提前预约才能进入大厅，在这里还可以细致地欣赏这座建筑更多奇特的地方，比如一个专用的地铁入口和一个隐秘的游泳池。

在介绍词里，这个建筑被形容为"商业教堂"，虽然有些冒犯，但是总部设在这里的廉价商品连锁店的老板弗兰克·F.伍尔沃斯（FW Woolworth）认为这是赞美，并以此自诩。今天，这里更像是一个分户式公寓组成的大殿，因为最高的30层改建成了超豪华住宅，其中包括占据最高7层的"顶层套房"

(Pinnacle Penthouse)。

非洲(黑奴)公墓国家纪念碑 纪念碑

见444页地图(African Burial Ground National Monument; ☎212-637-2019; www.nps.gov/afbg; 290 Broadway, Duane St和Reade St之间; ◎纪念碑 4月至10月 10:00~16:00, 游客中心 全年周二至周六 10:00~16:00; ⓢJ/Z至Chambers St; R/W至City Hall; 4/5/6至Brooklyn Bridge-City Hall) **免费** 1991年建筑工人在这里发掘出400多口叠的棺木,就在马路下方16~28英尺(4.9~8.5米处)。棺材里面是17、18世纪被下葬在那里的非洲奴隶和自由的非裔美国人尸骨(当时附近的圣三一教堂墓园不允许非洲黑人下葬)。如今,为了纪念曾被下葬在这里的大约15,000名男女老少,这里建立了纪念碑,发人深省,还有一个游客中心。

 ## 就餐

金融区美食多了很多新选择,Brookfield Place众多高档的快餐和很多成熟的葡萄酒商交相辉映,比如**North End Grill**(见81页)和**Shake SHack**。再往北走,翠贝卡(Tribeca)也很时髦,那里有一连串名厨喜欢光顾的地方,还有纽约最佳移动餐馆Arcade Bakery。

ARCADE BAKERY 面包店 $

见444页地图(☎212-227-7895; www.arcadebakery.com; 220 Church St, Worth St和Thomas St之间; 油酥点心 $3起,三明治 $9, 比萨 $9~13; ◎周一至周五 8:00~16:00; ⓢ1至Franklin St)这家小餐馆位于一个20世纪20年代的办公楼的拱形大厅里,柜台出售色香味俱全、新鲜出炉的美食。这里有精心制作的三明治和(正午到16:00)几种蓬松外皮的比萨,混合着蘑菇、焦糖洋葱和山羊芝士等。最好吃的应该是纽约最佳杏仁羊角面包。

Shake Shack 快餐 $

见444页地图(☎646-545-4600; www.shakeshack.com; 215 Murray St, West St和North End Ave之间; 汉堡 $5.55~9.95; ◎11:00~23:00; ☎; ⓢA/C, 1/2/3至Chambers St)丹尼·迈耶(Danny Meyer)的汉堡连锁店是快餐店里的头牌:绵软的汉堡包夹着品质极好的新鲜肉饼,没有添加激素和抗生素的热狗肠;还有真心好吃的芝士薯条。像当地人一样喝一杯产自布鲁克林酿酒厂的燕麦啤酒或异常柔滑且热量满满的冻奶昔。

EL LUCHADOR 墨西哥菜 $

见444页地图(☎646-398-7499; www.elluchador.nyc; 87 South St, 靠近John St; 主菜 $7.25~9.50; ◎11:00~22:00; ☎; ☒M15至Pearl St/Fulton St, ⓢ2/3至Wall St)找找这辆20世纪60年代Airstream牌巨大的银色拖车,它供应新鲜出炉的玉米煎饼、玉米卷和炸玉米饼,用了肋排、肉丝、卤鸡或烤褐菇。与南街海港其他一些餐厅相比,这里好客也更朴实。

DA MIKELE 比萨 $$

见444页地图(☎212-925-8800; www.luzzosgroup.com/about-us-damikele; 275 Church St, White St和Franklin St之间; 比萨 $17~21; ◎周日至周三 正午至22:30, 周四至周六 至23:30; ⓢ1至Franklin St; A/C/E, N/Q/R, J/Z, 6至Canal St)Da Mikele是一家融意大利和翠贝卡风味于一体的比萨店,在这里压罐和循环使用的木头与复古的Vespa摩托和谐共处,工作日

南街海港(SOUTH STREET SEAPORT)

这里被铺着鹅卵石的街道包围着,有海军仓库,在桑迪飓风2012年肆虐这里之前,这里更多见的是游客。虽然它曾在航海和历史上都很重要,但被营造出的"主街"感觉、街头艺人和人潮汹涌的劣质餐馆冲淡了那种历史感。复兴和再开发的进程非常缓慢,但最近势头有所上升。位于Pier 17码头的商场于2018年夏天开业,它4层高,外表光亮,有一个巨大的美食广场,屋顶还有娱乐项目;后续也许还会建造极高的建筑。与城里其他地方一样,全新的东西会威胁对历史建筑的保护,不过这里还是有几个酒吧和餐馆保留了原有的氛围,值得一去。

夜晚来杯开胃酒（17:00~19:00），给生活增添甜蜜（dolce vita），还可以尝试免费好吃的酒吧小食。不过，最特别的还是比萨。我们所说的是稍微有点烧焦但又完全不影响口感、有嚼劲的比萨，好到足以让那不勒斯人都流泪。

BROOKFIELD PLACE 食品市场 $$

见444页地图（☎212-978-1698；www.brookfieldplaceny.com；230 Vesey St，靠近West St；⊙；⑤E至World Trade Center；2/3至Park Pl；R/W至Cortlandt St；4/5至Fulton St；A/C至Chambers St）这家装饰豪华的高端办公室兼零售综合体有两个很好的食品市场。如果你热爱法国食物，就去Le District（见本页），这个迷人、锃亮的市场有几个独立经营的餐厅和柜台，出售各种吃的，从黏嘴的奶酪到鱼排薯条。一层以上有**Hudson Eats**（见444页；☎212-417-2445；⊙周一至周六10:00~21:00，周日正午至19:00；⊙），这个时髦的地方出售高档的快餐，从寿司和玉米片到沙拉和汉堡，应有尽有。

TWO HANDS 澳大利亚菜 $$

见444页地图（www.twohandsnyc.com；251 Church St，Franklin St和Leonard St之间；午餐和早午餐 主菜 $14~19，晚餐 $18~29；⊙8:00~22:00；☎；⑤1至Franklin St；N/Q/R/W、6至Canal St）这家现代风格的咖啡馆兼餐厅色调是浅蓝色的，砖墙刷得雪白，让人觉得又有魅力又活泼。白天供应轻食，从碎牛油果或烤蘑菇，到澳大利亚式的汉堡（加奶酪、煎蛋和甜菜开胃菜），晚餐则更正式一点，比如鳕鱼加香草芝麻酱和花椰菜，或是烤鸡。咖啡也很上档次。

GRAND BANKS 海鲜 $$

见444页地图（☎212-660-6312；www.grandbanks.org；Pier 25，近N Moore St；牡蛎 $3~4，主菜 $23~27；⊙5月至10月中 周一和周二 15:00至午夜，周三至周五 正午起，周六和周日 11:00起；⑤1至Franklin St；A/C/E至Canal St）这家餐厅位于停泊在哈德逊河上的纵帆船Sherman Zwicker上面，主厨Kerry Heffernan的菜肴使用了大量海鲜，亮点是大西洋牡蛎（你还可以试试酸橘子腌鱼、龙虾卷或软壳蟹）。下班后和周末，这里挤满了着装讲究的人；人们伴着夕阳来这里喝一杯，欣赏壮丽的日落。

★ LOCANDA VERDE 意大利菜 $$$

见444页地图（☎212-925-3797；www.locandaverdenyc.com；377 Greenwich St，靠近Moore St；主菜 午餐 $23~34，晚餐 $25~38；⊙周一至周四 7:00~23:00，周五至23:30，周六 8:00~23:30，周日至23:00；⑤A/C/E至Canal St，1至Franklin St）穿过天鹅绒窗帘，你会看到在长长的吧台后坐满了解开衬衫领或穿着小黑裙的客人，还有服务娴熟的侍应生。这家出名的啤酒吧供应现代的意大利风味的美食，比如自制肋状通心粉加热内亚兔子，或是铁板剑鱼加碎茄子什锦蔬菜。周末早午餐也不单调：试试挪威海螯虾和粗燕麦粉或柠檬乳清干酪煎饼加蓝莓。

BÂTARD 新派美国菜 $$$

见444页地图（☎212-219-2777；www.batardtribeca.com；239 W Broadway，Walker St和White St之间；2/3/4 道菜 $58/75/85；⊙周一至周六 17:30~22:30，周五 正午至14:30；⑤1至Franklin St；A/C/E至Canal St）奥地利主厨Markus Glocker经营着这家温暖的米其林热门餐厅，餐厅内部装饰很简单，因为心思都花在食物上面。Glocker的菜口味均衡又颇具质感，无论是脆脆的海鲈鱼加圣女果、罗勒叶和芦笋，意大利调味饭加兔肉香肠、花椰菜spigarello和柠檬酱，还是生扇贝加牛油果慕斯、酸橙、小萝卜和黑芝麻。

NORTH END GRILL 美国菜 $$$

见444页地图（☎646-747-1600；www.northendgrillnyc.com；104 North End Ave，靠近Murray St；主菜 午餐 $27~36，晚餐 $36~48；⊙周一至周四 11:30~22:00，周五 至22:30，周六 11:00~22:30，周日 11:00~20:00；☎；⑤1/2/3，A/C至Chambers St；E至World Trade Center）这是英俊、聪明又友好的名厨丹尼·迈耶（Danny Meyer）开的美国烤肉店。制作顶级（草药和蔬菜来自餐厅自己的屋顶花园）时髦的治愈系美食，西装革履的中年大叔和穿着随意的普通路人都可以欣然享用。

LE DISTRICT 法餐大排档 $$$

见444页地图（☎212-981-8588；www.

1

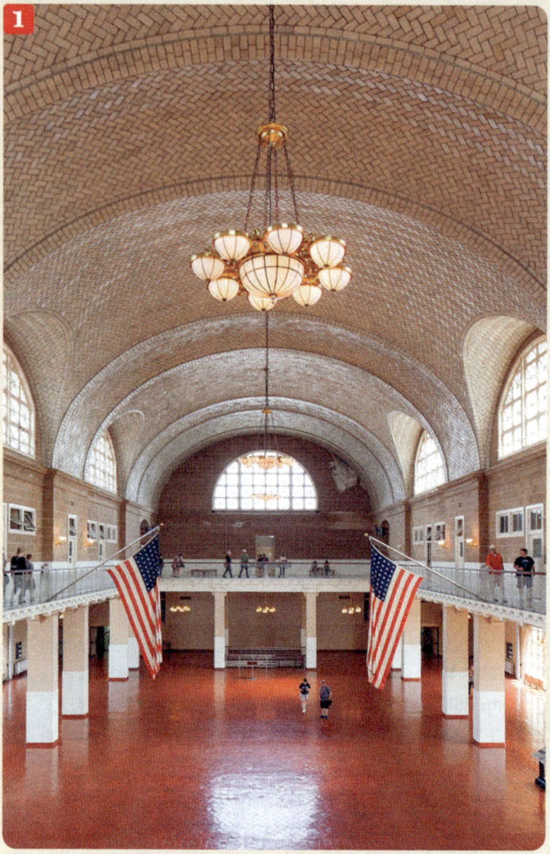

PRICEM / SHUTTERSTOCK ©

2

4

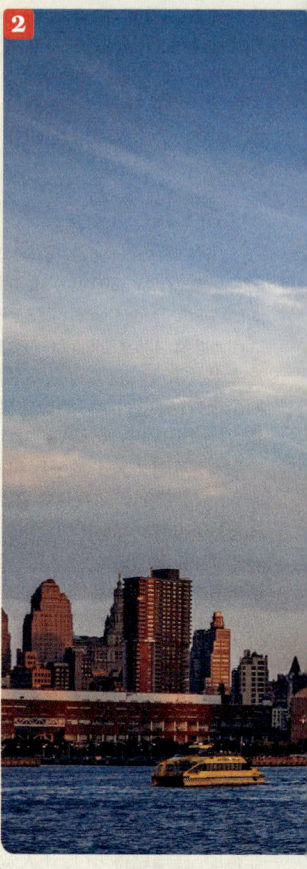

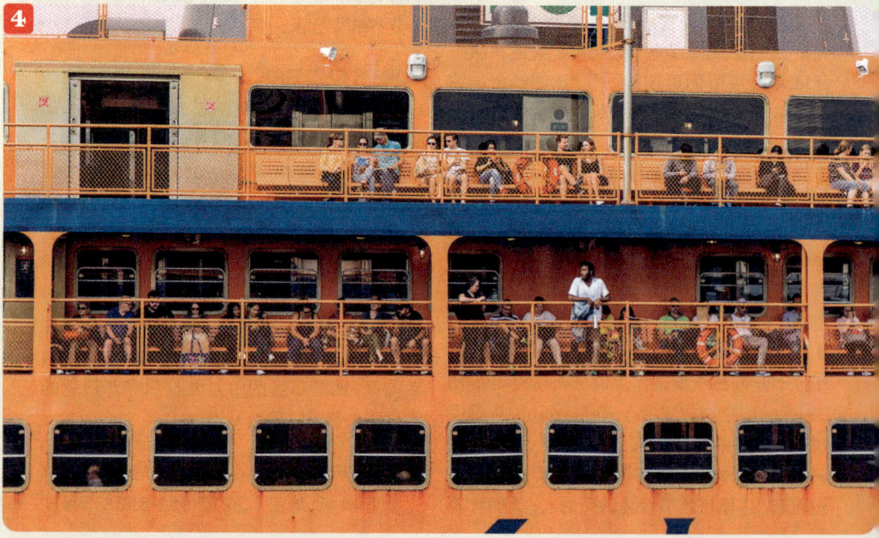

1. **艾利斯岛登记处**（见68页）
近40%的美国人都有一位祖先曾从艾利斯岛过检。

2. **下曼哈顿和金融区**（见64页）
新世贸大厦（见72页）是下曼哈顿天际线最壮丽的景观，也是纽约最高的建筑。

3. **自由女神像**（见66页）
虽然到达皇冠需要艰难地爬393级台阶，但上去以后就可以欣赏到纽约城和海港震撼的美景。

4. **史丹顿岛轮渡**（见88页）
登上橘黄色的渡船，免费在史丹顿岛和下曼哈顿之间巡游。

ledistrict.com; Brookfield Place, 225 Liberty St, 靠近West St; 市场 主菜 $12~30, 蓬皮杜 晚餐 主菜 $25~37; ⌚蓬皮杜 周一至周五 7:30~23:00, 周六和周日 8:00起, 其他时间不定; 🛜; Ⓢ E至World Trade Center; 2/3至Park Place; R/W至Cortlandt St; 4/5至Fulton St; A/C至Chambers St) 这家庞大的法餐大排档可以看作是哈德逊河上的巴黎,里面有各式法餐,从特别光亮的油酥点心到好看的开口三明治,再到味道很重的奶酪和鱼排薯条。主餐厅蓬皮杜供应菜式丰富的法餐,如果你只想坐下来吃顿快餐,就到市场区柜台,来一份汉堡,或到咖啡馆区来一份可口的可丽饼。

花园区出售新鲜农产品、杂货,还有一个沙拉吧,心血来潮的时候,可以多买几样,到河边午餐。

市场区、咖啡区和花园区各家店铺开业时间各不相同,请登录网站查询详细时间。

饮品和夜生活

17:00下班时间到,白领精英们并不总是急于回家,在Stone St、华尔街和南街海港附近的红酒吧和小酒馆里松松领带再来一杯,生活多美好。翠贝卡别有一番风味,这里有手工咖啡馆和受人推崇的鸡尾酒吧。

★ DEAD RABBIT   鸡尾酒吧

见444页地图(☎646-422-7906; www.deadrabbitnyc.com; 30 Water St, Broad St和Coenties Slip之间; ⌚酒吧 11:00至次日4:00, 客厅 周一至周六 17:00至次日2:00, 周日 至午夜; Ⓢ R/W至Whitehall St; 1至South Ferry)这只人们最想要的"兔子"经常被投票选为全世界最佳酒吧,它的名字是为了纪念一个穷凶极恶的爱尔兰裔的美国黑帮。来这家撒着木屑的酒吧可以品尝特色啤酒、传统潘趣酒和汽水酒(加了点不同的口味发酸的艾尔啤酒花)。晚上来就直奔楼上舒服的客厅,品尝精心调制的鸡尾酒。很多华尔街上班族下班以后都会来到这里。

★ BLUESTONE LANE   咖啡馆

见444页地图(☎646-684-3771; www.bluestonelaneny.com; 30 Broad St, 入口在New St; ⌚周一至周五 7:00~17:30, 周六和周日 8:00~16:40; Ⓢ J/Z至Broad St; 2/3, 4/5至Wall St)纽约证券交易所正忙于处理股票,而它不起眼的澳大利亚街坊则在热卖着杀手咖啡。这里装点着复古的墨尔本纪念品,坐落在一栋装饰艺术风格的办公大楼的角落。西服革履、想家的澳大利亚人总来光顾,热切地想喝杯不错的、口感如天鹅绒般的Joe。

BRANDY LIBRARY   鸡尾酒吧

见444页地图(☎212-226-5545; www.brandylibrary.com; 25 N Moore St, 靠近Varick St; ⌚周一至周三 17:00至次日1:00, 周四 16:00至次日2:00, 周五和周六 16:00至次日4:00; Ⓢ 1至Franklin St)如果你认为饮酒是一件严肃的事,那就来这家超级华丽的酒类"图书馆"。坐在漂亮的大班椅上可以看到从地面到天花板,一排排整齐地摆满酒瓶的架子。尝尝最好的白兰地、麦芽苏格兰威士忌或是老式白兰地,再配上精致的小点心,比如格鲁耶尔奶酪泡芙和鞑靼牛肉。周六晚上通常比平日更安静,适合来这个安静的地方促膝谈心。

COWGIRL SEAHORSE   酒吧

见444页地图(☎212-608-7873; www.cowgirlseahorse.com; 259 Front St, 靠近Dover St; ⌚周一至周四 11:00~23:00, 周五 11:00至深夜, 周六 10:00至深夜, 周日 10:00~23:00; Ⓢ A/C, J/Z, 2/3, 4/5至Fulton St)在一片非常严肃的酒吧和餐厅里, Cowgirl SeaHorse是一艘开派对的大船。这里以航海为主题,有好吃的酒吧小食,非常大的盘子里堆着玉米片和蒸肉,冰冰的玛格丽塔又甜又刺激,喝了一杯绝不会拒绝第二杯——对那些想彻底放松的游客来说,这里决不能错过。

TERROIR TRIBECA   葡萄酒吧

见444页地图(☎212-625-9463; www.wineisterroir.com; 24 Harrison St, 靠近Greenwich St; ⌚周一和周二 16:00至午夜, 周三至周六 至次日1:00, 周日 至23:00; Ⓢ 1至Franklin St)获过奖的Terroir用它专业、性价比又很高的酒单(菜单标新立异又很有趣,一定要读一读)让嗜酒之人一饱口福。这里的酒囊括旧世界和新世界的,其中还有比较小的生产商制造的天然葡萄酒和创意产品。你可以按杯来品尝很多口味,仿佛环游美酒的世界一样。早点和晚点也有欢乐时光。

步行游览
下曼哈顿区域地标建筑

起点 La Colombe
终点 联邦大厅
距离 2.5英里（约4公里）；3小时

隐秘曲折又迷惑人的小巷、哥特式教堂以及20世纪初期的摩天大楼群：下曼哈顿充满历史气息。

先从 ❶ **La Colombe** 的一杯咖啡开始。19世纪时，这里是反奴隶运动的"地下通道"，有秘密的道路网和房子，当时被奴役的非裔美国人可以安全地经此前往自由州或者加拿大。该建筑位于Lispenard St的那一面上有一块牌匾，记录了这一事实。

再往西走，在Varick St和N Moore St交叉路口你将发现 ❷ **8 Hook & Ladder**，因是1984年的影片《捉鬼敢死队》（*Ghostbusters*）中的鬼魂大本营而为人熟知。

沿着Varick St继续南走，然后左转至Leonard St，在与Church St交叉路口的东南角是1901年修建的 ❸ **纺织大楼**（Textile Building）。大楼的建筑师亨利·J.哈登堡（Henry J Hardenbergh）后来还设计了中城区地标性的纽约广场饭店（Plaza Hotel）。

沿着Church St再往南走，左转进入Park Pl，接着右转就到了百老汇。在你面前的是新哥特主义的 ❹ **伍尔沃斯大楼**（见78页）。

沿百老汇继续南行，穿过Vesey St就会在右手边看到 ❺ **圣保罗教堂**（见75页），这是纽约现存唯一保存完好的独立战争前的教堂。

在其后面就是世贸中心遗址，现在是 ❻ **9·11国家纪念碑**（见70页）和 ❼ **博物馆**（见70页）。博物馆收藏了与2001年恐怖袭击相关的工艺品，而纪念碑本身有两个巨大的倒影池，就建在倒塌的双子塔原址。池塘之上赫然耸立着的是1776英尺（约541.3米）高的新世贸大厦，站在直冲云霄的 ❽ **观景台**（见73页）上，能俯瞰远近的无限风光。

沿着百老汇再往南是 ❾ **圣三一教堂**（见74页），1846年竣工时是纽约最高建筑。教堂的墓地是美国之父亚历山大·汉密尔顿

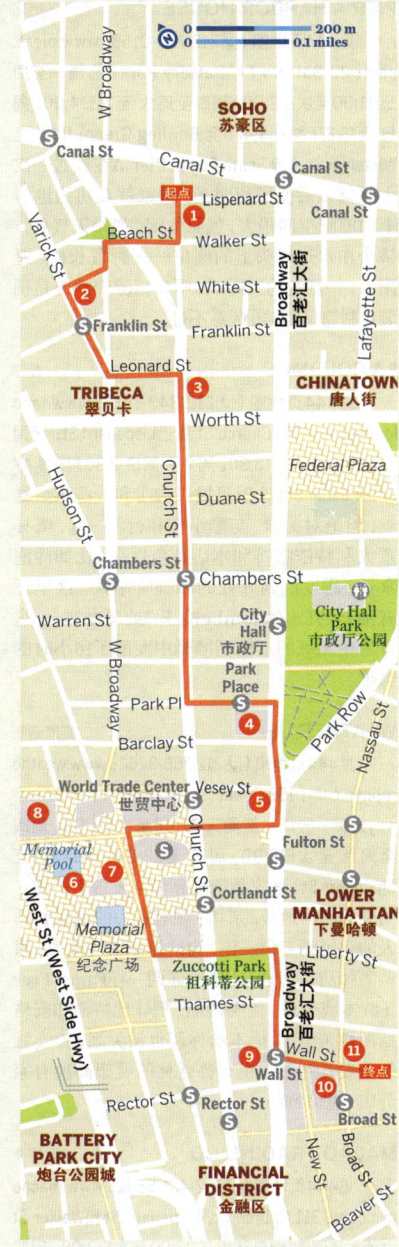

（Alexander Hamilton）最终长眠的地方。

往东走就到了华尔街的 ❿ **纽约证券交易所** 和 ⓫ **联邦大厅**（见75页）。

PIER A HARBOR HOUSE
酒吧

见444页地图（☎212-785-0153; www.piera.com; 22 Battery Pl, Battery Park; ◎周一至周三 11:00至次日2:00, 周四至周六 至次日4:00, 周日 至午夜; 🛜; §4/5至 Bowling Green; R/W 至 Whitehall St; 1 至South Ferry）Pier A在经过一次大整修以后变得很时尚，这家就在纽约港边上的酒吧空间很大，气氛休闲。如果天气好，挑个在水边码头上的座位——野餐长椅、遮阳伞，一览纽约天际线，啜口精酿啤酒或是桶装自制鸡尾酒，再惬意不过。

LA COLOMBE
咖啡

见444页地图（☎212-343-1515; www.lacolombe.com; 319 Church St 靠近Lispenard St; ◎周一至周五 7:30~18:30, 周六和周日 8:30起; §A/C/E至Canal St）这里只提供咖啡和一些烘焙糕点，但绝对美味。与酷小孩和行家一起，喝杯意大利特浓咖啡和本店特色饮品，比如冷泡拿铁、甜度恰到好处的冰咖啡拿铁。这里还有桶装的La Colombe冷压"纯黑咖啡"，这可是在无氧的不锈钢酒桶中发酵了16小时的咖啡。

WEATHER UP
鸡尾酒吧

见444页地图（☎212-766-3202; www.weatherupnyc.com; 159 Duane St, Hudson St和W Broadway之间; ◎周一至周三 17:00至次日1:00, 周四至周六 至次日2:00, 周日 至22:00; §1/2/3至Chambers St）这家酒吧融新潮与复古于一体：明亮温润的地砖，亲切、颇有魅力的酒保和诱人的鸡尾酒三位一体，为这里赋予了魔力。跟调酒师甜言蜜语，让他给你调一杯Fancy Free（波本威士忌、黑樱桃酒、橙快比特酒和安格斯图娜苦酒）。他不给你调也没关系，尝尝牡蛎配鞑靼牛排。在布鲁克林的展望高地有家分店（见312页）。

MACAO TRADING CO
鸡尾酒吧

见444页地图（☎212-431-8642; www.macaonyc.com; 311 Church St, Lispenard St和Walker St之间; ◎酒吧 周日至周三 17:00至次日2:00, 周四至周六 至次日4:00; §A/C/E至Canal St）虽然我们喜欢20世纪40年代有"赌博室"风格的酒吧式餐馆，但在这里楼下的"鸦片馆"（周四至周六营业）仍会让人心跳加速。这里的美酒佳肴是中葡融合式，无论在楼上或是楼下你都可以泡到很晚，尤其是当你找到一个舒服的角落喝着够味儿的酒，就更不想走了。

KAFFE 1668 SOUTH
咖啡馆

见444页地图（☎212-693-3750; www.kaffe1668.com; 275 Greenwich St, Warren St和Murray St之间; ◎周一至周四 6:30~21:00, 周五至20:30, 周六和周日 7:00~20:00; 🛜; §A/C, 1/2/3至Chambers St）这里是咖啡迷的圣地，有两个冲煮头的Synesso浓缩咖啡机调配出梦幻单品咖啡。大的公用咖啡桌旁边总是被白领利用着笔记本电脑的创意产业人员霸占着，楼下的位子要多一些。

SMITH & MILLS
鸡尾酒吧

见444页地图（☎212-226-2515; www.smithandmills.com; 71 N Moore St, Hudson St和Greenwich St之间; ◎周日至周三 11:00至次日2:00, 周四至周六 至次日3:00; §1至Franklin St）小小的Smith & Mills十分炫酷：外面找不到任何标记，店里面设计独特，还有大师级的手工调制鸡尾酒，偏向经典口味。空间狭小、位置有限，想舒舒服服地喝酒那就早点来。这里的菜单按季节变化，提供轻食，也有加了焦糖洋葱的巨无霸汉堡。

⭐ 娱乐

★ FLEA THEATER
剧院

见444地图（☎入场费 212-226-0051; www.theflea.org; 20 Thomas St, Church St和Broadway之间; ♿; §A/C, 1/2/3至Chambers St; R/W至City Hall）是除纽约百老汇以外最顶尖的公司之一，因为上演颇具创意又紧跟时代的表演而为人熟知。全新场馆里有3个表演空间，其中之一为了纪念曾经在这里演出的西格妮·韦弗（Sigourney Weaver）而以她的名字命名。常年演出的节目还包括音乐和舞蹈演出，也有针对少年儿童观众（5岁及以上）的表演，深夜还有欢乐的10分钟表演竞赛系列。

SOHO REP
剧院

见444页地图（Soho Repertory Theatre; ☎212-941-8632; www.sohorep.org; 46 Walker St, Church St和Broadway St之间; §A/C/E, 1至Canal

St）这是纽约非百老汇公司中最好的剧院之一，每年都会举办聚焦尖锐、创意十足新作品的三部曲展，吸引很多剧院粉丝和评论家。艾莉森·珍妮（Allison Janney）、艾德·奥尼尔（Ed O'Neil）和约翰·C艾利（John C Reilly）的首场表演都是从这里开始的，这家公司出品的作品荣获了十几个奥比奖（百老汇大街以外优秀剧目奖）。具体信息请登录网站查询。

CITY VINEYARD 现场音乐

见444页地图（www.citywinery.com；Pier 26, 靠近N Moore St；S1至Franklin St；A/C/E至Canal St）这家水边的酒吧兼餐厅有一个卡巴莱风格的表演空间，气氛亲密，有233个座位，每晚都会有现场音乐表演。节目主要是新兴的歌手创作人、民谣巨星，偶尔也有独立摇滚乐队；来这里表演过的名人包括苏珊·薇格（Suzanne Vega）、松鼠坚果拉链组合（Squirrel Nut Zippers）、肖恩·卡文（Shawn Colvin）、罗宾·希区柯克（Robyn Hitchcock）、灰狼一族组合（Los Lobos）、艾米·曼（Aimee Mann）、比利·布拉格（Billy Bragg）和Yo La Tengo组合。

购物

金融区在本质上并不是购物区，但是喜欢讨价还价的人都喜欢逛有便宜好货的圣地Century 21。在更往北的翠贝卡地区，可以在Hudson St街尾以及附近的街道欣赏高级的陈设、古董和许多精品店，那里贩卖从当地产的服装到手工斧头等各种物品。

★ PHILIP WILLIAMS POSTERS 二手店

见444页地图（212-513-0313；www.postermuseum.com；122 Chambers St, Church St和W Broadway之间；周一至周六10:00~19:00；SA/C, 1/2/3至Chambers St）在这个藏宝阁里，你可以看到近50万张海报，包括香水和白兰地的法国巨幅广告画、东欧的电影海报以及环球航空公司（TWA）的复古广告画。既有15美元的小制作，也有几千美元罕见的展览原作，如AM Cassandre。在52 Warren St那里还有一个入口。

★ CENTURY 21 时装和饰品

见444页地图（212-227-9092；www.c21stores.com；22 Cortlandt St, Church St和Broadway之间；周一至周三7:45~21:00，周四和周五至21:30，周六10:00~21:00，周日11:00~20:00；SA/C, J/Z, 2/3, 4/5至Fulton St；R/W至Cortlandt St）对于节俭的时髦人士而言，这家有巨大折扣的百货公司具有超强的吸引力。这里也可能很危险，想想你可能要挤过重重人群才能挤到大家都想去的货架。当然不是所有商品都那么诱人又便宜，但是坚持找找肯定能淘到宝贝。这里还有饰品、鞋子、化妆品、家居用品和玩具。

★ PEARL RIVER MART 百货商店

见444页地图（212-431-4770；www.pearlriver.com；395 Broadway, 靠近Walker St；10:00~19:20；SN/Q/R/W, J/M/Z, 6至Canal St）Pearl River是下城区一家开了40年的百货商店，有五花八门亚洲风格的礼物、家居用品、服装和饰品：男士丝绸睡衣、旗袍长裙、蓝白相间的日本陶瓷餐具、精巧的厨房用具、纸灯笼、折纸手工品和书法文具、竹类植物和让你来不及一个个挥手的招财猫摆件。这里是挑礼物的好地方。

BEST MADE COMPANY 时装和饰品

见444页地图（646-478-7092；www.bestmadeco.com；36 White St, 靠近Church St；周一至周六正午至19:00，周六11:00~19:00，周日11:00~18:00；SA/C/E至Canal St, 1至Franklin St）下次去露营的话，就到这个既是商店又是设计工作室的地方进行一次曼哈顿式大改造。选一些时髦货，比如纯手工的斧子、皮革帆布包、太阳镜、搪瓷露营杯，甚至是炫酷的镖靶和急救箱，很多都有特别的"X"商标。男士们的选择少一些，但也都很时尚，包括有设计感的法兰绒T恤衫、套头衫和运动衫，以及波特兰Dehen Knitting Mills出品的结实的针织品。

SHINOLA 时装和饰品

见444页地图（917-728-3000；www.shinola.com；177 Franklin St, Greenwich St和Hudson St之间；周一至周六11:00~19:00，周日正午至18:00；S1至Franklin St）这里是位于

底特律的Shinola的分店，以引人注目的腕表知名，里面有很多超级炫酷的美国制造的生活用品。所有商品都用专门定制的袋子包装，无论是iPad皮套、杂志封面还是美容产品、珠宝和限量版自行车。锦上添花的是可以把交织字母印到皮制商品和文具上面。里面还有一个室内咖啡吧**Smile Newstand**（见444页地图；☎917-728-3023; www.thesmilenyc.com; ⓧ周一至周五 7:00~19:00, 周六 8:00~19:00, 周日8:00~18:00; ⓦ）。

PASANELLA & SON
葡萄酒

见444页地图（☎212-233-8383; www.pasanellaandson.com; 115 South St, Peck Slip和Beekman St之间; ⓧ周一至周六 10:00~21:00, 周日 正午至19:00; SA/C, J/Z, 2/3, 4/5至Fulton St; R/W至Cortland St）嗜酒的人应该喜欢这个有品位的葡萄酒店，这里有400多种葡萄酒，品质优良且价格合理。这里主要卖小酒商生产的酒，也有一些有机葡萄酒和生物技术酿造的葡萄酒。美式威士忌也是不错的选择，周日还有可以免费品尝本周新品的试酒会，全年都有各种主题的品酒会和奶酪品尝会。

BOWNE STATIONERS & CO
礼品和纪念品

见444页地图（☎646-628-2707; 211 WATER ST, Beekman St和Fulton St之间; ⓧ11:00~19:00; S2/3, 4/5, A/C, J/Z 至FULTON ST）这家从18世纪就开始营业的老店惬意地坐落在铺满鹅卵石的南街海港，是紧邻的南街海港博物馆（见78页）的一部分，出售经典的纽约海报复制品以及以纽约为主题的笔记本、铅笔盒、卡片、邮票甚至礼品包装纸。在印刷工坊，你可以定制名片，也可以每月来上课锤炼自己的印刷技巧（登录博物馆网站见"活动"页面）。

STEVEN ALAN
时装和饰品

见444页地图（☎212-343-0692; www.stevenalan.com; 103 Franklin St, Church St和W Broadway之间; ⓧ周一至周六 11:00~19:00, 周日正午至18:00; SA/C/E至Canal St, 1至Franklin St）纽约设计师史蒂文·爱伦（Steven Alan）在其设计的嘻哈又复古的男女时装中融入了其他一些优雅的品牌，比如France's Arpenteur、Scandinavia's Acne和Norse Projects。配饰包括罕见的香水、包、首饰以及精选的鞋子，有很多好牌子，如Common Projects和Isabel Marant Étoile。

CITYSTORE
礼品和纪念品

见444页地图（☎212-386-0007; www.nyc.gov/citystore; North Plaza, Municipal Bldg, 1 Centre St, 靠近Chambers St; ⓧ周一至周五 10:00~17:00; S4/5/6至Brooklyn Bridge-City Hall; R/W至City Hall; J/Z至Chambers St）这里囊括了官方出品的有关纽约的各种纪念品，从逼真的出租车牌、排水井盖、行政区为主题的T恤衫到纽约警察局棒球帽、地铁标识和有关纽约的书。（与一般游客不相关但又很有趣的还有城市建筑编码和其他规则手册。）

🏃 运动和活动

★史丹顿岛轮渡
轮渡

见444页地图（Staten Island Ferry; www.siferry.com; Whitehall Terminal, 4 South St, 靠近Whitehall St; ⓧ24小时; S1至South Ferry; R/W至Whitehall St; 4/5至Bowling Green）**免费**史丹顿岛的居民认为这些庞大笨重的橘黄色轮渡只是一种交通工具，而曼哈顿人则将其想象成春日里逃离大都市的隐秘而浪漫的梦幻之舟。而许多游客（据最新统计，每年有200万游客）认为史丹顿岛轮渡的最大魅力就是这段从下曼哈顿到史丹顿岛附近圣乔治的5.2英里（约8.4公里）的航程，全长25分钟，是纽约最棒的冒险旅程之一，且免费。

烹饪教育学院
烹饪、葡萄酒

见444页地图（Institute of Culinary Education, ICE; http://recreational.ice.edu; Brookfield Place, 225 Liberty St; 课程 $90~250; SE至World Trade Center; 4/5至Fulton St; R/W 至Cortlandt St）在烹饪教育学院上烹饪课，释放你内心深处的法餐情结，这里有全国最大的烹饪、烘焙和品酒课程项目，有90分钟长的课程，也有多天课程。从烹饪托斯卡纳菜肴和美国安慰食物到刀工培训和调制经典鸡尾酒，课程内容丰富。不知餍足的美食爱好者可以在这里感受纽约多元美食（$50起）。

PIONEER 乘船

见444页地图（☎212-748-8600；www.southstreetseaportmuseum.org；售票处 12 Fulton St；成人/儿童 $32/28；⊙不固定；Ⓢ2/3, 4/5, A/C至Fulton St）温暖的季节里，乘小船到南街海港历史悠久的纵帆船之一先锋号。可以在南街海港博物馆网站或博物馆售票处购票。

DOWNTOWN BOATHOUSE 皮划艇

见444页地图（www.downtownboathouse.org；Pier 26, 近N Moore St；⊙五月中至10月中 周六和周日 9:00~17:00，以及6月中至9月中 周二至周四17:00~19:30；Ⓢ1至Houston St）**免费** 纽约最活跃的公立船库在周末和平日的某些晚上，在哈德逊河一片被保护水域里开设免费、长20分钟的初级皮划艇课程（含设备）。欲了解更多活动（皮划艇游、直立式浆板和课程），登录www.hudsonriverpark.org查看哈德逊河上的其他4处皮划艇地点。总督岛上有一个皮划艇场所，仅夏季开放。

苏豪区和唐人街

苏豪区 诺荷区 诺莉塔 唐人街 小意大利

区域亮点

❶ 在苏豪区大牌云集的购物街购物（见109页），刷爆信用卡，再到附近经常会有行家光顾的诺莉塔和诺荷区的步行街去逛逛，探寻小众的品牌。

❷ 在五光十色的**唐人街**（见92页）品尝小笼包，为一些不知真假的陶器讨价还价。

❸ 在**小意大利**（见96页）买份大块的比萨或精致的提拉米苏，悄悄听着教父一边喝白兰地，一边在用意大利语说话。

❹ 在历经时代变迁的**商人之家博物馆**（见95页）附近闲逛，想象一下荒凉、枯燥的19世纪纽约生活，还可能遇见游荡的鬼魂。

❺ 在**Peking Duck House**（见105页）与众人分享鲜嫩多汁的北京烤鸭，如果还没去过北京，在这里试试也挺有趣的。

更多详情见地图446页和449页

探索苏豪区和唐人街

环绕苏豪区(休斯敦南部)的街区就像是随意缝在一起的花被子,如同一些迷你共和国。在繁华的诺莉塔(小意大利北部)有很多有品位的时尚精品店,美籍意大利人将那不勒斯(Napoli)风情带到了日益缩小的小意大利。而在异常热闹的唐人街里,一大家子中国人会边吃小笼包边说家长里短。

不高的建筑给这些街道带来一种慵懒舒适的氛围,就像乡村一样(但是百老汇和运河街的主干道除外)。名流、铸铁阁楼和顶级时装店散布于苏豪区鹅卵石铺就的街道旁,而附近的诺莉塔有低调的19世纪公寓和古怪而独特的时装店,又是另一番风味。

在唐人街,喧闹的人群和流动的小贩在褪色的广告牌下讨价还价,随心所欲的精神就像是小摊上的烟雾一样热气腾腾。在这附近穿行的最佳方式就是步行。别费心计划行程了,跟着感觉走吧。无论是闻着味儿在小巷里找到刚出炉的鲜肉包,还是循着祈祷声进入佛寺,意想不到的惊喜总在等着你。

当地生活

➡ **家常便饭** 与三两好友一起去唐人街人头攒动的饭馆,点些"家常菜"。结账时,你会以为服务员在账单后面少写了一个零。

➡ **漫步小巷** 穿过苏豪区的百老汇的几条街道是为游客大军准备的。你会发现纽约人都喜欢穿梭在小巷里那些每样商品只有一件的精品店间,买些独特的商品还能杀价。

➡ **文化体验** 苏豪区并不只有购物才能让你开心。花些时间探索这一地区的艺术遗产,如素描中心(见94页)或莱斯利洛曼男女同性恋艺术博物馆(见94页),纽约土壤之屋博物馆(见95页)里的12.7万吨泥土会让你惊叹连连。

到达和离开

➡ **地铁** 多条地铁线(J/Z,N/Q/R/W和6)都在运河街(Canal St)有站。出地铁后最好步行探索这一地区。这里邻近下城区,可以很方便地从中城区或布鲁克林来到这里。

➡ **公共汽车和出租车** 尽量避免搭乘出租车或公共汽车,尤其是在唐人街,那里通常堵到不行。如果去苏豪区,不急着赶路的话就让出租车把你放在百老汇,然后步行前往目的地。如果你只是想在唐人街附近转转,就别坐出租车往运河街南边去。这里并不大,所以与其坐在车里等红绿灯,还远远不如走路前往。

独家贴士

超级购物狂们应该先浏览些纽约内行商业博客(见51页)的推荐,再去苏豪区及其周边血拼。这个地区常会进行一些"样品特卖"或打折特卖,还有些新开的独特的精品店,里面有很多天才设计。

🍴 最佳就餐

➡ Uncle Boons(见101页)
➡ Dutch(见103页)
➡ Il Buco Alimentari & Vineria(见103页)
➡ Prince Street Pizza(见100页)
➡ Chefs Club(见101页)

　　详细介绍见100页 ➡

🍷 最佳饮品

➡ Pegu Club(见107页)
➡ Spring Lounge(见107页)
➡ Genuine Liquorette(见105页)
➡ Joe's Pub(见108页)
➡ Apothéke(见105页)

　　详细介绍见105页 ➡

🔒 最佳购物

➡ MoMA Design Store(见106页)
➡ Rag & Bone(见109页)
➡ MiN New York(见109页)
➡ Evolution Nature Store(见111页)
➡ Saturdays(见109页)

　　详细介绍见109页 ➡

苏豪区和唐人街

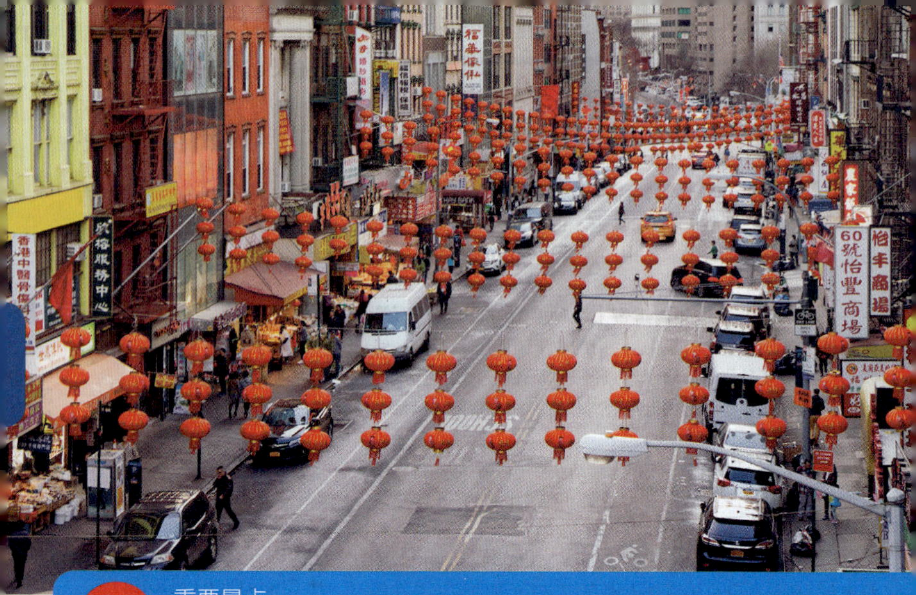

RYAN DEBERARDINIS / SHUTTERSTOCK ©

重要景点

唐人街（CHINA TOWN）

嗅着新鲜的鱼和熟透的柿子味儿，听着简陋的桌子上清脆的搓麻将声，对着挂在商店橱窗里的烤鸭流口水，还有纸灯笼、高仿的手表、轮胎撬棒或一磅压实的肉豆蔻，在这里，只有想不到，没有买不到。在这个美国最大的唐人街，你可以随心所欲！

不要错过

- 深入热闹的小巷品尝家常菜
- 美国华人博物馆
- 运河街的市井生活
- 大乘寺

实用信息

- 见449页地图
- www.explorechinatown.com
- Ⓢ N/Q/R/W，J/Z，6至Canal St；B/D至Grand St；F至East Broadway

运河街

沿着运河街（Canal Street）行走就像是在上海的街道上玩青蛙过河的游戏一样。这是唐人街的主干道，当你急着去街边小巷搜寻来自远东的宝贝时，要小心闪避过往的人潮。你会路过臭烘烘的海鲜摊，商贩们在兜售滑溜溜的鱼；还会路过神秘的中药店，大锅里煮着好像很值钱的草药；临街热气腾腾的糕饼店有极美味的鲜肉包，才卖80美分（约5.5元）；餐馆里卖整只烤鸭和烤猪肉，它们纤细的脖子被吊挂在橱窗里；农贸市场里有很多新鲜的荔枝、白菜和水梨；路边摊上还卖各种山寨货，从Gucci太阳镜到Prada包，什么都有。

佛教寺庙

唐人街有大大小小的佛寺，或极负盛名，或不为人知。在这里好好逛逛，很容易发现这些佛寺，其中至少有两个是这里的标志性建筑。**东部州佛教寺庙**（Eastern States Buddhist Temple；见449页地图；☎212-966-6229；64 Mott St，Bayard St和Canal St之间；⌚8:30~18:00；Ⓢ N/Q/R/W，J/Z，6至Canal St）里供奉着几百尊佛像，而**大乘寺**（Mahayana Temple；见449页地图；☎212-925-8787；http://en.mahayana.us；133 Canal St，靠近Manhattan Bridge Plaza，Chinatown；⌚8:30~18:00；Ⓢ B/D至Grand St，J/Z至Bowery，6至Canal St）里有一尊高16英尺（约4.9米）的金佛，端坐在莲花宝座

上，边上就供奉着新鲜橙子、苹果和鲜花。大乘寺是唐人街最大的佛寺，入口处两只威风凛凛、气度不凡的金色狮子雕像护卫着佛寺，从那里能俯瞰往曼哈顿大桥的滚滚车流。步入寺内，简朴的木质地板和红纸灯笼使这尊纽约市最大的金佛更加熠熠生辉。

丰富的美食

初到唐人街最不能错过的体验就是通过味蕾感受这个狂野神奇的世界。在这里吃饭的价格比在曼哈顿其他地方都便宜很多，你看重的绝不会是餐厅的氛围、天花乱坠的宣传或名气，而是传承了好几代、漂洋过海而来的家庭秘制菜肴。食物的展示和加工过程没有按照美国人的喜好进行改良，通常临街的店铺会挂着一排排油光铮亮的鸡、兔，特别是鸭子，等着被拆解供家宴享用。沿街热气腾腾的小摊售卖鲜肉包和其他用手就能拿着吃的食物。别忘了去小巷子中转转，那里有各种颜色和种类的香料和药草，可以让你思乡的味蕾得到抚慰。

美国华人博物馆

这个占地12,350平方英尺（约1147平方米）、由建筑师林璎（Maya Lin）设计（她还设计了华盛顿特区著名的越战纪念碑）的**美国华人博物馆**(Museum of Chinese in America, MOCA; 见449页地图; ☎212-619-4785; www.mocanyc.org; 215 Centre St, Grand St和Howard St之间; 成人/儿童 $10/5，每月第一个周四免费; ⓘ周二、周三和周五至周日 11:00~18:00，周四 至21:00; ⓢN/Q/R/W, J/Z, 6至Canal St)是一个多面空间，这些空间通过永久展和临时展的方式，向游客展示华人过去和当下在美国生活的方方面面。参观者可以通过交互式多媒体浏览各种展览、地图、大事记、图片、信件、电影和手工艺品等。固定展览"简单脚步：构成美国的故事"（With a Single Step: Stories in the Making of America）可以提供给你更个人化、更有参与性的视角，去了解这里的移民、文化身份和种族偏见等问题。

中国移民的历史

在纽约，中国移民有一段久远、动荡的历史。第一批赴美的华人是从事太平洋铁路（Central Pacific Railroad）修建工程的劳工，工作条件极其恶劣；还有一些华人受到诱惑，去西海岸（West Coast）淘金，黄金梦破灭后，其中很多人东迁至纽约，在工厂流水线上做工或在新泽西州的洗衣房工作。

排华法案

1882年日益高涨的种族情绪导致《排华法案》（Chinese Exclusion Act）的制定，使华人入籍梦成为泡影，并且在60多年间，使大陆华人在美国的就业机会也大大减少。1943年，禁令消除后，根据《麦诺森法案》（Magnuson Act），华人的移民数量还是受到配额的严格限制，并持续到1965年。如今，据估计有超过15万华人聚集在围绕着Mott St的这一片喧闹的出租屋里。

景点

苏豪区、诺荷区和诺莉塔 (SoHo, NoHo & Nolita)

国际摄影中心　　　　　　　　　画廊

见446页地图 (International Center of Photography; ICP; ☎212-857-0003; www.icp.org; 250 Bowery, Houston 和 Prince, Nolita 之间; 成人/儿童 $14/免费, 周四 18:00~21:00 捐款入内; ⓧ周二至周日 10:00~18:00, 周四 至21:00; ⓢF至2nd Ave; J/Z至Bowery) 国际摄影中心是纽约摄影首屈一指的平台, 以新闻照片和各类主题的变化展览为主。过去的展览包括Sebastião Salgado、Henri Cartier-Bresson、Man Ray 和Robert Capa的作品。新址占地面积11,000平方英尺 (约1022平方米), 于2016年在鲍厄里街开业 (旧址位于中城区), 距离市区艺术中心也就更近了。

摄影中心还设有一座学校, 提供学分制课程和系列公共讲座。还可以来精美的美术馆商店看看, 适合挑选拍立得相机, 还有摄影巨著、时尚小礼品和纽约纪念品。

素描中心　　　　　　　　　画廊

见446页地图 (Drawing Center; ☎212-219-2166; www.drawingcenter.org; 35 Wooster St, Grand St和Broome St之间, SoHo; 成人/儿童 $5/免费; ⓧ周三和周五至周日 正午至18:00, 周四至20:00; ⓢA/C/E, 1, N/Q/R至Canal St) 美国唯一一家专门展示素描作品的非营业性机构, 这里的绘画风格多样, 既包括大家之作, 也有不知名画家的作品。历史性展览包括米开朗琪罗 (Michelangelo)、詹姆斯·恩索尔 (James Ensor) 和马塞尔·杜尚 (Marcel Duchamp) 的名家作品, 而当代展览则展示了理查德·塞拉 (Richard Serra)、埃尔斯沃斯·凯利 (Ellsworth Kelly) 和理查德·塔特尔 (Richard Tuttle) 等人的作品。展览从异想天开的主题到政治性争议, 无所不包。

艺术家讲座和行为艺术项目是大热门, 在网站查看接下来的活动信息。

纽约市消防博物馆　　　　　　　博物馆

见446页地图 (New York City Fire Museum; ☎212-691-1303; www.nycfiremuseum.org; 278 Spring St, Varick St和Hudson St之间, SoHo; 成人/儿童 $8/5; ⓧ10:00~17:00; ⓢC/E至Spring St) 始建于1904年, 这个向消防员们致敬的古老消防站里收集了很多难得一见的有历史意义的消防设备和历史文物, 包括消防马车以及烟囱状的消防帽等早期的消防装备, 以及来自布鲁克林的救火英雄狗"酋长" (Chief)。展览追溯了纽约消防系统的发展历程, 而博物馆中的大型设备以及友好的员工们使这里成为一个带孩子参观的好地方。

2001年"9·11"事件造成世贸中心倒塌, 纽约市消防局 (FDNY) 有一半的消防员为此付出了生命。记录这一事件的纪念物是这里的永久藏品, 并定期举办展览。粉丝们可以置办一些讲述消防史的书, 也可以在礼品店里购买纽约市消防局的官方服装和眼罩。

儿童艺术美术馆　　　　　　　博物馆

见446页地图 (Children's Museum of the Arts; ☎212-274-0986; www.cmany.org; 103 Charlton St, Greenwich St和Hudson St之间, SoHo; 门票 $12, 周四 16:00~18:00 捐款入内; ⓧ周一 正午至17:00, 周四和周五 正午至18:00, 周六和周日 10:00~17:00; ♿; ⓢ1至Houston St, C/E至Spring St) 这里地方不大, 但从10个月到15岁的孩子都值得前来一看。除了循环展览, 还包括为有艺术细胞的孩子提供的很多公共项目, 包括有讲解的艺术工作坊, 涉及从雕塑、合作完成的壁画、作曲到童书设计等各种艺术形式, 电影之夜和其他惊喜也在等着你。登录网站可查看接下来的活动信息。

莱斯利洛曼男女同性恋艺术博物馆　博物馆

见446页地图 (Leslie-Lohman Museum of Gay & Lesbian Art; ☎212-431-2609; www.leslielohman.org; 26 Wooster St, Grand St和Canal St之间, Little Italy; 建议捐款$8; ⓧ周三和周五至周日 正午至18:00; 周四 至22:00; ⓢA/C/E, N/Q/R, 1至Canal St) 免费 世界上第一个LGBT (女同性恋者、男同性恋者、双性恋者、跨性别者) 主题的博物馆在2017年经过最新扩建, 每年举办6~8场本土和国际性的艺术展。迄今为止, 在这个纽约的河滨地区已举办了独立艺术家的作品回顾展, 主题是探索LGBT的艺术和性。目前这里有超过24,000件作品参展, 大部分是自己的馆藏。这里还举办有关同性恋方面的讲座、阅读、电影放映以及演出活动。更多信息请留意查看网站更新。

唐纳德·嘉德家庭工作室　　　画廊

见446页地图（Donald Judd Home Studio Gallery; ☎212-219-2747; http://juddfoundation.org; 101 Spring St, 靠近Mercer St, SoHo; 团队导览 成人$25, 周四至周六 13:00～17:00 免费导览; ◎周二至周六 需要预约导览; ⓢN/R 至 Prince St; 6 至 Spring St）已故的美国艺术家唐纳德·嘉德的故居和工作室让我们得以一睹这位极简主义鬼才的生活和艺术方式。家庭工作室的团队导览持续约90分钟，必须网上预约（通常在1个月前约满）。这里还会举办素描课程和艺术座谈会；登录网站了解更多信息。

纽约土壤之屋博物馆　　　画廊

见446页地图（New York Earth Room; ☎212-989-5566; www.earthroom.org; 141 Wooster St, Prince St和W Houston St之间; ◎周三至周日 正午至15:00和15:00～18:30, 6月中旬至9月中旬 闭馆; ⓢN/R至Prince St) 免费 这个由艺术家瓦尔特·德·玛利亚（Walter De Maria）自1980年所创作的奇特作品——纽约土壤之屋，一直勾引着人们的好奇心，因为它所运用的材料在纽约不太容易找到，那就是土[250立方码（约191立方米），更准确地说是280,000磅（约127吨）]。步入这里就让人兴奋，那味道会使你感到走进了潮湿的森林，在疯狂的城市中竟然还能看到这么一方美丽的净土，惊喜之余还会有些感动。

折断千米　　　画廊

见446页地图（Broken Kilometer; ☎212-989-5566; www.diaart.org; 393 W Broadway, Spring St 和Broome St之间, SoHo; ◎周三至周日 正午至15:00和15:30～18:00, 6月中旬至9月中旬 闭馆; ⓢN/R至Prince St, C/E至Spring St) 免费 这

重要景点
商人之家博物馆（MERCHANT'S HOUSE MUSEUM）

这栋红砖大厦修建于1832年，3年之后商业巨头西伯里·崔德威尔（Seabury Tredwell）买下了这里，它现在仍是城里大约300座联邦时期建筑中最正宗的一座。这里是古董爱好者的天堂，19世纪高档的国产家具反映了纽约过去的重商主义。屋子里的一切都证实了金钱的力量，无论是红木的滑动门、青铜煤气吊灯，还是大理石壁炉架、优雅的会客椅，都是出自知名家具设计师邓肯·法夫（Duncan Phyfe）之手。专门为召唤仆人而精心设计的复杂的呼叫铃系统即使现在仍可使用。

许多人认为格特鲁德·崔德威尔（Gertrude Tredwell）的鬼魂常游荡在这个老房子里，有时候深夜现身，有时候在公共活动上出没，她是西伯里最小的孩子，也是这栋房子最后的居住者。几年前的情人节演唱会上，几名观众目击了一个女人的影子走向演出者，还坐在了会客椅上。夜幕降临之后，博物馆自然也提供**鬼魂之旅**（ghost tours, 通常在10月下旬），这里还有演讲、特殊活动以及诺荷区的历史步行游。更多信息登录网站查询。

不要错过
➡ 出自邓肯·法夫之手的椅子
➡ 女仆的住处

实用信息
➡ 见446页地图, G2
➡ ☎212-777-1089
➡ www.merchantshouse.org
➡ 29 E 4th St, Lafayette St和Bowery之间
➡ 成人/儿童 $15/免费
➡ ◎周一至周五 正午至17:00, 周四 至20:00, 周四至周一导览游 14:00以及周四导览游18:30
➡ ⓢ6至Bleecker St; B/D/F/M至Broadway-Lafayette St

件1979年的艺术装置由已故美国艺术家瓦尔特·德·玛利亚设计，占据了苏豪区的大量地面空间。由500件排成5行的黄铜棒构成，铜棒之间从头到尾的间距依次增加5毫米，会让人对空间感知产生颠覆感，十分有趣。尽管到后面铜棒之间的距离已经多达2英尺（约0.6米），但铜棒看起来似乎还是均匀放置的。这里不能摄影。

老圣帕特里克大教堂 教堂

见446页地图（Basilica of St Patrick's Old Cathedral; ☎212-226-8075; www.oldcathedral.org; 263 Mulberry St, 入口在Mott St, Nolita; ⓘ6:00~21:00; ⓢN/R至Prince St; B/D/F/M至Broadway-Lafayette St; 6至Bleecker St）尽管为人熟知的圣帕特里克大教堂现在位于中城区的第五大道，但最早的教堂集会却是在这座经过修复的哥特复兴式教堂中。它由约瑟夫·弗朗西斯·曼金（Joseph-François Mangin）设计，修建于1809~1815年。全盛时期，这里曾是天主教纽约总教区的主教座堂，也是新移民（主要是爱尔兰移民）重要的集会中心。

教堂修建时，纽约还没有像现在这样往北扩张，教堂特意选址在这么一个与外界隔绝的地方，是为了缓解当时占大多数的新教徒的敌意。同时，为了防止反天主教的人们扔石块，建造者们还为该教堂修建了砖墙。

教堂和其美丽的墓地出现在马丁·斯科塞斯（Martin Scorsese）的经典电影《穷街陋巷》（*Mean Streets*, 1973年）中。这位意大利裔美国导演对这里很熟悉，他就在附近的Elizabeth St长大。

唐人街和小意大利（Chinatown & Little Italy）

唐人街 街道

见92页。

重要景点
小意大利（LITTLE ITALY）

过去50年中，纽约的小意大利从一只硕大傲慢的"靴子"变成了"超薄凉鞋"。20世纪50年代，大批居民从这里搬迁到布鲁克林郊区甚至更远的地区，现在你所看到的只是当初庞大的意大利街区的一小块。的确，如今小意大利比当年的桑树街也大不了多少，只有一块块可爱的粗方格花纹桌布和餐馆里的曼陀林音乐怀念着往日的时光。

9月下旬，这里的街道上会有为期11天的喧闹的街区聚会，是为了纪念那不勒斯守护神而举行的**圣格纳罗节**（San Gennaro Festival; www.sangennaro.org）。这是一个吵闹又欢乐的节日，有很多美食、狂欢节小摊、免费的娱乐项目和比《泽西海岸》（*Jersey Shore*）还要多的爆炸头。

在桑树街，你将找到小小的**意裔美国人博物馆**（Italian American Museum; 见449页地图; ☎212-965-9000; www.italianamericanmuseum.org; 155 Mulberry St, 靠近Grand St, Little Italy; 建议捐助$7; ⓘ周五至周日 正午至18:00; ⓢJ/Z, N/Q/R/W, 6至Canal St, B/D至Grand St），这里胡乱放着历史手工艺品和文件，记录着早期意大利移民在纽约的生活：有西西里岛的牵线木偶，还有讲述纽约打击黑手党的著名警察朱塞佩·"乔"·派特罗斯诺（Giuseppe 'Joe' Petrosino）的老意大利喜剧片。

不要错过

➡ 桑树街
➡ 9月的圣格纳罗节
➡ 切片比萨
➡ 美味的提拉米苏

实用信息

➡ 见449页地图，B2
➡ ⓢN/Q/R/W, J/Z, 6至Canal St, B/D至Grand St

桑树街

街道

见449页地图（Mulberry Street；ⓈN/Q/R, J/Z, 6至Canal St, B/D至Grand St）街道的名字来自曾经建在这里的桑树农场，如今小意大利的肉酱才是这里的招牌。这是一条生机勃勃的街道，街上满是能说会道的餐厅拉客的小贩（尤其是在Hester St和Grand St之间）、爱讲俏皮话的咖啡师和一堆朗气的纪念品。

多少年过去了，周边地区几经变迁，但这里仍然充满历史气息。1972年4月2日，"疯狂的乔"加罗（'Crazy Joe' Gallo）在**Da Gennaro**（见449页地图；☎212-431-3934；www.dagennarorestaurant.com; 129 Mulberry St, 靠近Hester St, Little Italy; 比萨 $19~23, 主菜 $17~42; ⓥ周日至周四 10:00至午夜, 周五和周六 至次日1:00; ⓈN/Q/R, J/Z, 6至 Canal St; B/D至Grand St）被击毙，这家餐厅就是以前的Umberto's Clam House。对于这个出生于布鲁克林的黑手党来说，真是一个生日惊喜。再往北走一个街区就会看到传承了四代的**Allev**（见449页地图；☎212-226-7990；www.allevadairy.com; 188 Grand St, 靠近Mulberry St, Little Italy; ⓥ周一至周日9:30~19:00; ⓈJ/Z, N/Q/R, 6至Canal St; B/D至Grand St），这是纽约最古老的奶酪店之一，以马苏里拉奶酪（mozzarella）闻名。马路对面Grand St上有另一家老店Ferrara Café & Bakery（见105页），这里的经典意大利糕点和意式冰激凌（gelati）很有名。再回到桑树街，旧式的Mulberry Street Bar（见108页）是弗兰克·辛纳屈（Frank Sinatra）晚年最喜欢光顾的地方，还曾在美剧《法律与秩序》（*Law & Order*）和《黑道家族》（*The Sopranos*）里出镜。

禁酒令时期，在桑树街和Kenmare St的街角上曾公然卖酒，所以这里又被称为"场外交易所"（Curb Exchange）。当时的警察总部就在几个街区之外的240 Center St, 这真是印证了传统行贿的力量。从这里往北，小意大利老式的食品店和餐厅让位给诺莉塔时髦的精品店、画廊和餐厅。看一看**Ravenite Social Club**（见446页地图；247 Mulberry St, Nolita; Ⓢ6至Spring St, N/R至Prince St），就知道这里经历了多么大的变化。曾经的黑手党聚集的地方（最初这里被称为Alto Knights Social Club）已经变为了一家品牌鞋店。没错，黑帮大佬查理·卢西安诺（Lucky Luciano）和约翰·高蒂（John Gotti）（以及在马路对面的大楼里监视的FBI）就是在这里消磨时间的。店里只有瓷砖地板还保留着原貌，窗户从前是令人生畏的砖墙。

哥伦布公园

公园

见449页地图（Columbus Park; Mulberry St和Bayard St之间, Chinatown; ⓈJ/Z, N/Q/R, 6至Canal St）麻将战神们、动作缓慢的太极爱好者以及聚在一起聊着家长里短的老阿姨们，此情此景可能会让你觉得来到了上海，实际上这个枝繁叶茂的绿洲可是纽约历史的精华。19世纪时，这里有一部分属于臭名昭著的五角区，也是纽约第一个贫民窟，还给了马丁·斯科塞斯拍摄《纽约黑帮》（*Gangs of New York*）的灵感。

五角区之前曾有5条街道在此交会，现在只留下了3条：Mosco、Worth和Baxter。除了有趣的多元文化，现在公园里的大热门是公共澡堂，一个歇脚放松的好地方。

基督变容教堂

教堂

见449页地图（Church of the Transfiguration; ☎212-962-5157; www.transfigurationnyc.org; 29 Mott St, Chinatown, Bayard St和Mosco St之间; 欢迎捐赠; ⓥ英语仪式 每天 12:10, 周六 18:00, 周日 11:30; ⓈJ/Z, N/Q/R, 6至Canal St）从1801年起，这里就是纽约的移民聚集地，最初是爱尔兰人，接着是意大利人，现在则是中国人，移民的身份一直在改变。的确，这里的布道用粤语、普通话和英语进行。这个小地标离Pell St和Doyers St不远，这两条蜿蜒的街道也值得一游。

🍴 就餐

🍴 苏豪区、诺荷区和诺莉塔

在这里只要记住两个字就行：好吃。节俭的人会被唐人街丰富的选择弄得眼花缭乱，花很少的钱就能吃到一大堆好吃的。海鲜的品种也很丰富，包括你在当地的食品店都不会看到的品种，更有趣的还有在街道上营业的商铺。苏豪区虽然现在还有不少差强人意的欧洲餐馆，但是也有不少时尚的小餐厅开

PAUL DE GREGORIO / GETTY IMAGES ©

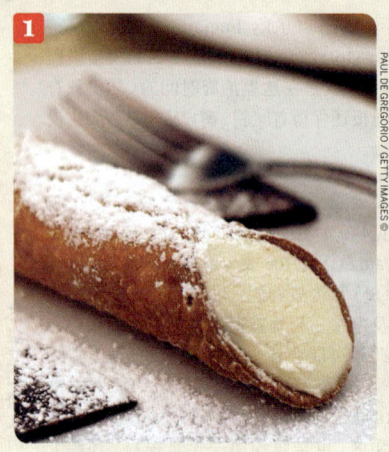

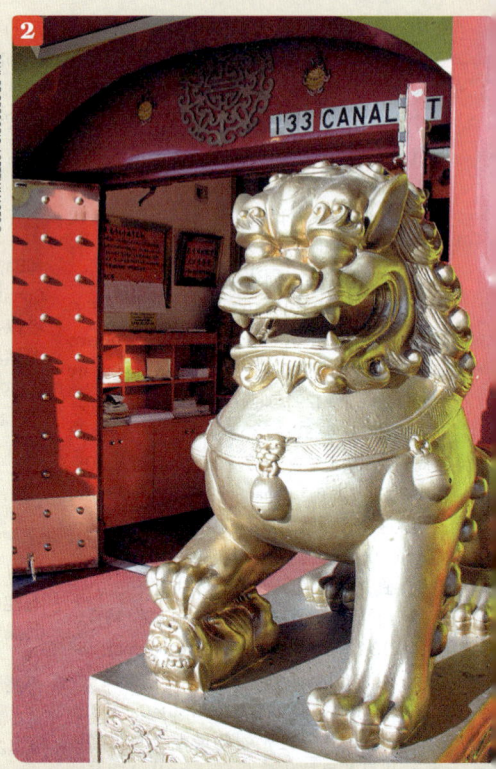

1. 奶酪煎饼卷（Cannoli；见96页）
纽约小意大利区里享受意大利美食。

2. 大乘寺（见92页）
佛寺入口由两尊金狮傲然把守。

3. 苏豪区（见106页）
在苏豪区的鹅卵石路上漫步，看看这些高耸的公寓楼。

4. 唐人街街边商贩（见93页）
享受美食是探索唐人街的最佳方式。

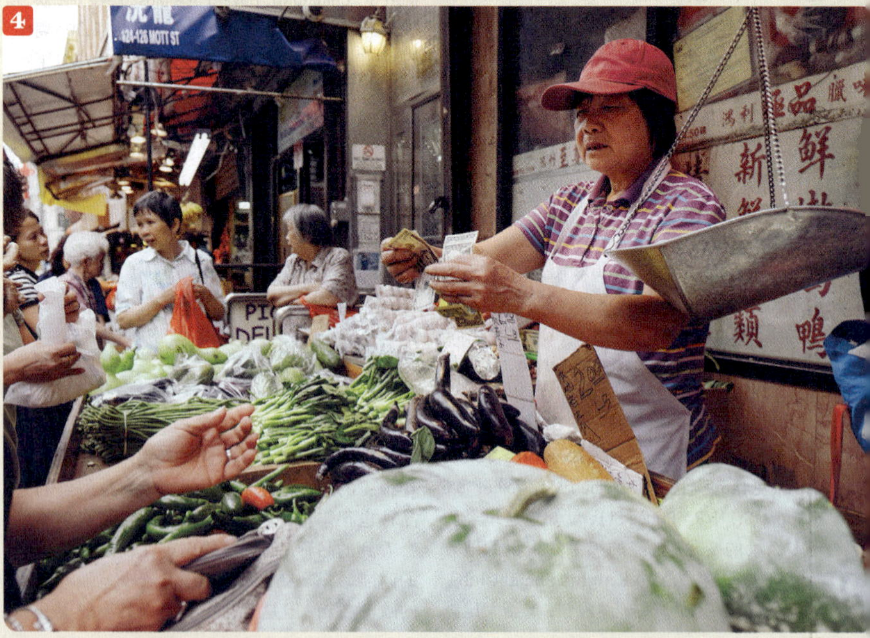

始主打各类风格的菜肴和受追捧的熟食,米其林星级的新美式餐厅也不仅仅只存在于东村和西村了。

★ PRINCE STREET PIZZA 比萨 $

见446页地图 (☎212-966-4100; 27 Prince St, Mott St和Elizabeth St之间, Nolita; 比萨每片$2.95起; ⓘ周日至周四 11:45~23:00, 周五和周六 至次日2:00; ⓢN/R至Prince St; 6至Spring St) 在这家古老的比萨店里,烤箱门没有掉落已经是个奇迹了,砖墙上悬挂着小众的明星照片。抛弃普通的奶酪比萨,尝尝与众不同的方形比萨(辣香肠比萨会让你惊掉下巴的!)。店内自制酱料、马苏里拉奶酪和乳清奶酪,排队的队伍虽然可能会很长,但通常也不会等太久。

TWO HANDS 咖啡馆 $

见449页地图(www.twohandsnyc.com; 164 Mott St, Broome St和Grand St之间, Nolita; 菜肴$9~15; ⓘ8:00~17:00; ⓟ; ⓢB/D至Grand St; J/Z至Bowery)以希斯·莱杰(Heath Ledger)主演的犯罪喜剧《双手》命名,这里浓缩了澳大利亚惬意精致的咖啡文化。品尝小批量生产的咖啡就仿佛能带你飞越拜伦湾,还有一些方便美味,包括甜玉米饼($14)配菠菜、牛油果、酸奶油、腌甜菜和辣椒,或是更健康的巴西莓(açaí bowl; $12)。

RUBY'S 咖啡馆 $

见446页地图 (☎212-925-5755; www.rubyscafe.com; 219 Mulberry St, Spring St和Prince St之间, Nolita; ⓘ周一至周四 9:00~23:00, 周五和周六 至午夜; ⓢ6至Spring St; N/R至Prince St)这家只接受现金的小咖啡馆几乎总是人满为患,并且这里应有尽有,包括适合早餐吃的avo toast(8种谷物的烤面包上铺着牛油果酱和新鲜西红柿)、乳酪薄饼(buttermilk pancakes)、精美的意大利面和沙拉,还有以澳大利亚冲浪海滩命名的大汉堡(最好吃)。白咖啡和澳大利亚啤酒以及门后的冲浪板会给你全面的澳式就餐体验。

GREY DOG 美国菜 $

见446页地图 (☎212-966-1060; www.thegreydog.com; 244 Mulberry St, Nolita; 主菜$9~14; ⓘ周一至周五 7:30~22:00, 周六和周日 8:15~22:00; ⓢF/M/D/B火车至Broadway-Lafayette)无论你是和朋友一起分享奶酪拼盘,还是享用丰盛的纽约早午餐,Grey Dog都不会让你失望的。店内美国的经典菜式口味浓郁,却不会煮过了头。柜台点餐的方式让店里始终都很热闹。厨师下班后,还有甜点和鸡尾酒可供选择。

LAN LARB 泰国菜 $

见449页地图 (☎646-895-9264; www.lanlarb.com; 227 Centre St, 靠近Grand St, SoHo; 菜肴$9~21; ⓘ11:30~22:15; ⓢN/Q/R/W, J/Z, 6至Canal St)吃货都会蜂拥来到Lan Larb品尝价廉物美的泰国菜。这里的特色菜larb是一种来自泰国东北部伊桑地区的辣味碎肉沙拉(试试鸭肉沙拉; $12)。其他的上佳选择包括让你惊喜的青木瓜沙拉($11)和精致的牛肉汤面(配上牵牛花、葱花、香菜和豆芽; $11)。

TACOMBI FONDA NOLITA 墨西哥菜 $

见446页地图 (☎917-727-0179; www.tacombi.com; 267 Elizabeth St, E Houston St和Prince St之间, Nolita; 玉米卷$4~7; ⓘ周一至周三 11:00至午夜,周四至周六 至次日1:00; ⓢF至2nd Ave; 6至Bleecker St)节日彩灯、折叠椅,还有在老式大众面包车(VW Kombie)里卖的墨西哥卷饼:如果去不了尤卡坦半岛的海边,那就来这里吧。休闲欢乐且永远受欢迎的Tacombi提供好吃、新鲜的墨西哥卷饼,包括barbacoa(烤安格斯黑牛肉口味)。把这些好吃的咽下肚,你可能会琢磨着干脆去南部边境度个假吧。

LOVELY DAY 泰国菜 $

见446页地图 (☎212-925-3310; www.lovelydaynyc.com; 196 Elizabeth St, Spring St和Prince St之间, Nolita; 主菜$9~18; ⓘ周日至周四 11:00~22:45, 周五和周六 至午夜; ⓢJ/Z至Bowery; 6至Spring St)这里看起来就像"娃娃屋遇上怀旧晚餐",超级可爱的Lovely Day似乎与便宜可口的泰式美食不太协调。但是生活总是充满惊喜,你会发现川流不息的食客狼吞虎咽地吃下地道的泰式炒面($10.50),融合的菜肴同样让人欲罢不能,例如姜汁炸鸡配蒜泥蛋黄酱（$8.50）。只接受现金或美国运通卡。

CAFÉ GITANE
地中海菜 $

见446页地图（☎212-334-9552；www.cafegitanenyc.com；242 Mott St，靠近Prince St；沙拉$9.50~16，主菜$14~17；⊙周四至周四8:30至午夜，周五和周六 至次日0:30；🅿；ⓈN/R至Prince St，6至Spring St）将高卢牌香烟的烟雾挥散，再赶快眨眨眼，免得以为自己真的来到了巴黎：亲爱的，欢迎来到Gitane。这个巴黎风格的小酒馆是典型的潮人聚集地，很多只吃沙拉的模特和怪异的好莱坞名流都喜欢这里。同这些俊男靓女及他们的跟班一样，优雅地小口地咬下蓝莓和杏仁法式小蛋糕、棕榈芯沙拉或是加了有机鸡肉的摩洛哥蒸粗麦粉。只接受现金。

MARCHÉ MAMAN
法式小馆 $

见449页地图（☎212-226-0700；www.mamannyc.com；239 Centre St，Nolita；主菜$12~16，冰激凌$4；⊙周一至周五8:00~16:00，周六和周日 9:00起，冰激凌 周一至周五 正午至18:00）这座干净的咖啡馆和"秘密花园"就像是从普罗旺斯搬过来的一样，保留了原汁原味的法国特色，也尽了小意大利的地主之谊。在随时更换的菜单中点选美味的牛油果熏鲑鱼烤面包片（$10）或其他餐品。"牛奶冰激凌"是首选，而"蓝玉米蛋窗冰激凌"则是令你垂涎三尺的畅销选择。

店家是"Yellow Table"博客（www.theyellowtable.com）的博主，也在这里提供厨艺培训。

★ UNCLE BOONS
泰国菜 $$

见446页地图（☎646-370-6650；www.uncleboons.com；7 Spring St，Elizabeth St和Bowery之间，Nolita；小盘菜$12~16，大盘菜$21~29；⊙周一至周四17:30~23:00，周五和周六 至午夜，周日 至22:00；📞；ⓈJ/Z至Bowery；6至Spring St）这家米其林星级的泰国菜运用复古的木镶板张贴泰国电影海报和老旧家庭照片的方法，营造出了轻松有趣的用餐氛围。浓郁辛香的菜肴结合了新旧特色，包括松脆无比的mieng kum（槟榔叶卷生姜、酸橙、烤椰子、虾皮、花生和辣椒；$12）、kao pat puu（蟹肉炒饭；$26）和香蕉花沙拉（$15）。

BUTCHER'S DAUGHTER
素食 $$

见446页地图（☎212-219-3434；www.thebutchersdaughter.com；19 Kenmare St，靠近Elizabeth St, Nolita，沙拉和三明治$12~14，晚餐主菜$16~19；⊙8:00~23:00；🅿；ⓈJ至Bowery, 6至Spring St）在这个洁净的小餐馆里，提供不拘一格的、新鲜的素食。菜品健康又有趣：有牛奶麦片粥，加了杏仁帕尔玛奶酪的辣羽衣甘蓝凯撒沙拉，晚餐时提供的屠夫汉堡（蔬菜黑豆肉饼，添加了腰果切达干酪），一切都好吃得过分。

SIGGI'S
咖啡馆 $$

见446页地图（☎212-226-5775；www.siggysgoodfood.com；292 Elizabeth St, E Houston St和Bleecker St之间, NoHo；菜肴$13~25；⊙周一至周六 11:00~22:30；🅿；Ⓢ6至Bleecker St, B/D/F/M至Broadway-Lafayette St）这个休闲的、充满艺术气息的咖啡馆有很多有机美食（更值得一提的是冬季时有壁炉）。食物应有尽有，包括汤、沙拉、现吃现做的汉堡、三明治，甚至还有素千层面。饮品有水果奶昔和鲜榨果汁，还可以自己选择一些健康食材加进去。在这里，素食主义者和不吃麸质的人都不会饿肚子。

LA ESQUINA
墨西哥菜 $$

见446页地图（☎646-613-7100；www.esquinanyc.com；114 Kenmare St，靠近Petrosino Sq, Nolita；玉米卷$3.25起，咖啡馆 主菜$15~25，法式小馆 主菜$18~34；⊙墨西哥快餐橱窗每天11:00至次日1:45，咖啡馆 周一至周五 正午至午夜，周六和周日11:00起，法式小馆 每天18:00至次日2:00；Ⓢ6至Spring St）这个超级火爆又有些古怪的小餐馆其实由3个地方组成：一个能站着吃的墨西哥卷饼橱窗，一个墨西哥休闲咖啡馆（入口在Lafayette St上），楼下还有一个灯光昏暗、洞穴一样的小酒馆（需要预订）。这里的招牌包括elotes callejeros（烤玉米配科提加奶酪、蛋黄酱和辣椒粉）、手撕猪肉玉米卷饼和芒果豆薯沙拉等。

★ CHEFS CLUB
融合菜 $$$

见446页地图（☎212-941-1100；www.

步行游览
唐人街地区

起点 查塔姆广场
终点 美国华人博物馆
距离 0.9英里（约1.45公里）；1.5小时

首先从 ❶ 查塔姆广场（Chatham Square）开始，这里有1962年树立的刘金牌坊（Kim Lau Memorial Arch），为纪念一位在"二战"中阵亡的华裔美国人。林则徐的雕像也立在这里，这位清朝举人的"虎门销烟"成为第一次鸦片战争的导火索。

从查塔姆广场向北一直沿着Worth St走，就会来到 ❷ 哥伦布公园（Columbus Park）。这里相当于唐人街非正式的客厅。19世纪时这里是纽约臭名昭著的五角区贫民窟，以放荡而著称。往东走，就逛到了 ❸ Mosco St，它是19世纪时臭名远扬的土匪窝，危险的爱尔兰帮派聚集地。往左进入Mott St，右拐至Pell St，再右拐就到了 ❹ Doyers St。这是一条弯弯曲曲的小路，因为有许多理发店又被称为"理发一条街"（Barbers Row）。20世纪初这条街很受feuding tongs（秘密帮派）欢迎，所以这里又被称作血腥角（Bloody Angle）。美国词曲作家欧文·柏林（Irving Berlin）曾在10号的公寓楼上练习，而12号是这里最古老的中国饭店，从1920年就开始经营了。

左拐进入鲍厄里街，一直往北走，在Pell St和鲍厄里街的西南角就是 ❺ 爱德华·穆尼宅邸（Edward Mooney House），纽约最古老的联排别墅，由屠夫爱德华·穆尼建于1785年。这个乔治亚联邦风格的老房子曾是商店、旅馆、台球厅以及华人社交俱乐部，现在是一家银行。沿着鲍厄里街继续往北走就到了运河街，你会看到曼哈顿大桥，再远处就是 ❻ 大乘寺（见92页）。观赏完大乘寺里的大金佛，就一头扎进 ❼ 运河街，这里是唐人街最活跃的主干道，也曾是纽约的犹太人钻石交易中心。右拐去Mott St上的 ❽ Golden Steamer（见104页）找最好吃的蒸包（通常是作为点心）。左拐至Grand St，走到Centre St再左拐，去 ❾ 美国华人博物馆（见93页）了解美籍华人的生活。

chefsclub.com; 275 Mulberry St, Nolita; 主菜 $19~68; 周一至周四 18:00~22:30, 周五和周六 至23:30) 与拍摄《威尔和格蕾丝》的录影棚在同一幢楼里, 店名听起来更像是廉价的批发店, 但实际是享用晚餐的好去处: 主厨们纷至沓来准备着3星期至3个月不等的临时菜单, 精选的菜肴能涵盖全球风味。

★ DUTCH　　　　　　　　　新派美国菜 $$$

见446页地图 (212-677-6200; www.thedutchnyc.com; 131 Sullivan St, 靠近Prince St; 午餐 主菜 $18~37, 晚餐 $28~66; 周一至周四 11:30~23:00, 周日 10:00起, 周五和周六 至23:30; C/E至Spring St, R/W至Prince St, 1至Houston St)无论是趴在吧台还是在里屋舒服地用餐, 你总能看到那些精明的、奉行"从农场到餐桌"理念的人在这个时尚潮流地吃饭。口味跨越全球, 从酥脆的柚香芥末鱼肉玉米卷饼($18)到炸小牛排($35)。建议预订, 尤其是晚餐和周末全天。推荐鸡尾酒, 要试试夏威夷果媚态($16)。

★ IL BUCO ALIMENTARI & VINERIA　　　　　　　　意大利菜 $$$

见446页地图 (212-837-2622; www.ilbucovineria.com; 53 Great Jones St, Bowery St和Lafayette St之间, NoHo; 午餐 主菜 $16~34, 晚餐 $34~65; 周一至周四 8:00~23:00, 周五至周日 9:00至午夜; ; 6至Bleecker St; B/D/F/M至Broadway-Lafayette St) 无论是前台的浓缩咖啡, 还是在阳光透进的餐厅里呈上来的熟食和意大利盛宴, Il Buco在时尚的氛围中供应美食。砖墙布置和巨大的工业灯设计也奠定了简朴时髦的基调, 并与菜单交相辉映。别忘了品尝甜点和咖啡。橄榄油大黄草莓蛋糕美味极了($11)。

BISTRO LES AMIS　　　　　　　法国菜 $$$

见446页地图 (212-226-8645; www.bistrolesamis.com; 180 Spring St, SoHo; 午餐/晚餐套餐 $14/36, 晚餐 主菜 $27~40; 周日至周四 11:30~23:30, 周五和周六 至次日0:30; C/E至Spring St) 这家迷人的小餐厅可以在户外就餐, 而且午市和晚市套餐也不贵。内部的木饰配上白色桌布, 分外浪漫, 外面的餐桌则沿着Spring St和Thompson St的街角摆放。在寒冷的下午, 法式洋葱汤是个很棒的选择。祝你好胃口!

CHERCHE MIDI　　　　　美国菜、法国菜 $$$

见446页地图 (212-226-3055; www.cherchemidiny.com; 282 Bowery, 靠近E Houston St, Nolita; 午餐 二道菜套餐 $25, 晚餐 主菜 $19~39; 周一至周五 正午至15:30, 周六和周日 11:00起, 周日至周一 18:00~22:00, 周二至周四至23:00, 周五和周六 至午夜; ; F至2nd Ave) 碎裂的地铁风格瓷砖, 红色长软席和怀旧的氛围, 巴黎左岸在这座精致的餐厅与曼哈顿相会。午餐可以试试简单的尼斯沙拉或烤面包片, 或是向两国兄弟情致敬, 品尝全天供应的肋排汉堡, 配上香槟橘子酱培根、陈年的格鲁耶尔奶酪和完美的薯条。如果你在晚餐时候前来, 一定要记得点生姜黄油柠檬汁龙虾意大利饺。

ESTELA　　　　　　　　新派美国菜 $$$

见446页地图 (212-219-7693; www.estelanyc.com; 47 E Houston St, Mulberry St和Mott St之间, Nolita; 午餐 主菜 $13~30, 晚餐 主菜 $17~39; 周日至周四 17:30~23:00, 周五和周六 至23:30; B/D/F/M至Broadway-Lafayette St; 6至Bleecker St) Estela位列好几份纽约美食必吃清单的前几名, 但可能还是有些言过其实。食物是很美味, 离奇的风味搭配会让你捉摸不透, 但桌子的摆放稍显局促, 聊起天来就有可能会干扰到邻桌, 而且分量也不太够吃。

不过, 如果你准备好要排队等候, 并且和周围人一起拥挤着用餐, 还不用担心吃不完需要打包回家的话, 这里是美味的选择。可以试试比目鱼海胆酱($23)或防风草冰激凌($12), 都能满足你的感官享受。周五至周日的早午餐分外受欢迎。

✕ 唐人街和小意大利

BAZ BAGELS　　　　　　　　犹太菜 $

见449页地图 (212-335-0609; www.bazbagel.com; 181 Grand St, Baxter St和Mulberry St之间, Little Italy; 百吉饼 $12~16; 周一至周五 7:00~15:00, 周六和周日 8:00~16:00; J/Z, N/Q/R, 6至Canal St; B/D至Grand St) 肆意的粉

红色、松叶装饰以及多利和芭芭拉的肖像,纽约最浮夸的餐馆就连手作百吉饼也都华丽十足。店里的明星就是Mooch($16),这种精彩的组合一半用苏格兰三文鱼,一半用烟熏冷银鳕鱼,非常鲜嫩多汁。除了百吉饼以外,薄烙馅饼和土豆饼也很棒,土豆饼可是按照店主祖母的配方制作的。

DI PALO 熟食 $

见449页地图([📞]212-226-1033; www.dipaloselects.com; 200 Grand St, 靠近Mott St, Little Italy; 三明治$7~10; ⓒ周一至周六 9:00~19:00, 周日 至17:00; [Ⓢ]B/D至Grand St, N/Q/R, J/Z, 6至Canal St) 这家第五代家族经营店中的porchetta三明治是店里唯一的选择,酥脆的法棍里夹着入口即化的叉烧肉,并采用大蒜、茴香和香草调味。porchetta非常好吃,而且分量巨大,所以点一片即可。通常从13:30(不过时间也会有变化)开始销售,20分钟内就会卖完。

DELUXE GREEN BO 中国菜 $

见449页地图(Nice Green Bow; [📞]212-625-2359; www.deluxegreenbo.com; 66 Bayard St, Elizabeth St和Mott St之间, Chinatown; 主菜$5.95~19.95; ⓒ11:00至午夜; [Ⓢ]N/Q/R, J/Z, 6至Canal St; B/D至Grand St) 美食就是这家简单的中餐厅的一切:蒸笼里出炉的小笼包,大份的汤面,还有营养的炒菠菜。只接受现金。

南华茶室 中国菜 $

见449页地图(Nom Wah Tea Parlor; [📞]212-962-6047; www.nomwah.com; 13 Doyers St, Chinatown; 点心$3.75起; ⓒ周日至周四 10:30~21:00, 周五和周六 至22:00; [Ⓢ]J/Z 至 Chambers St; 4/5/6至Brooklyn Bridge-City Hall) 南华茶室藏在一条窄巷子里,看起来更像是老式的美国餐馆,不过这却是城里最老的广式点心店。找个餐桌,或是坐在红色的长软席或柜台的高脚椅上,然后从推车上的美味(令人食指大动,但也有些油腻)进行选择吧。

西安名吃 中国菜 $

见449页地图(Xi'an Famous Foods; www.xianfoods.com; 45 Bayard St, Elizabeth St和Bowery之间, Chinatown; 餐$3~12; ⓒ周日至周四 11:30~21:00, 周五和周六 至21:30; [Ⓢ]N/Q/R/W, J/Z, 6至Canal St, B/D至Grand St) 美食博主只要一听到这家手工拉面店就会惊叹连连。另一款明星产品就是辛辣的孜然羊肉夹馍(cumin lamb burger),鲜嫩的羊肉撒上研磨的孜然、辣椒籽、胡椒、红洋葱和小葱煎制而成。

BÁNH MÌ SAIGON BAKERY 越南菜 $

见449页地图([📞]212-941-1541; www.banhmisaigonnyc.com; 198 Grand St, Mulberry St和Mott St之间, Little Italy; 三明治 $3.50~6; ⓒ8:00~18:00; [Ⓢ]N/Q/R, J/Z, 6至Canal St) 这个没什么装饰的临街铺面里有唐人街最好吃的越式法棍(bánh mì)——松脆的烤面包,里面满满地夹着辣椒、腌萝卜、白萝卜、黄瓜、香菜叶还有自选肉。卖得最好的是经典的烤猪肉越式法棍。注意:要在下午3点前赶来,因为法棍卖完了也就提早关门了。只接受现金。

富瑶粤菜馆 中国菜 $

见449页地图(August Gatherings; [📞]12-274-1535; www.augustgatheringsny.com; 266 Canal St, Lafayette St和Cortland Alley之间, Chinatown; 主菜$14~35; ⓒ10:00~23:00; [Ⓢ]6, N/R/Q, J/Z至Canal St) 你会看到别的餐厅的员工在这里用餐,那可是好事情。管理井井有条,整洁悦目,烧味也十分出色,尤其是烧鸭和其他粤菜都超过一般水准。可能是因为在总是人来人往的运河街的缘故,而且旁边还有一家麦当劳,这里还有许多美式中餐可供选择,是当地粤菜馆革新派的象征。

佛菩提素食 中国菜 $

见449页地图(Buddha Bodai; [📞]212-566-8388; www.chinatownvegetarian.com; 5 Mott St, Chinatown; 主菜$9~22; ⓒ10:00~22:00; [🅿]; [Ⓢ]J/Z至Chambers St; 4/5/6至Brooklyn Bridge-City Hall) 提供广式风味精致的素菜菜肴,例如素鸭羹、菠菜春卷和素猪肉包。因为有一家同名的店在几个街区以外的地方开张(2015年),而且菜肴也很相似,所以这家餐厅(2004年开业)就被叫作"佛菩提本店"。

蒸包皇 中国菜 $

见449页地图(Golden Steamer; [📞]212-226-1886; 143a Mott St, Grand St和Hester St之间, Chinatown; 包子$0.80~1.50; ⓒ7:00~19:30;

S B/D至Grand St, N/Q/R, 6至Canal St, J/Z至Bowery) 挤进这个简陋的小餐馆, 品尝唐人街里最松软、最好吃的蒸包。中国大师傅"砰砰"地现做包子, 多汁的烤猪肉、腊肠、咸蛋、南瓜组成了诱人的馅料。想吃点甜的, 尝尝这里的奶油蛋挞。

FERRARA CAFE & BAKERY 面包房、咖啡馆 $$

见449页地图 (☎212-226-6150; www.ferraranyc.com; 195 Grand St, Mulberry St和Mott St之间, Little Italy; 糕点 $7~9; ⏱8:00至午夜, 周五和周六 至次日1:00; S J/Z, N/Q/R, 6至Canal St; B/D至Grand St) 这里距离Mulberry只有半个街区远, 从1882年就开始营业; 这家传奇的咖啡馆供应大量的经典意大利糕点, 也洋溢着老派的氛围。提拉米苏、蘸着浓缩咖啡的手指饼和浓厚的马斯卡彭奶酪再加上一抹香草味, 实在是太棒了。

NYONYA 马来西亚菜 $$

见449页地图 (☎212-334-3669; www.ilovenyonya.com; 199 Grand St, Mott St和Mulberry St之间, Little Italy; 主菜 $8~26; ⏱周日至周四11:00~23:00, 周五和周六 至午夜; S N/Q/R/W, J/Z, 6至Canal Street, B/D至Grand St) 这家熙熙攘攘的中马结合风格的菜馆会把你的味蕾带到潮湿的马六甲。尽情享受这些又甜又酸又辣的经典美食吧, 推荐芳香浓郁的阿萨姆鱼头煲 ($20)、仁当牛肉咖喱 ($14.50) 还有很刺激的马来辣沙拉 (rojak, 美味的水果沙拉, 配有辛辣的罗望子调料; $6.25)。素食主义者请注意了, 这里没什么你能吃的。这里只收现金。

皇上皇 中国菜 $$

见449页地图 (Amazing 66; ☎212-334-0099; www.amazing66.com; 66 Mott St, Canal St和Bayard St之间, Chinatown; 主菜 $11~29; ⏱11:00~23:00; S N/Q/R/W, J/Z, 6至Canal St) 这里是品尝粤菜最佳的地方之一, 皇上皇明亮热闹, 吸引着成群的华人来一解乡愁。加入他们吧, 品尝一下蜜汁烤排骨、酱油虾和椒盐鸡翅。午餐特价$7起。

★ PEKING DUCK HOUSE 中国菜 $$$

见449页地图 (☎212-227-1810; www.pekingduckhousenyc.com; 28a Mott St, Chinatown; 北京烤鸭 每人 $45; ⏱周日至周四 11:30~22:30, 周五和周六 11:45~23:00; S J/Z至 Chambers St, 6至Canal St) 应该是附近最美味的北京烤鸭, 这家同名的餐馆除了当家招牌之外, 还有多种套餐。这里比唐人街的一些餐馆漂亮多了, 因此适合与特别的人一起共餐。一定要点烤鸭: 酥脆的鸭皮和多汁的鸭肉片与饼皮、葱段和酱汁完美结合。

🍷 饮品和夜生活

从改造经营的酒铺到秘密的鸡尾酒吧, 这片街区的饮酒场所有浓厚的历史和神秘感。

★ GHOST DONKEY 酒吧

见446页地图 (☎212-254-0350; www.ghostdonkey.com; 4 Bleecker St, NoHo; ⏱17:00至次日2:00; S 6至Bleecker St; B/D/F/M至Broadway-Lafayette St) 这家经典的龙舌兰酒吧独树一帜, 洋溢着墨西哥、中东和美国狂野西部的氛围, 悠闲、迷幻和高雅的体验可以同时得到满足。如果同月球上的酒吧长什么样, 那应该就是这里的模样吧。暗淡但呈粉红色的低沙发围成一圈, 也比咖啡桌高上一截。这座酒吧还提供十分不错的鸡尾酒 (试试招牌——冰冻的玛格丽特, 好喝极了!)。

★ GENUINE LIQUORETTE 鸡尾酒吧

见449页地图 (☎212-726-4633; www.genuineliquorette.com; 191 Grand St, 靠近 Mulberry St, Little Italy; ⏱周日、周二和周三 18:00至午夜, 周四至周六 至次日2:00, 周五 17:00起; S J/Z, N/Q/R/W, 6至Canal St; B/D至Grand St) 这家地下酒吧客人满座, 有着罐装鸡尾酒和法拉·福塞特主题的厕所, 谁会不喜欢呢? 你甚至可以随意地拿起酒瓶, 混合调制自己的鸡尾酒。饮料总监阿什莉 (Ashlee) 负责掌管这里, 经常会邀请纽约最棒的酒保来运用非主流的酒饮来制作鸡尾酒。

★ APOTHÉKE 鸡尾酒吧

见449页地图 (☎212-406-0400; www.apothekenyc.com; 9 Doyers St, Chinatown; ⏱周一至周六 18:30至次日2:00, 周日 20:00起; S J/Z至Chambers St; 4/5/6至Brooklyn Bridge-City Hall)

当地生活
苏豪区文艺范儿的下午

全世界的购物狂们都对苏豪区垂涎欲滴,这里有高档、尖端、时髦的旗舰店,有令人梦寐以求的大牌和高冷的时尚达人。但是,别只盯着那些享誉全球的大牌,你还可以在这里发现很多全新形态的店铺,由才华横溢的艺术家和独立设计师打造的独一无二、充满想象力的本地品牌。

❶ 单品咖啡店

从**Café Integral**(见446页地图;☎646-801-5747;www.cafeintegral.com;149 Elizabeth St,Broome St和Kenmare St之间,Nolita;⏰周一至周五 7:00~18:00,周六和周日 8:00起;Ⓢ N/Q/R, J/Z, 6至Canal St)点一杯单品咖啡来提提神,它是一家位于Elizabeth St上通风宽敞的咖啡馆。再买一份糕点或羊角面包,在屋外好好享用吧。

❷ 顶级提拉米苏

Ferrara Cafe & Bakery(见105页)有许多美味,但不要错过享受世界顶级提拉米苏的机会。最好在咖啡馆里用餐,不过你也可以外带。

❸ 最棒的牛仔裤

在**3x1**(见446页地图;☎212-391-6969;www.3x1.us;15 Mercer St,Howard St和Grand St之间,SoHo;⏰周一至周六 11:00~19:00,周日 正午至18:00;Ⓢ N/Q/R/W, J/Z, 6至Canal St),你可自己设计牛仔裤,为已成型的牛仔裤挑选扣子和饰边(女式$250起,男士$265起),为已裁剪好的式样选择自己喜欢的特殊材料($625~850),或是从零开始做一条牛仔裤($1500)。

❹ 现代艺术

MoMA Design Store的分店(见446页地图;☎646-613-1367;http://store.moma.org;81 Spring St,靠近Crosby St,SoHo;⏰周一至周六 10:00~20:00,周日 11:00~19:00;Ⓢ N/R 至Prince St;6至Spring St)格外受欢迎,专门销售时尚独特的礼物、纪念品和服饰。还有垃圾桶和滑板,就连充满艺术灵感的刀叉也可能成为你的囊中物。

❺ 街头文化

Prince St和百老汇西北角人行道上的雕刻是出生于日本的雕刻家平家健的作品,自从1982年搬到纽约之后,他在近40条人行道上留下了雕刻。雕刻过程一般在5小时左右,但实际上平家花了2年(1983~1984年),因为他在夜间的雕刻不合法,经常被警察驱赶。

❻ 美味小食

纽约喜欢奢华的食品店,**Dean & DeLuca**

需要一些功夫才能找到这里。它位于Dovers St,以前是一家由鸦片馆转型的药房。而酒吧内,技艺娴熟的酒保就像审慎的药剂师一样,运用从Greenmarkets购买来的时令食材制作口味浓烈的"处方药"。鸡尾酒的配比总是刚刚好,推荐酒水单上的最佳选择"坐佛"(Sitting Buddha),感受菠萝和香菜完美的调和。

SPRING LOUNGE 酒吧

(见446页地图;☏212-965-1774;www.thespringlounge.com;48 Spring St,靠近Mulberry St, Nolita;⊘周一至周五8:00至次日4:00,周六和周日 正午起;§6至Spring St;R/W至Prince St)在这家闪着红色霓虹的风格独特的酒吧,别辜负了好时光。即使在禁酒时期,这里也成桶成桶地销售大量啤酒。20世纪60年代,这里的地下室还曾是赌场。如今,这里最负盛名的就是怪异的大鲨鱼标本,早来的熟客和成群结队而来的客人会在这里狂欢到深夜。如果在这一带串酒吧,那这家店绝对是完美的最后一站。

PEGU CLUB 鸡尾酒吧

见446页地图(☏212-473-7348;www.peguclub.com;77 W Houston St, W Broadway和Wooster St之间, SoHo;⊘周日至周三17:00至次日2:00,周四至周六 至次日4:00;§B/D/F/M至Broadway-Lafayette St, C/E至Spring St)鸡尾酒行家们一定要去昏暗优雅的Pegu Club(以殖民时期位于仰光的传奇性的绅士俱乐部命名)。坐在丝绒长椅里,品尝如丝般顺滑的伯爵马提尼(由掺了茶叶的金酒、柠檬汁和生蛋清调配而成),实在是太令人喜爱了。

提供的下酒菜是非常合适的亚洲菜,包括猪肉馄饨和曼德勒椰浆虾。

LA COMPAGNIE DES VINS SURNATURELS 葡萄酒吧

见449页地图(☏212-343-3660;www.compagnienyc.com;249 Centre St, Broome St和Grand St之间, Nolita;葡萄酒 每杯$11~22;⊘周一至周三17:00至次日1:00,周四和周五 至次日2:00,周六15:00至次日2:00,周日 至次日1:00;§6至Spring St;R/W至Prince St)高卢主题的壁纸、轻便的扶手椅和茶灯,显得无比温馨。这里是巴黎同

Dean & DeLuca

(见446页地图;☏212-226-6800;www.deananddeluca.com;560 Broadway,靠近Prince St, SoHo;糕点 $3起,三明治 $11;⊘周一至周五 7:00~21:00,周六和周日 8:00~21:00;§N/R至Prince St, 6至Spring St)是其中最知名的一家。如果你感觉有点饿,这些立等可取的美食,比如刚出炉的烤干酪条、美味的墨西哥干酪玉米饼,还有裹着糖霜的杏仁牛角面包,是不会让你失望的。

❼ 芳香之旅

在像图书馆一样的香水店MiN New York(见109页),体验一次免费的"芳香之旅",在店员指导下探索这里无与伦比的收藏,包括用香味诉说的迷人故事。员工热情友好,而回到家,你会觉得自己洗过温泉玫瑰浴,或在海上冲过浪。

❽ 阅读聊天

如果MiN点燃了你对于芳香的激情,那么不妨去McNally Jackson(见110页)的书架上找相关话题的图书。这是纽约最喜爱的独立书店,有大量专业杂志和书籍,书店内的咖啡馆适合好好放松,或是闲聊。总而言之,这里是你市中心旅程的不错的终点。

名酒吧的分店。总侍酒师Theo Lieberman主管着丰富的酒水单,酒水品类超过600种,以法国产葡萄酒为主,还有许多诱人的标配葡萄酒允许你按杯饮用。店内菜肴不多,但很精致,包括招牌猪肉肠(charcuterie)和鸡肉卷(chicken rillettes)。

MULBERRY PROJECT　　　鸡尾酒吧

见449页地图(646-448-4536;www.mulberryproject.com; 149 Mulberry St, Hester St和Grand St之间, Little Italy; 周日至周四 18:00至次日2:00, 周五和周六 至次日4:00; SN/Q/R, J/Z, 6至Canal St)在一扇没有任何标识的门后面,就是这个私密的洞穴一样的酒吧。后院氛围欢乐的"花园聚会"最能让人兴奋。现点现调、因人而异的鸡尾酒是这里的特色,所以别提意见,让调酒师尽情发挥吧。如果饿了,这里有很多不错的小吃,如加了山羊奶酪的桃子沙拉。

FANELLI'S CAFE　　　酒吧

见446页地图(212-226-9412; 94 Prince St, 靠近Mercer St, SoHo; 周一至周四 10:00至次日1:00, 周五和周六 至次日2:00, 周日 至午夜; SN/R至Prince St)Fanelli's酒吧于1847年就开始营业,是你斟酒喝上一杯的完美去处,气氛热闹又舒适。尽管苏豪区可能已经今非昔比,但Fanelli's始终保留着过去的样子,还能看见茶色镜子、喝醉的拳击手等。食物比较平庸,记住你是来这里喝酒会友的,还能结交新朋友。

JIMMY　　　鸡尾酒吧

见446页地图(212-201-9118;www.jimmysoho.com; James New York, 15 Thompson St, 靠近Grand St, SoHo; 周一至周三 17:00至次日1:00, 周四至周五 至次日2:00, 周六 15:00至次日2:00, 周日 15:00至次日1:00; SA/C/E, 1至Canal St)位于苏豪区詹姆斯纽约酒店(James New York Hotel)顶层,站得高看得远,纽约的美景一览无余。夏日里很多喝醉的顾客,会在露天平台吐得到处都是;天冷的时候,就在有大落地窗的室内喝,酒水会从中央吧台送过来。户外的游泳池增添了欢乐。

MULBERRY STREET BAR　　　酒吧

见449页地图(212-226-9345;www.mulberrystreetbar.com; 176 Mulberry St, 靠近Broome St, Little Italy; 周日至周四 11:00至次日3:00, 周五和周六 至次日4:00; SB/D 至Grand St; J/Z至Bowery)法兰克·辛纳屈(Frank Sinatra)喜欢这座百年历史的小意大利的酒吧,它曾经是《黑道家族》《教父Ⅲ》和《忠奸人》等影视剧作的拍摄场所。即使小意大利的文化渐渐淡去,你也会喜欢在这里闲逛。粗俗的老派酒保更是为酒吧增添了几分魅力,还有脾气粗暴的老主顾和成群的弄潮儿,会让游客惊叹连连。

RANDOLPH　　　咖啡馆,鸡尾酒吧

见449页地图(646-383-3623;www.randolphnyc.com; 349 Broome St, Bowery St和Elizabeth St之间, Nolita; 周一至周三 17:00至次日2:00, 周四和周五 17:00至次日4:00, 周六 13:00至次日4:00, 周日 13:00至午夜; ; SJ/Z至Bowery)Randolph供应多种创意的鸡尾酒,暗木装饰的宽阔空间似乎特别适合热闹的人群。安静的下午给人冥想的机会,作家可以带上电脑或打字机,写出一篇完美的故事……还能品尝生啤。另外,酒吧还提供从啤酒龙头出来的自酿啤酒,目前的品类是印度艾尔啤酒(IPA)。酒水减价时段每天持续到晚上8点。

LA COLOMBE　　　咖啡馆

见446页地图(212-625-1717;www.lacolombe.com; 270 Lafayette St, Prince St和Jersey St之间; 周一至周五 7:30~18:30, 周六和周日 8:30起; SN/R至Prince St, 6至Spring St)筋疲力尽的苏豪区购物狂们在这个迷你咖啡馆里重获新生。这里的咖啡味道浓烈,可以跟意大利的任何咖啡吧相媲美(留意一下这里很酷的罗马壁画)。这里吃的不多,只有饼干和牛角面包。你也可以去附近诺荷区那家更大的**分店**(见446页地图; 212-677-5834; 400 Lafayette St, 靠近4th St; 周一至周五 7:30~18:30, 周六和周日 8:30~18:30; S6至Bleecker St; B/D/F/M至Broadway-Lafayette St),那里的位子更多,但是队排得也更长。

娱乐

JOE'S PUB　　　现场音乐

见446页地图(212-539-8778, 门票 212-

967-7555; www.joespub.com; Public Theater, 425 Lafayette St, Astor Pl和4th St之间, NoHo; ⑤6至Astor Pl; R/W至8th St-NYU）这里一半是酒吧，一半是卡巴莱歌舞表演场所，可以近距离地观赏演出和顶级的表演者。过往登台的名人包括帕蒂·鲁普恩（Patti LuPone）、艾米·舒默（Amy Schumer）、已故的莱昂纳德·科恩（Leonard Cohen）以及英国女歌手阿黛尔（Adele，事实上，这里是阿黛尔于2008年在美国进行首次演出的地方）。

FILM FORUM   电影院

见446页地图（☏212-727-8110; www.filmforum.com; 209 W Houston St, Varick St和Sixth Ave之间, SoHo; ◎正午至午夜; ⑤1至Houston St）虽然计划扩建第四块大银幕，但这里现在还是有3块银幕的非盈利电影院，提供大量的独立电影放映、重映以及如奥逊·威尔斯（Orson Welles）等大师的回顾展映。剧院很小，因此要早一点才能找到一个好位子。电影放映通常还为电影发烧友提供与导演交流的机会或其他电影主题活动。

PUBLIC THEATER   现场表演

见446页地图（☏212-539-8500; www.publictheater.org; 425 Lafayette St, 在Astor Pl和4th St之间, NoHo; ⑤6至Astor Pl; R/W至8th St-NYU）这座传奇的剧院建于1954年，最初叫作Shakespeare Workshop，纽约诸多热门节目都在此首演，包括2015年的《汉密尔顿》。如今，你会找到一些创意节目和重制的经典剧目，主要以莎士比亚的剧作为主。说到莎士比亚，Public在夏天还会在中央公园进行莎翁剧目的演出，届时会明星云集。

购物

苏豪区有大大小小的商店。百老汇那里有常见的品牌连锁店、鞋店和牛仔裤店，如果往西走则是更贵的高档时装、首饰商家。走到Lafayette街上，那里的商店主要面向DJ和滑板迷，有很多风格各异的独立品牌和复古商店。如果你喜欢独立品牌，就继续往东去往诺莉塔，那里有很多精致的小精品店，销售独特的衣服、鞋和配饰等。逛街首选就是Mott St，其次是桑树街和Elizabeth St。唐人街喧闹的街道上则摆满了中医药、奇异的亚洲水果、炒锅和中国茶壶。

★ MIN NEW YORK   化妆品

见446页地图（☏212-206-6366; www.min.com; 117 Crosby St, Jersey St和Prince St之间, SoHo; ◎周二至周六 11:00~19:00, 周一和周日 正午至18:00; ⑤B/D/F/M至Broadway-Lafayette St; N/R至Prince St）这家超友好的香水药房如同图书馆，拥有独有的香水、沐浴护理产品和熏香蜡烛。留意MiN自己的艺匠芳香"故事"系列产品。价格差异很大，但味道都非常好闻。而且这里不像别的商家，没有人会催你买东西。

★ Saturdays   时装和配饰

见446页地图（☏212-966-7875; www.saturdaysnyc.com; 31 Crosby St, Broome St和Grand St之间, SoHo; ◎商店 10:00~19:00, 咖啡吧 周一至周五 8:00~19:00, 周六和周日 10:00~19:00; ☏; ⑤N/Q/R/W, J/Z至Canal St, 6至Spring St）这是家苏豪区风格的冲浪店，冲浪板、潜水服，再配上有设计感的装饰、版画和有关冲浪的大部头书，还有专供花花公子们的高档、时尚、有质感的衣服。打扮起来吧，从室内咖啡吧买一杯浓咖啡，在后花园闲逛，打听一些疯狂的、惊险的传说。第二家分店在**西村**（见171页）。

RAG & BONE   时装和配饰

见446页地图（☏212-219-2204; www.rag-bone.com; 117-119 Mercer St, Prince St和Spring St之间, SoHo; ◎周一至周六 11:00~21:00, 周日 11:00~19:00; ⑤N/R至Prince St）下城区的名牌Rag & Bone深受纽约最酷、最时尚的广大男女潮人的喜爱。苛求细节的服饰包括精心裁剪的衬衫、休闲西服、带图案的T恤、单色毛衣、如羽毛般轻盈的吊带裙、高档皮衣，以及Rag & Bone昂贵的牛仔裤。服饰裁剪几乎完美无瑕，还有鞋帽、手袋和皮夹等配饰。

OPENING CEREMONY   时装和配饰、鞋子

见446页地图（☏212-219-2688; www.openingceremony.us; 35 Howard St, Broadway和Lafayette St之间, SoHo; ◎周一至周六 11:00~20:00, 周日 正午至19:00; ⑤N/Q/R/W, J/Z, 6至Canal St）因永不沉闷而为人所知的独立品牌，男女皆

宜。店里不断有世界各地的品牌进驻，既有成熟品牌，也有新兴品牌，当然也有Opening Ceremony自己的前卫设计。货架上有很多街头范儿的、大胆又前卫的时装，如果你买了，朋友们肯定会忍不住问一句："这衣服是从哪买的？"

DE VERA 古董

见446页地图（☎212-625-0838；www.deveraobjects.com；1 Crosby St，靠近Howard St，SoHo；⊙周二至周六 11:00~19:00；⑤N/Q/R/W, J/Z, 6至Canal St）店主Federico de Vera从世界各地搜罗各种稀有的精美珠宝、雕刻、漆器和其他艺术品，来填满这间精致的店铺。射灯照亮的玻璃橱窗中展示着拥有200年历史的佛像、威尼斯玻璃制品、明治时期镀金嵌花盒子等各种艺术品，而油画和墙上的雕刻更使人感觉这里像一个博物馆。

ODIN 时装和配饰

见449页地图（☎212-966-0026；www.odinnewyork.com；161 Grand St, Lafayette St和Centre St之间，Nolita；⊙周一至周六 11:00~20:00，周日 正午至19:00；⑤6至Spring St, N/R至Prince St）这家男装旗舰店统领了市中心的时尚品牌，还精选了许多进口品牌，例如北欧的Acne。店里的其他诱人商品还有香水、布鲁克林创意设计的珠宝（例如Naval Yard 和Uhuru），以及Common Projects等流行牌子的街鞋。西村（见170页）也有一家。

MCNALLY JACKSON 书籍

见446页地图（☎212-274-1160；www.mcnallyjackson.com；52 Prince St, Lafayette St和Mulberry St之间，Nolita；⊙商店 周一至周五 10:00~22:00，周日 至21:00；咖啡馆 周一至周五 9:00~21:00，周六 10:00起，周日 10:00~20:00；⑤N/R至Prince St, 6至Spring St）这家人头攒动的独立书店，有很多很棒的杂志和图书，涉及当代小说、美食、建筑设计、艺术和历史等。如果有座位的话，你可以舒舒服服地坐在店里的咖啡馆，随便读读书，也可以随手翻翻畅销书，还可以参加这里举办的签名售书活动。

如果你立志想成为一名（自行）出书的作家，那么可以通过书店的Espresso按需印书机打印出自己的著作。

INA WOMEN 二手店

见446页地图（☎212-334-9048；www.inanyc.com；21 Prince St, Mott St和Elizabeth St之间，Nolita；⊙周一至周六 正午至20:00，周日 至19:00；⑤6至Spring St；N/R至Prince St）为女性时尚爱好者提供高端复古的二手时尚单品、鞋类和配饰。

JOE'S JEANS 时装和配饰

见446页地图（☎212-925-5727；www.joesjeans.com；77 Mercer St, Spring St和Broome St之间，SoHo；⊙周一至周六 11:00~19:00，周日 正午至18:00；⑤N/R至Prince St, 6至Spring St）穿上这条来自洛杉矶的火爆牛仔裤，让你的双腿也性感起来。你可以选择"无瑕丹宁"（Flawless Denim），弹性布料让你脱颖而出；也可以来条紧身牛仔裤（这些牛仔裤可不是模特专属，普通人穿上也很好看）。再来个混搭，这里有超级舒适的衬衫、帽衫、毛衣以及越来越受到欢迎的牛仔夹克。

INA MEN 二手店

见446页地图（☎212-334-2210；www.inanyc.com；19 Prince St, 靠近Elizabeth St；⊙周一至周六 正午至20:00，周日 至19:00；⑤6至Spring St, N/R至Prince St）男性时尚达人们喜欢INA，因为这里有二手的复古奢华衣服、鞋子和配饰。货架上都是些高质量的产品，最受欢迎的包括Rag & Bone牛仔系列、Alexander McQueen羊毛裤、Burberry衬衫以及Church的粗革皮鞋等。

RUDY'S MUSIC 音乐

见446页地图（☎212-625-2557；http://rudysmusic.com；461 Broome St, Greene St和Mercer St之间，SoHo；⊙周一至周六 10:30~19:00；⑤6至Spring St；N/R至Prince St）这家音乐店不仅有诸多巨星作品，并且还有世界上最精美的D'Angelico吉他收藏。这里还提供吉他修理服务。摇滚起来吧！

优衣库 时装和配饰

见446页地图（Uniqlo；☎877-486-4756；www.uniqlo.com；546 Broadway, Prince St和Spring St之间，SoHo；⊙周一至周六 10:00~21:00，周日 11:00~20:00；⑤R/W至Prince St, 6

至Spring St)这个巨大的3层日本品牌商场因为美观、质优、有折扣的服装而备受欢迎,它是美国的第一家优衣库店铺。你会找到日本的牛仔裤、蒙古的羊绒衫、带图案的T恤衫、漂亮的短裙、高科技保暖内衣,还有数不胜数、五颜六色的成衣,且大部分商品都在$100以下。

ADIDAS FLAGSHIP STORE　　　　鞋

见446页地图(☎212-966-0954; www.adidas.com; 115 Spring St, Greene St和Mercer St之间, SoHo; ⊗周一至周六 10:00~20:00, 周日 11:00~19:00; ⓈN/R至Prince St)经典的三条杠运动鞋是这家阿迪达斯旗舰店的象征。除了鞋,你还可以好好看看帽衫、运动衣、T恤衫,还有眼镜、手表和复古又时髦的背包等配饰。

如果想去大卖场,就往回走几个街区,到占地29,500平方英尺(约2740平方米)的**Adidas运动鞋商城**(见446页地图; ☎212-529-0081; 610 Broadway, 靠近Houston St, SoHo; ⊗周一至周六 10:00~21:00, 周日 11:00~20:00; ⓈN/R至Prince St, B/D/F/M至Broadway-Lafayette St)。

RESURRECTION　　　　二手店

见446页地图(☎212-625-1374; www.resurrectionvintage.com; 45 Great Jones Rd, Lafayette St和Bowery St之间, NoHo; ⊗周一至周六 11:00~19:00; Ⓢ6至Spring St, N/R至Prince St)Resurrection为这些几十年以前的前卫设计注入了新的生命力。时髦、崭新的衣服上有摩登派、华丽摇滚或新浪潮时代的设计,马克·雅可布(Marc Jacobs)等时装大师也曾到这里找寻灵感。热门产品包括Halston连衣裙、Courrèges的外套和夹克等。

FJÄLLRÄVEN　　　　体育和户外

见446页地图(☎646-682-9253; www.fjallraven.us; 38 Greene St, SoHo; ⊗周一至周六 10:00~20:00, 周日 至19:00; ⓈN/Q/R/W至Canal St, B/D/F/M至Broadway-Lafayette St)这种超级流行的背包以醒目的狐狸标志和难以发音的名称而闻名,曾经只有瑞典人、丹麦人和一些走运的游客知道该品牌,但如今在世界各地的大城市都随处可见,街上随便走一圈就能看到许多。在这里可以购买各种颜色的背包,有大号和小号的款式区别,还有其他户外商品。

PURL SOHO　　　　手工艺品

见446页地图(☎212-420-8796; www.purlsoho.com; 459 Broome St, Greene St和Mercer St之间, SoHo; ⊗周一至周五 正午至19:00, 周六和周日 至18:00; ⓈN/R至Prince St, 6至Spring St)这家店是《玛莎·斯图尔特的生活》(*Martha Stewart Living*)杂志前任编辑的创意,这里像是一个由面料和纱布构成的多彩图书馆,让人感觉像是来到了Etsy(美国在线销售手工艺品的网站)的实体店。这里DIY的手工艺品和一些成品,都可以作为独特的圣诞节小礼物。

NEW KAM MAN　　　　家居用品

见449页地图(New Kam Man; ☎212-571-0330; www.newkamman.com; 200 Canal St, Mulberry St和Motts St之间; ⊗9:30~19:30; ⓈN/Q/R, J/Z, 6至Canal St)穿过挂着的烤鸭,在位于运河街的这家经典美食店的地下室能买到便宜的中国和日本茶具,还有筷子、碗、炒锅以及电饭锅等厨房用品。楼上还有许多亚洲食物。

HOUSING WORKS BOOKSTORE　　　书籍

见446页地图(☎212-334-3324; www.housingworks.org/locations/bookstore-cafe; 126 Crosby St, E Houston St和Prince St之间, SoHo; ⊗周一至周五 9:00~21:00, 周六和周日 10:00~17:00; ⓈB/D/F/M至Broadway-Lafayette St; N/R至Prince St)这家书店氛围惬意质朴,收藏了大量二手书籍、黑胶碟片、CD和DVD,而且你还可以以慈善的名义进行购买(收益用于救助纽约HIV阳性和感染艾滋病的无家可归者),地方非常隐蔽,而且地板嘎吱作响,适合坐在店里的咖啡馆看书或发呆度过安静的下午。

登录网站查看定期活动,尤其包括富有娱乐性的Moth StorySLAM(www.themoth.org)比赛。

EVOLUTION NATURE STORE　　　　礼品和纪念品

见454页地图(☎212-343-1114; www.theevolutionstore.com; 687 Broadway, W 3rd St和W 4th St

之间；⊙11:00~20:00；§R/W至8th Ave-NYU；6至Astor Pl）寻找皱缩的头颅还是圣甲虫标本？苏豪区的这家商店陈列着全世界各种稀奇的玩意。商店很大，而且通常都很忙碌，尤其是在周末时分，人们纷纷来到苏豪区的这家精品店里淘选稀奇古怪的东西。

AJI ICHIBAN　　　　　　　　　食品

见449页地图（☏212-233-7650；37 Mott St, Bayard St和Mosco St之间, Chinatown；⊙周一至周五 10:00~19:00, 周六和周日 至20:00；§N/Q/R, J/Z, 6至Canal St）无论你是不是来自亚洲，这家中国香港的食品连锁店是甜食爱好者梦想成真的地方。在这里就别惦记牙医的嘱咐了，品尝芝麻口味的棉花糖、牛奶糖果冻、蜂蜜糖和蜜饯玫瑰。喜欢咸口味的，还可以品尝亚洲风味零食，诸如辣鱿鱼干、小鱼干、蟹味棒和到处可见的芥末豆。

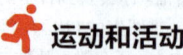 运动和活动

GREAT JONES SPA　　　　　　　水疗

见446页地图（☏212-505-3185；www.gjspa.com; 29 Great Jones St, Lafayette St和Bowery之间, NoHo；⊙9:00~22:00；§6至Bleecker St, B/D/F/M至Broadway-Lafayette St）这个位于下城区的风水宝地，值得你多花点时间去体验服务。如果你消费超过人均$100（很容易达到：1小时按摩$145起, 1小时面部护理$135起），就可以进入休息大厅，那里有热水浴缸、桑拿房、蒸汽浴室以及瀑布冷水潭。必须穿泳衣。

东村和下东区

东村 下东区

区域亮点

① **新当代艺术博物馆**（见116页）欣赏一下它亮白色的盒子似的外观，再进去感叹一下通过各种五花八门的媒介向我们展示的稀奇古怪的叠加艺术。

② **下东区廉租公寓博物馆**（见115页）在这个精心策划的博物馆里，见证早期移民那极为狭窄的居住环境。

③ **圣马可坊街**（见118页）穿过卖小玩意儿的店和清酒吧，去周边更安静的街道仔细逛逛这里的精品小店。

④ **字母城**（见114页）沿途在小酒馆和鸡尾酒吧边逛边喝。

⑤ **Vanessa's Dumpling House**（见125页）品尝全城最美味、性价比最高的饺子。

有关本区域的更多细节，见地图450页和452页

独家贴士

附近一带很多餐馆都不接受预订,所以午后(最好在14:00之前)逛街的时候顺便过来,登记好你的名字,这样等你晚上回来用餐的时候,可能很快就会有位子了。

✕ 最佳就餐

→ Upstate(见123页)

→ Degustation(见124页)

→ Momofuku Noodle Bar(见123页)

→ Mamoun's(见122页)

→ Veselka(见123页)

详细介绍见121页 →

🍷 最佳饮品

→ Rue B(见128页)

→ Jimmy's No 43(见128页)

→ Angel's Share(见128页)

→ Immigrant(见128页)

→ Ten Bells(见130页)

详细介绍见126页 →

🔒 最佳购物

→ Obscura Antiques(见135页)

→ A-1 Records(见136页)

→ By Robert James(见137页)

→ Verameat(见136页)

→ Tokio 7(见136页)

详细介绍见135页 →

探索东村和下东区

如果你喜欢的最具有纽约特色的画面是红色砖墙上的涂鸦、直入云霄的摩天大楼、并肩而行的朋克族、老奶奶和金融从业人士,还有把摇摇晃晃的桌子摆到人行道上的小咖啡馆,那就来东村吧。一定要逛一逛汤普金斯广场公园(见119页)周围的地方,以及它东边那个有字母建筑的街道(字母城,Alphabet City),找一些好玩的小角落,在那里点儿喝点儿什么,或是去一些很惬意的街心花园,在树阴下打个盹儿,没准儿还能看场表演。Houston St以南和鲍厄里街以东的街道上布满了酷酷的精品店和别出心裁的餐厅,稀奇古怪、脏兮兮的朋克酒吧还活跃在时髦的地下黑店之中。白天气氛轻松,而每当夜晚降临,伴随流动的美酒,荷尔蒙飙升,人群涌来,这里又变成了另一个完全不同的地方。没错,这里就是个大杂烩,或许这才是现代都市最典型的特征之一吧。

当地生活

→ **一步之遥** 著名的圣马可坊街(见118页)吸引了太多游客前来购物和吃吃喝喝,大多数时候这里更像个马戏团。在附近转转,不论哪个方向都会发现很好的商店和餐馆,而人却少了一半。

→ **多彩佳肴** 没有什么地方能像东村和下东区一样,能尝到环球民族风情美食。这里的很多餐馆不接受预订,所以亲自去走一走,找个空位坐下来,享受你的意大利、印度、印尼或者其他任何地方的美食,来趟美食之旅吧。

到达和离开

→ **地铁** 在东村,沿14th St搭L线至First Ave和Third Ave,而在Houston St的Second Ave的F站可以到最南边。也可以乘6线到Astor Pl,到这片地区西边。在下东区,B/D到Grand St,F, M/J/Z到Delancey-Essex St,可以带你到达你想去的地方。

→ **公共汽车** 要去两个地区的东边,可以乘坐M14、M21和B39,它们分别沿14th St、Houston St和Delancey St行驶(不过最好在B39开往布鲁克林前就下车)。

重要景点
下东区廉租公寓博物馆(LOWER EAST SIDE TENEMENT MUSEUM)

在体现人性方面,纽约的其他博物馆都无法与之相比,它以重造早期公寓的方式,全方位展示了这片街区令人心碎但充满启示的遗存。由于这里不断开发,馆外也有很多值得一游的地方。任何一个对纽约历史感兴趣的人都不应错过。

走进公寓

各种公寓游览将带领游客走进这个多年以前千百移民曾经居住和工作过的地方。"艰难时世"是最受欢迎的游览线路之一,参观两个不同时期,即19世纪70年代和20世纪30年代的公寓。在这里,你会看到当时租客们所面对的肮脏的居住条件——早期这里只有污秽的户外公共厕所,没有电,没有自来水——以及居住在那里的家庭是怎么生活的。有些线路主要关注爱尔兰移民,以及当时他们受到的严重歧视,还有血汗工厂的工人和"商家生活"(shop life,参观一个重建的19世纪70年代的德国啤酒馆)。

附近游览

步行游览博物馆周边是了解移民生活的一个相当不错的方式。这种游览历时1.25~2小时,涉及很多主题。下东区的美食之旅体现了传统饮食是如何成就美式烹饪的;过去和现在之旅探索了周围地区这几十年来是如何发展的;走出房门(Outside the Home)之旅演绎了公寓以外的生活,譬如移民们的毕生积蓄是如何保存(以及丢失)的,教堂和犹太会堂是如何与社区生活息息相关的,以及收入微薄的工人们如何聚集在会议大厅,以争取更好的生活条件。

遇见维多利亚

回到1916年,见见维多利亚·康菲诺(Victoria Confino)——一个来自希腊犹太人家庭的14岁女孩。维多利亚由一名解说员假扮,她会与游客互动,并回答各种有关她当时生活的问题。特别推荐儿童游览,这个时长1小时的游览项目会在全年的周末开放,夏季则每日开放。

103 Orchard St

位于103 Orchard St的游客中心有一个博物馆商店和一个放映原创电影的小型放映室,电影介绍了下东区的历史和移民带来的影响。这里每个月都会有几个晚上举行研讨会,研讨的内容经常与美国目前的移民生活相关。当然,博物馆本身也是一座公寓,如果在这里留宿,可以问问员工关于曾居住在这里的一些东欧和意大利后裔的家族趣事。

不要错过

➡ 周边地区的主题步行游览

➡ 探索19世纪70年代和20世纪30年代公寓历史的"艰难时世"(Hard Times)之旅

➡ 廉租公寓博物馆提供的价格固定的套餐"Tasting"(每周四18:30)

➡ 游客中心的30分钟免费电影

实用信息

➡ 见452页地图,B3

➡ 877-975-3786

➡ www.tenement.org

➡ 103 Orchard St, Broome St和Delancey St之间, Lower East Side

➡ 团队游 成人/学生和老年人 $25/20

➡ 周五至周三 10:00~18:30,周四至20:30

➡ B/D至Grand St, J/M/Z至Essex St, F至Delancey St

重要景点
新当代艺术博物馆（NEW MUSEUM OF CONTEMPORARY ART）

位于下东区的新当代艺术博物馆由著名的日本SANAA建筑事务所设计，其理念是让建筑本身就像里面的藏品一样出色，新博物馆就做到了这一点，并且更具创新性。新博物馆自身所形成的街景为这片街区带来了一抹与众不同的亮色，馆内收藏的独特艺术品也像其外观一样迷人。

博物馆使命

这个1977年由玛西亚·塔克（Marcia Tucker）建立的博物馆曾迁址5次，其宗旨却很简单："新艺术，新思想"。馆内陈列着艺术家凯斯·哈林（Keith Haring）、杰夫·昆斯（Jeff Koons）、朱安·乔纳斯（Joan Jonas）、玛丽·凯莉（Mary Kelly）和安德里斯·塞拉诺（Andres Serrano）在艺术生涯初期创作的作品，以及一些当代艺术大家的作品。作为纽约仅有的致力于当代艺术的博物馆，这里运用全新的形式展出了一系列前卫的作品，比如将一些看似随意丢弃的材料融合在一起，再放在偌大的房间中央进行展示。

馆内的新博物馆咖啡馆（New Museum Cafe）是个品尝纽约商家们提供的美食的好地方，包括Cafe Grumpy的烘焙食品、McNulty的茶、Intelligentsia的咖啡，以及Duck's Eatery的三明治。

不要错过

➡ 从街对面看博物馆外观
➡ 新博物馆咖啡馆
➡ 新博物馆商店

实用信息

➡ 见452页地图，A3
➡ 212-219-1222
➡ www.newmuseum.org
➡ 235 Bowery, Stanton St 和Rivington St之间, Lower East Side
➡ 成人/儿童 $18/免费，周四 19:00~21:00, 捐款
➡ 周二、周三和周五至周日 11:00~18:00, 周四至21:00
➡ S R/W至Prince St, F至2nd Ave, J/Z至Bowery, 6至Spring St

吸引力法则

新博物馆开馆多年，在其影响下，周围的建筑也采用了类似的空灵设计。最有趣的是，博物馆就像个磁力场，周边的一些小工坊和创意空间（见120页）也被拽上了它的轨道。

SANAA的视觉秀

由于新博物馆内的展品不断更换，其内部空间的特点也经常发生改变。然而其外壳——一种充满灵感的建筑姿态——一直在形形色色的都市景观中特立独行，同时还能融入背景，将展品衬托得熠熠生辉。

这种建筑的构思来源于两位杰出的设计大师——日本炙手可热的SANAA建筑事务所的合伙人妹岛和世（Kazuyo Sejima）和西泽立卫（Ryue Nishizawa）。由于在设计领域做出的杰出贡献，2010年，SANAA获得了众多人都梦寐以求的普利兹克奖（Pritzker Prize，堪比建筑界的奥斯卡）。他们以抹灭建筑正面的标志性风格而享誉世界，同时又恪守形式为功能服务的设计美学理念，有时会将地面标识融入建筑的整体结构之中。新博物馆采用了盒子叠加的设计，与周围很多建筑暗红色的砖墙和楼外的铸铁消防梯形成鲜明的对比，这也暗示了馆内展览的几何上的分裂性。

博物馆商店

如果你对当前展览不感兴趣，博物馆商店也值得一逛，有些放在咖啡桌上的书还是不错的——有时候那里出售的商品是和在展艺术家合作的，兼具艺术和娱乐性。商店和博物馆的营业时间一样。

如果想省钱，就在周四19:00~21:00过来，那时候门票钱按意愿支付。有展览的时候，来观展的人可能会比较多。我们推荐18:45前去排队。

周六家庭日

每个月的第一个周六，新博物馆会为新生艺术家举办特别活动，可以亲手做手工，4~15岁的儿童还可以参加专门的活动。成人也免费入场（儿童一直都免费入场）。

重要景点
圣马可坊街（ST MARKS PLACE）

纽约的每一条街道都有一个故事，有的在眼前，有的隐藏在五彩斑斓的外表下，富有浓厚的历史意味。如想在纽约的大街小巷寻找故事，圣马可坊街是最佳选择之一。这个街区每栋楼都流传着故事，在那个时代，东村象征着完全无视法律的精神。

阿斯特广场

从圣马可坊街往西是**阿斯特广场**（Astor Place；见450页地图；8th St, Third Ave和Fourth Ave之间；⑤N/R至8th St-NYU, 6至Astor Pl），在拥挤的十字形街道旁，立着个奇怪的方形雕塑，当地人亲切地（也恰当地）称之为"魔方"（The Cube）。这件艺术品实名为阿拉莫（Alamo），重达约0.8吨，全由耐腐蚀的钢材铸成，这周围也是居民们最喜爱的集会场所。

阿斯特广场原本是阿斯特歌剧院（现在已经不存在了）的所在地，19世纪中期，很多有钱人都来这里观看定期演出。臭名昭著的阿斯特广场暴动也发生在这里。当时纽约的爱尔兰民众由于家乡的马铃薯饥荒而引发骚乱，警方向民众开枪，导致至少18人死亡，几百人受伤。

如今，这里作为《乡村之声》（*Village Voice*）杂志曾经的所在地和**库珀联盟学院**（Cooper Union; Foundation Building, Great Hall；见450页地图；www.cooper.edu；7 E 7th St, Third Ave和Fourth Ave之间, East Village；⑤6至Astor Pl, N/R至8th St-NYU）设计机构的所在地而广为人知。

不要错过

➡ 因齐柏林飞船的《肉体涂鸦》专辑而闻名的建筑（第96号和第98号）
➡ 在一家口味绝佳的咖啡馆来顿早午餐
➡ 街道尽头的汤普金斯广场公园
➡ 地下日本酒吧的清酒炸弹
➡ 买些小玩意儿和新奇纪念品

实用信息

➡ 见450页地图，C2
➡ St Marks Pl, Ave A到Third Ave, East Village
➡ ⑤N/R/W至8th St-NYU, 6至Astor Pl

从Third Avenue到Avenue A

圣马可坊街无疑是纽约最有名,却也最小的街道之一,它包括了阿斯特广场到汤普金斯广场公园间仅有的3个街区。这条路上到处都蕴含着百事通们最感兴趣的有年头的奇闻逸事。直到最近,圣马可坊街2号还是著名的圣马可酒馆(圣马可酒店仍然屹立着),有一段时间这里曾是有名的五元俱乐部,20世纪50年代,爵士乐家赛罗尼斯·蒙克就是从这里开启了他的艺术生涯。各色人等都曾在圣马可坊街4号留下了印记:这座楼由亚历山大·汉密尔顿之子所建;19世纪30年代,詹姆斯·费尼莫尔·库柏曾经住在这里;20世纪60年代,小野洋子等激浪派艺术家也曾来过这里。圣马可坊街96号和98号的建筑被印在了齐柏林飞船乐队的《肉体涂鸦》专辑的封面上,想忘都忘不了。圣马可坊街122号曾是很受欢迎的Sin-é咖啡馆所在地,不过在20世纪90年代关门了,杰夫·巴克利和大卫·格雷常在此献艺。

汤普金斯广场公园

圣马可坊街的尽头就是深入东村心脏地带的**汤普金斯广场公园**(Tompkins Square Park;见450页地图;www.nycgovparks.org;E 7th St和10th St之间,Ave A和Ave B围成;⊙6:00至午夜;⑤6至Astor Pl),占地10.5英亩(约64亩),郁郁葱葱,深受人们的喜爱。公园是为了纪念丹尼尔·汤普金斯而建。他曾于1807~1817年任纽约州州长,后在詹姆斯·门罗的任期内担任美国副总统。这里就像是百姓广场,当地人都爱聚在这里,坐在混凝土桌子前下棋,天气晴暖的时候在草坪上野餐,或者自发地聚在翠绿小丘上弹吉他打鼓。还可以来这里打打篮球,听听夏季常有的音乐会,看看可爱的孩子们在操场上玩耍。近来由于整修,有时可能无法享受公园里这种纯净的乐趣。而在20世纪80年代,这里还是一个脏乱、到处都是针头的流浪者大本营,1988年,警方拆除了露天舞台,并驱逐了100多名住在公园帐篷里的非法占据者(1991年又发生了一次),这成了公园富有争议的转折点。第一次驱逐演变成了暴力事件,即所谓的汤普金斯广场公园暴乱事件,风波过后,雅皮士首先出现在遛狗区附近,时尚达人也开始在草坪上消磨时光,连卧底缉毒人员也来这里盯梢嗑药的朋克小青年们。这些日子里没有那么多戏剧性的事情发生,除了偶尔会举行音乐和艺术节,让人们短暂回忆起公园曾经不羁的辉煌过去。

朋克摇滚商店

东村曾经是新兴的朋克摇滚的发源地,当时很多人会经常去圣马可坊街的服装店,采购他们独特的行头。尽管这些店大多已改头换面,经营一些游客喜欢的东西,但仍有几家店保留了下来。

早午餐最佳地点

除了古怪的历史古迹,这里也有一些非常棒的就餐地。东村的周末早午餐是个好选择,当地的餐馆明显比周围热门景点的餐馆便宜一些(环境也差一些)。试试Cafe Mogador(见124页),它在美国菜中融入了一些中东风味。

👁 景点

👁 东村

圣马可坊街　　　　　　　　　　　　　　街道
见118页。

汤普金斯广场公园　　　　　　　　　　博物馆
见119页。

鲍厄里街圣马可教堂　　　　　　　　　教堂
见450页地图（St Mark's in the Bowery；📞212-674-6377；www.stmarksbowery.org；131 E 10th St，靠近Second Ave，East Village；⏱周一至周五 10:00～18:00；🚇L至3rd Ave；6至Astor Pl）东村人喜欢这里，主要是因为它的文化活动，例如由诗歌计划（Poetry Project）诗会主办的诗歌朗诵，来自舞蹈空间（Danspace）和本体论歇斯底里剧场（Ontological Hysteric Theater）的前卫舞蹈表演，其实这里还是一个历史遗址。美国新教圣公会教堂就坐落在"农场"（荷兰语bouwerij也就是鲍厄里街，是农场的意思）的位置，其所有者是荷兰殖民区总督彼得·史蒂文森（Peter Stuyvesant），他死后就埋在这里。

下东区美术馆

提到纽约的美术馆，可能切尔西区名声在外，其实在下东区也有很多优质的场馆。这里最早的美术馆之一是于1975年开放的**斯佩罗·韦斯特沃特美术馆**（Sperone Westwater gallery；见452页地图；📞212-999-7337；www.speronewestwater.com；257 Bowery，E Houston St和Stanton St之间，Lower East Side；⏱周二至周六 10:00～18:00；🚇F至2nd Ave），展出的都是像威廉姆·魏格曼（William Wegman）和理查德·朗（Richard Long）这样的大艺术家的作品，新馆是由知名设计师诺曼·福斯特（Norman Foster）设计的，他因设计了赫斯特大楼（Hearst Building）和艾弗利费雪厅（Avery Fisher Hall）而在纽约名声大噪。在附近，潮流前卫的**94号沙龙**（Salon 94）在下东区有两个场馆：一个隐匿在**Freeman Alley**（见452页地图；www.salon94.com；1 Freeman Alley，紧邻Rivington，Lower East Side；🚇F至2nd Ave, J/Z/M至Bowery），另一个在**鲍厄里街**上（见452页地图；📞212-979-0001；www.salon94.com；243 Bowery和Stanton St交叉路口，Lower East Side；⏱周二至周六 11:00～18:00；🚇F至2nd Ave, J/Z/M至Bowery），离新现代艺术博物馆不远。鲍厄里街的这家有20英尺（约6米）高的液晶视频墙，对着街上播放着各种影像艺术。向北几个街区是占地4000平方英尺（约372平方米）的**霍尔美术馆**（Hole；见450页地图；📞212-466-1100；www.theholenyc.com；312 Bowery，靠近Bleecker，East Village；⏱周三至周日 正午至19:00；🚇6至Bleecker St, B/D/F/M至Broadway-Lafayette St），它闹哄哄的开幕式和里面的展品一样出名，当时下城区艺术圈的爱凑热闹分子，以及很多像科特妮·洛芙（Courtney Love）和萨尔曼·鲁西迪（Salman Rushdie）这样的名流都来了。

Chrystie和鲍厄里街之间的Broome St很快成为下东区的艺术中心地带，很多主要的美术馆，像**白盒子**（White Box）、**加拿大**（Canada）和**杰克·汉利**（Jack Hanley），都在这里，并彼此相邻。Rivington St和运河街之间的Orchard St又是一片繁荣的美术馆区。

该地区其他一些受欢迎的当代美术馆有：**莱曼莫平画廊**（Lehmann Maupin；见452页地图；📞212-254-0054；www.lehmannmaupin.com；201 Chrystie St，Stanton St和Rivington St之间，Lower East Side；⏱周二至周六 10:00～18:00；🚇F至Delancey St-Essex St）、**Mesler/Feuer**（见452页地图；www.meslerfeuer.com；319 Grand St, 2nd fl，Allen St和Orchard St之间，Lower East Side；⏱周三至周日 11:00～18:00；🚇J/M/Z/F至Delancey/Essex St; B/D至Grand St）和**莱斯利·海勒**（Lesley Heller；见452页地图；📞212-410-6120；www.lesleyheller.com；54 Orchard St，Grand St和Hester St之间，Lower East Side；⏱周三至周六 11:00～18:00，周日 正午起；🚇B/D至Grand St; F至East Broadway）。

除了文化活动，教堂还就当下政治热门话题举办很多其他类型的活动和对话。网站上有即将举办的活动详情。

东河公园 公园

见450页地图（East River Park；www.nycgovparks.org/parks/east-river-park；FDR Dr和E Houston St之间；◎日出至次日1:00；ⓈF至Delancey St-Essex St）这里不仅有很棒的棒球场、跑步和骑行跑道、可容纳5000人的圆形露天音乐会场和宽阔的绿地，还有凉爽清新的微风，以及威廉斯堡、曼哈顿和布鲁克林大桥的壮观景色。

尽管公园两边有大型房地产项目，而且一侧是拥挤的FDR Dr，另一侧是不太干净的东河，不过这里还是散步和晨跑的好地方。

👁 下东区

下东区廉租公寓博物馆 博物馆
见115页。

新现代艺术博物馆 博物馆
见116页。

安娜斯塔西亚照片画廊 美术馆

见452页地图（Anastasia Photo；www.anastasia-photo.com；143 Ludlow St, Stanton St和Rivington St之间, Lower East Side；◎周二至周日11:00~19:00；ⓈF to Delancey St；J/M/Z至Essex St）这家小美术馆聚焦纪实摄影和摄影报道。那些引人深思、发人深省的作品涉及的题材包括美国乡村的贫穷、战争的肆虐破坏以及非洲正在消失的文明。作品都是精心拍摄的，现场的工作人员还会向你介绍每幅作品背后深刻的故事。

埃尔德里奇街犹太会堂博物馆 博物馆

见452页地图（Museum at Eldridge Street Synagogue；📞212-219-0302；www.eldridgestreet.org；12 Eldridge St, Canal St和Division St之间, Lower East Side；成人/儿童 $14/8，周一建议捐款；◎周日至周四 10:00~17:00，周五 至15:00；ⓈF至East Broadway）这座地标性的教堂建于1887年，曾经是犹太人生活的中心，在20世纪20年代，这里曾变得狼藉一片，无人问津，后来经长达20年、花费2000万美元的修缮，于2007年完工，现在已经恢复了往日的光彩。博物馆入场费含犹太会堂导览游，整点开始，最后一场开始时间为16:00。

加尼那犹太教会堂与博物馆 犹太教堂

见452页地图（Kehila Kedosha Janina Synagogue & Museum；📞212-431-1619；www.kkjsm.org；280 Broome St, 靠近Allen St, Lower East Side；◎周日 11:00~16:00，周六 仪式 9:00开始；ⓈF, J/M/Z至Delancey St-Essex St）这个小型犹太教会堂是犹太教的一个鲜为人知的分支，即希腊犹太人集会的地方，他们的祖先是被船运往罗马的奴隶，由于风暴航行到了希腊。这是他们在西半球唯一的犹太会堂，这里有一个小型的博物馆，陈列着一些古代的手工制品，比如手绘的出生证明，还有一个美术馆、一座希腊犹太人的大屠杀纪念堂，以及来自希腊犹太人在希腊的首都——加尼那（Janina）的服装。

萨拉·D.罗斯福公园 公园

见452页地图（Sara D Roosevelt Park；Houston St, 靠近Chrystie St, Lower East Side；ⓈF至Delancey St-Essex St）这个横跨3个街区的公园近几年刚刚修整过，园内有篮球场、一个小型足球场（铺着人造草皮）和一个可爱的游乐场（就在Hester St北边）。每到周末，这里就会举行很多活动。打太极拳的、卖菜的（在附近的十字路口），以及不同年龄、不同种族的散步的人构成了这里的日常风景。

🍴 就餐

这里汇聚了纽约餐饮的精华，来自各大洲、各种价位的各色美食令人难以置信地集中在一个街区里。在这里，你能找到挑逗味蕾的各种味道，从狭小的意大利餐馆、四川火锅、创意三明治店、成堆的乌克兰饺子（pierogi）铺到几十家寿司（sushi）和拉面店，再到各色比萨店和沙拉三明治（falafel）店，应有尽有。位于First Ave和Second Ave之间的E 6th St有时被叫作"咖喱街"，如今这里不再到处都是孟加拉人开的廉价印度餐厅，不过还是能找到几家。

东村

ESPERANTO
巴西菜 $

见450页地图（www.esperantony.com; 145 Ave C, 靠近E 9th St, East Village; 主菜 $18~24; ⊙周日至周四 10:00~23:00, 周五和周六 至午夜; ⓈL至1st Ave）Esperanto生机勃勃的绿色外观和大大的露台，让人想起字母城曾经辉煌的过去，后来周边就开始新建灰色的玻璃公寓大楼和整洁的鸡尾酒吧。你可以在这里一整夜都坐在外面，品尝巴西甜酒或享用上等的带血丝的牛排加阿根廷甜辣酱。这里还可以吃到美味的传统巴西炖肉feijoada。

MAMOUN'S
中东菜 $

见450页地图（☎646-870-5785; http://mamouns.com; 30 St Marks Pl, Second Ave和Third Ave之间, East Village; 三明治 $4~7, 拼盘 $7~12; ⊙周一至周三 11:00至次日2:00, 周四 至次日3:00, 周五和周六 至次日5:00, 周日 至次日1:00; Ⓢ6至Astor Pl; L至3rd Ave）这家深受纽约人喜爱的沙拉三明治连锁店以前只能外卖，如今它扩大了在圣马可坊街街上标志性的店面，店内外都有了座位。周末晚过来，很多一连去了好几个酒吧、喝得醉醺醺的客人在这里吃涂了Mamoun's出了名的辣酱的多汁土耳其烤肉，就这样结束一个晚上。

BAIT & HOOK
海鲜 $

见450页地图（☎212-260-8015; www.baitandhooknyc.com; 231 Second Ave, 靠近E 14th St, East Village; 特色前菜 $5, 主菜 $12~18; ⊙周日至周三 正午至23:00, 周四至周六 正午至午夜; ⓈL train至1st Ave）这家曼哈顿酒吧有欢乐时光特别优惠和不容错过的主题日活动。无论是"贻贝星期一"还是"玉米饼星期二"，一周里任何一天都很不错。店里明亮、通风，还布置了航海风格的饰品，很有品位。

ARTICHOKE BASILLE'S PIZZA
比萨 $

见450页地图（☎212-228-2004; www.artichokepizza.com; 328 E 14th St, First Ave和Second Ave之间, East Village; 洋蓟片 $5; ⊙10:00~5:00; ⓈL至1st Ave）这家迷你连锁店是两个来自史丹顿岛的意大利人一起开的，它在纽约人心中地位很高，因为人们爱吃这里馅料十足的比萨。招牌比萨非常浓郁，满是芝士，加洋蓟和菠菜；西西里风味的更清淡，皮更薄，主要特点是酥脆的比萨皮和好吃的酱。不一会儿人们就排成了长队等候。

MIKEY LIKES IT
冰激凌 $

见450页地图（www.mikeylikesiticecream.com; 199 Ave A, E 12th St和E 13th St之间, East Village; 单勺 $4; ⊙周日至周四 正午至午夜, 周五和周六 至次日2:00; ⓈL至1st Ave）这家蓝白相间的冰激凌店不大，但让人眼花缭乱。自制口味非常好吃，还有大胆的组合味道：葡萄酒醋浸过的草莓加黑胡椒或者是香蕉冰激凌加花生巧克力。创始人兼店主Mike Cole的励志故事更为这家以嘻哈文化为灵感的冰激凌店平添了几分甜美。

MIGHTY QUINN'S
烤肉 $

见450页地图（☎212-677-3733; www.mightyquinnsbbq.com; 103 Second Ave, 靠近6th St, East Village; 单份肉 $8~10; ⊙周日至周四 11:30~23:00, 周五和周六 至午夜; Ⓢ6至Astor Pl; F至2nd Ave）在这家嘈杂、人气很旺的烤肉店拿起托盘，加入烤肉爱好者的狂欢。嫩嫩的胸肉、烟熏排骨、堆起来多汁的手撕猪肉以及丰富的配菜（凉拌卷心菜、甘薯砂锅菜和烤豆子）组成了一场酣畅淋漓的肉食盛宴。

MUD
咖啡馆 $

见450页地图（☎212-529-8766; www.onmud.com; 307 E 9th St, Second Ave和First Ave之间, East Village; 主菜 $6~13, 早午餐 $18.50; ⊙周一至周五 7:30至午夜, 周六和周日 8:00起; ⓈL至3rd Ave; L至1st Ave; 4/6至Astor Pl）假如你度过了漫长的一夜，或者想和老朋友叙叙旧，都可以来这个位于9th St上幽静的小角落，这里有高品质的咖啡和丰盛的早餐（无Wi-Fi网络）。每日早午餐（咖啡、精酿啤酒或含羞草香槟和一道主菜）需$18.50。咖啡馆后面是一个特别大的花园。

RAI RAI KEN
日式拉面 $

见450页地图（☎212-477-7030; 218 E 10th St, First Ave和Second Ave之间; 日式拉面 $10~13; ⊙11:30~23:45; ⓈL至1st Ave, 6至Astor Pl）店面比店门大不了多少，但是一点儿都不难

找，因为通常都有一小群饥饿的当地人排着队等在店门口。店里面，低矮的木凳排在面吧周围，厨师正忙着做滚烫且美味的猪肉汤。

VESELKA
东欧菜 $

见450页地图（☎212-228-9682；www.veselka.com；144 Second Ave，靠近9th St，East Village；主菜 $10~19；⊙24小时；ⓢL至3rd Ave；6至Astor Pl）热闹的Veselka更像是对这一地区过去的乌克兰风情的怀念。这里提供波兰手工饺子（pierogi）和土豆炖牛肉（veal goulash）以及一些稍显油腻的美食。白天这里生意兴隆，夜里杂乱摆放的桌子为那些流浪汉或夜不归宿的人提供了便利，作家、演员和东村有个性的人也是这里的常客。

★ MOMOFUKU NOODLE BAR
面条 $$

见450页地图（☎212-777-7773；www.noodlebar-ny.momofuku.com；171 First Ave，E 10th St和11th St之间，East Village；主菜 $16；⊙周日至周四正午至23:00，周五和周六 至次日1:00；ⓢL至1st Ave；6至Astor Pl）这家热闹的热门餐厅只有30个凳子，也不接受预订，所以来客一般都得等位。与店同名的特色菜也需要等待：自制拉面放在肉汤里，加水煮蛋、五花肉或其他有趣的组合。菜单每天都有变化，上面还有小面包（胸肉和山葵）、小吃（熏鸡翅）和甜品。

UPSTATE
海鲜 $$

见450页地图（☎212-460-5293；www.upstatenyc.com；95 First Ave, 5th St和6th St之间，East Village；主菜 $15~30；⊙17:00~23:00；ⓢF至2nd Ave）店很小，容易被忽略，但是这里的海鲜和精酿啤酒真的超赞。在种类不多但更新频繁的菜单上，有啤酒蒸青口（beer-steamed mussels）、烩海鲜（seafood stew）、扇贝蘑菇烩饭（scallops over mushroom risotto）、软壳蟹（softshell crab）和美味生蚝等各种选择。餐馆不设冷柜，每天的海鲜都是从市场上新采购的，所以你吃到的肯定是新鲜货。可能会有很多人排队，记得早点去。

LUZZO'S
比萨 $$

见450页地图（☎212-473-7447；www.

社区花园

在树木稀少的纽约城区逛过之后，字母城（Alphabet City）的社区花园令人惊叹。荒废的土地被整齐地修建成一个个花园，为附近的低收入者提供了一个公共后院。种植花草树木、修建沙箱、竖起艺术雕塑、玩多米诺游戏，所有这些都是在高楼大厦间的绿地中进行的，并有蔓延到整个街区的趋势。尽管有很多人表示抗议，但是贪婪的开发商为了进行自己的项目，还是破坏了其中的一些绿地，不过大部分都安然无恙。花园计划在周末向公众开放，所以周末能参观大部分花园；很多园艺家都是社区里的积极分子，对当地的政治资讯了如指掌。

小凡尔赛公园（Le Petit Versailles；见450页地图；www.alliedproductions.org；346 E Houston St，靠近 Ave C，East Village；⊙周四至周日 14:00~19:00；ⓢF到Delancey St, J/M/Z至Essex St）是个将碧野绿洲和惊奇艺术结合在一起的独特组织，向公众提供各种离奇的表演和影像。**6th & B Garden**（见450页地图；www.6bgarden.org；E 6th St 和Ave B之间，East Village；⊙4月至10月 周六和周日 13:00~18:00；ⓢ6至Astor Pl；L至1st Ave）会精心组织一些免费的音乐会、研讨会、瑜伽班等，详细内容请去网站查询。3棵参天垂柳为**第九大道广场文化公园**（La Plaza Cultural；见450页地图；www.laplazacultural.com；E 9th St，靠近 Ave C，East Village；⊙4月至10月 周六和周日 10:00~19:00；ⓢF至2nd Ave；L至1st Ave）增色不少，在纽约也难得一见。还要去看看**全民公园**（All People's Garden；见450页地图；293 E 3rd St，Ave C和Ave D之间，East Village；⊙4月至10月 周六和周日 13:00~17:00；ⓢF至2nd Ave）和**瓦拉德罗酒店**（Brisas del Caribe；见450页地图；237 E 3rd St，East Village；⊙4月至10月 周六和周日 13:00~17:00；ⓢF至2nd Ave）。

luzzosgroup.com；211 First Ave, E 12th St和13th St之间，East Village；比萨 $18~25；周日至周四 正午至23:00，周五和周六 至午夜，⑤L至1st Ave）位于东村的Luzzo's颇受欢迎，这个设计朴素简单、狭长的小地方每晚都挤爆了挑剔的食客，他们慕名而来，是为了这里美味的薄皮比萨、熟西红柿和在煤炉上烹饪的美食。只收现金。

LAVAGNA
意大利菜 $$

见450页地图（☎212-979-1005；www.lavagnanyc.com；545 E 5th St, Ave A和Ave B之间，East Village；主菜 $19~34；周一至周四 18:00~23:00，周五 至午夜，周六 正午至15:30和17:00至午夜，周日 至23:00，☒☕；⑤F至2nd Ave）暗色的木头、摇曳的烛光加上从开放式厨房照来的炽热光芒，舒适的Lavagna为情人们深夜幽会营造了不错的气氛。同时这种闲适的气氛也很适合孩子，至少在这小小的店被挤满之前。这里有美味的意粉、薄皮比萨、丰盛的主菜，如嫩羊排，而且价格合理。

CAFE MOGADOR
摩洛哥菜 $$

见450页地图（☎212-677-2226；wwwcafemogador.com；101 St Marks Pl, 1st St和Ave A之间，East Village；主菜 午餐 $9~18，晚餐 $16~22；周日至周四 9:00至午夜，周五和周六 至次日1:00；⑤6至Astor Pl）家庭经营的Mogador是纽约老牌经典餐厅，提供用蒸粗麦粉做的蓬松馅饼、炭烤羊排、辣的羊肉或牛肉肠配印度香米（merguez）和美味的鹰嘴豆泥和茄子泥双拼。不过最好吃的要数香辣的北非炖菜，里面有长时间炖制的鸡肉，或用5种不同方式烹制的羊肉。

暖和的日子里，成群的年轻人聚在这里，填满了一张又一张小咖啡桌。早午餐（周末9:00~16:00）同样出色。

WESTVILLE EAST
新派美国菜 $$

见450页地图（☎212-677-2033；www.westvillenyc.com；173 Ave A, E 10th St和E 11th St之间，East Village；主菜 $13~23；10:00~23:00；⑤L至1st Ave, 6至Astor Pl）Westville最实在的地方在于食材都是刚刚从市场买回来的新鲜蔬菜，而且主菜也令人垂涎欲滴，别致的乡村小屋风格无疑也为餐馆增添了一丝魅力。纽约人很喜欢来这里用午餐，他们可以暂时从工作中脱身休息一下，去尽情享用甘蓝沙拉或热狗。

IPPUDO NY
面条 $$

见450页地图（☎212-388-0088；www.ippudo.com/ny；65 Fourth Ave, 9th St和10th St之间，East Village；日式拉面 $15；周一至周四 11:00~15:30和17:00~23:30，周五 及次日0:30，周六 11:00~23:30，周日 至22:30；⑤R/W至8th St-NYU；4/5/6, N/Q/R/W, L至14th St-Union Sq；6至Astor Pl）纽约的Ippudo比其他地方的分店更令人印象深刻，这里不仅仅有令人垂涎欲滴的拉面（确实好吃），还有更时尚的环境（黑亮炫酷台面配上樱桃红色的飘带），配上头顶扩音器里的爆裂摇滚，很带感。

DEGUSTATION
新派欧洲菜 $$$

见450页地图（☎212-979-1012；www.degustation-nyc.com；239 E 5th St, Second Ave和Third Ave之间，East Village；小盘 $12~22，品鉴菜单 $85；周二至周六 18:00~23:30；⑤6至Astor Pl）Degustation是家狭窄的只有19个座位的小餐馆，摆盘精致的西班牙餐前小食风格的菜肴融伊比利亚、法式和新世界的菜谱于一体。这里座位紧凑，客人们都围坐在长长的木桌周围，主厨Oscar Islas Díaz和他的团队在中心位置，烹饪摩尔章鱼和牡蛎玉米饼等创意菜。

PRUNE
美国菜 $$$

见450页地图（☎212-677-6221；www.prunerestaurant.com；54 E 1st St, First Ave和Second Ave之间，East Village；晚餐 $24~33，主菜 早午餐 $14~24；每天 17:30~23:00，周六和周日 10:00~15:30；⑤F至2nd Ave）周末排队的人能绕街区一圈，一般这时候晚上喝过头的人醒过来了，他们会来享用这里的早午餐和极品血腥玛丽酒（11种不同口味）缓解一下头痛。小小的餐厅总是很拥挤，客人蜂拥而入，都是为了这里的铁板鲑鱼加薄荷和杏仁洋葱辣酱、香煎鸭胸肉和肥肥的小牛胸肉而来的。只有晚餐可以预订。

HEARTH
意大利菜 $$$

见450页地图（☎646-602-1300；www.

restauranthearth.com；403 E 12th St，靠近First Ave，East Village；单碟 $14~29，品尝菜单 每人 $78；◎周一至周四 18:00~22:00，周五至23:00，周六 11:00~14:00和18:00~23:00，周日 11:00~15:30和18:00~22:00；⑤L至1st Ave, L, N/Q/R/W, 4/5/6至14th St-Union Sq）裸露的壁砖，温暖的环境，让挑剔又多金的食客很爱来这里。菜单根据时令变化而调整，一般情况下你都能吃到烤肉和调料恰当的炒蔬菜，以及一些配菜，如肝做的调味酱和鼠尾草黄油团子。

下东区（Lower East Side）

AN CHOI
越南菜 $

见452页地图（☎212-226-3700；http://anchoinyc.com；85 Orchard St, Broome St和Grand St之间，Lower East Side；越南面包 $10起，主菜 $13起；◎周一 18:00至午夜，周二至周四 正午起，周五和周六 正午至次日2:00，周日 正午至午夜；⑤B/D至Grand St; F至Delancey St; J/M/Z至Essex St）褪色的共产党海报贴在墙上，酒吧好像是20世纪70年代遗留下来的，An Choi就是这样带给东村外来居民一种他们喜爱的怀旧感觉。食物一点也不差。简单的越南菜比如越南米粉（pho）和越南（banh mi）面包三明治都很好吃，考虑到这里时髦的环境，价格也不是特别贵。

KUMA INN
亚洲菜 $

见452页地图（☎212-353-8866；www.kumainn.com；113 Ludlow St, Delancey St和Rivington St之间，Lower East Side；小菜 $9~15；◎周日至周四 18:00~23:00，周五和周六 至午夜；⑤F, J/M/Z至Delancey St-Essex St）这家位于二楼的隐蔽的小店（找到一扇小红门，旁边墙上写着"Kuma Inn"）非常火爆，必须预订。这里提供各种带有菲律宾和泰国风味的西班牙餐前小吃，有素春卷配花生李子酱、辣醉虾，还有煎扇贝配培根和清酒。

可以自带啤酒、葡萄酒或者日本清酒（收取开瓶费）。

SPAGHETTI INCIDENT
意大利菜 $

见452页地图（☎646-896-1446；www.spaghettiincidentnyc.com；231 Eldridge St, Stanton St和E Houston St之间，Lower East Side；主菜 $11~14；◎周日和周一 正午至22:30，周二至周六 至23:30；⑤F至2nd Ave）在铺着大理石的吧台或找一张边桌坐下，看厨师忙而不乱地制作美味的意大利面，面上精美地点缀着新鲜食材，比如甘蓝香葱酱、鲑鱼碎和芦笋加淡奶油，或者意大利香肠和花椰菜。味道（以及价格！）非常好。菜单上还有沙拉、炸饭团和性价比很高的葡萄酒。

MEATBALL SHOP
意大利菜 $

见452页地图（☎212-982-8895；www.themeatballshop.com；84 Stanton St, Allen St和Orchard St之间，Lower EastSide；三明治 $13；◎周日至周四 11:30至次日2:00，周五和周六 至次日4:00；⑤2nd Ave; F至Delancey St; J/M/Z至Essex St）这家肉丸店提供5种不同口味的多汁肉丸（包括扁豆素食肉丸和超级芝士丸），将廉价的肉丸提升成高雅的艺术。豪气地点些肉丸（一长串），再配上马苏里拉奶酪和辣番茄酱，好了，赶快把这庶民美食送进嘴里，幸福感马上就来了。有文身的服务员、节奏感强烈的背景音乐，这家分店带着浓浓的摇滚味儿。

在纽约还有另外6家分店。详情请登录网站查询。

VANESSA'S DUMPLING HOUSE
中国菜 $

见452页地图（☎212-625-8008；www.vanessas.com；118a Eldridge St, Grand St和Broome St之间，Lower East Side；饺子 $1.50~6；◎周一至周六 10:30~22:30，周日 至22:00；⑤B/D至Grand St; J至Bowery; F至Delancey St）一口大铁锅可以做蒸的、炸的或是连汤带水的各式美味饺子，一出锅就如光速般送到饿极了的人嘴里，价格也相当便宜。

★ CLINTON STREET BAKING COMPANY
美国菜 $$

见452页地图（☎646-602-6263；www.clintonstreetbaking.com；4 Clinton St, Stanton St和Houston St之间，Lower East Side；主菜 $12~20；◎周一至周六 8:00~16:00和17:30~23:00，周日 9:00~17:00；⑤J/M/Z至Essex St; F至Delancey St; F至Second Ave）一家神奇的夫妻店，很多

品类获得了蓝丝带奖：好吃的煎饼（蓝莓味儿的！）、好吃的松饼（muffin）、好吃的po' boys（一种南方风格的三明治）、好吃的饼干等，白天、晚上，不管什么时候来，都能吃到这些美味。晚上，这里有"早餐晚吃"（煎饼和班尼迪克蛋）、鱼肉墨西哥卷或美味的白脱牛奶炸鸡可供选择。

RUSS & DAUGHTERS CAFE　　　东欧菜 $$

见452页地图（☎212-475-4881；www.russanddaughterscafe.com；127 Orchard St, Delancey St和Rivington St之间, Lower East Side；主菜 $13~20；◎周一至周五 9:00~22:00, 周六和周日 8:00起；ⓢF至Delancey St; J/M/Z至Essex St）这家老派的简易餐厅气氛舒适，坐下来，品尝一下百吉饼和熏鲑鱼。除了厚厚的熏鱼切片，你还能吃到马铃薯饼，喝碗罗宋汤暖暖身或者吃班尼迪克蛋。

KATZ'S DELICATESSEN　　　熟食 $$

见452页地图（☎212-254-2246；www.katzsdelicatessen.com；205 E Houston St, 靠近Ludlow St, Lower East Side；三明治 $15~22；◎周一至周三和周日 8:00~22:45, 周四 至次日2:45, 周五 8:00起, 周六 24小时；ⓢF至2nd Ave）在下东区，从前那种典型的犹太人的餐饮方式已经很难再见到了，但总有一些东西是不变的，比如Katz's Delicatessen。1989年，梅格·瑞恩（Meg Ryan）在好莱坞电影《当哈利遇上莎莉》（When Harry Met Sally）中伪装性高潮画面就是在这里拍摄的。如果你喜欢吃经典的犹太熟食，像牛肉或腊肠配黑麦，这里同样能勾起你食欲。

如今，这里排的队伍特别长，价格也很贵（Katz招牌的热五香熏牛肉三明治一份竟然要$21.45）。但是对除大胃王以外的普通人来说，绝大部分三明治可以轻轻松松喂饱两个人。要么特别早来，要么特别晚来，避开人最多的时候。

DIMES　　　咖啡馆 $$

见452页地图（☎212-925-1300；www.dimesnyc.com；49 Canal St, Orchard St和Ludlow St之间, Lower East Side；主菜 早餐 $8~13, 晚餐 $15~24；◎周一至周五 8:00~22:00, 周六和周日 9:00~20:00；✎；ⓢF至East Broadway; B/D至Grand St）友好的服务，供应健康、实惠的菜品，这个充满阳光的小餐馆深受当地人喜爱。注重菜品颜值的食客会来这里吃早餐，如墨西哥卷（供应至16:00）、一碗碗的巴西莓、创意沙拉（有洋姜、鲷鱼、山羊乳酪），晚餐更丰盛一些（有绿咖喱条纹鲈鱼、手撕猪肉和香米饭）。

FAT RADISH　　　新派英国菜 $$$

见452页地图（☎212-300-4053；www.thefatradishnyc.com；17 Orchard St, Hester St和Canal St之间, Lower East Side；主菜 $23~28；◎周一至周六 17:30至午夜, 周日 至22:00, 周六和周日 11:00~15:30；ⓢF至East Broadway; B/D至Grand St）裸露的白砖墙，工业化的装潢，这个幽暗的餐厅很受时尚的年轻人欢迎。这里非常嘈杂吵闹，大家光顾着彼此寒暄，倒把吃饭的正事给忘了，这里提供当地时令性的高档酒吧餐，值得一尝。开胃菜从大个海水生蚝开始，接着是传统的猪排加碎南瓜或北美溪鲑加海藻蒜泥蛋黄酱。

FREEMANS　　　美国菜 $$$

见452页地图（☎212-420-0012；www.freemansrestaurant.com；在Freeman Alley尽头, Lower East Side；主菜 午餐 $14~18, 晚餐 $26~33；◎周二至周五 11:00~23:30, 周六 10:00起, 周日 10:00~23:00, 周一 11:00起；ⓢF至2nd Ave）沿后巷蜿蜒前行，迷人的Freemans就位于这个同名的小巷里。伏在吧台上喝着一杯杯满得快溢出来的鸡尾酒，大大的首饰碰到木桌上，叮当作响，这里总能吸引那些最时髦的人。盆栽植物和鹿角带来一种狩猎小屋的温馨感觉，这个迷人的小屋真是逃离喧嚣的好地方（当然是当这里没那么多人的时候）。

🍷 饮品和夜生活

下东区依然被认为是曼哈顿最酷的地方。有些酒吧一直深受重体力劳动者（以及游客）的喜爱，当地人还是喜欢那些新崛起的夜店，那里也许会诞生下一个曼哈顿独立摇滚乐之王。一般这里的酒水比曼哈顿其他大部分地区都便宜，在各种小街区走走看看就知道了，总有一款适合你。在东村，越往东走，生活就越散漫。平价酒吧永远像是被纽约的学生们包场了，

步行游览
东村周边怀旧之旅

起点 JOHN VARVATOS
终点 汤普金斯广场公园
距离 1.5英里（约2.4公里）；1.5小时

从Bleecker St地铁站向东走，穿过几个街区就来到了 ❶ **John Varvatos**（见136页）精品店，著名的音乐演出场所CBGB曾经在这个地方。虽然曾经的音乐厅只剩下褪色的海报和涂鸦墙，但这里仍然是音乐爱好者的圣地。由此向北的拐角处是 ❷ **Joey Ramone Place**，这个地方是为纪念雷蒙斯乐队的歌手而命名的。

沿鲍厄里街向北到Astor Pl，右转并向东穿过广场就来到了 ❸ **库珀联盟学院**（见118页）。1860年，有望竞选总统的亚伯拉罕·林肯在这里以一场振奋人心的反奴隶制演讲确保了他的候选人地位。

继续沿 ❹ **圣马可坊街**向东，就能看到很多文身店和便宜的小饭馆。租金越来越贵，很多曾经让这条街出名的店都离开了，但你还是能感受到些许它鼎盛时期的样子。

沿Second Ave向南到达E 6th St，那里有个银行，这里是 ❺ **菲尔莫尔东**（Fillmore East）的原址，这曾是一个可容纳2000人的现场音乐演奏会场，1968~1971年，由创始人Bill Graham经营，现在已经废弃了。20世纪80年代，这里变成了the Saint，一个富有传奇色彩的舞蹈俱乐部，催生出了与享乐、吸毒、同性恋脱不开关系的迪斯科文化。

穿过Second Ave沿着E 6th St向前，这条街有很多印度餐馆和咖喱店。在First Ave左转，回到圣马可坊街后右转，你面前的这一排公寓就是齐柏林飞船的 ❻ **《肉体涂鸦》**专辑封面的原型（位于96-98 St Marks Pl），1981年滚石乐队的米克·贾格尔（Mick Jagger）和基思·理查兹（Keith Richards）就是在这里拍了"等一个朋友"的搞笑视频。然后走到在First Ave和Ave A之间的E 7th，到 ❼ **Trash & Vaudeville**（见137页）打探一番，它一直开在圣马可坊街上，最近刚迁过来。

最后你的行程将在名声不太好的 ❽ **汤普金斯广场公园**（见119页）结束；20世纪60年代，变装皇后们的假发嘉年华和吉米·亨德里克斯（Jimi Hendrix）的演出都曾在这里上演。

而在日本料理餐厅隔壁就藏着一间隐秘而时髦的休闲酒吧。一到周末这里的酒吧更是格外地拥挤。

🍷 东村

RUE B 酒吧

见450页地图（☎212-358-1700；www.ruebnyc188.com；188 Ave B，E 11th St和12th St之间，East Village；⊙17:00至次日4:00；⑤L至1st Ave）这家小小的、闪烁着琥珀色灯光的饮酒场所是点缀Ave B大街的众多酒吧中的一家，每天从21:00到午夜都有现场爵士表演（以及奇特的乡村摇滚组合）。一群年轻快乐的人涌入这个小酒吧——空间太狭小了，长号手没准最后会坐到你怀里。著名爵士乐手和其他纽约标志性人物的黑白照片挂在墙上，气氛更加浓烈。

BERLIN 夜店

见450页地图（☎646-827-3689；25 Ave A，First Ave和Second Ave之间，East Village；⊙20:00至次日4:00；⑤F至2nd Ave）Berlin就像是一个藏在东村不断发展中的街道下面的隐秘燃料库，它让人想到周边过往更不受拘束的日子里的狂野乱舞。如果你发现了隐蔽的入口，走下去进入洞穴般的店里，就看到拱形石头天花板、长长的吧台和小小的舞池，洋溢着放克和没怎么听过的快节奏音乐。

这里吸引了一群有趣、放荡不羁的人来寻乐：良莠不齐，却都不矫揉造作。这里地方很小，可能会很挤，所以做好准备吧。

WAYLAND 酒吧

见450页地图（☎212-777-7022；www.theway landnyc.com；700 E 9th St，与Ave C的交叉路口，East Village；⊙17:00至次日4:00；⑤L至1st Ave）粉刷的墙壁、褪色的地板、老旧的灯具给这个城区边缘的酒吧以一种密西西比风格，跟周一至周三晚上现场演奏的音乐（蓝草音乐、爵士乐、民谣）正相配。其实这里的饮品才是真正吸引人的地方，尝一尝用果派月光鸡尾酒、黑麦威士忌酒和applewood smoke（一种有烟熏味的鸡尾酒）做的"I Hear Banjos-Encore（我听见班卓琴再次响起）"，感觉能喝出篝火的味道（只是有一点点焦味儿而已）。

工作日16:00~19:00有特价的正宗地道的饮品，还有$1就能买到的生蚝。

JIMMY'S NO 43 酒吧

见450页地图（☎212-982-3006；www.jimmys no43.com；43 E 7th St，Second Ave和Third Ave之间，East Village；⊙周一和周二 16:00至次日1:00，周三和周四 至14:00，周五 至次日4:00，周六 13:00至次日4:00，周日 至次日1:00；⑤R/W至8th St-NYU；F至2nd Ave；6至Astor Pl）酒桶和鹿角标本排满了这个舒适的地下室啤酒馆的墙壁，一直延伸到天花板，跟当地人一口干的喝酒架势一样豪爽。酒吧精选了50多种进口酒（其中有10多种是可以散装零售的），配上当地美味的酒吧小吃，一大享受啊！

ANGEL'S SHARE 酒吧

见450页地图（☎212-777-5415；8 Stuyvesant St，2nd fl，在Third Ave和E 9th St附近；⊙周日至周三 18:00至次日1:30，周四 至次日2:00，周五和周六 至次日2:30；⑤6至Astor Pl）隐藏在同一楼层的一家日本餐馆后面，这里就像一颗隐秘的宝石，得早点儿来才能抢到座位。这里安静、高雅、才华横溢的调酒师奉上创意鸡尾酒，还有多种高档威士忌酒。没有桌子或座位是不能待在店里的，占位子要眼明手快，否则一眨眼的工夫座位就被别人抢走了。

锦上添花的是，这里还能看到Stuyvesant Pl和Third Ave——一边品酒一边赏景，仿佛在朋友的公寓里放松身心。

LUCY'S 酒吧

见450页地图（☎212-673-3824；135 Ave A，St Marks Pl和E 9th St之间，East Village；⊙19:00至次日4:00；⑤L至1st Ave）Lucy's就在圣马可坊街的拐角处，这里有东村所有迷人的东西。酒吧名字取自店主，时不时能看到她戴着三角头巾出现在吧台后。这里有很多非常便宜的酒，还有几张台球桌和电玩游戏机。最正宗的是：酒吧只收现金。

IMMIGRANT 酒吧

见450页地图（☎646-308-1724；www.theim migrantnyc.com；341 E 9th St，First Ave和Second

Ave之间，East Village；17:00至次日2:00；ⓈL至1st Ave；6至Astor Pl）特别朴素的一家酒吧，只有两个货车车厢大小，如果你打算继续在周边停留几日，这里你肯定会常来的。酒吧员工都很亲切博学，他们会递给你味道浓郁的橄榄，为你斟上白兰地酒，还会跟这里的常客打成一片。

进去右手边是葡萄酒吧，有各种按杯和按瓶销售的香醇葡萄美酒。左手边则是啤酒吧，主要是现酿现卖的口味独特的啤酒。两个酒吧间设计相仿，都是摇曳的烛光、裸露的砖墙，有浓重的复古范儿。

POURING RIBBONS 鸡尾酒吧

见450页地图（☎917-656-6788；www.pouringribbons.com；225 Ave B, 2nd fl, E 13th St和14th St之间，East Village；18:00至次日2:00；ⓈL至1st Ave）走上几级台阶，来到字母城里这家整洁漂亮的酒吧，心情如这里的酒水一般清新美好，不用故作正经或心怀鬼胎。这里的酒水风味特别，鸡尾酒单上种类各式各样，能满足任何口味，还能满足临时"饮酒决定"。这里可能是纽约最大的查特酒（Chartreuse）收藏地，不妨看看都有什么。

DEATH & CO 休闲酒吧

见450页地图（☎212-388-0882；www.deathandcompany.com；433 E 6th St, First Ave和Ave A之间，East Village；周一至周四和周日18:00至次日2:00，周五和周六至次日3:00；ⓈF至2nd Ave, L至1st Ave）昏暗的灯光，厚厚的木地板，让技艺精湛的调酒师在翻滚摇动间施展着他们的魔法，等城里最棒的混合鸡尾酒（售价$16起）调好。这里的生意一直很火爆——你得把电话号码留下，等有空位时，酒吧会打电话叫你回来。

TEN DEGREES BAR 葡萄酒吧

见450页地图（☎212-358-8600；www.10degreesbar.com；121 St Marks Pl, Ave A和First Ave之间，East Village；正午至次日4:00；ⓈF至2nd Ave, L至1st Ave或3rd Ave）圣马可坊街上这个小小的烛光酒吧十分迷人，在这里开启美好的夜生活吧。正午至20:00买一送一（否则这里的鸡尾酒要$12~15）。可以坐在吧台前

纽约的同性恋酒吧

如果说切尔西是一个肌肉强健、争强好胜的家伙，那下东区则是他任性不羁的弟弟。除了兄弟会平价酒吧和鸡尾酒休闲酒吧，你还能找到很多男同性恋酒吧，顾客喜欢法兰绒和后颈，多过喜欢背心装和6块腹肌。**Nowhere**（见450页地图；212-477-4744；www.nowherebarnyc.com；332 E 14th St, First Ave和Second Ave之间，East Village；15:00至次日4:00；ⓈL至1st Ave）和**Phoenix**（见450页地图；212-477-9979；www.phoenixbarnyc.com；447 East 13th St, First Ave和Ave A之间，East Village；15:00至次日4:00；ⓈL至1st Ave）能认识新朋友，而Cock适合更能闹腾的人群。酒水也便宜得多。

的长沙发椅上，也可以到后面角落找张小桌子坐。

PROLETARIAT 酒吧

见450页地图（www.proletariatny.com；102 St Marks Pl, Ave A和First Ave之间，East Village；17:00至次日2:00；ⓈL至1st Ave）就在汤普金斯广场公园西边的这个仅有10个凳子的小酒吧里，云集着纽约市的啤酒行家。酒吧承诺提供"罕见、新鲜和不同寻常的啤酒"，Proletariat用不断更新的酒单履行着诺言，很多品种你在别处根本尝不到。最近热卖的啤酒包括来自布鲁克林和新泽西的手工酿酒商。

CROCODILE LOUNGE 休闲酒吧

见450页地图（☎212-477-7747；www.crocodileloungenyc.com；325 E 14th St, First Ave和Second Ave之间，East Village；15:00至次日4:00；ⓈL至1st Ave）想去威廉斯堡又懒得过河？那就来Crocodile Lounge吧，它是布鲁克林有名的Alligator Lounge的分店。这里酒水便宜，每杯酒水还免费赠送比萨（这是真的），难怪这家位置隐蔽的酒吧在20多岁羞涩的东村年轻人中间极受欢迎。这里还有投球机游戏

(周二)、问答游戏(周三和周日)和宾果游戏(周四)。

WEBSTER HALL
夜店

见450页地图(☎212-353-1600;www.websterhall.com;125 E 11th St,靠近Third Ave, East Village;◷周四至周六 22:00至次日4:00;ⓢL, N/Q/R/W, 4/5/6 至14th St-Union Sq)Webster Hall是舞厅的老祖宗,开业多年(从1886年开始就有表演了),2008年还因此被授予地标称号。这里的店训是"如果没坏就不要修",在这里,你能喝到便宜的酒水,玩到台球,还有足够大的舞池挥汗如雨。

THREE SEAT ESPRESSO & BARBER
咖啡馆

见450页地图(www.threeseatespresso.com;137 Ave A, St Marks Pl和E 9th St之间;◷周一至周五 7:00~20:00,周六 8:00起,周日 8:00~19:00;ⓢL至1st Ave)纽约人最看重效率,而高效正是Three Seat Espresso & Barber擅长的。店前可以买到冒着泡沫的拿铁和卡布奇诺,而店后则是一家理发店(男士理发$30起),有人早上边理发边喝咖啡。

ABC BEER CO
酒吧

见450页地图(☎646-422-7103;www.abcbeer.co;96 Ave C, 6th St和7th St之间, East Village;◷周日至周四 正午至午夜,周五和周六 至次日2:00;ⓢF至2nd Ave; L至1st Ave)ABC乍一看像一个昏暗的啤酒店(事实上也的确可以购买瓶装啤酒),不过往里走走,你会在后面发现一个独立摇滚风格的小美食酒吧,一张公共长桌,以及几个靠着砖墙放着的毛绒皮沙发和椅子。

MCSORLEY'S OLD ALE HOUSE
酒吧

见450页地图(☎212-473-9148;www.facebook.com/McSorleysOldAleHouse;15 E 7th St, Second Ave和Third Ave之间, East Village;◷正午至次日0:30;ⓢ6至Astor Pl)大约从1854年开店以来,这里就与浮夸炫酷的东村格格不入,在酒吧里跟你一起喝酒的更有可能是兄弟会男孩、游客和奇怪的消防员。屋子里结着蜘蛛网,楼梯上一层灰,不管是谁都会遇到啪一声放下两大杯啤酒扭头就走的服务员,和其他餐馆相比,这里真是与众不同。

PDT
酒吧

见450页地图(☎212-614-0386;www.pdtnyc.com;113 St Marks Pl, Ave A和First Ave之间, East Village;◷周日至周四 18:00至次日2:00,周五和周六 至次日4:00;ⓢL至1st Ave)PDT是"请不要说"英文首字母的缩写(Please Don't Tell),新颖的风格让它出类拔萃。首先你进入一个电话亭,隔壁是热狗小吃店(Crif Dogs),一旦你得到OK(建议预订以免被拒绝),就能走进私密的酒吧,里面亮着低低的灯,墙上还有个奇怪的动物头。

COCK
男同性恋酒吧

见450页地图(www.thecockbar.com;93 Second Ave, E 5th St和6th St之间, East Village;◷23:00至次日4:00;ⓢF/M至2nd Ave)这个昏暗潮湿的酒吧因其低俗的时髦而出名,来这里和瘦高的时尚男孩一起摇摆,直到早上4点被踢出店去。主题夜晚会举办很受欢迎的派队,主题各不相同,有现场表演、DJ、变装皇后做主人、几乎全裸着跳摇摆舞的男孩子,还会连续不断地播放色情视频。这里玩得狂野,也很友好。

🍷 下东区

TEN BELLS
酒吧

见452页地图(☎212-228-4450;www.tenbellsnyc.com;247 Broome St, Ludlow St和Orchard St之间, Lower East Side;◷周一至周五 17:00至次日2:00,周六和周日 15:00开始;ⓢF至Delancey St; J/M/Z至Essex St)这家迷人又隐秘的西班牙小吃吧是洞穴式设计,有摇曳的烛光、深色的镀锡天花板、裸露的砖墙和U形吧台,是结交新朋友、谈天说地的好地方。

菜单和酒单就写在两面墙上挂着的黑板上,这里有按杯卖的品质很好的葡萄酒,再配上腌凤尾鱼(boquerones)、墨汁鱿鱼(txipironesensutinta)和当地的新鲜奶酪。欢乐时光的时候过来,清新爽口的生蚝每个仅卖$1,一瓶酒只要$15。酒吧就在一家叫"Top Hat"的商店旁边;门口没有招牌,很容易错过。

BAR GOTO
酒吧

见452页地图(☎212-475-4411;www.bar

goto.com; 245 Eldridge St, E Houston St和Stanton St, Lower East Side; ⓘ周二至周四和周日 17:00至午夜,周五和周六 至次日2:00; Ⓢ F至2nd Ave)特立独行的调酒师Kenta Goto在与他同名的这家酒吧里施展鸡尾酒鉴赏的魔力。这里有一丝不苟调制出的优雅鸡尾酒，让人联想到Koto的日本血统（清酒调制的樱花马提尼令人叫绝），辅之以正宗的日式小吃，比如日式什锦烧饼（okonomiyaki）。

JADIS
葡萄酒吧

见452页地图 (212-254-1675; www.jadisnyc.com; 42 Rivington St, Eldridge St和Forsyth St之间, Lower East Side; ⓘ17:00至次日2:00; Ⓢ F至2nd Ave; J/Z至Bowery) Jadis在法文里意为"在过去的日子"，破旧的石墙、古董器皿，店内点着温暖的灯，一切都让人想起了从前的欧洲。你会看到20多种按杯出售的葡萄酒，上面都骄傲地贴着法文标签。小食包括蜗牛、沙拉、压扁的三明治、自制乳蛋饼和浓芝士。

ATTABOY
鸡尾酒吧

见452页地图 (134 Eldridge St, Delancey St和Broome St之间, Lower East Side; ⓘ18:00至次日4:00; Ⓢ B/D至Grand St) 这家酒吧是那种当年都没挂门牌、带着点偷偷摸摸感觉的酒吧，现在已经到处可见了，但它仍然是其中翘楚，这里的手工鸡尾酒极为迷人——没有菜单，所以就让专业调酒师为你调酒吧。

BARRIO CHINO
鸡尾酒吧

见452页地图 (📞212-228-6710; 253 Broome St, Ludlow St和Orchard St之间, Lower East Side; ⓘ11:30～16:30和17:30至次日1:00; Ⓢ F, J/M/Z至Delancey St-Essex St) 一进门就觉得来到了派对现场，有一种北京遇上哈瓦那的轻松氛围，还有好喝的龙舌兰酒，或者选择新鲜血橙或乌梅的玛格丽特鸡尾酒，墨西哥牛油果酱和鸡肉玉米卷也不错。

BEAUTY & ESSEX
酒吧

见452页地图 (📞212-614-0146; www.beautyandessex.com; 146 Essex St, Stanton St和Rivington St之间, Lower East Side; ⓘ周一至周三 17:00至午夜,周四和周五 至次日1:00,周六 11:30～15:00和17:00至次日1:00,周日 11:30至午夜; Ⓢ F

至Delancey St, J/M/Z至Essex St) 这家华丽的酒吧隐身在一家俗丽的当铺后面。这个时尚的休闲空间占地超过1万平方英尺（约930平方米），配有真皮沙发和长椅，还有迷人的淡淡的琥珀色灯光，一条弯弯的楼梯引向另一个休闲和酒吧区域。灯红酒绿、挥金如土、人群矫揉造作，仿佛在盖茨比的世界里一般。

想喝一杯的女士可以绕过酒吧去化妆室，那里有免费的香槟（男士们就对不住了）。

ROUND K
咖啡馆

见452页地图 (www.roundk.com; 99 Allen St, Delancey St和Broome St之间, Lower East Side; ⓘ周一至周三 8:00～22:00,周四和周五 至午夜,周六 9:00至午夜,周日 至22:00; Ⓢ B/D至Grand St; F至Delancey St; J/M/Z至Essex St) 这家韩国人开的咖啡馆隐秘而又颇富魅力，别有一番风味。走进弥漫着咖啡香的店里，欣赏古董般的器材，然后点杯做得恰到好处的拿铁——也许加点Mom's Toast（华夫饼加浸了波旁威士忌的香蕉）——带上你精致的陶瓷器具，打开窗帘，就能看到后面那一片安静的座位区域，玻璃灯是蒂凡尼风格的。

⭐ 娱乐

METROGRAPH
电影

见452页地图 (📞212-660-0312; www.metrograph.com; 7 Ludlow St, Canal St和Hester St之间, Lower East Side; 门票 $15; Ⓢ F至East Broadwy, B/D至Grand St) 这家影院是城里电影爱好者最新的热门去处，它拥有两块屏幕，座位铺着红天鹅绒，上映精心策划、需要艺术鉴赏力才能欣赏的电影。在其他多屏幕影院你可能看不到这里的大部分电影，不过偶尔也会播放像《魔力麦克》（*Magic Mike*）这种主流电影。影迷还会去逛书店，吧台和楼上的餐厅也很时尚、吸引人。

PERFORMANCE SPACE NEW YORK
剧院

见450页地图 (📞212-477-5829; https://performancespacenewyork.org; 150 First Ave, 靠近E 9th St, East Village; Ⓢ L至1st Ave; 6至Astor Pl) 这家先锋剧院之前叫PS122,后于2018年1

1. Katz's Delicatessen（见126页）
为数不多的旧式犹太餐厅之一。

2. McSorley's Old Ale House（见130页）
亚伯拉罕·林肯曾流连的酒吧，从1854年就开始营业了。

3. 圣马可坊街（见118页）
圣马可坊街上耸立的建筑处处都有历史典故，让百事通都喜笑颜开。

JAN HALASKA / ALAMY ©

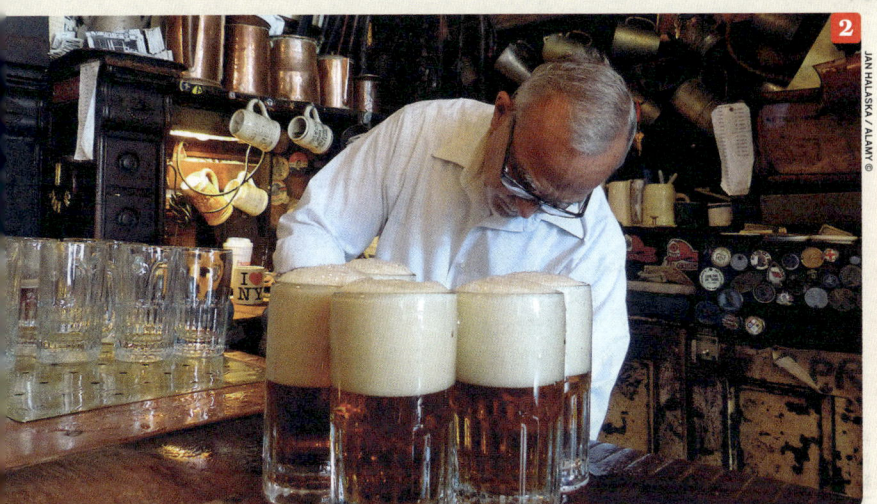

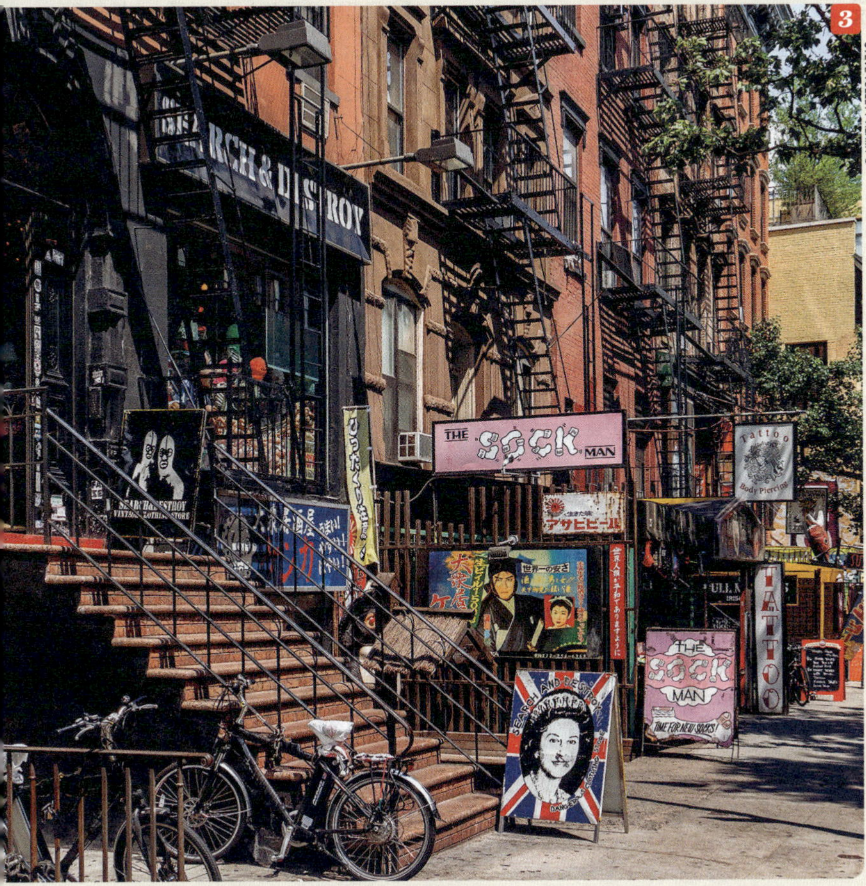

STEVE TULLEY / ALAMY ©

月重新开业，外观全部翻新，还有了最先进的表演空间、艺术家工作室、新的大厅和屋顶平台。过去校舍的骨架还保留着，实验戏剧的代表人物如Eric Bogosian、Meredith Monk、已故的Splding Gray和Elevator Repair Service都曾在这里表演过。

SLIPPER ROOM　　　　　　　　现场表演

见452页地图（☏212-253-7246；www.slipperroom.com；167 Orchard St，入口处在Stanton St，Lower East Side；门票 $10～20；Ⓢ F至2nd Ave）这家两层的俱乐部举办各种类型的表演，比如每周二晚上9点塞斯·赫尔佐格（Seth Herzog）颇受欢迎的综艺节目 Sweet（入场费 $10），以及每周一次的各种滑稽节目，杂技、情色、喜剧、荒诞各种混搭，通常都值得入场一看。登录网站查询全部活动信息和购票。

ROCKWOOD MUSIC HALL　　　　现场音乐

见452页地图（☏212-477-4155；www.rockwoodmusichall.com；196 Allen St，Houston St和Stanton St之间，Lower East Side；⊙周一至周五17:30至次日2:00，周六和周日 15:00起；Ⓢ F至2nd Ave）由独立摇滚歌手肯·洛克伍德（Ken Rockwood）一手创建，这个像面包箱似的狭窄演奏空间却设置了3个舞台，每晚各种乐队、歌手或作曲家轮番上阵。如果囊中羞涩，就去第一舞台，那里有免费演出，1小时最多1支乐队（铁杆粉丝每晚能看到5场甚至更多的演出）。周末音乐会15:00开始，工作日18:00开始。

如果站着观看所有表演，都需至少消费一杯饮品，坐着则为两杯。

PIANOS　　　　　　　　　　　现场音乐

见452页地图（☏212-505-3733；www.pianosnyc.com；158 Ludlow St，靠近Stanton St，Lower East Side；入场费 $8～12；⊙14:00至次日4:00；Ⓢ F至2nd Ave）门口的招牌一直没人换，还保留着原来钢琴店的标志。这里混合了各种音乐流派和风格，主要倾向于流行、朋克和新浪潮，也加入了一些嘻哈和独立音乐。有时会有双重福利，楼上楼下同时有表演。

NEW YORK THEATRE WORKSHOP　剧院

见450页地图（☏212-460-5475；www.nytw.org；79 E 4th St，Second Ave和Third Ave之间，East Village；Ⓢ F至2nd Ave）这个富有创新性的剧院开业30多年以来，一直都是追求前沿、当代戏剧的剧迷们的珍宝。这里是两大百老汇热门剧《吉屋出租》（Rent）和《尿都》（Urinetown）的诞生地，长期提供高质量的戏剧表演，除此以外百老汇音乐剧《曾经》（Once）在百老汇之外的首演也在这里。

STONE　　　　　　　　　　　现场音乐

见450页地图（www.thestonenyc.com；Ave C，靠近E 2nd St，Lower East Side；门票 $20；⊙周二至周日 20:30起；Ⓢ F至2nd Ave）Stone是由下城区爵士乐领域中很有声望的约翰·佐恩（John Zorn）创建的，这里有各种实验性的前卫音乐，除了音乐还是音乐。这里没有吧台和其他一切华而不实的东西，只是在一个昏暗空间里的混凝土地板上放了一些折叠椅。

ANTHOLOGY FILM ARCHIVES　　电影院

见450页地图（☏212-505-5181；www.anthologyfilmarchives.org；32 Second Ave，靠近2nd St，East Village；Ⓢ F至2nd Ave）1970年开放的这家剧院一直秉持着电影即艺术的理念。影院放映新锐电影制作人的独立电影，还重播经典而怀旧的影音，涉及从西班牙导演路易斯·布努埃尔（Luis Buñuel）的超现实主义作品到肯·布朗（Ken Brown）的迷幻作品。

ABRONS ARTS CENTER　　　　艺术剧院

见452页地图（☏212-598-0400；www.abronsartscenter.org；466 Grand St，与Pitt St的交叉路口，Lower East Side；♿；Ⓢ F、J、M、Z至Delancey St-Essex St）这个庄严的文化中心有3个剧场，最大的是Playhouse剧场（国家标志性建筑），这里有独立休息室、可上升的固定座席、深且宽广的舞台和良好的视野。作为下城区艺穗节（Fringe Festival）的中流砥柱，这里当然也是领略实验音乐和社区音乐以及艺术展览的好去处。

Abrons的赞助商不会惧怕这些困难，他们赞助的各种戏剧、舞蹈和摄影展览在其他地方都不太常见。

LA MAMA ETC　　　　　　　　剧院

见450页地图（☏212-352-3101；www.lama

ma.org；74a E 4th St, Bowery Ave和Second Ave之间, East Village；门票$20起；[S]F至2nd Ave）一直以来都是舞台表演实验发源地的La MaMa ETC（ETC代表Experimental Theater Club，即实验剧场俱乐部），现在是一个由三家剧场、一家咖啡馆、一个美术馆和一个独立工作室组成的大楼，这里演出各种前卫戏剧、喜剧小品和诗朗诵。每场演出入场费$10。早点订票有折扣！

NUYORICAN POETS CAFÉ 现场表演

见450页地图（[☎]212-780-9386；www.nuyorican.org；236 E 3rd St, Ave B和Ave C之间, East Village；入场费$8~25；[S]F至2nd Ave）40多年了，这里依然精力充沛。这家传奇的艺术馆，经常举行诗歌朗诵、街舞表演，上演各种戏剧、电影、和影音视频。这里既是东村历史的一部分，也是一个充满活力、依然举足轻重的非营利艺术机构。登录网站查询活动详情，人气更高的周末演出的门票可在线购买。

MERCURY LOUNGE 现场音乐

见452页地图（[☎]212-260-4700；www.mercuryloungenyc.com；217 E Houston St, Essex St和Ludlow St之间, Lower East Side；入场费$10~15；⊙18:00至次日3:00；[S]F/V至Lower East Side-2nd Ave）Mercury引入了很棒的新乐队和老派乐队，比如Dengue Fever和Slits，城里的人都想看。音响很好，座席紧凑，还有舞蹈区域。

BOWERY BALLROOM 现场音乐

见452页地图（[☎]212-533-2111, 800-745-3000；www.boweryballroom.com；6 Delancey St, 靠近Bowery St, Lower East Side；[S]J/Z至Bowery；B/D至Grand St）这家中等大小的出色的演出场地有完美的音响和氛围，知名独立摇滚音乐人如The Shins乐队、史蒂芬·马克姆斯（Stephen Malkmus）、帕蒂·史密斯（Patti Smith）等都在这里演出。

SIDEWALK CAFÉ 现场音乐

见450页地图（[☎]212-473-7373；www.sidewalkny.com；94 Ave A, 靠近6th St, East Village；⊙11:00至次日4:00；[S]F至2nd Ave）坚决反传统民谣！尽管外表看上去像卖汉堡的，里面就是纽约的"反民谣"大本营了，在朱诺（Juno）还没有怀孕时，加拿大朋克乐队烂桃子（Moldy Peaches）就在这里留下了他们的歌声（在电影《朱诺》中，怀孕少女朱诺在结尾唱了Moldy Peaches的歌）。周一晚上有开麦的"反乡间音乐"即兴表演。其他夜晚也会举办形形色色的音乐表演：车库摇滚、独立流行乐、蓝调钢琴和一切反民谣音乐。

购物

无论是服装、家具还是食物，这片区域都有迎合奇异、非主流和前卫品位的地方。如Tokio 7这样的二手店出售来自全世界各地设计师当然还有日本设计师的作品，而Obscura Antiques（见本页）有头盖骨、维多利亚时代的医疗器材和你可能需要的其他奇怪的随身用具。不断进驻的连锁商店吞噬了一点东村的潮流前卫，但一些标志性的老店还开着（Trash & Vaudeville），也有商店迎合来寻找LES和东村风格（John Varvatos）的人。

🔒 东村

OBSCURA ANTIQUES 古董

见450页地图（[☎]212-505-9251；www.obscuraantiques.com；207 Ave A, 12th St和13th St之间, East Village；⊙周一至周六 正午至20:00，周日 至19:00；[S]L至1st Ave）小店摆满了各种稀奇古怪的玩意儿，那些喜欢阴森恐怖范儿和收集古董成瘾的人可以在这里得到极大的满足。动物头剥制标本、小老鼠的头骨、玻璃箱中的蝴蝶、维多利亚时期的死人照片、令人不安的小东西（可能是牙齿）、德国地雷标志（一般堆在一起以便从坦克上能看见）、旧毒药瓶、玻璃眼睛等，都能在这里找到。

再深入其中可以找到细长的蟾蜍钱包（澳洲人看了肯定喜欢）、越南士兵的Zippo打火机、解剖图、一头双头牛犊和一只鬣狗的标本等，这些在当地百货商店可买不到。

STILL HOUSE 家庭用品

见450页地图（[☎]212-539-0200；www.stillhousenyc.com；117 E 7th St, First Ave和Ave A之间, East Village；⊙正午至20:00；[S]6到Astor Pl）走进这家小巧安静的精品店，能看到各种玻

璃和陶瓷雕塑：人工吹制的玻璃花瓶、各种几何图形的桌面摆设、陶瓷碗和杯子，以及各种家居服饰。还有设计简约的珠宝、精致的笔记本和挂在墙上的小工艺品。

总之，Still House里有很多富有创意的礼品，而且小巧易携带。但是这些礼品都很精细，一定确保包装稳妥。

VERAMEAT 珠宝

见450页地图（212-388-9045；www.verameat.com；315 E 9th St, First Ave和Second Ave之间，East Village；10:00~20:00；S 6至Astor Pl；F/M至2nd Ave）这家可爱的小商店位于9th St, 设计师薇拉·宝尤拉（Vera Balyura）为精美小巧的珠宝赋予了一种黑色幽默感。充满艺术感的小吊坠、戒指、耳环和手镯乍一看都过于高贵，但仔细一看才发现上面装饰着僵尸、哥斯拉机器人、动物头、恐龙和环绕的爪子，将这种精细复杂的珠宝带到了全新的高度。

这里还有精美的大头针和钥匙链，设计灵感来自经典电视和电影。在威廉斯堡也有一家分店。

JOHN VARVATOS 时装和饰品

见450页地图（212-358-0315；www.johnvarvatos.com；315 Bowery, 1st St和2nd St之间，East Village；周一至周五 正午至20:00，周六20:00起，周日 正午至18:00；S F/M至2nd Ave；6至Bleecker St）这家店是原来摇滚圣地朋克俱乐部CBGB的所在地，John Varvatos一直不遗余力地试图将摇滚乐、唱片、20世纪70年代的音频设备、甚至电吉他等元素与牛仔、皮靴、腰带和图案T恤等一同呈现给顾客。销售人员穿着Varvatos带有下城区超酷风格的服装，似乎与鲍厄里坚毅的过去格格不入。

JOHN DERIAN COMPANY 家庭用品

见450页地图（212-677-3917；www.johnderian.com；6 E 2nd St, Bowery和Second Ave之间，East Village；周二至周四 11:00~19:00；S F/M至2nd Ave）这里以剪纸装饰图案出名，就是那种最初印在玻璃上的动植物图案。渐渐的图案出现在盘子、镇纸、杯垫、灯具、碗和花瓶上，使它们成为独一无二的艺术品。

隔壁紧邻的商店是John Derian Dry Goods和John Derian Furniture。

TOKIO 7 时尚和饰品

见450页地图（212-353-8443；www.tokio7.net；83 E 7th St, 在First Ave附近，East Village；正午至20:00；S 6至Astor Pl）这家有名的时髦寄售店在E 7th St上的阴暗一角，这里有各种品质非常好的男女装设计师品牌，价格也是惊人的高。这是家日本人开的店，里面通常都是三宅一生（Issey Miyake）和山本耀司（Yohji Yamamoto）设计的迷人的东西，还有精选的来自Dolce & Gabbana、Prada、Chanel等的国际大牌服装。

留意一下门前那个巨大的外星人掠夺者（用回收再利用的机械零件制成）。

A-1 RECORDS 音乐

见450页地图（212-473-2870；www.a1recordshop.com；439 E 6th St, First Ave和Ave A之间，East Village；13:00~21:00；S F/M至2nd Ave）东村曾经有很多唱片店，A-1是至今仍然开着的几家之一，有20多年历史了。狭窄的通道摆满了爵士、放克、灵魂等音乐，吸引了四面八方的黑胶唱片忠实粉丝和DJ。

DINOSAUR HILL 玩具

见450页地图（212-473-5850；www.dinosaurhill.com；306 E 9th St, First Ave和Second Ave之间，East Village；11:00~19:00；S 6至Astor Pl）一家老式的小玩具店，灵感来自于创想，而不只是迪士尼动画。这家店有很多新奇玩意儿：捷克提线木偶、皮影、微型积木、书法集、玩具钢琴、艺术和科学工具包、儿童音乐光盘等来自全球各地的玩具，还有用6种语言标注的积木和天然纤维婴儿服装。

LODGE 时尚和饰品

见450页地图（212-777-0350；https://lodgegoods.com；220 E 10th St, First Ave和Second Ave, East Village；周一、周五和周六 正午至20:00，周二至周四 至21:00，周日至19:00；S L至1st Ave）这家男士服装和饰品精品店的法兰绒木架子上有科罗拉多和巴克斯特的皮钱包。这里的东西都不便宜，但如果你想找耐用的双肩包或胡须护理油，来这就对了。在店里逛的时候如果有人递上了一杯波旁威士忌，不要惊讶。

NO RELATION VINTAGE　　二手服装

见450页地图（L Train Vintage；212-228-5201；www.norelationvintage.com；204 First Ave, E 12th St和13th St之间, East village；⊙周一至周四及周日 正午至20:00，周五和周六 至21:00；S L至1st Ave）在东村的众多二手店里，No Relation无出其右，这里囊括了从设计师款牛仔和皮夹克到复古法兰绒衣服、时髦运动鞋、格子衬衫、写着粗俗话语的T恤、校园风夹克、手包等海量珍藏。一到周末，成群的时尚潮人聚集在这里，努力往里挤吧。

TRASH & VAUDEVILLE　　服装

见450页地图（212-982-3590；www.trashandvaudeville.com；96 East 7th St, First Ave和Ave A之间, East Village；⊙周一至周四 正午至20:00，周六 11:30~20:30，周日 13:00~19:30；S 6至Astor Pl）Trash & Vaudeville是一个两层的朋克摇滚风格的服装店，可以说是名副其实的戏服衣柜，因为像Debbie Harry这样的唱歌名人也来这里选衣服，他们在东村站稳脚跟的时候，这里条件还很艰苦。随便哪天到店里，你都会遇到变装皇后，或是要参加主题派对的人在寻找最夸张的鞋、衬衫和染发剂。

🔒 下东区

TICTAIL MARKET　　时尚和饰品

见452页地图（917-388-1556；https://tictail.com；90 Orchard St, 靠近Broome St, Lower East Side；⊙周一至周六 正午至21:00，周日 至18:00；S B/D 至Grand St；F至Delancey St；J/M/Z至Essex St）Tictail Market位于下东区的一个角落，主要出售来自世界各地的服装、配饰、小饰品和艺术品。所有商品都从设计师和艺术家手里直接收购，所以每一次购买都是在支持当地商业。这里的商品各式各样，但更多的是毛织品，风格偏向极简审美。

BY ROBERT JAMES　　时尚和饰品

见452页地图（212-253-2121；www.byrobertjames.com；74 Orchard St, Broome St和Grand St之间, Lower East Side；⊙周一至周六 正午至20:00，周日 至18:00；S F至Delancey St；J/M/Z至Essex St）这里的魅力就在于风格狂野、剪裁精致的定制男装，服装的设计灵感和制作都来自纽约（设计工作室就在楼上）。衣架上悬挂着一排排剪裁贴身的牛仔、帅气的衬衫和经典运动外套。詹姆斯的拉布拉多犬Lola，有时会在店里晃晃。在威廉斯堡也有一家分店。

YUMI KIM　　时装

见452页地图（212-420-5919；www.yumikim.com；105 Stanton St, Ludlow St和Essex St之间, Lower East Side；⊙正午至19:30；S F至Delancey St；J/M/Z至Essex St；F至2nd Ave）要想给你的衣橱增添点颜色，就来Yumi Kim这家小巧精致的精品店，这里出售有趣的连衣裙、上衣、半裙、连体裙和饰品，所有衣服都印着花卉图案和热转移印花。剪裁十分讨巧，100%纯丝制作，所以很轻，适合旅行时候带着。

EDITH MACHINIST　　二手店

见452页地图（212-979-9992；www.edithmachinist.com；104 Rivington St, Ludlow St和Essex St之间, Lower East Side；⊙周二至周四 午至19:00，周日、周一和周五 至18:00；S F至Delancey St；J/M/Z至Essex St）想在下东区混，就要打扮得像个下东区人。这里能帮你快速搞定那种又乱又时尚的造型：小羊皮中筒靴、20世纪30年代的丝绸礼服和芭蕾风格的平底鞋，一种复古华丽的感觉。

ASSEMBLY　　时尚和饰品

见452页地图（212-253-5393；www.assemblynewyork.com；170 Ludlow St, Stanton St和Houston St之间, Lower East Side；⊙11:00~19:00；S F/M至2nd Ave）这家出售男女时装的商店位于下东区，地板刷得雪白，店内还弥漫着一种时髦古怪的感觉。这里有很多令人垂涎的商品，展出东西方非主流设计师的作品。找找Shoes Like Pottery的高帮帆布鞋、Le Bas的书包、Open House的厚重的珠宝和带有本店内部Assembly标签的外套。

REFORMATION　　时装

见452页地图（646-448-4925；www.

thereformation.com; 156 Ludlow St, Rivington St和Stanton St之间, Lower East Side; ⏰周一至周六正午至20:00, 周日 至19:00; Ⓢ F至Delancey St或F至2nd Ave, J/M/Z至Essex St) 这家时尚的精品店出售设计精美且对环境造成极少影响的服装。与下东区其他精品店相比，它有环保认证，还以合理的价格出售内衣、女式上衣、毛衣和裙子。

服装是在加利福尼亚利用再生能源制造的，包装也是100%的可循环材料。此外，它还有其他非常进步的做法：公平劳动力、支持志愿组织等政策，对一家时装公司来说不同寻常。

TOP HAT　　　　　　　　　　礼品和纪念品

见452页地图 (📞212-677-4240; www.tophatnyc.com; 245 Broome St, Ludlow St和Orchard St之间, Lower East Side; ⏰正午至20:00; Ⓢ B/D至Grand St) 经营着来自世界各地的古玩，这家小店充斥着各种古怪玩意儿：从老式意大利铅笔和精致的小型皮面杂志到雕刻精美的木雕鸟哨，满是浓浓的神秘感。如果你正在寻找《无尽的雨》（*Endless Rain*）专辑、玩具单簧管、日本服装、一张皱皱巴巴的夜空图，或者几何形的西班牙杯子和碟子，那就来Top Hat吧，这里还有更多稀罕玩意。

MOO SHOES　　　　　　　　　　　　　　　鞋

见452页地图 (📞212-254-6512; www.mooshoes.com; 78 Orchard St, Broome St和Grand St之间, Lower East Side; ⏰周一至周六11:30~19:30, 周日 正午至18:00; Ⓢ F至Delancey St; J/M/Z至Essex St) 这家店提倡环保，反对使用动物实验，用超细纤维（仿皮）做出的各种鞋、手袋和钱包出人意料地时尚。试试Olsenhaus时尚的平底鞋，来双Novacos做的耐磨的男式牛津鞋，再选个Matt & Nat的时髦的钱包。

最近还新开了一家Moo Shoes杂货铺，就是一个小咖啡馆兼卖三明治。

ECONOMY CANDY　　　　　　　　　食品

见452页地图 (📞212-254-1531; www.economycandy.com; 108 Rivington St, 靠近Essex St, Lower East Side; ⏰周日和周二至周五9:00~18:00, 周六和周一 10:00~18:00; Ⓢ F, J/M/Z至Delancey St-Essex St) 这家糖果店自1937年开业来，就给这片地方带来了甜美，店里摆满了商品，有装在包装里的，还有大块大块的，这里还有一些漂亮的古董泡泡糖机。这里有各种童年时代你喜欢的东西，比如软心豆粒糖、棒棒糖、口香糖、吉百利的进口糖果、橡皮糖、冰糖，还有大人喜欢的东西，比如芝麻酥糖、绿茶夹心软糖、手工巧克力、干姜块和番木瓜。

这里还有各式既吸睛又具收藏价值的Pez糖果自动贩卖机。

BLUESTOCKINGS　　　　　　　　　书籍

见452页地图 (📞212-777-6028; www.bluestockings.com; 172 Allen St, Stanton St和Rivington St之间, Lower East Side; ⏰11:00~23:00; Ⓢ F/M至Lower East Side-2nd Ave) 如果你想开拓在女权主义、同性恋问题和跨性别者、全球化和非裔美国人等研究领域的视野，就来这家独立书店。这里还有一家提供素食、有机和公平贸易咖啡的咖啡馆，同时还会举办各种读书会和演讲活动。

RUSS & DAUGHTERS　　　　　　　食物

见452页地图 (📞212-475-4800; www.russanddaughters.com; 179 E Houston St, Orchard St和Allen St之间, Lower East Side; ⏰周一至周三8:00~19:00, 周四至19:00, 周五至周日 至18:00; Ⓢ F至2nd Ave) 这家著名的店从1914年就开始营业，供应东欧犹太菜式，比如鱼子酱、鲱鱼和鲑鱼，当然是按磅切片的。去野餐前准备食物或者为早餐填满冰箱，都可以来这里备货。

几个街区不远的地方还开着一家Russ & Daughters咖啡厅（见126页），可以坐下来吃东西。

🏃 运动和活动

JUMP INTO THE LIGHT VR　　　　游乐园

见452页地图 (📞646-590-1172; https://jumpintothelight.com; 180 Orchard St, East Village; $29; ⏰周一至周三 13:00至午夜, 周四至周六 11:00至次日2:00, 周日 至午夜; Ⓢ F至Delancy) 想不想从摩天大楼一跃而下，或是爬

上高山，或是从飞机乘降落伞跳下来，然后杀死一大群僵尸？那就来这个虚拟现实游乐场感受无与伦比的刺激，在这里你能探索不同的活动，最有意思的是能了解虚拟现实会多么有趣。这里还有互动式艺术作品和其他未来主义的技术。

俄罗斯-土耳其洗浴
公共浴室

见450页地图（Russian & Turkish Baths；☏212-674-9250；www.russianturkishbaths.com；268 E 10th St, First Ave和Ave A之间, East Village；参观 每次$45；◐周一至周二和周四至周五 正午至22:00, 周三 10:00起, 周六 9:00起, 周日 8:00起；⑤L至1st Ave; 6至Astor Pl）1892年以来，这个窄小、脏乱的浴室就吸引了通晓各种语言形形色色的人：演员、学生、活泼的情侣、单身的人、俄罗斯常客和老派的当地人，他们脱得只剩下内衣（或者只穿着浴室提供的宽大的短裤），在蒸汽浴室、冰冷的水池、桑拿浴室和日光浴台来来回回。

浴室多数时候都是向男女同时开放的（这时必须穿短裤），但也有对男女分别开放的时段（那时就不强制穿衣服了）。这里还有按摩、搓澡和俄式橡树叶疗法。浴室还开有一家咖啡馆，特色有波兰香肠和薄饼；吃东西的时候，你也可以穿上浴室提供的袍子。

这家浴室由两个店主共同经营很久了，他们之间发生过非常戏剧化的不和，所以现在两人平分经营时间。从一个人手里购买的澡票和礼物卡，只能在他当班的时候使用。登录网站查询营业时间和经理当班日历。

西村、切尔西和肉类加工区

西村 肉类加工区 切尔西

区域亮点

❶ **高线公园**（见144页）从切尔西市场打包一份午餐，到纽约高线公园旁边的绿化带上，享受在城市上方独特的田园时光。

❷ **切尔西画廊**（见156页）在顶级画廊欣赏纽约最著名艺术家的作品，如佩斯美术馆（Pace Gallery）。

❸ **华盛顿广场公园**（见146页）穿过公园，来到标志性的拱门下，然后在喷泉附近转一转，听一听纽约大学里学生们的交谈。

❹ **鲁宾艺术博物馆**（见149页）欣赏一下来自喜马拉雅山及其附近地区的展览。

❺ **石墙国家纪念碑**（见147页）这是美国最新的国家纪念地之一，花点时间来回顾一下触发了LGBTQ平权运动的那个夜晚。

本地区的更多信息见454页和458页地图 ➡

探索西村、切尔西和肉类加工区

之所以把这里称作"村"是因为它看上去真的像个村子!古雅安静的小路铺设在棕色砖墙的联排别墅之间,当地人喜欢在天气晴好的时候来这里散步,一些游客也过来一探究竟。格林尼治村风景如画,享受这份美景最好的方式就是过来走一走。如果你在鹅卵石小路上走累了,你会发现随时随地都能找到一家咖啡馆,喝上一杯泡沫丰富的卡布奇诺,或者一杯葡萄酒。

走过肉类加工区也就是曾经的屠宰场,现在这里尽是精美的服装店和喧闹的夜店。就在北边,切尔西正好位于西村和中城之间,兼具两者的风情。实际上,这里是纽约同性恋团体的聚集区,宽敞的街道上有气氛轻松愉快的咖啡馆、主题酒吧和拥挤的夜店。West 20th St至West 29th St的这片区域内则有大量的画廊。

当地生活

➡ **Eighth Avenue早午餐** 如果想找(或仅仅是见识一下)志趣相投的人,但是又不喜欢走马观花似的酒吧,那么就选择Eighth Ave的周末早午餐餐馆吧。你会看到很多友好的切尔西男孩,他们穿着紧身的牛仔裤、紧身的T恤衫,在这里喝酒到宿醉。

➡ **西村咖啡馆** 根据调查,西村是曼哈顿最理想的居住地,所以入乡随俗,走进可爱的咖啡馆,充分体验这里的古雅之风。拿一本书,要一杯拿铁,坐下来,看人来人往,度过一个愉快的下午。

➡ **美术馆漫游** 加入时尚且热衷于艺术的人群,到切尔西参观最新的艺术展览。有些美术馆在周四晚上会有新展开幕(还有免费葡萄酒),正是去游览一番的好时候。

到达和离开

➡ **地铁** Sixth Ave、Seventh Ave和Eighth Ave有便利的地铁站,但是再往西,公共交通就少一些了。乘A/C/E或1/2/3线可到达周围的繁华地带,如果你想找个好地方走一走,就在14th St下车(各线均到),或者在W 4th St-华盛顿广场下车,直接可以前往西村的中心位置。

➡ **公共汽车** 如果你想乘坐公共交通工具穿过城镇到达切尔西和西村的最西边,那就乘M14或M8。

独家贴士

西村的小巷很迷人,不过也具有一定的挑战性,如果想到这里走一走,你最好带上地图(或依靠智能手机),因为有些当地人有时也会迷路!不过只要记住4th St向北倾斜,而不是通常的东西向街道,你很快就会像当地人一样熟悉了。

🍴 最佳就餐

➡ Jeffrey's Grocery (见155页)
➡ RedFarm (见155页)
➡ 切尔西市场 (见158页)
➡ Blue Hill (见155页)
➡ Barbuto (见153页)

详细介绍见150页 ➡

🍷 最佳饮品

➡ Employees Only (见159页)
➡ Buvette (见159页)
➡ Pier 66 Maritime (见164页)
➡ Smalls (见168页)
➡ Duplex (见168页)

详细介绍见159页 ➡

👁 最佳书店

➡ Printed Matter (见172页)
➡ Strand Book Store (见170页)
➡ Three Lives & Company (见171页)
➡ 192 Books (见173页)

详细介绍见170页 ➡

重要景点
切尔西市场（CHELSEA MARKET）

切尔西市场的前身是一个工厂，经改造变成了美食和时尚达人都喜欢的购物场所，堪称再开发和保护的典范。

浏览和商业空间

到来自马拉喀什的Imports看看各种非食品类商品，这里专门出售摩洛哥艺术品和设计；去Posman Books书店浏览最新的畅销文学书籍；在Anthropologie挑选一套全新的服装或家居装饰；或者到配备了内行员工的Chelsea Wine Vault买瓶好酒。

切尔西市场所在的大楼占了整整一个街区，面积很大，有上百万平方英尺，切尔西市场仅仅占据了其底层部分。现在有好几个电视频道在该大楼落户，包括美食频道（Food Network）、氧气频道（Oxygen Network）和当地新闻频道纽约一台（NY1）。主人行道上大提琴手和蓝草音乐人演奏的音乐声声萦绕，高线公园贴着大楼后方而过。

美食中心

市场里有20多个美食摊位散发诱惑，包括Mokbar（韩国风味的拉面）、Takumi Taco（日本和墨西哥混合风味）、**Tuck Shop**（见458页地图；www.tuckshopnyc.com；Chelsea Market, 75 Ninth Ave, W 15th St和W 16th St之间, Chelsea；馅饼 $6；⊘周一至周六 11:00~21:00, 周日 至19:00；ⓢA/C/E, L至8th Ave-14th St）（出售好吃的澳大利亚馅饼）、Bar Suzette（可丽饼）、Num Pang（柬埔寨三明治）、Ninth St Epresso（完美拿铁）、Doughnuttery（热得烫手的迷你甜甜圈）和L'Arte de Gelato（香浓冰激凌）。

不要错过

➡ Takumi
➡ Lobster Place
➡ Chelsea Thai Wholesale
➡ Artists and Fleas

实用信息

➡ 见458页地图, D5
➡ ☎212-652-2121
➡ www.chelseamarket.com
➡ 75 Ninth Ave, 靠近15th St, Chelsea
➡ ⊘周一至周六 7:00~21:00, 周日 8:00~20:00
➡ ⓢA/C/E, L至8th Ave-14th St

如果你想品尝更丰盛的餐食,就去Green Table,那里供应从农场直送来的新鲜有机农产品;到Cull & Pistol品尝上等海鲜和生鲜;或者去Friedman's Lunch品尝高档美式舒心美食。

市场里有两家餐馆开了很久,同样不容错过,那就是Chelsea Thai Wholesale(朴实无华又美味的泰国食物)和Lobster Place(塞得满满的龙虾卷和极品寿司)。

折扣时尚天堂

如果想淘打折的高端时尚品牌,就去Ninth Ave出入口附近的活动场地。那里经常会有快闪店和样品特卖会,摆满了一排排特价男女服装。

在靠近Tenth Ave的入口的市场另一端是Artists and Fleas,这是当地设计师和手工艺人出售其作品的永久市场。你可以在此稍作停留,看看新颖异趣的钱包、时尚墨镜或是个性珠宝首饰。

Ninth Ave入口处也有一家很大的Anthropologie,服装位于地下室层,特价货架大得惊人。

国家饼干公司

切尔西市场占据的这座长长的石砖建筑建于19世纪90年代,曾经是一个巨大的烘焙工厂,后来成为国家饼干公司[它更广为人知的名字是纳贝斯克(Nabisco),即梳打饼干(Saltines)、无花果牛顿饼干(Fig Newtons)和奥利奥(Oreos)的生产商]的总部。切尔西市场在20世纪90年代开业,成了云集美食店和服装精品店的大本营。

将食物打包带走——大部分餐馆座位都不多,但市场里有很多公共座位。

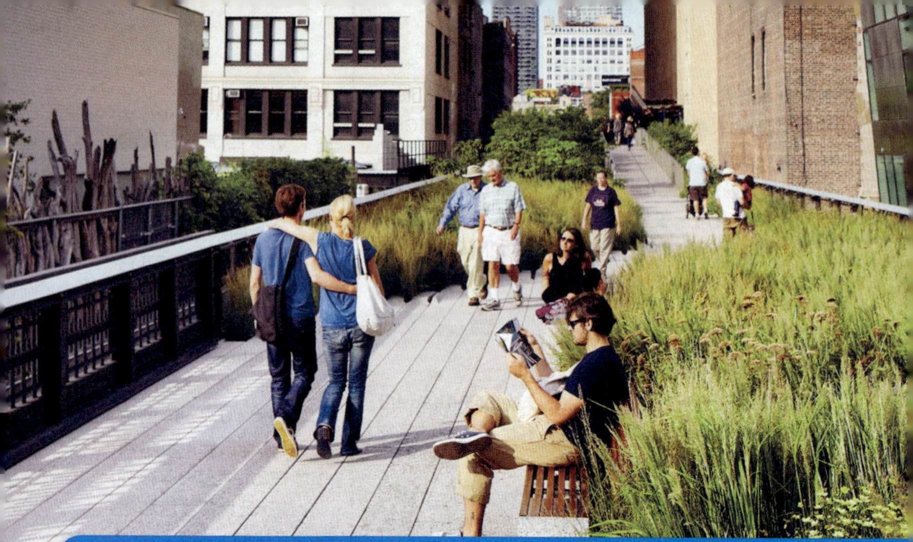

MATT MUNRO / LONELY PLANET ©

重要景点

高线公园（HIGH LINE）

令人难以置信的是，高线公园曾经是一条肮脏的铁轨，附近有很多令人作呕的屠宰场，如今却成了城市改造的典范。今天，这里是引人注目的景点，是纽约最受欢迎的绿地之一，吸引着游客到城市上方30尺（约9米）处闲逛、小坐、野餐，欣赏曼哈顿云卷云舒的天际线。

曾经的工业区

如今的纽约高线公园是想要逃离城市枯燥工作找寻一处喘息之地的纽约人、兴致勃勃的游客和欢声笑语的家庭的向往之地，而在很久以前，它是一条肮脏的高架铁路，从满是暴徒和屠宰场的居民区穿梭而过。20世纪30年代，市政府决定提高街道标高，因为在之前的几年中，这里经常发生事故，Tenth Ave还因此得名"死亡大道"。这样一来，后来变成纽约高线公园的铁轨就派上用场了。该项目耗资超过1.5亿美元（相当于现在的20亿美元左右），历经约5年的时间完成。在之后的20年里，该铁路的利用率很高，后来卡车运输的需求量增大，铁路的利用率就下降了。到了20世纪80年代，该铁路终于还是被废弃了。当地居民联名请愿，要求拆毁铁路。但是1999年，一个名为高线之友（the Friends of the High Line）的委员会——由约书亚·大卫（Joshua David）和罗伯特·哈蒙德（Robert Hammond）共同创立，挽救了这条锈迹斑斑的铁路，并将其改造成了一个独一无二的高架铁路绿色公园。

不要错过

- 17th St和26th St上竞技场风格的观景平台。
- 位于15th St和16th St之间的切尔西市场通道（Chelsea Market Passage），在天气暖和的时候能见到艺术装置和食品摊位。

实用信息

- 见454页地图，A2
- www.thehighline.org
- Gansevoort St, Meatpacking District
- ⏲6月至9月 7:00~23:00，4月、5月、10月和11月 至22:00，12月至次年3月 至19:00
- 🚌M11至Washington St，M11、M14至9th Ave，M23、M34至10th Ave，Ⓢ A/C/E，L至8th Ave-14th St；1，C/E至23rd St

绿色未来

在2009年的一个温暖春日里,纽约高线公园一期向公众开放,园内满是盛开的鲜花和阔叶的树木。该项目分3期进行,把肉类加工区和中城区连在了一起。一区从Gansevoort St开始,与Tenth Ave并行至W 20th St。从大型躺椅到看台形状的长凳,各式各样的座位遍布各处,一区很快就成了进行各种公益事业和活动的地方。很多公益事业和活动都面向周围日益增长的人口。两年后,二区开放了,将另外10个街区纳入了绿化的范围。三区于2014年开放。高线公园三区从30th St延伸至34th St,呈U字形绕过西城铁路调度站(the West Side Rail Yards)。由于它向西转往12th Ave,道路拓宽,拥有哈德逊河的开阔视野,锈迹斑斑长满野草的铁轨与步行道并行延伸(设计师想让游客在迈入公园之前踏上铁轨,在大都市的中心位置唤起他们对草木蔓生的荒原所产生的同样感受)。这里还划出专门的儿童游乐区——在软包地面上搭起露天横梁,形成一个丛林运动场。

附近有无数条阶梯通往高线公园,包括Gansevoort、14th St、16th St、18th St、20th St、23rd St、26th St、28th St、30th St和34th St。在Gansevoort、14th St、16th St、23rd St、30th St和34th St街道上,还有一些放置得当的电梯。

不仅是公共场所

20世纪初期,肉类加工区和切尔西所在的西部一带是曼哈顿最大的工业区,这里建起了一组高架铁路,用以减轻地面混乱街道的货运负担。随着纽约的发展,这些铁路最终被废弃。1999年,政府制订了一项计划,把一条条破旧的铁轨改建成一片公共绿地。2009年6月9日,纽约最受欢迎的旧城改造项目、费尽心力打造的高线公园一期对外开放,从那以后,这里就成了纽约的明星景点之一。

高线公园是将单独区域再绿化的先驱,但是它对城市的影响远不止于此。西村和切尔西沿住宅区路线持续推进,纽约高线公园则致力于另外一种发展方向,即不仅仅是一个公共场所,还是一个家人、朋友聚会的好地方。走在公园里,你会看到身穿带双H标志衬衫的职员,他们会给你指路,会告诉你一些关于转向铁轨的信息。这里还有无数的幕后工作者组织公共艺术展览和活动。还有一些涉及各种主题的特别游览和活动:历史、园艺、设计、艺术和饮食。请登录网站www.thehighline.org查询活动时间表的最新详情。

高线之友

如果有兴趣给高线公园捐款,你可以通过网站成为高线之友的会员。"Spike"级会员可以享受该地区商店内的商品折扣,其中包括Diane von Furstenberg和 **Amy's Bread**(见458页地图;📞212-462-4338;www.amysbread.com;Chelsea Market, 75 Ninth Ave, W 15th St和W 16th St之间, Chelsea;⊙周一至周五7:00~20:00,周六 8:00~20:00,周日 至19:00;Ⓢ A/C/E, L至8th Ave-14th St)。

高线公园还邀请了纽约的一些美食机构在这里搭起了零售车和小吃摊,供游客们打包到绿地中品尝。天气暖和的时候,最好的咖啡和冰激凌公司会出现在这里。

公共艺术展示

高线公园不仅是空中绿地,还是休闲艺术场所,这里有各种各样的艺术展,有些是在特定场地举行的,也有些是独立的。欲了解你来访时的更多公共艺术展览信息,请登录网站art.thehighline.org。

重要景点
华盛顿广场公园（WASHINGTON SQUARE PARK）

曾经的公共墓地和公开处决犯人的广场，现在成了一个非官方的城市广场。华盛顿广场公园由切割精美的褐色砂石和华丽而造型多变的现代建筑包围，是纽约一处惹人注目的花园，当你来到公园北侧的标志性建筑斯坦福·怀特（Stanford White）拱门时，尤其会有这样的感觉。

不要错过
➡ 斯坦福·怀特拱门
➡ 中央喷泉
➡ 公园周围的希腊复兴式房屋
➡ 喂鸟人。通常可以在西南入口附近的长椅上找到他，他身上落着几十只鸽子

实用信息
➡ 见454页地图，F4
➡ Fifth Ave, 靠近Washington Sq N, West Village
➡ 🌐
➡ Ⓢ A/C/E, B/D/F/M至W 4th St-Washington Sq; R/W至8th St-NYU

历史

尽管现在的华盛顿广场公园是个令人陶醉的地方，但在它最终发展成我们现在所看到的公共场所（很大程度上得益于在2014年完成、耗资3000万美元的整修）之前，曾经有一段不堪回首的历史。

当年荷兰人来曼哈顿开办荷兰东印度公司（the Dutch East India Company）的时候，把他们释放的黑人奴隶带到了现在的公园所在地。这个地方正好位于荷兰人和印第安人的定居点之间，所以，从某种程度上说，这里成了敌对双方的缓冲区。这里虽然有沼泽，但土地适合耕种，人们在这里劳作了大约60年。

19世纪初，纽约的市政当局买下了这里，用来修建墓地，该墓地横跨城市交界。起初，这块墓地主要是供贫困人群使用，但在黄热病爆发期间，这里的规模迅速扩大。超过两万人的尸体被埋在这里。

1830年，这里被用作阅兵场地，后来迅速发展成为有钱人的地盘，这些人在这里沿着街道建起了奢华的市政厅。

斯坦福·怀特拱门

标志性建筑斯坦福·怀特拱门（Stanford White Arch），俗称华盛顿广场拱门（Washington Square Arch），高72英尺（约22米），由亮白色多佛大理石筑成，是公园最醒目的设施。该拱门最初设计是木质的，用来庆祝1889年乔治·华盛顿就职100周年，由于其大受欢迎，6年后改建为石质的，并且上面还塑有这位战争与和平年代的将军的雕像。1916年，艺术家马塞尔·杜尚（Marcel Duchamp）通过里面的阶梯登上拱门，宣布公园是"自由独立的华盛顿广场共和国"。

政治舞台

长期以来，华盛顿广场公园为政治活动提供了舞台，从反对改变公园构造和用途的本地抗议活动，到1912年为改善工作环境而举行的抗议活动这种有全国性影响的议题，不一而足。

2007年，民主党候选人巴拉克·奥巴马在这里举行集会，为他成功竞选总统竭力争取支持。参与集会的人数之多，简直出人意料。

◉ 景点

如果你热爱艺术，以下3个街区不容错过。无论如何规划游览路线，重点都应是参观惠特尼美国艺术博物馆（Whitney Museum of American Art，位于肉类加工区），其后是纽约艺术领域的焦点——切尔西的诸多画廊（集中在West 20th St到West 29th St之间）。其他著名景点还有由原先的铁道改造而成的绿地高线公园、附近能让你在宁静的河畔静心放松的哈德逊河公园，以及最新被命名的石墙国家纪念碑，它就在西村中心位置，街对面就是同名酒吧。

◉ 西村和肉类加工区 （West Village & the Meatpacking District）

高线公园　　　　　　　户外
见144页。

华盛顿广场公园　　　　公园
见146页。

★ 惠特尼美国艺术博物馆　　博物馆
见454页地图（Whitney Museum of American Art; ☎212-570-3600; www.whitney.org; 99 Gansevoort St, 靠近Washington St, West Village; 成人/儿童 $25/免费, 周五 19:00~22:00 门票随意付费; ⏰周一、周三、周四和周日 10:30~18:00, 周五和周六 至22:00; ⓢA/C/E, L至8th Ave-14th St）经过多年建设，惠特尼美国艺术博物馆在市中心的新馆于2015年开业，引起一阵轰动。这幢极具魅力的建筑由伦佐·皮亚诺（Renzo Piano）设计，坐落在高线公园（见144页）脚下，与博物馆拥有的豪华收藏相得益彰。在宽敞明亮的展厅里，你可以看到美国所有伟大艺术家的作品，包括爱德华·霍普（Edward Hopper）、贾斯培·琼斯（Jasper Johns）、乔治亚·欧姬芙（Georgia O'Keeffe）和马克·罗斯科（Mark Rothko）。

除了轮展作品，偶数年还会举办惠特尼双年展（Whitney Biennial），这是对当代艺术极具野心的审视，很难不引发争议。

石墙国家纪念牌　　　国家公园
见454页地图（Stonewall National Monument; www.nps.gov/ston/index.htm; W 4th St, Christopher St和Grove St之间, West Village; ⏰9:00至黄昏; ⓢ1至Christopher St-Sheridan Sq; A/C/E, B/D/F/M至W 4th St-Washington Sq）克里斯托弗公园本来只是一个用栅栏围起来的小广场，广场上有些长椅和绿地，但在2016年，奥巴马总统宣布它成为国家公园，里面还有第一座专门纪念LGBTQ平权历史的国家纪念碑。公园很小，但值得驻足回顾1969年石墙运动的兴起，当时LGBTQ群体奋起抗议对他们的歧视政策。很多人都将这些活动视为是美国现代LGBTQ平权运动的严峻考验。

萨玛港笛艺术馆　　　画廊
见454页地图（Salmagundi Club; ☎212-255-7740; www.salmagundi.org; 47 Fifth Ave, W 11th St和12th St之间, West Village; ⏰周一至周五 13:00~18:00, 周六和周日 至17:00; ⓢ4/5/6, L, N/Q/R/W至14th St-Union Sq）萨玛港笛艺术馆从原来华丽的切尔西画廊聚集地大老远搬到了联合广场（Union Sq）下方第五大道上的一幢漂亮褐砂石建筑里。俱乐部内有好几个艺术陈列空间，专注于呈现代表性的美国艺术。它是美国最古老的画廊之一（建于1871年），至今仍然向会员提供课程和展览。

恩典教堂　　　　　　　教堂
见454页地图（Grace Church; ☎212-254-2000; www.gracechurchnyc.org; 802 Broadway, 靠近10th St, West Village; ⏰每天 正午至17:00; ⓢR/W至8th St-NYU, 6至Astor Pl）这座哥特复兴式圣公会教堂是1843年由小詹姆斯·伦维克（James Renwick Jr）设计的，其所用的大理石是纽约州新新监狱（Sing Sing）的罪犯开挖出来的。这所监狱位于奥西宁（Ossining），哈德逊河上游30英里（约48.27公里）处（传说中，"送往上游"这种说法就是来自这里）。恩典教堂曾一度被忽视，不过现已得到精心整修。

如今它是美国的地标建筑，教堂内精美的雕刻、高耸的尖塔，以及苍翠优美的庭院，一定会让你停下脚步，因为如果没有恩典教堂，这里将变得平淡无奇。里面的彩色玻璃窗非常漂亮，而且室内的顶部很高，非常适合举行音乐会（最近这里举办了一系列"午间的巴赫"管风琴音乐会）。周日13:00有免费的团队游,届时还会有导游讲解。

45号码头 公园

见454页地图(Pier 45; W 10th St,靠近Hudson River, West Village; S 1至Christopher St-Sheridan Sq)该码头长850英尺(约260米),由混凝土筑成,现已修葺一新,上有草坪、花坛、公共厕所、露天咖啡馆、遮阳凉棚,以及纽约水上出租车站,很多人到现在还称之为克里斯托弗街码头(Christopher Street Pier)。

如今这里是哈德逊河公园的一部分,吸引了形形色色的市民,白天有带着蹒跚学步的孩子的当地人,晚上则有全市(甚至更远)的年轻同性恋者聚集在这里,因为这个码头长期以来一直是同性恋聚会的地方。在这里,你可以一览哈德逊河的美景,也可以在浓浓夏日里享受到清凉舒缓的微风。

阿宾登广场 广场

见454页地图(Abingdon Square; Hudson St,靠近12th St, West Village; S A/C/E, L至8th Ave-14th St)该历史景观(占地仅0.25英亩,约1.5亩)是一块绿地,面积不大,但十分漂亮,这里有长满青草的小山、成片的多年生花卉、蜿蜒的青石小路,以及广受欢迎的周六绿色市场(Greenmarket)。这里是享受一顿午间野餐或在午后漫步蜿蜒的西村街道后小憩的好地方。

站在水平位置,往公园的南端方向看去,你会发现一个青铜雕像"阿宾登步兵"(*Abingdon Doughboy*),这是为了纪念附近一带在第一次世界大战中牺牲的军人("一战"时,士兵通常被称为"步兵")。

纽约大学 大学

见454页地图(New York University, NYU; ☏212-998-4550; www.nyu.edu; 欢迎中心, 50 W 4th St, West Village; S A/C/E, B/D/F/M至W 4th St-Washington Sq; N/R到8th St-NYU)艾伯特·加勒廷(Albert Gallatin)曾在托马斯·杰斐逊

重要景点
哈德逊河公园(HUDSON RIVER PARK)

目前,纽约高线公园或许成了时尚的象征,不过距离这里一个街区的地方有另外一条长达5英里(约8公里)的绿化带,该绿化带在过去的10年里,给纽约带来了巨大变化。

哈德逊河公园占地550英亩(约3338亩),范围从曼哈顿南端的炮台公园(Battery Park)延伸至中城区的59th St,可谓是曼哈顿美妙的后花园。这条长长的沿河小路非常适合跑步和骑行,而且这里的**河滨自行车商店**(Waterfront Bicycle Shop;见454页地图; ☏212-414-2453; www.bikeshopny.com; 391 West St, W 10th St和Christopher St之间;租金每1小时/全天 $12.50/35; ⏰10:00~19:00)租自行车很方便。另外有几家船库(见89页)可以租皮划艇,也为专业人士提供远途旅行。这里还有沙滩排球场、篮球场、滑板公园和网球场。有小孩的家庭在这里有很多选择,包括4个光洁如新的运动场、一个旋转木马和一个迷你高尔夫球场。

如果你想逃离城市的喧嚣,那就来这里的草坪上坐一坐吧,看看来来往往的人,对着河水冥想;如果你喜欢凑热闹,不妨加入岸边Frying Pan(见164页)里的那些桑格里亚汽酒和阳光爱好者。这里也是欣赏壮丽日落和独立日焰火表演的绝佳去处(记得早点去占位置)。

不要错过
- 在河上划皮划艇
- 在夕阳下漫步
- Frying Pan的夏季饮品

实用信息
- 见454页地图, C7
- www.hudsonriverpark.org
- West Village
- ♿
- 🚇M11至Washington St; M11, M14至9th Ave, M23, M34至10th Ave, S 1至Hudson Ave; A/C/E, L至8th Ave-14th St; 1, C/E至23rd St

任总统期间担任参政部长。1831年，他建立了一个高等教育学校，该学校面向所有学生，无论种族和等级背景。不过，估计他现在已经认不出这所学校了，因为学校现有约50,000名学生、16,000名员工，并分布于曼哈顿的6个校区。

学校在不断扩大——这令地产活动家和企业主非常失望，他们眼睁睁地看着这些建筑被学术巨头迅速买断（或者说由于设计不当而破坏，例如历史上的省城剧场），变成丑陋的宿舍和办公楼。不过，有些地方还是很美的，比如法学院绿树成荫的庭院和宏伟而现代化的史葛柏表演艺术中心（Skirball Center for the Performing Arts），该中心可容纳850名观众，很多一流的舞蹈、戏剧、音乐、演讲及其他表演都曾在这里演出。

纽约大学的学术地位很高，涉及领域很广，尤其是在电影、戏剧、写作、医药和法律等方面。如果你想在短时间内结识当地人，一个很特别的方法就是到专业研究和继续教育学院，预约一次周末或为期一天的课程，从美国历史到摄影等各个领域，这些课程对公众开放。

谢里登广场　　　　　　　　　　　广场

见454页地图（Sheridan Square; Washington Pl和W 4th St之间, West Village; ⑤1至Christopher St-Sheridan Sq）三角形的谢里登广场不过只有几张公园长椅和一些树木，由一个老式的大铁门围起来。但是其位置（在同性恋聚集的格林尼治村核心）却让它见证了推动纽约同性恋平权运动的每一场集会、示威和暴动。

◉ 切尔西（Chelsea）

切尔西市场　　　　　　　　　　　市场
见142页。

★ 鲁宾艺术博物馆　　　　　　　　画廊

见458页地图（Rubin Museum of Art; ☏212-620-5000; www.rmanyc.org; 150 W 17th St, Sixth Ave和Seventh Ave之间, Chelsea; 成人/儿童 $15/免费, 周五 18:00～22:00 免费; ⊙周一和周四 11:00～17:00, 周三 至21:00, 周五 至22:00; 周六和周日 至18:00; ⑤1至18th St）鲁宾艺术博物馆是西方世界第一家致力于喜马拉雅山及其周围地区艺术的博物馆。馆内的藏品令人印象深刻，其中包括2世纪至9世纪中国西藏的礼器、舞蹈面具、刺绣和金属雕塑，还有巴基斯坦的石雕、复杂的不丹绘画。

轮换展出的展品包括荣格（CJ Jung）的《红书》（Red Book）和《世尊》（Victorious Ones），后者融合了耆那教祖师耆那的雕刻和绘画。Cafe Serai餐厅提供传统的喜马拉雅食品，其特色是每周三从18:00开始有现场音乐表演。临近周末时，咖啡馆就变成了休闲酒吧，你可以在周五晚上免费参观附近的画廊，然后来这里品尝葡萄酒和马丁尼酒。

纽约圣公会总会神学院　　　　　　花园

见458页地图（General Theological Seminary; ☏212-243-5150; www.gts.edu; 440 W 21st St, Ninth Ave和Tenth Ave之间, Chelsea; ⊙周一至周五 10:00～17:30; ⑤1, C/E至23rd St）**免费**纽约圣公会总会神学院建于1817年，是美国圣公会最古老的一所神学院。学院坐落在美丽的切尔西历史区内，目前正在努力保留其最优资产——依偎在整个街区建筑间的花园式校园。而与此同时，周围的切尔西地区正在迅速发展。

在参观附近画廊之前或者之后，这个宁静的港湾都是你放松休息的好地方。学院位于Ninth Ave和Tenth Ave的21st St。想要进去参观，请按花园门口的门铃。

切尔西酒店　　　　　　　　　　历史建筑

见458页地图（Chelsea Hotel; 222 W 23rd St, Seventh Ave和Eighth Ave之间, Chelsea; ⑤1, C/E 至23rd St）这座红砖砌成的酒店建于19世纪80年代，在流行文化史上发挥了重要的作用。其铁阳台装饰华丽，店内有至少7块牌匾，宣告了它在文学上里程碑地位。像马克·吐温（Mark Twain）、托马斯·伍尔夫（Thomas Wolfe）、狄兰·托马斯（Dylan Thomas）和亚瑟·米勒（Arthur Miller）这样的人物曾居住于此。据说，杰克·凯鲁亚克（Jack Kerouac）就是在这里参加马拉松比赛时构思了小说《在路上》。另外，这里还是亚瑟·克拉克（Arthur C Clarke）创作《2001：太空漫游》的地方。

1953年，狄兰·托马斯在切尔西酒店死于酒精中毒。1978年，南希·斯庞根（Nancy

Spungen)在这里被其男友——性手枪乐队(Sex Pistols)成员席德·维瑟斯(Sid Vicious)刺死。曾经在切尔西酒店住过的名人还有很多,其中包括琼尼·米歇尔(Joni Mitchell)、帕蒂·史密斯(Patti Smith)、罗伯特·梅普尔索普(Robert Mapplethorpe)、史丹利·库布里克(Stanley Kubrick)、丹尼斯·霍珀(Dennis Hopper)、伊迪丝·琵雅芙(Edith Piaf)、鲍勃·迪伦(Bob Dylan)和莱昂纳德·科恩(Leonard Cohen)。莱昂纳德·科恩的歌曲《切尔西酒店》让人回想起珍妮丝·贾普林(Jannis Joplin)的嬉戏喧闹(她也曾住在这里)。

遗憾的是,那些散发着艺术感和神秘感的日子一去不回,在将其改造为公寓楼的开发协议泡汤之后,酒店最终命运仍是一个未知数。

高古轩画廊

见458页地图(Gagosian; ☎212-741-1111; www.gagosian.com; 555 W 24th St, Tenth Ave和Eleventh Ave之间, Chelsea; ⊙周一至周六10:00~18:00; ⓈⒶ1, C/E至23rd St)位于切尔西的高古轩画廊墙上挂满了来自世界各国的作品。展览一直在不断变化,包括诸如朱利安·施纳贝尔(Julian Schnabel)、威廉·德·库宁(Willem de Kooning)、安迪·沃霍尔(Andy Warhol)和巴斯奇亚(Basquiat)等名家的作品都曾在这里展出。高古轩在全球拥有一系列展厅,因而这里的氛围和大多数的只此一家的画廊分外不同。

还可以去位于522 W 21st St的那家店看看,那里的大型艺术展绝对可以比肩纽约的一些博物馆。

切姆和里德美术馆

见458页地图(Cheim & Read; ☎212-242-7727; www.cheimread.com; 547 W 25th St, Tenth Ave和Eleventh Ave之间, Chelsea; ⊙周二至周六10:00~18:00; ⓈⒶ1, C/E至23rd St)这家美术馆的藏品从巨幅油画到浮夸的雕塑应有尽有,作者包括比尔·詹森(Bill Jensen)、詹尼斯·库奈里斯(Jannis Kounellis)、珍妮·霍尔泽(Jenny Holzer)和TaI R等。如果你来得恰逢其时,也许会看到威廉·埃格尔斯顿(William Eggleston)令人遐想的摄影作品挂在墙上。

就餐

西村餐饮以高档、舒适、惬意著称,而旁边的肉类加工区的就餐景象却略显张扬,餐馆的天鹅绒拦绳后面排队的人群像夜店一样拥挤,装饰大胆粗犷,顾客前卫时尚。切尔西的风格将二者中和,Eighth Ave上有超级受欢迎的各式各样的小餐馆(要想享受早午餐,这里是必来的),而Ninth Ave上则有更多咖啡店。天气转暖后,门窗打开,大量的露天餐桌涌上大街。

西村和肉类加工区

★ P.S. BURGERS   汉堡 $

见454页地图(☎646-998-4685; www.psburgers.com; 35 Carmine St; 汉堡 $10起; ⊙周一至周五11:00~22:00, 周六和周日正午至22:00; ⓈA/C/E, B/D/F/M至W 4th St-Washington Sq)P.S. Burgers是西村一家低调但深受喜爱的外卖店,出售的是便宜又好吃的特色汉堡,灵感来自全世界各个地方。到里约热内卢(车前草加煎蛋)或者加拿大(加拿大培根加槭树汁山羊奶酪)去旅行吧。每个汉堡都是现点现做,有很多经典口味。

RED BAMBOO   严格素食 $

见454页地图(☎212-260-7049; www.redbamboo-nyc.com; 140 W 4th St, Sixth Ave和MacDougal St之间; 主菜 $8~13; ⊙周一至周四12:30~23:00, 周五至23:30, 周六正午至23:30, 周日至23:00; ⓈA/C/E, B/D/F/M至W 4th St-Washington Sq)热乎脆脆的虾米花、黏糊糊的鸡肉帕尔玛奶酪、浓郁得仿佛永远也吃不完的巧克力蛋糕——这些都是Red Bamboo精心制作的美食,还有更多其他南方黑人传统菜式和亚洲菜式。菜单上所有东西都是素食(有些菜可以加真的芝士)。严格素食者、素食者或任何想尝新的人都应该来试一试。

MAMOUN'S   中东菜 $

见454页地图(☎www.mamouns.com; 119 MacDougal St, W 3rd St和Minetta Ln之间, West Village; 三明治 $3起, 拼盘 $6起; ⊙11:00至次日5:00; ⓈA/C/E, B/D/F/M至W 4th St-Washington

Sq）这家供应炸豆丸子（falafel，一种油炸鹰嘴豆饼）和沙瓦玛（shawarma，一种中东常见的烤肉卷饼）的餐厅位于下曼哈顿地区，专营新鲜出炉的拼盘和卷饼，速度极快，价格便宜。Mamoun's是纽约热门餐厅，还出了自己的品牌辣椒酱。注意：如果你味觉敏感，这里不太适合你。位于西村的这家店面很小，只有几个座位。

甘斯沃尔特市场 　　　　　　　　市场 $

见454页地图（Gansevoort Market; ✉www.gansmarket.com; 353 W 14th St, 靠近Ninth Ave, Meatpacking District; 主菜 $5~20; ⊙8:00~20:00; SA/C/E, L至8th Ave-14th St）这家庞大的市场位于肉类加工区中心地带一个砖楼里，是纽约最新最棒的食品市场。日光照在这处朴实的工业风格的空间，有几十家美食摊出售西班牙风味小吃、玉米饼、墨西哥煎玉米卷、比萨、肉馅饼、冰激凌、油酥点心等。

TWO BOOTS PIZZA 　　　　　　比萨 $

见454页地图（☎212-633-9096; http://twoboots.com; 201 W 11th St, 靠近Greenwich Ave, West Village; ⊙周日至周三 11:00至午夜, 周四 至次日1:00, 周五和周六 至次日2:00; SA/C/E, L至8th Ave-14th St）这家极受欢迎的迷你连锁店供应正宗纽约风格切片比萨，各式馅料。它的特色是所有比萨都可以做成美味的素食比萨，比萨外皮也可以做成无麸质的。

MAH ZE DAHR 　　　　　　　　面包房 $

见454页地图（☎212-498-9810; https://mahzedahrbakery.com; 28 Greenwich Ave, W 10th 和Charles Sts之间, West Village; 油酥点心 $3起; ⊙周一至周五 7:00~18:00, 周六和周日 8:00~17:00; SA/C/E, L至8th Ave-14th St）这家烘焙店供应浓郁的奶油芝士蛋糕和松软的奶油卷甜甜圈，店主是之前做过金融咨询顾问的埃姆博·哈伽迈德（Umber Ahmad），有一次她为自己的客户名厨汤姆·克里希奇（Tom Colicchio）制作了甜点，对方发现了她的天赋。尝尝这里松脆的司康饼或浓郁的布朗尼，你就明白为什么克里希奇当初劝埃姆博转行了。

DOMINIQUE ANSEL KITCHEN 　面包房 $

见454页地图（☎212-242-5111; www.dominiqueanselkitchen.com; 137 Seventh Ave, Charles St和W 10th St之间, West Village; 油酥点心 $4~8; ⊙周一至周六 8:00~19:00, 周日 9:00~19:00; S1至Christopher St-Sheridan Sq）这家小小的、明亮的面包店位于西村，主人因发明了可颂甜甜圈而赫赫有名，在这里你能吃到特别酥脆的羊角面包、覆盆子百香果巴甫洛娃蛋糕、蓝莓松饼和其他特别好吃的美味（但唯独没有可颂甜甜圈）。也有清淡可口的食物，比如火鸡馅饼加鹅肝汁和日本毛豆牛油果烤面包。

UMAMI 　　　　　　　　　　　　汉堡 $

见454页地图（☎212-677-8626; www.umamiburger.com; 432 Sixth Ave, 9th St和10th St之间, West Village; 汉堡 $10~15; ⊙周日至周四 11:30~23:00, 周五和周六 至午夜; S1至Christopher St-Sheridan Sq; F/M, L至6th Ave-14th St）在这家颇具风格的汉堡吧，你那神秘的第五味觉可以得到充分满足。组合搭配如Truffle（松露蒜泥蛋黄酱和自制松露芝士）和加了培根的Manly，还有适合素食者的Black Bean都是一流的。菜单上还有创意十足的鸡尾酒、桶装微酿和美味的小食（包括天妇罗洋葱圈）。

COTENNA 　　　　　　　　　　意大利菜 $

见454页地图（☎www.cotenna.nyc; 21 Bedford St, Downing St和W Houston St之间, West Village; 主菜 $12~14; ⊙周日至周四 正午至午夜, 周五和周六 至次日1:00; S1至Houston St）这家温馨、设计精巧的小食店坐落在西村一个风景很美的角落，是晚间约会的热门去处。菜单菜式不多，但有好吃不贵的意大利面（$12起）、意式烤面包和烤食，你也可以点杯葡萄酒或鸡尾酒和食物拼盘，包括腌肉拼盘和芝士拼盘。

MOUSTACHE 　　　　　　　　　中东菜 $

见454页地图（☎212-229-2220; www.moustachepitza.com; 90 Bedford Sts, Grove St和Barrow St之间, West Village; 比萨 $11~15; ⊙周日至周四 正午至23:00, 周五和周六 至午夜; S1至Christopher St-Sheridan Sq）这家小小的餐馆温暖朴实，十分讨喜，提供浓郁可口的三明治（羊腿、merguez香肠、炸豆丸子）、薄皮比萨、味道浓郁的沙拉和各种特色菜，比如ouzi

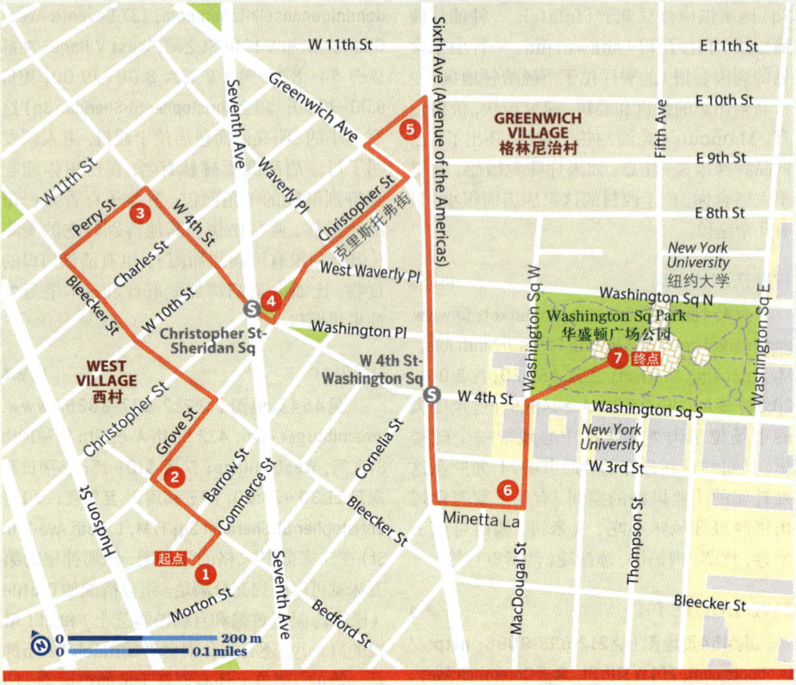

步行游览
一个村庄

起点 Cherry Lane Theater
终点 华盛顿广场公园
全长 1.2英里（1.93公里）；1小时

在纽约所有街区里，格林尼治村是最适合步行的，标志性的网格街道以这里为起点贯穿全岛，街道旁有许多鹅卵石铺就的小角落。请从 ❶ **Cherry Lane Theater**（见165页）开始你的步行游览。这个小型剧院建于1924年，是纽约经营时间最长的非百老汇剧院。

在Bedford街左转，你会在Grove St拐角处看到右侧的 ❷ **90 Bedford**。你或许会发现，这座公寓大楼就是《老友记》里那些人的家（遗憾的是，中央公园咖啡厅纯属编剧虚构的产物）。

想找另一处著名的影视拍摄地，那就沿Bleecker St走，到Perry St右转，来到 ❸ **66 Perry St**，这里曾为世纪之交的纽约时尚女性——《欲望都市》里的凯莉·布拉德做背景。

沿W 4th St一直走到克里斯托弗公园（Christopher Park）然后右拐，这里有一座最近用于纪念LGBTQ平权历史的 ❹ **石墙国家纪念碑**（见147页）。公园的北边是传说中的Stonewall Inn。1969年，一群忍无可忍的属于LGBTQ群体的男男女女为争取他们的民权发动了一场骚乱，标志着一场民权革命的开端。

沿着克里斯托弗街（Christopher St）行至Sixth Ave，来到坐落在一片三角形土地上的 ❺ **杰斐逊市场图书馆**（Jefferson Market Library）。"罗斯金哥特式"尖塔曾经是一个火警瞭望塔。19世纪70年代，这栋楼曾是个法院，如今里面是公共图书馆的分馆。

沿着Sixth Ave走一走，看看行色匆匆的路人，然后在Minetta Lane左转来到 ❻ **Cafe Wha?**，很多年轻的音乐家和喜剧演员都曾在这个著名的地方开始了他们的事业，比如鲍勃·迪伦和理查德·普莱尔（Richard Pryor）。

沿着MacDougal St前行，最后来到格林尼治村的非官方城市广场 ❼ **华盛顿广场公园**（见146页）。这里经常有纽约大学的学生徘徊，还有街头艺人，也经常举行政治抗议活动。

(一种夹了鸡肉、大米和调料的面食)和穆萨卡(moussaka,肉和茄子做成的希腊菜)。最好的开胃菜:一盘鹰嘴豆泥或兰姆糕,配上蓬松、烫手的皮塔饼。

SAIGON SHACK   越南菜 $

见454页地图(212-228-0588; www.saigonshacknyc.com; 114 MacDougal St, Bleecker St和3rd St之间, West Village; 主菜 $7~10; 周日至周四 11:00~23:00, 周五和周六 至次日1:00; S A/C/E, B/D/F/M至W 4th St-Washington Sq)这家木屋餐馆人很多,里面有热腾腾的越南粉(pho)、味道浓郁的越南法棍(banh mi)三明治和松脆的春卷(spring rolls)。餐馆距离华盛顿广场公园仅几步之遥。这里价格合理,上菜很快。唯一的不足是,你或许要等位,因为很多纽约大学的学生都喜欢来这里。

CORNER BISTRO   法式小馆 $

见454页地图(212-242-9502; www.cornerbistrony.com; 331 W 4th St, Jane St和12th St之间, West Village; 汉堡 $10~12; 周一至周四 11:30至次日2:00, 周五和周六 至次日3:00, 周日 正午至次日2:00; S A/C/E, L至8th Ave-14th St)这家老式的平价酒吧里有现成的便宜啤酒,这里一切似乎都很普通,不过当你品尝了令人垂涎的Corner Bistro特色培根或芝士汉堡之后就会感到不同。什么都不如这里多汁的夹肉汉堡外加一份薯条好吃。

TAÏM   以色列菜 $

见454页地图(212-691-1287; www.taimfalafel.com; 222 Waverly Pl, Perry St和W 11th St之间, West Village; 三明治 $7~8; 11:00~22:00; S 1/2/3, A/C/E至14th St, L至6th Ave-14th St)这家小店的炸豆丸子是全市最好的。你可以要绿色的(传统口味)、哈里萨的(加突尼斯辣酱),或者红色的(加烤红椒)。不管你选择哪一种,把它们夹在皮塔饼里,抹上细腻的芝麻酱,再加上一大份以色列沙拉。

这里还有拼盘,风味浓厚的沙拉配上可口的冰沙(试一试枣椰、青柠和香蕉口味)。

VILLAGE NATURAL   素食 $

见454页地图(212-727-0968; http://villagenatural.net; 46 Greenwich Ave, Charles St和Perry St之间, West Village; 主菜 $12~18; 周一至周四 11:30~22:30, 周五 至23:00, 周六 11:00~23:00, 周日 至22:00; S A/C/E, L至8th Ave-14th St)这家简朴的餐厅在西村开了多年,素食者、严格素食者和与他们一起用餐的人都会选择这里。菜单上有大份的炒蔬菜和意大利面,还有量大丰盛的沙拉和素食汉堡。

PEACEFOOD   严格素食 $

见454页地图(212-979-2288; www.peacefoodcafe.com; 41 E 11th St, University Pl和Broadway之间, West Village; 主菜 $12~18; 10:00~22:00; ; S 4/5/6, L, N/Q/R至14th St-Union Sq)Peacefood是素食和严格素食者最好的朋友,这里有美味的比萨、烤蔬菜、煎饺和其他美味。午餐和晚餐用餐高峰客人很多,准备好在狭窄的空间里用餐。

★ BARBUTO   新派意大利菜 $$

见454页地图(212-924-9700; www.barbutonyc.com; 775 Washington St, 靠近12th St, West Village; 主菜 $22~28; 周一至周四 正午至15:30和17:30~23:00, 周五和周六 至午夜, 周日 至22:00; S A/C/E, L至8th Ave-14th St; 1至Christopher St-Sheridan Sq)Barbuto开在一个山洞一样的车库里,门是完全透明的,天气暖和的时候还能卷到天花板上。这里主营创新的意式菜肴,令人赏心悦目,如鸭胸配梅子和法式鲜奶油以及炸鱿鱼圈淋墨鱼汁加辣椒蒜泥蛋黄酱。

NIX   素食 $$

见454页地图(212-498-9393; www.nixny.com; 72 University Pl, 10th St和11th St之间, West Village; 主菜 $20~28; 周一至周五 11:30~14:30和17:30~23:00, 周六和周日 10:30起; S 4/5/6, N/Q/R/W, L至14th St-Union Sq)在这家低调的米其林餐厅, 主厨Nicolas Farias和John Fraser把蔬菜精心制作成了高级艺术品,赏心悦目。从泥炉烤面包配创意蘸酱比如五香茄子加松仁开始,然后尝尝风味十足的食物,比如花椰菜天妇罗配蒸馒头,香辣豆腐配鸡油菌、羽衣甘蓝和四川胡椒粉。

ROSEMARY'S   意大利菜 $$

见454页地图(212-647-1818; www.

rosemarysnyc.com；18 Greenwich Ave，靠近W 10th St，West Village；主菜 $14~40；周一至周四 8:00~16:00和17:00~23:00，周五 至午夜，周六和周日 10:00起，周日至23:00；S1至Christopher St-Sheridan Sq）Rosemary's是西村最热门的餐厅之一，店里精致的意大利菜名不虚传。店内装修属于粗放的农庄风格，晚餐包括大份的自制意大利面、丰盛的沙拉、奶酪和腊肉（salumi）。从简单的胡桃香草蒜沙司到多汁的烟熏羊肩，所有一切都无与伦比。

MERMAID OYSTER BAR　　海鲜 $$

见454页地图（212-260-0100；www.themermaidnyc.com；79 MacDougal St，Bleecker St和W Houston St之间，West Village；小份菜 $12~15，主菜 $25~29；周一 17:00~22:00，周二至周五 至22:30，周六 16:00~22:30，周日 至22:00；S A/C/E，B/D/F/M至W 4th St-Washington Sq）如果你非常想吃牡蛎，又不介意人多拥挤，就来西村这家高人气海鲜店。每天的欢乐时光到晚上7点结束（周一为整个晚上），你会发现很多年轻的专业人士涌进了这家小餐厅，喝着$7一杯的香槟，吃着$1一份主厨推荐的牡蛎。挤进吧台一角，尽情享受吧。

BABU JI　　印度菜 $$

见454页地图（212-951-1082；www.babujinyc.com；22 E 13th St，University Pl和Fifth Ave之间，West Village；主菜 $16~26；周日至周四 17:00~22:30，周五和周六 至23:30，以及周六和周日 10:30~15:00；S 4/5/6，N/Q/R/W，L至14th St-Union Sq）这家澳大利亚人开的印度餐厅非常不错，气氛轻松活跃，最近刚刚搬到了联合广场。在这里你可以吃到街头食物风格的papadichaat（鹰嘴豆、石榴加乳酪酸辣酱）和龙虾馅土豆油炸丸子，也能吃到更丰盛的菜式，比如泥炉烤羊排或扇贝椰子咖喱。还有$62的品尝菜单。

DOMINIQUE BISTRO　　法国菜 $$

见454页地图（646-756-4145；www.dominiquebistro.nyc；14 Christopher St，靠近Gay St，West Village；主菜 $21~41；周日至周四 9:00至午夜，周五和周六 至次日1:00；S1至Christopher St-Sheridan Sq）这家餐厅位于西村最美的角落之一，店内宽敞通透，天花板很高，挂着巨幅油画，透过巨大的窗户可以看城市人来人往。主厨多米尼克·佩佩（Dominick Pepe）烹饪经典法式小馆风味：从肉酱（pâté）或蜗牛配欧芹酱开始，接下来品尝法式杂鱼汤、鸭子豆焖肉或素食杂烩。

楼下舒适的钢琴房（Piano Room）有现场音乐演奏，你也可以在那里用餐。登录网站查询演奏时间。

MALAPARTE　　意大利菜 $$

见454页地图（212-255-2122；www.malapartenyc.com；753 Washington St，靠近Bethune St，West Village；主菜 $18~27；周一至周五 10:30~23:00，周六和周日 11:00起；S A/C/E，L至8th Ave-14th St）Malaparte位于西村一条安静的街道上，很受周围居民的欢迎。这里有简单精美的意式菜肴：牛肝菌油意式细面条、耐嚼的硬皮比萨、茴香芝麻菜沙拉和铁板海鲈鱼（branzino）以及提拉米苏甜点。

你一就座，就会有佛卡夏（focaccia，意大利面包的一种）端上来，很好吃。注意，店内只能现金消费。

DOMA NA ROHU　　欧洲菜 $$

见454页地图（347-916-9382；www.doma.nyc；27½ Morton St，靠近Seventh Ave，West Village；主菜 $15~24；周一至周四 8:00~23:00，周五 至午夜，周六 9:00至午夜，周日 9:00~22:30；S1至Houston St）Doma位于繁忙的Seventh Ave，店内提供德国和捷克菜品，价格合理，服务热情，深受顾客的喜爱。来这里品尝一下德式香肠（bratwurst）、烩牛肉（beef goulash）和家常时蔬水饺，或者在欢乐时光期间过来喝上几杯$3的啤酒，吃点儿特色小吃。周末有捷克风味薄饼（Palačinky），吸引一大批吃早午餐的人过来。

MORANDI　　意大利菜 $$

见454页地图（212-627-7575；www.morandiny.com；211 Waverly Pl，Seventh Ave和Charles St之间，West Village；主菜 $18~38；周一至周三 8:00~16:00和17:30~23:00，周四和周五 至午夜，周六 10:00~16:30和17:30至午夜，周日 至23:00；S1至Christopher St-Sheridan Sq）Morandi的老板基思·麦克纳利（Keith McNally）很出名，餐厅灯光明亮，很热闹，里面的人喜欢边吃边

聊，与周围的砖墙、宽厚的木地板和粗犷的枝形吊灯融为一体。挤到餐桌上，吃上丰盛的一餐——加了柠檬和帕尔玛奶酪的手卷意大利面、松仁葡萄干肉丸、铁板海鲷。

CAFÉ CLUNY   法式小馆 $$

见454页地图（☎212-255-6900；www.cafecluny.com；284 W 12th St, W 12th St和W4th St交叉路口, West Village；主菜 午餐$12~28, 晚餐$22~34；◎周一8:00~22:00, 周二至周五8:00~23:00, 周六9:00~23:00, 周日9:00~22:00；ⓈA/C/E, L至8th Av-14th St）Café Cluny把巴黎的魅力带到了西村。这里有小酒吧风格的编织椅子、轻巧的木质装饰品、味道极佳的饭菜。每天服务分3个时间段：上午至下午的早午餐，傍晚的法式啤酒和夜晚的晚餐。无论哪个时间段，精心烹制的菜肴都无比美味。

SNACK TAVERNA   希腊菜 $$

见454页地图（☎212-929-3499；www.snacktaverna.com；63 Bedford St, Morton St和Commerce St之间, West Village；小份菜$14~19, 大份菜$27~29；◎周一至周六11:00~16:30和17:30~23:00, 周日 至22:00；ⓈA/C/E, B/D/F/M至W 4 St-Washington Sq；1至Christopher St-Sheridan Sq）Snack Taverna跟你去过的普通希腊餐厅有很大的不同，这里没有希腊卷饼，有的是可口的市场主菜配上美味的小份时令食物。当地的葡萄酒不喝也罢，但是这里的地中海啤酒格外清爽。

ALTA   西班牙小吃 $$

见454页地图（☎212-505-7777；www.altarestaurant.com；64 W 10th St, Fifth Ave和Sixth Ave之间, West Village；小份菜$11~23；◎周一至周四17:30~23:00, 周五和周六17:00~23:30, 周日17:30~22:30；ⓈA/C/E, B/D/F/M至W 4th St-Washington Sq）这座华丽的联排别墅坐落在极具特色的街区上，拥有暴露的砖墙、梁木、摇曳的烛光、巨大的镜子和浪漫的壁炉火光。这里的小吃菜单上品种繁多，各种美食让你无法再犹豫，其中包括多汁的羊肉丸子、洋姜泥烤扇贝、日本茄子配羊奶干酪、炸山羊奶酪和炖肋排。这里的酒单也很出色。

URBAN VEGAN KITCHEN   严格素食 $$

见454页地图（☎646-438-9939；www.urbanvegankitchen.com；41 Carmine St, Bleecker St和Bedford St之间, West Village；主菜 早午餐$15~22, 晚餐$17~22；◎周一至周三11:00~23:00, 周四和周五 至23:30, 周六10:00~23:30, 周日 至22:30；☒；ⓈA/C/E, B/D/F/M至W 4th St-Washington Sq）这里以前是Blosson Café，现在换了个新名字，但仍然在热闹有趣的环境中提供极棒的严格素食菜式。来这儿吃顿丰盛的早午餐，比如素鸡和华夫饼配大蒜甘蓝和枫糖芥末蒜泥蛋黄酱，或者来吃晚餐，品尝双层面筋墨西哥玉米卷。

★ JEFFREY'S GROCERY   新派美国菜 $$$

见454页地图（☎646-398-7630；www.jeffreysgrocery.com；172 Waverly Pl, 靠近Christopher St, West Village；主菜$23~30；◎周一至周三8:00~23:00, 周四至周五 至次日1:00, 周六9:30至次日1:00, 周日 至23:00；Ⓢ1至Christopher St-Sheridan Sq）Jeffrey's是西村一家老餐厅，气氛热闹，情调恰到好处。这里以海鲜为主：有生蚝吧和制作精美的海鲜菜品，比如鲜奶油贻贝、金枪鱼烤面包片和共享拼盘。肉菜有腹肉牛排配烤蔬菜加红椒杏仁酱（romesco）。

★ REDFARM   创意菜 $$$

见454页地图（☎212-792-9700；www.redfarmnyc.com；529 Hudson St, W 10th St和Charles St之间, West Village；主菜$19~57, 饺子$14~20；◎17:00~23:45, 周六和周日11:00~14:30, 周日23:00歇业；ⓈA/C/E, B/D/F/M至W 4th St-Washington Sq, 1至Christopher St-Sheridan Sq）RedFarm位于Hudson St, 面积不大却很热闹，它将中餐变成了一种纯粹而美味的艺术品。餐馆内提供多种创意性融合菜品，其中包括新鲜的螃蟹和茄子意式烤面包、多汁的肋骨牛排（在木瓜、姜和酱油中浸泡一整晚）和熏竹肉蛋卷。其他特色菜还有香辣脆皮牛肉、羊肉煎饺和红咖喱烤大虾。

★ BLUE HILL   美国菜 $$$

见454页地图（☎212-539-1776；www.bluehillfarm.com；75 Washington Pl, Sixth Ave和Washington Sq W之间, West Village；套餐$95~108；◎周一至周六17:00~23:00, 周日 至22:00；

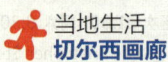 当地生活
切尔西画廊

切尔西是全纽约艺术画廊最集中的地方。多数建于以20开头的街道两旁，Tenth Ave和Eleventh Ave之间的街区，周四晚上一般会有新展览开幕。多数画廊从周二营业至周日，但需要仔细核实营业时间。多数画廊都提供免费的《艺术信息画廊指南》（*Art Info's Gallery Guide*；附地图），你也可以登录网站www.westchelseaarts.com查询。

❶ 佩斯美术馆

佩斯美术馆（Pace Gallery；见458页地图；☏212-255-4044；www.pacegallery.com；510 W 25th St, Tenth Ave和Eleventh Ave之间；◐周二至周六 10:00~18:00；⑤1, C/E至23rd St）是由一个车库大幅改建而来的，里面展出了近几年的一些大师杰作，包括索尔·勒维特（Sol LeWitt）、大卫·霍克尼（David Hockney）、查克·克洛斯（Chuck Close）和罗伯特·劳森伯格（Robert Rauschenberg）。该画廊在W 25th St有3间分馆，在中城区有一个。

❷ 切姆和里德美术馆

切姆和里德美术馆（见150页）收藏了形状、大小、材质各异的雕塑，每月展品都有轮换，所以这里的展览非常新鲜耐看——期待一下炫目的灯光装置和充满创造力的摄影展。

❸ 高古轩画廊

高古轩画廊（见150页）是一间在全球设有多家画廊的展览机构的分部，因而氛围和独立画廊分外不同。

❹ 玛丽·布恩画廊

画廊（Mary Boone Gallery；见458页地图；☏212-752-2929；www.maryboonegallery.com；541 W 24th St, Tenth Ave和Eleventh Ave之间；◐周二至周六 10:00~18:00）需预约参观，其主人因20世纪80年代慧眼发掘了让·米切尔·巴斯奎特（Jean-Michel Basquiat）和朱利安·施纳贝尔（Julian Schnabel）而声名鹊起。这里被认为是该地区的主要热门画廊之一。

❺ 芭芭拉·格莱斯顿美术馆

与芭芭拉·格莱斯顿美术馆（Barbara Gladstone Gallery；见458页地图；☏212-752-2929；www.maryboonegallery.com；541 W 24th St, Tenth Ave和Eleventh Ave之间；◐周二至周六 10:00~18:00）同名的馆长格莱斯顿女士在曼哈顿艺术圈打拼30年，颇有斩获，她始终致力于汇聚讨论度和美誉度最高的展品。

❻ 马修·马克斯美术馆

美术馆（Matthew Marks Gallery；见458页地图；☏212-243-0200；www.matthewmarks.com；

切尔西

522 W 22nd St, Tenth Ave和Eleventh Ave之间；⊙周二至周六10:00~18:00）以展出贾斯培·琼斯（Jasper Johns）和埃尔斯沃斯·凯莉（Ellsworth Kelly）等名家的作品而出名，是真正的切尔西艺术先驱。

❼ **192 Books**

在大型画廊欣赏艺术之余，来这家书店（见173页）放松一下。店内有大量陶冶情操的各类文学作品，也有艺术专著和儿童读物。

❽ **宝拉·库珀艺术馆**

宝拉·库珀（Paula Cooper；见458页地图；☏212-255-1105；www.paulacoopergallery.com；534 W 21st St, Tenth Ave和Eleventh Ave之间；⊙周一至周五10:00~18:00）是艺术界的代表人物，也是第一批从苏豪区迁到切尔西的艺术家之一。她不断打破疆界，就像她在2011年举办的展览《时钟》（The Clock），当时画廊在周末24小时开放。

❾ **大卫·兹维纳**

大卫·兹维纳（David Zwirner；见458页地图；☏212-517-8677；www.davidzwirner.com；537 W 20th St, Tenth Ave和Eleventh Ave之间；⊙周二至周六10:00~18:00）是艺术界的举足轻重的角色。2013年，他开办了一间5层楼、展览空间达30,000平方英尺（约2790平方米）的画廊，该画廊通过了LEED绿色建筑认证。

Ⓢ A/C/E, B/D/F/M至W 4th St-Washington Sq）适合崇尚"慢食"的有钱人，Blue Hill率先倡导了"本地食材更好"的理念。天才厨师丹·巴伯尔（Dan Barber）来自马萨诸塞州伯克郡的一个农民家庭，他用家乡以及纽约北部农场的农产品制作出广受赞誉的美食。

FIFTY 美国菜 $$$

见454页地图（☏212-524-4104；www.fiftyrestaurantnyc.com；50 Commerce St；主菜$29~33，鸡尾酒$15；⊙周一至周三17:30~22:00，周四和周五17:30~23:00，周六11:00~16:00和17:00~23:00，周日11:00~16:00和17:00~22:00；Ⓢ A/C/E, B/D/F/M火车至W 4th St-Washington Sq）Fifty位于曼哈顿西村风景非常美丽的小巷内。特色鸡尾酒和美味的新派美国菜与餐厅传奇的位置相得益彰。从柔和的灯光到柔软舒服的座椅和精致的玻璃器皿，一切都让这里的就餐体验与众不同。

CHUMLEY'S 新派美国菜 $$$

见454页地图（☏212-675-2081；http://chumleysnewyork.com；86 Bedford St, Grove St和Barrow St之间, West Village；主菜$18~34；⊙周一至周四17:30~22:15，周五和周六至22:30；Ⓢ 1至Christopher St-Sheridan Sq）这家餐厅以前曾是禁酒时期西村的一家传奇地下酒吧，餐厅保留了历史感，同时升级了其他设施。菜品丰富，依时令而变，有熟透的肋眼牛排和北极红点鲑，但最大的亮点应该是由两个4盎司的小肉饼做成的汉堡。墙壁上挂着肖像画和禁酒时代作家著作的书皮，那些作家中很多人都曾是酒吧的常客。

MINETTA TAVERN 法式小馆 $$$

见454页地图（☏212-475-3850；www.minettatavernny.com；113 MacDougal St, 靠近Minetta Ln, West Village；主菜$25~39；⊙周一和周二17:30至午夜，周三正午至15:00和17:30至午夜，周四和周五至次日1:00，周六11:00~15:00和17:30至次日1:00，周日至午夜；Ⓢ A/C/E, B/D/F/M至W 4th St-Washington Sq）Minetta Tavern的人总是很多，所以工作日的晚上，你要预订或者早点来占位子。舒适的红皮长椅、挂着黑白照片的深色板墙、昏黄的酒馆灯光，这一切都在吸引着你。风味独特的酒馆美食：烧牛骨、

切尔西

★ 切尔西市场 市场 $

见458页地图（Chelsea Market；www.chelseamarket.com; 75 Ninth Ave, 15th St和16th St之间, Chelsea; ◎周一至周六 7:00~21:00, 周日 8:00~20:00; ⓢA/C/E, L至8th Ave-14th St）切尔西市场的前身是饼干巨头纳贝斯克（Nabisco, 奥利奥的创始人）的工厂, 后来变成了一个长达800英尺（约244米）的美食广场, 是继承和发展的成功范例。以前这里是生产大量的饼干的工厂烤炉, 翻修后这里化身为美食天堂, 有各式各样的小吃摊。

CHELSEA SQUARE DINER 小饭馆 $

见458页地图（☎212-691-5400; www.chelseasquareny.com; 368 W 23rd St, 靠近Ninth Ave, Chelsea; 主菜 早餐 $8~16, 午餐和晚餐 $9~33; ◎24小时; ⓢ1, C/E至23rd St）这是最大最好的纽约老派小饭馆之一。食物美味, 地点也在切尔西酒吧区核心位置, 简直不能更好。早上, 住在周围的常客会匆匆过来买一个火鸡俱乐部三明治, 玩了一整夜的切尔西男孩们也会来吃个煎蛋卷。

JUN-MEN 拉面 $$

见458页地图（☎646-852-6787; www.junmenramen.com; 249 Ninth Ave, 25th St和26th St, Chelsea; 拉面 $16~19; ◎周一周四 11:30~15:00和17:00~22:00, 周五和周六 至23:00; ⓢ1, C/E至23rd St）这家超现代的小拉面馆有非常美味的拉面, 可以加猪肩肉、辣味噌或一种蘑菇（还有海胆）。不要错过开胃菜：黄尾巴的酸橘汁腌鱼和烤猪肉小面包很出色。服务非常快速, 娴熟的团队在店中间的小厨房里忙忙碌碌, 看看很有意思。

BLOSSOM 严格素食 $$

见458页地图（☎212-627-1144; www.blossomnyc.com; 187 Ninth Ave, 21st St和22nd St之间, Chelsea; 主菜 午餐 $15~20, 晚餐 $22~24; ◎每天 正午至14:45, 以及周一至周四 17:00~21:30, 周五和周六 至22:00, 周日 至21:00; ⓟ; ⓢC/E至23rd St）这家舒适的切尔西素食店安静而浪漫, 也卖葡萄酒和巧克力。有各种豆腐、面筋和蔬菜制品, 有些是生的, 不过都很干净。除了主菜菜单外, 晚餐菜单里还有"In Bloom"部分, 主要是新鲜的时令素菜。

HEATH 英国菜 $$

见458页地图（☎212-564-1622; www.mckittrickhotel.com/the-heath; 542 W 27th St, Tenth Ave和Eleventh Ave之间, Chelsea; 主菜 $23~39; ◎营业时间不定; ⓢ1, C/E至23rd St）热门互动式戏剧《不眠之夜》（Sleep No More）的创作者在其仓库旁边开了这家颇有气氛的餐馆。就像片中虚构的McKittrick Hotel一样, Heath也是采用了不同的时空背景（20世纪20年代的英国）, 服务生都穿吊带裤, 家具摆设富有年代气息, 餐厅内弥漫着（模拟的）烟雾, 舞台上还有爵士乐队表演。

COOKSHOP 新派美国菜 $$

见458页地图（☎212-924-4440; www.cookshopny.com; 156 Tenth Ave, W 19th St和20th St之间, Chelsea; 主菜 早餐 $15~22, 午餐 $17~21, 晚餐 $22~48; ◎周一至周五 8:00~23:00, 周六 10:00起, 周日 10:00~22:00; ⓢ1, C/E至23rd St）在游览对面郁郁葱葱的纽约高线公园之前（或者之后）, 到Cookshop吃顿早午餐, 顺便停车加油, 是个不错的选择, 因为这家店了解市场, 并且做得很好。优质的服务、令人大开眼界的鸡尾酒（早上好, 放了培根的血腥玛丽！）、精心烤制的面包篮和一些别出心裁的鸡蛋主菜, 使得这里成为切尔西人在周日下午最喜欢去的地方。

LE GRAINNE 法国菜 $$

见458页地图（☎646-486-3000; www.legrainnecafe.com; 183 Ninth Ave, 21st St和22nd St之间, Chelsea; 主菜 $11~30; ◎8:00~23:30; ⓢ1, C/E, 至23rd St）像天真乐观的少女艾米丽敲打焦糖布丁那样敲打你的法式洋葱汤吧。Le Grainne能把你从切尔西的繁忙街区中带到巴黎的僻静小巷里。这家小饭馆的午餐真的很棒, 法棍面包三明治（baguette sandwiches）和美味的可丽饼（crepes）在拥挤的居民区很受欢迎。

服务有点混乱, 不过服务生非常友好, 食物的美味绝对值得一等。

★ FORAGERS TABLE 新派美国菜 $$

见458页地图（212-243-8888；www.foragersmarket.com/restaurant；300 W 22nd St，靠近Eighth Ave，Chelsea；主菜 $17~32；◎周一至周五 8:00~16:00和17:30~22:00，周六 10:00~14:00和17:30~22:00，周日 至21:30；🚇；S1，C/E至23rd St）这家优质餐馆的老板在哈德逊河谷经营着一个占地28英亩（约170亩）的农场，餐厅大多数的当季食材都是由这个农场供应的。菜式经常变化，最近的诱人美食包括长岛鸭胸肉配烤南瓜、苹果、鸡油菌和无花果，铁板鳐鱼加红藜麦、奶油甘蓝和奇波里尼洋葱以及土鸡蛋加第戎芥末。

饮品和夜生活

西村和肉类加工区

西村的关键字是"西"，越靠近哈德逊，你就越有可能避开纽约大学校园附近的兄弟派对现场；一般来说，到了Sixth Ave西侧的弯曲车道附近，旅途就比较顺畅了。

往北一走，就是绝对前卫的肉类加工区，这里的现代化场所层出不穷，里面有各种各样的鸡尾酒，门口用丝绒绳拦着拥挤的顾客，嘈杂的声音会令你头昏脑涨。

切尔西在很大程度上仍然是男同性恋者的地盘，不过这里也有很多其他的选择，从时尚的地下酒吧到陈旧而悠闲的平价酒吧，都能在这里找到。

HAPPIEST HOUR 鸡尾酒吧

见454页地图（212-243-2827；www.happiesthournyc.com；121 W 10th St，Greenwich St和Sixth Ave之间，West Village；◎周一至周五 17:00至深夜，周六和周日 14:00起；SA/C/E，B/D/F/M至W 4th St-Washington Sq；1至Christopher St-Sheridan Sq）这家鸡尾酒吧特别潮，充满提基风格，墙上满是棕榈树图案，播放着20世纪60年代的流行音乐，还有有趣的混合饮料，这一切给这家有趣的沙滩鸡尾酒吧营造了一种时尚魅力。客人大部分是收工后的白领或是来约会的网友。楼下是其姊妹店Slowly Shirley，这里氛围更加正式，是一处呈装饰艺术风格的地下会所，提供精心制作的酒水。

BUVETTE 葡萄酒吧

见454页地图（212-255-3590；www.ilovebuvette.com；42 Grove St，Bedford St和Bleecker St之间，West Village；◎周一至周五 7:00至次日2:00，周六和周日 8:00起；S1至Christopher St-Sheridan Sq，A/C/E，B/D/F/M至W 4th St-Washington Sq）田园而时尚的装饰（想一下精致的锡砖和哗哗作响的大理石工作台）使得这里成为喝葡萄酒的最佳去处，不管什么时间。如果想充分体验酒吧引以为傲的美味，就在旁边找一张桌子坐下，边吃一点小份菜，边享用旧世界的葡萄酒（多数来自法国和意大利）。

Employees Only 酒吧

见454页地图（212-242-3021；www.employeesonlynyc.com；510 Hudson St，W 10th和Christopher St之间，West Village；◎18:00至次日4:00；S1至Christopher St-Sheridan Sq）这家酒吧门前有一个"巫师"图案的霓虹灯标志。这里有一流的调酒师，他们动作夸张，能够调制出让人上瘾的酒，比如Ginger Smash和高档的Bellini。这里适合深夜饮酒和就餐，餐厅一直营业到3:30，逗留到最后的人会喝到自制鸡汤。随着夜色深沉，店里也越来越忙。

BELL BOOK & CANDLE 酒吧

见454页地图（212-414-2355；www.bbandcnyc.com；141 W 10th St，Waverley Pl和Greenwich Ave之间，West Village；◎周一至周三 17:30至次日2:00，周四至周六 至次日4:00，以及周六 11:30~15:30；SA/C/E，B/D/F/M至W 4th St-Washington Sq；1至Christopher St-Sheridan Sq）走进这家烛光美食酒吧，喝点口味浓烈、别具一格的浸泡了草药的酒和带点烟熏味的梅斯卡尔酒，尝一尝丰盛的深夜酒吧食物。尽管酒吧后面有很多座位，还有能容纳多人的大桌子，但一帮20来岁的人总是挤在小小的吧台前，品尝价格$1的生蚝和傍晚欢乐时光的特价饮品。

UNCOMMONS 咖啡馆

见454页地图（646-543-9215；http://uncommonsnyc.com；230 Thompson St，W 3rd St和Bleecker St之间，West Village；棋盘游戏费 $10；◎周一至周四 8:30至午夜，周五和周六 至次日1:00，周日 至23:00；📶；SA/C/B/F/M至

W 4th St-Washington Sq)如果你非常喜欢玩棋盘游戏,记得来这家咖啡厅,只需花一点钱($10)就能尽情玩种类丰富或流行或罕见的桌面棋盘游戏。这里气氛欢快,空间很大,但高峰时间客人可能会很多。

Aria
葡萄酒吧

见454页地图(☎212-242-4233; www.ariawinebar.com; 117 Perry St, Greenwich St和Hudson St之间, West Village; ⊙周日至周四11:30~22:00, 周五和周六11:00~23:00; §1至Christopher St-Sheridan Sq)Aria位于西村的最西边,这里有动听的音乐、砖瓦混砌的墙面,以及田园风格的木质桌椅,十分受人欢迎。这里的杯装葡萄酒很好,尤其是有机葡萄酒,其价格每(小)杯$8起。特别推荐cicchetti(量都很小,值得一尝),其中包括戈尔贡佐拉干酪椰枣(Gorgonzola-stuffed dates)、蟹肉饼和炖鱿鱼。

VIN SUR VINGT
葡萄酒吧

见454页地图(☎212-924-4442; www.vinsur20nyc.com; 201 W 11th St, Seventh Ave和Waverly Pl之间, West Village; ⊙周一至周五16:00至次日1:00, 周六和周日 至次日2:00; §A/C/E, L至8th Ave-14th St)Vin Sur Vingt环境舒适,是远离Seventh Ave繁华喧闹的一家葡萄酒吧。酒吧呈方形,所以这里的吧台很长,旁边设有座椅,还有一排古雅的双人桌,非常适合初次约会。注意:打算在餐前喝一杯的人势必会留下来吃饭,因为这里的食物真的很棒。

124 OLD RABBIT CLUB
酒吧

见454页地图(☎212-254-0575; 124 MacDougal St, 靠近Minetta Ln, West Village; ⊙周一至周三18:00至次日2:00, 周四至周六 至次日4:00, 周日 至午夜; §A/C/E, B/D/F/M至W 4th St-Washington Sq, 1至Houston St)如果能找到这间极为隐蔽的酒吧,你会忍不住夸奖自己(提示:寻找门上的小字"Rabbit")。酒吧很窄,好像山洞一样,非常低调。一旦找到,进去到光线昏暗的吧台前坐下,奖励自己一杯过瘾的烈酒或几瓶进口啤酒。

LITTLE BRANCH
鸡尾酒吧

见454页地图(☎212-929-4360; 20 Seventh Ave S, 靠近Leroy St, West Village; ⊙周一至周六19:00至次日3:00, 周日 至次日2:00; §1至Houston St; A/C/E, B/D/F/M至W 4th St-Washington Sq)如果不是因为深夜还有人排队,你永远不会猜到,在这个三岔路口上,光秃秃的铁门后面竟然隐藏着这样一个迷人的酒吧——下楼就会走到地下酒吧,感觉就像禁酒期的产物。当地人在这里举杯共饮,品尝别具一格、精心调制的鸡尾酒,周日到周四晚上还有现场爵士表演。

KETTLE OF FISH
酒吧

见454页地图(☎212-414-2278; www.kettleoffishnyc.com; 59 Christopher St, Seventh Ave附近, West Village; ⊙周一至周五15:00至次日4:00, 周六和周日14:00起; §1至Christopher St-Sheridan Sq; A/C/E, B/D/F/M至W 4th St-Washington Sq)杰克·凯鲁亚克(Jack Kerouac)以前经常光顾这里,酒吧里摆满了长沙发和大椅子。准备好在这里多坐一会,因为这儿实在是太迷人了。这是一个集平价酒吧、运动酒吧和同性恋酒吧于一身的地方,每个人都很快乐。

ART BAR
酒吧

见454页地图(☎212-727-0244; www.artbar.com; 52 Eighth Ave, Horatio St附近, Meatpacking District; ⊙16:00至次日4:00; §A/C/E, L至8th Ave-14th St)Art Bar深受性格果断的波希米亚人青睐,前方看上去并不前卫(拥挤的桌子跟木质吧台靠得太近),后方更有意思。要一杯啤酒,或者店里的推荐饮品(通常是马提尼酒),然后在大幅的《最后的晚餐》[(*Last Supper*), 这幅壁画画的是吉米·迪安(Jimmy Dean)和玛丽莲·梦露等名人]下面找一张沙发坐下来。

TROY LIQUOR BAR
休闲酒吧

见454页地图(☎212-699-2410; www.troyliquorbar.com; 675 Hudson St, 靠近W 13th St(入口在W 13th St), Meatpacking District; ⊙周三18:00至午夜, 周二 至次日2:00, 周五和周六 至次日4:00; §A/C/E, L至8th Ave-14th St)这家休闲酒吧坐落在肉类加工区的Bill's Bar & Burger的下面,很喜欢放独立音乐,到处都画着涂鸦。来这里玩一局桌上足球,或者拿着复古鸡尾酒

躲进店里任何一个洞穴一般的角落里。

FAT CAT 酒吧

见454页地图（☎212-675-6056；www.fatcatmusic.org；75 Christopher St, 7th Ave和Bleecker St之间, West Village；服务费$3；◎周一至周四 14:00至次日5:00, 周五至周日 正午起；⑤1至Christopher St-Sheridan Sq；A/C/E, B/D/F/M至W 4th St-Washington Sq）如果$16的鸡尾酒和高档的西村服装店让你望而却步，那你或许应该来这家门面普通的乒乓球厅。Fat Cat是一家地下平价酒吧，很多朴实的年轻人喜欢来这里休闲一下，玩玩台球和推圆盘游戏，或许还会打一场乒乓球比赛。

VOL DE NUIT 小酒馆

见454页地图（☎212-982-3388；www.voldenuitbar.com；148 W 4th St, Sixth Ave和MacDougal St之间；◎周日至周四 16:00至次日1:00, 周五和周六 至次日3:00 ⑤A/C/E, B/D/F/M至W 4th St-Washington Sq）所有的纽约大学学生都喜欢这里：一家舒适的比利时啤酒吧，有散装的浅粉象啤酒（Delirium Tremens）和一些瓶装酒，比如督威啤酒（Duvel）和林德曼山莓啤酒（Lindemans Framboise）。你可以要点贝类（moules）和炸薯条，在门前的露台座位、休息室、公共木桌或者在吧台摇曳的红色灯光下分食享用。

STANDARD 酒吧

见454页地图（☎877-550-4646, 212-645-4646；www.standardhotels.com；848 Washington St；13th St和Little W 12th St之间, Meatpacking District；⑤A/C/E, L至8th Ave-14th St）Standard位于纽约高线公园上的一个混凝土高台上，包括一个精致的休闲酒吧**Top of the Standard**（见416地图；☎212-645-7600；www.standardhotels.com/high-lin；◎周一至周五 16:00至午夜, 周六和周日 14:00起），以及一家夜店Le Bain，吸引了众多名流。这里还有一个烤架、一个美食广场（冬天用作溜冰场），以及一个户外的啤酒花园，花园里有经典的德国菜肴和泡沫丰富的扎啤。

STANDARD BIERGARTEN 啤酒园

见454页地图（☎212-645-4100；www.standardhotels.com；848 Washington St, 13th St和Little W 12th St之间, Meatpacking District；◎周日至周四 正午至次日1:00, 周五和周六 至次日2:00；⑤A/C/E, L至8th Ave-14th St）来这里看看新一代的律师、股票交易员以及公关从业人员下班以后是什么样的。Standard Biergarten是个热热闹闹度过夜晚的好地方，到了周五和周六晚上，这里挤满了曼哈顿年轻的精英，他们一边痛快豪饮小麦啤酒，一边打乒乓球一较高下。

BRASS MONKEY 酒吧

见454页地图（☎212-675-6686；www.brassmonkeynyc.com；55 Little W 12th St, 靠近Washington St, Meatpacking District；◎11:30至次日4:00；⑤A/C/E, L至8th Ave-14th St）尽管肉类加工区的大多数酒吧都趋于时尚，Monkey更适合啤酒爱好者的口味。Monkey是一家多层酒吧，风格休闲而淳朴，里面的木地板吱吱作响，啤酒和苏格兰威士忌味道醇美、种类繁多，天气暖和的时候，在楼顶上喝酒是一种不错的享受。

MARIE'S CRISIS 酒吧

见454页地图（☎212-243-9323；59 Grove St, Seventh Ave和Bleecker St之间, West Village；◎周一至周四 16:00至次日3:00, 周五和周六 至次日4:00, 周日 至午夜；⑤1至Christopher St-Sheridan Sq；A/C/E, B/D/F/M至W 4th St-Washington Sq）年华老去的百老汇女王、初见世面的外地同性恋少年、傻笑的游客和各种音乐剧迷，围在酒吧的钢琴旁边，在大家的共同附和下，轮流高唱做作的演出曲目，有时也会有名人加入其中。这是一种老式的娱乐方式，不管你来的时候有多疲惫，加入进去都会开心起来。

CIELO 夜店

见454页地图（☎212-645-5700；www.cieloclub.com；18 Little W 12th St, Ninth Ave和Washington St之间, Meatpacking District；入场费$15~25；⑤A/C/E, L至8th Ave-14th St）这家夜店历史悠久，以思想自由的顾客和完美的音响效果而闻名。在周二TOCA之夜，来这儿加入热爱跳舞的人们，DJ托尼·陶奇（Tony Touch）会为酒吧带来经典的嘻哈、灵魂和

咖啡文化

说到咖啡，纽约已不再是二流城市了。著名的咖啡冲泡师拥有高超的技术和高品质、单渠道的咖啡豆，已经彻底颠覆了简单的咖啡制作方式。如果你想同时体验经典和前卫风格的咖啡馆，那就从西村开始吧。

蓝瓶咖啡（Blue Bottle；见458页地图；https://bluebottlecoffee.com；450 W 15th St, 9th Ave和10th Ave之间, Chelsea；⏰周一至周五 7:00~18:00，周六和周日 8:00起；🚇A/C/E, L至8th Ave-4th St）这家店可能起源自奥克兰，但纽约人已经愉快地接受了这家高品质的"第三波"浪潮咖啡馆。蓝瓶小小的店铺在切尔西市场（Chelsea Market）对面，用天平和温度计确保手冲和蒸馏咖啡都味道完美。挑一个为数不多的靠窗座位坐下，或去服务生头顶的夹层找张桌子。

斯坦普顿咖啡馆（Stumptown Coffee Roasters；见454页地图；☎855-711-3385；www.stumptowncoffee.com；30 W 8th St, 靠近MacDougal St, West Village；⏰7:00~20:00；🚇A/C/E, B/D/F/M至W 4th St-WashingtonSq）这家著名的波特兰咖啡烘烤店正在尝试用其制作精良的咖啡重树纽约的咖啡馆业态。咖啡馆内设计优雅，拥有方格天花板和胡桃木吧台，不过仅有的几张桌子通常都坐着用笔记本电脑的人。

Joe the Art of Coffee（见454页地图；☎212-924-6750；www.joetheartofcoffee.com；141 Waverly Pl, 靠近Gay St, West Village；⏰周一至周五 7:00~20:00，周六和周日 8:00点开始；🚇A/C/E, B/D/F/M至W 4th St-Washington Sq）这家店位于西村中心，环境如田园般的Waverly Pl，咖啡很好，人总是很多。有人说这里的咖啡是最好的。

11th St Cafe（见454页地图；☎646-692-4455；www.11thstreetcafe.com；327 W 11th St, Washington St和Columbia St之间, West Village；⏰周一至周五 7:00~18:30，周六和周日 7:30起；📶；🚇1至Christopher St-Sheridan Sq）尽管11th St Cafe看上去很小，但它位于安静的街区，气氛友好，十分适合带上电脑或书过去。那里咖啡可口，价格实惠的早餐和午餐选择也让人印象深刻，还有免费Wi-Fi。

放克音乐。其他时间会有来自欧洲的不同DJ为客人送上迷人动听的音乐，让每个人都动起来。

LE BAIN
夜店

见454页地图（☎212-645-7600；www.standardhotels.com；444 W 13th St, Washington St和Tenth Ave之间, Meatpacking District；⏰周一 16:00至次日3:00，周二至周四 至次日4:00，周五和周六 14:00至次日4:00，周日 至次日3:00；🚇A/C/E, L至8th Ave-14th St）Le Bain占据了Standard Hotel的整个顶层，一周中的任何一天，这里都能看到衣着花哨的人在这里疯狂开派对。从这里能看到令人赞叹的天际美景，舞厅内还装了个巨大的按摩浴缸，形形色色的人都曾昂贵的狭口杯喝得烂醉。

饿了的话可以去屋顶的法式薄饼摊，那里通宵营业。

MATCHA BAR
咖啡馆

见454页地图（☎www.matchabarnyc.com；256 W 15th St, Seventh Ave和Eighth Ave之间, Chelsea；饮品 $6起；⏰周一至周五 8:00~19:00，周六和周日 10:00起；🚇A/C/E, L至8th Ave-14th St）如果你想喝点提神的东西但又不想喝意式浓缩咖啡，就来这家抹茶供应商，这里有美味的抹茶拿铁，还有各式冷饮（有富士苹果姜味或香草杏仁等口味）。还有其他抹茶甜品，比如蛋白杏仁饼干和甜甜圈。

CUBBYHOLE
同性恋酒吧

见454页地图（☎212-243-9041；www.cubbyholebar.com；281 W 12th St, 靠近W 4th St, West Village；⏰周一至周五 16:00至次日4:00，周六和周日 14:00起；🚇A/C/E, L至8th Ave-14th St）这家位于西村的平价酒吧标榜自己是"从1994年起就欢迎男女同性恋和异性恋"。虽然客人

大多是女士，但它的宗旨是"这里欢迎任何想喝点便宜饮品的人"。这里有相当棒的自动点唱机、友好的调酒师，以及很多更喜欢在这里聊天而不是勾搭上就走的常客。

BOOTS AND SADDLE　　　同性恋酒吧

见454页地图（❼www.bootsandsaddlenyc.com；100a 7th Ave S，Barrow St和Grove St之间，West Village；✪周周一至周四 14:00至次日2:00，周五和周六 至次日4:00；Ⓢ1至Christopher St-Sheridan Sq；A/C/E，B/D/F/M至W 4th St-Washington Sq）Boots and Saddle被认为是西村最受欢迎的一家同性恋酒吧。它以前是在一个并不宽敞的街面上，最近搬进了一个宽敞的地下室，空间很大，足以举办令其赢得周边最高人气的变装秀和卡拉OK之夜。酒水不贵，欢迎观众参与其中。

JULIUS BAR　　　男同性恋酒吧

见454页地图（❼212-243-1928；www.juliusbarny.com；159 W 10th St，靠近Waverly Pl，West Village；✪周一至周六 11:00至次日4:00，周日 至次日3:00；Ⓢ A/C/E，B/D/F/M至W 4th St-Washington Sq；1至Christopher St-Sheridan Sq）作为一家非常有名的老店——实际上，这是纽约营业时间最长的男同性恋酒吧之一——Julius是一家从头到尾朴实无华的平价酒吧，令人耳目一新。客人既有年纪较大的同性恋先驱人物，也有衣着不整的年轻后生。

吧台有好吃的酒吧食物供应。最近开始提供早餐（周六从11:00至13:00，周日从正午至14:00）。

HENRIETTA HUDSON　　　女同性恋酒吧

见454页地图（❼212-924-3347；www.henriettahudson.com；438 Hudson St；✪16:00至次日4:00；Ⓢ1至Houston St）形形色色的年轻女士都喜欢来这家时尚的休闲酒吧，她们中有很多来自新泽西州和长岛。酒吧经常举办各种主题晚会，届时会邀请钟爱特定音乐流派（嘻哈、浩室、摇滚）的激情DJ。来自布鲁克林的老板Lisa Canistraci是最受欢迎的女同性恋夜生活发起人，经常在现场跟她的粉丝共度欢乐时光。

STONEWALL INN　　　男同性恋酒吧

见454页（❼212-488-2705；www.thestonewallinnyc.com；53 Christopher St；✪14:00至次日4:00；Ⓢ1至Christopher St-Sheridan Sq）这家酒吧是1969年石墙运动的所在地，因其重要历史意义几乎成了一个朝圣之地。它吸引了形形色色的人群来此参加每晚为LGBT彩虹下的每个人举办的派对。这里一点都不时髦，而是一个舒适惬意的普通酒吧，若非其特别地位，很容易被忽略掉。

MONSTER　　　男同性恋酒吧

见454页地图（❼212-924-3558；www.monsterbarnyc.com；80 Grove St，靠近Sheridan Sq，West Village；✪周一至周五 16:00至次日4:00，周六和周日 14:00起；Ⓢ1至Christopher St-Sheridan Sq；A/C/E，B/D/F/M至W 4th St-Washington Sq）这里是一家老派的男同性恋酒吧，楼下有一个很小的舞池，还有一个钢琴吧和卡巴莱歌舞表演的舞台。夜晚有很多热闹的主题活动，比如拉美派对或是变装皇后举办的社交聚会。

TY'S　　　同性恋酒吧

见454页地图（❼212-741-9641；www.tys.nyc；114 Christopher St，Bedford St和Bleecker St之间，West Village；✪周一至周三 14:00至次日2:00，周四 至次日3:00，周五和周六 至次日4:00，周日 13:00至次日4:00；Ⓢ1至Christopher St-Sheridan Sq；A/C/E，B/D/F/M至W 4th St-Washington Sq）纽约的同性恋酒吧以迎合年轻时尚的人群而出名，但在西村，你会找到很多酒吧更好客。Ty's从20世纪70年代开始就是周边一个很有名气的地方。它针对的是年纪更大的人群，气氛友好，价格亲民，饮品真的很便宜。

🍷 切尔西

GALLOW GREEN　　　酒吧

见458页地图（❼212-564-1662；www.mckittrickhotel.com/gallow-green；542 W 27th St，Tenth Ave和Eleventh Ave之间，Chelsea；✪周一至周五 18:00至午夜，周六和周日 正午起；Ⓢ1，C/E至23rd St；1至28th St）Gallow Green是由戏剧《不眠之夜》（*Sleep No More*）（见164页）的创作队伍开的一家顶楼酒吧，酒吧内有葡萄藤、盆栽植物和彩灯。看演出之前或者之后来这里坐一坐还是很不错的，这里的服务员都穿着富有年代气息的戏服，晚上有动感的乐队，还有好喝的加了朗姆酒的鸡尾酒。需要预订。

天气变冷以后，Gallow Green就建立起来温馨的"小屋"（The Lodge），小木屋内有各种充满惊喜的房间，包括书、双层床、摇椅、毛毯和烤炉。若想在中城区寻一处树木掩映下的避世之处，就来这里吧。

PIER 66 MARITIME 酒吧

见458页地图（☎212-989-6363；www.pier66maritime.com；Pier 66，靠近W 26th St, Chelsea；⊙5月至10月 正午至午夜；⑤1, C/E至23rd St）从海底，或者说切萨皮克湾（Chesapeake Bay）挽救回来的灯船Frying Pan号和其所停靠的两层临港酒吧是傍晚喝一杯的好去处。天气暖和时，淳朴的露天空地吸引了很多人来这里。他们在躺椅上消磨时光，喝点冰啤酒（微酿啤酒$7, 大罐啤酒$25）。

BATHTUB GIN 鸡尾酒吧

见458页地图（☎646-559-1671；www.bathtubginnyc.com；132 Ninth Ave, W 18th St和19th St之间, Chelsea；⊙周一至周三 17:00至次日2:00, 周四和周五 至次日4:00, 周六 11:30～15:30和17:00至次日4:00, 周日 至次日2:00；⑤A/C/E, L至8th Ave-14th S; 1, C/E至23rd St; 1至18th St）纽约对非法酒吧风格的酒吧极为着迷，Bathtub Gin就是其中之一。前门极为隐蔽，就在Stone Street Coffee Shop的墙上（找找浴缸里的女人）。一走进去，冷硬的座位、柔和的背景节奏和热情的服务生会让你觉得这里是跟朋友喝鸡尾酒的好地方。

PETER MCMANUS TAVERN 酒吧

见458页地图（☎212-929-9691；www.petermcmanuscafe.com；152 Seventh Ave, 靠近19th St, Chelsea；⊙周一至周六 10:00至次日4:00, 周日 正午起；⑤1至18th St; 1, C/E至23rd St）这家家族经营的廉价酒吧在20世纪30年代初具雏形，是一家向世界展示麦克马纳斯（McManus）家族的博物馆，里面有一些老照片、老电话亭，还有蒂芙尼玻璃。这里的食物比较油腻，可供顾客在舒适的绿色隔间里享用。

GYM SPORTSBAR 男同性恋酒吧

见458页地图（☎212-337-2439；www.gymsportsbar.com/nyhome.html；167 8th Ave # A；饮品$7起；⊙周一至周五 16:00至次日2:00, 周六和周日 14:00至次日2:00；⑤A/C/E, L至8th Ave-14th St）Gym Sportsbar位于切尔西著名的同性恋夜生活场所之内，为LGBTQ人士提供了一种低调的氛围。调酒师友好，饮品不贵，后部有张台球桌，门外有个吸烟区，酒吧里各处都放着电视，播放赛季中的各种体育比赛。工作日欢乐时光饮品买一送一。

EAGLE NYC 夜店、男同性恋酒吧

见458页地图（☎646-473-1866；www.eaglenyc.com；554 W 28th St, Tenth Ave和Eleventh Ave之间, Chelsea；⊙周一至周六 22:00至次日4:00, 周日 17:00起；⑤1, C/E至23rd St）Eagle有两层，里面挤满了穿着皮衣皮裤的性感男人，是勇敢而坦荡的恋物癖者的选择。两层楼外加楼顶平台，为尽情跳舞和畅饮提供足够的空间。经常会有主题夜魔，所以去之前记得查询网站，避免到了以后才发现自己着装不适合（也许有时就是不需要穿衣服）。

⭐ 娱乐

SLEEP NO MORE 剧院

见458页地图（☎866-811-4111；www.sleepnomorenyc.com；530 W 27th St, Tenth Ave和Eleventh Ave之间, Chelsea；门票$105起；⊙周一至周六 19:00至午夜；⑤1, C/E至23rd St）由《麦克白》（*Macbeth*）改编的《不眠之夜》（*Sleep No More*）会让你沉浸其中，拥有从未有过的戏剧体验。其演出地点原本是切尔西的一片仓库，后来经过改建，看上去像个20世纪30年代的McKittrick酒店和它狂放的爵士酒吧。

观众可以自主选择不同的冒险主题，可以随意进入布景房间（舞厅、墓地、动物标本店、精神病院），跟随演员或同演员亲密互动。这里的演出有的千奇百怪，有的甚至比较出格。做好心理准备：所有的东西都要登记（外套、书包、手机），要佩戴面具，就像《大开眼界》（*Eyes Wide Shut*）中一样。

LE POISSON ROUGE 现场音乐

见454页地图（☎212-505-3474；www.lepoissonrouge.com；158 Bleecker St, Sullivan St和Thompson St之间, West Village；⑤A/C/E, B/

D/F/M至W 4th St-Washington Sq）这家高级艺术酒店拥有不拘一格的现场音乐演奏阵容，以前就曾有猎鹿人（Deerhunter）、马克莱博特（Marc Ribot）和三人乐队Yo La Tengo在这里演出过。这里还有将古典音乐、民间音乐、歌剧和其他音乐形式相融合的实验性演奏。

55 BAR 现场音乐

见454页地图（☏212-929-9883；www.55bar.com；55 Christopher St，靠近Seventh Ave，West Village；入场费 $10；⏰13:00至次日4:00；Ⓢ1至ChristopherSt-Sheridan Sq）这家亲民的廉价酒吧可追溯到禁酒时期，非常适合低调的演出，入场费不高，也不用盛装出席。这里每晚有2次常规演出，演出者包括常驻酒吧的高水平艺术家、几支蓝调乐队，以及迈尔斯·戴维斯（Miles Davis）乐队20世纪80年代的超级吉他手麦克·斯特恩（Mike Stern）。最低消费为两杯酒水。

CORNELIA STREET CAFÉ 现场音乐

见454页地图（☏212-989-9319；www.corneliastreetcafe.com；29 Cornelia St，Bleecker St和W 4th St之间，West Village；早间演出开门 17:45；ⓈA/C/E，B/D/F/M至W 4th St-Washington Sq）这家小咖啡馆以私密的表演出名，有爵士乐三重奏新秀、混合流派歌手，以及其他音乐和视觉艺术团体。**Cornelia Street**还有一些文学活动，比如每月的故事会、即兴诗朗诵之夜和读书会。

BAR NEXT DOOR 现场音乐

见454页地图（☏212-529-5945；www.lalanternacaffe.com；129 MacDougal St，W 3rd St 和4th St之间，West Village；入场费 $12~15；⏰周日至周四 18:00至次日2:00，周五和周六 至次日3:00；ⓈA/C/E，B/D/F/M至W 4th St-Washington Sq）周围一带最受欢迎的地方之一，经过整修的联排别墅地下室天花板很低，砖墙外露，灯光浪漫柔和。晚上这里有柔和的现场爵士乐，以及来自隔壁餐厅La Lanterna di Vittorio的可口的意大利菜。

每周一至周四，18:30~19:45都会举行新兴音乐人的团体演出，可免费观赏。

IRISH REPERTORY THEATER 剧院

见458页地图（☏212-727-2737；www.irishrep.org；132 W 22nd St，Sixth Ave和Seventh Ave之间，Chelsea；Ⓢ1，F/M至23 St，1至18th St）这家剧目轮演剧团设于切尔西的一个仓库内，演出爱尔兰和美籍爱尔兰人为戏剧界贡献的最佳作品。

BARROW STREET THEATER 剧院

见454页地图（☏212-243-6262；www.barrowstreettheatre.com；27 Barrow St，Seventh Ave和W 4th St之间，West Village；Ⓢ1至Christopher St-Sheridan Sq，或Houston St；A/C/E，B/D/F/M至W 4th StWashington Sq）位于西村中心，是一家很不错的非百老汇剧院，上演各种当地和国际戏剧演出。

ATLANTIC THEATER COMPANY 剧院

见458页地图（☏212-691-5919；www.atlantictheater.org；336 W 20th St，Eighth Ave和Ninth Ave之间，Chelsea；Ⓢ1，C/E至23rd St，1至18th St）Atlantic Theater Company是1985年由大卫·马麦特（David Mamet）和威廉姆·H.梅西（William H Macy）共同创办的。这家剧院在非百老汇戏剧界具有举足轻重的地位，在过去30年的时间里，演出了很多托尼奖（Tony Award）和纽约戏剧委员会奖（Drama Desk）获奖剧目。

NEW YORK LIVE ARTS 舞蹈

见458页地图（☏212-924-0077；www.newyorklivearts.org；219 W 19th St，Seventh Ave和Eighth Ave之间，Chelsea；Ⓢ1至18th St）这家舞蹈中心在艺术总监比尔·T.琼斯（Bill T Jones）的指导下，每年会有超过100场实验性的当代舞蹈表演。来自塞尔维亚、南非、韩国以及其他国家的国际舞团，通过舞蹈演出，以及在表演前后同舞蹈编导或舞蹈演员展开讨论，为这个舞台注入了新鲜的血液。

CHERRY LANE THEATER 剧院

见454页地图（☏212-989-9020；www.cherrylanetheater.org；38 Commerce St，紧邻Bedford St，West Village；Ⓢ1至Christopher St-Sheridan Sq）西村的Cherry Lane拥有光辉而悠久的历史，魅力独特。它是由诗人埃德娜·文森特·默垒（Edna St Vincent Millay）开办的，多年来很多剧作家和演员都曾在这

1

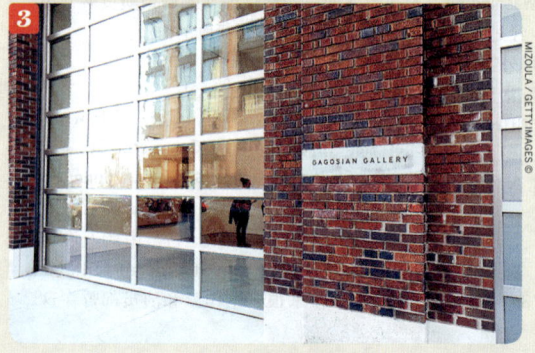

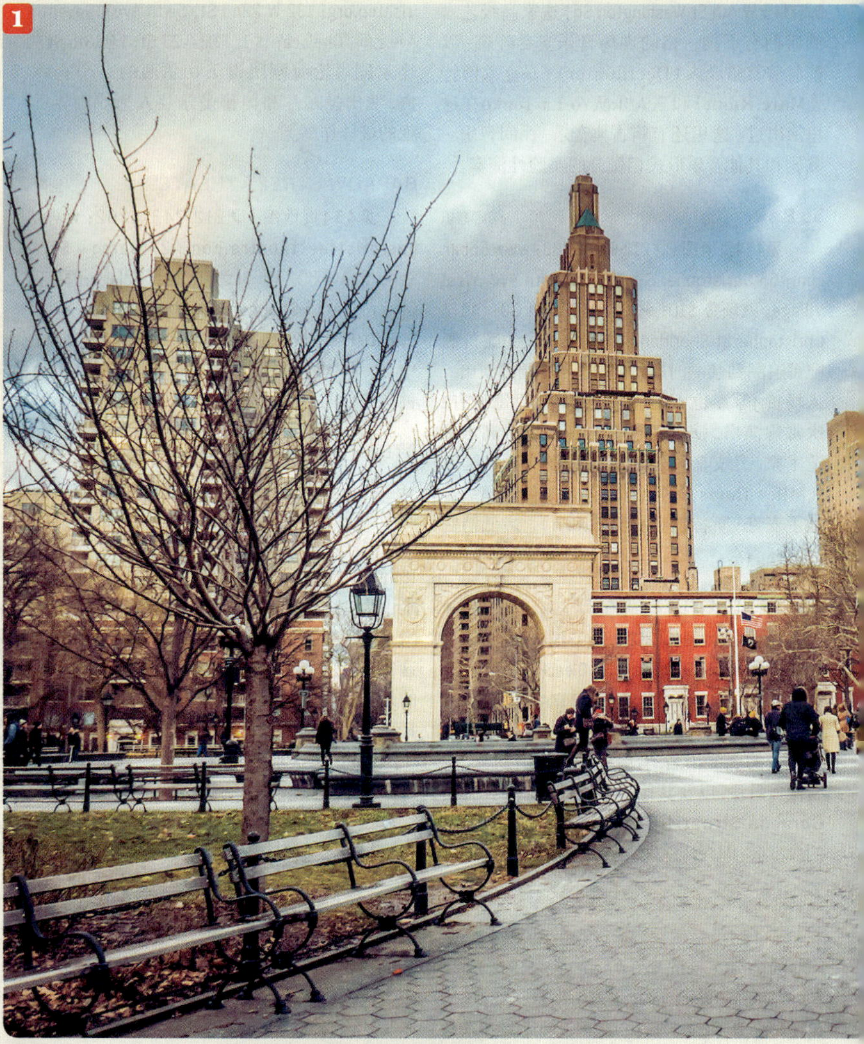

3

MIZOULA / GETTY IMAGES ©

1. 华盛顿广场公园（见146页）

它是格林尼治村非官方的城市广场，多年以来一直为政治活动提供舞台。

2. 高线公园（见144页）

这里曾经是一条肮脏的铁道线，如今是纽约最受人喜爱的绿地之一。

3. 高古轩画廊（见150页）

高古轩画廊展出国内外艺术家的作品，展览一直在变化。

关于爵士

西村仍然是纽约爵士音乐表演的中心,地下俱乐部和精美的音乐厅里都有令人难忘的表演。

Village Vanguard(见454页地图;☎212-255-4037;www.villagevanguard.com;178 Seventh Ave S,靠近W 11th St, West Village;入场费 约$33;⊙19:30至次日00:30;ⓈA/C/E, L至8th St-14th St;1/2/3至14th St)Village Vanguard可能是纽约最有名的爵士乐俱乐部,在过去的50年里,几乎所有的大明星都在这里演出过。这里最初是一个演讲会场,现在偶尔也做这一用途,不过大部分时间这里彻夜都会有大胆喧闹的爵士乐表演。这里的楼梯很陡,上楼时要小心。闭上眼,忽略掉那些岁月留下来的痕迹,用耳朵让自己感受,你正处于世界上最好的音乐场馆之一。来这里至少要消费一份饮品。

Smalls(见454页地图;☎646-476-4346;www.smallslive.com;183 W 10th St, W 4th St和Seventh Ave S之间, West Village;入场费$20;⊙周一至周五 19:05至次日3:30,周六和周日 16:00起;Ⓢ1至Christopher St-Sheridan Sq;A/C/E, B/D/F/M至W 4th St-Washington Sq)这家地下爵士乐厅名副其实,面积不大却很吸引人,每晚都有形形色色的爵士乐手登台演出。如果你中间需要出去一会儿,再进去时就不用再缴费了。周六和周日下午的即兴演奏会不容错过。

Blue Note(见454页地图;☎212-475-8592;www.bluenote.net;131 W 3rd St, Sixth Ave和MacDougal St之间, West Village;ⓈA/C/E, B/D/F/M至W 4th St-Washington Sq)这里是目前纽约最著名的(也是最贵的)爵士乐俱乐部。多数演出的收费标准是:吧台$15~30,桌子$25~45,如果是大明星演出,价格还会更高。周日11:30还有爵士乐早午餐。休息日夜间前来,保持安静,让舞台掌控一切!

Mezzrow(见454页地图;☎646-476-4346;www.mezzrow.com;163 W 10th St,靠近Seventh Ave, West Village;⊙周日至周四 19:30至次日1:30,周五和周六 至次日2:00;Ⓢ1至Christopher St-Sheridan Sq)当地人和游客仍然在庆祝这家私密地下室爵士俱乐部的出现,该俱乐部于2014年开业。它和附近的Smalls是由同一批人经营的,门票(一般是$20)让你可以在同一晚进入Smalls。

这里到处都是音乐(不允许喧闹聊天),高品质演出贯穿整周。可在线预订演出。

DUPLEX

卡巴莱歌舞

见454页地图(☎212-255-5438;www.theduplex.com;61 Christopher St,靠近Seventh Ave S, West Village;入场费$10~25;⊙16:00至次日4:00;Ⓢ1至Christopher St-Sheridan Sq;A/C/E, B/D/F/M至W 4th St-Washington Sq)著名的Duplex以卡巴莱歌舞表演、卡拉OK和夸张的舞步为特色。墙上挂着一排琼·里弗斯(Joan Rivers)的照片,表演者喜欢模仿她自嘲而活泼的风格,也会开观众的玩笑。这是一个有趣而低调的地方,当然也不适合太腼腆的人。

在楼下的钢琴吧(21:00起),你可以唱首歌,或者欣赏极具才华的常客(其中包括百老汇演员)和工作人员引吭高歌。最低消费为两杯酒水。

乔伊斯剧院

舞蹈

见458页地图(Joyce Theater;☎212-691-9740;www.joyce.org;175 Eighth Ave,靠近W 19th St, Chelsea;Ⓢ1至18th St;1, C/E至23rd St, A/C/E, L至8th Ave-14th St)这是一家非常亲民的剧院,可容纳472人,由电影院翻新改建而成。剧院拥有绝佳的视觉效果和与众不同的舞蹈表演,深受舞蹈爱好者的喜爱。主要关注传统的现代舞团,例如玛莎·葛兰姆舞团(Martha Graham)、史蒂芬·佩特罗尼奥舞团(Stephen Petronio Company)和帕森斯舞蹈团(Parsons Dance),以及一些世界著名舞团，比如巴西舞团（Dance Brazil）、西班牙芭蕾舞团（Ballet Hispanico）和马尔帕索舞蹈团（MalPaso Dance Company）。

KITCHEN
剧院、舞蹈

见458页地图（☎212-255-5793；www.thekitchen.org；512 W 19th St, Tenth Ave和Eleventh Ave之间, Chelsea；ⓈA/C/E, L至8th Ave-14th St）位于西切尔西，一个类似阁楼的排练场所，经常会有前卫的戏剧、朗诵和音乐表演。在这里，你会看到来自当地大佬级人物的创新作品。

GOTHAM COMEDY CLUB
喜剧

见458页地图（☎212-367-9000；www.gothamcomedyclub.com；208 W 23rd St, Seventh Ave和Eighth Ave之间, Chelsea；Ⓢ1, C/E至23rd St）这里自诩为纽约的喜剧名人堂，并有很多大腕和哥谭镇（纽约市的别称）C明星演出作为其后盾。该俱乐部经过扩建，为很多在HBO（美国家庭影院频道）和《吉米·法伦的深夜秀》（The Tonight Show with Jimmy Fallon）以及《斯蒂芬·科尔伯特的深夜秀》的（The Late Show with Stephen Colbert）中崭露头角的喜剧演员提供了舞台。

COMEDY CELLAR
喜剧

见454页地图（☎212-254-3480；www.comedycellar.com；117 MacDougal St, W 3rd和Minetta Ln之间, West Village；入场费$8~24；ⓈA/C/E, B/D/F/M至W 4th St-Washington Sq）这家格林尼治村的老牌地下室俱乐部专注于主流戏剧演出，有很多优秀的固定演员[柯林·奎恩（Colin Quinn）、贾达·弗雷德兰德（Judah Friedlander）和旺达·塞克斯（Wanda Sykes）]，偶尔还会有戴夫·查佩尔（Dave Chappelle）、杰瑞·宋飞（Jerry Seinfeld）和艾米·舒默（Amy Schumer）这样的大腕前来助阵。成功还在延续：Comedy Cellar现在W 3rd St附近的Village Underground又开了一家分店。

除入场费外，每场演出还有两件食品或酒水的最低消费。

IFC CENTER
电影院

见454页地图（☎212-924-7771；www.ifccenter.com；323 Sixth Ave, 靠近3rd St, West Village；票价$15；ⓈA/C/E, B/D/F/M至W 4th St-Washington Sq）这家艺术电影院在纽约大学里面，放映范围很广，包括新的独立电影、热门的经典电影和国外电影。过来看几部短片、纪录片、20世纪80年代电影的重映、著名导演系列、周末经典系列和常有的特别系列，比如午夜上映的热门邪典电影[《闪灵》（The Shining）、《出租车司机》（Taxi Driver）和《异形2》（Aliens）]等。

CINÉPOLIS CHELSEA
电影院

见458页地图（☎212-691-5519；www.cinepolisusa.com；260 W 23rd St, Seventh Ave和Eighth Ave之间, Chelsea；Ⓢ1, C/E至23rd St）这家深受欢迎的社区电影院在歇业一阵子之后重新开业，还换了个新名字。除了放映首轮放映的新电影以外，这里还会举办周末午夜节目《洛基恐怖秀》（Rocky Horror Picture Show），以及当地变装皇后海达·莱特斯（Hedda Lettuce）主持的活动。

ANGELIKA FILM CENTER
电影院

见454页地图（☎212-995-2570；www.angelikafilmcenter.com；18 W Houston St, 靠近Mercer St, West Village；票价$15；♿；ⓈB/D/F/M至Broadway-Lafayette St）Angelika主要放映外国影片和独立电影，还有些不同寻常的地方（地铁隆隆作响，排队的人特别多，有时音响效果还不好）。不过这里的咖啡馆很大，是朋友聚会的好地方。而且不可否认，这座由斯坦福·怀特设计的学院派建筑风格的大楼非常漂亮。

LGBT社区中心
艺术中心

见454页地图（LGBT Community Center；☎212-620-7310；www.gaycenter.org；208 W 13th St, Seventh Ave和Greenwich Ave之间, West Village；建议捐赠$5；☉周一至周六 9:00~22:00, 周日至21:00；ⓈA/C/E, L至8th Ave-14th St; 1/2/3至14th St）这里在过去25年多时间都是西村LGBT文化的核心，因为对这群不同寻常的人来说，这里或许比自己真正的家更像一个家。这里是无数团体聚会的地方，你可以在Think Coffee经营的社区咖啡馆里小憩片刻，喝杯咖啡，吃点儿点心。

在这里还能找到大量有关同性恋活动和

夜店生活的地区出版物，还经常举办特别活动——舞蹈派对、艺术展览、百老汇水准的表演、读书会和政治讨论会。此外，这里还坐落着国家LGBT历史档案馆（National Archive for Lesbian, Gay, Bisexual & Transgender History；研究人员如需使用可以预约）、一个很小的坎贝尔·索迪画廊（Campbell Soady Gallery；经常举行展览）以及一个网络中心。

购物

西村有不少很棒的精品服装店以及其他极具魅力的商店。高端消费者主要光顾位于Bank St和W 10th St之间的Bleecker St上的顶级名牌店。切尔西的古玩、打折服装、连锁店和通俗艺术品都很不错，还有一家隐蔽的书店和一家精心设计的二手店。该区最有名的当数深受欢迎的切尔西市场，这个大型广场里遍布着上等食物、葡萄酒、时装和家具用品。肉类加工区充斥着外型优美、挑高极高的工业风氛围，这里的精品店当属城中最时尚的去处之一，其中超现代的设计师品牌尤其盛行。

西村和肉类加工区

★ STRAND BOOK STORE 书籍
见454页地图（☎212-473-1452；www.strandbooks.com；828 Broadway，靠近E12th St, West Village；◎周一至周六 9:30~22:30，周日11:00起；⑤L, N/Q/R, 4/5/6至14th St-Union Sq）Strand是家深受喜爱又充满传奇色彩的标志性书店，体现了纽约对知识的真诚之心——这里是好书之人的奥兹国，一代又一代书友拿着印有书店标志的手提袋，尽情沉浸在书海中，忘记了时间的流逝。Strand Book Store成立于1927年，出售新书、二手书和珍本书。书店共有3层，布局复杂，令人不可思议的是，如果把里面的书摆在一起，可长达18英里（约29公里，超过2,500,000本）。

TRINA TURK 服装
见454页地图（☎212-206-7383；www.trinaturk.com；67 Gansevoort St, Greenwich St和Washington St之间, West Village；◎周一至周六11:00~19:00，周日 正午至18:00；⑤A/C/E, L至8th Ave-14th St）如果你对以20世纪70年代为灵感的印花布服装感兴趣，那一定不能错过Trina Turk这家精品店。一对夫妻经营着这个男女皆宜的品牌，一系列商品让人想起加利福尼亚潮流盛行时生机勃勃的时代，比如有直筒连衣裙、印花夹克、设计吸睛的裤子，还有包括沙滩裤到超短裤等各色泳装。

BEACON'S CLOSET 二手店
见454页地图（☎917-261-4863；www.beaconscloset.com；10 W 13th St, Fifth Ave和Sixth Ave之间, West Village；◎11:00~20:00；⑤L, N/Q/R/W, 4/5/6至14th St-Union Sq）这里有不错的二手服装（具有明显的市中心或布鲁克林时尚感），比其在威廉斯堡的连锁店价位略高。由于附近的二手店寥寥无几，Beacon's就更为珍贵。不要周末过来，否则就做好人挤人的准备吧。

ODIN 时装
见454页地图（☎212-243-4724；www.odinnewyork.com；106 Greenwich Ave, 近Jane St, West Village；◎周一至周六 正午至20:00，周日 至19:00；⑤A/C/E, L至8th Ave-14th St; 1/2/3至14th St）这家店名字取自北欧神话中威武的众神之王奥丁，为寻求改头换面的男士施展魔法。精品店很大，有城里的潮牌，如Phillip Lim、Bandof Outsiders和Edward等，也能找到崭露头角的设计师作品。这家极简抽象风格的店内还有一些赏心悦目的东西，比如川久保玲的钱包、时髦的墨镜、Sharps品牌的美容产品以及Taschen出版的茶几书籍。

IDLEWILD BOOKS 书籍
见454页地图（☎212-414-8888；www.idlewildbooks.com；170 Seventh Ave S, 靠近Perry St, West Village；◎周一至周四 正午至20:00，周五至周日 至18:00；⑤1至Christopher St-Sheridan Sq; 1/2/3至14th St; A/C/E, L至8th Ave-14th St）这家独立经营的旅游书店取名自JFK机场最初的名字，这里绝对会让你萌生去旅行的强烈愿望。书是根据地区分类的，涵盖旅游指南、小说、旅行见闻、历史、厨艺书和其他挖掘世界不同角落、令人兴奋的书。这家书店也设有热门语言课程，包括法语、意大利语、西班牙语和德语；详情见网站。

PERSONNEL OF NEW YORK　时装和饰品

见454页地图（☏212-924-0604；www.personnelofnewyork.com；9 Greenwich Ave, Christopher St和W 10th St之间，West Village；◐周一至周六 正午至19:30，周日 至18:00；Ⓢ A/C/E, B/D/F/M至W 4th St, 1至Christopher St-Sheridan Sq）这家独立经营的小店非常精致，主要经营设计师品牌的女士服装，这里的品牌比较独特，来自佛罗里达东西海岸及其他地区。这里有穿着方便的Sunja Link裙子、Ali Golden面料柔软的套头毛衣、Marisa Mason夸张的珠宝、Shoes Like Pottery舒适的帆布鞋和Rodebjer的高级时装。

THREE LIVES & COMPANY　书籍

见454页地图（☏212-741-2069；www.threelives.com；154 W 10th St, Seventh Ave和Waverly Pl之间，West Village；◐周一至周六 10:00~20:30，周日 正午至19:00；Ⓢ 1至Christopher St-Sheridan Sq; A/C/E, B/D/F/M至W 4th St-Washington Sq）Three Lives & Company是一家超棒的书店，由一群非常博学的人打理。到这家书店逛逛吧，这不仅是一种乐趣，更是一种神奇的文字世界之旅。

GREENWICH LETTERPRESS　礼品和纪念品

见454页地图（☏212-989-7464；www.greenwichletterpress.com；15 Christopher St, 靠近Gay St, West Village；◐周六至周一 正午至18:00，周二至周五 11:00~19:00；Ⓢ 1至Christopher St-Sheridan Sq; A/C/E, B/D/F/M至W 4th St; 1/2/3至14th St）这家可爱的卡片店是一对姐妹开的，里面主要制作婚庆海报和其他特制印刷品，所以跳过一大沓帝国大厦明信片，从这家专业的文具店里为你的爱人定制贺卡吧。

FORBIDDEN PLANET　书籍

见454页地图（☏212-473-1576；www.fpnyc.com；832 Broadway, E 12th St和13th St之间，West Village；◐周一至周二 9:00~22:00，周三 8:00至午夜，周四至周六 9:00起，周日 10:00~22:00；Ⓢ L, N/Q/R/W, 4/5/6至14th St-Union Sq）这里有无数的连环画、日本漫画、漫画小说、海报和玩具，可以满足你内心对科幻和想象的痴迷。从《星际迷航》（*Star Trek*）到《神秘博士》（*Doctor Who*）再到最新的热门独立作品，应有尽有。走进书店，或者登录网站查询最新的签名售书和其他活动信息。

FLIGHT 001　时装和饰品

见454页地图（☏212-989-0001；www.flight001.com；96 Greenwich Ave, Jane St和W 12th St之间；◐周一至周六 11:00~19:00，周日 正午至18:00；Ⓢ A/C/E, L至8th Ave-14th St）Flight 001出售各种旅行用品、小包（从Bree到Rimowa, 各种品牌都有）、随身用品（漱口水、润唇膏、去污剂等）、印着美女的随身水壶、鲜艳的护照夹和皮革行李牌、旅游指南、化妆包，以及各种迷你牙膏、眼罩、药盒等。

SATURDAYS　时装和饰品

见454页地图（☏347-246-5830；www.saturdaysnyc.com；17 Perry St, 靠近Waverly St, West Village；◐10:00~19:00；Ⓢ A/C/E, L至8th Ave-14th St; 1/2/3至14th St）想要在西村看到点意料之外的景象，不妨到这家惹眼的冲浪用品商店，这里有Tudor、Fowler和Haydenshapes出品的昂贵的冲浪板。当然了，在这里购物更多是热衷冲浪运动所代表的生活方式——有时尚墨镜、沙滩裤、彩色T恤和给你自己和你的冲浪板用的美容用品。

店里还有一个咖啡店，工作日8点开始营业。

MCNULTY'S TEA & COFFEE CO,INC　食品和饮品

见454页地图（☏212-242-5351；www.mcnultys.com；109 Christopher St, Bleecker St和Hudson St之间，West Village；◐周一至周六 10:00~21:00，周日 13:00~19:00；Ⓢ 1至Christopher St-Sheridan Sq）McNulty's甜品店为喧嚣色情的Christopher St增加了一丝甜蜜。店里有破旧的木地板、香味浓郁的袋装咖啡豆、大号玻璃壶茶，给格林尼治村带来了一种不同的年代气息。该店从1895年起就出售上乘的茶和咖啡。

YOYA　儿童服装

见454页地图（☏646-336-6844；www.yoyanyc.com；605 Hudson St, Bethune St和W 12th St之间，West Village；◐周一至周六 11:00~19:00，周日 正午至17:00；Ⓢ A/C/E, L至

8th Ave-14th St)想购买制作精良的儿童服装和饰品，就来Yoya吧，这里有Bobo Choses和1+ in the family等高端品牌。

MURRAY'S CHEESE　　　　食品和饮品

见454页地图（☎212-243-3289；www.murrayscheese.com；254 Bleecker St, Morton St和Leroy St之间, West Village；⊙周一至周六8:00~21:00, 周日9:00~20:00；🅂1至Christopher St-Sheridan Sq；A/C/E, B/D/F/M至W 4th St-Washington Sq）该店始建于1914年，是纽约最好的奶酪店之一。老板罗博·卡尔菲（Rob Kaufelt）很出名，能够闻出来自世界各地的各种美食。你会发现（也能品尝）来自欧洲各国、佛蒙特州和纽约州北部小农场的各种奶酪（fromage），有臭的、甜的或者带坚果的。

CO BIGELOW CHEMISTS　　　化妆品

见454页地图（☎212-533-2700；414 Sixth Ave, 8th St和9th St之间, West Village；⊙周一至周五 7:30~21:00, 周六 8:30~19:00；周日8:30~17:30；🅂1至Christopher St-Sheridan Sq, A/C/E, B/D/F/M至W 4th St-Washington Sq）这是美国最早的药店，很受纽约人的欢迎，可以买到高档的护肤液和面膜、有机肥皂和沐浴气泡弹，以及基本的洗漱用品。在买牙膏之前，可以先试试高端商品。

AEDES DE VENUSTAS　　　　化妆品

见454页地图（☎212-206-8674；www.aedes.com；7 Greenwich Ave, 靠近9 Christopher St, West Village；⊙周一至周六 正午至20:00, 周日13:00~19:00；🅂A/C/E, B/D/F/M至W 4th St-Washington Sq; 1至Christopher St-Sheridan Sq）Aedes de Venustas（拉丁语的意思为"美丽的寺庙"）环境优美舒适，内有40多个奢华的欧洲香水品牌，包括Hierbas de Ibiza、Mark Birley for Men、Costes、Odin和Shalini。店里还有Susanne Kaufmann和Acqua di Rose的护肤品，以及深受喜爱的Diptyque香薰蜡烛。

MASK BAR　　　　　　　　化妆品

见454页地图（www.themaskbar.com；259 Bleecker St, Cornelia St和Jones St之间, West Village；⊙正午至20:00；🅂A/C/E, B/D/F/M至W 4th St-Washington Sq）Mask Bar充分利用了当下片装面膜的狂热浪潮，提供适用于各种皮肤类型的高端护理产品。大部分包装都没有英语翻译，但店内有很多说明贴牌，服务人员也很乐于帮忙。

🔒 切尔西

HOUSING WORKS THRIFT SHOP　二手店

见458页地图（☎718-838-5050；www.housingworks.org；143 W 17th St, Sixth Ave和Seventh Ave之间, Chelsea；⊙周一至周六 10:00~19:00, 周日11:00~17:00；🅂1至18th St）这家店的展示橱窗十分华丽，看上去更像一家精品店而不是旧货店，不过里面的服装、饰品、家具、书籍和唱片都价值不菲。这里可以便宜的价格淘到别人不要的设计师服装。店里的全部收入都用于救助纽约艾滋病毒携带者和无家可归的艾滋病患者团体。全市另外还有13家分店。

SCREAMING MIMI'S　　　　二手店

见454页地图（☎212-677-6464；www.screamingmimis.com；240 W 14th St, Seventh Ave和Eighth Ave之间, Chelsea；⊙周一至周六 正午至20:00, 周日13:00~19:00；🅂A/C/E, L至8th Ave-14th St）如果你喜欢二手服装，这里足以让你尖叫。这家有趣的商店有很多过去的衣服，从20世纪50年代到90年代，按照年代摆放，别具匠心。（这里还有少量20世纪20年代到40年代的衣服被藏了起来，要看的话可以问问看。）

STORY　　　　　　　　礼品和纪念品

见458页地图（☎www.thisisstory.com；144 Tenth Ave, W 18th St和19th St之间, Chelsea；⊙周一至周三、周五和周六 11:00~20:00, 周四至21:00, 周日至19:00；🅂1, C/E至23rd St; 1至18th St）这家令人印象深刻的商店靠近高线公园，比较像艺术馆，每一两个月展出新的主题和商品。2000平方英尺（约186平方米）的空间涵盖各种物件，从手工珠宝、夺目的饰品，到可爱的文具和激发想象力的儿童玩具，还有厚厚的茶几书籍，以及环保肥皂和稀奇古怪的纪念品。

PRINTED MATTER　　　　　　书籍

见458页地图（☎212-925-0325；www.printedmatter.org；231 Eleventh Ave, 25th St和26th St之间, Chelsea；⊙周六和周一至周三 11:00~19:00, 周四和周五 至20:00, 周日 至18:00；🅂7至34th

St-Hudson Yards; 1至28th St) Printed Matter是一家很有意思的小书店, 主要出售一些限量版的艺术家专著和另类小杂志。这里找不到主流书店的任何书籍, 相反, 整齐的书架上收藏了战争年代的宣言、关于漫画书的批评散文、能从条码中看到耶稣脸的手翻书, 以及犯人写的操作指南。

192 BOOKS 书籍

见458页地图(212-255-4022; www.192books.com; 192 Tenth Ave, W 21st St和22nd St之间, Chelsea; 11:00~19:00; S1, C/E至23rd St) 这家小型的独立书店位于画廊区, 里面有小说、历史书、旅游书、艺术和评论书。与众不同的是, 这家书店会轮换展览艺术品。展览期间, 主题涉及当下展览或艺术家的书籍将做特殊展示。每周的读书会还会邀请(通常为纽约本地的)作家到场。

NASTY PIG 服装

见458页地图(212-691-6067; www.store.nastypig.com; 265 W 19th St, Seventh Ave和Eighth Ave之间, Chelsea; 周一至周六 正午至20:00, 周日13:00起; SA/C/E, L至8th Ave-14th St; 1至18th St)店内主要出售T恤、袜子和内衣, 另外一些橡胶和皮革材质的服装, 使得这里深受具有恋物癖的切尔西男孩及其爱慕者的喜爱。

运动和活动

MNDFL 冥想

见458页地图(212-477-0487; www.mndflmeditation.com; 10 E 8th St, Fifth Ave和University Pl之间, West Village; A/C/E, B/D/F/V至W 4th St-Washington Sq; 30/45/60分钟课程 $18/25/30; SA/C/E, B/D, F/M至4th St-Washington Sq)冥想的益处显而易见, 冥想也正是忙碌的纽约人所急需的。抽空到西村的这个宁静所在参加令人焕发活力的课程, 清空头脑。首节课只需$10。

CHELSEA PIERS COMPLEX 健康和健身

见458页地图(212-336-6666; www.chelseapiers.com; Pier 62, 靠近W 23rd St, Chelsea; 周一至周五 5:30~23:00, 周六和周日 5:30~21:00; ; M23至Chelsea Piers, S1, C/E至23rd St)这家大型滨水体育中心的消费对象是每个爱运动的人。你可以在4层的练习场里打高尔夫球, 在室内溜冰场滑冰, 或者在漂亮的保龄球馆打几局好球。Hoop City里有篮球馆、儿童帆船学校、棒球击球练习场、一个巨大的健身房和室内游泳池, 还有室内攀岩墙。

$60可以买一本通行证, 包括健身房和游泳池一日票, 参加其他活动也可享受优惠。这里有几家小吃店, 锻炼完之后可以去买三明治和比萨。尽管该综合训练场多少被繁忙的West Side公路(Eleventh Ave)隔断, 但里面众多的体育设施还是吸引了很多人。城市公交M23可直达正门, 地铁要多走4条街, 路线更长。外面还有一个出租车候车处, 不过非高峰时段没几辆车在那里候客。

NEW YORK TRAPEZE SCHOOL 探险运动

见454页地图(212-242-8769; www.newyork.trapezeschool.com; Pier 40, 靠近West Side Hwy, West Village; 每节课程 $50~70; 4月至10月, 可在线查看课程安排; S1至Houston St)到这个河边的户外场地当一次飞人, 满足你的杂技梦吧。这里位于40号码头上面, 从4月至10月开放。学校在布鲁克林的南威廉斯堡(South Williamsburg)有室内场馆, 那里全年开放。致电或登录网站查询每日上课时间。注册费$22。

SCHOONER ADIRONDACK 游轮

见458页地图(212-627-1825; www.sail-nyc.com; Chelsea Piers Complex, Pier 62 靠近W 22nd St, Chelsea; 团队游 $52~86; S1, C/E至23rd St)每年5月至10月, 双桅的Dack号每天都在纽约港有4次航行, 每次持续2小时。20世纪20年代风格、面积分别为80平方英尺(约7.4平方米)和100平方英尺(约9.3平方米)的曼哈顿号及曼哈顿2号游艇每周都有团队游。打电话或登录网站查看最新时刻表。

WEST 4TH STREET BASKETBALL COURTS 篮球

见454页地图(Sixth Ave, 3rd St和4th St之间, West Village; SA/C/E, B/D/F/M至W 4th St-Washington Sq)这个小型篮球场也被称为"笼子", 四周拦有铁丝网, 很多街头篮球能手经常在这里打球。

联合广场、熨斗区和格拉梅西

区域亮点

❶ **ABC家私城**（见183页）一边在脑海中构思如何装点自己梦幻的小阁楼，一边逐层搜寻这里价格不菲但超级豪华的家居用品。

❷ **联合广场农贸市场**（见183页）现在成了一个缤纷多彩的圣诞市场，这里既有高质量的生鲜农产品，又有手工艺人的精美作品。

❸ **Flatiron Lounge**（见181页）在这家幽暗、装饰精美的酒吧畅饮无可挑剔的欢乐时光鸡尾酒。

❹ **格拉梅西公园**（见178页）绕着这座雅致的公园散散步，享受纽约最私密的都市时光。

❺ **Shake Shack**（见177页）吃完令人垂涎的汉堡，再去麦迪逊广场公园感受一下那里的装置艺术和标志性的熨斗大厦。

本地区的更多信息见460页地图

探索联合广场、熨斗区和格拉梅西

这里可游览的范围并不大,所以最好把联合广场(见166页)和麦迪逊广场公园(见177页)这两大公共空间作为你的旅游中心点。从联合广场上你能感受到艺术村和大学(纽约大学就在南边,新学院就在西边)的气息,这种气息弥漫在广场上好喝的咖啡馆、举着标语的抗议者和街头艺人之间。沿着14th St向东可以走到东村,向西可以走到西村。

向着23rd St的方向往北走,你在这片商区会隐约看到熨斗区的同名大厦——熨斗大厦(见177页),那里挤满了各种吃午饭的地方和人们下班后常去的小酒馆。这两处公共场所的东边是格拉梅西,那里浓厚的住宅区氛围与知名餐馆熙熙攘攘的气氛和谐共存。

在麦迪逊广场,你能看到年轻的公关专家一边喝着拿铁一边谈事,忙碌的律师离开办公室享受片刻宁静时光,暖和的月份里,老饕们涌向位于公园东北部的Mad Sq Eats食品集市觅食。

当地生活

➡ **Mad Sq Eats** 每年春秋两季,都会有大批的美食家涌入小小的General Worth Sq——夹在第五大道(Fifth Ave)和百老汇大街(Broadway)之间,位于麦迪逊广场公园对面,来参加**麦迪逊广场美食节**(见179页),这是一个为期1个月的临时性餐饮市场。广场上约有30家商贩,其中还包括许多纽约炙手可热的小餐馆,所烹饪的食物从地道的比萨到牛腩玉米饼(brisket tacos)一应俱全,均使用顶尖的当地食材。

➡ **美食大卖场**(见179页)Eataly因作为意大利美食爱好者的圣殿而声名远播,不过当地人多是在健康至上的Whole Foods超市进行日常采购。

到达和离开

➡ **地铁** 联合广场下面有着四通八达的地铁线,乘客可以在这里乘坐4/5/6号线往返于曼哈顿东区,乘L线直达威廉斯堡,也可以乘N/Q/R线到达皇后区。L线也经过曼哈顿西区,不过如果你们是两人或多人同行,在没有公交的时候可以选择搭出租车,花费与坐公交差不多。乘Q线的快轨可以到达先驱广场和时代广场。

➡ **公共汽车** M14A和M14D会沿14th St带你横穿全城,而M23则沿23rd St横穿全城。如果你要在曼哈顿东边的两个点之间游览,那么乘公共汽车比搭地铁合适——经过联合广场再往回走到First Ave十分不划算。

独家贴士

联合广场上人流量相当大,尤其是14th St沿线。如果你赶时间,或想步行逛逛,那就拐到13th St上来吧,这样既省时间又能多逛些地方。

🍴 最佳就餐

➡ Eleven Madison Park(见180页)

➡ Gramercy Tavern(见180页)

➡ Maialino(见180页)

➡ Clocktower(见181页)

➡ Cosme(见181页)

详细介绍见179页 ➡

🍷 最佳饮品

➡ Flatiron Lounge(见181页)

➡ Raines Law Room(见181页)

➡ Birreria(见181页)

➡ Old Town Bar & Restaurant(见182页)

➡ Lillie's Victorian Establishment(见182页)

详细介绍见181页 ➡

👁 最佳摄影点

➡ 格拉梅西公园(见178页)

➡ 熨斗大厦(见177页)

➡ 麦迪逊广场公园(见177页)

➡ 联合广场(见176页)

详细介绍见176页 ➡

重要景点
联合广场（UNION SQUARE）

联合广场好比是纽约的诺亚方舟，在波浪翻涌的建筑海洋中，每种类型的建筑都至少有2座被保留了下来。在这片石阶铺就、植被环绕的绿毯上，你能看到生活状态各不相同的当地人：西装革履的上班族趁着午休时间大口呼吸着新鲜空气，梳着脏辫儿的浪人用手鼓打着节拍，而滑板爱好者则在东南方的楼梯上炫技。

财富与破败

联合广场自1831年建成开放，很快便成了附近居民最重要的集会中心。各种音乐厅和艺术家社团为这里增添了更多的文化气息，而沿着百老汇大街激增的高端购物场所，更使得这里被称为"女士的一英里"（Ladies' Mile）。

南北战争爆发后，这处巨大的公共空间（当然，是以纽约的标准算作"大"）成了各类抗议者——从工会工人到政治活动家——的中心舞台。在第一次世界大战打得热火朝天之时，这里曾一度几近荒废，美国民权同盟（American Civil Liberties Union）、共产党（Communist Party）与社会党（Socialist Party）以及妇女服装工人联合会（Ladies' Garment Workers Union）等政治和社会组织趁势进驻。几十年过去了，联合广场仍是人们进行政治和社会抗议的一个热门地点。

想饱览联合广场和帝国大厦令人难忘的全景，就到广场南端的三层折扣鞋店DSW（见185页）。

艺术工厂

在经历了衣冠楚楚的绅士和政治抗议者之间一个多世纪的拉锯战之后，安迪·沃霍尔（Andy Warhol）把他自己的工作室（The Factory）搬到了位于33 Union Sq West的德克大厦（Decker Building）的6楼，第三类人——颇具艺术家气质（你愿意称他们为"嬉皮士"也行）的人——混进了这里。正是在这里，作家瓦莱丽·索拉娜斯（Valerie Solanas）于1968年6月3日为了发泄心中的不满，朝沃霍尔开了3枪，致其重伤。现在入驻这座建筑底层的是一家糖果连锁店——特别像沃霍尔的风格。

节拍器

绕着联合广场走一圈，会看到一系列异想天开的临时性雕塑。威风凛凛的乔治·华盛顿的骑马像（纽约市最早的公共艺术作品之一）与和平使者圣雄甘地的塑像是其中醒目的永久性雕塑。广场东南一个巨大的装置艺术比这两座雕像更夺目，在来来往往的行人里，有的会对此投去不解的目光，有的则只是一瞥而过。这个节拍器（Metronome）象征着时间的流逝，由两部分组成：一部分是一个显示着莫名其妙的数字的电子时钟；另一部分是棍子一样的装置，还有烟雾噗噗地从中心的圆中冒出来。我们这就告诉你前者亮闪闪的橙色数字的含义，但后者代表什么就交给你自己领悟了：表盘上14个数字分为两组，每组7个：左边的一组代表当前的时间（小时、分钟、秒、十分之一秒），而右边的一组则要以相反的顺序读取，它们代表这一天剩余的时间。

不要错过

- 联合广场农贸市场（见183页）
- 节拍器装置艺术
- 从DSW鞋店观景
- 形形色色的人、静坐者和街头艺人

实用信息

- 见460页地图，D4
- www.unionsquarenyc.org
- 17th St, Broadway和Park Ave S之间, Union Square
- S 4/5/6, N/Q/R、L至14th St-Union Sq

👁 景点

尽管联合广场本身没多少风景，但它和其周边却并不单调，到处有街头艺人、西装革履的人和令人胃口大开的农产品摊位。西北边是格拉梅西（Gramercy）高雅的街道，北边是麦迪逊广场公园，那里既有小狗和松鼠，也有艺术装置和读书会，还有一个出名的汉堡小店。

联合广场 广场
见176页。

麦迪逊广场公园 公园
见460页地图（Madison Square Park；☏212-520-7600；www.madisonsquarepark.org；E 23rd St至26th St, Fifth Ave和Madison Ave之间，Flatiron District；⊙6:00～23:00；；ⓈR/W, F/M, 6至23rd St）这个公园以前一直是曼哈顿岛的北部边界，直到南北战争以后，岛上出现了人口大爆炸。如今，这里成了逃离曼哈顿令人窒息的生活节奏的"绿洲"，有一个热闹的儿童游乐场和遛狗区，还有汉堡店**Shake Shack**（见地图460页；☏646-889-6600；www.shakeshack.com；汉堡$4.20～9.50；⊙周一至周五7:30～23:00, 周六和周日8:30起）。这里也是纽约文化气息最浓厚的公园之一，有很多特别陈列的艺术装置，天气暖和的时候还会组织各种活动，比如文学讨论或现场音乐表演。登录网站查询更多信息。

西奥多·罗斯福出生地 历史遗址
见460页地图（Theodore Roosevelt Birthplace；☏212-260-1616；www.nps.gov/thrb；28 E 20th St, Boradway和Park Ave S之间，Flatiron District；⊙40分钟导览游 周二至周六 10:00、11:00、13:00、14:00、15:00和16:00；ⓈR/W, 6至

👁 重要景点
熨斗大厦（FLATIRON BUILDING）

熨斗大厦由建筑师丹尼尔·伯纳姆（Daniel Burnham）设计，建于1902年。这个20层的建筑呈独特的锐角三角形状，好像一艘巨大的船的船头。它石灰岩和赤陶的外立面呈传统的学院派建筑风格，凝视越久，越觉繁复精妙。它曾是世界上最高的建筑，直到1909年。

出版商弗兰克·芒西（Frank Munsey）是熨斗大厦最早的租客之一，《芒西杂志》（Munsey's Magazine）就是在其位于第18层的办公室里出版的。短篇小说家欧·亨利（O Henry）曾在这本杂志上发表过作品。欧·亨利睿智的文字（比如名满天下的《麦琪的礼物》等热门故事）、约翰·斯隆（John Sloan）的画作以及阿尔弗雷德·斯蒂格利茨（Alfred Stieglitz）的摄影作品使熨斗大厦得以永生。著名女演员凯瑟琳·赫本（Katherine Hepburn）曾打趣说，她希望自己得到的赞美能如同这座古老而宏伟的建筑得到的一样多。

尽管有把熨斗大厦改造成奢华五星级大酒店的计划，但只要有房客不愿意腾出地方，该计划也只能继续搁置。同时，熨斗大厦"船头"的底层已经改建成了全玻璃围墙的艺术大厅。艺术大厅曾在三维空间中按照原画比例再现了爱德华·霍珀（Edward Hopper）1942年的油画《夜鹰》（Nighthawks），画中餐厅不规则的边角与熨斗大厦自身的形状如出一辙。

不要错过
➡ 在麦迪逊广场公园欣赏熨斗大厦的外观
➡ 近距离欣赏熨斗大厦美妙绝伦的外部细节
➡ 熨斗大厦船头艺术大厅

实用信息
➡ 见460页地图, C2
➡ 百老汇大街, Fifth Ave和23rd St交叉路口, Flatiron District
➡ ⓈN/R, F/M, 6至23rd St

重要景点
格拉梅西公园（GRAMERCY PARK）

格拉梅西公园被曼哈顿早期的荷兰定居者叫作"弯曲的小块沼泽"（Krom Moerasje）。1831年律师兼公务人员塞缪尔·拉格尔斯（Samuel Ruggles）买下了这块地方，这片沼泽至此终结。他排干了这片沼泽，然后把它分成了108块土地。其中42块用于修建一个英国式的私人公园，由周围66块土地上的居民永久拥有。

过了近200年，格拉梅西公园仍然是一片私人绿洲，只有一次向非居民开放，那是在1863年纽约征兵暴动（Draft Riots）时，联盟军人被允许可以进入公园。

20世纪20年代，面向公园的很多联排房都被高层公寓建筑替代了。公园旁边坐落着国家艺术俱乐部（见本页），它的高雅证明了这片地区可敬的血统。确实，格拉梅西公园出过很多杰出居民。1847年到1869年，美国出版商詹姆斯·哈珀（James Harper）住在4 Gramery Park W。他于1844年至1845年任纽约市市长，哈珀那荷叶边的"市长之灯"至今仍然闪耀在建筑前方。另一位当地名人是斯坦福·怀特（Stanford White），他设计了华盛顿广场的凯旋拱门。

不要错过
➡ 绕公园漫步，欣赏周边令人叫绝的建筑
➡ 到国家艺术俱乐部参观艺术展

实用信息
➡ 见460页地图，D3
➡ E 20th St，在Park Ave和Third Ave之间，Gramercy
➡ ⓢN/R，6至23rd St

23rd St）**免费**这处国家历史遗址多少有点蒙人，第26届美国总统罗斯福真正出生时所在的房子早在他在世时就已经被拆毁了。不过现在的这栋房子是由他的亲戚们重建的，颇具价值，他们千方百计把旧它里原有的家具都收集起来，还把它复原成符合当时情况的样子。

国家艺术俱乐部　　　　　　　文化中心

见460页地图（National Arts Club；☎212-475-3424；www.nationalartsclub.org；15 Gramercy Park S, Gramercy；绘画课 $15~25；ⓢN/R, 6至23rd St）国家艺术俱乐部建于1898年，是为了促进公众对艺术的兴趣而修建的。俱乐部承办各种艺术展，通常周一至周五10:00~17:00对公众开放（登录官网查看近期展览信息）。这栋建筑的设计师是卡尔弗特·沃克斯（Calvert Vaux），他也是中央公园的设计者之一。在挂满画幅的前厅木梁上方是拱形彩色玻璃天花板，美不胜收。这里曾是前纽约州长塞缪尔·J.蒂尔顿（Samuel J Tilden）的家，他在1876年的总统候选人竞选中失利。

西藏大厦　　　　　　　　　　文化中心

见460页地图（Tibet House；☎212-807-0563；www.tibethouse.us；22 W 15th St, Fifth Ave和Sixth Ave之间, Union Square；建议捐赠 $5；◐周一至周五11:00~18:00；ⓢF/M至14th St, L至6th Ave）这是一个非营利性的文化空间，通过艺术品展览、一个学术研究图书馆以及多种出版物展现中国西藏的古老传统文化。活动项目包括教育性工作坊、开放式冥想、周末静休和有讲解员带领的中国西藏以及尼泊尔和不丹之旅。

大都会人寿保险大楼　　　　　历史建筑

见460页地图（Metropolitan Life Tower；1 Madison Ave, E 23rd St和E 24th St之间, Flatiron District；ⓢN/R, F/M, 6至23rd St）这座700英尺（约212米）高的钟楼高高矗立在麦迪逊广场公园的东南角，是有法国血统、费城出生的建筑师拿破仑·勒布朗（Napoleon LeBrun）的作品。意大利文化爱好者看到它可能会有种似曾相识的感觉。那是因为勒布朗的创作灵感来自威尼斯圣马可广场上世界闻名的钟楼。

讽刺的是，这座勒布朗在新大陆上的作品现在已经比它的灵感来源更为古老了：最初的那座威尼斯钟楼于1902年倒塌了，到1912年才建成了一座新的。

 就餐

TACOMBI CAFÉ
EL PRESIDENTE
墨西哥菜 $

见460页地图（☎212-242-3491；www.tacombi.com；30 W 24th St, Fifth Ave和Sixth Ave之间，Flatiron District；玉米卷 $4~5.50，油炸玉米粉饼 $6~9；⊙周一至周六 11:00至午夜，周日 至22:30；ⓈF/M, R/W至23rd St）粉绿色的Tacombi将墨西哥城的咖啡馆带到了纽约，它提供多种基本的餐饮服务，从果汁吧和酒吧到玉米饼小店。挑张桌子坐下，要一杯玛格丽特，点一些墨西哥街头风味的美食尝一尝。最佳选择有esquite（盛在纸杯里的烤玉米加柯提亚奶酪和墨西哥辣椒蛋黄酱）和多汁的啤酒卤猪肉（carnitas michoacan）玉米卷。

MAD SQ EATS
市场 $

见460页地图（www.madisonsquarepark.org/mad-sq-food/mad-sq-eats; General Worth Sq, Flatiron District；⊙春季和秋季 11:00~21:00；ⓈR/W, F/M, 6至23rd St）这个临时食品集市一年营业两次，纽约很多最特别的餐馆和最热门的咖啡馆都会来开设摊位。从饭团和肉馅卷饼到龙虾卷和冰激凌三明治，各种街头美食应有尽有。登录网站查找具体日期和食品商详情。

BIG DADDY'S
美式小馆 $

见460页地图（☎212-477-1500；www.bigdaddysnyc.com；239 Park Ave S, 在E 19th St和E 20th St之间，Gramercy；主菜 $13~16；⊙周一至周四 8:00至午夜，周五和周六 至次日5:00，周日 至23:00；Ⓢ6至23rd St; 4/5/6, L, N/Q/R/W至14th St-Union Sq）巨大、松软的煎蛋卷、丰盛的汉堡和大量土豆块（用普通土豆或甘薯做成）让Big Daddy成了早餐和夜宵的最佳选择。内部装潢是典型的庸俗美式风格，但和有些主题餐厅不一样，这里的食物不贵，又真的能让你满意。离开之前一定要尝这里的巨杯奶昔。

EISENBERG'S
SANDWICH SHOP
三明治 $

见460页地图（☎212-675-5096；www.eisenbergsnyc.com；174 Fifth Ave, W 22nd St和23rd St之间，Flatiron District；三明治 $4~13；⊙周一至周五 6:30~20:00, 周六 9:00~18:00, 周日 至17:00；ⓈR/W至23rd St）这家老式的美式小馆在这片充斥着高端房地产的地段显得格格不入，但这里从早上到关门都挤满了常客，他们是奔着传统犹太小餐馆风味的食物如碎肝、五香熏牛肉和白鲑沙拉而来的。在长长的吧台找个凳子坐下，周围坐着形形色色的食客，他们都知道肉糕不是在开玩笑的菜式。

REPUBLIC
亚洲菜 $

见460页地图（☎212-627-7172；www.thinknoodles.com；37 Union Sq W, E 16th St和E 17th St之间，Union Square；主菜 $13~16；⊙11:30~22:30；Ⓢ4/5/6, N/Q/R, L至14th St-Union Sq）这家快捷餐厅为普罗大众提供了新鲜好滋味的亚洲美食。吸溜着热乎乎的肉汤面（broth noodles），大口嚼着美味的泰式炒河粉（pad thai）或是来点儿清淡的青木瓜芒果沙拉（papaya and mango salad），都是享受。它位于联合广场上，食物便宜、简单，随到随吃，非常方便。这里人一直很多，不过上菜很快。

BOQUERIA FLATIRON
西班牙小吃 $$

见460页地图（☎212-255-4160；www.boquerianyc.com；53 W 19th St, Fifth Ave和Sixth Ave之间，Flatiron District；西班牙小吃 $6~18；⊙周日至周四 11:00~22:30, 周五和周六 至23:30；☏；Ⓢ1至18th St, F/M、R/W至23rd St）这里是西班牙风味小吃（tapas）与市场上新鲜食材的神圣联盟，盛在一长串小碟子里的西班牙小吃和量大一点的raciones等美味食物，吸引了大批人群于下班后蜂拥而至。白兰地蒜味虾和小尖辣椒（guindilla pepper），或培根裹海枣加杏仁和Valdeón蓝奶酪都让你意犹未尽、吮指留香。精选的西班牙葡萄酒更是让这一切锦上添花。Buen provecho!（祝你好胃口！）

EATALY
美食城 $$

见460页地图（☎212-229-2560；www.eataly.

com; 200 Fifth Ave, 靠近W 23rd St, Flatiron District; ⏰7:00~23:00; 📶; ⓢR/W, F/M, 6至23rd St) 马里奥·巴塔利（Mario Batali）开了这家井然有序又庞大的意大利食品店，这里是名副其实的梦幻之地。食品商场里有很多可以坐下来用餐的餐馆，可以尽享从新鲜的生鱼（crudo）和炸蔬菜（fritto misto）到蒸意面和比萨等各式美味。此外，你还可以在吧台喝一杯浓咖啡，或者逛数不清的柜台和货架，把野餐篮装满，奶奶也会同意的。

★ MAIALINO　　　　　　意大利菜 $$$

见460页地图（📞212-777-2410；www.maialinonyc.com; Gramercy Park Hotel, 2 Lexington Ave, 靠近21st St; 主菜 午餐 $24~34, 晚餐 $27~44; ⏰周一至周三 7:30~10:00, 正午至14:00和17:30~22:00, 周四 至22:30, 周五 10:00~14:00和17:30~22:30, 周六 至22:00; ⓢ6, R/W至23rd St) 粉丝们会提前4周预订这家丹尼·迈耶（Danny Meyer）所开的经典餐厅，但最佳座位在步入式酒吧，那里有热情友善又很有见识的工作人员。无论你选择坐在哪里，让你的味觉开始"罗马假日"之旅吧。Maialino充分利用从附近联合广场农贸市场上采购的农产品，创造出了美味的意大利乡村风味食物。

★ ELEVEN MADISON PARK　　新派美国菜 $$$

见460页地图（📞212-889-0905；www.elevenmadisonpark.com; 11 Madison Ave, 24th St和25th St之间, Flatiron District; 品尝菜单 $295; ⏰周一至周三 17:30~22:00, 周四至周日 至22:30, 以及周五至周日 正午至13:00; ⓢR/W, 6至23rd St) 高级餐厅Eleven Madison Park 2017年在圣培露世界50强餐厅名单（San Pellegrino World's 50 Best Restaurants list）中荣登榜首。说实话，我们一点也不意外：这家历经革新、始终如一的美式典范餐厅还是纽约仅有的6家米其林三星餐厅之一。

★ GRAMERCY TAVERN　　新派美国菜 $$$

见460页地图（📞212-477-0777；www.gramercytavern.com; 42 E 20th St, Broadway和Park Ave S之间, Flatiron District; 小酒馆 主菜 $29~36, 餐厅 3道菜套餐 $125, 品尝套餐 $149~179; ⏰小酒馆 周日至周四 正午至23:00, 周五和周六 至午夜, 餐厅 周一至周四 正午至14:00和17:30~22:00, 周五 至23:00, 周六 正午至13:30和17:30~23:00, 周日 17:30~22:00; 📶📱; ⓢR/W, 6至23rd St) 🍴Gramercy Tavern主打季节性的当地食材，常年深受喜爱，散发着红光的铜壁灯、壁画和引人注目的花卉，使这里有一种生机勃勃的美式乡村风格。你有两个选择：一个是去无须预订的小酒馆按菜单点菜，另一个是去更华丽的餐厅享用一些更高档的套餐、品尝套餐。小酒馆的亮点有让人叫好的鸭肉饼配蘑菇、栗子和球芽甘蓝。

★ CRAFT　　　　　　　新派美国菜 $$$

见460页地图（📞212-780-0880；www.craftrestaurant.com; 43 E 19th St, Broadway和Park Ave S之间, Union Square; 午餐 $29~36, 晚餐 主菜 $24~55; ⏰周一至周四 正午至14:30和17:30~22:00, 周五 至23:00, 周六 17:30~23:00, 周日 至21:00; 📶; ⓢ4/5/6, N/Q/R/W, L至14th St-Union Sq) 🍴高端餐厅Craft支持小型家庭经营的农场和食品生产商，再将其生产的食材精心制作成纯粹的菜肴。无论是炖得恰到好处的章鱼、柔软的扇贝还是南瓜片意面配鼠尾草叶、棕色黄油和帕尔玛干酪，每种食材都散发出其独特风味。周三到周六请预订座位，或者在18:00前或21:30后再到店用餐。

ABC KITCHEN　　　　　新派美国菜 $$$

见460页地图（📞212-475-5829；www.abckitchennyc.com; 35 E 18th St, 靠近Broadway, Union Square; 比萨 $18~22, 晚餐 主菜 $24~40; ⏰周一至周三 正午至15:00和17:30~22:30, 周四 至23:00, 周五 至23:30, 周六 11:00~15:00和17:30~23:30, 周日 11:00~15:00和17:30~22:00; 📱; ⓢ4/5/6, N/Q/R, L至14th St-Union Sq) 🍴一半像画廊，一半像朴素的农舍，一直经营有方、以农产品为特色的ABC Kitchen是精致家居用品百货商店ABC家私城（见183页）在厨艺界的化身。菜肴中大量应用天然有机食材，如斯库纳湾（Skuna Bay）鲑鱼加小葱、大黄糖煮水果和酸橙，或脆皮猪肉配烟熏培根橘子酱和煮萝卜。只想随便吃点的话，可以尝尝可口的全麦比萨。

CLOCKTOWER   新派英国菜 $$$

见460页地图（☎212-413-4300；http://theclocktowernyc.com；5 Madison Ave, 23rd St和24th St之间, Gramercy；晚餐 主菜 $25~65；◎周一和周二 6:30~10:00、11:30~15:00和17:30~22:00, 周三至周五 至23:00, 晚餐 周六 17:00~23:00, 周日 至22:00；⌘；ⓈF/M, R/W, 6至23rd St））这家餐厅是英国米其林主厨杰森·阿瑟顿（Jason Atherton）的最新尝试，隐藏于地标建筑大都会人寿保险大楼内，已进入最受欢迎餐厅的行列。木头和灰泥装饰的餐室为品尝高级爽心美食提供了一个宽敞美观的环境，比如科罗拉多烤羊肉加脆藜麦、本地养殖的鸭子肉配甜桃沙拉。

TRATTORIA IL MULINO   意大利菜 $$$

见460页地图（☎212-777-8448；www.trattoriailmulino.com；36 E 20th St, Broadway和Park Ave之间, Flatiron District；主菜 $35~52；◎周一至周三 11:30~22:00, 周四和周五 至23:00, 周六 16:30~23:00, 周日 至22:00；ⓈR/W, 6至23rd St）主厨米歇尔·马扎（Michele Mazza）跟意大利电影明星马塞罗·马斯托依安尼（Marcello Mastroianni）长得就像从一个模子里刻出来的一样，他精心准备的每一道菜肴也像意大利人一样，奢华惬意。从诱人的、稍加改良的柠檬酒提拉米苏中可以品出跨地区的味道，而加了意大利面的菜肴和木柴烤制的比萨让人尤其难忘。再加上细心的服务和时髦且温馨的氛围，真是愉快又特别的一餐。

COSME   墨西哥菜 $$$

见460页地图（☎212-913-9659；http://cosmenyc.com；35 E 21st St, Broadway Ave和Park Ave S之间, Flatiron District；晚餐 菜肴 $19~29；◎周一至周四 正午至14:30和17:30~23:00, 周五至午夜, 周六 11:30~14:30和17:30~23:00, 周日 至23:00；⌘；ⓈR/W, 6至23rd St）来到这家木炭色调的时尚餐厅，主厨Enrique Olvera在墨西哥菜的基础上发挥创意，让人着迷。颠覆性的菜肴如精致、清爽的扇贝加牛油果和豆薯，新鲜的豆子沙拉加烧焦的黄瓜醋油，香草牛油果酱或Cosme经典的墨西哥玉米鸭肉卷饼。预订座位，或者到步入式酒吧试试运气。

饮品和夜生活

联合广场、熨斗区和格拉梅西有很多酒吧和高级酒吧，来这里能喝到各种精心调制的经典鸡尾酒及烈酒。对于那些晚上到城里玩乐之前先要精心打扮的人来说，这是个好地方：你会发现很多出来喝酒的人穿着现代鸡尾酒会的服装，令人印象深刻。若想找个普通的爱尔兰酒吧，可以去**14th St**北边的**Third Ave**看看。

★ FLATIRON LOUNGE   鸡尾酒吧

见460页地图（☎212-727-7741；www.flatironlounge.com；37 W 19th St, Fifth Ave和Sixth Ave之间, Flatiron District；◎周一至周三 16:00至次日2:00, 周四 至次日3:00, 周五 至次日4:00, 周六 17:00至次日4:00；⌘；ⓈF/M, R/W, 6至23rd St）穿过壮观的拱廊，走进昏暗、时髦、装饰艺术范儿的口红色小屋，这里有生动的爵士乐，还有喝着应季饮品的时髦的成年人。鸡尾酒每杯$14, 而欢乐时光的时候只需$10（工作日16:00~18:00）。

RAINES LAW ROOM   鸡尾酒吧

见460页地图（www.raineslawroom.com；48 W 17th St, Fifth Ave和Sixth Ave之间, Flatiron District；◎周一至周三 17:00至次日2:00, 周四至周六 至次日3:00, 周日 19:00至次日1:00；ⓈF/M至14th St, L至6th Ave, 1至18th St）如汪洋般众多的天鹅绒窗帘，垫得又厚又软的皮革躺椅，数量正好的裸露的墙砖，用醇香老酒精心调制的手工鸡尾酒——这些元素都成功地烘托了这里的气氛。只在周日到周二接受预订（推荐）。无论什么夜晚，打扮起来，进入无比奢华的时代吧。

★ BIRRERIA   啤酒城

见460页地图（☎212-937-8910；www.eataly.com；200 Fifth Ave, 靠近23rd St, Flatiron District；◎11:30~23:00；ⓈF/M, R/W, 6至23rd St）这个夹在熨斗区的公司大楼之间的屋顶啤酒花园是意大利美食商场Eataly（见179页）里最耀目的珍宝。百科全书式的啤酒单为酒客们提供了一些世界上最好喝的啤酒。如果饿了，那就尝尝这里拿手的啤酒炖猪肩肉，或者在啤酒城现场的快闪餐厅看看一年四季都在变化的菜单上有什么美食（主菜$17~37）。

前往这里的电梯很难找,在靠近23rd St的商店收银处。

OLD TOWN BAR & RESTAURANT 酒吧

见460页地图(⬛212-529-6732;www.oldtownbar.com;45 E 18th St,Broadway和Park Ave S之间,Union Square;⊙周一至周五11:30~23:30,周六 正午至23:30,周日 至22:00;⬛4/5/6,N/Q/R/W,L至14th St-Union Sq)这里看起来仍像1892年的样子,还是桃花心木吧台、原来的瓷砖地板和镀锡天花板——就像一个"旧时代男酒客爱来的地方(当然也包括女酒客:当在酒吧里吸烟还合法的时候,麦当娜在她的"坏女孩"MV中就是在这儿抽烟的)。酒吧也提供鸡尾酒,但大多数人都是来这喝啤酒吃汉堡($11.50起)的。

LILLIE'S VICTORIAN ESTABLISHMENT 酒吧

见460页地图(⬛212-337-1970;ww.lilliesnyc.com;13 E 17th St,Broadway和Fifth Ave之间,Union Square;⊙11:00至次日4:00;⬛4/5/6,L,N/Q/R/W至14th St-Union Sq)有些店的名字说明了它的一切,这家酒吧就是这样的。走进店内,有高高的镀锡天花板、红色天鹅绒双人沙发,墙上还挂着放在奢华的镀金镶框里的老照片,让你仿佛回到人们还穿衬裙用怀表的年代。食物和鸡尾酒都是当代口味的,不过气氛足以满足一切幻想。

FLATIRON ROOM 鸡尾酒吧

见460页地图(⬛212-725-3860;www.theflatironroom.com;37 W 26th St,Sixth Ave 和Broadway之间,Flatiron District;⊙周一至周五16:00至次日2:00,周六 17:00至次日2:00,周日至午夜;⬛R/W至28th St,F/M至23rd St)复古的壁纸、闪亮的枝形吊灯和手绘平顶镶板天花板,为这家适合成人喝酒的地方营造了恰到好处的优雅气氛,酒柜被灯光巧妙地照亮,里面装着少见的威士忌。好喝的鸡尾酒与高端食物拼盘相得益彰,从普罗旺斯柑橘汁浸橄榄盘装菜到面包片配腌渍猪颈肉(guanciale)和无花果,无所不有。大多数夜晚都有现场音乐演出,包括蓝草和爵士。强烈建议预订。

71 IRVING PLACE 咖啡馆

见460页地图(Irving Farm Coffee Company;⬛212-995-5252;www.irvingfarm.com;71 Irving Pl,18th St和19th St之间,Gramercy;⊙周一至周五 7:00~20:00,周六和周日 8:00起;⬛4/5/6,N/Q/R/W,L至14th St-Union Sq)从噼里啪啦敲击键盘打字的人到侃大山的朋友和学者,这家忙碌的咖啡馆里人一直都不少。精选的咖啡豆是在哈德逊河谷(Hudson Valley)的一个农场(距离纽约市90英里,约144公里)精心烘焙而成的,配有好吃的小食,比如Balthazar烘焙的羊角包、格拉诺拉麦片、鸡蛋料理、百吉饼和馅料厚实的三明治。

BEAUTY BAR 酒吧

见412页地图(⬛212-539-1389;www.thebeautybar.com/home-new-york;231E 14th St,Second Ave和Third Ave之间,Union Square;⊙周一至周五17:00至次日4:00,周六和周日14:00起;⬛L至3rd Ave)拥有20世纪90年代中期流行的俗丽风格,这个酒吧是对老式美容院的致敬。复古的原声带音乐、怀旧的酒吧氛围以及$10的美甲服务(还有一杯免费的Blue Rinse玛格丽特鸡尾酒,工作日18:00~23:00,周末15:00~23:00),吸引了一大批当地潮人前来。夜间娱乐活动还有喜剧表演和滑稽戏等。

PETE'S TAVERN 酒吧

见450页地图(⬛212-473-7676;www.petestavern.com;129 E 18th St,靠近Irving Pl,Gramercy;⊙周日至周三 11:00至次日2:30,周四至次日3:00,周五和周六 至次日4:00;⬛4/5/6,N/Q/R/W,L至14th St-Union Sq)这家酒吧拥有19世纪的古董镜、镀锡天花板和紫檀木的吧台,店内灯光昏暗,氛围独特,拥有各种纽约经典酒吧的特征。这里有好吃又实惠的汉堡,还有17种扎啤供你选择。不管是刚从戏院里出来的夫妇、爱尔兰移民,还是严谨的纽约大学的学生或是奇怪的名人(看看卫生间旁边的照片),都抵挡不住这儿的诱惑。

TOBY'S ESTATE 咖啡馆

见460页地图(⬛646-559-0161;www.

tobysestate.com；160 Fifth Ave, 20th St和21st St之间, Flatiron District；⏰周一至周五 7:00～21:00, 周六和周日 8:00～20:00；Ⓢ R/W, F/M, 6至23rd St）悉尼诞生、威廉斯堡发家的Toby's Estate，是曼哈顿手工咖啡文化发展的进一步佐证。该咖啡馆隐身在Club Monaco的深处，店里配备了一台定制的Strada浓缩咖啡机。加入咖啡控的行列，来这里尝尝醇厚浓郁的手工咖啡，其中最特别的是Flatiron Espresso Blend浓咖啡。这里也提供来自当地面包房的点心和三明治。

BOXERS NYC　　　　　　　　　同性恋酒吧

见460页地图（☎212-255-5082；www.boxersnyc.com；37 W 20th St, Fifth Ave和Sixth Ave之间, Flatiron District；⏰周一至周四 16:00至次日2:00, 周五 至次日4:00, 周六 13:00至次日4:00, 周日 13:00至次日2:00；Ⓢ F/M, R/W, 6至23rd St）这家同性恋运动酒吧位于熨斗区的核心地带，有很多啤酒和新的百威啤酒。电视上播放的足球比赛，酒吧里提供的布法罗烤鸡翅，还有无上装服务员，使客人源源不断。要是你以为Boxers里都是肌肉男，那就参加周二热门的"琐事之夜"，锻炼一下脑子吧。

 娱乐

PEOPLES IMPROV THEATER　　喜剧

见460页地图（简称PIT；☎212-563-7488；www.thepit-nyc.com；123 E 24th St, Lexington Ave和Park Ave之间, Gramercy；📶；Ⓢ F/M, N/R, 6至23rd St）找到这座有闪亮霓虹招牌的热闹的喜剧俱乐部，只用花很少的门票钱就能让你笑得前仰后合。晚上的演出既有独角喜剧、小品，也有音乐喜剧，演出地点或在剧场的主舞台，或在地下的休闲酒吧。这里还开设课程，比如即兴式演讲习班，时长3小时，授课地点在中城区的 **Simple Studios**（见466页地图；☎212-273-9696; http://simplestudiosnyc.com; 134 W 29th St, Sixth Ave和Seventh Ave之间, Midtown West；⏰周一至周五 9:00～23:00, 周六和周日 至22:00；Ⓢ 1, N/R至28th St）。有关所有课程和课程表的详细情况请查询官网。

IRVING PLAZA　　　　　　　　现场音乐

见460页地图（☎212-777-6817；www.irvingplaza.com；17 Irving Pl, 靠近 15th St, Union Square；Ⓢ 4/5/6, N/Q/R, L至14th St-Union Sq）Irving Plaza从1978年就开始营业了，它见证了包括雷蒙斯合唱团（the Ramones）、鲍勃·迪伦（Bob Dylan）、U2、珍珠果酱乐队（Pearl Jam）等各种大牌音乐人。从独立音乐人Sleater-Kinney到硬摇滚的代表Disturbed，如今这里是介于摇滚和流行音乐之间的绝佳舞台。舞台附近有舒适的听众席，夹层的观赏视角很好。

 购物

联合广场农贸市场　　　　　　　市场

见460页地图（Union Square Greenmarket; www.grownyc.org; Union Square, 17th St, Broadway和Park Ave S之间, Union Square；⏰周一、周三、周五和周六 8:00～18:00；Ⓢ 4/5/6, N/Q/R, L至14th St-Union Sq）如果偶遇纽约的顶级大厨在这里挑选食材，不必感到惊讶，毕竟这里毫无疑问是整个纽约最有名的市场。在摊位前走走刺激一下食欲，从产自纽约州北部的水果和蔬菜，到手工面包、奶酪和苹果酒，应有尽有。

ABC家私城　　　　　　　　　家庭用品

见460页地图（ABC Carpet & Home; ☎212-473-3000; www.abchome.com; 888 Broadway, 靠近E 19th St；⏰周一至周三、周五和周六 10:00～19:00, 周四 至20:00, 周日 11:00～18:30；Ⓢ 4/5/6, N/Q/R/W, L至14th St-Union Sq）家居设计师和室内装潢师进行头脑风暴、获取灵感的圣地，精心布置的6层商店里高高低低地摆满了各种各样、大大小小的家具摆设，很有品位。店里可以买到便于携带的小摆设、纺织用品和时尚的珠宝饰品，还有设计新颖的家具、设计师款的灯具、陶瓷器和古色古香的地毯。圣诞节期间来，整个商店都赏心悦目。

DSW鞋店　　　　　　　　　　　鞋

见460页地图（☎212-674-2146; www.dsw.com; 40 E 14th St, University Pl和Broadway之间,

步行游览
去吧，去广场吧

起点 麦迪逊广场公园
终点 DSW鞋店
距离 2英里（约3.2公里）；2小时

从郁郁葱葱的 ❶ **麦迪逊广场公园**（见177页）出发，那里散布着很多历史雕像和当代艺术装置。饿了的话，就到 ❷ **Shake Shack**（见177页）吃些美味的汉堡和薯条。离开公园之前，别忘了站在公园西南角远观醒目的 ❸ **熨斗大厦**（见177页），这是芝加哥建筑设计师丹尼尔·伯纳姆对第五大道和百老汇交会处的尴尬空间的巧妙回应。

沿着百老汇大街往南走，在21st St左转。过了Park Ave S，❹ **格拉梅西公园**（见178页）就在旁边。19世纪的传奇演员埃德温·布斯在16 Gramercy Park S度过了生命中的最后几年，而玛格丽特·汉密尔顿（其最知名的角色是米高梅经典电影《绿野仙踪》中的西方女巫）曾在34 Gramercy Park E居住了很久。15 Gramercy Park S上坐落着 ❺ **国家艺术俱乐部**（见178页），它曾出现在马丁·斯科塞斯的《纯真年代》和伍迪·艾伦的《曼哈顿谋杀疑案》中。

回头沿着20th St向西走，来到重建的 ❻ **西奥多·罗斯福出生地**（见177页），这里每小时都有团队游。位于百老汇大街和E 20th St交叉路口西南角的是古老的 ❼ **罗德与泰勒百货**（Lord & Taylor Building），它曾是著名的中城区百货公司的原址。

沿着百老汇大街继续向南，就到了 ❽ **联合广场**（见176页）的西北角。在 ❾ **联合广场农贸市场**采买些农产品、烘焙食品和鲜花，去西南角找找圣雄甘地的雕像，或是在周围的食品店买些吃的去公园里野餐，都很不错。还有精力的话，穿过Union Sq East（14th St），扎进 ❿ **DSW鞋店**逛逛，这个巨大的仓储式商店专卖各种打折力度很大的名品鞋子和配饰。你也可以一边试新鞋子，一边透过商店窗口欣赏公园和城市的美景。

Union Square; ⊙周一至周六 9:00~21:30, 周日 10:00起; ⑤4/5/6, N/Q/R/W, L至14th St-Union Sq)如果在你心中的天堂要能买到各种打折鞋子, 那一定要来这家庞大的男女皆宜的连锁店。这里出售从正式场合穿的鞋子到运动鞋等各式鞋子, 也不缺正流行和更高端的品牌。这里的额外福利是能毫无障碍地观赏联合广场公园的景色。这里一直都以打折力度大而出名。

FISHS EDDY　　　　　　　　家庭用品

见460页地图(☏212-420-9020; www.fishseddy.com; 889 Broadway, 靠近E 19th St, Union Square; ⊙周一至周四 9:00~21:00, 周五和周六 至22:00, 周日 10:00~20:00; ⑤R/W, 6至23rd St)高品质和俏皮的设计让Fishs Eddy多年来在赶时髦的纽约人中占有一席之位。商店有大量杯子、茶托、黄油碟、玻璃水瓶以及其他各种橱柜里能看到的物品。风格也各不相同, 既有色彩雅致的设计, 也有夸张又很好看的花样。

BEDFORD CHEESE SHOP　　　　食品

见460页地图(☏718-599-7588; www.bedfordcheeseshop.com; 67 Irving PI, 在E18th St和19th St之间, Gramercy; ⊙周一至周六 8:00~21:00, 周日 至20:00; ⑤4/5/6, N/Q/R/W, L至14th St-Union Sq)Bedford是布鲁克林最著名的奶酪商店的前哨站。无论你是刚刚品尝了蘸过苦艾酒的本地生牛奶奶酪, 还是澳大利亚的蒜香羊奶奶酪, 它们都只不过是这里200种美味奶酪的冰山一角。可以将奶酪与手工猪肉制品、熟食和即食三明治($8~11)配着吃, 还可以搭配一系列布鲁克林产的美食。

RENT THE RUNWAY　　　　　　服装

见460页地图(www.renttherunway.com; 30 W 15th St, Fifth Ave和Sixth Ave之间; ⊙周一至周五 9:00~21:00, 周六 至20:00, 周日 至19:00; ⑤L, F/M至14th St-6th Ave; 4/5/6, L, N/Q/R/W至14th St-Union Sq)在这个时装出租服务商的旗舰店, 任何人都可以为提前计划好或最后一分钟才决定要参加的活动得到性价比很高的时尚搭配建议($30)。这里出租的都是高端设计师[如纳西索·罗德里格斯(Narciso Rodriguez)、巴杰利·米施卡(Badgley Mischka)、妮科尔·米勒(Nicole Miller)]的产品。很适合想轻装上阵但又要抓人眼球的人。

ABRACADABRA　　　　　　时装和饰品

见460页地图(☏212-627-5194; www.abracadabrasuperstore.com; 19 W 21st St, Fifth Ave和Sixth Ave之间, Flatiron District; ⊙周一至周六 11:00~19:00, 周日 正午至17:00; ⑤R/W, F/M至23rd St)Abracadabra可不只是史蒂夫·米勒乐队(Steve Miller Band)的一首歌, 它还是一个满是恐怖的物品、戏服和魔法元素的大商场。货架上满是假发、化妆品、饰品等商品。喜欢这些东西的人不在这里刷爆卡都不舍得离开。

BOOKS OF WONDER　　　　　　书籍

见460页地图(☏212-989-3270; www.booksofwonder.com; 18 W 18th St, Fifth Ave和Sixth Ave之间, Flatiron District; ⊙周一至周六 10:00~19:00, 周日 11:00~18:00; ♿; ⑤F/M至Ave-14th St, L至6th Ave)这个绝妙的书店致力于呈现适合儿童和年轻人的图书, 下雨天带小家伙们来这里非常合适, 尤其是有儿童文学作家读书会或是有讲故事的人在场的时候。这里有很多以纽约为主题的图画书, 店里还有一个区域集中出售少见和二手的儿童书, 以及限量版的儿童书艺术作品。

🏃 运动和活动

JIVAMUKTI　　　　　　　　　瑜伽

见460页地图(☏212-353-0214; www.jivamuktiyoga.com; 841 Broadway, 2层, E 13th St和14th St之间, Union Square; 课时费 $15~22; ⊙上课时间 周一至周五 7:00~20:30, 周六和周日 7:45~20:00; ⑤4/5/6, N/Q/R/W, L至14th St-Union Sq)装修时髦的Jivamukti位于曼哈顿联合广场上, 占地面积达12,000平方英尺(约1116平方米), 在这里可以学习流瑜伽(Vinyasa)、哈他瑜伽(Hatha)和阿斯汤加瑜伽(Ashtanga)课程。无论是新手还是老手都有相应的课程可以参加, 该中心还有一

个有机素食咖啡馆。友情提示：著名影星乌玛·瑟曼（Uma Thurman）的弟弟德岑·瑟曼（Dechen Thurman）在这里授课。

SOUL CYCLE   骑自行车

见460页地图（☎212-208-1300；www.soul-cycle.com；12 E 18th St, Fifth Ave和Broadway之间, Union Square；课时费 $34；⊙上课时间 周一 7:00~19:30, 周二至周四 6:00~19:30, 周五 至18:00, 周六 8:30~16:00, 周日 至18:00; Ⓢ4/5/6, N/Q/R, L至Union Sq）Soul Cycle推行的健康处方（其一是动感单车课程，其二是舞蹈课程，其三是心理辅导课程）使锻炼变成了人们乐于接受的爽口良药。没有会费，因此游客也能和当地人一样骑上一把。你甚至有可能遇上名人——杰克·吉伦哈尔（Jake Gyllenhaal）据说有时也在这里上课。

中城区

东中城区 第五大道 西中城区和时代广场

区域亮点

❶ **洛克菲勒中心**（见198页）在令人叹为观止的观景台**峭石之巅**（Top of the Rock，见196页）上俯瞰纽约，辨识地标建筑，或者到五层楼之下的酒吧SixtyFive喝鸡尾酒，只接待成年人。

❷ **现代艺术博物馆**（见194页）欣赏毕加索、沃霍尔和罗斯科的作品，或者在这家轰动一时的博物馆里吃顿大餐或喝杯美味的鸡尾酒。

❸ **阿尔格西书店**（见223页）细细翻阅书架上精美的艺术印刷品和引人入胜的二手书，或者只是闻一闻愈发难以闻到的真正书店的味道。

❹ **林肯中心爵士乐厅**（见219页）喝杯马提尼酒，欣赏壮丽的天际线美景，沉醉于性感的午夜萨克斯。

❺ **百老汇**（见190页）让节奏感强、触及灵魂的百老汇音乐剧给生活添些激情。

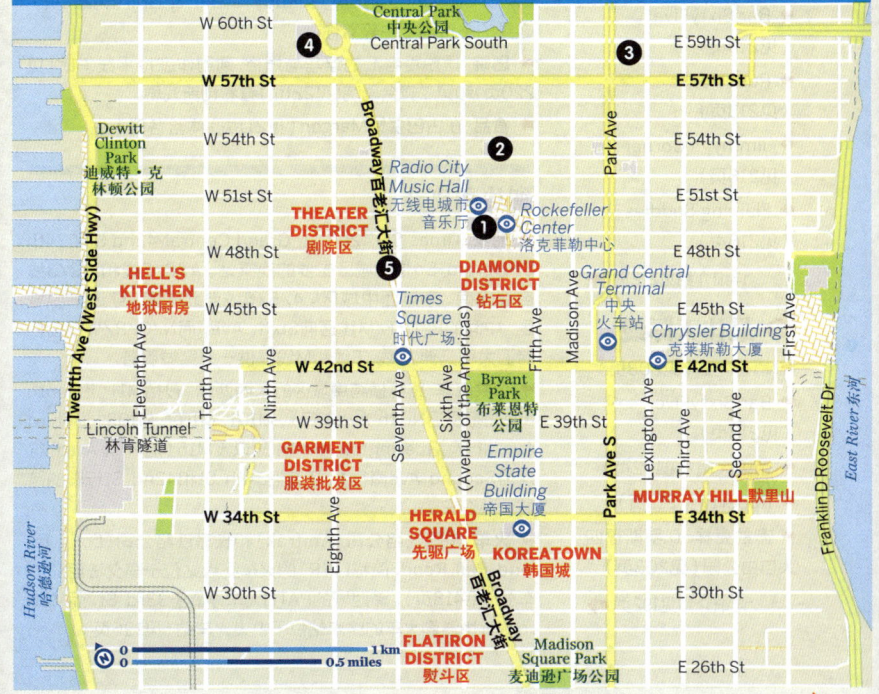

本地区的更多信息见462页和466页地图

独家贴士

如果你想在中城区的一流餐馆享受一把,又不想砸锅卖铁,那就去提供午餐套餐的餐馆吧。包括米其林星级餐厅Le Bernardin(见211页),套餐里也有些晚餐菜式。不同的餐馆,提前预订的时间不一样。预订Le Bernardin可能要等一个月,提供网上预订。

最佳就餐

- Le Bernardin(见211页)
- O-ya(见209页)
- Modern(见212页)

详细介绍见207页

最佳饮品

- Bar SixtyFive(见213页)
- Rum House(见213页)
- Jimmy's Corner(见216页)
- Flaming Saddles(见216页)

详细介绍见212页

最佳天际线

- 峭石之巅(见203页)
- Bar SixtyFive(见213页)
- 帝国大厦(见192页)
- Robert(见213页)
- 富兰克林·D.罗斯福四大自由公园(见203页)

详细介绍见192页

探索中城区

中城区很大很炫,适合边走边看。最华丽的第五大道让人初见就有种如梦似幻的感觉,这里有蒂芙尼(见223页)、广场酒店(见369页)、现代艺术博物馆(见194页)和洛克菲勒中心的峭石之巅观景台(见203页)。在东中城区可以轻松接触到摩根图书馆与博物馆(见202页)的珍贵手稿、中央火车站(见196页)的学院派风格建筑、克莱斯勒大厦(见199页)的装饰艺术大堂,还可以游览一下联合国总部(见202页)。如果是下雨天,就去参观阔气的纽约公共图书馆(见203页)。

在西中城区,设计与时尚爱好者们可以去艺术和设计博物馆(见206页)或时装技术学院博物馆(见207页)看看。在这两个建筑之间是耀眼的时代广场(见189页),夜间尤其壮观。这里有一个TKTS售票处(见191页),出售打折的百老汇门票。排队的人通常在17:30以后就少多了,不过聪明人会去人少点的南街海港分店买票。再往西是地狱厨房,有很多好吃的小餐馆和同性恋场所。

当地生活

- **平价酒吧** 烈性酒、松开的领带和一点点怀旧气息在Jimmy's Corner(见216页)和Rudy's Bar & Grill(见216页)之类的平价酒吧中等着你。
- **剧院** 摆脱百老汇的浮华与媚俗,到剧作家地平线影院(见220页)和第二舞台剧院(见221页)看看创新戏剧。
- **食品** 在古巴餐馆Margon(见211页)体验各群人生。

到达和离开

- **地铁** Times Sq-42nd St、Grand Central-42nd St和34th St-Herald Sq是中城区主要的换乘站。A/C/E线和1/2/3线自北向南,穿过西中城区。4/5/6线自北向南,穿过东中城区。中间的B/D/F/M线通向Sixth Ave,而N/Q/R/W线沿百老汇大街延伸。7线、E线和M线提供一些穿城服务。
- **公共汽车** 路线横跨中城区的东西两端。包括M11(沿Tenth Ave北行及沿Ninth Ave南行)、M101、M102、M103(沿Third Ave北行及沿Lexington Ave南行)以及M15(沿First Ave北行及沿Second Ave南行)。还有沿34th St和42nd St行驶的跨城公共汽车。
- **火车** 美国铁路公司(Amtrak)和长岛铁路公司(Long Island Rail Road,简称LIRR)的火车终点站位于宾夕法尼亚火车站(见418页)。泽西城的PATH火车停靠于33rd St,而Metro-North通勤火车的终点站位于中央火车站(见196页)。

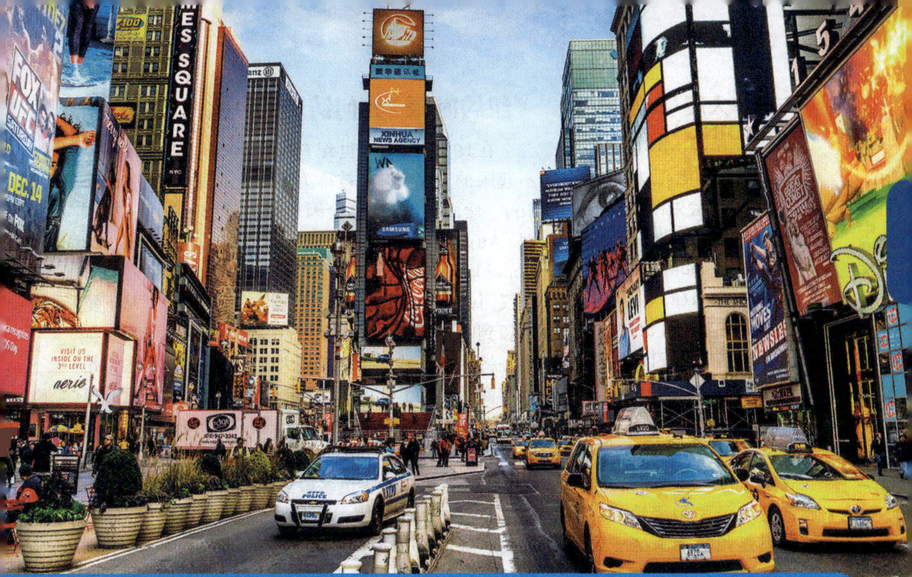

重要景点

时代广场（TIMES SQUARE）

LUCIANO MORTULA / SHUTTERSTOCK ©

不管你是爱它还是恨它，这个百老汇大街和Seventh Ave的交叉路口——更多地被称为时代广场——都是纽约市极度活跃的心脏地带。这是一股躁动不安、迷惑人心的洪流，由闪烁的灯光、巨大的广告牌和原始的都市能量交织而成，好像没有关闭键：这里凌晨也几乎同下午一样热闹。

狂乱的心

这里还是收集幻想的纽约：在1927年的电影《爵士歌手》（*The Jazz Singer*）中，阿尔·乔尔森（Al Jolson）与这里结缘；在1945年的对日作战胜利日，摄影记者阿尔弗雷德·艾森斯塔特（Alfred Eisenstaedt）在这里成功捕捉了水兵亲吻护士的瞬间；而艾丽西亚·凯斯（Alicia Keys）和杰斯（Jay-Z）更用歌词为这片钢筋水泥森林锦上添花。

但几十年前，这里是污秽潮湿的。20世纪70年代初期的经济崩溃致使大批公司离开了时代广场。广告牌熄灭了，商店关闭了，曾经气派的大酒店也被改造成了单间（SRO）小酒吧。尽管邻近的剧院区免遭于难，但其庄严的剧场不得不和色情电影院、脱衣舞俱乐部开在一起。不过，曾在竞选中发出豪言壮语的前市长鲁迪·朱利安尼（Rudolph Giuliani）改变了这一切。他在20世纪90年代增强了警力，还引来了一批“体面的”零售连锁店、餐馆和景点。到了新千年，时代广场已经不再禁止青少年进入，反而变得老少皆宜，每年这里都吸引近4000万名游客。

不要错过

- 从TKTS售票处的台阶上观赏时代广场
- 看一场百老汇演出
- 在R Lounge喝一杯
- 带着敬畏之心目视这一切令人眼花缭乱的繁华景象

实用信息

- 见466页地图，E5
- www.timessquare.org
- Broadway，靠近Seventh Ave
- S N/Q/R/W，S，1/2/3，7至Times Sq-42nd St

布里尔大厦（BRILL BUILDING）

地处百老汇大街和49th St交会处西北角的**布里尔大厦**（见466页地图；1619 Broadway, 靠近W 49th St; ⓈN/R/W至49th St; 1, C/E至50th St）被公认为是西方世界流行歌曲最重要的发源地。截至1962年，160多家音乐公司都曾以这里为基地，既有作曲家和管理者，也有唱片公司和经销商。这里是给艺术家的一站式服务商店，不用离开大厦，你就能在这里创作歌曲、聘请音乐家、剪辑样带并说服制作人完成制作。在这里录过音的传奇人物有卡洛尔·金（Carol King）、鲍勃·迪伦（Bob Dylan）和琼妮·米切尔（Joni Mitchell）。当他们离开这座大厦，毫无疑问很多人会直奔W 48th St, 那里有很多音乐商店，所以被称为音乐街（Music Row），非常有名。

终战之吻

1945年，阿尔弗雷德·艾森斯塔特成功捕捉到美国水兵亲吻护士的瞬间，这是时代广场终战之吻（Kiss-In）纪念活动的由来。为纪念第二次世界大战结束，每隔五年，成百上千对情侣聚集在广场上重现《生活》杂志（LIFE）封面上著名的一幕。

《纽约时报》如何铸造跨年夜

在19世纪末20世纪初的时候，时代广场是个不起眼的交叉路口，被称为朗埃克广场（Longacre Sq）。然而，这一切将会因地铁先锋奥古斯特·贝尔蒙（August Belmont）与《纽约时报》（*New York Times*）出版商阿道夫·奥克斯（Adolph Ochs）之间的协议而改变。贝尔蒙负责纽约第一条地铁线（从下曼哈顿到哈莱姆）的建设。他敏锐地意识到中城区商业中心将惠及此线（并获得最大收益）。贝尔蒙在为此地招商时接触了奥克斯，坚定认为迁往百老汇大街和42nd St的交叉路口对报社来说有两个好处：这不仅意味着报纸在地铁站内部能更快地流通，上下班时段涌入的人流也会购买更多报纸，贝尔蒙甚至说服了市长小乔治·B.麦克莱伦（George B McClellan Jr）给广场重新命名，以致敬这一报纸。1904~1905年的冬天，地铁站和《纽约时报》的新总部一起在时代广场一号（One Times Square）亮相。

为了纪念这次迁址，《纽约时报》在1904年举办了一次除夕聚会，并在摩天大楼顶层燃放了烟花。到1907年，这个广场的建筑物已经十分密集了，以至于烟花被视作一种安全隐患，于是，该报不得不寻找一种更吸引人的东西——一个重700磅（约318公斤）、木铁混合材质的球——来代替烟花。这个球自时代广场一号的顶部降落，以迎接1908年的到来。

每个除夕仍会有大约100万人聚集在时代广场附近，观看午夜时分从大楼上降落的沃特福德（Waterford）水晶球。抬头望去，很容易忘记在无数广告牌的层层遮挡之后，时代广场一号仍然还在。要想了解大楼在阿道夫·奥克斯那个年代是什么样子，可前往纽约公立图书馆（见203页）内漂亮的德威特·华莱士期刊阅览室（DeWitt Wallace Periodical Room），那里收藏着一些壁画家理查德·哈斯（Richard Haas）的画作，其中描绘了有轨电车时期的时代广场的模样。

剧院安家时代广场

至20世纪20年代，贝尔蒙关于时代广场的梦想超额实现。这里不仅是日益壮大的商业地区的心脏地带，而且还超过了联合广场成了纽约的剧院中心。这里建的第一座剧院是1893年开业的帝国（Empire），在百老汇大街上，位于40th St和41st St之间，现在早已经消失不见了。两年后，雪茄制造商及兼职喜剧编剧奥斯卡·汉默斯坦（Oscar Hammerstein）在百老汇建了奥林匹亚（Olympia）。1900年，他又在百老汇上建了共和国（Republic）——现在这里是儿童剧院**新胜利剧院**（New Victory；见466页地图；☏646-223-3010；www.newvictory.org；209 W 42nd St, Seventh Ave和Eighth Ave之间；🚇；Ⓢ N/Q/R/W, S, 1/2/3, 7至Times Sq-42nd St；A/C/E至42nd St-Port Authority Bus Terminal）。这些举动引出了一批新场馆，其中就有至今依旧活跃的**新阿姆斯特丹剧院**（New Amsterdam Theatre; Aladdin；见466页地图；☏844-483-9008；www.new-amsterdam-theatre.com; 214 W 42nd St, 在Seventh Ave和Eighth Ave之间；🚇；Ⓢ N/Q/R/W, S, 1/2/3, 7至Times Sq-42nd St; A/C/E至42nd St-Port Authority Bus Terminal）和**兰心大戏院**（Lyceum Theatre；见466页地图；www.shubert.nyc/theatres/lyceum; 149 W 45th St, Sixth Ave和Seventh Ave之间；Ⓢ N/R/W至49th St）。

20世纪20年代的百老汇以轻快的音乐剧闻名，通常融合歌舞杂耍表演和音乐厅的传统，创作出了科尔·波特（Cole Porter）的《让我们胡来》（Let's Misbehave）之类的经典曲调。同时，中城区的剧院区演变成了美国剧作家新秀的一个平台。其中最伟大的是尤金·奥尼尔（Eugene O'Neill）。1888年，他出生于时代广场上的巴雷特酒店（Barrett Hotel, 位于百老汇1500号，现在已经没有了）。他的许多作品都是在这里首次亮相的，其中有获得普利策奖的《天外边》（Beyond the Horizon）和《安娜·克里斯蒂》（Anna Christie）。奥尼尔在百老汇的成功为其他美国大戏剧家铺平了道路，比如田纳西·威廉斯（Tennessee Williams）、阿瑟·米勒（Arthur Miller）和爱德华·阿尔比（Edward Albee）。人才的激增促使了一年一度的托尼奖（Tony Awards）在1947年的设立。

精彩百老汇

时代广场附近有数十家百老汇或非百老汇剧院，上演着大型音乐剧以及新式和经典戏剧。除非你想看特定演出，在这个地区买票的最好也是最便宜的地方就是**TKTS售票处**（见466页地图；www.tdf.org/tkts; Broadway, 靠近W 47th St；⏰周一和周五15:00～20:00, 周二 14:00～20:00, 周三和周六 10:00～14:00和15:00～20:00, 周四 10:00～14:00, 周日 11:00～19:00；Ⓢ N/Q/R/W, S, 1/2/3, 7至Times Sq-42nd St）。你可以在这里排队买到当天的顶级百老汇和非百老汇演出的打折门票。智能手机用户可以下载免费的TKTS售票App，该应用程序提供百老汇和非百老汇演出节目单，还会实时更新当天售票情况。想好备选，以防首选的票售罄，千万不要从街上的黄牛党手里买票。

TKTS售票处本身也很有看点，楼顶的灯光照亮了27级红宝石色的台阶，在47th St的人行道上形成了一个16英尺（约4.9米）高的景观。

今日时代广场

标志性的沙漏形广场将繁忙喧嚣的大都市生活展露无遗。在纽约广场，凌晨两点和正午一样明亮，永远都熙熙攘攘，证明了纽约是座真真正正的不夜城。如果你沿着这短短一段的百老汇大街漫步时不曾感觉到哪怕一丝的惊叹之情，那你就该测下你的脉搏了。巨大的广告牌有半个摩天楼那么高，LED标牌上流光溢彩，播放着各种演出和表演。广场上混杂着来自世界各个角落的人和各式各样的角色形象（有芝麻街人物艾摩这种可爱型的、自由女神这类高贵庄严的，也有漫威英雄等流行文化形象，还有裸体牛仔这种十足的怪人）。四处逛逛，没几分钟你就能听到五花八门的语言，甚至比你知道的还多。这里是全世界庆祝除夕最有名的地点。假设你只有5分钟时间游览整个纽约市，你一定会想在这里度过。

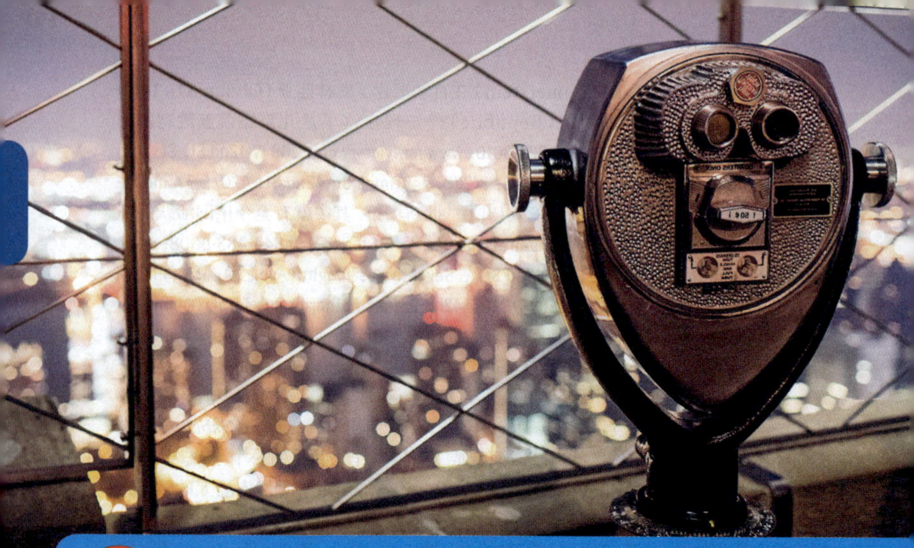

BENOIT DAOUST / SHUTTERSTOCK ©

重要景点

帝国大厦（EMPIRE STATE BUILDING）

克莱斯勒大厦可能更加美丽，新世贸大厦（One World Trade Center）可能更高，但纽约天际线之最依旧是帝国大厦。它是纽约最高的明星，从《金刚》到《独立日》，你能在超过100部的电影里看见它的特写镜头。登上大厦顶端和去熟食店品尝熏牛肉、黑麦和腌菜一样都是必做之事。

不要错过

- 日落时的观景台
- 周四至周六晚上的现场爵士乐

实用信息

- 见462页地图，B7
- www.esbnyc.com
- 350 Fifth Ave，靠近W34th St
- 第86层观景台 成人/儿童 $34/27，含第102层观景台 $54/47
- ⏲8:00至次日2:00；最后一班上升电梯 次日1:15
- Ⓢ4、6至33rd；Blue and Orange PATH至33rd St；B/D/F/M、N/Q/R/W至34th St-Herald Sq

数字解读

统计数据令人震惊：1000万块砖头、6万吨钢筋、6400个窗户和328,000平方英尺（约3万平方米）的大理石。它建在华尔道夫—阿斯托利亚酒店（Waldorf-Astoria）的原址上，其建设施工创下了耗时410天的记录，用了700万小时的劳动力，却仅花费了4100万美元。这听起来像是一大笔钱，但是比预算的5000万美元要少得多（也要归功于是在大萧条时期所建的）。它有102层，从上到下有1472英尺（约449米），1931年5月1日，这座石灰柱状建筑开始投入使用。20多年之后，《金玉盟》（*An Affair to Remember*）中黛博拉·蔻儿（Deborah Kerr）对加里·格兰特（Cary Grant）说的话依然正确："在纽约，这是我们离天堂最近的地方。"

观景台

只要你不是安妮·达罗（Ann Darrow；那个不幸被大猩猩金刚握在手里的女郎），前往帝国大厦的顶部还是挺轻松愉快的。这里有两个观景台。第86层的露天平台提供了一种户外体验，投币式望远镜能近距离看到这个大都市的风貌。再往上，封闭的第102层平台是纽约第二高的观景台，仅次于新世贸大厦的观景台。不用说，从这里俯瞰城市5个区（天气允许的话，还能看到5个邻近的州）的景色，相当精致美丽。两处观景台的日落景致都蔚为壮观，此时，城市在黄昏的余晖中渐渐笼上夜色。可惜，通往天堂的道路总是要穿过炼狱，前往楼顶需要排队，这过程很让人烦躁。

野心勃勃的天线塔

在第102层的观景台上有一扇锁着的、没有标记的门，这扇门通向迄今为止纽约最不靠谱的工程之一——一个用来停靠飞艇的狭窄平台。这个梦想的带头人是阿尔弗雷德·E.史密斯（Alfred E Smith），他在1928年竞选总统候选人失败后转而掌管帝国大厦工程的修建。当建筑师威廉·凡·阿伦（William Van Alen）向他透露其竞争对手克莱斯勒大厦修建了神秘的尖顶时，史密斯为了更胜一筹，马上宣布，他将在帝国大厦顶部为横跨大西洋的飞艇建造一个更高的碇泊塔。理论上说，这个计划看起来还不错，但这里有两处（重大的）疏忽：飞艇的两端都需要固定（并不仅是计划中的飞艇头部），乘客（搭着飞艇游览时）根本无法穿过巨大的氢气球而离开飞艇。然而，这一切都未能阻止他们的尝试。1931年9月，《纽约晚报》（*New York Evening Journal*）将理智抛到九霄云外，试图让一艘齐柏林飞艇停靠于此，并运送一堆刚从下曼哈顿印刷出来的报纸。几年后，一架飞机与该建筑相撞，酿成惨剧：1945年的一个雾天，一架B-25轰炸机撞上了第79层，导致14人死亡。

光之语言

自1976年以来，该建筑顶部的30层楼每晚都变换灯光的颜色，反映季节和假日的色调。有名的搭配包括适用于圣帕特里克节（St Patrick's Day）的橙色、白色和绿色；用于光明节的蓝色和白色；烘托圣诞节的白色、红色和绿色；以及用于6月周末的同性恋骄傲大游行（Gay Pride）的彩虹色。可以登录网站查询各种色彩搭配方案的完整信息。

同侪相比

帝国大厦是由业绩显赫的建筑事务所Shreve, Lamb and Harmon设计的。传闻，摩天大楼的概念始于威廉·兰姆（William Lamb）和建筑的联合投资者约翰·雅各布·拉斯科布（John Jakob Raskob）之间的一次会议。会上，拉斯科布撑着一只2号铅笔，问道："比尔，你可以把它建多高而又不会倒塌？"Shreve, Lamb and Harmon的其他项目还包括第五大道500号的摩天大楼。想比比它们谁更高，可以去第五大道和40th St交叉路口的东北角看看。

中城区 帝国大厦

重要景点
现代艺术博物馆（MUSEUM OF MODERN ART）

现代艺术博物馆里的顶级明星比奥斯卡庆功宴上的还多：有凡·高、马蒂斯、毕加索、沃霍尔、罗斯科、波洛克和布儒瓦等。自1929年建馆以来，这里搜集了超过20万件艺术品，记录了从19世纪晚期直至当今的各种创作。对于艺术爱好者，它是瓦尔哈拉圣殿（北欧神话中奥丁款待阵亡将士英灵的殿堂）；对于外行，它是短期速成班，一切都与艺术有关，令人沉醉。

收藏亮点

现代艺术博物馆的永久藏品分为四层。在举办重要的临时展览时，也许藏品摆放的顺序会稍微有所改变，不过印刷品、插画书和不容错过的当代美术馆通常都位于第二层，建筑、设计、素描和摄影位于第三层，油画和雕塑位于第四层和第五层。许多的名家大作都位于最上面两层，因此可以按照自上而下的顺序参观。必须要看的有，凡·高的《星月夜》（*Starry Night*）、塞尚的《沐浴者》（*The Bather*）、毕加索的《亚维农的少女》（*Les Demoiselles d'Avignon*）和亨利·卢梭（Henri Rousseau）的《沉睡的吉卜赛人》（*The Sleeping Gypsy*），更不用说那些标志性的美国作品，诸如沃霍尔的《金宝汤罐头》（*Campbell's Soup Cans*）和《金色的玛丽莲·梦露》（*Gold Marilyn Monroe*）、利希滕斯坦与之同样出名的《拿着球的女孩》（*Girl with Ball*）和霍珀（Hopper）让人难忘的《铁路边的房子》（*House by the Railroad*）。一般情况下，除了在

不要错过

➡ 凡·高的《星月夜》

➡ 爱德华·霍珀的《铁路边的房子》

➡ 安迪·沃霍尔的《金色的玛丽莲·梦露》

➡ 在Modern餐厅用餐

实用信息

➡ 见466页地图，G2

➡ www.moma.org

➡ 11 W 53rd St, Fifth Ave和Sixth Ave之间

➡ 成人/16岁及以下儿童$25/免费，周五16:00~21:00免费

➡ ⊙周六至周四 10:30~17:30；周五 至21:00

➡

➡ S E/M至5th Ave-53rd St; F至57th; E/B/D至7th Ave-57th St

公共假日，周一和周二是最适合参观的日子(也就是说那两天人最少)。周五晚上和周末拥挤得无法想象，让人心情沮丧。

抽象表现主义

现代艺术博物馆藏品的最大优势之一是抽象表现主义。这是于20世纪40年代在纽约兴起的一场激进运动，并在十年后蓬勃发展。这一所谓的"纽约画派"偏好于反叛个人主义和规模宏大的作品，帮助纽约这座大都市成为了西方当代艺术的中心。其中的名作有罗斯科(Rothko)的《橙色上的洋红、黑和绿》(*Magenta, Black, Green on Orange*)、波洛克(Pollock)的《一：第三十一号，1950》(*One: Number 31, 1950*)和威廉·德·库宁(Williem de Kooning)的《绘画》(*Painting*)。

艾比·奥尔德里奇·洛克菲勒雕塑花园

2004年，建筑师谷口吉生(Yoshio Taniguchi)对博物馆进行了广受好评的重建，将雕塑花园(Abby Aldrich Rockefeller Sculpture Garden)恢复到了菲利普·约翰逊(Philip Johnson)1953年设计的原貌，空间更大。菲利普·约翰逊形容这里就好像"户外的房间"，在温暖的晴天，人们很容易把这里当作一个舒适的露天休息区。一位似乎永远休息不够的居民就是阿瑞斯缇德·马约尔(Aristide Maillol)雕刻的《河流》(*The River*)，这个比真人还大的女性雕塑一直位于约翰逊最开始设计的花园里。她的一些好伙伴——如马蒂斯(Matisse)、米罗(Miró)和毕加索(Picasso)等名家雕刻的作品也在这里。悄悄坐落在花园东头的是水塔——一个由英国艺术家雷切尔·维利特(Rachel Whiteread)制作的半透明树脂雕塑。雕塑花园每天9:30~10:15免费开放，恶劣天气和维修期间除外。

电影放映和美术馆讲座

现代艺术博物馆(见466页)不仅仅是一座视觉艺术的宫殿，它还从收藏的22,000多部电影里筛选出绝对的经典进行放映，包括梅索兄弟(Maysles Brothers)的作品和皮克斯动画制作的每部影片。从获得奥斯卡提名的记录短片、好莱坞经典，到实验性作品及国际作品回顾展。凭博物馆门票可免费观看。

要深入探索博物馆的藏品，可参加博物馆午餐时段的读书会和讲座，就特定的作品和展览提出专业的见解，启发思考。讲座时间为每天11:30和13:30。最新话题，访问博物馆网站，搜索"Gallery Sessions"。

最佳提示

为了最大程度地利用好时间并制订参观计划，最好提前在网站上下载博物馆的免费智能手机应用程序。应用程序有几种语言可供选择。

休息一下

如果想在公共餐桌上休闲地用餐，就去**Cafe 2**(见466页地图；212-333-1299；www.momacafes.com；Museum of Modern Art, 11 W 53rd St, Fifth Ave和Sixth Ave之间, 2nd fl；三明治和沙拉 $8~14，主菜 $12~18；11:00~17:00，周五至19:30；S E, M至5th Ave-53rd St)品尝意式菜肴。如果注重餐桌服务，则选择**Terrace Five**(见466页地图；212-333-1288；www.moma.org；Museum of Modern Art, 11 W 53rd St, Fifth Ave和Sixth Ave之间；主菜 $12~19；周六至周四 11:00~17:00，周五至19:30；S E, M至5th Ave-53rd St)，那里的特色是能够俯瞰雕塑花园的户外露台。如果你想尝试高级餐厅，那就在米其林餐厅Modern(见212页)预订位置。

中城区 现代艺术博物馆

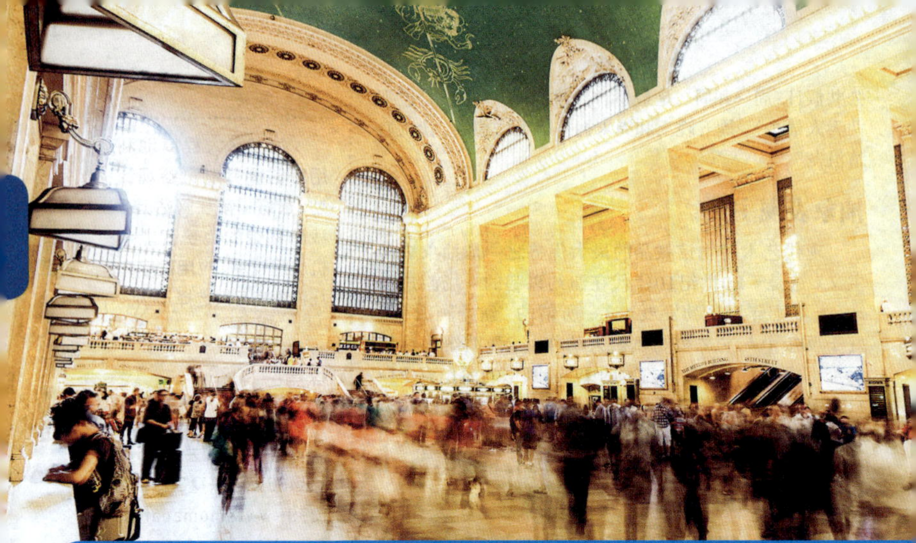

FERRAN TRAITE SOLER / GETTY IMAGES ©

重要景点

中央火车站（GRAND CENTRAL TERMINAL）

受到最初的宾夕法尼亚火车站启用的威胁，航运和铁路大亨考尼列斯·范德比尔特（Cornelius Vanderbilt）着手将他19世纪风格的中央火车站转型为20世纪的杰作。中央火车站是纽约最令人惊叹的学院派建筑风格。它的枝形吊灯、大理石、富有年代气息的酒吧和餐馆会将你带回那个火车旅行与浪漫并不相斥的时代。

面对42nd Street的外立面

中央火车站的底部铺着康涅狄格州斯托尼克里克（Stony Creek）花岗岩，顶层铺着印第安纳石灰石。车站正面的顶部是美国最伟大的纪念雕塑《商业的荣光》（*The Glory of Commerce*），是由法国雕塑家朱尔斯·费利克斯·康顿（Jules Félix Coutan）设计并在长岛市由当地雕刻家唐纳利（Donnely）和里奇（Ricci）制作完成的。1914年，这个作品完成之后就由起重机一块一块地吊了起来。雕塑的主人公是有翅膀的墨丘利，他是罗马的旅游和商贸之神。其左边是姿态异常温和的赫拉克勒斯，与此同时，密涅瓦——远古的城市守护者——则俯瞰着喧闹的42nd St。墨丘利脚下的时钟有世界上最大的蒂芙尼玻璃。

中央大厅（Main Concourse）

中央火车站的这张王牌与其说是一条通道，倒不如说是一个华丽的舞厅。地板上铺着田纳西州粉色大理石，而老式

不要错过

- 学院派建筑风格的主外立面
- 保罗·凯撒·埃勒创作的精美绝伦的壁画
- 在拉斐尔·古斯塔维诺设计的拱形天花板下品尝生蚝
- 在The Campbell喝鸡尾酒
- 在中央大市场大吃特吃

实用信息

- 见462页地图，C5
- www.grandcentralterminal.com
- 89 E 42nd St，靠近Park Ave
- ⏲5:30至次日2:00
- Ⓢ S，4/5/6，7至Grand Central-42nd St

的票务柜台则采用意大利的米黄大理石。拱形天花板（毫不夸张地说）营造出一种神圣的感觉，其上以绿松石色和金箔画就的壁画反向描绘了8个星座。难道是个错误？显然不是。其法国设计师、画家保罗·凯撒·埃勒（Paul César Helleu）希望以上帝的视角从外向内描画这些恒星。埃勒的这一设计最初是由纽约艺术家J.门罗·休伊特（J Monroe Hewlett）和查尔斯·贝辛（Charles Basing）以湿壁画的技法绘制而成，受潮损毁之后，查尔斯·贝辛于1944年按原作重新绘制了这幅画（可惜，没有采用湿壁画技法）。然而到了20世纪90年代，这幅壁画又再受损。修复建筑师贝尔·布兰德·贝勒（Beyer Blinder Belle）对作品进行了重新修复，但留下了一点痕迹（在西北角），以证明他们的工作有多出色。

回音廊、Oyster Bar & Restaurant和 The Campbell

这个有拱顶的平台就在连接中央大厅和范德比尔特大厅（Vanderbilt Hall）的廊桥的正下方，拥有中央火车站的奇妙特色之一——回音廊（Whispering Gallery）。如果你是跟朋友一块儿来的，那么你们可以远远地站在对角面，面对着墙低声说话，听听是什么效果。如果你的伴侣向你求婚（在这里是常有的事），穿过门，在**Grand Central Oyster Bar & Restaurant**（见210页）就能喝到冰镇的香槟酒。这里非常有气氛 [拥有由出生于加泰罗尼亚的工程师拉斐尔·古斯塔维诺（Rafael Guastavino）设计的拱形瓷砖天花板]，你一定要尝尝这儿绝对地道的生蚝。餐厅旁边的电梯通往另一个富有历史感的好地方：美味又有格调的酒吧The Campbell。

中央大市场

令人垂涎欲滴的食物在**中央大市场**（Grand Central Market；见462页地图；www.grandcentralterminal.com/market；Lexington Ave, 靠近42nd St, Midtown East；◎周一至周五 7:00~21:00, 周六 10:00~19:00, 周日 11:00~18:00）等着你的光顾，240英尺（约73米）长的走廊上摆满了新鲜农产品和手工美食。硬皮面包、水果挞、手工奶酪、鸡肉派、西班牙柑橘点心、水果、蔬菜和烘焙咖啡豆，简直应有尽有，尽情采购吧。

导览游

每天12:30，**Municipal Art Society**（见462页地图；☏212-935-3960；www.mas.org；团队游 成人/儿童 $25/20起）会组织穿越中央火车站的步行游览，时长75分钟。游览从中央大厅的信息亭出发。每周五12:30，中央火车站合伙人（Grand Central Partnership；见225页）会组织车站及周边社区的免费团队游，时长90分钟，从E 42nd St和Park Ave的西南角出发。

总统的秘密

华尔道夫-阿斯托利亚酒店（Waldorf-Astoria Hotel）下方隐藏着纽约中央火车站鲜为人知的61号站台。但是，总统富兰克林·德拉诺·罗斯福（Franklin D Roosevelt）却对这儿很熟悉。为了不让公众看到他患小儿麻痹症的痛苦，罗斯福充分利用了这个站台的货运电梯：只要刚一到车站，他就会被推出火车包厢，沿这个站台直接进入电梯……而公众对此毫不知情。

重要景点
洛克菲勒中心（ROCKEFELLER CENTER）

这个占地22英亩（约133.5亩）的"城中之城"在大萧条最严重的时期首次亮相。它用了9年的时间才建成，是美国第一个集零售、娱乐和办公于一体的多用途的空间——一个由多栋建筑（其中14栋是最初的装饰艺术风格建筑）、数个户外广场和许多大牌租户组成的现代主义风格建筑群。

不要错过

- ➡ 从观景台俯瞰全城
- ➡ 日落时在SixtyFive品尝鸡尾酒
- ➡ 荷西·马利亚·塞特的壁画《美国进步》
- ➡ 《周六夜生活》摄制现场（美国全国广播公司摄影棚之旅）
- ➡ 在中心的滑冰场溜冰

实用信息

- ➡ 见462页地图，B3
- ➡ 📞 212-332-6868
- ➡ www.rockefellercenter.com
- ➡ 从第五大道到Sixth Ave，在W 48th St和51st St之间
- ➡ ⓈB/D/F/M至47th-50th Sts到洛克菲勒中心

峭石之巅和公共艺术品

峭石之巅（见203页）就在通用电气大楼（GE Building）的顶部，中城区上空70层楼高的地方，这里的壮丽景观中包括在帝国大厦的楼顶上也看不到标志景观——帝国大厦本身。最好在日落前过去，欣赏这座城市由白天变为闪烁的黑夜（如果你已经在了，先把票买好，以避开傍晚的高峰）。如果你已年满21岁，那就去位于65层的鸡尾酒吧（见225页），那里同样能欣赏壮丽美景，还有调制完美的酒水……比峭石之巅的门票要便宜些。

洛克菲勒中心有30位伟大艺术家的作品，它们都是围绕着"人们站在十字路口，看起来很迷茫，但仍然对未来怀抱希望"的主题而创作的。保罗·曼希普（Paul Manship）捐赠了《普罗米修斯》（*Prometheus*）铜像，它俯瞰着下方的广场和国际大厦（International Building；第五大道630号）前面的《阿特拉斯》（*Atlas*）铜像。野口勇（Isamu Noguchi）的《新闻》（*News*）雕塑立在美联社大厦（Associated Press Building；洛克菲勒广场50号）入口的上方，而荷西·马利亚·塞特（José Maria Sert）的油画《美国进步》（*American Progress*）则挂在通用电气大楼的大厅里。

美国全国广播公司摄影棚之旅

电视喜剧《我为喜剧狂》（*30 Rock*）就是在通用电气大楼里火起来的，大厦是美国全国广播公司（NBC）电视台的真正所在地。从1250 Sixth Ave入内，1小时的美国全国广播公司摄影棚之旅（见225页）通常会访问8H演播室（Studio 8H），这是非常著名的《周六夜现场》（*Saturday Night Live*）节目拍摄地。团队游有严格的"无厕所政策"（提前清空膀胱！），强烈建议提前上网预订。穿过49th St，在广场对面是美国全国广播公司《今日》（*Today*）的玻璃幕墙的演播室，工作日每天7:00~11:00进行现场直播。想参观直播就6:00前来占个好位置吧。

洛克菲勒广场

在节日季期间，洛克菲勒广场有纽约最著名的圣诞树。感恩节过后，人们会举行隆重的圣诞点灯仪式。这个传统可追溯到20世纪30年代，那时的建筑工人们会在工地上摆一棵小小的圣诞树。树影下的**洛克菲勒中心滑冰场**（Rink at Rockefeller Center；见462页地图；📞212-332-7654；www.therinkatrockcenter.com；Rockefeller Center, Fifth Ave, W 49th St和50th St之间；成人 $25~32，儿童 $15，冰鞋租金 $12；⏱10月中旬至次年4月 8:30至午夜；👫；ⓈB/D/F/M至47th-50th Sts-Rockefeller Center）是纽约最有名的滑冰场。这里无比梦幻，但无可否认场地又小又拥挤。建议选择第一个溜冰时段（8:30），以免等太久。夏天溜冰场就变成了咖啡馆。

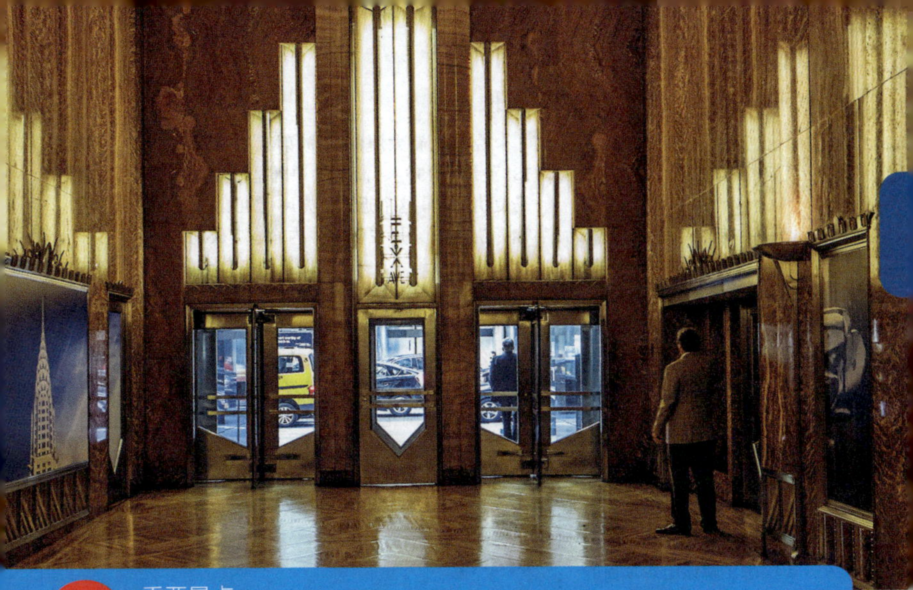

TRAVELVIEW / SHUTTERSTOCK ©

重要景点

克莱斯勒大厦（CHRYSLER BUILDING）

77层的克莱斯勒大厦令其他很多摩天大楼都看起来过于呆板保守了。1930年，威廉·凡·阿伦（William Van Alen）设计了这座大厦。它戏剧性地融合了装饰艺术和哥特美学，并用锐利的钢制雄鹰做装饰，大厦顶端还有一个尖塔，《科学怪人的新娘》（*Bride of Frankenstein*）就是在这上面尖叫的。这座斥资1500万美元的宏伟建筑最初是作为沃尔特·P.克莱斯勒（Walter P Chrysler）及其汽车王国的总部而建，如今依然是纽约最显眼的标志之一。

大厅

虽然克莱斯勒大厦没有餐厅或观景台，但它的大厅相当奢华，足可聊以自慰。沐浴在琥珀色的光芒中，大厅的爵士时代复古风与其深色且富有异国情调的非洲木材和大理石相得益彰，而与美国工业时代耀眼的人造钢材又形成了鲜明的对比。精心装饰的电梯非常漂亮，其上的埃及莲花图案由日本白蜡木、东方胡桃木和古巴的布丁李子木镶嵌制成。当门打开时，你几乎会以为贝蒂·戴维斯（Bette Davis；好莱坞著名影星）将昂首阔步地走出来。在头顶的天花板上，则是画家爱德华·特朗布尔（Edward Trumbull）的壁画《运输与人类的心血》（*Transport and Human Endeavor*）。据称，这个97英尺×100英尺（约29米×30米）的作品是世界上最大的壁画。它描绘了建筑、飞机和克莱斯勒装配线上勤劳的工人，展示了工业与现代化的光明前景。

不要错过

- 大厅天花板上的壁画《运输与人类的心血》
- 威廉·凡·阿伦设计的尖顶
- 外立面装饰
- 从Third Ave-44th St和帝国大厦上赏景
- 勒内·张伯伦和雅克·德拉马雷的浮雕艺术查宁大厦

实用信息

- 见462页地图，C5
- 405 Lexington Ave，靠近E 42nd St
- ⏲大厅 周一至周五 8:00~18:00
- Ⓢ S，4/5/6，7至Grand Central-42nd St

中城区

克莱斯勒大厦

《悬丝3》

克莱斯勒大厦的大厅和顶部曾在《悬丝3》（Cremaster 3; 2002年）中有过特写。这是一部先锋派影片，由屡获殊荣的视觉艺术家兼电影制作人马修·巴尼（Matthew Barney）制作。这是一个史诗般的电影五部曲中的第三部，片中有一个这座摩天大楼建筑的超现实镜头，它将爱尔兰神话、僵尸和警匪电影中的元素融合在了一起。想了解该电影项目的更多信息，请登录www.cremaster.net查看。

CLOUD CLUB

1930~1979年，这家著名的俱乐部就坐落在克莱斯勒大厦的顶部。在当时，这里的常客有企业大亨约翰·D. 洛克菲勒（John D Rockefeller）、出版业巨头康泰·蒙特罗斯（Condé Montrose）和拳坛传奇吉内·滕尼（Gene Tunney）。这个装饰艺术混搭狩猎小木屋风格的处所占据了66层到68层，由一个休息室、几个餐厅（包括沃尔特·克莱斯勒的私人房间）、数间厨房、一个理发店和一个更衣室组成。更衣室里还有几个在禁酒令时期用来藏酒的隐蔽的柜子。克莱斯勒曾经炫耀说他有城市里最高的厕所。

尖顶

克莱斯勒大厦由7个放射状的钢铁支架组成，其185英尺（约56米）高的尖顶既是现代工程的壮举，也是复仇之举。这个近200英尺（约61米）高的尖顶（被称为"天顶"）是在楼梯井内偷偷建成的，之后穿过一个假屋顶被运了上来，仅仅花了一个半小时就固定在了这里。它的出现让建筑师克雷格·瑟文斯（H Craig Severance）既震惊又愤怒——他曾希望他设计的位于华尔街的曼哈顿公司大楼能成为世界上最高的建筑。此外，当时的瑟文斯已经与克莱斯勒大厦的建筑师威廉·凡·阿伦（其从前的同事）因为个人原因闹翻了，这更加让他丢脸。1931年，更高的帝国大厦建成了，但克莱斯勒大厦作为20世纪的大胆壮举，仍使凡·阿伦尽享无上荣耀。

滴水兽

滴水兽雕像是尖顶建筑的忠实配角。几对闪闪发光的金属秃鹰看起来像是准备从61楼的拐角起飞，让建筑有了森然的哥特式风格。继续往下，在31楼，巨大的带翼轮毂与20世纪90年代晚期的克莱斯勒汽车的散热盖很相称。在Lexington Ave和43rd St的拐角处仰头就能够看到生动的滴水兽。

查宁大厦：附近的宝石

在克莱斯勒大厦的街道对面矗立着另一个装饰艺术的宝石：**查宁大厦**（Chanin Building；见462页地图；122 E 42nd St, 靠近Lexington Ave, Midtown East; Ⓢ S, 4/5/6, 7至Grand Central-42nd St）。1929年竣工的这座56层的红砖大厦，是无执照的建筑师欧文·S.查宁（Irwin S Chanin）的作品。为了实现梦想，他与正规的建筑公司Sloan & Robertson进行了合作。然而，这里最富吸引力的是建筑底座的一系列精美浮雕，它们由勒内·张伯伦（René Chambellan）和雅克·德拉马雷（Jacques Delamarre）创作。下方的鸟和鱼的浮雕营造出了一种天马行空的感觉，而上方满是各种植物雕刻的红砖则抢尽了风头。

重要景点
罗斯福岛（ROOSEVELT ISLAND）

罗斯福岛位于曼哈顿和皇后区之间的东河之上，长2英里（约3.2公里）。岛上有一片平平无奇的住宅区，除了坐空中缆车时快速观看景色外，一直为游客和本地人所忽略。但是如今小岛南端建起了富兰克林·D.罗斯福四大自由公园（见203页），成了吸引游客的一大去处。

不要错过

➡ 富兰克林·D.罗斯福四大自由公园
➡ 观景平台
➡ 空中缆车
➡ 伦威克天花医院遗址

实用信息

➡ 见462页地图，G1
➡ ⓈF至罗斯福岛，🚠从罗斯福岛空中缆车站，2nd Ave和E 60th St交叉路口

早期

坎纳西（Canarsee）部落印第安人把这片弹丸之地称作"美好的岛"（"Minnahanonck"），于1633年将其作为更大一片土地的一部分卖给了荷兰人；自那以后，这里被用于畜牧业，也被叫作"猪之岛"（"Varckens Eylandt"）。英国人占领这片区域后，小岛被授予给了纽约的治安官约翰·曼宁（John Manning）。他死后，所有权转移到他的继女布莱克维尔夫人手中，于是从17世纪80年代开始，这个岛就叫作布莱克维尔岛。1828年，市政府购得它的所有权，在这里建起了监狱和医疗机构，安置各种"不良分子"，其中就包括一家精神病院——医院北端的八角塔（Octagon tower）仍矗立于此，如今已是一个住宅建筑群的一部分了——而伦威克天花医院（Renwick Smallpox Hospital）破败瘆人的外立面仍然屹立在小岛南部。到20世纪中期，当时名为福利岛（Welfare Island）的小岛上，大部分机构设施都被关闭或遗弃了。20世纪70年代，纽约开始重新开发该岛，且为其重新命名，以此纪念富兰克林·D.罗斯福总统，一座座千篇一律的野兽派风格公寓楼沿着岛上唯一一条公路拔地而起。多年来，罗斯福岛唯一能带给游客的就是曼哈顿的景色和那个旧天花医院的遗址。

纪念总统

2012年，罗斯福岛终于在建筑图纸上留下了自己的名字，那年，占地4英亩（约24亩）的富兰克林·D.罗斯福总统纪念公园在岛的南端落成。公园是建筑家路易·卡恩（Louis Kahn）于1972年设计的，后来卡恩离世，又遇上纽约城几乎破产的情况，所以工程一拖再拖，拖了十年。尽管工期拖延了许久，但公园还是按照卡恩当年的设想建成了，只有稍许调整。走过一片边上栽着椴树的锥形草坪来到小岛一角，游客会看到一个视角宽阔的小平台，两侧各有一块巨大的北卡罗来纳花岗岩石板。入口处矗立着一座巨大的罗斯福总统半身铜像，雕像后的一块花岗岩上刻着他著名的"四大自由"演讲词。这是一座宁静肃穆的纪念碑，隐藏着很多不易发现的细节。

高科技未来

2017年，常青藤学校之一的康奈尔大学（Cornell University）和海法的以色列理工学院（Technion-Israel Institute of Technology）共同投资建设高级工程技术院校康纳尔理工学校（Cornell Tech），随着首期工程的开幕，罗斯福岛看到了崭新的未来。这所耗资20亿美元的高科技学校正在建设中，使用了一些世界上最节能的技术，计划在2037年前再分两个阶段完工。最终该学校将占地12英亩（约72亩），并承诺为该市创造28,000个新工作机会和几十亿美元的经济效益。

◉ 景点

◉ 东中城区

中城区闪耀着一个个世界闻名的景点，比如拥有巨大屏幕、令人眼花缭乱的时代广场、现代艺术的殿堂现代艺术博物馆、帝国大厦和洛克菲勒中心的观景台，以及外交机构联合国之旅。在它们的阴影之下，还蛰伏着很多知名度没那么高的文化景点，比如拥有令人叹为观止的手稿和室内装饰的摩根图书馆和博物馆（Morgan Library and Museum）、侧重时尚且免费参观的时装技术学院博物馆，以及新哥特主义的回归之作圣帕特里克大教堂。

中央火车站 历史建筑
见196页。

克莱斯勒大厦 历史建筑
见199页。

罗斯福岛 景区
见201页。

★ 摩根图书馆与博物馆 博物馆
见462页地图（Morgan Library & Museum; ☎212-685-0008; www.themorgan.org; 225 Madison, 靠近E 36th St, Midtown East; 成人/儿童 $20/免费; ⊙周二至周四 10:30~17:00, 周五至21:00, 周六 10:00~18:00, 周日 11:00~18:00; ⑤6至33rd St）这个豪华的文化中心将曾为钢铁巨头摩根大通公司（JP Morgan）所有的大楼纳入麾下，拥有数量惊人的手稿、挂毯和书籍（包括至少3部古登堡圣经）。摩根的私人书房有文艺复兴时期的意大利和荷兰艺术作品做装饰，唯一能超越它的当属其私人图书馆了（East Room），这个绝妙的带拱顶的房间摆放着胡桃木书架，有一幅16世纪的荷兰挂毯，天花板画着黄金十二宫。这里的轮换展览和定期举办的文化活动都很优秀。

联合国 历史建筑
见462页地图（United Nations; ☎212-963-4475; http://visit.un.org; 游客出入口First Ave 靠近46th St, Midtown East; 导览团队游 成人/儿童 $20/13, 5岁以下儿童不能入内, 进入庭院周六和周日免费; ⊙团队游 周一至周五 9:00~16:45, 游客中心 周六和周日 10:00~16:45同样开放; ⑤S, 4/5/6, 7至Grand Central-42nd St）欢迎来到联合国总部，这是一个监督审查国际法、国际安全和人权的世界性组织。由勒·柯布西耶（Le Corbusier）设计的秘书处大楼（Secretariat building）禁止入内。历时1小时的导览游包括修复后的联大会议厅（General Assembly Hall）、安理会会议厅（Security Council Chamber）、托管理事会会议厅（Trusteeship Council Chamber）、经济和社会理事会（Economic and Social Council, 简称ECOSOC）会议厅，以及关于联合国的工作情况或成员国捐赠的艺术品的展出。工作日的团队游必须要在网上预订，需持有照片的身份证件入内。

只有在周末才能自由进入游客中心（从43rd Street进入）。在联合国建筑群北部，严格地说是在国际领土上，有一个宁静的公园，这里有亨利·摩尔（Henry Moore）的《斜倚人像》（*Reclining Figure*）和其他一些以和平为主题的雕塑。

性爱博物馆 博物馆
见462页地图（Museum of Sex; ☎212-689-6337; www.museumofsex.com; 233 Fifth Ave, 靠近27th St; 成人 $17.50, 周六和周日 $20.50; ⊙周日至周四 10:00~21:00, 周五和周六 11:00~23:00; ⑤N/R至23rd St）在这座设计精巧的博物馆中，可以见到各种劲爆且让人大汗淋漓的东西，想知道网络恋物癖或绿头鸭中发生的同性恋恋尸癖等故事的内幕，就来这儿吧。轮换的临时展览包括网络性爱的探索和有争议艺术家的作品回顾，而永久展览里则陈列了情色石版画和令人尴尬的防性交中断设备。

日本协会 文化中心
见462页地图（Japan Society; www.japansociety.org; 333 E 47th St, First Ave和Second Ave 之间, Midtown East; 成人/儿童 $15/免费, 周五 18:00~21:00 免费; ⊙周二至周四 正午至19:00, 周五 至21:00, 周六和周日 11:00~17:00; ⑤S, 4/5/6, 7至Grand Central-42nd St）这个安静的文化中心里最为吸引人的是展现日本传统和当

代艺术、纺织品和设计的高雅展览，还有室内花园和水景观赏。这里的剧院会举办一系列的电影、舞蹈和戏剧表演，想更深入地了解，可以浏览科研图书馆的14,000册书，或是参加众多讲座或研讨会中的一场。

富兰克林·D.罗斯福四大自由公园　纪念碑

（Franklin D Roosevelt Four Freedoms Park；见462页地图；**☎**212-204-8831；www.fdrfourfreedomspark.org；Roosevelt Island；**◉**4月至9月 周三至周一 9:00~19:00，10月至次年3月 周三至周一 至17:00；**Ⓢ**F至Roosevelt Island，**▣**Roosevelt Island）**免费** 生动的设计、来自总统的灵感和令人耳目一新的纽约天际线景观是**富兰克林·D.罗斯福四大自由公园**的三大亮点。这个著名的纪念碑公园位于东河（East River）之上罗斯福岛的南端，是为纪念美国第32任总统及其在1941年所做的国情咨文演说而建造的。在这个演说中，富兰克林·罗斯福表达了他对以人类四大主要自由为基础的世界的渴望。这四大自由指的是言论自由、信仰自由、免于匮乏的自由和免于恐惧的自由。1973年著名的建筑师路易·卡恩（Louis Kahn）就设计了这个纪念碑公园，但直到2012年——路易·卡恩去世的38年后——它才完工。

等待是值得的。卡恩所设计的明亮的花岗岩图景在规模和效果上都颇具令人激动的电影画面感。一大片粗糙的台阶通往倾斜的三角形草坪。这片由菩提树环绕着的草坪沿美国雕刻家乔·戴维森（Jo Davidson）制作的罗斯福半身铜像舒柔延展。雕像的框架是一堵花岗岩墙，墙的背面刻着罗斯福的激昂演讲词。这面墙将半身像同其身后的"房间"分隔开，所谓"房间"，就是一个紧邻岛屿一角的沉寂的花岗岩平台。拍岸的波浪和眼前的天际线是那么的令人着迷。

尽管地铁F线能将你带到罗斯福岛，但乘坐东河之上的**空中缆车**（**☎**212-832-4583；http://rioc.ny.gov/tramtransportation.htm；60th St，靠近Second Ave；单程票 $2.50；**◉**周日至周四 6:00至次日2:00，周五和周六 至次日3:00，每15分钟一班；**Ⓢ**N/Q/R，4/5/6至Lexington Ave-59th St）却更为有趣。从罗斯福岛的缆车或地铁站出发向南走15分钟就能到达纪念碑。

南点公园　公园、遗迹

见462页地图（Southpoint Park；**☎**212-832-4540；East Rd，Roosevelt Island；**◉**6:00~22:00；**Ⓢ**F至Roosevelt Island，**▣**Roosevelt Island）罗斯福岛坐落在紧邻曼哈顿中城区的东河之上，而南点公园就在岛的最南端，这是片长满青草的保护区，有动人心魄的景色以及纽约历史上的一个独特部分：伦威克天花医院（Renwick Smallpox Hospital）遗址斑驳的墙和角楼，听说这是城里闹鬼最严重的地方。这是历史爱好者必须打卡的地方。

第五大道（Fifth Avenue）

帝国大厦　历史建筑

见192页。

洛克菲勒中心　历史建筑

见198页。

峭石之巅　瞭望台

见462页地图（Top of the Rock；**☎**212-698-2000，免费电话 877-692-7625；www.topoftherocknyc.com；30 Rockefeller Plaza，入口在W 50th St上，Fifth Ave和Sixth Ave之间；成人/儿童 $37/31，日出/日落组合 $54/43；**◉**8:00至午夜，最后一次电梯服务为23:00；**Ⓢ**B/D/F/M至47th St-50th St-Rockefeller Center）这个70层高的露天观景台位于洛克菲勒中心最高的摩天大楼通用电气大楼顶部，最初是为了向当时很有名的远洋客轮致敬而建的，并于1933年开放。峭石之巅比帝国大厦（见192页）还要好，因为人没那么多，观景台（不管是室内还是室外）也更宽敞，还能看到帝国大厦的盛景。

纽约公共图书馆　历史建筑

见462页地图（New York Public Library；Stephen A Schwarzman Building；**☎**212-340-0863；www.nypl.org；Fifth Ave，靠近W 42nd St交叉路口；**◉**周一和周四 8:00~20:00，周二和周三 8:00~21:00，周五 8:00~18:00，周六 10:00~18:00，周日 10:00~17:00，导览游 周一至周六 11:00和14:00，周日 14:00；**Ⓢ**B/D/F/M至42nd St-Bryant Park，7至5th Ave）**免费** 由"耐心"和"毅力"（俯瞰第五大道的石狮子）忠实地守

卫着，这个学院派建筑风格的华丽建筑是纽约市最具吸引力的免费旅游胜地之一。1911年，这个纽约的旗舰图书馆被评为在美国建造的最大的大理石建筑。直到今天，最近修复过的玫瑰主阅读室（Rose Main Reading Room）仍能用它奢华的格子天花板让你叹为观止。这只是图书馆中的几处亮点之一，其他还有德威特·华莱士期刊阅读室（DeWitt Wallace Periodical Room）。

这座杰出的建筑内藏有几乎所有著名英语作家珍贵的笔记手稿，还有一本原版的《独立宣言》（*Declaration of Independence*）和一本《古登堡圣经》（*Gutenberg Bible*）。地图区同样令人震惊，集合了431,000张地图、16,000本地图集和有关制图学的书籍，时间上可以从16世纪追溯到现在。要想彻底探索由书籍、艺术、和建筑装饰图盘组成的这小小世界，可以加入从亚斯特大厅（Astor Hall）出发的免费导览游，或在亚斯特大厅的信息台领取免费语音导览器。

纽约公共图书馆会在其分馆举办一系列的讲座、公共研讨会和讲习班，以保持新鲜活力，其主题涉及当代艺术和简·奥斯汀（Jane Austen）的文艺作品等。位于42nd St的这家主馆里有其中最好的一些。你可以在图书馆的网站上搜索所有活动。

布莱恩特公园 公园

见462页地图（Bryant Park；☎212-768-4242；www.bryantpark.org；42nd St, Fifth Ave和Sixth Ave之间；⊙6月至9月 周一至周五 7:00至午夜，周六和周日 至23:00，其他月份时间缩短；Ⓢ B/D/F/M至42nd St-Bryant Park；7至5th Ave）欧洲咖啡厅、露天棋牌游戏、夏季的电影放映和冬季的滑冰：一切很难让人相信这片绿洲

中城区摩天大楼

中城区的天际线可不仅仅只有帝国大厦和克莱斯勒大厦。这里还有数不尽的现代主义和后现代主义风格的美丽的大厦，能满足最大胆的高层建筑之梦。以下是中城区大楼中最好的6座：

西格拉姆大厦（Seagram Building；1956~1958年；514英尺，约156米）38层的**西格拉姆大厦**（见462页地图；100 E 53rd St, 靠近Park Ave, Midtown East；Ⓢ 6至51st St; E, M至Fifth Ave-53rd St）经常出现在教科书中，是世界上国际风格建筑的最佳范例。该项目的首席设计师路德维希·密斯·凡·德·罗（Ludwig Mies van der Rohe）是当时的现代艺术博物馆馆长亚瑟·德雷克斯勒（Arthur Drexler）推荐的。密斯用矮墙、廊柱状柱子和铜制镀层巧妙地借鉴了古希腊的风格。

利华大厦（Lever House；1950~1952年；306英尺，约93米）21层的**利华大厦**（见462页地图；390 Park Ave, 53rd St和54th St之间, Midtown East；Ⓢ E, M至5th Ave-53rd St）自1952年首次亮相，其高度是数一数二的。除了这里，联合国秘书处大楼是当时唯一使用玻璃幕墙的摩天大楼，这是一种重新定义都市建筑的创新之举。建筑的形状也同样大胆：两个对立的矩形组成了一个细塔，立于一个低层底座之上。开放式庭院内有日裔美国雕塑家野口勇制作的大理石长椅，而大堂里则展示了为这片空间特别设计的当代艺术。

花旗集团中心（Citigroup Center；1974~1977年；915英尺，约279米）有令人震撼的三角形屋顶和糖果般的条纹外观，休·斯塔宾斯（Hugh Stubbins）设计的59层的**花旗集团中心**（见462页地图；139 E 53rd St, 靠近Lexington Ave, Midtown East；Ⓢ 6至51st St; E, M至Lexington Ave-53rd St）标志着国际上流行的平顶庄重风格正在转变。更加令人吃惊的是建筑底座，它被分隔成了四角，使建筑惊人地凌驾于一个十字形的基座之上。这种特别的结构照顾到了建在西北角上的圣彼得路德教会教堂（St Peter's Lutheran Church），该教堂取代了在摩天大楼建设期间被拆除的原新哥特式教堂。

赫斯特大厦（Hearst Tower；2003~2006年；597英尺，约182米）这座46层的大厦（见466

在20世纪80年代曾被讽刺为"针尖公园"。它隐身在学院派建筑风格的纽约公共图书馆的后面,是个新奇有趣的地方,可以让你暂时远离中城区的疯狂。想上意大利语启蒙课、瑜伽或杂耍课,或者参加知识问答比赛或观鸟之旅?这个公园每天都提供各种奇特的活动。

最吸引人的要属布鲁克林制造的可供乘坐的法式**旋转木马**(Le Carrousel;见462页地图; W 40th St, 靠近Sixth Ave; 乘坐 $3;⊙1月11:00~21:00, 6月至10月 至20:00, 其他月份时间缩减)。还有其他一些常见的活动,包括布莱恩特公园的夏季电影节,很多人都喜欢在下班后带着奶酪和葡萄酒来这里野餐。圣诞节期间,这里则变成了一个冬日仙境,公园周围有很多兜售节日礼物的小商贩,公园中间还有一个很受欢迎的溜冰场。到了春天,很多纽约人都爱到优雅的**Bryant Park Grill**(见462页地图;☎212-840-6500; www.arkrestaurants.com/bryant_park; 主菜 $19~47;⊙11:30~15:30和17:00~23:00)举办婚礼。只要没因私人活动歇业,黄昏时分在这个露天酒吧来一杯鸡尾酒再适合不过了。在它隔壁,是其更加随意的户外姊妹店**Bryant Park Café**(见462页地图;☎212-840-6500; www.arkrestaurants.com/bryant_park; 主菜 $15~45;⊙4月中旬至11月 7:00~22:00),这是一个下班后放松的好地方。

圣帕特里克大教堂 教堂

见462页地图(St Patrick's Cathedral;☎212-753-2261; www.saintpatrickscathedral.org; Fifth Ave, E 50th St和E51st St之间;⊙6:30~20:45; ⓢB/D/F/M至47th St-50th St-Rockefeller Center, E/M至5th Ave-53rd St)2015年,耗资2亿美元的重修完工,这座美国最大的天主教堂

页地图; 949 Eighth Ave, 56th Ave和57th St之间, Midtown West; ⓢA/C, B/D, 1至59th St-Columbus Circle)是纽约当代建筑中最富创意的工程之一,也是纽约最环保的大厦之一:大约90%的结构用钢材都来自回收资源。它出自Foster & Partner建筑事务所之手,其斜构桁架网格让人联想到参差不齐的玻璃与钢材质的蜂巢。这座大厦耸立于约翰·厄本(John Urban)1928年以铸石建造的赫斯特杂志大厦(Hearst Magazine Building)挖空的中心之上,大厅里有理查德·朗(Richard Long)的壁画《河流》(*Riverlines*), 70英尺(约21米)长的壁画使用了取自纽约哈德逊河和英格兰埃文河的泥土。

美国银行大厦(Bank of America Tower; 2004~2009年; 1200英尺, 约366米)由Cook & Fox建筑事务所设计的**美国银行大厦**(One Bryant Park;见466页地图; Sixth Ave, 42nd St和43rd St之间; ⓢB/D/F/M至42nd St-Bryant Park)拥有引人注目的水晶体外形、255英尺(约78米)高的尖顶和令人羡慕的绿色证书,并因此闻名遐迩。统计数据令人印象深刻:一个清洁燃烧的现场热电厂每年可以满足大厦约65%的电力需求,检测二氧化碳的空气过滤器能将过滤后的含氧空气疏导到需要的地方,甚至还有为防止空载而设计的目的楼层控制电梯。这个堪称典范的摩天大楼是北美第六高大厦, 2010年荣获了由高层建筑与城市人居奖理事会评出的"全美最佳高层建筑"。

公园大道432号(432 Park Avenue; 2011~2015年; 1396英尺, 约425米)公园大道432号(见462页地图; 432 Park Ave, 56thSt和57thSt之间, Midtown East; ⓢN/Q/R至Lexington Ave-59th St)是乌拉圭建筑师拉斐尔·维诺利(Rafael Viñoly)设计的超高住宅楼,耗资13亿美元,它是"瘦即时尚"的典型。干净、白色的立方体外观,灵感来自奥地利设计师约瑟夫·霍夫曼(Josef Hoffman)在1905年设计的垃圾桶,大楼仿佛一个修长得不可思议的方型管子出现在中城区的天际线上。目前它是纽约第二高建筑,只比新世贸大厦矮。如果依照实际屋顶高度来衡量,它实际上比位于市中心的尖顶新世贸大厦还高28英尺(约8.5米)。

以哥特复兴式的壮丽景貌再次给第五大道增添光彩。教堂始建于南北战争时期,花费了近200万美元,最初并没有前面的两个尖顶,它们是在1888年加上去的。走进教堂,可以欣赏路易斯·蒂芙尼(Louis Tiffany)设计的祭坛和查尔斯·康尼可(Charles Connick)设计的令人惊叹的圆花窗——后者在教堂7000个管子组成的管风琴上方闪闪发亮。每周都有几天会组织导览游,不需预约即可参加;登录网站查询详情。

祭坛后面的地下墓穴里有每一位纽约红衣主教的棺材和皮埃尔·图桑(Pierre Touissant)的遗体。皮埃尔·图森是穷人们的斗士,是第一位成为圣徒的非裔美国人。

佩利媒体中心
文化中心

见462页地图(Paley Center for Media; ☎212-621-6800; www.paleycenter.org; 25 W 52nd St, Fifth Ave和Sixth Ave之间;建议捐赠 成人/儿童 $10/5; ⏰周三和周五至周日 正午至18:00,周四 至20:00; ⓈE, M至5th Ave-53rd St)这个流行文化的大仓库在其计算机目录上提供了世界范围内的160,000多个电视和广播节目。雨天里,在其中一个中控台重温你最喜欢的电视节目是种纯粹的幸福,定期举办的办电影放映、节庆活动、演讲和表演也非常棒。

◉ 西中城区和时代广场 (Midtown West & Times Square)

时代广场
景区

见189页。

现代艺术博物馆
博物馆

见194页。

无线电城市音乐厅
历史建筑

见466页地图(Radio City Music Hall; www.radiocity.com; 1260 Sixth Ave, 靠近W 51st St; 团队游 成人/儿童 $27/20; ⏰团队游 9:30~17:00; ♿; ⓈB/D/F/M至47th-50th Sts-Rockefeller Center)这座现代派建筑风格的壮观电影宫殿是歌舞杂耍表演制作人塞缪尔·莱昂内尔·"罗克西"·洛瑟菲尔(Samuel Lionel 'Roxy' Rothafel)的智慧结晶。罗克西可不是个省油的灯,1932年12月23日,他以一场极其铺张华丽的娱乐表演为该场馆拉开帷幕,其中包括舞蹈团Roxyettes(好在后来更名为Rockettes)。75分钟的导览游带你欣赏剧院内部的华丽建造,包括异常壮观的礼堂,楼下女士休息室中有维托德·戈登(Witold Gordon)受古典主义启发创作的壁画《化妆品的历史》(History of Cosmetics),还有极为私密的VIP洛克西包房(VIP Roxy Suite)。

如果你在这里观看演出,要注意:这里的气氛与剧院的庄严华丽并不相配。尽管如此,演出阵容里还是常有些难得的天才,比如劳伦·希尔(Lauryn Hill)、洛福斯·温莱特(Rufus Wainwright)、艾瑞莎·富兰克林(Aretha Franklin)和多莉·帕顿(Dolly Parton)等人都曾在这儿演出过。虽然"火箭女郎舞蹈团"(Rockettes)这个名字吸引了最为愤世嫉俗的纽约人的眼球,但喜欢浮华和媚俗范儿的粉丝们可能只有在年度的圣诞奇观秀上才能从她们的表演中获得兴奋感。

在Sixth Ave入口附近的糖果店能买到当日门票,但也可以考虑多花$5.50在网上订票,因为票卖得很快,特别是在雨天。

艺术和设计博物馆
博物馆

见466页地图(Museum of Arts & Design, 简称MAD; ☎212-299-7777; www.madmuseum.org; 2 Columbus Circle, Eighth Ave和Broadway之间;成人/18岁及以下 $16/免费,周四 18:00~21:00 捐赠入场; ⏰周二至周日 10:00~18:00, 周四 至21:00; ♿; ⓈA/C, B/D, 1至59th St-Columbus Circle)这里的4个楼层展示着绝佳的设计和手工艺品,如吹制玻璃、木雕和精致的金属首饰。这里的临时展览一流又新颖,曾经有一场展览探索了气味的艺术。在每月的第一个周日,专业的艺术家们将带领你进行美术馆的探索,适合全家参与,随后你可以根据当时的展览所激发的灵感自己动手制作艺术品。博物馆礼品店出售一些精美的当代珠宝,而位于9层的餐厅兼酒吧Robert(见213页)则是欣赏景色、品尝鸡尾酒的绝佳去处。

"无畏号"海洋航空航天博物馆 博物馆

见466页地图(Intrepid Sea, Air & Space Museum; ☎877-957-7447; www.intrepidmuseum.org; Pier 86, Twelfth Ave 靠近W 46th St; 成人/儿童\$33/21, 纽约居民享受折扣; ⏰4月至10月 周一至周五 10:00~17:00, 周六和周日 至18:00, 11月至次年3月 周一至周日 10:00~17:00; 🚌M42, M50西行至12th Ave, 🚇A/C/E至42nd St-Port Authority Bus Terminal)美国军舰"无畏号"在"二战"的炸弹和神风特攻中幸存了下来。幸运的是,这个笨重的航空母舰现已不再承担如此重任,转而变成了一家价值几百万美元的互动式军事博物馆,通过视频、历史文物和仿佛被时间尘封的宿舍来讲述它的历史。飞行甲板上摆放着的战斗机和军事直升机,可能会让你想要试一试博物馆的高科技飞行模拟器。轮换的主题展览也很有趣。

乘坐G Force Encounter可以让你体验超音速喷气式飞机飞行的刺激,此外还有Transporter FX, 一个能保证6分钟"完全感官超载"的飞行模拟器。这家博物馆也是导弹潜艇咆哮号(幽闭恐惧症者勿入)、退役的协和式超音速客机(Concorde)和前美国国家航空和航天局(NASA)的航天飞机"企业号"(Enterprise)的所在地。

时装技术学院博物馆 博物馆

见466页地图(Museum at FIT; ☎212-217-4558; www.fitnyc.edu/museum; 227 W 27th St, 靠近Seventh Ave, Midtown West; ⏰周二至周五正午至20:00, 周六 10:00~17:00; 🚇1至28th St) **免费** 时装技术学院(The Fashion Institute of Technology, 简称FIT)号称收藏了世界上最多的服装、纺织品和配饰。据最新统计,这里有从18世纪到今天的50,000多件展品。该博物馆以创新的轮换展览展示了永久的藏品和租借的珍品。除展览外,博物馆还举办电影放映和讲座,资历丰富的时尚设计师和评论家都会前来参加。

先驱广场 广场

见466页地图(Herald Square; Broadway、Sixth Ave和34th St交叉路口; 🚇B/D/F/M, N/Q/R至34th St-Herald Sq)百老汇大街、Sixth Ave和34th St相交会的这个拥挤路口因坐落着巨型百货公司梅西百货(Macy's, 见224页)而广为人知。在梅西百货还有一些原始的木质电梯可供乘坐。作为纽约"时代广场无交通"计划的一部分,你也可以(试着)在商店外面的草坪长椅上休息一下,就这么躺在交通拥挤的百老汇的中心。向东一个街区就是韩国城的餐厅。

🍴 就餐

除去平庸的连锁快餐店和敲游客竹杠的餐厅——它们大都在时代广场和剧院区附近——中城区的其他烹饪都相当不错,这里有20多个米其林星级餐厅。尝一尝"咖喱山"地区(**Lexington Ave**, 大约在**28th St**和**33rd St**之间)实惠地道的咖喱辣虾(**chingudi jhola**), 或是W 52nd St上很受追捧的拉面。没准儿你更乐意在地下酒吧的汉堡店里享用芝士汉堡,或是在怀旧的餐馆中品尝古巴三明治。还有地狱厨房地区的**Ninth Ave**和**Tenth Ave**, 这是个不断发展、越来越夺人眼球、颇受当地人喜爱的餐饮街。好了,准备大快朵颐吧!

🍴 东中城区和第五大道

ESS-A-BAGEL 熟食 \$

见462页地图(☎212-980-1010; www.ess-a-bagel.com; 831 Third Ave, 靠近51st St, Midtown East; 百吉饼三明治 \$3~4.55; ⏰周一至周五 6:00~21:00, 周六和周日 至17:00; 🚇6至51st St; E/M至Lexington Ave-53rd St)新鲜可口的百吉饼让这家犹太熟食店名副其实。告诉百吉饼售卖者你想吃哪种,然后从庞大的柜台选择奶油干酪和其他三明治馅料。如果想吃经典口味,可以选择葱油干酪加熏鲑鱼、刺山柑花蕾、番茄和红洋葱(\$4.55)。如果天气好,可以右转到51st St街上,去美丽的格林埃克公园(Greenacre Park)享用午餐。

注意: 在周末等着买熟食的顾客经常排起特别长的队。

★ SMITH 美国菜 \$\$

见462页地图(☎212-644-2700; http://thesmithrestaurant.com; 956 Second Ave, 靠近

步行游览
地标建筑

起点 中央火车站
终点 洛克菲勒中心
距离 1.8英里（约2.9公里）；3.5小时

就从学院派建筑奇观❶**中央火车站**（见196页）开启你在中城区的漫步之旅吧。仰望中央大厅的星空穹顶，或是去中央大市场挑些美味佳肴。

出来走到Lexington Ave，沿44th St向西走一个街区来到Third Ave，一睹❷**克莱斯勒大厦**（见199页）的风采。沿Third Ave一直走到42nd St，右转后就进入了克莱斯勒大厦装饰艺术风格的华丽大堂。这里有大量异国情调的镶嵌木、大理石，还有传说中世界上最大的天花板壁画。

在42nd St和第五大道的拐角处坐落着庄严的❸**纽约公共图书馆**（见203页）。走进图书馆，一窥令人惊叹的玫瑰阅览室，然后在附近的❹**布莱恩特公园**（见204页）品尝你在市场上购买的美味。

在42nd St和Sixth Ave的西北角耸立着❺**美国银行大厦**（见204页）。它是纽约第四高的建筑，也是最为环保的建筑之一。

沿着Sixth Ave向北走到47th St，位于Sixth Ave和第五大道之间的是❻**钻石区**，这里有2600多家独立经营的店铺，销售钻石、黄金、珍珠、宝石和手表等。

朝第五大道的方向走，那里聚集着犹太商人。接着向左转入第五大道，欣赏壮丽的❼**圣帕特里克大教堂**（见205页）。这里迷人的玫瑰窗是美国艺术家查尔斯·康尼可（Charles Connick）的作品。

最后一站是❽**洛克菲勒中心**（见198页），一片宏伟的建筑群，充满了装饰艺术风格的摩天大楼和雕塑。从49th St和50th St之间进入主广场，可以看到金色的普罗米修斯塑像。致敬后，你有两个选择：要么前往通用电气大楼70楼的❾**峭石之巅**（见203页）观景台（可在网上订票，以免排长队）欣赏那令人难忘的景观，要么就在下午5点之后直奔Bar SixtyFive（见213页），一边喝酒一边欣赏天际线。

51st St, Midtown East; 主菜 $17~32; ◷周一至周四 7:30~23:00, 周五至次日1:00, 周六 9:00至次日1:00, 周日 9:00~23:00; 🛜; ⑤6至51st St) 这家时尚热闹的餐厅室内呈工业风, 酒吧气氛不错, 食物也颇为精美。大部分食物都是从原材料开始加工的, 季节性的菜肴是怀旧的美国风和意大利灵感的结合(就是辣薯片配蓝纹奶酪火锅, 鸡肉派配切法奶酪细香葱饼干, 西西里烤鸡蛋加洋蓟、菠菜和辣番茄酱)。

提前预订周末的早午餐, 不然就有得等了。

DHABA
印度菜 $$

见462页地图(☎212-679-1284; www.dhabanyc.com; 108 Lexington Ave, 在27th St和28th St之间; 主菜 $13~24; ◷周一至周四 正午至午夜, 周五和周六 正午至次日1:00, 周日 正午至22:30; 🛜; ⑤6至28th St) 虽然默里山(Murray Hill, 又称咖喱山)并不缺乏印度次大陆的食物, 但时髦的Dhaba却有更加浓郁诱人的风味。咬起来咯吱作响、味道刺激的lasoni gobi (煎菜花配番茄和香料)以及风味十足的murgh bharta(熏茄子煮鸡蓉), 都让人口水直流。

EL PARADOR CAFE
墨西哥菜 $$

见462页地图(☎212-679-6812; www.elparadorcafe.com; 325 E 34th St, 在First Ave和Second Ave之间, Midtown East; 午餐 $10~22, 晚餐 主菜 $18~32; ◷周一 正午至22:00, 周二至周六 至23:00; ⑤6至33rd St) 在过去, 这家墨西哥店由于位置比较偏, 很受风流的有妇之夫喜欢。那些鬼鬼祟祟的常客可能已然离去, 但是这个地方的老派魅力仍在, 从斜边烛台到衣冠楚楚的拉丁裔服务员, 再到令人满意的墨西哥佳肴, 从未远去。

HANGAWI
韩国菜、严格素食 $$

见462页地图(☎212-213-0077; www.hangawirestaurant.com; 12 E 32nd St, 在Fifth Ave和Madison Ave之间; 主菜 午餐 $11~30, 晚餐 $19~30; ◷周一至周四 正午至14:30和17:30~22:15, 周五 至22:30, 周六 13:00~22:30, 周日 17:00~21:30; 🛜; ⑤B/D/F/M, N/Q/R/W至34th St-

> ### 韩国城
>
> 韩国城位于W 32nd St的中间位置, 在第五大道和Sixth Ave与百老汇的交叉路口之间, 这里很像首尔, 遍布着韩国人开的餐馆、商店、美容院和水疗中心, 可以满足任何有相关需求的人。店铺集中在底楼, 通常也占据了二层, 有些迁移到了第五大道以东以及31st St和33rd St上。这里有很多酒吧和卡拉ok店, 该街区直到深夜还十分热闹。

Herald Sq) 这家高品质餐馆主打无肉的韩国菜。把鞋子留在入口处, 进入由冥想音乐、低软座位和干净且复杂的菜肴组成的一个舒缓且富有禅意的空间里。招牌菜有韭菜饼和浸在姜汁内、光滑诱人的豆腐煲。

★ O-YA
寿司 $$$

见462页地图(☎212-204-0200; https://o-ya.restaurant/o-ya-nyc; 120 E 28th St; 握寿司 $16~38; ◷周一至周六 11:00~22:00; ⑤4/6至28th St) 这家寿司店最便宜的寿司每对要近$20, 所以这绝对不是你能天天来的地方。但如果你想度过一个特别的夜晚, 又想品尝精致的寿司, 来这里就对了, 鱼肉特别鲜嫩, 就好像黄油一样在舌尖融化, 准备过程如此娴熟, 看完你都不好意思下口了。

CANNIBAL BEER & BUTCHER
美国菜 $$$

见462页地图(☎212-686-5480; www.cannibalnyc.com; 113 E 29th St, 在Park Ave S和Lexington Ave之间, Midtown East; 小份菜 $11~18, 主菜 $42~150; ◷11:00~23:30; ⑤6至28th St) 这家时尚的餐馆兼酒吧兼肉铺本质上是个充满活力的地方, 这里出售200多种精酿啤酒, 还有以肉食拼盘为主的时令菜肴。大口品尝优质的自制熟食和香肠($14)、创意肝酱(想想啤酒鸡肝、小葱果酱和可可豆碎), 都配有口感精致的配菜, 比如烟熏羽衣甘蓝沙拉配核桃仁、亚美尼亚芝士条和培根。

GRAND CENTRAL OYSTER BAR & RESTAURANT 海鲜 $$$

见462页地图（☎212-490-6650；www.oysterbarny.com；Grand Central Terminal, 42nd St, 靠近Park Ave；主菜 $15~39；⊙周一至周六 11:30~21:30；ⓈS, 4/5/6, 7至Grand Central-42nd St）这家热闹的酒吧兼餐厅开在中央火车站里，非常有气氛，出生于加泰罗尼亚的工程师拉斐尔·古斯塔维诺（Rafael Guastavino）为它设计了拱形瓷砖天花板。菜品丰富，从蛤蜊浓汤和海鲜炖菜到煎软壳蟹，但来这里真正的理由是那20多种生蚝料理。大吃特吃起来吧。

西中城区和时代广场

★ TOTTO RAMEN 日本菜 $

见466页地图（☎212-582-0052；www.tottoramen.com；366 W 52nd St, 在Eighth Ave和Ninth Ave之间；拉面 $11~18；⊙周一至周六 正午至16:30和17:30至午夜，周日 16:00~23:00；ⓈC/E至50th St）中城区还有两家分店，不过纯粹主义者都认为分店没法跟这家只有20个座位的小店相比。在板子上写上你的名字和用餐人数，然后就等着吧。你的奖励：无与伦比的拉面。选择猪肉——可以让味噌拉面（加入了发酵黄豆酱、鸡蛋、葱、豆芽、洋葱和自制的辣椒酱）更美味。

BURGER JOINT 汉堡包 $

见466页地图（☎212-708-7414；www.burgerjointny.com；Le Parker Meridien, 119 W 56th St, 在Sixth Ave和Seventh Ave之间；汉堡 $9~16；⊙周日至周四 11:00~23:30，周五和周六 至午夜；ⓈF至57th St）你只能凭借一个小小的霓虹汉堡标找到这里。这家地下酒吧风格的汉堡店隐藏在Le Parker Meridien酒店大厅的帘子后面。虽然这里可能不再像以前那样是一个时髦隐蔽的用餐之地了，但遍布涂鸦的墙壁、怀旧的卡座和认真拍打牛肉饼的服务员，依然是它的制胜法宝。

FUKU+ 烧烤 $

见466页地图（☎212-757-5878；http://fukuplus.momofuku.com；15 W 56th St；主菜 $8~16；⊙周一至周三 11:00~15:00和17:00~22:00，周四至周五 至23:00，周六和周日 正午至21:00；ⓈE或F至57th St N, N/Q/R至Fifth Ave-59th St）Fuku+的氛围让人想起东京工薪族下班后站着喝酒的店，因其日臻完美的鸡肉和手撕猪肉而备受好评。菜单会不断变化，不过一直都有的是猪肉培根汉堡，要$15（只涨了$1）。这很适合那些经费有限又想吃顿美食的人。这里也有一个专门的酒吧，在**Chambers Hotel**（见462页地图；☎212-974-5656；www.chambershotel.com；房 $457起；🅟🛜🏊）里面。

BENGAL TIGER 印度菜 $

见466页地图（☎212-266-2703；www.bengaltigerindianfood.com；58 W 56th St, 在Fifth Ave和Sixth Ave之间；午餐 $10起，晚餐 主菜 $14~17；⊙周一至周五 11:30~15:00, 17:00~22:00，周六和周日 至22:30；ⓈF至57th St）Bengal Tiger虽然不像纽约城其他印度餐厅那么有排场，但这里的食物完全不需要铃铛和哨子就能让你兴奋起来。午餐套餐——两种荤菜或素菜、馕和米饭——价格实惠，分量很足，晚餐和餐饮外烩也供应同样美味的菜肴。

LARB UBOL 泰国菜 $

见466页地图（☎212-564-1822；www.larbubol.com；480 Ninth Ave, 靠近37th St, Midtown West；菜 $11~24；⊙周日至周四 11:30~22:00，周五和周六 至23:00；ⓈA/C/E至34th St-Penn Station）这家餐馆装饰朴素，几把小阳伞是为数不多的装点。但你来这里是为了泰国东北部新鲜、味道鲜明的美食。比如辣味肉末沙拉拉帕（larb）、绝佳的铁板牛肉配酸橙、鱼酱和棕榈糖（nam tok nuer），还有出乎意料的混合菜肴，如炒鲶鱼配泰国茄子、胡椒子、罗勒、姜和辣咖喱酱（pla dook pad ped），都令人垂涎三尺。

MARGON 古巴菜 $

见466页地图（☎212-354-5013；136 W 46th St, Sixth Ave和Seventh Ave之间；三明治 $11~12，主菜 $11起；⊙周一至周五 6:00~17:00，周六 7:00起；ⓈB/D/F/M至47thSt-50th St-Rockefeller

Center)这家永远都人满为患的古巴午餐店将时间定格在了1973年，橙色的耐美力板和光滑油亮的装饰从未过时。快去尝尝传奇的古巴三明治（塞满了烤猪肉、香肠、奶酪、泡菜、mojo酱和蛋黄酱的压缩三明治）吧，味道太棒了。

FIKA 咖啡馆 $

见466页地图（☎646-490-7650；www.fikanyc.com；824 Tenth Ave, W 54th St和55th St之间；午餐 $9起，咖啡 $3起；⏱周一至周五 7:00~19:00，周六和周日 9:00~19:00；ⓈA/C, B/D, 1至59th St-Columbus Circle）纽约城有很多咖啡连锁店，但几乎没有哪家能比得上FIKA的品质。通常曼哈顿的咖啡馆都很挤，但这里却又大又宽敞，是休息的好去处。瑞典风格的油酥点心和食物既不太甜也不太咸，咖啡的口感则丰富浓郁。

WHOLE FOODS 超市 $

见466页地图（☎212-823-9600；www.wholefoodsmarket.com；Time Warner Center, 10 Columbus Circle；⏱7:00~23:00；ⓈA/C, B/D, 1至59th St-Columbus Circle）到这家超市购买新鲜出炉的面包、奶酪、寿司、烤鸡肉，或庞大的自助餐柜台上的食物，然后穿过马路，到公园来一场令人难忘的野餐。

SOUVLAKI GR 希腊菜 $

见466页地图（☎212-974-7482；www.souvlakigr.com；162 W 56th St, Sixth Ave和Seventh Ave之间；烤肉串 $6~9，主菜 $12~22；⏱周日至周四 11:00~23:00，周五和周六 至午夜；ⓈN/Q/R/W至57th St-7th Ave）到这家位于中城区的希腊餐厅体验真正的沉浸式用餐，让你离开曼哈顿，体验地中海风情。店内全部都是时髦的蓝色和白色，地板是木质的，吧台有格子架子。当然，正如店名暗示的一样，这里供应美味正宗的烤肉串和其他希腊特色菜。

★ DANJI 韩国菜 $$

见466页地图（☎212-586-2880；www.danjinyc.com；346 W 52nd St, Eighth Ave和Ninth Ave之间, Midtown West；菜品 $13~36；⏱周一至周四 正午至14:30和17:00至午夜，周五和周六 正午至14:30和17:00至次日1:00，周日 17:00~23:00；ⓈC/E至50th St）年轻的厨师Hooni Kim所做的韩国创意菜让人惊艳，餐厅环境舒适时尚，刷得雪白。午餐比较简单，有传统韩式石锅拌饭（bibimbap），晚餐菜式则更丰富，分大中小三种规格的菜量。晚餐和午餐都供应Danji招牌的韩国烤牛肉（bulgogi），配上黄油烤的小圆面包。早点儿过来，不然就得排队等位。

DON ANTONIO 比萨 $$

见466页地图（☎646-719-1043；www.donantoniopizza.com；309 W 50th St, Eighth Ave和Ninth Ave之间, Midtown West；比萨 $10~26；⏱周一至周四 11:30~15:00及16:30~23:00，周五和周六 11:30~23:00，周日 11:30~22:30；ⓈC/E, 1至50th St）这家忙碌的餐厅是那不勒斯历史悠久的比萨店Starita的嫡传，是品尝正宗那不勒斯风味比萨的最佳去处。纽约店里增加了供应鸡尾酒、适合单人食用就餐的吧台，不过比萨仍然保留了纯正那不勒斯口味：有嚼劲，饼薄脆的，边缘有点焦，加了甜甜的、馥郁的番茄酱（sugo）。所有比萨都可以做成全麦底的，也有多种无麸质的比萨供选择。

★ LE BERNARDIN 海鲜 $$$

见466页地图（☎212-554-1515；www.le-bernardin.com；155 W 51st St, Sixth Ave和Seventh Ave之间；套餐 午餐/晚餐 $88/157，品尝菜单 $185~225；⏱周一至周四 正午至14:30和17:15~22:30，周五 至23:00，周六 17:15~23:00；Ⓢ1至50th St, B/D, E至7th Ave）虽然内部因为一个"年轻顾客"[布鲁克林艺术家兰·奥特纳（Ran Ortner）以风暴为主题的三联画，令人叹为观止]而变得更加诱人，但米其林三星级的Le Bernardin仍然是一个豪华精致的餐饮圣地。掌舵的是出生于法国的名厨埃里克·里佩尔（Éric Ripert），他做的海鲜看似简单却异常卓越。生命很短，你只能活（还有吃！）一次。

★ VICEVERSA 意大利菜 $$$

见466页地图（☎212-399-9291；www.viceversanyc.com；325 W 51st St, 在Eighth Ave和Ninth Ave之间；3道菜午餐 $29，晚餐主菜 $24~33；⏱周一至周五 正午至14:30和17:00~23:00，周六

16:30~23:00，周日 11:30~15:00和17:00~22:00；ⓢC/E至50th St）ViceVersa是典型的意大利餐馆：既文雅又精致，既亲切又供应顶级美味。浏览一下菜单，看看这些精制的跨地区菜肴，比如黑松露饭团（arancini with black truffle）和果仁羊奶干酪（fontina cheese）。想品尝有名的经典食物，就点一份贝加莫式意大利牛肉饼（casoncelli alla bergamasca，加入了小牛肉碎、葡萄干和杏仁饼的饺子形面食，以鼠尾草、黄油、烟肉和帕达诺干酪等调味），它是厨师Stefano Terzi对伦巴第风格的致敬。

★ MODERN 法国菜 $$$

（见466页地图；📞212-333-1220；www.themodernnyc.com；9 W 53rd St, Fifth Ave和Sixth Ave之间；3/6道菜午餐$138/178, 4/8道菜晚餐$168/228；⏰餐厅 周一至周六 正午至14:00和17:00~22:30；酒吧 周一至周六 11:30~22:30，周日 至21:30；ⓢE, M至5th Ave-53rd St）Modern是米其林二星餐厅，信心十足地奉上创意菜肴，比如鹅肝酱馅饼。《欲望都市》的粉丝们想必知道，就是在这里，卡丽（Carrie）宣布了她与"Mr Big"婚期将至。（如果你挣的跟现实中的作家一样多，可以选择毗邻的Bar Room里更便宜的食物。）鸡尾酒和菜肴一样可口。

NOMAD 新派美国菜 $$$

见466页地图（📞212-796-1500；www.thenomadhotel.com；NoMad Hotel, 1170 Broadway, 靠近28th St；主菜$29~42；⏰周一至周四 正午至14:00和17:30~22:30，周五 至23:00，周六 11:00~14:30和17:30~23:00，周日 11:00~14:30和17:30~22:00；ⓢN/R、6至28th St; F/M至23rd St）NoMad与其所在的这家知名的时髦酒店同名，是曼哈顿最出名的餐饮圣地之一，其身为完美主义者的餐厅老板也管理着米其林星级餐厅Eleven Madison Park（见180页）。这里被分隔成一系列完全不同的空间，其中包括优雅的"会客厅"和只供应小食的"图书馆"，餐厅供应的精美菜肴有烤鹌鹑配梅子、羽衣甘蓝和鸡油菌。

TABOON 中东菜 $$$

见466页地图（📞212-713-0271；www.taboononline.com；773 Tenth Ave, 靠近52nd St, Midtown West；开胃小吃 $18~36，主菜 $26~39；⏰周一至周五 17:00~23:00，周六 至23:30，周日 11:00~15:30和17:00~22:00；ⓢC/E至50th St）穿过门帘走进温暖、闲散又不失时尚的餐厅里，第一眼就能看到阿拉伯石炉，证明Taboon是名副其实的阿拉伯餐厅。加入彬彬有礼的戏剧爱好者和地狱厨房的肌肉男孩们，品尝中东菜式，如滋滋作响、加了葱和柠檬的大虾，或是撒上松露和油的鸡蛋布莱克（burek, 嫩煮鸡蛋包在脆脆的酥皮里）。强烈建议预订，还可以品尝新鲜出炉的面包。

饮品和夜生活

🍷 东中城区和第五大道

★ THE CAMPBELL 鸡尾酒吧

见462页地图（📞212-297-1781；www.thecampbellnyc.com；Grand Central Terminal；⏰正午至次日2:00）Campbell特别时髦。唯一的缺憾是高度——这里没有某些纽约酒吧里能看到的一览无余的天际线。不过，你可以坐在精致手绘装饰的天花板下，品尝顶级招牌鸡尾酒，天花板和房间都经过翻修点缀，让你感觉洛克菲勒或卡内基会随时加入和你一起喝酒。

WAYLON 酒吧

见466页地图（📞212-265-0010；www.thewaylon.com；736 Tenth Ave, 靠近W 50th St；⏰周日至周四 16:00至次日4:00，周五和周六 正午至次日4:00；ⓢC/E至50th St）朋友，大胆地喝起来吧，这里是地狱里的小酒馆！在这家沙龙风格的酒吧歌颂南方乡土人情，自动唱机里放着蒂姆·麦格罗（Tim McGraw）悲伤的歌曲，让人应着歌声慢舞，酒吧招待则给客人倒美国威士忌和龙舌兰，小吃有德州风味的炸玉米饼和手撕猪肉三明治。某些周二的20:00~23:00，有乡村和西部音乐现场表演。

登录网站查看现场音乐表演详情。

小柯林斯 咖啡馆

见462页地图（Little Collins；📞212-308-

1969; http://littlecollinsnyc.com; 667 Lexington Ave, 55thSt和56th St之间, Midtown East; ⏰周一至周五 7:00~17:00, 周六和周日 8:00~16:00; ⓈE、M至53rd St; 4/5/6至59th St) 由于澳大利亚人利昂·昂立克(Leon Unglik)是这家店的合伙人，所以小柯林斯效仿了他故乡墨尔本著名咖啡馆的风格：低调的酷、亲切的环境，还有一流的咖啡和同样高品质的食物。这家咖啡馆是纽约第一家Modbar(就像在快餐店里打可乐一样，可以从不同水龙头里打咖啡的店)：吧台后面酿咖啡的机器相当高科技，看起来就像是时尚的合金水龙头。不要错过牛油果"泥"($8.95)。

ROBERT
鸡尾酒吧

见466页地图 (☎212-299-7730; www.robertnyc.com; Museum of Arts & Design, 2 Columbus Circle, Eighth Ave和Broadway之间; ⏰周一至周五 11:30~22:00, 周六和周日 10:30起; ⓈA/C、B/D、1至59th St-Columbus Circle) 坐落在艺术和设计博物馆(见206页)的第9层。严格地说，以60年代为灵感的Robert是家高端的现代派美国餐厅。这里的食物令人满意，我们建议你在下午晚些时候或是晚餐过后前来，找个沙发坐下，边品尝MAD曼哈顿鸡尾酒(混合了波旁威士忌、血橙苦艾酒和樱桃酒)，边眺望中央公园。登录网站查询现场爵士表演详情。

斯坦普顿咖啡馆
咖啡馆

见462页地图 (Stumptown Coffee Roasters; ☎855-711-3385; www.stumptowncoffee.com; 18 W 29th St, Broadway和Fifth Ave之间; ⏰周一至周五 6:00~20:00, 周六和周日 7:00起; ⓈN/R至28th St) 戴着软呢帽的时髦咖啡师正在调制杀手级的咖啡。这可不是在时尚的威廉斯堡，而是在曼哈顿偏远的波特兰的一家超受欢迎的咖啡店里。排队只是为买到正宗的特浓咖啡所花的小小代价，所以，感恩吧。这里地方不大，只能站着，疲惫的顾客可能会在附近Ace Hotel(见368页)的大堂里找个座位。

MIDDLE BRANCH
鸡尾酒吧

见462页地图 (☎212-213-1350; 154 E 33rd St, Lexington Ave和Third Ave之间, Midtown East; ⏰17:00至次日2:00; Ⓢ6至33rd St) 双层的Middle Branch是已故鸡尾酒之神萨沙·彼特里斯克(Sasha Petraske)的创作。它用啤酒和玛格丽特酒为来默里山(咖喱山)的人提供了一个不能错过的饮酒处。惹眼的调酒师调制着中城区里最刺激的酒，其中既有地道的经典酒，也有Fade Into You($14)之类的趣味衍生酒。

TOP OF THE STRAND
鸡尾酒吧

见462页地图 (☎646-368-6426; www.topofthestrand.com; Marriott Vacation Club Pulse, 33 W 37th St, Fifth Ave和Sixth Ave之间, Midtown East; ⏰周一和周日 17:00至午夜, 周二至周六至次日1:00; ⓈB/D/F/M、N/Q/R至34th St) 要是想有"噢，天哪，我在纽约"的感受，就前往万豪普尔斯假日俱乐部酒店(Marriott Vacation Club Pulse; 以前是Strand酒店)的屋顶酒吧点一杯马提尼[最好是超级浑浊型马提尼(Extra Dirty)]，会让你惊掉下巴(要小心点儿)。这里有动感舒适的海滩风格座椅，男女老少混杂的人群，可滑动的玻璃屋顶，还有令人难忘的帝国大厦景观。

🍷 西中城区和时代广场

★ BAR SIXTYFIVE
鸡尾酒吧

见462页地图 (☎212-632-5000; www.rainbowroom.com/bar-sixty-five; 30 Rockefeller Plaza, 入口在W 49th St; ⏰周一至周五 17:00至午夜, 周日 16:00~21:00; ⓈB/D/F/M至47th-50th Sts-Rockefeller Center) 雅致的SixtyFive坐落在洛克菲勒中心(见198页)通用电气大楼的65层，不容错过。穿戴整齐(不能穿运动装，不接待21岁以下的客人)，下午5点前到达，找一个能够欣赏到价值百万美元的风景的座位。如果你没占到阳台上或窗前的位置，就直接去室外观赏壮观的纽约全貌，大饱眼福。

Rum House
鸡尾酒吧

见462页地图 (☎646-490-6924; www.therumhousenyc.com; 228 W 47th St, Broadway和Eighth Ave之间; ⏰正午至次日4:00; ⓈN/R/W至49th St) 这家散发老纽约迷人风情的酒吧以

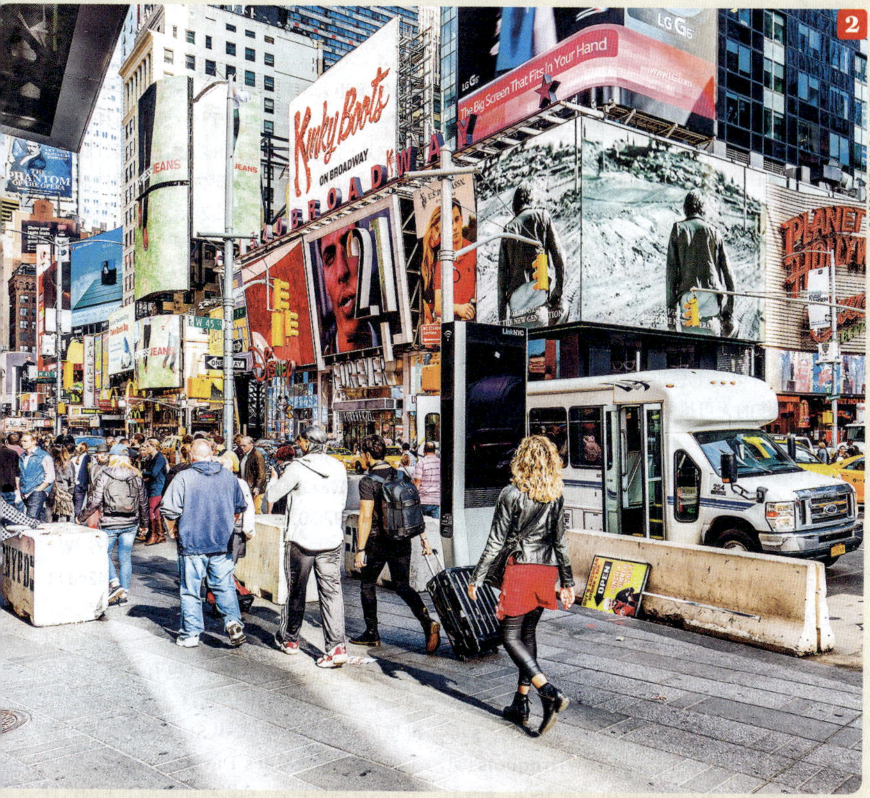

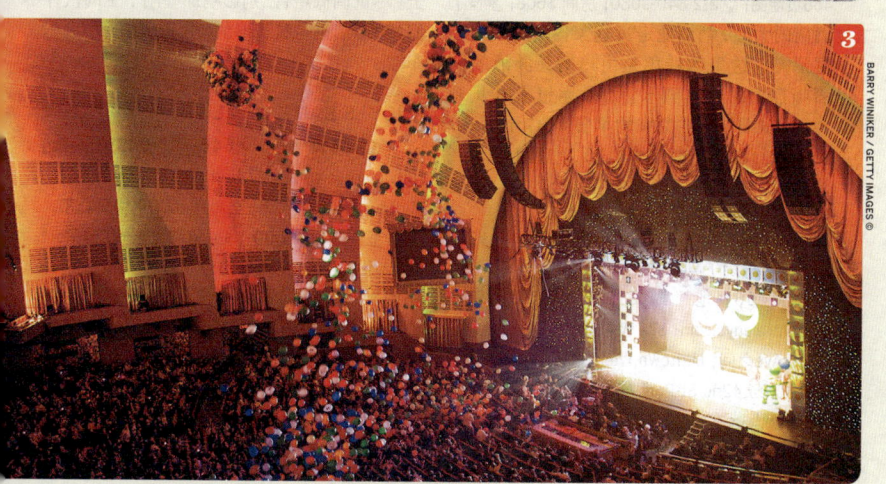

ANDRIY BLOKHIN / SHUTTERSTOCK ©

BARRY WINIKER / GETTY IMAGES ©

克莱斯勒大厦（见199页）
幢摩天大楼是纽约最具辨识度的建筑
一。

2. 时代广场（见189页）
百老汇和Seventh Ave的交会处是纽约城的心脏，每年吸引近4000万游客光临。

3. 无线电城市音乐厅（见206页）
可以参加导览游，参观内部美轮美奂的无线电城市音乐厅。

地狱厨房

中城区的最西端在多年间都是工人阶层混杂的廉租公寓和食品仓库,被称作"地狱厨房",据说是1881年在应对该街区发生的暴乱时,一个警察悄声叫出了这个称呼。20世纪90年代的经济繁荣让这里彻底改头换面,如今这片地区最为人称道的是大量餐馆(特别是在大约37th St和55th St之间的Ninth Ave和Tenth Ave上)和人满为患的男同性恋酒吧以及夜总会。这片街区也叫作克林顿或西中城区,一直在经历快速发展和中产阶级化,高端产权转换公寓就像Nine Ave上便宜的泰国餐厅一样迅速地涌现出来。南边就是极其庞大的哈德逊庭院(Hudson Yards)开发项目和雅各布·贾维茨会议中心(Jacob K Javits Convention Center)。

其朗姆酒和威士忌出名。直接品尝或者享用以其制作的无可挑剔的鸡尾酒,比如"逃亡"(The Escape),一种给成人喝的烈性椰子菠萝汁朗姆酒(piña-colada)。夜晚的现场音乐锦上添花,既有钢琴独奏,也有轻快的爵士三重奏和多愁善感的女声演唱。调酒师工作起来一丝不苟,所以要耐心等待。

LANTERN'S KEEP 鸡尾酒吧

见466页地图 (☎212-453-4287; www.iroquoisny.com; Iroquois Hotel, 49 W 44th St, Fifth Ave和Sixth Ave之间; ⊙周一 17:00~23:00,周二至周五 至午夜,周六 19:00至次日1:00; ⑤B/D/F/M至42nd St-Bryant Park)穿过Iroquois(见466页地图; ☎212-840-3080; 房间 $608; ✱ ☎)酒店的大堂,悄悄走进这家昏暗隐秘的鸡尾酒吧。这里的特色是由热情又潇洒的调酒师摇出的经典酒水。如果你想来点儿刺激的,就要一份"戈登的早餐"(Gordon's Breakfast; 它不在菜单上!),它是由金酒、辣酱油、辣椒酱、酸橙和黄瓜、盐和胡椒组成的辣味大杂烩。建议提前预订。

BAR CENTRALE 酒吧

见466页地图 (☎212-581-3130; www.barcentralenyc.com; 324 W 46th St, Eighth Ave和Ninth Ave之间, Midtown West; ⊙17:00至午夜; ⑤A/C/E至42nd St-Port Authority)这家不起眼的酒吧坐落在一座古老的褐砂石建筑里,是百老汇明星的最爱,经常能看到他们在这里做演出后的总结汇报,并在撩人的爵士乐声中放松自己。这里气氛宜人,不能站着喝酒,所以请提前打电话预订座位(最多提前一周预订)。如果你找不到它,它就在Joe Allen's左边的台阶上方。

JIMMY'S CORNER 酒吧

见466页地图 (☎212-221-9510; 140 W 44th St, Sixth Ave和Seventh Ave之间; ⊙周一至周四 11:30至次日2:30, 周五 至次日4:00, 周六 12:30至次日4:00, 周日 15:00至次日2:30; ⑤N/Q/R/W、1/2/3、7至42nd St-Times Sq, B/D/F/M至42nd St-Bryant Park)这是个舒适的、不虚张声势的平价酒吧,由一名前拳击教练经营——你可以从墙上装裱的著名拳击手(也有不那么著名的拳击手)的照片中猜到这一点。自动点唱机里的音乐类型很广,从Stax发烧音乐到迈尔斯·戴维斯(Miles Davis)的音乐,一应俱全。尽量调低声音,别影响那些刚下工的伙计们聊天。店里是狭长形的,看起来像一节火车车厢。

RUDY'S BAR & GRILL 酒吧

见466页地图 (☎646-707-0890; www.rudysbarnyc.com; 627 Ninth Ave, 靠近44th St, Midtown West; ⊙周一至周六 8:00至次日4:00, 周日 正午至次日4:00; ⑤A/C/E至42nd St-Port Authority Bus Terminal)门外身穿红外套、光着屁股的大猪是这个地狱厨房地区最好的平价酒吧的标志。这里有两种便宜的罐装鲁迪(Rudy)啤酒,还有贴着红色强力胶布的半圆形卡座和免费的热狗。很多人来这儿调情,或是像看经典摇滚乐演唱会一样观看纽约尼克斯队的篮球比赛。

FLAMING SADDLES 同性恋酒吧

见466页地图 (☎212-713-0481; www.flamingsaddles.com/nyc; 793 Ninth Ave, 52nd St和53rd St

之间，Midtown West；⊙周一至周五 15:00至次日4:00，周六和周日 正午至次日4:00；§C/E至50th St）这家中城区的男同性恋酒吧是西部乡村风的！在位于地狱厨房地区的这个地方，"女狼俱乐部"（Coyote Ugly）碰到了"野姑娘珍妮"（Calamity Jane），此外还有穿着紧身牛仔裤的壮硕酒吧男招待和胸怀抱负的都市牛仔们，气氛简单粗暴。穿上Wranglers牛仔裤或皮套裤，拍打马鞍：你将享受一场有趣的醉酒之旅。饿了还有德州风味的墨西哥酒吧小吃。

INDUSTRY 同性恋酒吧

见466页地图（☎646-476-2747；www.industry-bar.com；355 W 52nd St, 在Eighth Ave和Ninth Ave之间；⊙17:00至次日4:00；§C/E、1至50th St）昔日的停车场，现在已经是地狱厨房地区最受欢迎的同性恋酒吧之一了。这个4000平方英尺（约372平方米）的时髦酒吧有个漂亮的休息区，还有一张台球桌以及为一流的变装皇后准备的舞台。在16:00和21:00之间前来，可以享受到买一送一的特价饮品，或者于晚些时候挤进来，可以和一群养眼的人一起参加派对。只收现金。

THERAPY 同性恋酒吧

见466页地图（☎212-397-1700；www.therapy-nyc.com；348 W 52nd St, Eighth Ave和Ninth Ave之间, Midtown West；⊙周日至周四 17:00至次日2:00，周五和周六 至次日4:00；§C/E、1至50th St）有很多层的Therapy是第一个男同性恋休闲酒吧（或者叫作夜店），吸引了很多人前来地狱厨房地区。时至今日，它依然靠夜间表演（从现场音乐到百老汇明星访问）吸引着大批观众，周日至周五有很棒的食物（油炸玉米粉饼尤为受欢迎）。这儿的酒都有以主题划分的绰号，比如"口唇抚慰"（oral fixation）和"大号女王"（size queen）什么的。

BARRAGE 同性恋酒吧

见466页地图（☎212-586-9390；401 W 47th St, Hell's Kitchen；⊙周日至周四 17:00至次日2:00，周五和周六 至次日4:00；§C/E至50th St）曼哈顿地狱厨房周边的同性恋酒吧因面积大、有趣和嘈杂而著名。Barrage当然是个好去处，与其周边的酒吧相比无疑更为闲适。店内昏暗的环境分外宜人，休闲座椅很舒适，还有酒吧小吃等意想不到的惊喜。最重要的是，这里的酒便宜又很烈。

娱乐

在中城区这个纽约的娱乐神经中枢，掌声永不停歇。无论你追求哪种娱乐形式，

---

❶ 百老汇的便宜门票

除非提前几个月预订，不然必看不可的百老汇音乐剧的票价会贵得惊人。尽管打折门票代理机构**TKTS**（www.tdf.org/nyc/7/TKTS）每天都会提供大量的折扣门票，但其中却很少有最热门的演出。就这种情况来说，剧院本身的售票处是你在最后时刻买到折扣票的希望所在。

许多最热门的演出，如《汉密尔顿》（Hamilton）、《长靴妖姬》（Kinky Boots）和《摩门经》（Book of Mormon），会采用门票乐透的形式，通常你可以在网上参加，有时也可以在剧院参加。如果你的名字被抽中，那你就可以花特别少的钱观看这场演出。坏消息是：门票总是供不应求，你得特别幸运才有可能抽中。

其他演出会提供数量有限的一般折扣票。你可以在每天早晨售票处开始营业时去买票。再次提醒，门票有限、需求量大，清晨的长队和漫长的等待就是最好的证明。

很多演出会提供站票（SRO），允许观众站在宽度为标准座位的有编号的空间里，通常位于管弦乐队的后面。站票价格通常在$27和$40之间，但很难买到，因为往往要在门票售罄后才发售站票，而且没有可靠的方法能提前预测哪场演出的门票会售罄。经常会售罄的演出一般有《汉密尔顿》、《摩门经》和《长靴妖姬》。情况可能会有变化，所以在你去剧院前，一定要查看一下特定演出的网站信息，然后就祈祷吧！

这里都能满足你：数百万美元的音乐剧和获奖戏剧、体育场内上演的摇滚乐以及运动比赛、知名音乐人的爵士和蓝调音乐，还有世界级的室内音乐、电影、讲座等，应有尽有。

☆ 东中城区和第五大道

★ 正直公民旅团剧院　　　　　喜剧

见466页地图（Upright Citizens Brigade Theatre，简称UCB；☏212-366-9176；www.ucbtheatre.com；555 W 42nd St，在Tenth Ave和Eleventh Ave之间，Hell's Kitchen；免费至$10；☉19:00至午夜；⑤A/C/E至42nd St-Port Authority）这个传奇剧院的新场地主要上演喜剧小品和即兴喜剧，选角导演时不时会突然来访，也经常能看到电视上有名的人物。入场费很便宜，啤酒和葡萄酒也不贵。每天约19:30以后的演出质量很不错，而周日晚上Asssscat Improv即兴演出环节永远都狂放热闹。

每周五21:30以后和周一23:00后免费入场，主要上演后起之秀的喜剧。东村还有分剧场。登录网站查询有关喜剧小品和即兴喜剧的热门课程。

JAZZ STANDARD　　　　　爵士

见462页地图（☏212-576-2232；www.jazzstandard.com；116 E 27th St，在Lexington Ave和Park Ave之间；服务费$25~40；⑤6至28th St）拉维·柯川（Ravi Coltrane）、罗伊·海恩斯（Roy Haynes）和罗恩·卡特（Ron Carter）等爵士巨星都曾在这家高雅的俱乐部演出过。服务无可挑剔，食物美味可口。没有最低消费，所有节目都由精通爵士的塞斯·阿伯拉姆森（Seth Abramson）安排。每周六11:30到14:30还可选择热门的爵士早午餐（$35）。

☆ 西中城区和时代广场

★ 理查德·罗杰斯剧院　　　　　剧院

见466页地图（Richard Rodgers Theatre；《汉密尔顿》；☏门票 877-250-2929；www.hamiltonmusical.com；226 W 46th St，在Seventh Ave和Eighth Ave之间；⑤N/R/W至49th St）这家剧院于1926年开张，有几个独到之处。首先，这是头一家让所有购票者都从同一道门进场的剧院（以前，购买便宜票的观众也就是普通民众要从单独的入口进场）。同时，这家剧院有幸上演了数量最多的托尼奖最佳话剧和最佳音乐剧获奖剧目。

百老汇最受欢迎的剧目、林-曼努尔·米兰达（Lin-Manuel Miranda）备受推崇的音乐剧《汉密尔顿》用当代嘻哈音乐演绎美国首位财政部长亚历山大·汉密尔顿（Alexander Hamilton）的故事。这出剧目的灵感来自罗恩·切尔诺（Ron Chernow）撰写的汉密尔顿传记，获奖连连，有11尊托尼奖奖杯（包括最佳音乐剧），其三白金音乐专辑荣获格莱美奖，还赢得过普利策戏剧奖。需要至少提前6个月订票，还可以在网上参与抽取乐透票，幸运者可以购买一到两张单价$10的前排票。只花$10就能看《汉密尔顿》？对，你没听错！

★ 尤金·奥尼尔剧院　　　　　剧院

见466页地图（Eugene O'Neill Theatre；《摩门经》；☏门票 212-239-6200；www.bookofmormonbroadway.com；230 W 49th St，在Broadway和Eighth Ave之间；⑤N/R/W至49th St，1至50th St，C/E至50th St）尤金·奥尼尔剧院上演的剧目涉猎很广，从全家欢型的《安妮》（*Annie*）到让人捧腹大笑的《德州飘香院》（*The Best Little Whorehouse in Texas*），它的所有权也发生过巨变，在近100年间几经易手。最开始它叫福雷斯特剧院（Forrest Theatre），还叫过皇冠剧院（Coronet Theatre），最终在1959年被命名为尤金·奥尼尔剧院。在这些广为流传的事件中，剧作家尼尔·西蒙（Neil Simon）曾是其所有者，直到在1982年把剧院卖给了现在的老板。

《摩门经》这部尖刻的音乐讽刺剧极具颠覆性，荒淫又可笑，是《南方公园》（*South Park*）的创作者崔·帕克（Trey Parker）和马特·斯通（Matt Stone）以及《可爱大道》（*Avenue Q*）的编剧罗伯特·洛佩兹（Robert Lopez）的作品。这部剧获得了9项托尼奖，讲述了两个天真的摩门教教徒肩负着"拯救"乌干达村庄的任务的故事。

请提前至少3个月预订价格最优惠和位置最佳的门票，或是随时准备预订高价门票，或是在演出开始2.5小时之前试试乐透票，演出前2小时公布结果，获奖者能够以$32的价格买到门票。幸运者名单一旦公布，还会以$27的价格出售极少数的站票（售完即止）。

★ 艾尔·赫什菲尔德剧院   剧院

见466页地图（Al Hirschfeld Theatre；☎门票 877-250-2929；www.kinkybootsthemusical.com；302 W 45th St，在Eighth Ave和Ninth Ave之间；☉售票处 周一至周六 10:00~20:00，周日 正午至18:00；ⓈA/C/E至42nd St-Port Authority Bus Terminal）这座壮观的建筑本来叫马丁·贝克剧院（Martin Beck Theatre），2003年贝克家族将其出售以后剧院更名。1924年开业之后，剧院广受好评，其后的数十年逐渐上演了数部百老汇人气最高的剧目，比如《班战斯的海盗》（*Pirates of Penzance*）、《罗密欧与朱丽叶》（*Romeo and Juliet*）、《萨勒姆女巫》（*The Crucible*）、《红男绿女》（*Guys and Dolls*）、《毛发》（*Hair*）以及其他剧目。剧院又大又华丽，有1400多个观众座位，后台还有200个更衣室。

如果在最后时刻才订票，那就考虑工作日或白天来观看演出，票更便宜。如果你觉得自己足够幸运，那就参加演出网站每天的乐透票环节试试手气，或许能抽到$40的当日票。幸运者将在演出前3个小时通过电子邮件收到通知。售票处还可能有极少数的站票（$30，售完即止，一般仅针对售罄的演出）。

当前的演出《长靴妖姬》由一部2005年的英国小制作电影改编而成，是哈韦·菲尔斯泰（Harvey Fierstein）和辛迪·劳帕（Cyndi Lauper）的票房大作。它讲的是一位有商业头脑的名为罗拉（Lola）的变装皇后偶然挽救了英国一家不景气的鞋厂的故事。评论家无法忽略该剧角色所表达的深刻内涵和表现出的惊人活力：这个音乐剧赢得了6项托尼奖，还赢得了2013年的最佳音乐剧奖。

★ 卡内基音乐厅   现场音乐

见466页地图（Carnegie Hall；☎212-247-7800；www.carnegiehall.org；881 Seventh Ave，靠近W 57th St；☉团队游 10月至次年6月 周一至周五 11:30、12:30、14:00和15:00，周六 11:30和12:30；ⓈN/R/W至57th St-7th Ave）很少有音乐厅像卡内基音乐厅这样名声斐然。这个传奇的音乐厅或许不是世界上最大的或最宏伟的，但就音效来说，它毫无疑问是让人感到最神圣的地方之一。在伊萨克·斯特恩礼堂（Isaac Stern Auditorium）里有伟大的歌剧、爵士及民谣的演出，在著名的赞克厅（Zankel Hall）里则有前卫的爵士乐、流行乐、古典乐和世界音乐的表演。威尔演奏厅（Weill Recital Hall）更为私密，会举办室内音乐会、首演和专题讨论会。

10月至次年6月，卡内基音乐厅里会有1小时的导览游（成人/儿童 $17/12），揭秘这里的传奇历史（游览时间受演出和彩排日程表的影响，所以在来之前要先查看网站）。

★ 林肯中心爵士乐厅   爵士乐

见466页地图（Jazz at Lincoln Center；☎迪奇可口可乐俱乐部门票 212-258-9595，玫瑰剧场和阿佩尔厅门票 212-721-6500；www.jazz.org；Time Warner Center, 10 Columbus Circle, Broadway 靠近59th St；ⓈA/C、B/D、1至59th St-Columbus Circle）林肯中心爵士乐厅高高地坐落于时代华纳中心的上方，由三个最先进的场馆组成，分别是中型的玫瑰剧场（Rose Theater）、有玻璃背墙的全景的阿佩尔厅（Appel Room）和私密的、很有气氛的迪奇可口可乐俱乐部（Dizzy's Club Coca-Cola）。这里的演出在深夜，所以可能是你最后光临的地方。这些极具才华的音乐人通常都非常优秀，就好像中央公园的景色一般耀眼。

舒伯特剧院   剧院

见466页地图（Shubert Theatre；☎门票 212-239-6200；http://shubert.nyc；225 W 44th St，在Seventh Ave和Eighth Ave之间, Midtown West；☉售票处 周一至周六 10:00~20:30，周日 正午至18:00；♿；ⓈN/Q/R、S、1/2/3、7至Times Sq-42nd St；A/C/E至42nd St-Port Authority Bus Terminal）舒伯特剧院备受尊敬，最出名的事情是百老汇演出时间最长的获奖剧目《歌舞线上》（*A Chorus Line*）在此上演了6137场，之后让位给《为你疯狂》（*Crazy for You*）

和深受喜爱的《火腿骑士》(*Spamalot*)等剧目。同很多百老汇剧院一样，这里也是纽约的地标建筑，其壁画和内部于1996年修复过。

剧作家地平线剧院　　　　　　　　　剧院
见466页地图(Playwrights Horizons；
☏212-564-1235；www.playwrightshorizons.org；416 W 42nd St，在Ninth Ave和Tenth Ave之间，Midtown West；ⓈA/C/E至42nd St-Port Authority Bus Terminal)这个非凡的地方总能敏锐地捕捉到哪部剧是下一个大热门。作为资深的"作家剧院"，它致力于促进当代美国作品的诞生。著名的昔日作品包括肯尼斯·罗纳

电视录制

想要成为现场观众为你最喜爱的节目之一去演播室录制？纽约就是你实现梦想的地方。按照以下指示行动，就能获得参加一些电视录制的珍贵机会。

周六夜现场(Saturday Night Live；www.nbc.com/saturday-night-live)它是纽约最有名的节目之一，也是出了名的难进。这么说吧，秋天的时候，这儿的座位会通过乐透票来分配，你可以去碰碰运气，把自己的名字也加进去。这很简单，8月份的时候，向snltickets@nbcuni.com发送一封邮件，或是在录制节目那天的7:00之前去洛克菲勒广场48th St的一侧排队，以获取最后时刻廉价出售的乐透票。你也可以选择20:00的彩排候补票或是23:30的现场直播候补票。每人只限一张门票，遵循先到先得的原则。出票时，你需要携带一张照片的有效身份证明，在随后的节目录制时也要携带。观众年龄需至少16岁。

斯蒂芬·科尔伯特晚间秀(The Late Show with Stephen Colbert；见466页地图；www.showclix.com/event/thelateshowwithstephencolbert；1697 Broadway，53rd St和54th St之间)可以从网上买到这个人气极高的晚间秀的门票，但通常开票当天就会售罄。到晚间秀的官方推特账号(@colbertlateshow)和Facebook主页查看开票日信息，一般提前一至两个月公布。如果你成功预订到了票，记得录制当天15:15前到艾德·苏利文剧院(Ed Sullivan Theater)外排队入场。考虑到晚间秀会为了确保出席人数而故意超额售票，所以最好14:30前就过去排队，以增加真正进场的概率。晚间秀每周一到周五17:00开始录制。观众必须年满18岁。

特雷弗·诺亚每日秀(The Daily Show with Trevor Noah；见466页地图；www.showclix.com/event/thedailyshowwithtrevornoah；733 Eleventh Ave，W 51st St和W 52nd St之间)在网上注册了解这一热门新闻讽刺秀的信息。节目录制前几周会逐渐开放预约，所以需要一直关注网站。录制是在每周一至周五的18:00和19:15左右。14:30开始入场，届时真正的票才会发放。最好提早过去排队，因为不保证所有人都能入场。在现场领完票以后，你会被告知再回来的时间(一般是16:30左右)。观众必须年满18岁。

约翰·奥利弗上周今夜秀(Last Week Tonight with John Oliver；见466页地图；www.lastweektickets.com；528 W 57th St，Tenth Ave和Eleventh Ave之间)要想参加这个辛辣的英国喜剧演员主持的新闻回顾秀的录制，可在录制日两周半之前登录www.lastweektickets.com。这个秀于周日18:15在CBS广播中心(528 W 57th St，Tenth Ave和Eleventh Ave之间)录制，观众需提前至少40分钟到达。最低入场年龄为18岁。

与萨曼莎·比正面交锋(Full Frontal with Samantha Bee；http://samanthabee.com)萨曼莎·比比约翰·奥利弗还要辛辣，她用尖锐又极其逗趣的方式评论当下占据新闻头条的政客和丑闻主角。深夜秀的录制时间是每周三17:45。可登录网站购票。

关于更多门票的详细信息，请查看各电视台的网站，或查看www.nycgo.com/articles/tv-show-tapings。

根（Kenneth Lonergan）的《休息室英雄》（*Lobby Hero*）、布鲁斯·诺里斯（Bruce Norris）荣获托尼奖殊荣的《克莱伯恩公园》（*Clybourne Park*），以及道格·怀特（Doug Wright）的《我的妻子就是我》（*I Am My Own Wife*）和《灰色花园》（*Grey Gardens*）。

签名剧院　　　　　　　　　　剧院

见466页地图（Signature Theatre；☎门票212-244-7529；www.signaturetheatre.org；480 W 42nd St, Ninth Ave和Tenth Ave之间, Midtown West；🅂A/C/E至42nd St-Port Authority Bus Terminal）弗兰克·盖里（Frank Gehry）设计的这个剧院看起来很棒，由三个剧院、一个书店和一个咖啡馆组成。无论是过去还是现在，签名剧院一直专注于剧作家们的创作本身。常驻的剧作家包括托尼·库什纳、爱德华·阿尔比、阿索尔·富加德（Athol Fugard）和肯尼斯·罗纳根。除了演出剧目，剧院还会举办剧作家、导演、设计师和演员参加的讲座。提前一个月预订演出门票。

第二舞台剧院　　　　　　　　剧院

见466页地图（Second Stage Theatre; Tony Kiser Theatre；☎门票212-246-4422；www.2st.com；305 W 43rd St, 靠近Eighth Ave, Midtown West；⏰售票处 周日至周五 正午至18:00，周六至19:00；🅂A/C/E至42nd St-Port Authority Bus Terminal）这是第二舞台剧院公司经营的主要场地，它是一家非营利的剧院公司，以展示新兴天才剧作家的处女作及早已扬名立万的剧作家作品而出名。如果你热衷于精心构思的当代美国戏剧，这里会是你的理想去处。

磁石剧院　　　　　　　　　　喜剧

见466页地图（Magnet Theater；☎门票212-244-8824；www.magnettheater.com；254 W 29th St, 在Seventh Ave和Eighth Ave之间, Midtown West；🅂1/2至28th St, A/C/E至23rd St, 1/2/3至34th St-Penn Station）该剧院有大量的、形式多样的喜剧演出（多为即兴表演），既吸引了大批观众，也为喜剧演员们提供了培训场所。表演每周都会有变化，但最受观众喜爱的一般会有Megawitt（有剧院常驻乐团的演出）

和周五晚间秀（The Friday Night Sh*w）。后者利用观众书面的咆哮和自白进行晚间恶作剧。

BIRDLAND　　　　　　爵士乐、卡巴莱歌舞

见466页地图（☎212-581-3080；www.birdlandjazz.com；315 W 44th St, 在Eighth Ave和Ninth Ave之间；入场费 $30~50；⏰17:00至次日1:00；📶；🅂A/C/E至42nd St-Port Authority Bus Terminal）这只"鸟"不但外表豪华，更拥有传奇的故事。俱乐部的名字起源于比波普爵士乐传奇——查理·帕克（Charlie Parker, 外号"大鸟"），他之前曾是52nd St（俱乐部原址）的风云人物，与迈尔斯（Miles）、蒙克（Monk）及其他一些人（你可以在墙上看到他们的照片）经常混在一块儿。入场费从$25至$50不等，这儿的演出阵容始终很强大。

大使剧院　　　　　　　　　　剧院

见466页地图（Ambassador Theater；《芝加哥》；☎门票 212-239-6200；www.chicagothemusical.com；219 W 49th St, 在Broadway和Eighth Ave之间；🅂N/R/W至49th St, 1, C/E至50th St）建于20世纪20年代的大使剧院是纽约的地标建筑，它呈斜对角型建造，为的是尽量在小空间里摆放更多的座位。和很多剧院的命运一样，其所有者舒伯特家族在20世纪30年代把它卖掉了，于是这里变成了电视和电影的综合拍摄场地，但1956年舒伯特家族又重新把它买了回来。自此以后它一直是一座剧院，目前百老汇最热门的表演之一《芝加哥》（*Chicago*）在此上演。

比起一些较新的百老汇音乐剧，《芝加哥》的门票要稍微容易买一些。这部剧是由深受人们喜爱的鲍勃·福斯（Bob Fosse）/坎德与艾布（Kander & Ebb）制作的经典作品。故事是关于歌舞女郎维尔玛·凯利（Velma Kelly）、其超级崇拜者罗克西·哈特（Roxie Hart）、律师比利·弗林（Billy Flynn）以及芝加哥黑社会的肮脏勾当的。导演沃尔特·鲍比（Walter Bobbie）重新制作了该剧，令其更加时尚和富有感染力，完全可以让观众忽略拥挤的座位带来的不适。

纽约城市中心　　　　　　　　舞蹈

见466页地图（New York City Center；☎212-

581-1212; www.nycitycenter.org; 131 W 55th St, 在Sixth Ave和Seventh Ave之间, Midtown West; ⓈN/Q/R至57th St-7th Ave) 1943年, 这个摩尔式的红顶地标建筑主办舞蹈巡演[包括艾文·艾利美国舞蹈团（Alvin Ailey American Dance Theater）], 还会主办戏剧演出、2月或3月举行的纽约弗拉门戈艺术节（Flamenco Festival）, 以及9月或10月举行的著名的纽约秋季舞蹈节（Fall for Dance Festival）。

CAROLINE'S ON BROADWAY   喜剧

见466页地图 (📞212-757-4100; www.carolines.com; 1626 Broadway, 靠近50th St, Midtown West; ⓈN/Q/R至49th St; 1、C/E至50th St) 这是一个宏大、明亮、主流化的经典剧院, 或许你从现场表演的喜剧就能看得出来。这里是吸引美国喜剧大腕和情景喜剧明星的顶尖剧院。

DON'T TELL MAMA   卡巴莱歌舞

见466页地图 (📞212-757-0788; www.donttellmamanyc.com; 343 W 46th St, 在Eighth Ave和Ninth Ave之间, Midtown West; ⏰周日至周四 16:00至次日2:30, 周五和周六 至次日3:30; ⓈN/Q/R, S, 1/2/3, 7至Times Sq-42nd St) Don't Tell Mama是个很棒的钢琴酒吧和卡巴莱现场歌舞表演场所。这个不张扬的小地方在经营了超过30年之后的今天, 风采依然。平时的表演者名单里虽然没什么大明星, 但这些卡巴莱的真正爱好者在每次表演之时都倾尽所有, 还有侍者唱歌助兴。

AMC EMPIRE 25   电影院

见466页地图 (📞212-398-2957; www.amctheatres.com; 234 W 42nd St, 靠近Eighth Ave, Midtown West; ⓈN/Q/R, S, 1/2/3, 7至42nd St-Times Sq) 从这家大型的电影院看向灯火辉煌的42nd St是件很酷的事情, 但更加令人兴奋的是这里体育场风格的座椅。虽然这里不是观看主流好莱坞电影的最佳地方（人又多又喧闹）, 但相当适合放映通常面向文明观众的独立电影。

麦迪逊广场花园   表演赛, 演出场所

见466页地图 (Madison Square Garden; 简称MSG, "the Garden"; www.thegarden.com; 4 Pennsylvania Plaza, Seventh Ave, 在31st St和33rd St之间; ⓈA/C/E, 1/2/3至34th St-Penn Station) 这里是宾夕法尼亚火车站（Penn Station, 见382页）大型建筑群的一部分, 是纽约最主要的演出场地, 举办过很多大腕演员的演出, 如坎耶·威斯特（Kanye West）和麦当娜（Madonna）。这里同样还是个体育馆, 有纽约尼克斯队（New York Knicks; www.nba.com/knicks.com）以及纽约自由人队（New York Liberty; www.liberty.wnba.com）的篮球比赛、纽约游骑兵队（New York Rangers; www.nhl.com/rangers）的冰球比赛, 还有拳击比赛和年度威斯敏斯特养犬俱乐部犬展（Annual Westminster Kennel Club Dog Show）之类的活动。

明斯科夫剧院   剧院

(Minskoff Theatre;《狮子王》;📞212-869-0550, 门票 866-870-2717; www.lionking.com; 200 W 45th St, 靠近Seventh Ave, Midtown West; ♿; ⓈN/Q/R, S, 1/2/3, 7至Times Sq-42nd St) 庞大的明斯科夫剧院自1973年以来一直举办演出、选美比赛和各种活动。

格什温剧院   剧院

(Gershwin Theatre;《魔法坏女巫》;📞212-586-6510, 门票 877-250-2929; www.wickedthemusical.com; 222 W 51st St, Broadway和Eighth Ave之间, Midtown West; ♿; ⓈC/E, 1至50th St) 格什温剧院以前叫尤里斯剧院（Uris Theatre）, 是百老汇最新、最大的场地之一（可以坐近2000人！）。这里因曾经上演了百老汇最失败的剧目之一—Via Galactica（这部音乐剧由创作《毛发》的作曲家作曲）而闻名。该剧上演仅7次后就停演了, 赔了100多万美元。当然, 剧院也上演过很多成功剧目, 比如《雨中曲》（Singin'in the Rain）、《俄克拉荷马》（Oklahoma!）和《魔法坏女巫》（Wicked）。

🛍 购物

🛍 东中城区和第五大道

布鲁明戴尔百货公司   百货商店

见462页地图 (📞212-705-2000; www.

bloomingdales.com; 1000 Third Ave, 靠近E 59th St; ⊙周一至周六 10:00~20:30, 周日 11:00~19:00; 🚇; ⑤4/5/6至59th St, N/R/W至Lexington Ave-59th St) 这个庞然大物有点类似于购物世界里的大都会艺术博物馆——具有历史感、压倒性, 占地面积庞大且人满为患, 但错过了的话你还是会觉得遗憾。货架上摆满了来自美国和全球设计师制作的衣服和鞋子, 其中还有很多新鲜血液。这里还有杯子蛋糕天堂——Magnolia Bakery的一家分店, 血拼之余可以在这里补充能量。

BERGDORF GOODMAN 百货商店

见462页地图 (📞888-774-2424, 212-753-7300; www.bergdorfgoodman.com; 754 Fifth Ave, W 57th St和58th St之间; ⊙周一至周六 10:00~20:00, 周日 11:00~19:00; ⑤N/Q/R/W至5th Ave-59th St, F至57th St) 豪华的BG从1928年就在此处营业了, 人们喜爱的不仅仅是这里的圣诞橱窗 (纽约最好的), 它还在业界先锋、任时尚总监的琳达·法戈 (Linda Fargo) 领导下引领着时尚的步伐。这里的中流砥柱是富裕的女性顾客, 卖点是Tom Ford和Chanel的独家鞋品系列, 还有一个令人觊觎的女鞋部门。男士商店在街对面。

BARNEYS 百货商店

见462页地图 (📞212-826-8900; www.barneys.com; 660 Madison Ave, 靠近61st St; ⊙周一至周五 10:00~20:00, 周六 至19:00, 周日 11:00~19:00; ⑤N/R/W至5th Ave-59th St) 这里集合了Isabel Marant Étoile、Mr & Mrs Italy和Lanvin等一线大牌, 引得资深潮人们纷纷刷卡消费。在8层可以买到一些面向年轻人市场的、(稍微) 没那么昂贵的街头时髦风品牌的商品。其他亮点还有位于地下室的化妆品部, 以及新潮咖啡馆Genes, 那里有一张供上网购物用的、带触摸屏的公用桌。

在曼哈顿的**上西区** (见432页地图; 📞646-335-0978; 2151 Broadway, 75th St和76th St之间; ⊙周一至周六 10:00~19:00, 周日 11:00~18:00; ⑤1/2/3至72nd St) 和布鲁克林的Atlantic Ave有分店。

DYLAN'S CANDY BAR 食品

见462页地图 (📞646-735-0078; www.dylans

candybar.com; 1011 Third Ave, 靠近60th St, Midtown East; ⊙周一至周四 10:00~21:00, 周五和周六 至23:00, 周日 11:00~21:00; ⑤N/Q/R至Lexington Ave-59th St; 4/5至59th St) 即便是《查理和巧克力工厂》(*Willy Wonka*) 里的糖果也无法与这里相比。大大的漩涡状棒棒糖、脆脆的糖果棒、发光罐装软糖豆、垒球大小的纸杯蛋糕、无糖和犹太食物, 更不用说还有嵌入美味糖果的夜光楼梯, 简直是牙医的噩梦。如果你突然想品尝速溶糖, 三楼还有家咖啡馆。

ARGOSY 书籍、地图

见462页地图 (📞212-753-4455; www.argosybooks.com; 116 E 59th St, 在Park Ave和Lexington Ave之间, Midtown East; ⊙9月至次年5月下旬 周一至周五 10:00~18:00, 周六 至17:00; ⑤4/5/6至59th St, N/Q/R至Lexington Ave-59th St) 像这样的书店和其藏书一样越来越少见了。自1925年以来, 这个标志性的书店就收藏了很多精良的古籍, 如书籍、旧地图、艺术专著等。这里同样有有趣的好莱坞纪念品, 从私人信件、签名著作到合同和亲笔签名宣传剧照, 应有尽有。价格从极高到清仓价, 跨度很大。

蒂芙尼 珠宝、家庭用品

见462页地图 (Tiffany & Co; 📞212-755-8000; www.tiffany.com; 727 Fifth Ave, 靠近E 57th St; ⊙周一至周六 10:00~19:00, 周日 正午至18:00; ⑤F至57th St; N/R/W至5th Ave-59th St) 自从奥黛丽·赫本用渴望的眼神看过这里的橱窗后, 蒂芙尼就以其闪闪发光的钻石戒指、手表、银质艾尔莎·柏瑞蒂 (Elsa Peretti) 心形项链、水晶花瓶和玻璃器皿等俘获了无数人的心。这里还有其他好物, 比如手提包、开信刀等方便旅行使用的礼物。昏倒也好, 流口水也罢, 但无论你做什么, 都不要用无聊的"早餐在哪里"的玩笑话骚扰电梯服务员。

优衣库 时装和饰品

见462页地图 (📞877-486-4756; www.uniqlo.com; 666 Fifth Ave, 靠近E 53rd St; ⊙周一至周六 10:00~21:00, 周日 11:00~20:00; ⑤E、M至5th Ave-53rd St) 优衣库就像是日本的H&M,

而这里则是其惊人的占地89,000平方英尺（约8268平方米）的旗舰专卖店。在入口处拿一个网眼袋，乘电梯到3楼开始你的疯狂采购吧。这里的优点是价格实惠、商品时尚、质量有保证。从T恤到内衣再到日本牛仔、羊绒毛衣和超轻型高新技术大衣，应有尽有。

西中城区和时代广场

★ MOMA DESIGN & BOOK STORE　　　　礼品、书籍

见466页地图（☎212-708-9700；www.momastore.org；11 W 53rd St, Fifth Ave和Sixth Ave之间；⊙周六至周四 9:30~18:30，周五 至21:00；ⓈE, M至5th Ave-53rd St）位于现代艺术博物馆（见194页）里的这家旗舰店是个购买纪念品的绝佳去处。除了精美的藏书之外（从艺术和建筑巨著到流行文化读物和儿童插图图书，应有尽有），你还能找到艺术印刷品、海报和独一无二的小摆设。想看看家具、灯饰、家居用品、饰品、箱包和无印良品的商品，就去街道对面的现代艺术博物馆设计店（MoMA Design Store）。

地狱厨房跳蚤市场　　　　市场

见466页地图（☎212-220-0239；www.annexmarkets.com/hells-kitchen-foundation；W 39th St, Ninth Ave和Tenth Ave之间；⊙周六和周日 9:00~17:00；ⓈA/C/E至42nd St-Port Authority Bus Terminal）这个跳蚤市场在周末开市，出售丰富的二手家具陈设品、饰品、服装和无法识别到底是什么的旧物件，吸引了很多收藏爱好者和富有好奇心的普通人来逛。

NEPENTHES NEW YORK　　　　时装和饰品

见466页地图（☎212-643-9540；www.nepenthesny.com；307 W 38th St, 在Eighth Ave和Ninth Ave之间；⊙周一至周六 正午~19:00，周日至17:00；ⓈA/C/E至42nd St-Port Authority Bus Terminal）这个独特的日本商店占据了服装批发区（Garment Center）的一个老裁缝店，它集合了Engineered Garments和Needles之类的新潮的男装，它们都是以新奇的服装细节和高级的手工出品而出名，是复古的美式工装风格。配饰包括箱包、书包、手套、眼镜和鞋类。

梅西百货　　　　百货商店

见466页地图（Macy's；☎212-695-4400；www.macys.com；151 W 34th St, 靠近Broadway；⊙周一至周六 10:00~22:00，周日 11:00~21:00；ⓈB/D/F/M, N/Q/R/W至34th St-Herald Sq；A/C/E至Penn Station）这个美国最大的百货商店占了近乎整整一个街区，出售各种商品，有时装、家具、厨具、床上用品、咖啡用品、美发沙龙用品，甚至还有个大都会艺术博物馆礼品店的分店，这里"中等价位"的商品多于高档的"奢侈品"，有很多主流品牌和大牌的化妆品。商店里还有一个纽约信息中心（见426页），设信息台，提供免费城市地图。

游客出售有效身份证件可在梅西百货享受9折优惠。

B&H PHOTO VIDEO　　　　电子产品

见466页地图（☎212-444-6600；www.bhphotovideo.com；420 Ninth Ave, 在W 33rd St和34th St之间；⊙周一至周四 9:00~19:00，周五至13:00，周日 10:00~18:00，周六 闭馆；ⓈA/C/E至34th St-Penn Station）参观这个纽约最受欢迎的摄影器材店本身就是一种特别的体验：规模巨大、人潮拥挤，身着黑衣（又精通技术）的哈西德派犹太人推销员在不停地忙碌着。你选定的货品会先落入一个桶里，然后向上移动，越过天花板，就到了购买区（这里需要再排队）。

DRAMA BOOK SHOP　　　　书籍

见466页地图（☎212-944-0595；www.dramabookshop.com；250 W 40th St, 在Seventh Ave和Eighth Ave之间, Midtown West；⊙周一至周三和周五 10:00~19:00，周四 至20:00，周日 正午至18:00；ⓈA/C/E至42nd St-Port Authority Bus Terminal）百老汇迷们的天堂，这家书店自1917年开始就非常关注百老汇的剧（包括戏剧和音乐剧），书目品种齐全。员工们擅于推荐值得一看的书籍，比如关于服装、舞台设计和其他表演要素的书，同样也有行业期刊和杂志。登录网站和Facebook主页，查看店内定期举行的活动。

时代华纳中心 商场

见466页地图(Time Warner Center;📞212-823-6300;www.theshopsatcolumbuscircle.com;10 Columbus Circle;⏰周一至周六 10:00~21:00,周日 11:00~19:00;🚇A/C、B/D、1至59th St-Columbus Circle)耀眼的时代华纳中心为中央公园之旅增色不少,它有阵容强大的高级商品,包括Coach、Eileen Fisher、Williams-Sonoma、Sephora和J Crew。想买有益健康的野餐食物,可以去位于地下的、超大的**Whole Foods**超市(见211页)。

运动和活动

美国全国广播公司摄影棚之旅 步行

见462页地图(NBC Studio Tours;📞212-664-3700;www.thetouratnbcstudios.com;30 Rockefeller Plaza,入口靠近1250 Sixth Ave;团队游 成人/儿童 $33/29,6岁以下儿童禁止入内;⏰周一至周五 8:20~14:00,周六和周日 至17:00;🚇B/D/F/M至47th-50th Sts-Rockefeller Center)经过调整的美国全国广播公司摄影棚之旅充满了奇闻轶事,1小时的团队游会带电视迷们参观NBC摄影棚的一部分。标志性电视节目《周六夜现场》(*Saturday Night Live*)和《吉米·法伦今夜秀》(*The Tonight Show Starring Jimmy Fallon*)就是在这个摄影棚拍摄的。通常会在翻修得很漂亮的装饰艺术风格圆形大厅、两个摄影棚和NBC广播运营中心(NBC Broadcast Operations Center)停留。游览中有互动环节,你可以"主持"或"制作"自己的脱口秀。可在网上预约,以免排队。

CENTRAL PARK BIKE TOURS 自行车

见466页地图(📞212-541-8759;www.centralparkbiketours.com;203 W 58th St,靠近Seventh Ave;租金 每2小时/日 $20/40,2小时团队游 $49;⏰8:00~20:00,团队游 9:00~16:00;🚇A/C、B/D、1至59th St-Columbus Circle)这里出租很好的自行车(含头盔、锁和自行车地图),也有到中央公园和布鲁克林大桥地区的2小时团队游。登录网站查询团队游时间。

MANHATTAN COMMUNITY BOATHOUSE 皮划艇

见466页地图(www.manhattancommunityboathouse.org;Pier 96,靠近56th St,Hudson River Park;⏰6月至10月初 周六和周日 10:00~18:00,以及6月至8月 周一至周三 17:30~19:30;🅿;🚇M12至12th Ave/56th St,🚇A/C、B/D、1至59th St-Columbus Circle)**免费**想快速划过宽阔的哈德逊河?这家由志愿者经营的船屋在夏天的周末提供免费的皮划艇游览。无须预订,先到先得。它还有免费课程教授皮划艇技巧和安全须知。

划船的时候可能会弄湿衣服——码头上有更衣室和锁柜。如果20分钟的划船满足不了你,那就去Downtown Boathouse(见89页)看看,它紧邻N Moore St,周末在哈德逊河组织游览。

中央火车站合伙人 步行

见462页地图(Grand Central Partnership;📞212-883-2420;www.grandcentralpartnership.nyc)**免费**每周五12:30,中央火车站合伙人组织为时90分钟的免费团队游,游览中央火车站和周边地区。团队游从E 42nd St和Park Ave西南角出发。全年还有其他丰富的活动。

CIRCLE LINE BOAT TOURS 游轮

见466页地图(📞212-563-3200;www.circleline42.com;Pier 83,W 42nd St 靠近Twelfth Ave;乘船 成人/儿童 $30/25;🚇M42或M50向西至12th Ave,🚇A/C/E至42nd St-Port Authority)经典的Circle Line带你在船上以安全的距离驶过所有重要景点。你可以选择耗时2.5小时的全岛乘船游览、耗时稍短的90分钟"半圈"游览,或两小时的夜游。每年5月至10月,Circle Line还可带你登上高速船"Beast",体验一把肾上腺素飙升的刺激之行。登录网站查询时刻表。

LUCKY STRIKE 保龄球

见466页地图(📞646-829-0170;www.bowlluckystrike.com;624-660 W 42nd St,Eleventh Ave和Twelfth Ave之间,Midtown West;单人游戏 $10起,鞋子租金 $6;⏰周日至周三 正午至午夜,周四 至次日1:00,周五和周六 至次日2:00;🚇A/C/E至42nd St-Port Authority Bus Terminal)Lucky Strike是世界上少数有着装要求的保龄球馆之一。这里有昂贵的饮品、豪华的休息室和时

髦的人群。所有的一切都让这里更像个夜店，而非保龄球馆。需提前预订。

24 HOUR FITNESS　　　　　　　　　健身房

见462页地图（☎212-401-0660；www.24hourfitness.com；153 E 53rd St, Lexington Ave和Third Ave之间, Midtown East；日票/周票 $30/100；◎健身房24小时, 游泳池5:00~23:00；ⓈE, M至Lexington Ave-53rd St; 6至51st）来这家设备一流的时尚健身连锁店里挥洒汗水吧。这里有最好的有氧运动器材、重量训练器械、各种课程（包括Body Pump杠铃操、Body Combat搏击操和普拉提），以及一个桑拿浴室、一间蒸汽浴室和一个漩涡泳池。这家分店里还有一个小型的健身游泳池。查看网站能获得曼哈顿全部3家分店的信息。

上东区

区域亮点

❶ **大都会艺术博物馆**(见230页)花几个小时(或几周)徜徉于这些无价之宝之间,从极具魅力的埃及手工艺品到文艺复兴时期的杰作,一应俱全。

❷ **古根海姆博物馆**(见229页)漫步于这座出自弗兰克·劳埃德·赖特(Frank Lloyd Wright)之手的标志性建筑设计的螺旋形坡道上,沿途欣赏最新安置的现代美术展品。

❸ **新美术馆**(见235页)细细观赏古斯塔夫·克林姆特(Gustav Klimt)让人目不暇接的耀眼画作,然后到博物馆内典雅的咖啡厅享用豪华的维也纳风情午膳。

❹ **Frick Collection Concerts**(见241页)周日的夜晚,到有珍贵画作和雕塑围绕的学院派建筑风格艺术馆里聆听古典音乐。

❺ **Bemelmans Bar**(见238页)夜幕初降时,在这家优雅的、绘有壁画的酒吧里浅酌鸡尾酒,仿佛让人回到这座城市辉煌的爵士乐时代。

独家贴士

上东区是老派奢侈品的化身，尤其是从60th St至86th St、位于中央公园和第五大道之间的这一区域。如果你想找一些稍微便宜点的地方吃吃喝喝，那么你就往Lexington Ave的东面走。First Ave、Second Ave和Third Ave上有很多稍微便宜一些的餐厅。

🍴 最佳就餐

➡ Tanoshi（见237页）
➡ Café Boulud（见237页）
➡ Boqueria（见237页）
➡ Café Sabarsky（见236页）

　　详细介绍见235页 ➡

🍷 最佳饮品

➡ Bemelmans Bar（见238页）
➡ Seamstress（见238页）
➡ Drunken Munkey（见240页）
➡ Auction House（见240页）

　　详细介绍见238页 ➡

🔒 最佳购物

➡ Encore（见242页）
➡ Flying Tiger Copenhagen（见241页）
➡ Mary Arnold Toys（见242页）
➡ Ricky's NYC（见242页）

　　详细介绍见241页 ➡

探索上东区

探索这个巨大的富庶之地有很多方法。可以的话，早点起床——单单参观大都会艺术博物馆就可以花费掉一整个早上（或更久）。在79th St Tranverse南端进入中央公园(Central Park)，加入野餐的人群或是在雪松小丘[Cedar Hill, 山丘上有一座正在捕猎的大猫雕塑，因而这座小山也被称为猫山(Cat Hill)]上慵懒度日；冬天，你会看到当地的孩子们在山丘上滑雪橇。一直向南走，你会看见《爱丽斯漫游仙境》的雕塑，然后坐在长椅上休息一会儿，安静凝望保护水域(Conservatory Water)池塘中的航模船在水上航行。

在72nd St，往东走到麦迪逊大道(Madison Ave)，再往南走，在那里你可以看到美国最奢华的旗舰店。这条路上还有很多古老的咖啡馆和豪华餐馆。欢迎来到上东区，感受这一街区高贵的气息。

当地生活

➡ **与上流社会共用午餐** 上东区以"午餐女士"而著称，她们梳着时髦整齐的发型，挎着蒸汽箱大小的名牌包，与人隔空飞吻。在Sant Ambroeus（见240页）和Café Boulud（见237页）这些地方最有可能看到这类纽约人的身影。

➡ **（只看不买）血拼购物** 想要花小钱办大事？跳过奢华的麦迪逊大道上的专卖店，来高端的寄卖店吧，Encore（见242页）和Michael's（见242页）等地有上流社会人士穿了几次就不要了的女装，价格实惠。

➡ **数不清的咖啡馆** 高端社区喝高端咖啡——这里单品意式浓缩咖啡比比皆是。还可以在Via Quadronno（见238页）和Sant Ambroeus（见240页）咖啡店里尽享新鲜制成的玛奇朵。

到达和离开

➡ **地铁** 主要有2条地铁线路通往上东区。4/5/6号线在Lexington Ave南北方向行驶，Q线则在Lexington Ave和63rd St停靠，然后开往Second Ave的72nd St、86th St和96th St等几个新站。F线同样停靠63rd St和Lexington Ave，之后开往罗斯福岛(Roosevelt Island)和皇后区(Queens)。

➡ **长途汽车** 长途汽车M1、M2、M3和M4沿风景优美的第五大道和中央公园行驶（同样途经麦迪逊大道）。M15上至First Ave，下接Second Ave，往来该区最东部的区域很方便。在66th St、72nd St、79th St、86th St和96th St上的跨城长途汽车可以带你穿过中央公园，前往上西区。

重要景点
古根海姆博物馆（GUGGENHEIM MUSEUM）

建筑师弗兰克·劳埃德·赖特设计的这座建筑本身就是个雕塑作品，几乎令建筑物里收藏的20世纪的艺术作品相形见绌。早在博物馆开幕前，这一倒金字塔结构的建筑就受到了某些批评家的嘲讽，但也得到了其他评论家的称颂，并将其视为他们钟爱的标志性建筑。甫一开放，这一独特的建筑就出现在无数明信片上、电视节目以及电影中。

不要错过
➡ 圆形大厅临时展览（视角独特）
➡ 永久藏品
➡ 博物馆商店

实用信息
➡ 见468页地图，A3
➡ 212-423-3500
➡ www.guggenheim.org
➡ 1071 Fifth Ave，与89th St的交叉路口
➡ 成人/儿童 $25/免费，周六 17:45~19:45 捐赠入内
➡ 周日至周三和周五 10:00~17:45，周六至19:45，周四闭馆
➡
➡ S 4/5/6号线至86th St

抽象艺术鼻祖

古根海姆博物馆的藏品来自于所罗门·R.古根海姆的收藏。古根海姆是纽约的一位采矿业巨头，60多岁时在他的艺术顾问——一个名叫希拉·瑞贝的古怪的德国男爵的建议下开始购买抽象艺术品。1939年，古根海姆在54th St建立了一个临时博物馆，叫作非具象绘画博物馆（Museum of Non-Objective Painting），由瑞贝担任馆长。收藏馆有灰色的天鹅绒墙壁、回荡着的古典音乐以及燃烧着的熏香，真是不可思议。4年之后，这二人委托赖特建立了一个永久的收藏馆。

招来批评

1959年10月，古根海姆将收藏馆对外开放，那时的门票是50¢，展出的作品包括瓦西里·康定斯基、亚历山大·考尔德以及抽象主义大师弗朗兹·克兰和威廉·德·库宁的作品。

这个建筑被《纽约时报》大加鞭挞。但是其他人很快反驳，赞其为"美国最漂亮的建筑之一"。无论这是不是赖特的本意，但他确实为纽约带来了一个最著名的地标建筑。

时至今日

这里于20世纪90年代初期进行了翻新，在东面新盖了一个8层高的塔，将展览面积增加了约4645平方米。这些展览里设有永久藏品的轮换展览，圆形大厅的坡道则设有临时展览。

该馆的展览包括康定斯基、毕加索以及杰克逊·波洛克的作品。随着时间的推移，这里新增了重要的藏品，包括莫奈、凡·高和德加的绘画，康斯坦丁·布朗库西的雕塑，罗伯特·梅普尔索普的摄影以及古根海姆的侄女佩吉捐赠的超现实主义作品。

参观博物馆

该博物馆的上升坡道轮换展出现当代艺术作品。赖特的本意是想让参观者先到顶层然后逐级向下参观，但由于只有一部狭窄的电梯，他的设想无法实现。因而，展览设置是从楼下到楼上。艺术和设计爱好者应该去现场的古根海姆商店（Guggenheim Store），逛一逛店内上乘的书籍、海报、礼品和家居用品。

历经多年

与纽约的大多数开发项目一样，这个项目经过了很长时间才得以实现。由于经费紧张、"二战"爆发，还有一些愤怒的邻居不愿意看到在他们住宅中间有一幢巨大的水泥建筑拔地而起，施工推迟了将近13年。该建筑终于在1959年落成，那时赖特和古根海姆都已不在人世。

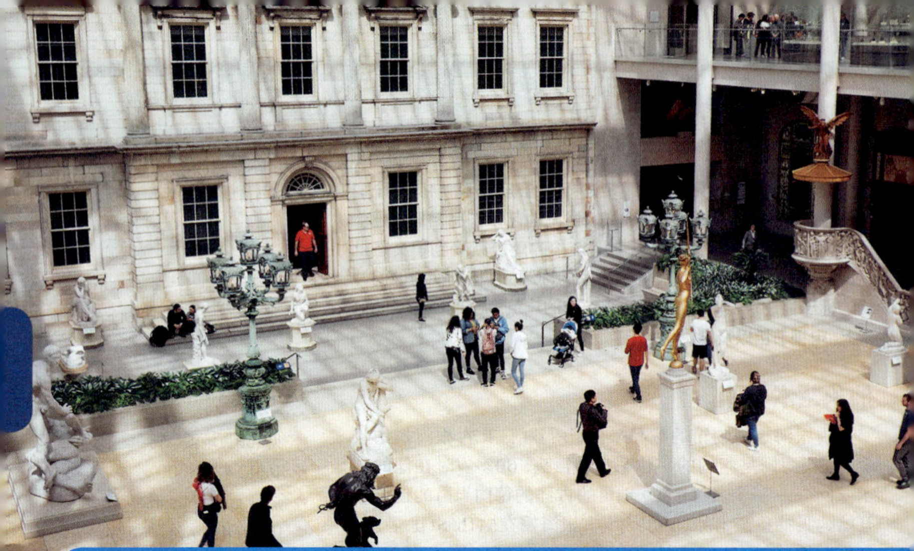

HEATHER SHIMMIN / SHUTTERSTOCK ©

重要景点

大都会艺术博物馆（METROPOLITAN MUSEUM OF ART）

这个庞大的、百科全书式的博物馆建于1870年，有世界上规模最大的艺术收藏。藏品多达200万件，且涉猎广泛，从埃及寺庙到美国绘画，一应俱全。这座被简称为“MET”的博物馆有占地约7万平方米的美术馆，每年吸引着600多万游客——使这里成为纽约最受欢迎的独立景点。换句话说，你一定要留出时间到这里看看。

埃及艺术

这个博物馆有无与伦比的古代埃及艺术品，有些可以追溯到旧石器时代。39个埃及美术馆位于大厅北面，里面有大都会艺术博物馆极其珍贵的展品之一：高官朋内布墓室（Mastaba Tomb of Perneb，公元前2300年前后），这是一个用石灰岩制作的古王国墓室。从这里开始有很多房间，里面堆满了墓碑、浮雕以及金字塔碎片。[不要错过105号美术馆里的麦克特瑞模型（Models of Meketre），那是些有趣的黏土小雕像，据信在来世会派上用场。]在这些房间的尽头是丹铎神庙（131号美术馆），这是祭奠伊希斯（Isis）女神的砂岩寺庙，位于一个阳光明媚的中庭美术馆内，这里还有一个倒影池——第一次来的游客一定不能错过。

希腊和罗马艺术

展览古典艺术的27个美术馆是大都会艺术博物馆的又一大亮点。从大厅开始的走廊会带你来到一个拱形房间，里面有希腊人物雕像。这里连接着大都会艺术博物馆最可爱

不要错过

- 丹铎神庙（Temple of Dendur）
- 卡拉瓦乔、埃尔·格列柯、弗美尔和其他早期大师的绘画作品
- 伊斯兰艺术美术馆里的大马士革房间（Damascus Room）
- Cantor Roof Garden Bar

实用信息

- 见468页地图，A5
- www.metmuseum.org
- 1000 Fifth Ave，与82nd St的交叉路口
- 3日通票，成人/老人/儿童 $25/$17/免费，纽约州居民及康涅狄格、纽约或新泽西学生 免费
- ⏲周日至周四 10:00~17:30，周五和周六 至21:00
- Ⓢ4/5/6号线、Q线至86th St

的地方：高耸的希腊和罗马雕塑殿（162号美术馆），摆满了神灵和历史人物的大理石雕像。这里还有创作于68~98年的披着狮子皮、有胡须的赫拉克勒斯（Hercules）雕像，尤其壮观。

欧洲绘画

想对文艺复兴有更多的了解？大都会艺术博物馆的二楼是欧洲绘画厅，里面收藏了大量的大师作品，令人叹为观止。这里有超过1700幅绘画，从13世纪开始，跨度大约为500年，其中还包括杜乔（Duccio）和伦勃朗（Rembrandt）等大师的作品。实际上，这里的一切展品都是实打实的佳作。621号美术馆有一些卡拉瓦乔的作品，包括技艺高超的《圣彼得的拒绝》（*The Denial of St Peter*）。西面的611号美术馆有很多西班牙珍宝，包括埃尔·格列柯著名的《托莱多风景》（*View of Toledo*）。再往南走到632号美术馆，有很多弗美尔的作品，包括《持水壶的女人》（*Young Woman with a Water Pitcher*）。南边的634号和637号美术馆里，你可以欣赏伦勃朗的几幅作品，包括1660年创作的《自画像》（*Self-Portrait*）。这仅是开始——你可以花几个小时来欣赏这些大师级的作品。

阿拉伯土地上的艺术

在2楼的东南角，你会找到伊斯兰美术馆，里面有15个很棒的房间，展示着该博物馆从中东到中南亚的大量艺术收藏品。除了服装、非宗教的装饰品以及手稿之外，你还会发现璀璨的珐琅玻璃器具（452号美术馆）以及一个瑰丽的14世纪米哈拉布（mihrab）圣龛，上面还铺有各种类型、有精美图案的彩色铺砖（455号美术馆）。这里还有奥斯曼华丽的纺织品（459号美术馆）、中世纪风格的摩洛哥宫廷（456号美术馆）以及18世纪的大马士革房间（461号美术馆）。

美国厅

在博物馆的西北角，两层的美国厅展示了多种类型的装饰艺术以及美术作品，时间横跨整个美国历史。展品包罗万象，例如殖民地时期的肖像画、哈德逊河画派的杰作、约翰·辛格尔·萨金特（John Singer Sargent）优雅而性感的《X夫人》（*Madame X*；771号美术馆），当然还有埃玛纽埃尔·洛伊茨（Emanuel Leutze）恢宏的《华盛顿横渡特拉华河》（*Washington Crossing the Delaware*；760号美术馆）。

屋顶花园

全博物馆里最棒的地方之一是屋顶花园，里面轮换展出当代以及20世纪艺术家们创造的雕像装置。杰夫·昆斯（Jeff Koons）、安迪·高兹沃斯（Andy Goldsworthy）以及伊姆兰·库雷希（Imran Qureshi）都来过这里。这里最棒的一点就是能够看到纽约和中央公园的美景。**Cantor Roof Garden Bar**（见468页地图；☎212-570-3711；h4月中旬至10月，周日至周四11:00~16:30，周五和周六至20:15）也开在这里，这是个喝酒的好去处——尤其是在夕阳西下的时候。屋顶花园4月至10月对外开放。

在孩子们中最受欢迎的美术馆一般是埃及、非洲和大洋洲美术馆[记得看看阿斯马特族（Asmat）的全身面罩]以及中世纪的武器和盔甲。大都会艺术博物馆里有很多以青少年为中心的活动（你可以登录网站查看具体信息），还有专门为小孩特制的博物馆宣传册和地图。

大都会艺术博物馆
（Metropolitan Museum of Art）

旅游计划

从大厅（Great Hall）走进主入口，穿过埃及艺术馆，走向安置在玻璃幕墙陈列室中、令人叹为观止的❶丹铎神庙。

查尔斯安格哈德厅（Charles Engelhard Court）高大宏伟，阳光普照，里面到处都是美国雕塑。走过这里，就来到了武器美术馆和铠甲美术馆。细心观赏16世纪的❷法国亨利二世的铠甲，做工一丝不苟、极其精湛。下一个房间（371号美术馆）里陈列着4个全副武装的盔甲骑兵。

重新进入美国厅（American Wing），上到2楼去欣赏❸《华盛顿横渡特拉华河》这幅巨作。然后继续观摩令人印象深刻的欧洲大师的作品。不要错过621号美术馆的卡拉瓦乔作品，特别是❹《圣彼得节制》。

穿过摄影作品区，来到19世纪和20世纪初欧洲绘画与雕塑展区，寻找莫奈、雷诺阿、凡·高和高更的作品。822号美术馆有展出凡·高的❺《麦田里的丝柏树》，这幅画是凡·高完成名作《星月夜》[Starry Night；在现代美术博物馆（Museum of Modern Art）中展出]之后不久创作的。

在附近的伊斯兰艺术美术馆，你会发现精美的❻米哈拉布，即圣龛，它旁边就是中世纪风格的摩洛哥馆（456号美术馆），馆内有喷泉，流水潺潺。

下楼鉴赏大都会博物馆内的古希腊和罗马的作品。在最大的美术馆里有复杂精细的大理石棺——❼《酒神的狂欢》。隔壁的大洋洲展厅内有来自新几内亚的生动的部落艺术，包括3个❽阿斯马特族全身面罩；头顶则有来自克沃马（Kwoma）礼堂的天花板壁画。

继续前往现代与当代艺术美术馆欣赏欧姬芙（O'Keeffe）、达利（Dalí）、米罗（Miró）、霍普（Hopper）等艺术家的作品；毕加索（Picasso）的立体主义巅峰之作❾《一瓶朗姆酒静物》位于905号美术馆。想要好好休息一下的话，可以乘坐附近的升降梯到夏日Cantor Roof Garden Bar，或者到附近极具格调的皮特里厅咖啡馆（Petrie Court Café）小憩。

《圣彼得节制》(The Denial of St Peter) 621号美术馆
卡拉瓦乔的一生虽然短暂，却轰轰烈烈，他在生命的最后几个月里完成了这幅伟大的作品，讲述了一个精彩的故事。

《麦田里的丝柏树》(Wheat Field with Cypresses) 822号美术馆
凡·高创作这幅画时正处于1889年夏天的高产期，当时他自愿待在法国阿尔勒（Arles）的一家精神病院里。

米哈拉布（Mihrab） 455号美术馆
该圣龛来自8世纪的伊朗，是由经过切割的釉面砖和多彩华丽的马赛克制作而成的，是世界上最好的宗教建筑装饰品之一。

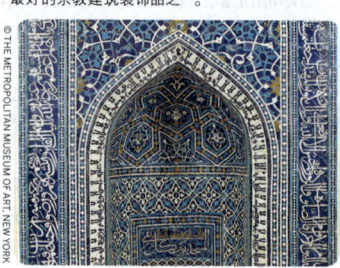

《一瓶朗姆酒静物》(Still Life with a Bottle of Rum) 905号美术馆
毕加索在1911年创作这幅画，当时他正与乔治·布拉克（Georges Braque）共同发展立体派新风格。

阿斯马特族全身面罩（Asmat Body Mask） 354号美术馆
人们用这样的新几内亚服装代表新近逝者的灵魂，阿斯马特人在典礼舞蹈中会穿上它们。

《酒神的狂欢》(Triumph of Dionysos and the Seasons) 162号美术馆
在这个大理石棺的上边，你会看到酒神狄俄尼索斯坐在和4个数字连接着的黑豹上，这4个数字（从左到右）分别代表着冬、春、夏、秋。

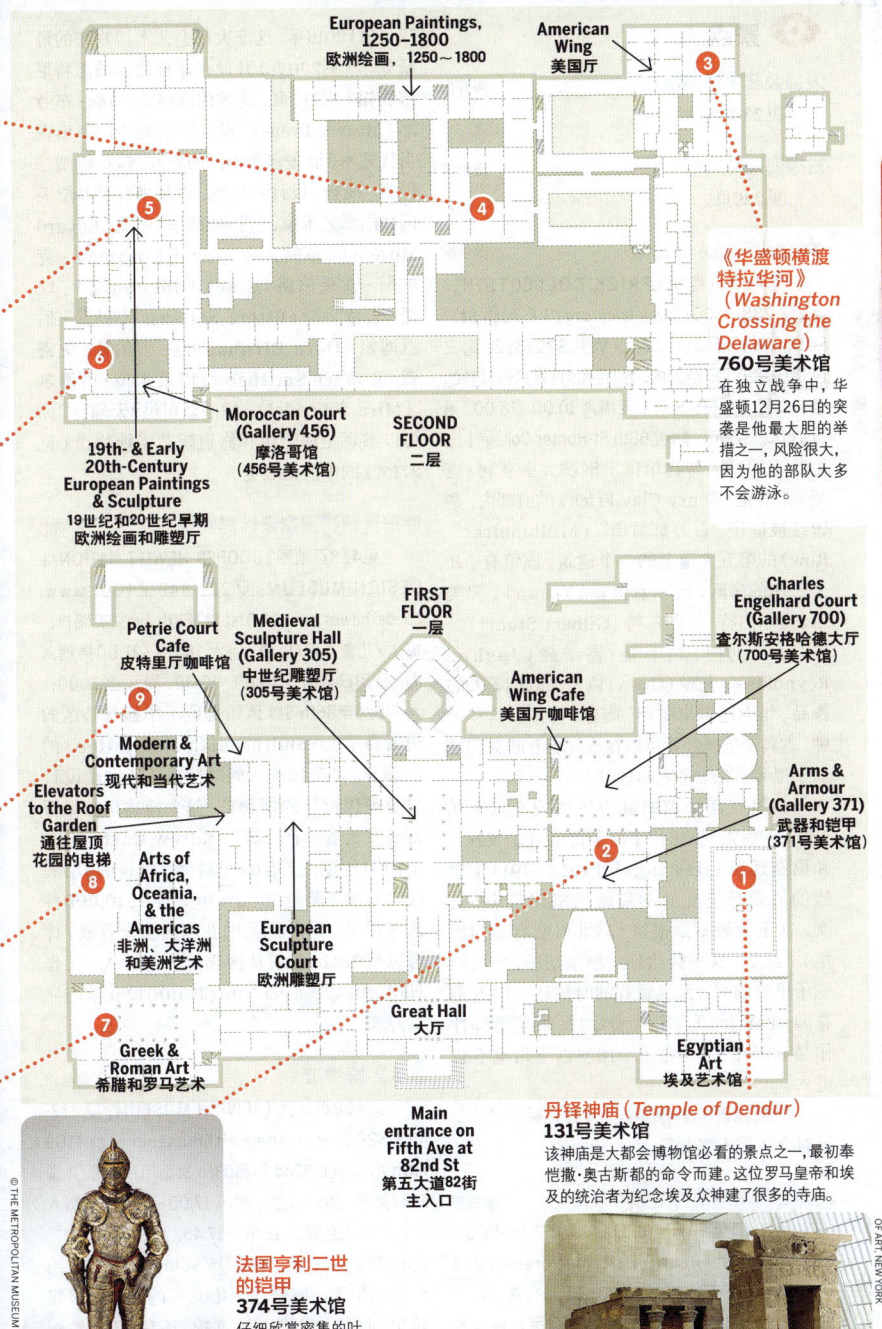

🎯 景点

大都会艺术博物馆
博物馆

见230页。

古根海姆博物馆
博物馆

见229页。

★ 弗里克私人博物馆
美术馆

见468页地图（FRICK COLLECTION；☎212-288-0700；www.frick.org；1 E 70th St，Fifth Ave交叉路口；成人/学生 $20/$12，周三14:00~18:00 捐赠入内，除1月和9月外其他月份的第一个周五免费；◎周二至周六 10:00~18:00，周日 11:00~17:00；Ⓢ6至68th St-Hunter College）这个壮观的私人博物馆位于钢铁大亨亨利·克莱·弗里克（Henry Clay Frick）的府邸内，是曾经被称作"百万富翁街"（Millionaires' Row）的第五大道上的一个建筑。该馆有十几个宏伟的房间，展示着提香（Titian）、弗美尔、吉尔伯特·斯图尔特（Gilbert Stuart）、埃尔·格列柯、约书亚·雷诺兹（Joshua Reynolds）、戈雅（Goya）以及伦勃朗等人的作品。馆内还展出雕塑、陶瓷、古董家具和时钟。古典音乐迷经常可以在周日晚上欣赏钢琴和小提琴音乐会（见241页）。

弗里克博物馆的魅力还体现在以下几个方面：首先，该馆位于由卡雷尔（Carrère）和黑斯廷斯（Hastings）于1913~1914年建造的可爱且凌乱的学院派风格建筑中。其次，这里一般不是很挤（除非可能有热门展览）。最后，这里会给你一种亲切感，室内的院子里有喷泉，天气暖和的时候还可以逛逛花园。Portico美术馆十分宁静，展览装饰性作品和雕塑。（请注意，10岁以下儿童不得进入。）

门票包含了语音导览（有好几种语言），绝对会让你不虚此行。

大都会艺术博物馆布劳耶分馆
博物馆

见468页地图（MET BREUER；☎212-731-1675；www.metmuseum.org/visit/met-breuer；945 Madison Ave，E 75th St交叉路口；3天通行票，成人/老人/儿童 $25/$17/免费，纽约州居民及康涅狄格、纽约或新泽西学生 免费；◎周二至周四 10:00~17:30，周五和周六 至21:00；Ⓢ6至77th St，Q至72nd St）2016年，这座大都会艺术博物馆的最新分馆（见230页）开设在地标性的前惠特尼博物馆（见147页）建筑内[最初由马歇·布劳耶（Marcel Breuer）设计]。展馆专门展出现当代艺术，涵盖多种不同的媒介，包括雕塑、摄影、视频、设计和绘画，作品来自于多位美国和国际艺术家，包括爱德华·蒙克（Edvard Munch）、草间弥生（Yayoi Kusama）、克拉斯·欧登伯格（Claes Oldenburg）、埃托·索特萨斯（Ettore Sottsass）、达拉·伯恩博姆（Dara Birnbaum）、罗伯特·史密森（Robert Smithson）以及米拉·申德尔（Mira Schendel）。凭门票可供3天通行，你可以参观主博物馆和修道院艺术博物馆（见271页）的中世纪展览。

库珀休伊特国家设计博物馆
博物馆

见468页地图（COOPER-HEWITT NATIONAL DESIGN MUSEUM；☎212-849-8400；www.cooperhewitt.org；2 E 91st St，Fifth Ave交叉路口；成人/儿童 $18/免费，周六 18:00~21:00捐赠入内；◎周日至周五 10:00~18:00，周六 至21:00；Ⓢ4/5/6至86th St）该馆是位于华盛顿特区的史密森学会（Smithsonian Institution）的一部分，是美国唯一同时侧重于历史性设计以及现代设计的博物馆。这个博物馆由亿万富翁安德鲁·卡内基（Andrew Carnegie）于1901年建立，有64个房间。建筑的3层展厅内放满了跨越3000年历史的共210,000件艺术藏品。风景优美的花园向公众开放，你可以从90th St或从博物馆内部进入。工作日13:30以及周末13:00和15:00设有馆内导览游。

犹太人博物馆
博物馆

见468页地图（JEWISH MUSEUM；☎212-423-3200；www.thejewishmuseum.org；1109 Fifth Ave，在 E 92nd St和93rd St之间；成人/儿童 $15/免费，周六 免费，周四 17:00~20:00 捐赠入内；◎周六至周二 11:00~17:45，周四 至20:00，周五 至16:00；Ⓢ6，Q至96th St）这座纽约珍宝馆位于一座修建于1908年的法式哥特建筑里，收藏了3万件犹太文物，还有雕像、绘画以及装饰性艺术。这里有很好的临时展览，展出阿特·斯皮格曼（Art Spiegelman）等重量级大师的回顾展，还有马克·夏加尔（Marc Chagall）、爱德华·维亚尔（Édouard Vuillard）、莫迪利亚尼（Modigliani）以及曼瑞（Man Ray）等人的世界级的展览。

新美术馆 博物馆

见468页地图（NEUE GALERIE; ☎212-628-6200; www.neuegalerie.org; 1048 Fifth Ave, E 86th St交叉路口; 成人/学生 $20/10, 每个月的第一个周五 18:00～20:00 免费; ⊙周四至周一 11:00～18:00; ⓢ4/5/6至86th St）翻新过的卡雷尔和黑斯廷斯宅邸建于1914年，这个壮丽的展馆展示着奥地利和德国的艺术作品，展品包括保罗·克利（Paul Klee）、恩斯特·路德维希·克希纳（Ernst Ludwig Kirchner）以及埃贡·席勒（Egon Schiele）的作品。二楼有古斯塔夫·克林姆特（Gustav Klimt）于1907年创作的色彩明亮的肖像画《阿德勒·布洛赫鲍尔夫人》（Adele Bloch-Bauer）——该画被化妆品巨头罗纳德·劳德（Ronald Lauder）以1.35亿美元的天价买下。这幅画作的历史被创作成一部引人入胜的电影《金衣女人》（Woman in Gold），电影于2015年上映。

格雷西大厦 历史建筑

见468页地图（GRACIE MANSION; www.nyc.gov/gracie; East End Ave, E 88th St交叉路口; ⊙团队游 周二 10:00、11:00、14:00和15:00; ⓢQ至86th St）这个联邦式的建筑在1799年是商人阿奇博尔德·格雷西（Archibald Gracie）的住所。从1942年开始，这里就是历任纽约市长及其家人的居住地[除百亿富豪迈克尔·布隆伯格（Michael Bloomberg）外，他更喜欢住在上东区自己的豪宅里]。多年来，这里几经扩建和改造。如果想参观，你必须上网预约参加每周一次的45分钟室内导览（节假日期间频率会更低）。

亚洲协会和博物馆 博物馆

见468页地图（ASIA SOCIETY & MUSEUM; ☎212-288-6400; www.asiasociety.org; 725 Park Ave, E 70th St交叉路口; 成人/儿童 $12/免费, 9月至次年6月 周五 18:00～21:00 免费; ⊙周二至周日 11:00～18:00, 9月至次年6月 周五 至21:00; ⓢ6至68th St-Hunter College; Q至72nd St）该馆于1956年由约翰·D.洛克菲勒（John D Rockefeller; 亚洲艺术的痴迷收藏者）建立，这一文化中心有非常迷人的展览（缅甸佛教艺术、中国顶尖艺术家的回顾展、东南亚当代艺术）以及耆那教（Jain）雕塑和尼泊尔佛教绘画。全年每周二至周日14:00以及周五18:30（夏季除外）有团队游（费用已包含在门票中）。

以马内利会堂 犹太教堂

见468页地图（TEMPLE EMANU-EL; ☎212-744-1400; www.emanuelnyc.org; 1 E 65th St, Fifth Ave交叉路口; ⊙周日至周四 10:00～16:00; ⓢ6至68th St-Hunter College）**免费** 该教堂作为纽约第一个改革犹太教会堂始建于1845年，直至1929年才竣工。现在，它是世界上最大的犹太教堂之一。这是一个巍然耸立的罗马式建筑，长约53.34米，高30.48米，明亮的手绘天花板上绘有以黄金雕刻细节的诸神神像。

纽约市立博物馆 博物馆

见468页地图（MUSEUM OF THE CITY OF NEW YORK; ☎212-534-1672; www.mcny.org; 1220 Fifth Ave, 在E 103rd St和104th St之间; 建议门票 成人/儿童 $18/免费; ⊙10:00～18:00; ⓢ6至103rd St）这家博物馆位于博物馆大道（Museum Mile）一端一栋乔治亚时期殖民复兴风格的建筑里，侧重于纽约的过去、现在和将来。不要错过时长28分钟的电影 *Timescapes*（在2楼），该影片讲述了纽约市从一个很小的美国原住民贸易站转变为蓬勃发展的世界大都会的发展故事。

就餐

TWO BOOTS 比萨 $

见468页地图（☎212-734-0317; www.twoboots.com; 1617 Second Ave, E 84th St交叉路口; 切片比萨 $3.50～4.25; ⊙周日至周二 11:30～23:00, 周三 至午夜, 周四 至次日2:00, 周五和周六 至次日4:00; ☏; ⓢQ、4/5/6至86th St）这家风格怪诞前卫的纽约连锁店以意大利和路易斯安那这两个地图板块如同"靴子"的地方为灵感，出品40多款不拘一格的原创比萨（其中有多种素食和严格素食选择）——全部以喜剧演员、科学家、音乐家、本地运动队伍，甚至科幻片角色命名。最美味的是哪一款？我们推荐"托尼·克利夫顿"（Tony Clifton，加入香菇、维达利雅洋葱、马苏里拉奶酪和红椒青酱）。

★ PAPAYA KING 热狗 $

见468页地图（☎212-369-0648；www.papayaking.com；179 E 86th St, Third Ave交叉路口；热狗 $2.50~4.50；⊙周日至周四 8:00至午夜，周五和周六 至次日1:00；⑤4/5/6, Q至86th St）这家原创热狗及木瓜汁专卖店始创于1932年，历经40余年才迎来竞争对手Gray's Papaya（见254页）在城市另一端开张。Papaya King的店铺位于街角，霓虹闪烁，吸引了很多纽约人来这里品尝价廉物美的热狗和鲜榨木瓜汁。（为什么是木瓜汁？墙上标牌里的信息能够解释一切。）试试配有泡菜和纽约洋葱佐料的"本垒打"（Homerun）。

SCHALLER & WEBER 市场 $

见468页地图（☎212-879-3047；www.schallerweber.com；1654 Second Ave, E 86th St交叉路口；香肠 每12盎司$8起；⊙周一至周六 10:00~19:00；⑤Q、4/5/6至86th St）这家屡获殊荣的熟食店从约克维尔街区还是一片德国飞地时一直营业至今，如今出售超过15种不同种类的香肠，均产自其位于皇后区的工厂，包括经典的德式农家香肠（bauernwurst）和巴伐利亚白香肠（weisswurst）、鸡肉油煎香肠、切达干酪油煎香肠、爱尔兰香肠、波兰薰肠等，另外还出售多种欧州进口商品：奶酪、腌黄瓜、调味料、巧克力、葡萄酒和啤酒。

隔壁是其下设的一家小"香肠餐吧"**Schaller's Stube**（见468页地图；☎646-726-4355；www.schallerstube.com；1652 Second Ave, E 86th St交叉路口；香肠 $7~14；⊙周一至周六 11:00~23:00, 周日 正午至18:00；⑤Q、4/5/6至86th St），出售夹在奶油面包里并搭配不同配料的香肠。

LA ESQUINA TAQUERÍA 墨西哥菜 $

见468页地图（The Corner；☎646-861-3356；www.esquinanyc.com；1420 Second Ave, E 73rd St交叉路口；墨西哥夹饼 $3.75~4.25，墨西哥三明治 $8.50~9.75；⊙周日至周四 11:00~22:00, 周五和周六 至23:00；☎；⑤Q至72nd St）这家时髦新颖的墨西哥夹饼连锁店的装潢极其复古——全部店铺都仿佛是停止在20世纪50年代的餐馆——但它的菜单现代感十足，但同时口味正宗，比如鸡肉油炸玉米饼、烤羊肩夹饼、墨西哥特色碳烤玉米（加入蛋黄酱、奶酪和辣椒粉的烤玉米）和玉米脆片酸辣汤。这里总是人声鼎沸——价格也很实惠。

EARL'S BEER & CHEESE 美国菜 $

见468页地图（☎212-289-1581；www.earlsny.com；1259 Park Ave, 在97th St和98th St之间；烤芝士 $8；⊙周日至周四 11:00~午夜，周五和周六 至次日2:00；⑤6至96th St）由同胞共同经营的这个小且舒适的餐厅营造出一种时尚的氛围，木制壁画上有一只巨大的鹿，还有一个雄鹿头。特色烤芝士是一种创新典范，配有猪腩、煎蛋和朝鲜泡菜。这里还有奶酪通心粉（加入山羊奶酪和香脆迷迭香）以及玉米饼（配有焖肘子和queso fresco——一种墨西哥奶酪）。Earl's的精酿啤酒也很棒，更供应美味的早午餐（班尼迪克蛋、酸奶和自制格兰诺拉麦片）。

EL AGUILA 墨西哥菜 $

见468页地图（☎212-426-2221；www.elaguilanewyorkrestaurant.com；1634 Lexington Ave, 靠近103rd St；墨西哥夹饼 $3起，墨西哥卷饼 $8；⊙10:00~23:00；⑤6至103rd St）在这家朴实无华、铺着瓷砖的墨西哥特色小店里仔细品尝价格低廉却会让人眼前一亮的鸡肉、牛舌和烤肉排来饼，还有墨西哥粽、炸玉米圆饼、三明治和素食卷饼等美食，店内会播放响亮的墨西哥风情歌谣，伴随顾客享用菜肴。如果你是打算前往享用早餐，不妨试试pan dulce（一种墨西哥甜面包）。

★ CAFÉ SABARSKY 奥地利菜 $$

见468页地图（☎212-288-0665；www.neuegalerie.org/cafes/sabarsky；1048 Fifth Ave, E 86th St交叉路口；主菜 $18~30；⊙周一和周三 9:00~18:00, 周四至周日 至21:00；☎；⑤4/5/6

至86th St)这家店很受欢迎,排队吃饭的人很多,让人想起世纪之交时奢华的维也纳。这里的奥地利菜很美味,值得等待。这里有配着熏鳟鱼的薄煎饼、匈牙利牛肉汤和烤油煎香肠。还有让人垂涎三尺的特制甜品,包括萨赫蛋糕(一种配有杏酱的黑巧克力蛋糕)。

UP THAI 泰国菜 $$

见468页地图(212-256-1199;www.upthainyc.com;1411 Second Ave,在E 73rd St和74th St之间;主菜 $12~28;周一至周四 11:30~22:30,周五 至23:30,周六 正午至23:30,周日 至22:30;SQ至72nd St;6至77th St)上东区最好的泰国餐馆,餐厅内虽然空间狭窄,但设计艺术感十足,天花板横梁裸露,装潢极具工业风。餐馆同时提供传统和创新菜肴,推荐菜式包括口感顺滑、风味浓郁的泰式椰汁汤(加入椰奶和蔬菜)、蒸细香葱饺子和脆皮鸭胸配茄子和酸豆汁。(请注意:餐馆每天16:00~17:00闭店。)

BEYOGLU 土耳其菜 $$

见468页地图(212-650-0850;1431 Third Ave,E 81st St交叉路口;主菜 $15~22,小份 $6~12;周日至周四 正午至22:30,周五和周六 至23:00;S6至77th St, 4/5/6、Q至86th St)Beyoglu一直是住在上东区的地中海菜爱好者的至爱,即点即做的土耳其风味开胃小菜(前菜)拼盘非常适合共享,包括如奶油般顺滑的鹰嘴豆泥、多汁的烤羊肉串、鲜嫩的柠香碳烤章鱼配葡萄叶。店内的装潢非常通透舒适,你也可以在晴天时选择坐到室外人行道的桌上。餐馆的葡萄酒也很不错。

CANDLE CAFE 严格素食 $$

见468页地图(212-472-0970;www.candlecafe.com;1307 Third Ave,在E 74th St和75th St之间;主菜 $15~22;周一至周六 11:30~22:30,周日 至21:30;SQ至72nd St-2nd Ave)富有的瑜伽爱好者们挤进这家纯素食餐厅,这里有很多三明治、沙拉、舒心食物和纯素食者能吃的特殊食物。这里的特色是该店自制的面筋。该店还有果汁以及无麸质的食物。

如果想享用更加高档的食物,那就去这家店的姐妹餐厅**Candle 79**(见468页地图;212-537-7179;www.candle79.com;154 E 79th St, Lexington Ave交叉路口;主菜 $20~25;周一至周六 正午至15:30和17:30~22:30,周日至16:00和22:00;S6至77th St),就在4个街区外。

★ TANOSHI 寿司 $$$

见468页地图(917-265-8254;www.tanoshisushinyc.com;1372 York Ave,在E 73rd St和74th St之间;主厨寿司精选 $80~100;座位安排 周一至周六 18:00、19:30和21:00;SQ至72nd St)Tanoshi只有20张凳子,要想抢到一张可不容易。这家寿司店小巧玲珑但很受欢迎。这里的装修可能不怎么起眼,但这里的寿司绝对美味。这里只卖寿司,而且是无菜单料理(主厨精选)——可能包括北海道扇贝、帝王鲑鱼或令人垂涎欲滴的海胆(uni)。可以自带啤酒、米酒等饮料。务必提前订座。

BOQUERIA 西班牙菜 $$$

见468页地图(212-343-2227;www.boquerianyc.com;1460 Second Ave,在E 76th St和77th St之间;小吃 $6~18;2人份西班牙杂烩饭 $48~69;周日至周四 正午至22:30,周五和周六 11:00~23:30;S6至77th St;Q至72nd St)这家深受顾客喜爱的西班牙小吃店很热闹,给上东区带来一丝市中心的潇洒气息。店内有调味恰到好处的辣味土豆(浇上番茄酱汁的炸土豆)、香嫩的伊比利亚火腿片(腌制火腿)和香浓的铁板烤章鱼。主厨马克·维多尔(Marc Vidal)还创作了一款可口的西班牙海鲜烩饭。搭配一壶极佳的桑格利亚酒,也许有助于消化你刚吃完的烩饭。

CAFÉ BOULUD 法国菜 $$$

见468页地图(212-772-2600;www.cafeboulud.com/nyc;20 E 76th St,在Fifth Ave和Madison Ave之间;主菜 $45左右;周一至周五 7:00~10:30、正午至14:30和17:30~22:30,周六和周日 8:00~10:30、周五至周日晚餐等营业时间不同,详见官网;S6至77th St)这家小餐馆是米其林星级餐厅,也是丹尼尔·布鲁(Daniel

Boulud)美食帝国的一部分,这里以风靡全球的法式美肴吸引了相当一大批固定食客。季节性的菜品包括经典菜肴法国红酒烩鸡,也有白豆酱生扇贝(scallop crudo with white miso)等更富创意的菜肴。手头没那么宽松的食客们可能会喜欢午餐套餐,有3道菜($45;$39 2道菜)。

隔壁的**Bar Pleiades**(见468页地图;212-772-2600;www.barpleiades.com;20 E 76th St,在Fifth Ave和Madison Ave之间;⊙正午至午夜;⑤6至77th St)有40个位子,那里提供季节性的鸡尾酒,而且菜单上的菜品很丰富(想想生蚝和茴香鸭肉香肠),周五晚还有爵士乐现场表演(21:00至午夜)。

VIA QUADRONNO 咖啡 $$$

见468页地图(☎212-650-9880;www.viaquadronno.com;25 E 73rd St,在Madison Ave和Fifth Ave之间;三明治$8~15,主菜$23~40;⊙周一至周五 8:00~23:00,周六 9:00起,周日 10:00~21:00;❷;⑤6至77th St)这里就像是把意大利的一小块地方空运到了纽约,舒适的咖啡厅里有超级美味的咖啡,三明治种类多得令人难以置信——其中夹着美味丰富的食材,例如意大利熏火腿和法国卡门伯尔干酪(Camenbert)。还提供汤、意大利面和极受欢迎的每日千层面。如果你打算豪气一把,可以试试2人份的奶酪或牛肉干酪火锅。

到花岗岩柜台点咖啡和小吃,很快就能做好。

饮品和夜生活

上东区的选择曾经要么是奢华昂贵的休闲酒吧,要么是廉价的运动酒吧("有人要玩投杯球吗")。然而时代在变化,这几年来,这里新开了一些充满城市气息的炫酷鸡尾酒休闲酒吧和时尚美食酒吧。

CALEDONIA 酒吧

见468页地图(☎212-734-4300;www.caledoniabar.com;1609 Second Ave,在E 83rd St和84th St之间;⑤Q、4/5/6至86th St)酒吧内的灯光昏暗,以深色木料为装饰,酒吧的名字更是直接地告诉来客:我们全心专注苏格兰威士忌,有超过100种单一麦芽威士忌可供选择(来自高地、岛屿区、艾拉岛、低地或斯佩塞区),也有调和威士忌和若干来自美国、爱尔兰和日本的威士忌。酒保对店内的产品了如指掌,也很乐意为客人推荐适合他们口味的威士忌。

ETHYL'S ALCOHOL & FOOD 酒吧

见468页地图(☎212-300-4132;www.ethylsnyc.com;1629 2nd Ave,在E 84th St和85th St之间;⊙周一至周五 16:00至次日4:00,周六和周日 正午起)这家以20世纪70年代为主题的酒吧风格独特,让人不禁回想起昔日硬朗而具有艺术气息的纽约,那时著名的朋克夜总会CBGB尚未变成时装店(但$14一杯的鸡尾酒绝对摩登新潮)。每晚,乐队或DJ都会在这里弹奏播放60、70年代的音乐,还会有摇摆舞表演,偶尔还有滑稽歌舞杂剧。酒吧夜夜笙歌,直到凌晨4:00才结束营业,这在附近一带并不多见。

BEMELMANS BAR 休闲酒吧

见468页地图(☎212-744-1600;www.thecarlyle.com/dining/bemelmans_bar;Carlyle Hotel,35 E 76th St,Madison Ave交叉路口,⊙正午至次日1:00;⑤6至77th St)坐在巧克力颜色的皮椅上,在这个充满传奇色彩的酒吧里品味老派的优雅华丽:这里的服务员身穿白色夹克,钢琴师在弹奏小钢琴,有如行云流水一般,天花板是24K的金箔。墙上是路德维希·比尔梅曼斯[Ludwig Bemelman;《玛德琳》(*Madeline*)的知名作者]创作的精美壁画。

如果你不想付服务费(每人$15~35),那么就在21:00前来这里。

SEAMSTRESS 酒吧

见468页地图(☎212-288-8033;www.seamstressny.com;339 E 75th St,在First和Second Ave之间;⊙周日至周四 17:30至午夜,周五和周六 至次日2:00;⑤Q 至72nd St;6至77th St)这家酒吧在毫无隔挡的环境中提供精心调制的鸡尾酒和时令酒吧食物,这在上城区极为罕见,倒更像是市中心的风格。可以坐在吧台,或者早点

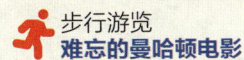

步行游览
难忘的曼哈顿电影

起点 布鲁明戴尔百货公司
终点 大都会艺术博物馆
距离 约2.4公里；2小时

探索曼哈顿最有名的电影拍摄地点。从❶**布鲁明戴尔百货公司**（Bloomingdale's，见222页）外面开始，那里是戴瑞尔·汉娜和汤姆·汉克斯在《现代美人鱼》（1984年）中砸碎电视的地方，也是达斯汀·霍夫曼在《窈窕淑男》（1982年）中打出租车的地方。往西走，10 E 60th St曾经是的夜店❷**Copacaban**的所在（现在是家高级餐厅），《盗亦有道》（1990年）以及《情枭的黎明》（1993年）都曾在这里取景。

继续往西，走到❸**中央公园**（见246页），这里曾出现在《特南鲍姆一家》（2001年）、《捉鬼敢死队》（1983年）、《木偶出征百老汇》（1983年）、《裸足佳偶》（1967年）以及经典电影《勇士》（1979年）中。从这里往东走，就到了Park Ave。620 Park Ave（在65th St附近）的这幢建筑就是电影《傀儡人生》（1999年）中被称为❹**约翰·马拉维奇的公寓**（John Malkovich's apartment）的所在地。再往北走7个街区，位于114 E 72nd St上的是❺**high-rise**，那是《午夜牛郎》（1969年）里西尔维娅·迈尔斯引诱乔恩·沃伊特的地方。

往东南走一个街区就是171 E 71st St，那里的一个联排房就是《蒂芙尼的早餐》（1961年）中的❻**霍莉·戈莱特丽的公寓**（Holly Golightly's apartment），这是有史以来在纽约拍摄过的最著名的电影之一。再往东走，来Third Ave，在E 74th St的交叉路口你会找到❼**JG Melon**，这里的啤酒和汉堡都很不错，而且这里还是《克莱默夫妇》（1979年）中达斯汀·霍夫曼和梅丽尔·斯特里普会面的地方。

往西走是麦迪逊大道，❽**卡莱尔**（Carlyle）酒店就在其与76th St的交叉路口，影片《汉娜姐妹》（1986年）中伍迪·艾伦和黛安娜·威斯特糟糕的约会就发生在这里。从卡莱尔酒店出发往北走一小段路，再往西，一会儿就到了E 82nd St和第五大道交叉路口的❾**大都会艺术博物馆**（见230页），这里是《剃刀边缘》（1980年）里安吉·迪金森生死攸关的邂逅地点，也是《当哈利碰上莎莉》（1989年）中比利·克里斯托与梅格·瑞恩聊天的地方。

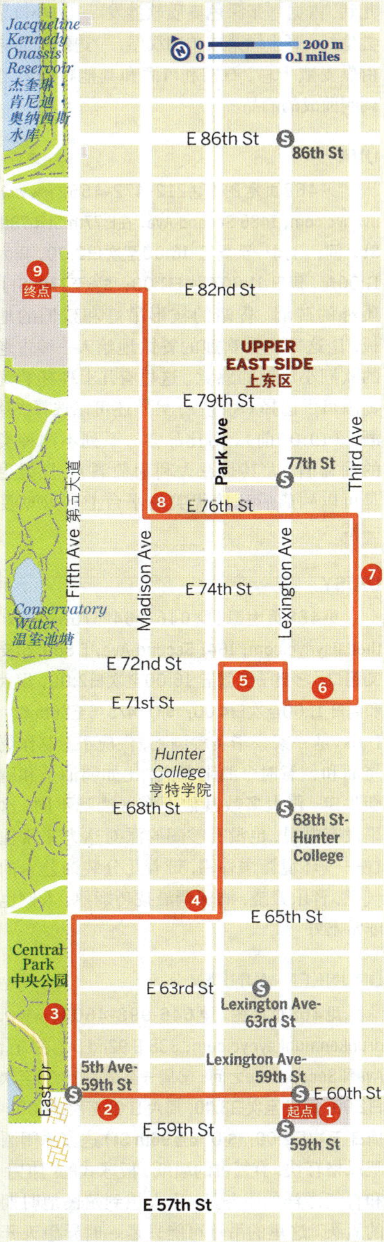

儿到，占据一张深色皮质软沙发。一边小口品尝生蚝、野生绿菜或羊肉汉堡，一边细细品味由黑麦威士忌、石榴利口酒和其他特殊烈酒调制而成的酒品。

UVA 葡萄酒酒吧

见468页地图（☎212-472-4552；www.uvanyc.com；1486 Second Ave，在E 77th St和78th St之间；⏲周一至周五 16:00至次日2:00，周六 11:00起，周日 11:00至次日1:00；Ⓢ6至77th St）质朴的砖墙、昏暗的枝形吊灯和残旧的地板，让这家广受欢迎的餐饮地给人一种古老的欧洲小酒馆的感觉。这里有几十种杯装葡萄酒可供选择（$9起），另外还可以选择"套酒"（19:00前），对比品尝一系列不同种类的葡萄酒（尤其是意大利葡萄酒）。夏天更是可以到店后环境优美的平台上好好享受一番。

DAISY 酒吧

见468页地图（☎646-964-5756；www.thedaisynyc.com；1641 Second Ave，E 85th St交叉路口；⏲周一至周五 16:00至次日2:00，周六和周日 11:00至次日4:00；ⓈQ、4/5/6至86th St）Daisy是一家豪华美食酒吧，供应手工制作鸡尾酒和创意时令酒吧餐点，比如鸭油条和鞑靼牛肉。跟大多数其他上东区酒吧不同，这里没有电视，也没有吵闹的派对达人来来往往——环境慵懒昏暗，带着几分装饰艺术的气息，音乐萦绕，酒保调酒技巧娴熟，人们也非常友好。

DRUNKEN MUNKEY 休闲酒吧

见468页地图（☎646-998-4600；www.drunkenmunkeynyc.com；338 E 92nd St，在First Ave和Second Ave之间；⏲周一至周四 16:30至次日2:00，周五 至次日3:00，周六 11:00至次日3:00，周日 至次日2:00；ⓈQ、6至96th St）这家休闲酒吧风格轻快，有复古的墙纸、板球式的门把手和喜气洋洋的服务员，让人想到殖民地时期的孟买。这里的吊灯可能只是一时异想天开的产物，但其精心调制的鸡尾酒和美味的咖喱（很小，要分着吃）却是这里正经八百的产品。当然了，这里的杜松子酒是不错的饮品。试试树莓鸡尾酒：将孟买蓝宝石杜松子酒、黑莓利口酒、鲜榨柠檬汁和黑莓一起调制而成。

AUCTION HOUSE 酒吧

见468页地图（☎212-427-4458；www.theauctionhousenyc.com；300 E 89th St，靠近Second Ave；⏲周日至周四 19:30至次日2:00，周五和周六至次日4:00；ⓈQ至86th St）推开深棕色的门，就能够走进烛光摇曳的大厅，在这里享受一杯放松身心的饮料最适合不过。维多利亚风格的沙发和松软的懒人椅随意放置在铺有木地板的房间内。拿上精心调和的鸡尾酒，坐到火炉旁，从墙上高挂的金箔封边镜子中欣赏倒映的美景。

IRVING FARM ROASTERS 咖啡馆

见468页地图（☎646-861-2949；www.irvingfarm.com；1424 Third Ave，E 81st St交叉路口；⏲周一至周五 10:00~20:00，周六和周日 11:00起；Ⓢ6至77th St，4/5至86th St）这家前卫的纽约手工咖啡馆——在157.7公里开外的一个偏远小镇烘烤自己的咖啡豆——既提供醇厚的意式浓缩咖啡，也有提供单品手冲咖啡，还供应数量不多但都十分美味的咖啡馆餐食。这里是曼哈顿9家分店中最大的一家，后方有宽敞的座位区。店里有"无Wi-Fi"的规定——记得带本书。

SANT AMBROEUS 咖啡馆

见468页地图（☎212-339-4051；www.santambroeus.com；入口在E 61st St，540 Park Ave，Loews Regency Hotel；⏲周一至周五 7:00~20:00，周六和周日 8:00起；ⓈF、Q至Lexington Ave-63rd St，4/5/6至59th St）悄然走到深褐色的大理石柜台旁，像意大利人一样站着享用你的意式浓缩咖啡。这家咖啡吧是其以米兰为灵感的**同名餐厅**（见468页地图；☎212-570-2211；www.santambroeus.com；1000 Madison Ave，在E 77th St和78th St之间；帕尼尼 $14~19，主菜 $26~69；⏲周一至周五 7:00~23:00，周六和周日 8:00起；❷；Ⓢ6至77th St）的分店，提供一系列甜品和点心，还有多款招牌帕尼尼。虽然咖啡馆位于Loews Regency Hotel内，但入口在61st St的转角处。

OSLO COFFEE ROASTERS 咖啡馆

见468页地图（www.oslocoffee.com; 422 E 75th St, 在York Ave和First Ave之间；咖啡 $3起；⏰周一至周五 7:00~19:00, 周六和周日 从8:00起；🚇Q至72nd St, 6至77th St）这家店的总店位于有点遥远的威廉斯堡，咖啡豆由总店烘烤。这里有好喝的现煮咖啡、浓缩咖啡和拿铁——当然都是价格公道的有机产品。唯一的缺点：店面较小，座位有限，但店前有长凳。

娱乐

92ND STREET Y 文化中心

见468页地图（📞212-415-5500; www.92y.org; 1395 Lexington Ave, E 92nd St交叉路口；🎫；🚇Q, 6至96th St）这个非营利性的文化中心会举办一系列的音乐会、舞蹈表演和文化阅读、亲子活动，还有精彩的演讲和对话活动。剧作家爱德华·阿尔比（Edward Albee）、大提琴手马友友（Yo-Yo Ma）、喜剧演员史蒂夫·马丁（Steve Martin）和小说家萨尔曼·鲁西迪（Salman Rushdie）都在这里登台表演过。

弗里克私人博物馆演奏会 古典音乐

见468页地图（Frick Collection Concerts; 📞212-288-0700; www.frick.org; 1 E 70th St, Fifth Ave交叉路口；门票 $45；⏰周日 17:00；🚇6至68th St-Hunter College, Q至72nd St）这个恢宏的住宅博物馆（见234页）每个月会在星期天17:00举办一次音乐会，许多世界级的演奏家都会来此表演，例如大提琴手耶胡达·哈拿尼（Yehuda Hanani）和小提琴手托马斯·瑟埃特玛依尔（Thomas Zehetmair）。

CAFÉ CARLYLE 爵士乐

见468页地图（📞212-744-1600, www.thecarlyle.com; Carlyle Hotel, 35 E 76th St, Madison Ave交叉路口；入场费 $95~215；餐饮最低消费 $25~75，⏰演出时间 20:45和22:45；🚇6至77th St）这个奢华的餐馆位于卡莱尔酒店（Carlyle Hotel），吸引了很多顶尖人物。伍迪·艾伦（Woody Allen）从9月到次年5月的每个星期一20:45都会在这里，带着他的单簧管，和艾迪戴维斯新奥尔良爵士乐队（Eddy Davis New Orleans Jazz Band）一起演出。多带点钱，入场费不包括食物或酒水，而且餐饮有最低消费限制。着装要求是"时髦"——男士们穿上你最帅的那件夹克吧。

COMIC STRIP LIVE 喜剧

见468页地图（📞212-861-9386; www.comicstriplive.com; 1568 Second Ave, 在E 81st St和82nd St之间；入场费 $15~20, 外加最低消费2道餐点或饮品；⏰演出 周一至周日 20:00, 周五和周六 20:00和22:30；🚇Q, 4/5/6至86th St）克里斯·洛克（Chris Rock）、萨拉·丝沃曼（Sarah Silverman）、阿兹·安萨里（Aziz Ansari）、杰瑞·宋飞（Jerry Seinfeld）和艾伦·德杰尼勒斯（Ellen DeGeneres）等名人都在这里表演过。你肯定能发现，在大多数晚上都有人在这里偷师学艺，这种情况大概也不是一天两天的事情了。虽然喜剧诙谐，但这里的餐饮价格比较高，看到账单的时候，你也许就笑不出了。需要预订。

购物

来麦迪逊大道（Madison Ave）的买家可不是业余的等闲之辈。全世界最炫目的专卖店从60th St到72nd St一字排开，还有全球顶尖名牌的旗舰精品店，包括古驰（Gucci）、Prada和卡地亚（Cartier）。还有一些寄卖店出售二手名牌商品。

再往东走，在Lexington Ave、Third Ave和Second Ave上还有一些更大众——但依然属于高端品牌——的商店，从化妆品、时装，到书籍和怪诞礼品，应有尽有。

FLYING TIGER COPENHAGEN 礼品和纪念品

见468页地图（📞917-388-2812; www.flyingtiger.com; 1282 Third Ave, E 74th St交叉路口；⏰周一至周六 10:00~20:00, 周日 11:00~18:00；🚇Q至72nd St, 6至77th St）你可以在这家包罗万象的丹麦设计商店里找到形形色色既古雅又实用的商品。店内出售的商品价格几乎都在$5以下，颜色鲜艳，图案有趣：有家居用品、美术用品、日记本、玩具和游戏、配饰等。这里非常适合购买价格低廉的礼品，或紧急的旅行备用品（例如USB数据线、折叠雨伞）。就算想买一个涂鸦机器人，你也可以在这里找到。

MARY ARNOLD TOYS 玩具

见468页地图（☎212-744-8510；www.maryarnoldtoys.com；1178 Lexington Ave, 在E 80th St和81st St之间；⊙周一至周五9:00~18:00，周六10:00起，周日10:00~17:00；🅢4/5/6至86th St）这家讨人喜爱的本地玩具店早在1931年就已开业，好几代居住在上东区的人都在这里度过了大部分在堆满商品的货架上找寻自己心爱玩具的童年时光。这里的产品种类繁多——毛绒动物玩具、手办、科学小实验套装、桌游、艺术品和手工艺品、教育类玩具，你说得出的玩具产品，这里都有出售。你可以到商店网站上查看每月免费活动的信息，比如寻宝游戏或乐高工作坊。

RICKY'S NYC 化妆品

见468页地图（☎212-988-2291；www.rickysnyc.com；1425 Second Ave, E 74th St交叉路口；⊙周一至周六9:00~21:00，周日10:00~20:00；🅢Q至72nd St）这是这家经典纽约美容产品店的多家分店之一，出售来自世界各地的各种化妆品、护肤品和美发用品（包括NYX、Klorane、OPI等品牌），还有美容院级别的配件和设备。这里还出售很多有趣古怪的礼品。每逢万圣节，这里都会是人们寻找变装服饰和夸张化妆品的必去之处。

DIPTYQUE 香水

见468页地图（☎212-879-3330；www.diptypueparis.com；971 Madison Ave, E 76th St交叉路口；⊙周一至周六10:00~19:00，周日正午至18:00；🅢6至77th St）从这片嗅觉乐土中走出来时，你身上会散发出玫瑰或是紫藤花、茉莉、柏树或檀香的香味。Diptyque品牌来自巴黎，从1961年开始就一直通过各种植物、树木和花的创新组合，创造出多款招牌香水。除了香水和其他个人香氛外（我们最喜欢木质调的Tam Dao），Diptyque还推出了一系列蜡烛、润肤霜和香皂产品。

JACADI 童装

见468页地图（☎212-717-9292；www.jacadius；1260 3rd Ave, 在E 72nd St和73rd Sts之间；⊙周一至周六10:00~18:00，周日11:30~17:30；🅢Q至72nd St, 6至68th St-Hunter College）潮人并不是天生的，而是后天打造的。要想开始打造时尚潮人，还有哪里比这家出售自然时髦的童装童鞋的巴黎童装店更合适的呢？这里有大量应季的男女童装（从新生儿到青少年各个年龄段）——扇形领开襟毛衣、翻边羊毛靴——你的孩子一定会成为班上最时尚的孩子。

ENCORE 服装

见468页地图（☎212-879-2850；www.encoreresale.com；1132 Madison Ave, 在E 84th St和85th St之间，2楼；⊙周一至周六10:00~18:30，周日 正午至18:00；🅢4/5/6至86th St）从1954年开始，上东区的人们就不断在这家新潮的二手寄卖店出清他们的衣橱。——连杰奎琳·肯尼迪·奥纳西斯（Jacqueline Kennedy Onassis）也曾在这里寄售过衣服。在这里，你可以找到七八成新的大牌衣物，例如Louboutin、芬迪（Fendi）和迪奥（Dior）。价格虽然很高，但是肯定要比专卖店里卖得便宜。

MICHAEL'S 服装

见468页地图（☎212-737-7273，www.michaelsconsignment.com，1041 Madison Ave, 在E 79th St和80th St之间，2楼；⊙周一至周六10:00~18:00，周四 至20:00；🅢6至77th St）这家被大肆称赞的上东区转售商店20世纪50年代时就开业了，专门出售高端大牌，包括香奈儿、古驰和Prada——还有一个专门放满Jimmy Choo高跟鞋的货架。几乎每件商品都才用了不到2年。价格有些贵，但是比起在麦迪逊大道的旗舰店里买要便宜得多。

SHAKESPEARE & CO 书籍

见468页地图（☎212-772-3400；www.shakeandco.com；939 Lexington Ave, E 69th St交叉路口；⊙周一至周五7:30~20:00，周六8:00~19:00，周日9:00~18:00；🛜，🅢6至68th St），这家颇得人心的书店跟巴黎的同名书店并没有什么关系，它是纽约最好的独立书店之一。这里有大量的当代虚构文学和非虚构文学、艺术和当地历史书籍，还有少量独特的期刊杂志。可以使用快速印书机按需打印文章。店前的咖啡店提供咖啡、茶饮和轻食。

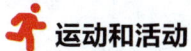 运动和活动

ART FARM IN THE CITY 游乐场

见468页地图（☎212-410-3117；www.theartfarms.org/afic；419 E 91st St，在First Ave和York Ave之间；开放游乐/乐趣周五 每位小孩$20/45；⊙开放游乐 周一至周四 12:30~15:30，乐趣周五 周五 9:30~11:30；👶；🚇Q至96th St）如果你的小孩已经厌倦了博物馆，就让他们来这个儿童活动中心恢复精力吧。开放游乐时间（针对6个月到8岁的小朋友）以艺术和手工艺为特色，小朋友还能与养在这里的小动物亲近，乐趣周五（针对18个月到8岁的小朋友）增加了烘焙和音乐剧跟唱。所有小孩都必须由一位成人陪同。

上西区和中央公园

区域亮点

❶ **中央公园**（见246页）逃离城市的喧嚣纷扰，在绵羊草坪（Sheep Meadow）上野餐，于湖中泛舟，徜徉在恢宏的文学大道（Literary Walk）上，度过一天的好时光。

❷ **林肯中心**（见250页）在这个世界级艺术中心，全身心沉浸到纯粹的艺术氛围里，欣赏众多全世界最顶尖的歌剧、芭蕾舞、古典音乐、电影和戏剧。

❸ **美国自然历史博物馆**（见252页）漫步于世界上最大的恐龙化石之中，用手抚摸美国最大的陨石坑洼不平的表面。

❹ **尼古拉斯·罗维奇博物馆**（见252页）在美丽的19世纪联排房内，跟随伟人的思想，朝拜中国西藏。

❺ **河边公园**（见251页）夕阳在哈德逊河（Hudson River）的尽头徐徐落下之时，沿河边慢跑、骑行，或是悠然踱步。

本地区的更多信息见470页地图 ➡

探索上西区和中央公园

曼哈顿的中西部地区有很多值得一去的地方,所以最佳的游览计划取决于你想要看什么。带着孩子旅行?那么就去会让他们目眩神迷的美国自然历史博物馆(见252页),然后再去中央公园(见246页)这个巨大的仙境游览一番。如果你能克制得住熊熊燃烧的妒火,不妨到与中央公园平行的街道Central Park West上,欣赏沿街富丽堂皇的公寓大楼。如果艺术在你的行程单上高居榜首,那么就去林肯中心(见250页),那里的大都会歌剧院、纽约爱乐乐团以及纽约市芭蕾舞团都给这个城市带来了鲜活的文化。但如果你认为好时光就是在街区四处逛逛,那么就到百老汇大街附近看看20世纪70年代的风景,那里有很多熙熙攘攘的商店和漂亮的建筑。想再感受氛围更为安静的绿地,那就去曼哈顿西端的河边公园(见251页),漫步欣赏哈德逊河的优美景色——日落的时候景色更加醉人。

当地生活

➡ **去吃鱼** 木熏鲑鱼、咸水腌制的鲱鱼、多肉的鲟鱼……在Zabar's商店(见261页)和Barney Greengrass(见255页)品尝海鲜是上西区居民的典型做法。

➡ **去中央公园放松** 在中央公园(见246页)里可以看到大批的游客,因为他们正在各个景点之间奔走。你也可以像当地人一样,找一块风景优美的草坪,看世界从身边翩然而过。

➡ **看电影** 曼哈顿的铁杆影迷们会在Film Society of Lincoln Center(见257页)欣赏优质电影。

➡ **午夜小吃** 凌晨2:00,到Gray's Papaya餐厅(见254页)吃热狗,修补整晚狂饮对身体造成的损伤——这对纽约人来说是再正常不过的事情。

到达和离开

➡ **地铁** 如果要在百老汇和哈德逊河间往来,乘坐1、2、3号线是不错的选择。如果要去博物馆和中央公园,那么搭乘B和C线则是最佳选择(中央公园从四处皆可进入)。A/C、B/D和1号线在中央公园东南端的哥伦布环线(Columbus Circle)和59th St停车,然后向北行驶,而N/R/W线则在公园的东南角停车。2号线或3号线在哈莱姆(Harlem)的北门停车。

➡ **公共汽车** M104路公共汽车沿百老汇大街行驶,M10路公共汽车则沿中央公园风景优美的西端行驶,一路上美景不断。66th、72nd、79th、86th和96th St上的穿城巴士可以带你穿过中央公园,前往上东区。注意:这些车都在Central Park West和第五大道上下客,而不是在公园里面。

独家贴士

中央公园占地约340万平方米,最好租一辆自行车游览。Bike & Roll(见262页)、Toga Bike Shop(见263页)和Champion Bicycles(见263页)都可以租自行车。中央公园环园骑行全长约9.98公里,既有坡段,也有平缓的路段(总体来说北面的坡度起伏比南面的要大)。你可以在中央公园管理委员会(Central Park Conservancy)的网站(www.centralparknyc.org)上获得更多信息和公园路径图。

🍴 最佳就餐

➡ Jacob's Pickles(见254页)
➡ Burke & Wills(见255页)
➡ Peacefood Cafe(见253页)
➡ Kefi(见254页)
➡ Dovetail(见255页)

详细介绍见253页 ➡

🍷 最佳饮品

➡ Manhattan Cricket Club(见256页)
➡ Dead Poet(见256页)
➡ West End Hall(见257页)

详细介绍见256页 ➡

☆ 最佳现场音乐

➡ 大都会歌剧院(见257页)
➡ 夏日舞台(见251页)
➡ Smoke(见260页)
➡ Cleopatra's Needle(见260页)
➡ 比肯剧院(见260页)

详细介绍见257页 ➡

重要景点
中央公园(CENTRAL PARK)

占地面积超过800英亩(300多万平方米),有如诗如画的草地、池塘和森林,中央公园似乎呈现了曼哈顿最原始的一面。但其实,由弗雷德里克·劳·奥姆斯特德(Frederick Law Olmsted)和卡尔弗特·沃克斯(Calvert Vaux)设计的中央公园工程量巨大:几千名工人移走了1000万辆货车的土才将沼泽和沙石土地变成今天的"人民公园"。

不要错过
- ➡ 购物中心
- ➡ 水库
- ➡ 贝塞斯达喷泉
- ➡ 保护水域花园

实用信息
- ➡ 见470页地图,D5
- ➡ www.centralparknyc.org
- ➡ 59th St至110th St,在Central Park West和Fifth Ave之间
- ➡ ⏰6:00至次日1:00
- ➡ ♿

公园的诞生

19世纪50年代,曼哈顿的这片区域被诸多的养猪场、一个垃圾站、一个熬骨汤作坊和一个非裔美国人的村庄所占据。2万名工人花了20年的时间才将这里转变成了公园。如今,中央公园有24,000多棵树、136英亩(约55万平方米)平方米的森林、21个游乐场和7片水域——以及每年3800多万名慕名前来的游客。

贝塞斯达露台和购物中心

贝塞斯达露台(Bethesda Terrace;见470页地图,66th至72nd St;⑤B、C至72nd St)有拱形的走道,还有宏伟的**贝塞斯达喷泉**(见470页地图;⑤B、C至72nd St),这里一直是纽约人聚集的地方。露台的南边是购物中心(在很多影片中都出现过),这个步行区掩映在成熟的北美榆树林中。向南边延伸的部分被称为**文学大道**(Literary Walk;见470页地图;在67th St和72nd St之间;⑤N/R/W至5th Ave-59th St),大道的两边有知名作者的雕像。

中央公园动物园

动物园(Central Park Zoo;见470页地图;📞212-439-6500;www.centralparkzoo.com;64th St,在Fifth Ave交叉路口;成人/儿童 $12/7;⏰周一至周五 10:00~17:00,周六和周日 至17:30;♿;⑤N/Q/R至5th Ave-59th St)的正式名字是中央公园野生动物中心(Central Park Wildlife Center,但几

乎没人叫这个名字），这个小动物园里有企鹅、雪豹、箭毒蛙和小熊猫。给海狮和企鹅喂食时，这里会很热闹。与之毗邻的**蒂施儿童动物园**（Tisch Children's Zoo；见470页地图；212-439-6500；www.centralparkzoo.com；靠近W 65th和Fifth Ave；成人/儿童 $12/7；周一至周五10:00~17:00，周六和周日至17:30；S N/Q/R至5th Ave-59th St）是个爱畜动物园，内有羊驼和努壁安小山羊，很适合小孩子。

保护水域及爱丽斯漫游仙境

保护水域（Conservatory Water）位于74th St，在动物园的北面。在那里，帆船模型悠闲地漂在水面上，还有一个长着蘑菇的爱丽斯漫游仙境雕像，孩子们喜欢爬到那上面。水域西面有汉斯·克里斯蒂安·安徒生雕像，那里在6月至9月的周六11:00会举办故事会（www.hcastorycenter.org）。

大草坪和漫步区

大草坪（GreatLawn；见470页地图；在79th St和86th St之间；4月中旬至11月中旬；S B、C至86th St）是中央公园中心的一片巨大翡翠地毯，周围有球场和伦敦悬铃木。[西蒙和加芬克尔（Simon & Garfunkel）在这里举办了他们那场著名的1981年音乐会。]东南紧邻**戴拉寇特剧院**（Delacorte Theatre；见470页地图；www.publictheater.org；从W 81st St进入；S B、C至81st St），那有一年一度的莎士比亚公园戏剧节，还有Belvedere Castle（见262页），一个观鸟的好地方。再往南是绿树掩映的**漫步区**（Ramble；见470页地图；公园中间，从73rdSt到79th St；S B、C至81st St），这是个热门观鸟地。东南端是河畔餐厅Loeb Boathouse（见263页），可以租划艇和乘坐贡多拉。

杰奎琳·肯尼迪·奥纳西斯水库

杰奎琳·肯尼迪·奥纳西斯水库（位于90th St）几乎与中央公园一样宽，向人们提供纽约天际线景观倒映在池塘中的美景。周围有2.5公里的跑道，天气温暖的时候会有很多人到这里跑步。在附近的第五大道和90th St上有纽约马拉松创办人弗雷德·勒博（Fred Lebow）看手表的雕像。

草莓园

这个眼泪形的**花园**（见470页地图；在72nd St西面；S A/C、B至72nd St）用以纪念披头士前任成员约翰·列侬（John Lennon），他曾居住在马路对面的**达科塔大厦**（Dakota apartment building；见470页地图；1 W 72nd St；S B、C至72nd St）。花园由约翰·列侬的遗孀小野洋子（Yoko Ono）出资兴建。这里有一片庄严的榆树林，还有一片马赛克瓷砖，上面只有简单的"Imagine"字样（《想象》，列侬的一首著名的歌曲）。

保护水域花园

如果你想去一个安静的地方（没有跑步的人、骑自行车的人或者是街头艺人），那就到占地约2.5万平方米的**保护水域花园**（见470页地图；Fifth Ave靠近105th St；11月至次年2月 8:00~17:00，3月和10月 至18:00，4月和9月 至19:00，8月 至19:30或20:00，5月至7月 至20:00；S 6至103rd St）来吧，它是中央公园里最安静的地方。而且这里也美不胜收：满布野苹果树、蜿蜒的黄杨木道路和春日里许多盛开的花。

北部森林和碉堡

北部森林位于公园西106th St和110th St间，有中央公园最古老的建筑：一座1812年战争时期的**军事碉堡**（见470页地图；www.centralparknyc.org；中央公园，靠近108th St和Central Park West）。

参观公园

为公园提供维护的非营利组织**中央公园保护组织**（Central Park Conservancy；见424页地图；212-310-6600；www.centralparknyc.org/tours；14 E 60th St；在Madison和Fifth Ave之间；S N/R/W至5th Ave-59th St）有步行导览游（部分免费），也有设计定制游览。

中央公园

纽约之肺

占据着曼哈顿中心的矩形绿地，中央公园在19世纪中期只是一片沼泽地，之后随着历史的发展，被精心打造成田园诗般的自然景观。自正式成为中央公园后，各行各业的纽约人便慕名而来，他们以各种新奇有趣的方式聚集在一起。公园曾专门供富人展示他们的豪华马车（19世纪60年代）、供穷人免费欣赏周日音乐会（19世纪80年代），也曾是激进分子们反对越南战争、进行示威集会的场所（20世纪60年代）。

从那时起，众多的当地人便一拥而入，更不用提远道而来的游客了，他们在公园内散步、野餐、晒日光浴、打球，也在这里免费观看音乐会和欣赏莎士比亚戏剧演出。

公园内多种多样的地形为人们带来了不一样的体验。公园北部多为葱郁小丘，环境幽静。公园

Loeb Boathouse
历史悠久的Loeb Boathouse位于湖岸边，是纽约市举行浪漫宴会的最佳场地之一。你可在此租赁小船和自行车，也可乘威尼斯式贡多拉游览。

Duke Ellington Circle 艾灵顿公爵环线

Harlem Meer 哈莱姆湖

The Blockhouse 碉堡

North Woods 北部森林

Fifth Ave 第五大道

97街横贯路

86街横贯路

The Great Lawn 大草坪

Central Park West 中央公园西

保护水域花园
中央公园内唯一的规则式园林，或许也是公园最安静的地方。在花园的最北端，菊花会于10月下旬盛开。花园南部有公园最大的山楂树，生长在伯内特喷泉（Burnett Fountain）旁。

杰奎琳·肯尼迪·奥纳西斯水库
这个水库的水域面积达超过42万平方米，占中央公园总面积约1/8。建设这座水库的初衷是为纽约市的居民提供饮用水。现在，水库则成了观赏水鸟的上好地点。

Belvedere Castle
所谓的"维多利亚式建筑"，这座哥特-罗马式的城堡只为眺望欣赏景观提供了一个好视角，并不作其他用途。城堡由中央公园的共同设计者卡尔弗特·沃克斯于1869年设计。

南部则是人工湖，环湖道深受慢跑者的喜爱。公园内还分布着欧式花园、动物园和各种水池。最炫丽的场景不外乎绵羊草坪，风和日丽时纽约市的人都会来这里放松休闲。

总之，中央公园绝不仅仅是一块绿地。它是纽约的后花园。

概览

➡ 公园的景观建筑师是弗雷德里克·劳·奥姆斯特德（Frederick Law Olmsted）和卡尔弗特·沃克斯（Calvert Vaux）

➡ 于1858年开始动工

➡ 公园占地超过300万平方米

➡ 此地是数百部电影的外景拍摄地，从大萧条时期的票房大片《淘金者》（1933年）到怪兽电影《科洛弗档案》（2008年）。

保护水域

此池塘在暖季备受欢迎，孩子们会将自己的模型船放在水面上航行。保护水域的设计灵感来源于19世纪的巴黎模型船池塘，其形象在E.B.怀特（EB White）的经典著作《精灵鼠小弟》（Stuart Little）中十分显著。

贝塞斯达喷泉

这座新古典主义式的喷泉是纽约市最大的喷泉之一。喷泉中间立着《水中天使》（Angel of the Waters），其底端由4座小天使雕像支撑着。此喷泉由波希米亚女权主义雕塑师爱玛·斯特宾斯（Emma Stebbins）于1868年建造。

Metropolitan Museum of Art 大都会艺术博物馆

Alice in Wonderland Statue 爱丽丝梦游仙境雕像

79th St Transverse

The Ramble 漫步区

Delacorte Theater 戴拉寇持剧院

The Lake 湖

Fifth Ave 第五大道

Central Park Zoo 中央公园动物园

65th St Transverse

Sheep Meadow 绵羊草坪

Columbus Circle 哥伦布环线

草莓园

就是一块马赛克纪念石，为纪念音乐家约翰·列侬（John Lennon）而建，他在街道对面的达科塔大厦（Dakota Building）外遇刺。这里由小野洋子（Yoko Ono）出资修缮，园名选自甲壳虫乐队的歌曲《永远的草莓园》（Strawberry Fields Forever）。

购物中心/文学大道

一个巴黎式步道——也是公园内唯一的直道——其最南端的道路两侧立满了文人的雕像，包括罗伯特·伯恩（Robert Burns）和莎士比亚（Shakespeare）的雕像。步道周围环绕着稀有的北美榆树。

重要景点
林肯中心（LINCOLN CENTER）

这是一个空旷的、隐隐闪光的现代派殿堂，里面有曼哈顿最重要的表演场所，上演纽约最好的歌剧、芭蕾舞和交响乐。在这个占地16英亩（约6.5万平方米）的院子及其附近，还有很多其他场所，包括两个剧院、两个电影放映中心和世界闻名的茱莉亚音乐学院（Julliard School）。

建筑和重建的历史

这一宏伟的艺术园区始建于20世纪60年代，曾是名为圣胡安山（San Juan Hill）的廉价公寓社区[城市规划师罗伯特·摩西（Robert Moses）愉快地将其夷为平地]，居住于此的大部分人都来自非洲。电影《西区故事》（West Side Story）就是在这里取的外景。除了作为一个有争议的城市规划举措以外，林肯中心也不被建筑界认同——不断地有人批评这里的设计太过保守，像堡垒和声音效果不好之类的。为了林肯中心的50周年纪念（2009~2010年），Diller Scofidio + Renfro和其他设计师对这里进行了改造，并获得了高度赞扬。

亮点

位于中央的Revson喷泉周围的3个经典建筑一定不能错过。它们是**大都会歌剧院**（大厅墙上有马克·夏加尔创作的色彩鲜亮浓郁的壁画）、**大卫·格芬厅**（David Geffen Hall）和由菲利普·约翰逊（Philip Johnson）设计的**大卫·H.科赫剧院**（David H. Koch）。这3座建筑都在Columbus Ave的主广场上，在62nd St和65th St之间。晚上**Revson喷泉**有拉斯维加斯式的灯光表演，极为壮观。

在翻新的建筑中，有些值得一看，其中包括**爱丽斯杜丽音乐厅**（Alice Tully Hall），一座半透明的、有尖角的现代化建筑，还有**大卫·鲁宾斯坦礼堂**（David Rubenstein Atrium；见470页地图；☎212-721-6500；http://atrium.lincolncenter.org；61 W 62nd St，靠近Broadway；⏰礼堂 周一至周五8:00~22:00，周六和周日 9:00~22:00，售票处 周二至周六 正午至19:00，周日 至17:00）），这个公共场所有长沙发区（有免费Wi-Fi）、咖啡馆、咨询台和售票处，后者可以买到林肯中心演出的当日打折票。周四晚上有免费的演出。

表演和放映

林肯中心每晚都有至少10场演出，夏季甚至更多，还有"林肯中心户外音乐会"（Lincoln Center Out of Doors；有一系列舞蹈和音乐会）和"仲夏夜摇摆"（Midsummer Night Swing；星空下的舞会），会吸引很多喜欢户外文化活动的人。关于歌剧、舞蹈、戏剧、芭蕾等的季节性变化、门票以及演出安排的具体信息，可登录林肯中心官网查询。

不要错过

- Revson喷泉
- 马克·夏加尔（Marc Chagall）壁画
- 观看演出

实用信息

- 见470页地图，B7
- ☎212-875-5456，团队游 212-875-5350
- www.lincolncenter.org
- Columbus Ave，在W 62nd St和66th St之间
- 团队游成人/学生 $25/20
- ⏰团队游 周一至周六 11:30和13:30，周日 15:00
- Ⓢ1至66th St-Lincoln Center

 景点

中央公园
公园

见246页。

林肯中心
艺术中心

见250页。

施特劳斯公园
公园

见470页地图（Straus Park；www.nycgovparks.org；Broadway，在106th St和107th St之间；ⓢ1至103rd St或110th St）这座枝繁叶茂的三角形小公园专门纪念一对富人夫妻艾达·施特劳斯（Ida Straus）和伊西多·施特劳斯[Isidor Straus，曾经是梅西百货（Macy's）的老板]。这对夫妻在1912年的泰坦尼克号船难中双双身亡，当时艾达拒绝登上救生艇，坚持要留在丈夫身边。园内的一个曲线形花岗岩开放露台上恰如其分的刻着一句引自《圣经》的话："活时相悦相爱，死时也不分离。"公园林荫下有很多长椅，天气暖和的时候，这里是颇受周边居民欢迎的一处场所。

纽约历史学会
博物馆

见472页地图（New-York Historical Society；☎212-873-3400；www.nyhistory.org；170 Central Park West，靠近W 77th St；成人/儿童 $20/6，周五 18:00~20:00 捐赠入内，图书馆免费；◎周二至周四和周六 10:00~18:00，周五 至20:00，周日 11:00~17:00；♿；ⓢB、C至81st St-Museum of Natural History）正如其带着连字符的古老名字暗示的那样，这是纽约最古老的博物馆，建于1804年，保存着纽约的历史和文化艺术品。这里收藏了超过6万件古怪且迷人的藏品，从乔治·华盛顿的就职椅到19世纪蒂芙尼冰激凌样式的吊坠（当然是闪闪发光的），包罗万象。此外还有哈德逊河学院（Hudson River School）的一系列杰出画作。尽管如此，纽约历史协会带着新的活力和目标进入了21世纪，丝毫不会枯燥无味。

经过重新设计，历史协会增添了时尚美感，着重互动科技，建筑将多个博物馆合为一体。4楼亨利·卢斯三世中心（Henry Luce Ⅲ Center）的一部分现在是沉浸式的女性历史中心（Center for Women's History），这是美国主流博物馆中唯一一座此类题材的博物馆。此外还有儿童博物馆、讲座和其他教育类活动。

永久收藏里还有其他引人注目的珍宝，比如富兰克林·D.罗斯福总统的腿部支架、带有将硬币塞到自己口袋里的政治人物像的机械存钱罐、摄影师杰克·斯图尔特（Jack Stewart）20世纪70年代的涂鸦门（其中包括诸如Tracy 168等涂鸦大师名字）。在大厅里一定要抬头看：接待处上面的天花板上是凯斯·哈林（Keith Haring）于1986年创作的壁画 *Pop Shop*。

河边公园
公园

见470页地图（Riverside Park；☎212-870-3070；www.riversideparknyc.org；Riverside Dr，在68th St和155th St之间；◎6:00至次日1:00；♿；ⓢ1/2/3至66th St和157th St之间的任何站点）这个美丽的河边公园是由中央公园的缔造者弗雷德里克·劳·奥姆斯特德和卡尔弗特·沃克

中央公园夏日活动

天气暖和的时候，中央公园里有无数的文化活动，其中很多都是免费的。最受欢迎的两个活动是：由公共剧院承办的莎士比亚公园戏剧节（www.publictheater.org），以及举办一系列免费音乐会的夏日舞台（www.cityparksfoundation.org/summerstage；Rumsey Playfield, Central Park，由Fifth Ave和69th St进入；◎6月至9月；♿；ⓢ6至68th St-Hunter College）。

莎士比亚公园戏剧节的门票在演出当天的13:00分发，但是如果你想确保有座位的话，最晚8:00就要开始排队了——而且要带上座椅以及和你同行的所有人。门票免费，每人仅限一张。迟到者不予入内。

夏日舞台音乐会的场地一般是在演出开始前一个半小时对公众开放。但如果是热门的演出，就要尽早排队，否则根本进不去。

重要景点
美国自然历史博物馆

该馆建于1869年,是一个名副其实的仙境,这里有约3000万件艺术品和一座先进的天文台。从10月至次年5月,这里有蝴蝶温室(Butterfly Conservancy),展出全世界500多种蝴蝶。但最出名的可能还是化石大厅。该展厅里有接近600件化石样品,包括巨大的猛犸象骨架和令人生畏的雷克斯霸王龙骨架。

这里有很多动物展览、珍宝美术馆,还有一个IMA影院。海洋生物展厅(Hall of Ocean Life)里有很多模型,涉及生态学和环境保护,还有备受喜爱的约29米的蓝鲸模型悬挂在天花板上。在77th St Grand Gallery里,游客们可以看到19世纪中叶英属哥伦比亚海达族雕刻的约19米的独木舟。

在太空方面,罗斯地球和太空中心(Rose Center for Earth & Space)是最重要的展览。该中心迷人的玻璃外立面超凡脱俗,里面是太空展馆和天文馆。由天文学家尼尔·德·格拉斯·泰森(Neil de Grasse Tyson)担当独白的电影《黑暗宇宙》(Dark Universe)探索宇宙的神奇与奥妙,影片几乎全天每隔半小时就会播放一次。

不要错过
- 雷克斯霸王龙
- 海洋生物展厅
- 海登宇宙大爆炸剧院(Hayden Big Bang Theater)

实用信息
- 见470页地图,C5
- ☎212-769-5100
- www.amnh.org
- Central Park West,靠近W 79th St
- 建议门票成人/儿童 $23/13
- ⏱10:00~17:45
- ⓈB、C至81st St-Museum of Natural History, 1至79th St

斯设计的,在上西区向北延伸,位于59th St到155th St的哈德逊河的河畔,绿树成荫。里面有很多自行车小径、游乐场和遛狗场,是全家出行的好地方。从公园远眺,泽西市一边的哈德逊河风景优美。

从3月末到10月(在天气允许的情况下),热闹的河畔餐厅**West 79th Street Boat Basin Café**(见254页)在79th St上提供简餐。往南9个街区的河畔户外咖啡馆Pier i Café(见255页)是另外一个选择。

尼古拉斯·罗维奇博物馆　　　博物馆

见470页地图(Nicholas Roerich Museum; ☎212-864-7752; www.roerich.org; 319 W 107th St, 在Riverside Dr和Broadway之间; ⏱周二至周五 正午至17:00,周六和周日 14:00~17:00; Ⓢ1至Cathedral Pkwy-110th St)这座引人入胜的小博物馆位于一座建于1898年的三层联排房里,是曼哈顿隐藏得最好的秘密之一。尼古拉斯·康思坦丁诺维奇·罗维奇(Nicholas Konstantinovich Roerich, 1874~1947年)是一位生于俄国的诗人、哲学家和画家,他一生创作了很多画作,这里展出了其中的150幅。最让人印象深刻的是他对喜马拉雅山的迷人描绘,他和他的家人1928年在那里定居。的确,他的山岳风景画是值得一看的奇观:蓝、白、绿和紫色光影下的西藏雪山,流露出一种乔治亚·欧姬芙/罗克韦尔·肯特(Georgia O'Keeffe/Rockwell Kent)式的氛围。

美国民间艺术博物馆　　　博物馆

见470页地图(American Folk Art Museum; ☎212-595-9533; www.folkartmuseum.org, 2 Lincoln Sq, Columbus Ave, 在65th St和66th St之间; ⏱周二至周四和周六 11:30~19:00,周五 正午至19:30,周日 正午至18:00; Ⓢ1至66th St-Lincoln Center) **免费** 这个小博物馆在3个小画廊中举行轮换展览。之前举行过的展览包括19世纪士兵利用军用面料制成的被子、民间艺术时装以及美国遗像画。礼品店是充满独特艺术商品的宝库：书籍、珠宝、配饰、围巾、家居装饰品等。周三（14:00）和周五（17:30）有免费音乐演出。

11月和12月期间，博物馆每逢周一11:30～19:00开放。

 就餐

虽然这里并不是一个特别的餐饮目的地，但曼哈顿的这片巨大区域还是有很多好吃的，从老式百吉饼到美味的法式什锦砂锅，再到最新的美式美食，应有尽有。这里也有很棒的野餐采购地：去Zabar's（见261页）或位于时代华纳中心地下的Whole Foods超市（见211页）挑选美食，之后在附近的中央公园露天享用。

CAFE LALO   甜品 $

见470页地图（☎212-496-6031；www.cafelalo.com；201 W 83rd St，在Amsterdam Ave和Columbus Ave之间，甜品 $10左右；⊙周日至周四9:00至次日1:00，周五和周六 至次日3:00；⑤1至79th St；B、C至81st St-Museum of Natural History）法国乡村风格的海报和大理石面餐桌让这家历时甚久的上西区约会胜地有了一种巴黎咖啡馆的感觉。但撇开装饰不说——你来这里就是为了让一系列甜品冲击你的味蕾：从27种不同的蛋糕、23种口味的芝士蛋糕、9种派、十几款水果馅饼、曲奇、酥饼、沙巴翁、巧克力慕斯和更多甜品中选择（如果你选得了的话）。

想自己动手吗？点一个带有新鲜水果和果干的巧克力火锅（2人份）。来点香甜热烈的？阿芙佳朵中香浓的香草冰激凌"淹没"[在意大利语里，阿芙佳朵（affogato）意为"淹没"]在意式浓缩咖啡和干邑中。对麦麸不耐受？也不要觉得自己落单了——这里还有很多无麸质甜品可供选择。

ÉPICERIE BOULUD   熟食，法国菜 $

见470页地图（☎212-595-9606；www.epicerieboulud.com；1900 Broadway，靠近W 64th St；三明治 $9.50～14.50；⊙周一 7:00～22:00，周二至周六 至23:00，周日 8:00～22:00；✍；⑤1至66th St-Lincoln Center）由明星主厨丹尼尔·布鲁（Daniel Boulud）主理的熟食可不是一般的熟食。别老想着火腿配黑麦面包——你可以在这里品尝到油封乳猪、巴黎火腿和格吕耶尔奶酪搭配意大利扁面包，或是红椒粉侧腹牛排配焦糖洋葱和三谷物芥末酱。这家美食快餐店还提供沙拉、汤、烤蔬菜、意面、意式冰激凌、咖啡……晚上还有生蚝和葡萄酒。

天气好的时候，你可以坐在路边的餐桌享受美食——将食物打包到对面的林肯中心中央喷泉旁享用，体验就更棒了。

PEACEFOOD CAFE   严格素食 $

见470页地图（☎212-362-2266；www.peacefoodcafe.com；460 Amsterdam Ave，靠近82nd St；主菜 $12～18；⊙10:00～22:00；✍；⑤1至79th St）这家严格素食店的色调明亮、宽敞通透，有很受欢迎的炸面筋帕尼尼（配有该店自制的意香草橄榄油面包，撒着腰果、奶酪、芝麻菜、西红柿和香蒜酱）和比萨、烤蔬菜以及美味的藜麦沙拉。这里还有每日特色生食、能量满满的果汁和香浓甜品。美味健康——对你、对动物、对环境都好。

JIN RAMEN   日本菜 $

见470页地图（☎646-657-0755；www.jinramen.com；462 Amsterdam Ave，在82nd St和83rd St之间；主菜 $13～17；⊙午餐 11:30～15:30，晚餐周一至周四 17:00～23:00，周五至周六 至午夜，周日 至22:00；✍；⑤1至79th St）这家热闹的小店紧邻Amsterdam Ave，提供滚烫美味的拉面。豚骨（猪肉高汤）拉面最受欢迎，但也有素食选择。别忘了点上开胃小菜：日式小青椒、猪肉包子和羊栖菜沙拉。质朴的原木元素、裸露的灯泡和红色工业风装饰一起营造出一种闲适的氛围。

BIRDBATH BAKERY   烘焙 $

见470页地图（☎646-722-6562；www.thecitybakery.com/birdbath-bakery；274 Columbus Ave，靠近73rd St；主菜 $10～15；⊙8:00～19:00；✍；⑤1/2/3、B、C至72nd St）⚑除了店内座位不是很多，这家可爱的咖啡馆也没什么好挑剔的。菜单每天都会更换，美味的三明治、维生素丰富的果汁和沙拉是这里的特色（试试鸡肉

TUM & YUM 泰国菜 $

见470页地图（☏212-222-1998；917 Columbus Ave，靠近105th St；主菜 $10~20；⊙11:30~22:45；⚑；Ⓢ B、C至103rd St）这家居住区的小小泰国餐馆的咖喱、脆皮烤鸭和热辣浓郁的冬阴功鲜虾汤都非常美味，餐后最好来一杯新鲜的椰汁或香甜的泰式冰咖啡。就算天气不如预期，充满乡村风格的全木装饰都能营造出一种慵懒闲适的感觉。

WEST 79TH STREET BOAT BASIN CAFÉ 咖啡馆 $

见470页地图（☏212-496-5542；www.boatbasincafe.com；W 79th St，靠近Henry Hudson Parkway；主菜 $14；⊙4月至10月天气允许的情况下 11:00~23:00；Ⓢ1至79th St）这家向来备受追捧的河边餐厅换了新主人，也迎来了美国烹饪学院获奖主厨，重新注入了活力。咖啡馆采用罗伯特·摩西（Robert Moses）时代的结构，优雅的列柱通向户外圆形露台，可以饱览船坞和哈德逊河景致。这里的日落饮品不同凡响、实至名归，沙拉、三明治、海鲜和创新纽约"街头小吃"也很受欢迎。

GRAY'S PAPAYA 热狗 $

见470页地图（☏212-799-0243；2090 Broadway，靠近72nd St，入口在Amsterdam Ave；热狗 $2.50；⊙24小时；Ⓢ1/2/3、B、C、至72nd St）畅饮完啤酒，直奔这家快餐店填饱肚子，再没有什么比这更像个纽约人了。这家店由城中的竞争对手Papaya King（见236页）的前合伙人创立。这里光线明亮，色彩还原了20世纪70年代的风格，并且热狗绝对美味。

这里的木瓜饮品当然不止是木瓜汁，不过，尝尝这里著名的"Recession Special"准没错——两个烤热狗，一杯饮料，只需$5.95。一定要尝一下。

★ CANDLE CAFE WEST 严格素食 $$

见470页地图（☏212-769-8900；www.candlecafe.com；2427 Broadway，在89th St和90th St之间；主菜 $17~23；⊙周一至周六 11:30~22:30，周日 至21:30，16:00~17:00闭店；⚑；Ⓢ1至86th St）这家热门餐厅烛光摇曳，丰富的菜品不仅完全符合严格素食要求，而且完全有机、绝对美味："小麦素肉丸"意面、嫩煎麦麸素肉片、阿根廷青酱烤双孢蘑菇、夏季时令鲜蔬烩饭和千层面，一定不会让你饿着。还有多款沙拉、鲜果汁和沙冰，还有自制姜汁汽水。也可以选择无麦麸餐品。

JACOB'S PICKLES 美国菜 $$

见470页地图（☏212-470-5566；www.jacobspickles.com；509 Amsterdam Ave，在84th St和85th St之间；主菜 $16~24；⊙周一至周四 10:00至次日2:00，周五 至次日4:00，周六 9:00至次日4:00，周日 至次日2:00；Ⓢ1至86th St）这家店灯光明亮，很吸引人，将普通的泡菜变为了上乘的佳肴。除了腌黄瓜和其他泡菜外，这里还有高档的心灵美食，如鲶鱼卷、用葡萄酒炖的火鸡腿晚餐以及蘑菇马克罗尼意面和奶酪。这里的饼干味道非常不错。酒桶阀门上的两三打精酿啤酒展示了来自纽约、缅因州以及其他地区的独特酿酒工艺。

KEFI 希腊菜 $$

见470页地图（☏212-873-0200；www.michaelpsilakis.com/kefi；505 Columbus Ave，在84th St和85th St之间；小份共享餐 $8~17，主菜 $17~28；⊙周一至周四 正午至15:00和17:00~22:00，周五 正午至15:00和17:00~23:00，周六 11:00~23:00，周日 至22:00；⚑♿；Ⓢ B、C至86th St）这家白色的餐馆很舒适，大厨迈克尔·普斯拉克斯（Michael Psilakis）营造出了一种时髦的酒馆氛围，提供美味质朴的希腊菜。这里的美食有辣羊肉肠、羊奶饺子和顺滑的番茄干鹰嘴豆泥。点一份拼盘（共享餐）也可以当作一顿大餐了，拼盘包括香脆炸鱿鱼圈、肉丸配酸奶黄瓜酱、烤章鱼和豆沙拉。

BLOSSOM ON COLUMBUS 严格素食 $$

见470页地图（☏212-875-2600；www.blossomnyc.com；507 Columbus Ave，在84th St和85th St之间；主菜 午餐 $19~24，晚餐 $20~24；⊙午餐 周一至周五 11:30~16:00，周六和周日 10:30起，晚餐 周日至周四 17:00~22:00，周五和

周六 至23:00；🚇；ⓈB、C、1至86th St）这家高级素食餐厅里的优雅时尚的环境将素菜餐点提升到一个更高的层次。素一点的可以选择生甜菜根薄片沙拉，如果想吃"肉"一点的，可以点白葡萄酒和迷迭香嫩煎面筋片。不仅分量很大，味道更是一绝。你可以从酒单上挑选一瓶来自世界各地的有机葡萄酒搭配餐点。

PIER I CAFÉ 咖啡馆 $$

见470页地图（📞212-362-4450；www.piercafe.com；靠近W 70th St和Riverside Blvd；主菜 $14~22；⏱5月至10月中旬 8:00至午夜；Ⓢ1/2/3至72nd St）Pier i Café是哈德逊河畔步道边的一家休闲咖啡馆，骑者和跑步的人要是饿了，或是任何人想补充一下能量，享受阳光，来这儿准没错。这里晚上偶尔会有现场音乐演出，汉堡鲜嫩多汁、分量十足、还有薯条（如果你喜欢的话可以搭配大蒜）、龙虾卷、热狗、啤酒和葡萄酒，加上清晨咖啡吧，难怪这里的客人总是络绎不绝。

BARNEY GREENGRASS 熟食 $$

见470页地图（📞212-724-4707；www.barneygreengrass.com；541 Amsterdam Ave，靠近86th St；主菜 $12~26；⏱周二至周五 8:30~16:00，周六和周日 至17:00；Ⓢ1至86th St）这家店自诩为"鲟鱼之王"，有很多丰盛的菜肴，如鸡蛋和咸味熏鲑鱼、奢华的鱼子酱以及入口即化的巧克力巴布卡蛋糕，而且味道跟这家店在100多年前刚开业时一样好。早上来这里补充一下能量，或者中午来这简单地吃点儿午餐（在拥挤的农产品货架间的老餐桌都快要散架了）。

BOULUD SUD 地中海菜 $$

见470页地图（📞212-595-1313；www.bouludsud.com；20 W 64th St，在Broadway和Central Park W之间；三道式套餐 周一至周六 17:00~19:00 $63，主菜 午餐 $24~34，晚餐 $32~58；⏱周一至周五 11:30~14:30和17:00~23:00，周六 11:00~15:00和17:00~23:00，周日 11:00~15:00和17:00~22:00；Ⓢ）梨木天花板和黄灰色调给餐厅增添了《广告狂人》里20世纪60年代的怀旧气氛，主厨丹尼尔·巴鲁烹调出涵盖整个地中海地区的特色菜肴：加泰罗尼亚龙虾烩饭、马赛风味鱼汤、摩洛哥调味南瓜汤、黎巴嫩煨羊肉配烟熏茄子芝麻酱、希腊烟熏鳕鱼鱼子酱沙拉等，菜式以鱼类、蔬菜和地区香料为主要特色。

如果你要前往林肯中心观看演出，演出前不妨试试他们的三道式套餐——特价$63。

DOVETAIL 新派美国菜 $$$

见470页地图（📞212-362-3800；www.dovetailnyc.com；103 W 77th St, Columbus Ave交叉路口；套餐 $68~88，品尝菜单 $145；⏱周一至周四 17:30~22:00，周五和周六 至22:30，周日 17:00~22:00；🚇；ⓈB、C至81st St-Museum of Natural History, 1至79th St）这家米其林星级餐厅展示了禅宗式的美感，例如这里的装饰风格（裸露的石砖和光秃秃的餐桌）和美味的季节性菜肴。想一下吧，这里有加了洋姜和钩块菌的银花鲈鱼、鹿肉和腌肉、黄甜薯和绿叶蔬菜。每晚都有2种7道式的品尝菜单：非素食菜单（$145）和素食菜单（$125）

每周一，大厨约翰·弗拉瑟（John Fraser）都会推出4道式的素食品尝菜单（$68），包括肥美的贝叶多孔菌和西洋梨以及绿胡椒粉。这里的葡萄酒单（每杯$16左右）也相当不错，都是世界各地的佳酿，奉送引人入胜的葡萄酒庄奇闻逸事。

BURKE & WILLS 新派澳大利亚菜 $$$

见470页地图（📞646-823-9251；www.burkeandwillsny.com；226 W 79th St，在Broadway和Amsterdam Ave之间，主菜 午餐 $19~32, 晚餐 $19~39；⏱午餐 周一至周五 正午至15:00，晚餐 每天 17:30~23:30，早午餐 周六和周日 11:00~16:00；Ⓢ1至79th St）这家小餐馆兼酒吧让上西区的人们体验到了澳大利亚内陆的饮食。菜单多是新派澳大利亚美食：配有炸了3遍的薯条的多汁袋鼠肉汉堡、烤澳大利亚羊肉、煨五花肉配培根和油封鸭肉，以及有生蚝、蛤蜊和蟹钳的海鲜拼盘。

LAKESIDE RESTAURANT ATLOEB BOATHOUSE 美国菜 $$$

见470页地图（📞212-517-2233；www.thecentralparkboathouse.com；Central Park Lake，

Central Park, 靠近E 74th St; 主菜 午餐 $27~38, 晚餐 $27~45; ⊙餐厅 全年周一至周五 正午至16:00, 周六和周日 9:30~16:00, 4月至11月 周一至周五 17:30~21:30, 周六和周日 18:00起; ⑤B、C至72nd St; 6至77th St) Loeb Boathouse位于中央公园湖的东北角, 可以看到远处的市中心风景, 是纽约一处田园牧歌式的餐馆。话虽如此, 你还是要为这里的环境付钱的。虽然食物大体上不错（蟹肉饼是最好吃的）, 但是服务通常很一般。

如果你想体验这里但又不想花太多钱, 那么可以去毗邻的露天酒吧, 在那里你可以在湖边品尝鸡尾酒。

饮品和夜生活

作为著名的家庭社区, 上西区绝对不是酒鬼们的首选之地。虽然这里并不是派对集中地, 但也有一些值得一去的啤酒吧、鸡尾酒休闲酒吧和葡萄酒吧。

MANHATTAN CRICKET CLUB　　　　休闲酒吧

见470页地图 (☎646-823-9252; www.mccnewyork.com; 226 W 79th St, 在Amsterdam Ave和Broadway之间; ⊙18:00至深夜; ⑤1至79th St) 这家优雅的酒吧位于一家澳大利亚小餐馆（见255页）的楼上（询问一下店主要如何进店）, 仿照20世纪初期经典的盎格鲁-澳大利亚板球俱乐部风格。金色的锦缎墙上挂着泛棕色的击球手照片, 桃花心木书架和切斯特菲尔德式沙发营造出一种优雅的情调, 你可以在此畅饮精心调制的（高价）鸡尾酒。这里也是约会的好去处。

BIRCH CAFE　　　　咖啡

见470页地图 (☎212-686-1444; www.birchcoffee.com; 750 Columbus Ave, 在96th St和97th St之间; ⊙7:00~20:00; ⑤B、C、1/2/3至96th St) 这是一家以深色木材和铜质材料为装饰的咖啡馆, 非常时髦——看看桌上的铜制的"咖啡环"——但这里的咖啡可是真材实料, 咖啡豆在皇后区长岛市小批量手工烘烤。店内没有Wi-Fi, 所以你可以一边享用咖啡, 一边和同伴聊天、舒缓身心, 而不会被键盘的咔哒声打扰。如果你不善言辞, 店里甚至还提供"开场白卡片"给你参考。

IRVING FARM ROASTERS　　　　咖啡

见470页地图 (☎212-874-7979; www.irvingfarm.com; 224 W 79th St, 在Broadway和Amsterdam Ave之间; ⊙周一至周五 7:00~22:00, 周六和周日 8:00~22:00; ⑤1至79th St) 这是当地热门咖啡连锁店的上西区分店, 店面在一家一楼小商店里, 但内部空间大很多——在咖啡柜台之后的里屋有明媚的阳光从天窗透入。从轻食菜单中挑选餐品搭配新鲜的手冲意式浓缩咖啡。店内没有Wi-Fi。

EARTH CAFÉ　　　　咖啡

见470页地图 (☎646-964-5192; 2580 Broadway, 靠近97th St; ⊙周一至周五 7:00~23:00, 周六和周日 8:00起; ✐; ⑤1/2/3至96th St) 这家咖啡馆魅力十足, 店内明亮的洗白砖墙内饰让人精神抖擞, 空气中弥漫着新鲜烤制的咖啡豆的香味。咖啡师手艺娴熟, 你可以点一杯杏仁拿铁, 坐在法式大窗面向街道的座位上, 静观城市人来人往。

DEAD POET　　　　酒吧

见470页地图 (☎212-595-5670; www.thedeadpoet.com; 450 Amsterdam Ave, 在81st St和82nd St之间; ⊙正午至次日4:00; ⑤1至79th St) 这家狭小的酒吧镶有桃花心木嵌板, 向来很受附近居民的欢迎。酒吧为客人认真倾倒健力士黑啤酒, 也有以已逝诗人命名的特色鸡尾酒, 包括沃尔特·惠特曼（Walt Whitman）长岛冰茶（$13）和巴勃罗·聂鲁达（Pablo Neruda）调味朗姆桑格里亚汽酒（$12）。想挑战一下自我吗? 点一杯招牌鸡尾酒（$15）, 这款鸡尾酒的秘方混合7种烈酒——你还可以把玻璃杯拿走留念。

MALACHY'S　　　　酒吧

见470页地图 (☎212-874-4268; www.malachysnyc.com; 103 W 72nd St, 靠近Columbus Ave; ⊙正午至次日4:00; ⑤1/2/3至72nd St) 这家坚守传统的当地酒吧有木制长吧台, 扬声器播放着经典的摇滚乐, 一大批常客和非常幽默的侍者, 为"廉价酒吧"赋予了新的意义。

换句话来说,这里非常适合白天喝酒。经典的酒吧食品也很便宜。

WEST END HALL
露天啤酒店

见470页地图 (☎212-662-7200; www.westendhall.com; 2756 Broadway, 在105th St和106th St之间; ⏰周一和周二15:00至午夜,周三和周四 至次日1:00,周五 至次日2:00,周六11:00至次日2:00,周日 至午夜; Ⓢ1至103rd St) 上西区的啤酒爱好者们可要在这个偌大的啤酒厅里大肆庆祝一番了。酒吧里陈列着来自比利时、德国、美国等地的精酿啤酒。酒吧会轮流出售约20款生啤和另外30种瓶装啤酒,大多数都跟肉类菜式很搭,例如香肠、炸小牛肉片、猪肉迷你汉堡和可口的松露汉堡。

店内有意摆放不同的公共餐桌,采用裸露的砖墙,还有一张木质长吧台,你可以坐在吧台边看侍酒师调酒(如果有体育赛事的话你也可以坐在吧台边观看);客人还可以玩各种各样的桌面游戏。在温暖的夜晚,还可以到后花园坐坐。

⭐ 娱乐

除了林肯中心(见250页),上西区还有很多受文化人士欢迎的场所。

纽约市芭蕾舞团
舞蹈

见470页地图 (New York City Balley; ☎212-496-0600; www.nycballet.com; Lincoln Center, Columbus Ave靠近W 63rd St; 🍴; Ⓢ1至66th St-Lincoln Center) 在20世纪40年代,这一知名芭蕾舞团最初的艺术指导是出生于俄罗斯的编舞者乔治·巴兰钦(George Balanchine)。如今,舞团有90名舞者,是美国最大的芭蕾舞团,每年都在林肯中心的大卫·H.科赫剧院表演23周。假日时,舞团最知名的作品就是每年都会演出的《胡桃夹子》(The Nutcracker)。

根据芭蕾节目不同,演出票价从$30~170不等。30岁以下人士可以$30的价格购买现场票,更有适合年轻观众的周六1小时家庭演出(每张门票$22)。

大都会歌剧院
歌剧

见470页地图 (Metropolitan Opera House; ☎门票 212-362-6000, 团队游 212-769-7028; www.metopera.org; Lincoln Center, Columbus Ave靠近64th St; Ⓢ1至66th St-Lincoln Center) 纽约最著名的歌剧院,上演了很多经典歌剧,如《卡门》《蝴蝶夫人》《麦克白》,当然还有瓦格纳(Wagner)的《指环》(Ring Cycle)。这里还有当代歌剧的首演和重排,例如约翰·亚当斯(John Adams)的《格林霍芬之死》(The Death of Klinghoffer)。演出季从9月一直持续到次年4月。

票价最低$25,最高接近$500。包厢票会便宜一些,但是除非你的包厢就在舞台正上方,否则视野糟透了:要想看到舞台上的表演,你就要把头搁在栏杆上,那样的话脖子会很疼。

在演出开始前最后一刻才买票的人也有不少选择。在演出当天的10:00起,你可以买到便宜的站席票($20~30;几乎看不到表演,但是可以听到全程的演出)。周一至周五正午和周六14:00,会有部分现场票出售给迫切渴求艺术的人——每个座位只要$25。这些现场票只能上网购买。下午场门票在演出开始前4小时开始销售。

不要错过礼品店,那里有很多与歌剧相关的小玩意,包括大都会歌剧院幕布袖口扣和莱茵水仙子(Rhinemaidens)香皂——真的有。

想一睹幕后风采?演出季工作日15:00和周日10:30及13:30会有团队导览游($30)。

FILM SOCIETY OF LINCOLN CENTER
电影院

见470页地图 (☎212-875-5367; www.filmlinc.com; Lincoln Center; Ⓢ1至66th St-Lincoln Center) 电影协会是纽约电影界的珍宝,为纪录片、故事片、独立影片、外国影片以及前卫影片提供了一个宝贵的平台。林肯中心有两个场所会放映电影:一个是更加私密、更具实验性的**埃莉诺·布宁·门罗电影中心**(Elinor Bunin Munroe Film Center; 见470页地图; ☎212-875-5232, 144 W 65th St, 在Broadway和Amsterdam Ave之间);另一个是**沃尔特·里德剧院**(Walter Reade Theater; 见470页地图; ☎212-875-5601; 165 W 65th St; 在Broadway和Amsterdam Ave之间),里面有宽大的、影院式的座椅。

1

BRADY TAYLOR / SHUTTERSTOCK ©

2

4

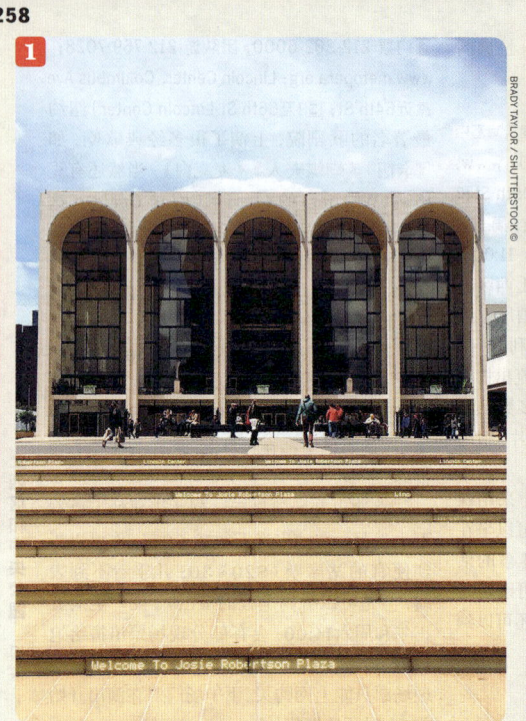

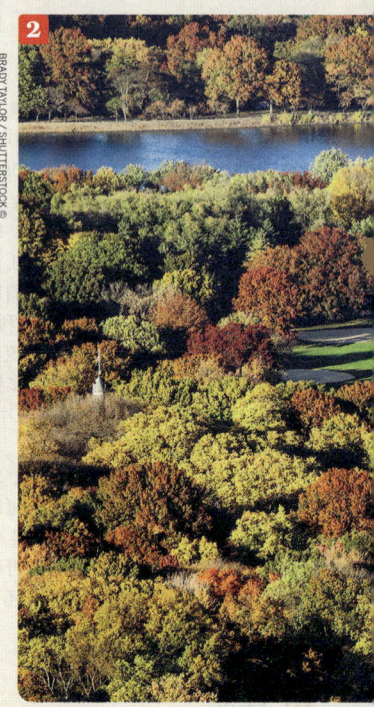

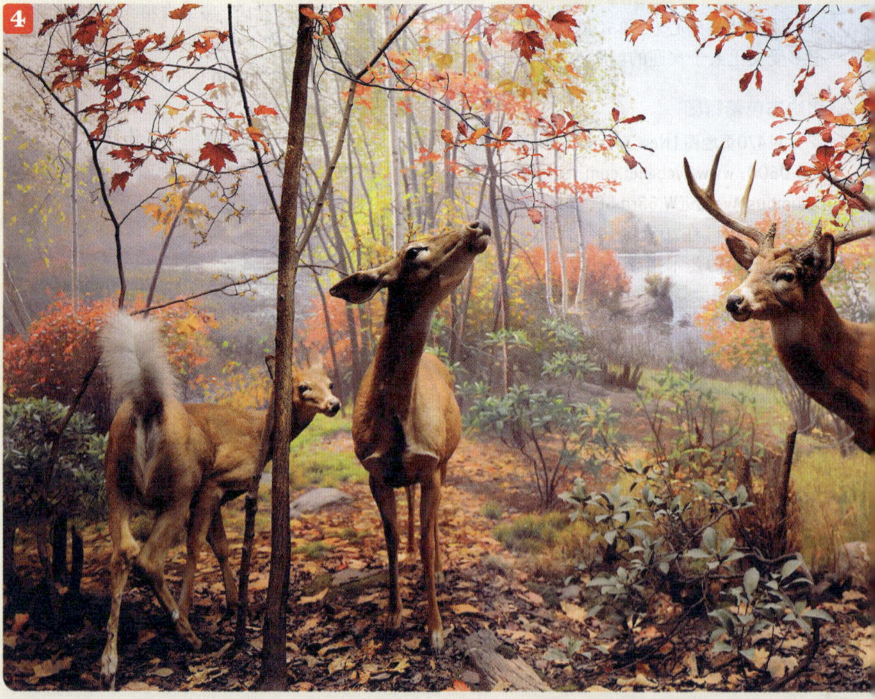

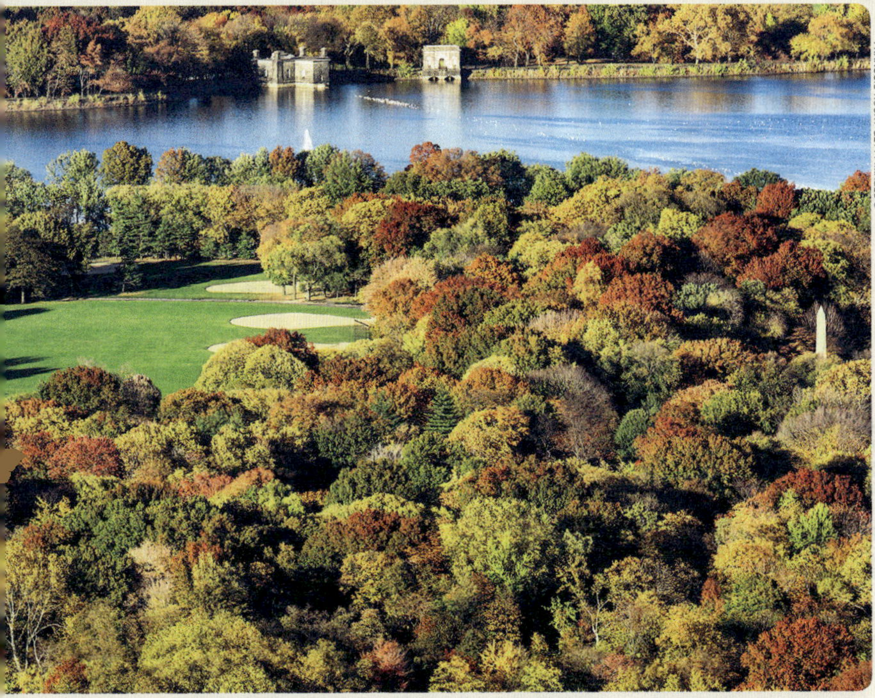

FRANCOIS-ROUX / GETTY IMAGES ©

SONGQUAN DENG / SHUTTERSTOCK ©

MIKKI BRAMMER / LONELY PLANET ©

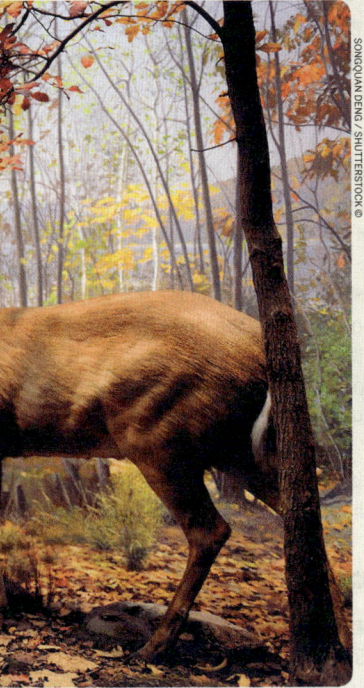

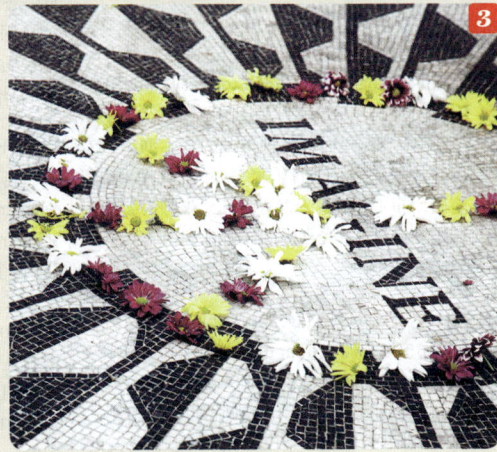

1. 大都会歌剧院（见257页）
大都会歌剧院是林肯中心的一部分，马克·夏卡尔（Marc Chagall）的壁画是其重头戏。

2. 中央公园（见246页）
整个公园的建造历时20年，动用20,000名劳工，将多个养猪农场和非裔美国人村落改造成公园。

3. 草莓园（见247页）
这个纪念约翰·列侬的花园位于中央公园内。

4. 美国自然历史博物馆（见252页）
博物馆拥有多达3000万件历史文物。

每年9月份,这两个地方都会举办纽约电影节,其中很多片都是纽约或世界首映。3月份时,这里会放映新秀导演/新片系列影片。电影爱好者一定不要错过。

纽约爱乐乐团　　　　　古典音乐

见470页地图(New York Philharmonic;📞212-875-5656;www.nyphil.org; Lincoln Center, Columbus Ave和W 65th St交叉路口;🅶;🚇1至66 St-Lincoln Center)爱乐乐团是美国历史最悠久的专业管弦乐队(可追溯到1842年),每年演出季都会在大卫·格芬厅(在2015年前被称为艾弗利·费雪厅)进行演出;梵志登(Jaap van Zweden)从2017年开始接任艾伦·吉尔伯特(Alan Gilbert)成为乐团指挥。爱乐乐团演奏很多古典音乐(柴可夫斯基、马勒和海顿的作品)、当代音乐作品以及为儿童准备的演奏会。

演出票$29~125不等。如果你手头并不宽裕,那么就去观看每月数次的公开彩排,彩排在演奏会当天进行(9:45开始),门票只需$22。此外,学生持有效学生证件最早可在演出10天前买到$18的现场票。

SYMPHONY SPACE　　　　　现场表演

见470页地图(📞212-864-5400;www.symphonyspace.org; 2537 Broadway,靠近95th St;🚇1/2/3至96th St)得到了当地社区的支持,这个宝库里面有多种形式的艺术演出。这里经常有专为一个音乐家举办的、为期3天的演出,同时也侧重于世界音乐、戏剧、电影、舞蹈和文学(备受喜爱的作者也会出席)。

比肯剧院　　　　　现场音乐

见470页地图(Beacon Theatre;📞212-465-6500;www.beacontheatre.com; 2124 Broadway,在74th St和75th St之间;🚇1/2/3至72nd St)这座历史悠久的剧院建于1929年,内有2829个座位(座位不错),是个完美的中等规模演出场地。这里经常有流行音乐演出,包括ZZ Top和威尔可合唱团(Wilco)[还有喜剧演员,例如杰瑞·塞恩菲尔德(Jerry Seinfeld)和巴顿·奥斯瓦尔特(Patton Oswalt)]。2009年,这里进行了整修,室内融入了希腊、罗马、文艺复兴和洛可可设计元素,十分耀眼。

梅尔金音乐厅　　　　　古典音乐

见470页地图(Merkin Concert Hall;📞212-501-3330;www.kaufman-center.org/mch; 129 W 67th St,在Amsterdam Ave和Broadway之间;🚇1至66 St-Lincoln Center)这里位于林肯中心的北面,是考夫曼中心(Kaufman Center)的一部分,里面有450个座位。在这里可以近距离欣赏古典音乐,还有爵士乐、世界音乐和流行乐。周二这里有午后演出(门票$20),初露头角的古典音乐独奏家们会在这里演出。

SMOKE　　　　　爵士乐

见470页地图(📞212-864-6662;www.smokejazz.com; 2751 Broadway,在105th St和106th St之间;🕐周一至周五17:30至次日3:00,周六和周日11:00至次日3:00;🚇1至103rd St)这家休闲酒吧时髦且悠闲(长毛绒沙发处视野很好),吸引了一众老一辈音乐人和当地名人,如乔治·柯尔曼(George Coleman)和温顿·马沙利斯(Wynton Marsalis)。大多晚上这里有$10的入场费(但也有可能高达$45),还有每人$38的最低食物和饮料消费额。周日11:00~16:00,这里都会有深情爵士早午餐。在网上可以买到周末的演出票。

深夜,你可以到这里观赏免费演出(没有入场费,但有$20最低消费),演出大约在23:30开始。

CLEOPATRA'S NEEDLE　　　　　爵士乐、蓝调

见470页地图(📞212-769-6969;www.cleopatrasneedleny.com; 2485 Broadway,在92nd St和93rd St之间;🕐15:30至深夜;🚇1/2/3至96th St)这个俱乐部的名字来自中央公园里的埃及方尖碑,虽然风格有点过时,但每晚19:00或20:00开始(周日从16:00开始)都有爵士乐和蓝调乐手现场演出。不收入场费,但是设有$10最低消费额。早来有欢乐时光优惠(每天19:00前,周日18:00前),特定的鸡尾酒半价。

准备好要熬夜:Cleopatra的深夜即兴爵士演奏非常出名,午夜过后会达到高峰。

购物

百老汇到上西区一带被众多连锁店占据,所以除了一些老派的食品市场以外,很难找

到本地的特色商品。虽说如此，在这里也还是可以找到一些很独特的购物场所，特别是在**Columbus Ave**附近。

BOOK CULTURE
书籍、礼品和纪念品

见470页地图（☎212-595-1962；www.bookculture.com；450 Columbus Ave，在81st St和82nd St之间；⊙周一至周六 9:00~22:00，周日 至20:00；⊛；§B、C至81st St-Museum of Natural History）在温暖的美学设计和友好的氛围下，隐藏着书店庞大的规模和丰富的书籍选择。这里不仅是文学类书籍爱好者的乐土，希望找到独一无二的礼品的人、搜集欧洲期刊的作者和渴望为孩子在楼下的巨大儿童世界占据一席之地的父母都可以在这里有所收获。书店还会定期举行不同语言的故事活动环节（查看官网了解活动时间）。

这里还有大量设计独特的礼品和配饰，比如印有日语的陶瓷、进口香皂、香薰蜡烛、时髦背包和以纽约为主题的物品。

SHISHI
时装和配饰、服饰

见470页地图（☎646-692-4510；www.shishiboutique.com；2488 Broadway，在92nd St和93rd St之间；⊙周一至周六 11:00~20:00，周日 至19:00；⊛；§1/2/3至96th St）对于一个时常受到潮流冲击的地区来说，Shishi无疑是一个受人欢迎的热点。这家讨喜的时装精品店提供一系列跟随潮流不断变化的服饰，但价格十分相宜：优雅的毛衣、无袖直筒连衣裙，以及夺目的珠宝等。（所有服装都很容易清洗和晾干。）随意逛逛就已经很有趣了，热心的员工还会给你提供搭配意见，感觉就像有了自己的个人造型设计师一样。

MAGPIE
艺术品和手工艺品

见470页地图（☎212-579-3003；www.magpienewyork.com；488 Amsterdam Ave，在83rd St和84th St之间；⊙周一至周六 11:00~19:00，周日 至18:00；§1至86th St）这个小小的店铺出售一系列环保商品，很有吸引力，包括精致的文具、蜂蜡蜡烛、手绘马克杯、有机棉围巾、循环再用树脂项链、手工染色毛毡日记本以及木质制拼图，还有其他可能会吸引到你的小玩意。大多数产品都是公平交易产品的。

ICON STYLE
古着、珠宝

见470页地图（☎212-799-0029；www.iconstyle.net；104 W 70th St，靠近Columbus Ave；⊙周二至周五 正午至20:00，周六 11:00~19:00，周日 正午至18:00；§1/2/3至72nd St）这家精致的古着店躲藏在一条小巷里，专门出售精心剪裁的长裙、手套、背包、帽子和其他配饰，还有古董精品和时尚珠宝。店里有一半空间都被一个经过翻新的百子柜占去，抽屉里展示着各种商品。来这里看看，一尝演员入戏的滋味。

CENTURY 21
百货店

见470页地图（☎212-518-2121；www.c21stores.com；1972 Broadway，靠近W 66th St；⊙周一至周六 10:00~22:00，周日 11:00~20:00；§1至66th St-Lincoln Center）时髦的本地居民和外国游客超级喜欢这里，因为这家连锁店有很多刚过季的名牌和设计师品牌商品，从Missoni到Marc Jacobs，折扣力度都很大。

ZABAR'S
食品

见470页地图（☎212-787-2000；www.zabars.com；2245 Broadway，靠近W 80th St；⊙周一至周五 8:00~19:30，周六至20:00，周日 9:00~18:00；§1至79th St）一座犹太美食堡垒，这家杂乱无章的本地商场自20世纪30年代起就固守在这一地区。这里的特色食物包括：各种各样的奶酪、肉、橄榄、鱼子酱、熏鱼、泡菜、水果干、坚果和现烤现卖的绵软犹太馅饼（东欧风味的生面土豆饺子）等烘焙食物。

T2
茶

见470页地图（☎646-998-5010；www.t2tea.com；188 Columbus Ave，在68th St和69th St之间；⊙周一至周六 10:00~20:00，周日 11:00~19:00；§1至66th St-Lincoln Center、B、C至72nd St）喜欢泡茶的人能够在这个澳大利亚茶叶公司的门店找到超过200种茶叶：乌龙茶、绿茶、红茶、黄茶、花茶，你说得出名字的茶，这里都有。但你也无须仅凭嗅觉来选择——店员会为你冲泡你想现场品尝的茶叶。店里还出售一系列与茶相关的礼品。

FLYING TIGER COPENHAGEN 家庭用品

见470页地图（☎646-998-4755；www.flyingtiger.com；424 Columbus Ave，在80th St和81st St之间；◎周一至周日 10:00~20:00；🚇；⑤B、C至81st St-Museum of Natural History）想在市面上找到设计精美、古怪又便宜的小玩意儿和小饰品吗？这个丹麦的进口市场就能够满足你。这里有点像是缩小版的宜家，商品按照主题分类（厨房、儿童、艺术品和手工艺品等），琳琅满目，你会惊讶于自己以前怎么从来没想过会需要这些小东西。摘掉价格标签，你的朋友肯定会觉得你送的这份礼物太贵重了。

在全球29个国家开设了600多家分店，所以也难怪城里还有另外两家分店：一家在上东区（见241页），另一家在熨斗区（Flatiron）。

WEST SIDE KIDS 玩具

见470页地图（☎212-496-7282；www.westsidekidsnyc.com；498 Amsterdam Ave，靠近84th St；◎周一至周六 10:00~19:00，周日 11:00~18:00；⑤1至86th St）这是给孩子挑选礼物的好地方。无论孩子年纪多大，这里都有合适的动手活动和趣味教育性游戏，还有拼图、迷你乐器、科学套装、魔术工具套装、电子积木、老式木制火车和建筑套装。

WESTSIDER RECORDS 音乐

见470页地图（☎212-874-1588；www.westsiderbooks.com/recordstore.html；233 W 72nd St，在Broadway和West End Ave之间；◎周一至周四 11:00~19:00，周五和周六 10:00~21:00，周日 正午至18:00；⑤1/2/3至72nd St）这里有3万多张黑胶唱片，无论是放克音乐、爵士乐还是古典音乐，还有歌剧、音乐剧、戏剧、诵读音乐、电影原声带和其他新奇的音乐，都能在这里找到（别忘了前台每个$1的收纳盒）。这个地方会让你忘记时间的流逝——位于稍远的住宅区的同品牌**书店**（见470页地图；☎212-362-0706；www.westsiderbooks.com；2246 Broadway，在80th St和81st St之间；◎10:00~22:00；⑤1至79th St）也一样。

GRAND BAZAAR NYC 市场

见470页地图（☎212-239-3025；www.grandbazaarnyc.org；100 W 77th St，靠近Columbus Ave；◎周日 10:00~17:30；⑤B、C至81st St-Museum of Natural History，1至79th St）这家友好的跳蚤市场应有尽有，是纽约最古老的露天购物地之一。在这里闲逛是周末上午在上西区慵懒度日的最好活动。商品包罗万象，有古董家具和现代家具、古老的地图、定制的眼镜、手织的围巾、手工珠宝等。

天气寒冷时，市场会转移到室内，在温暖的月份，有时候周六也营业。提前打电话或到官网确认。

🏃 运动和活动

BIKE & ROLL 骑车

见470页地图（☎212-260-0400；www.bikeandrollnyc.com；451 Columbus Ave，在81st St和82nd St之间；自行车租赁 每2小时/每4小时/每天 成人 $28/39/44，儿童 $16/20/25；◎9:00~18:00；🚇；⑤B、C至81st St-Museum of Natural History，1至79th St）这家装配齐全的自行车出租商店距离中央公园只有1个街区的距离，有成人和儿童自行车可供出租，包括头盔、U形锁、车把袋、后座收纳架和一份免费骑行地图。也有婴儿座椅。仅接受信用卡。

CHARLES A DANA DISCOVERY CENTER 钓鱼

见470页地图（☎212-860-1370；www.centralparknyc.org；Central Park，靠近110th St，在Fifth Ave和Lenox Ave之间；◎10:00~17:00；🚇；⑤2/3至Central Park North-110th St）**免费** 这个游客中心是在20世纪90年代初哈莱姆湖（Harlem Meer，Meer在丹麦语中意思为湖翻新期间建成的。这里有很多类型的家庭活动，包括关于公园北部地理和军事历史的展览、观鸟区指南、望远镜和美术工具的"探索工具包"（Discovery Kit），夏季还有大型表演。

Belvedere Castle 观鸟

见470页地图（☎212-772-0288；www.centralparknyc.org；Central Park，靠近W 79th St；◎10:00~16:00；🚇；⑤1/2/3、B、C至72nd St）**免费** 如果你想和孩子一起踏上独特的观鸟

旅程，那么就在中央公园的Belvedere Castle借一个"探索工具包"吧。里面有双筒望远镜、一本关于鸟类的书、一些彩色的铅笔和纸——在这里会让孩子们对鸟类产生极大的兴趣。需要带照片的身份证明。

Belvedere Castle在2018年2月开始关闭进行翻新，当你拿到本书时应已重开。查阅官网获取更新信息。

CENTRAL PARK TENNIS CENTER 网球

见470页地图（☎212-316-0800；www.centralparktenniscenter.com；Central Park，在W 94thSt和96th St之间；⏰4月至11月 6:30至黄昏；ⓢB、C至96th St）只在白天开门，有26个公用的红土网球场以及4个上课用的硬地网球场。你可以购买单次票（$15，仅接受现金），也可以预订球场，前提是花$15在**Arsenal**（见470页地图；☎212-360-8163；www.nycgovparks.org；Central Park，靠近Fifth Ave和E 64th St；⏰周一至周五 9:00~17:00；ⓢN/R/W至5th Ave-59th St）**免费**获得许可。大体上工作日的正午至16:00人最少。最近的公园入口是位于Central Park West和96th St的入口。

LOEB BOATHOUSE 划船

见470页地图（☎212-517-2233；www.thecentralparkboathouse.com；Central Park，在74th St和75th St之间；划船 每小时$15；⏰3月或4月至11月中旬 10:00至黄昏；🅿；ⓢB、C至72nd St，6至77th St）这家位于中央公园的船库有100艘划艇，如果你想让其他人划桨的话，还可以预约威尼斯风格的贡多拉，最多可以搭乘6个人（30分钟/$45）。租金包括救生衣，需要出示身份证和$20押金。只收现金。

沃尔曼溜冰场 滑冰

见470页地图（Wollman Skating Rink；☎212-439-6900；www.wollmanskatingrink.com；Central Park，在E 62nd St和63rd St之间；成人周一至周四 $12，周五至周日 $19，儿童 $6，滑板租赁 $9；⏰10月末至次年4月初 周一和周二10:00~14:30，周三和周四 至22:00，周五和周六 至23:00，周日 至21:00；🅿；ⓢF至57 St, N/Q/R/W至5th Ave-59th St）这个溜冰场比洛克菲勒中心的溜冰场（见198页）要大，而且这里提供全天的滑冰活动，其中央公园东南边的位置也令其拥有美妙的风景。贮物柜和望远镜的租金都是$5。只收现金。

TOGA BIKE SHOP 骑车

见470页地图（☎212-799-9625；www.togabikes.com；110 West End Ave，在64th St和65th St之间；租赁 每24小时 全地形自行车/公路自行车 $35/150；⏰周一至周五 11:00~19:00，周六 10:00~18:00，周日 11:00~18:00；ⓢ1至66th St-Lincoln Center）这家老自行车店很友好，就在哈德逊河自行车道边，位置很便利（而且距离中央公园也只有几个街区），出租全地形自行车和公路自行车（但没有儿童自行车）。租赁费用中包含了头盔。

CHAMPION BICYCLES INC 骑车

见470页地图（☎212-662-2690；www.championbicycles.com；896 Amsterdam Ave，靠近104th St；租赁 每小时/每天 $7/30起；⏰周一至周五 10:00~19:00，周六和周日 至18:00；ⓢ1至103rd St）这里对外出租很多不同种类的自行车，还有免费、实用的**纽约自行车地图**（*NYC Cycling Map*；www.nyc.gov/bikes），上面详细地画出了纽约市的数百公里自行车车道。

哈莱姆和上曼哈顿

晨边高地 哈莱姆 东哈莱姆 汉密尔顿高地和糖山 华盛顿高地和茵伍德 西哈莱姆

区域亮点

❶ **圣约翰大教堂**（见266页）在虽然尚未完工但宏伟如史诗般的圣约翰大教堂中探索高雅艺术和隐藏的瑰宝，这是美国最大的礼拜堂。

❷ **修道院博物馆和花园**（见271页）在充满了弗拉芒壁毯和其他中世纪杰作的修道院重建建筑中展开一场美妙的中世纪之旅。

❸ **巴里奥博物馆**（见269页）在东哈莱姆参观最前沿的拉美移民展览。

❹ **阿波罗剧院**（见270页）到哈莱姆核心地区的这个古老音乐厅，加入欢庆的人群中。

❺ **汉密尔顿庄园**（见270页）参观美国开国元勋之一亚历山大·汉密尔顿（Alexander Hamilton）的联邦风格宅邸。多亏了音乐剧《汉密尔顿》，他也是大家最喜爱的19世纪纽约客。

探索哈莱姆和上曼哈顿

上曼哈顿包含很多区域,其中很多有意思的景点之间都有些距离,却没有地铁可以带你穿过市区(不过可以搭乘公共汽车)。因此,选一个区域(或者最好是几块相邻的区域)好好看个够。如果你希望城市之旅来点儿乡村风格,那就去茵伍德(Inwood)吧——这儿有诸多可以欣赏哈德逊河景的公园和一座壮观的博物馆(见271页)。之后一路向西,抵达宏大的圣约翰大教堂(见266页),以及学者们漫步其间的哥伦比亚大学周边地区(见268页)。圣尼古拉斯公园将哥伦比亚大学偌大的曼哈顿维尔新校区以及纽约市立学院与哈莱姆恰到好处地分隔开来。

更有都市氛围的非哈莱姆和汉密尔顿高地莫属,那儿是非裔美国文化的基地,满是忙碌热闹的酒吧、振奋人心的教堂和少量相当出色的建筑。靠近125th St的Malcolm X Blvd是哈莱姆的中心。

值得注意的是,哈莱姆的许多主要街道都改了名字,以纪念一些杰出的非裔美国人。然而,很多当地人仍然用原来的名字称呼这些街道。因此,Malcolm X Blvd仍然常常被叫作Lenox Ave。

当地生活

➡ **时髦点儿** 到Harlem Haberdashery(见277页)选购夺人眼球的服饰,去Flamekeepers Hat Club(见278页)挑选经典男士帽,而Atmos(见279页)则有独一无二的时髦运动鞋。

➡ **倾听** 想参加与众不同的音乐活动,没有哪个地方比晨边高地更合适了。河边教堂(见269页)、圣约翰大教堂(见266页)及哥伦比亚大学(见268页)都会定期举行音乐会。

➡ **徒步** 在任何一个好天气里,你都会在茵伍德山公园(见271页)看到慢跑、徒步或骑自行车的纽约人。动起来吧。

到达和离开

➡ **地铁** 哈莱姆的主干道(125th St)与中城区的59th St-Columbus Circle地铁站仅隔着一站路,乘座A和D线可达。乘坐A/C、B/D、1/2/3或者4/5/6线可以到达哈莱姆的其他地方和曼哈顿的北部。

➡ **公共汽车** 许多公共汽车定期来往于上下曼哈顿之间南北向的所有主道路上。M10公共汽车沿中央公园西侧行驶,直到哈莱姆,沿途风景优美。M100和M101公共汽车沿125th St从东向西行驶。

独家贴士

上曼哈顿的住宅社区比较偏向本地化,其酒吧、餐馆和商店都是服务于社区的。这些店铺在工作日的早上人很少,但在晚上和周末人就多起来了。

为了最大程度规划好你的旅行,在下午去参观博物馆或历史景点,等到这个地方热闹起来之后,再去周围吃晚餐。

✖ 最佳就餐

➡ Red Rooster(见274页)
➡ Seasoned Vegan(见273页)
➡ Dinosaur Bar-B-Que(见273页)
➡ Sylvia's(见273页)
➡ BLVD Bistro(见274页)

详细介绍见272页 ➡

🍷 最佳饮品

➡ Silvana(见276页)
➡ Shrine(见276页)
➡ 67 Orange St(见277页)
➡ Bier International(见276页)
➡ Ginny's Supper Club(见276页)

详细介绍见276页 ➡

👁 最佳爵士现场

➡ 马乔里·艾略特的客厅爵士(见277页)
➡ 阿波罗剧院(见270页)
➡ Ginny's Supper Club(见276页)

详细介绍见277页 ➡

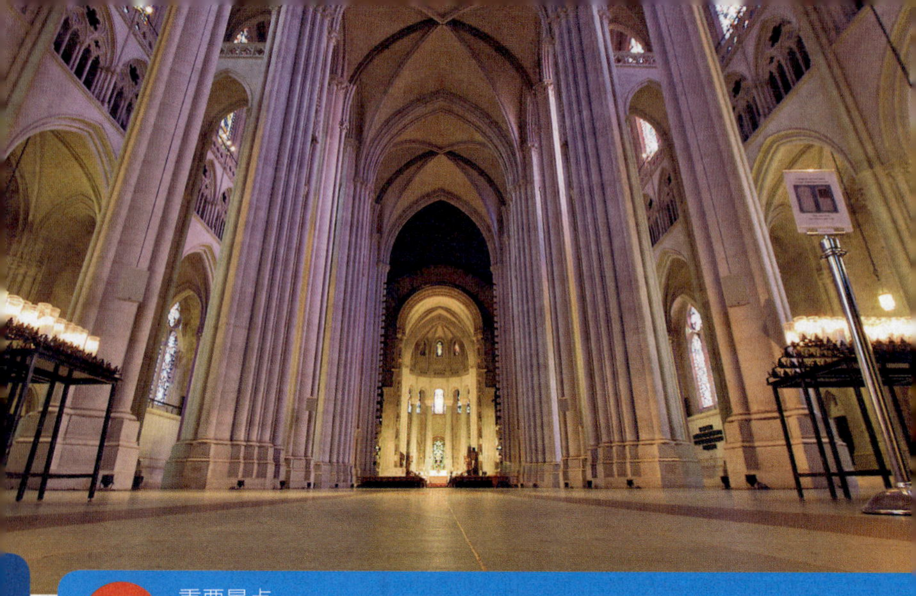

重要景点

圣约翰大教堂(CATHEDRAL CHURCH OF ST JOHN THE DIVINE)

虽然这个美国最大的祈祷之地还没建完——短时间内也不会完工，但它华丽的哥特式外观、仍在使用的古老管风琴，以及超级宽阔的中殿（其宽度是伦敦威斯敏斯特教堂的2倍），都使这座辉煌的主教大教堂吸引着人们的注意。

未完成的历史

大教堂的奠基之日是在1892年的圣约翰日（St John's Day），但其建设过程并不顺利。工程师不得不挖地约21米，以找到能支撑大教堂的基岩。修建期间，有些建筑师或是去世了，或是被解雇了，而在1911年，起初的罗马式设计方案被更改为更庞大的哥特式方案。

资金匮乏也曾导致该工程被屡次叫停。北塔至今仍未建造，一个1909年用赤土陶砖建的“临时”圆顶仍旧遮盖在教堂中心的上方。2001年的大火造成了巨大的破坏，其中就包括北边的十字形翼部，导致其至今仍在等待重建。

如果教堂全部完工的话，约183米的宽度将使其成为继罗马的圣彼得大教堂（St Peter's Basilica）和位于亚穆苏克罗（Yamoussoukro）的科特迪瓦和平圣母大教堂（Côte d'Ivoire's Basilica of Our Lady of Peace）之后的世界第三大教堂。

门口的雕塑

西门口有两排20世纪80年代和90年代英国艺术家

不要错过

- 门口的雕塑
- 大圆花窗
- 大管风琴

实用信息

- 见472页地图；B6
- 团队游 212-316-7540
- www.stjohndivine.org
- 1047 Amsterdam Ave, 靠近W 112th St, Morningside Heights
- $10, 亮点游$14, 登顶游$20
- 7:30~18:00, 亮点游 周一 11:00和14:00, 周二至周六 11:00和13:00, 特定周日 13:00, 登顶游 周一 10:00, 周三和周五 正午, 周六 正午和14:00
- B/C、1至110th St-Cathedral Pkwy

OUTCAST85 / GETTY IMAGES ©

西蒙·维里蒂（Simon Verity）雕刻的雕塑。中间的立柱上是圣约翰的雕像，他是《启示录》（*Book of Revelation*）的作者——注意看他脚下的"天启四骑士"。毁灭的主题很常见，但最令人不安的是耶利米（Jeremiah）的雕像（右边第3座），他所站的基座显示了被毁掉的纽约天际线——其中就有双子塔。

中殿

阳光透过**大圆花窗**（Great Rose Window；美国最大的彩色玻璃窗）照射进来，中殿两旁挂着两组很威风的17世纪的挂毯。巴贝里尼挂毯（Barberini Tapestries）描绘的是基督的生活场景，莫特莱克挂毯（Mortlake Tapestries）则是根据拉斐尔的草图，表现了"使徒行传"（Acts of the Apostles）的内容。

基思·哈林三联画

在唱诗班席位后面是由20世纪80年代流行艺术家基思·哈林（Keith Haring；1958~1990年）雕刻的白金与青铜材质的三联画《基督的一生》（*Life of Christ*）。这是他31岁时，在被一种与艾滋病相关的疾病压垮前创作的最后几幅作品之一。

大管风琴

世界上最具震撼力的管风琴之一，最初安装于1911年，并在1952年扩大及重建。这个由排成141排的8500个笛管组成的大管风琴，在2001年的大火中遭到了破坏，经过5年仔细的维修才得以复原。

参观大教堂

1小时亮点游的时间是周一11:00和14:00，周二至周五11:00和13:00，特定周日的13:00。1小时登顶游带你攀爬到达陡峭的教堂顶部（要自备手电筒），时间是周一10:00、周三和周五正午，以及周六正午和14:00。有两个活动值得观看：一个是祝福动物活动（Blessing of the Animals），在10月的第一个周日为宠物主人们举办的朝圣之旅；另一个是祝福自行车活动（Blessing of the Bikes），时间是4月中旬到下旬的某个周六，届时，当地骑手们会骑着各式各样的车来，从时髦的10档变速车到笨重的巡逻车都有。

独家贴士

除了每天的亮点游和登顶游（Highlight and Vertical Tour）之外，教堂还会定期举行精华游（Spotlight Tour）。这些团队游会探索这个教堂在纽约的独特之处，从建筑到社会政治范畴。记得要提前致电预订席位。

教堂还会举办多种活动，包括晨祷会、瑜伽、读诗会和管风琴演奏会，还会不定时举行有关14世纪基督教神秘主义者的讲座。除了一些大型活动（比如冬至庆祝活动）外，大多数活动都是免费的。

早在20世纪50年代早期，大教堂曾被卷进民权活动，它也经常与社区民众一起致力于解决不平等问题。一直以来，这里都是文化前哨站，举行过节日音乐会、讲座和展览，也是许多纽约名人纪念活动的场地，如小号手路易斯·阿姆斯特朗（Louis Armstrong）和艺术家基思·哈林。

景点

位于东哈莱姆的巴里奥博物馆（El Museo del Barrio）主要关注拉美文化，而哈莱姆画室博物馆（StudioMuseum）和尚博格黑人文化研究中心（Schomburg Center for Research in Black Culture）则致力于表达非裔美国人的状况。在哈莱姆文艺复兴期间，其北部边缘区域被称为"糖山"，因为哈莱姆的精英们在这儿过着"甜蜜的生活"。哥伦比亚大学和美国最大的天主教教堂占据了晨边高地（Morningside Heights），而华盛顿高地（Washington Heights）则得名于美国首位总统，独立战争期间他在此建立了一座堡垒。该地区占地最高的是茵伍德（Inwood）地区，大都会艺术博物馆（Metropolitan Museum of Art）的中世纪藏品就收藏于此。

晨边高地

圣约翰大教堂 天主教

见266页。

哥伦比亚大学 大学

见472页地图（Columbia University；www.columbia.edu；Broadway，靠近W 116th St，Morningside Heights；Ⓢ1至116th St-Columbia University）**免费** 这是纽约最古老的大学，其前身是1754年建立的国王学院，现在则是世界上最杰出的研究机构之一。1897年，这所常青藤联盟大学搬到了现在的地址（之前这里是一个收容所），在这儿建起了校园，并带来了新英格兰气息和各种文化活动。

最不能错过的是被有许多意大利文艺复兴风格建筑所围绕的中庭[位于大学步道（College Walk）的两侧，靠近116th St]。

满满的长凳：哈莱姆的教会福音音乐礼拜

最开始只是偶尔举行的朝圣行为演变成了旅游行业的壮观一景：现在，每个周末都有一车车的旅客特地来哈莱姆参加教会福音音乐礼拜。游客的数量如此之大，以至于一些教堂因空间有限而禁止游客入内。有时，游客人数甚至超过了前来聚会的教徒。

这自然导致了摩擦。在布道中聊天、在做礼拜期间随意离开，或衣着暴露地出席礼拜，游客的这些行为使很多当地人非常不满。此外，对一些人来说，非裔美国人的精神信仰像百老汇歌舞秀一样被消费，也有种令人不舒服的感觉。

值得赞扬的是，教堂仍是欢迎所有人的地方。但是，如果你决定参加，要恭敬有礼：要衣着端庄（特别是星期日），不要拍照，做礼拜期间不要离开。另外还要记住，多数教堂都不允许携带大背包进入。

主日礼拜一般于10:00或11:00开始，可能持续2个小时或更长时间。总共大约有60所教堂会提供主日礼拜。**阿比西尼亚浸信会教堂**（Abyssinian Baptist Church；见472页地图；📞212-862-7474；www.abyssinian.org；132 Odell Clark Pl，在Adam Clayton Powell Jr Blvd和Malcolm X Blvd之间；Harlem；⊙游客福音音乐礼拜 9月初至次年7月 周日 11:30；Ⓢ2/3至135th St）举行的主日福音音乐礼拜精彩绝伦、气氛激昂、充满感情，这也是全纽约最著名的主日福音音乐礼拜。在礼拜开始之前，你需要预留1个小时时间排队，而且确保遵循严格的入场规则，包括不能穿背心、人字拖、短裤、紧身裤，也不能背背包。附近还有一座建于1932年的街区教堂**迦南浸信会教堂**（Canaan Baptist Church；见472页地图；📞212-866-0301；www.cbccnyc.org；132W 116th St，在Adam Clayton Powell Jr Blvd和Malcolm X Blvd之间，Harlem；⊙礼拜 周日 10:00；♿；Ⓢ2/3至116th St），以及**修道院大街浸信会教堂**（Convent Avenue Baptist Church；见472页地图；📞212-234-6767；www.conventchurch.org；420 W 145th St，靠近Convent Ave, Hamilton Heights；ⓈA/C、B/D或1至145th St），自20世纪40年代以来，一直举行传统的浸信会礼拜仪式。

如果你对布道不太感兴趣，但对唱诗和庆祝活动更感兴趣，哈莱姆的几个地方也有提供主日福音音乐早午餐活动，包括Sylvia's（见273页）和Ginny's Supper Club（见276页）。

在北半部，你会在洛氏纪念图书馆（Low Memorial Library）前看见张开双臂的"丰饶之母"（Alma Mater）雕像。大学步道的东端、Amsterdam Ave的拐角处是汉密尔顿大厅（Hamilton Hall），这就是1968年那次著名的学生运动的关键地点。

游览这里的最佳方式，是去哥伦比亚大学网站上下载由建筑历史学家安德鲁·多尔卡特（Andrew Dolkart）录制的自助语音导览（www.columbia.edu/content/self-guided-walking-tour.html）。

尤里西斯·S.格兰特将军国家纪念馆　纪念物

见472页地图（General Ulysses S Grant National Memorial; ☏212-666-1640; www.nps.gov/gegr; Riverside Dr, 靠近122nd St, Morningside Heights; ⊙周三至周日 10:00~17:00; ⓢ1至125th St）**免费** 俗称格兰特墓（Grant's Tomb；"格兰特墓里埋的是谁？""谁？""格兰特啊，真笨！"这已经成了个经典的冷笑话），这个地标建筑里葬着南北战争时期的英雄以及第18届总统尤里西斯·S.格兰特和他的妻子朱莉娅（Julia）的遗体。1897年——他过世12年后——完工后，这座壮观的花岗岩建筑成了美国最大的陵墓。纪念馆内设有一个纪录格兰特一生中重要事件的陈列室。管理员在全天不同时段会组织导览游，并回答关于这位将军及政治家的问题。

受高迪（Gaudí）的启发，智利艺术家佩德罗·席尔瓦（Pedro Silva）在20世纪70年代设计了17个马赛克凳子，环绕在墓地周围。这完全是引起幻觉的装置——也是思忖已故的伟大喜剧演员乔治·卡林（George Carlin）那些奇妙言论的好地方，据说他曾经吐槽过这里。

河边教堂　教堂

见472页地图（Riverside Church; ☏212-870-6700; www.theriversidechurchny.org; 490 Riverside Dr, 靠近120th St, Morningside Heights; ⊙9:00~17:00; ⓢ1至116th St）这座雄伟的新哥特式漂亮建筑于1930年由洛克菲勒家族建成。建筑内部简朴的装修充满意式哥特风格，前厅的彩绘玻璃窗则是16世纪的佛兰芒风格装饰。每个周日的10:30、12:30和15:00，教堂都会用一个20吨重的低音钟（世界最大）敲响钟琴的74个钟。每周日10:45举行跨教派的礼拜，紧随其后（在12:30）有免费的团队游。

教堂也举办演唱会等引人瞩目的活动（参见教堂网站）。

◎ 哈莱姆（Harlem）

马尔克姆·沙巴兹·哈莱姆市场　市场

见472页地图（Malcolm Shabazz Harlem Market; 52 W 116th St, 在Malcolm X Blvd和Fifth Ave之间, Harlem; ⊙10:00~20:00; ♿; ⓢ2、3至116th St）**免费** 这个半封闭的市场是哈莱姆西非文化的一个缩影。你可以在这里找到皮革制品、木刻制品、纺织品、编织篮、油类、鼓、服装、雕塑以及数量惊人的各种非洲产品。这儿也是编辫子的好地方。这个市场由马尔克姆·沙巴兹清真寺（Malcolm Shabazz Mosque）运营，被害的穆斯林演说家马尔克姆·X（Malcolm X）曾在这儿布道。

尚博格黑人文化研究中心　文化中心

见472页地图（Schomburg Center for Research in Black Culture; ☏917-275-6975; www.nypl.org/locations/schomburg; 515 Malcolm X Blvd, 靠近135th St, Harlem; ⊙周一、周四至周六 10:00~18:00, 周二和周三 至20:00; ⓢ2、3至135th St）**免费** 这座学术中心由纽约公共图书馆经营，拥有这个国家最多的、与非裔美国文化有关的档案、珍贵书籍以及照片等收藏。这里以黑人波多黎各活动家亚瑟·尚博格（Arthur Schomburg）命名，他曾收集了一些难得一见的手稿、奴隶故事及其他重要的手工品。现场还经常举行展览、讲座和电影放映等活动。

◎ 东哈莱姆

巴里奥博物馆　博物馆

见472页地图（El Museo del Barrio; ☏212-831-7272; www.elmuseo.org; 1230 Fifth Ave, 在104th St和105th St之间, East Harlem; 建议捐赠成人/儿童 $9/免费; ⊙周二至周六 11:00~18:00; ⓢ6至103rd St）欢迎来到纽约绝佳的拉丁美洲文化机构，从绘画、摄影到视频和特定场地的装置艺术，这儿周到的轮换展览几乎涵盖了所有媒介。博物馆经常重点展出很重要的永久藏品，包括哥伦布发现美洲大陆以前的

重要景点
阿波罗剧院（APOLLO THEATER）

不仅仅只有历史，阿波罗剧院还是哈莱姆令人震惊的音乐遗产的鲜活证明。起初，这里是只有白人才能进入的滑稽戏院，1934年的"自选爵士"（Jazz à la Carte）节目使这座新古典主义剧场重焕光彩。在那之后，从艾灵顿公爵（Duke Ellington）、路易斯·阿姆斯特朗到康特·巴锡（Count Bassie）、比利·霍丽迪（Billie Holiday）等，几乎所有重要的黑人艺术家都在这儿表演过。

重生后的阿波罗还推出了传奇的"业余者之夜"（Amateur Night），参赛者的名单上有很多当时还默默无闻的歌手，包括艾拉·费兹杰拉德（Ella Fitzgerald）、格拉迪斯·奈特（Gladys Knight）、吉米·亨德里克斯（Jimi Hendrix）、Jackson 5组合以及劳琳·希尔（Lauryn Hill）。这一比赛于每周三晚进行，它狂野残酷的现场是第二天最重要的谈资。除了"业余者之夜"外，还举行音乐、舞蹈、大师班和一些特殊活动，包括古巴萨尔萨舞或非洲拉美风格混合的爵士乐套曲等跨度极大的各种演出。

不过，内部导览游需要20人以上并提前预约才能成行，如果个人前来的话，最可行的方法就是加入一个团队。游览时记得找找"希望之树"（Tree of Hope）——一棵死了很久的榆树——的残片，演出者上台前都会摸摸它以求好运。

不要错过
- 业余者之夜
- 标志性的剧院大天幕
- 导览游
- 希望之树

实用信息
- 见472页地图，C5
- 212-531-5300，团队游 212-531-5337
- www.apollotheater.org
- 253 W 125th St，在Frederick Douglass Blvd和Adam Clayton Powell Jr Blvd之间，Harlem
- 门票 $16起
- ⓢA/C、B/D至125th St

艺术品、传统民间作品以及大量拉美裔艺术家的优秀的战后艺术作品。

著名的历史人物或已经成名的当代艺术家的一些作品也被收藏在此。前者如智利超现实主义者罗伯托·马塔（Roberto Matta），后者如菲利克斯·冈萨雷斯·托雷斯（Félix González-Torres）、佩普·奥索里奥（Pepón Osorio）等。

汉密尔顿高地和糖山（Hamilton Heights & Sugar Hill）

汉密尔顿庄园   历史建筑

见472页地图（Hamilton Grange；646-548-2310；www.nps.gov/hagr；St Nicholas Park，靠近141st St；周三至周日 9:00~17:00，导览游 10:00、11:00、14:00和16:00；ⓢA/C、B/D至145th St）**免费** 这座联邦风格的寓所属于美国开国元勋亚历山大·汉密尔顿，19世纪初他在这儿有一块约13万平方米的地产。不幸的是，汉密尔顿仅在这儿享受了两年，就在与政治对手阿龙·伯尔（Aaron Burr）的决斗中去世了。2008年，这座建筑从Convent Ave搬到了现在的地方。多亏了林-曼努尔·米兰达（Lin-Manuel Miranda）的音乐剧《汉密尔顿》，这个与汉密尔顿有关的景点游客人数日趋上升——增长了约75%。

汉密尔顿高地历史区   景区

见472页地图（Hamilton Heights Historic District；Convent Ave和Hamilton Tce，在141st St和145th St之间，Hamilton Heights；ⓢA/C、D至145th St）汉密尔顿高地两条平行的大街（Convent Ave和Hamilton Tce）上有一片1866年至1931年间用古老的石灰岩和褐砂石修建的联排房，颇具历史意义。韦斯·安德森（Wes Anderson）的影迷们可能会从电影《天才一族》（*The Royal Tenenbaums*）中认出Convent Ave和144th St交叉路口东南角上的塔楼。

奋斗者街　　　　　　　　　　地区

见472页地图(Strivers' Row; W 138th St和139th St, 在Frederick Douglass Blvd和Adam Clayton Powell Jr Blvd之间, Harlem; ⑤B、C至135th St)这些街道也叫作圣尼古拉斯历史区(St Nicholas Historic District), 是20世纪20年代哈莱姆精英们的挚爱之地。这里许多建筑的历史都能追溯到19世纪80年代, 优雅的联排屋与公寓都是由那个年代的3位最著名的建筑师设计的: 詹姆斯·布朗·洛德(James Brown Lord)、布鲁斯·普莱斯(Bruce Price)和斯坦福·怀特(Stanford White)。

怀特设计的优雅意大利风格的建筑位于W 139th St北段, 可以说是这之中最漂亮的建筑。小巷里有建议游客"牵着你的马"(walk your horses)的标识, 需仔细找找。

◉ 华盛顿高地和茵伍德 (Washington Heights & Inwood)

★ 修道院博物馆和花园　　　　博物馆

(Cloisters Museum & Gardens; ☎212-923-3700; www.metmuseum.org/cloisters; 99 Margaret Corbin Dr, Fort Tryon Park; 3天通票 成人/老人/儿童 $25/$17/免费, 纽约州居民和康涅狄格州、纽约和新泽西学生免费; ⊙10:00~17:15; ⑤A至190th St)修道院博物馆坐落在一个能俯瞰哈德逊河的小山顶上, 就像是一个古怪的建筑拼图, 由许多欧式修道院及其他历史建筑组成。博物馆建于20世纪30年代, 其目的是为了储藏大都会博物馆的中世纪珍品。壁画、挂毯和绘画都被放置在环绕于浪漫庭院四周的美术馆里, 这些有着摩尔式陶土屋顶的美术馆由大型拱道彼此相连。在众多稀世珍品中, 还有迷人的16世纪的挂毯《狩猎独角兽》(*The Hunt of the Unicorn*)系列。

保存得异常完好的15世纪《天使报喜三联画》[*Annunciation Triptych*; 梅罗德祭坛装饰物(Merode Altarpiece)]也值得一看。此外, 还有令人惊叹的12世纪的圣-吉扬回廊(Saint-Guilhem Cloister)和博尼范登回廊花园(Bonnefant cloister), 后者种植着一些在中世纪的医学、魔法、仪式和艺术中使用的植物。

可凭门票在3天内参观修道院博物馆和花园、大都会艺术博物馆(见230页)以及大都会艺术博物馆布劳郁分馆(见234页)。

迪克曼农庄博物馆　　　　　博物馆

(Dyckman Farmhouse Museum; ☎212-304-9422; www.dyckmanfarmhouse.org; 4881 Broadway, 靠近204th St, Inwood; 建议捐赠; ⊙周四至周六 11:00~16:00, 周日 至15:00; ⑤A至Inwood-207th St) **免费** 这个农庄于1784年建在一个占地约11万平方米的农场上, 是曼哈顿唯一保留至今的荷兰农庄。对这个农庄的发掘, 为殖民地生活提供了很多有价值的线索。博物馆里保存有当时的房间、家具、装饰艺术品, 还有一个约170亩的花园和一个关于附近地区历史的展览。坐地铁到Inwood-207th St站(不是Dyckman St), 再向南步行1个街区就到了。

茵伍德山公园　　　　　　　　公园

(Inwood Hill Park; www.nycgovparks.org/parks/inwoodhillpark; Dyckman St, 靠近Hudson River; ⊙6:00至次日1:00; ⑤A至Inwood-207th St)这个占地约1190亩的绿洲保存着曼哈顿

哈莱姆标志的再生

2018年, 正值**哈莱姆画室博物馆**(Studio Museum in Harlem; 见472页地图; ☎212-864-4500; www.studiomuseum.org; 144 W 125th St, 靠近Adam Clayton Powell Jr Blvd, Harlem; 建议捐赠 $7, 周日免费; ⊙周四和周五 正午至21:00, 周六 10:00~18:00, 周日 正午至18:00; ⑤2/3至125th St)的50周年华诞, 位于125th St的一座全新建筑开始动工。这座先进的5层建筑由加纳英国混血建筑师大卫·阿贾耶(David Adjaye)设计, 面积将超过现有博物馆的2倍, 总展览空间约1579平方米。届时博物馆内将设有礼堂, 用于举办音乐会和特殊活动, 屋顶平台可饱览哈莱姆天际线。2018年初, 旧博物馆闭馆, 新馆工程启动, 预计新馆将在2021年在相同地址上落成。

的最后一片天然森林和盐沼。这里有适合远足的弯曲山路，有柔软丰沛的草地，还有适合安静沉思的长椅，这是个避暑胜地，也是任何时候都可以来的探险圣地。这里充满了田园风光。事实上，秃鹰也经常在这里的树顶筑巢。

在篮球场或橄榄球场上释放你的运动激情吧！也可以带上农产品在夏天的周末跟当地人一起在指定区域烧烤。

莫里斯—朱梅尔大厦博物馆　　　历史建筑

见472页地图（Morris-Jumel Mansion Museum；212-923-8008；www.morrisjumel.org；65 Jumel Tce, 靠近160th St, Washington Heights；成人/儿童 \$10/免费；周二至周五 10:00~16:00, 周六和周日 至17:00；SC至163rd St-Amsterdam Ave）这个圆柱形的豪宅建于1765年，是罗杰和玛丽·莫里斯（Roger and Mary Morris）的乡村寓所，也是目前曼哈顿最古老的房子。这里也因在1776年被大陆军控制后曾作为乔治·华盛顿的司令部而闻名。豪宅的房间里保存了许多原来的家具，包括一张据说属于拿破仑的床。周末还会有1小时导览游（周六正午，周日14:00；\$12）。

美籍西班牙裔协会博物馆及图书馆　　博物馆

见472页地图（Hispanic Society of America Museum & Library；212-926-2234；www.hispanicsociety.org；Broadway, 在155th St和156th St之间, Washington Heights；周二至周日 10:00~16:30；S1至157th St）**免费** 这个藏宝地坐落在博物学家约翰·詹姆斯·奥杜邦（John James Audubon）曾称之为"家"的学院派风格建筑中。其中收藏了除西班牙外数量最多的19世纪西班牙艺术品和手稿，以及埃尔·格雷考（El Greco）、戈雅（Goya）和委拉斯开兹（Velázquez）的绘画。由安娜·海厄特·亨廷顿（Anna Hyatt Huntington）创作的《埃尔·西德》（*El Cid*）雕塑雄踞在外部庭院里，而戈雅1797年的大作《阿尔巴公爵夫人》（*Duchess of Alba*）在室内占据了首要位置。2017年，美籍西班牙裔协会斥资150万美元，闭馆进行翻新，预计2019年内将重新开放。

希尔文排屋　　　　　　　　　古迹

见472页地图（Sylvan Terrace; Sylvan Tce, Washington Heights；SC至163rd St-Amsterdam Ave）希尔文排屋里仿佛童话书里的木屋，是纽约第一次尝试为工人建设经济适用房的产物，有着高窄的门廊、齿状的遮雨篷和醒目的镶板木门。街上的19世纪末原装煤气灯同样非常华丽，街上的鹅卵石是比利时风格，与下曼哈顿和布鲁克林区的荷兰风格截然不同。

当地知识

555 EDGECOMBE AVENUE

1916年竣工时，这座学院派风格**巨型砖楼**（见472页地图；555 Edgecombe Ave 靠近160th St, Washington Heights；SA/C至163rd St-Amsterdam Ave；1至157th St）是华盛顿高地的第一座豪华公寓大楼，内有接待处、单独的工人入口以及不下3部电梯。这里最初只供白人居住，但到了20世纪40年代，该地区居民由以爱尔兰人和犹太人为主转变为以非裔美国人为主，这个公寓里也有了越来越多的黑人住客。

这其中就有一些纽约最杰出的非裔美国人，如拳击手乔·路易斯（Joe Louis）和音乐巨匠莱娜·霍恩（Lena Horne）、贝西伯爵（Count Basie）、艾灵顿公爵和比利·斯特雷霍恩（Billy Strayhorn）。如今，这栋建筑的文化遗产在每个星期天的下午都会活过来，届时，老牌音乐人马乔里·艾略特（见277页）会敞开她的公寓大门，邀请所有人到她的客厅欣赏这座城市最迷人的爵士乐演奏。

🍴 就餐

哈莱姆的美国南部黑人传统食品始终非常有名，无论是经典风格还是创新菜式，这无可非议。但这里的国际化选择也越来越多，包括法国菜。晨边高地的餐馆价格实惠，而且经营时间时常会到深夜，气氛愉悦的小餐馆也很多，因此哥伦比亚大学的师生经常会来这边就餐。北边的华盛顿高地以众多传统的多米尼加餐馆而著称，茵伍德温馨舒适的咖啡馆让这个略微偏僻的城郊街区隐隐散发出一种迷人的有深度的特质。

🍴 晨边高地和西哈莱姆

PISTICCI
意大利菜 $$

见472页地图（☎212-932-3500；www.pisticcinyc.com；125La Salle St，Morningside Heights；主菜 $15~24；◎周一至周五 正午至23:00，周六和周日 11:00起；☒；⑤1至125th St）🍴即使天气不好，Pisticci也是一个能让人放松身心的好去处，店内分成两个大隔间，气氛舒适，枝形吊灯灯光昏暗，墙上有乡村风格的绘画，吧台上饰有球形灯。餐前先来一杯创意鸡尾酒，然后享用美味的意大利风格菜肴和每日特推，比如烤罗非鱼。Pisticci在位于北部的农场种有很多蔬菜（千万别错过这里的调味烤茄子）。

早午餐也很受欢迎，包括菠菜、山羊奶酪煎蛋卷或柠檬乳清煎饼。

DINOSAUR BAR-B-QUE
烧烤 $$

见472页地图（☎212-694-1777；www.dinosaurbarbque.com；700 W 125th St，靠近Twelfth Ave，Harlem；主菜 $13~32；◎周一至周四 11:30~23:00，周五和周六 至午夜，周日 正午至22:00；⑤1至125th St）运动员、嬉皮士、妈妈们和时髦的人；每个人都挤到这个闹哄哄的牛排吧，想要来点儿劲爆的食物。肉眼扒、慢烤肋排、鲜嫩的厚片牛排、多汁的汉堡，是不是有点儿太多了，要不再来些清淡的烤鸡？（极）少数的素食里有一个梦幻版本的克里奥风格的五香芥末蘸鸡蛋。

COMMUNITY FOOD & JUICE
美国菜 $$

见472页地图（☎212-665-2800；www.communityrestaurant.com；2893 Broadway，在112th St和113th St之间；Morningside Heights；三明治 $12~15，主菜 $14~32；◎周一至周四 8:00~21:30，周五 至22:00，周六 9:00~22:00，周日 至21:30；☒🐾；⑤1至110 St）这里欢乐又宽敞，是忙乱的家庭和宿醉的哥伦比亚大学学生吃早午餐的不二之选。最好在10:30以前来，要不然你的蔬菜炒蛋和香肠与鸡蛋饼干三明治就有的等了。更好的选择就是，跳过周末的早午餐热潮，来这儿享受一顿烛光晚餐。松软的蓝莓松饼和素食汉堡都一级棒。

🍴 哈莱姆

SEASONED VEGAN
严格素食 $

见472页地图（☎212-222-0092；www.seasonedvegan.com；55 St Nicholas Ave，靠近113th St，Harlem；主菜 $11~17；◎周二至周四 17:00~22:00，周五 至次日2:00，周六 11:00至次日2:00，周日 11:00~21:00；☒；⑤2/3、5至110th St）餐馆由一对母子经营，Seasoned Vegan以其美味的黑人食物搭配赢得了一帮忠实的食客。这里所用的所有材料都是有机的，而且完全不使用动物产品。你会在这里发现有趣的烧烤肋骨（用莲藕和发酵黄豆制成）、穷孩子三明治（以山药为馅料）和奶酪通心粉（采用腰果浆制成）。

早点去，否则高峰期间要等很久。

AMY RUTH'S RESTAURANT
美国菜 $$

见472页地图（☎212-280-8779；www.amyruths.com；113 W 116th St，在Malcolm X Blvd和Adam Clayton Powell Jr Blvd之间，Harlem；华夫饼 $11~18，主菜 $14~25；◎周一 11:00~23:00，周二至周四 8:30~23:00，周五和周六 至次日5:00，周日 至23:00；⑤B、C、2/3至116th St）常年拥挤的Amy Ruth's提供经典南方黑人食物，从炸鲶鱼，焗通心粉到蓬松饼干，应有尽有。但这里最值得一试的还是华夫饼（waffles）——有14种不同做法，还有鲶鱼口味的。我们一直以来最喜欢的都是"Rev Al Sharpton"，是华夫饼配上鲜嫩多汁的炸鸡的菜式。

SYLVIA'S
美国南部菜 $$

见472页地图（☎212-996-0660；www.sylviasrestaurant.com；328 Malcolm X Blvd，在126th St和127th St之间，Harlem；主菜 $14~27；◎周一至周六 8:00~22:30，周日 11:00~20:00；⑤2/3至125th St）这家哈莱姆标志性餐厅由西尔维娅·伍兹（Sylvia Woods）于1962年创立，一直以来都让哈莱姆人和游客（包括几位美国总统）为之倾倒，地道的南方菜式让人食指大动——炸鸡、烤奶酪通心粉和玉米面裹鲶鱼，配上必不可少的羽衣甘蓝等配菜。周日来还有福音乐早午餐供应。

MAISON HARLEM
法国菜 $$

见472页地图（☎212-222-9224；www.maison

harlem.com; 341 St Nicholas Ave, 靠近127th St, Harlem; 主菜 $14~32; ⓘ周一至周四 11:00至午夜, 周五至周日 至次日1:00; Ⓢ A/C, B/D至125th St) 这家时尚活泼的小餐吧由两位法国好友共同经营, 对于当地人来说就像是第二个家, 他们随时会来品尝法式吐司, 吸溜着洋葱汤, 或者敞开肚皮尽享慢煮油封鸭腿。想尽情享受这里的热闹氛围, 你可以选择周末前来, DJ和葡萄酒带来的愉悦感会让你忍不住跳起舞来。

BLVD BISTRO　　　　　美国菜 $$

见472页地图 (☎212-678-6200; www.boulevardbistrony.com; 239 Malcolm X Blvd, 靠近122nd St, Harlem; 主菜 $16~28; ⓘ周二至周五 11:00~15:30和17:00~23:00, 周六 9:00~16:00和18:00~23:00, 周日 10:00~18:00; Ⓢ2/3至125th St) 繁忙嘈杂的小小BLVD Bistro采用优质时令农产品, 将其制成精心烹调的南部黑人菜式。主厨是在密西西比州出生的卡洛斯·斯威普森 (Carlos Swepson), 他将自己的家乡特色融入菜式中, 大放异彩, 例如蓝莓馅脱脂乳薄煎饼、7种奶酪通心粉配山核桃木熏培根, 还有让人赞叹不已的小松饼和肉汁。热门的周日早午餐全天供应。实在是太好了!

PIKINE　　　　　塞内加尔菜 $$

见472页地图 (☎646-922-7015; 243 W 116th St, Harlem; 主菜 $12~17; ⓘ正午至23:00; Ⓢ B/C至116th St) 近几十年来, 哈莱姆的116th St似乎成了一个小塞内加尔, Pikine等餐厅为西非移民带来了家的味道。你可以在这里找到所有经典的塞内加尔主食, 例如炖鱼肉木薯 (thieboudjeun)、西红柿炖蔬菜 (domoda) 和非常美味的烤羊肉菜式。

中午就餐选择最多。晚餐菜单主要是烧烤的菜式。

★ Red Rooster　　　　　新派美国菜 $$$

见472页地图 (☎212-792-9001; www.redroosterharlem.com; 310 Malcolm X Blvd, 在 W 125th St和126th St之间, Harlem; 主菜午餐 $18~32, 晚餐 $24~38; ⓘ周一至周四 11:30~22:30, 周五 至23:30, 周六 10:00~23:30, 周日 至22:00; Ⓢ2/3至125th St) 这是个毫不做作、轻松惬意的小酒馆, 横跨大西洋来到美国的超级厨师马库斯·萨缪尔森 (Marcus Samue-

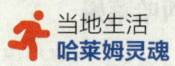

当地生活
哈莱姆灵魂

哈莱姆——凯伯·凯洛威 (Cab Calloway) 低吟清唱的地方, 拉尔夫·艾里森 (Ralph Ellison) 写下关于真理和偏狭的史诗般小说《隐形人》(*Invisible Man*) 的地方, 著名艺术家罗米尔·比尔登完成他的首幅抽象拼贴画的地方。既生机勃勃、热情洋溢又深沉忧郁的哈莱姆是纽约心灵的最深栖息地。

❶ Tom's Restaurant

来杯咖啡充充电, 欣赏一下希腊美式混合风格的 **Tom's Restaurant** (见472页地图; ☎212-864-6137; www.tomsrestaurant.net; 2880 Broadway, 靠近112th St; 主菜 $8~13; ⓘ周日至周四 6:00至次日1:30, 周五和周六 24小时营业; Ⓢ1至110th St) 怀旧的一面。红色霓虹灯遮檐非常显眼, 电视喜剧《宋飞正传》(*Seinfeld*) 中虚构的修士咖啡馆 (Monk's Café) 就是用这家餐馆的外观取景的。歌手苏珊·薇格 (Suzanne Vega) 的代表作《汤姆的小餐馆》(*Tom's Diner*) 也令此地名传于世。

❷ 圣约翰大教堂

薇格的歌中曾这样写道: "我听着教堂的钟声。(I'm listening to the bells of the cathedral.)" 这个教堂就是圣约翰大教堂 (见266页), 它史诗般的规模更像旧世界风格。混合新哥特式及罗马式风格的教堂仍未完工, 是美国最大的做礼拜的地方。

❸ 马尔克姆·沙巴兹·哈莱姆市场

到低调、半封闭的马尔克姆·沙巴兹·哈莱姆市场 (见269页) 好好搜罗一番, 那儿由马尔克姆·沙巴兹清真寺经营, 后来被杀害的穆斯林演说家马尔克姆·X曾经在这里布道。你可以挑选到非洲珠宝、纺织品、鼓、皮具和油类, 你也可以在这儿扎个发辫。

❹ Flamekeepers Hat Club

哈莱姆的镀金时代在Flamekeepers Hat Club (见278页) 延续。这家令人愉悦的街角精品店里列满了优雅的带檐帽和鸭舌帽。如果你决定不了买哪一款, 马克·威廉森敏锐的眼光可以帮到你。店主非常擅长

阿波罗剧院（见250页）

根据每个人的脸型和身材挑选合适的商品。如果你最后迟迟不愿离去，千万别觉得奇怪，因为威廉森本身就是一个非常健谈的人。

❺ 奋斗者街

奋斗者街（见271页）位于138th St和139th St之间的街区里，两旁19世纪90年代的联排屋使这里看上去更为优雅。自从雄心勃勃的非裔美国人在20世纪20年代来到这里，他们就给这条路起了这么个绰号。在这些联排屋里曾住着哈莱姆的一些杰出人物，包括作曲家尤比·布莱克（Eubie Blake）和诺贝尔·锡斯莱（Noble Sissle）、布鲁斯老将W.C.汉迪（WC Handy）以及歌手/舞蹈家比尔·"博詹格"·罗宾逊（Bill 'Bojangles' Robinson）。

❻ Red Rooster

在Red Rooster（见274页）品味"新哈莱姆"（new Harlem），埃塞俄比亚出生、瑞典长大的厨师马库斯·萨穆埃尔松（Marcus Samuelsson）使这儿的美食更加与众不同。玉米面包（配蜂蜜黄油）足以吸引你来到这里，与此同时，地下的Ginny's Supper Club更会让你彻夜畅饮，欢歌到天明。

❼ 阿波罗剧院

在哈莱姆，欣赏一场音乐会的最佳地点之一就是阿波罗剧院（见270页），这儿是"星星诞生的地方"，是"传奇发生的所在"。1934年11月，艾拉·菲兹杰拉德（Ella Fitzgerald）在这个剧院首创的"业余者之夜"上初次登台。80年来，"业余者之夜"每周三都会举行，现场是出了名的狂野喧闹。

❽ Shrine

Shrine（见276页）是哈莱姆夜生活圈子里的中流砥柱，每晚的音乐演出阵容都十分出众。2007年，一群音乐人和音乐爱好者共同成立了Shrine，如今酒吧内每晚都会有几支不同的乐队表演，你可能会在这个让人愉悦的音乐殿堂听到卡利普索民歌、非洲朋克、法国电子乐、拉丁爵士或是纯粹的灵乐。

lsson)通过各种调味方式使本已精美的食物更上一层楼。正如墙上展示的纽约当代艺术家的作品一样,这里的菜式也非常紧跟潮流:焗通心粉与龙虾联合作战,炭煎鲶鱼搭配腌芒果,而壮观的瑞典肉丸则是向萨缪尔森的家乡致敬。这里$25的午餐套餐很实惠。

🍴 汉密尔顿高地

HARLEM PUBLIC 美国菜 $

见472页地图(☎212-939-9404;www.facebook.com/harlempublic;3612 Broadway,靠近149th St, Hamilton Heights;主菜 $12~16;⊙周一至周四 正午至次日2:00,周五和周六 11:00至次日3:00,周日 至次日2:00;⑤1、A/C、B/D至145th St)酒吧里既有友善的嬉皮士,也有喇叭里老式的乡村音乐,还有典型的小酒馆小吃:Harlem Public专门就是为了夜生活而准备的。无论是搭配卡真蛋黄酱的蟹饼汉堡还是肉汁奶酪薯条,都是适合赞颂街区新发现的、令人口水直流的美食。饮料菜单上的产品全都来自本地,包括布鲁克林精酿啤酒以及小瓶的纽约北部烈酒。

CHARLES' PAN-FRIED CHICKEN 美国菜 $

见472页地图(☎212-281-1800;2461 Frederick Douglass Blvd,在151st St和152nd St之间;炸鸡$11起;⊙周一至周六 11:00~23:00,周日12:30起;⑤B/D至155th St)地方很小,但极具魅力的查尔斯·加布里埃尔(Charles Gabriel)会为你做城中最好吃的鸡肉:酥脆入味儿,再配上羽衣甘蓝、山药、焗通心粉和玉米面包。别指望这里有精致的设计,这里只有未经装饰的餐桌、托盘上的食物,还有人(和鸡翅中)不可貌相的证据。

🍴 茵伍德(Inwood)

NEW LEAF 新派美国菜 $$

(☎212-568-5323;www.newleafrestaurant.com;1Margaret Corbin Dr, Inwood;主菜 $15~28;⊙周一至周四 正午至21:00,周五和周六 至22:00,周日 11:00~21:00;⑤A至190 St)这个20世纪30年代的石头建筑就像一个乡村小酒馆,坐落在翠恩堡公园(Fort Tryon Park)中,离修道院(见252页)也不过几步路的距离。进来尝尝用新鲜食材做的菜式,例如三文鱼配时令蔬菜或西瓜沙拉配羊奶干酪、卡拉马塔橄榄和薄荷。如果可以的话,在适合各种天气的露台上找张桌子,感受花园派对的气氛。

🍷 饮品和夜生活

SILVANA 酒吧

见472页地图(www.silvana-nyc.com;300 W 116th St;⊙8:00至次日4:00;⑤2/3至116th St)这家引人入胜的中东咖啡馆和商店的鹰嘴豆泥和炸豆丸子非常美味;但这里真正的王牌是隐藏在楼下的俱乐部,凭着可口的鸡尾酒和现场演出(大约在18:00开始献演)以及紧随其后的DJ吸引了友好随和的本地人,音乐类型不拘一格,爵士、古巴颂乐、雷鬼和巴尔干吉卜赛朋克轮番上场。

SHRINE 酒吧

见472页地图(www.shrinenyc.com;2271 Adam Clayton Powell Jr Blvd,在133rd St和134th St之间, Harlem;⊙16:00至次日4:00;⑤2/3至135th St)想知道全球音乐的潮流,从亲切朴实的Shrine开始是不错的选择。这个酒吧由Silvana幕后才华横溢的团队经营。在这里会发现一周7天都有现场乐队在小舞台登台演出。蓝调、雷鬼、非洲打击乐、放克、索加(soca)、埃塞俄比亚节奏乐和地下摇滚乐都是你可能会听到的音乐。不收入场费。

Ginny's Supper Club 鸡尾酒吧

见472页地图(☎212-421-3821;www.ginnyssupperclub.com;310 Malcolm X Blvd,在W 125th St和126th St之间, Harlem;⊙周四 18:00至午夜,周五和周六 至次日3:00,周日早午餐10:30~14:00;⑤2/3至125th St)仿佛直接来自于电视连续剧《海滨帝国》(*Boardwalk Empire*;热门美剧),这种喧闹的地下室夜总会几乎不乏时尚的常客,他们啜饮着鸡尾酒,品尝着楼上Red Rooster出品的南方黑人小吃或全球美味小食,随着音乐起舞——周四至周日19:30起有现场爵士表演,周五和周六DJ从23:00开打碟。不要错过每周日的福音音乐早午餐(建议预订)。

BIER INTERNATIONAL 啤酒馆

见472页地图(☎212-280-0944;www.bier

international.com; 2099 Frederick Douglass Blvd, 靠近113th St, Harlem; ⊙周一至周三 16:00至次日1:00, 周四和周五 至次日2:00, 周六 正午至次日2:00, 周日 正午至次日1:00; ⑤B、C、1至110th St-Cathedral Pkwy; 2/3至110th St-Central Park North) 这是一个既有趣又热闹的啤酒花园, 有大约18种来自德国、比利时和英国的桶装啤酒, 还有来自Bronx Brewery和Brooklyn's Sixpoint的本地精酿。丰富的菜单让这个啤酒馆更加值得逗留。想想鲶鱼墨西哥玉米卷饼、松露薯条配帕玛森奶酪薄片和维也纳风味炸小牛肉片。只收现金。

67 ORANGE STREET   鸡尾酒吧

见472页地图 (☎212-662-2030; www.67orangestreet.com; 2082 Frederick Douglass Blvd, 在112th St和113th St之间; ⊙周日至周二 18:00至午夜, 周三和周四 至次日2:00, 周五和周六 至次日4:00; ⑤B、C至116th St) 67 Orange Street根据纽约首家黑人经营的酒吧所在地址命名(可以追溯到19世纪40年代!), 提供精心调制的鸡尾酒, 环境舒适, 仿佛一家禁酒时期的非法经营的地下酒吧。裸露的砖块、摇曳的烛光和墙上的原创艺术作品, 共同构成一个适合品尝创意特饮的环境, 例如红迷迭香金酒就是这里的特色, 金酒中加入博士茶, 再搭配令人心旷神怡的迷迭香。

THE CHIPPED CUP   咖啡馆

见472页地图 (☎212-368-8881; www.chippedcupcoffee.com; 3610 Broadway, 在148th St和149th St之间, Hamilton Heights; ⊙周一至周五 7:00~20:00, 周六和周日 8:00~20:00; ⑤1、A/C、B/D至145th St) 潮人们在the Chipped Cup都会感到很舒适, 作家和学生在这里喝着咖啡写作学习, 周围环绕着精致的茶杯、磨损的小说和奇怪的艺术作品。如果天气允许的话, 点一杯拿铁和巧克力面包, 拿上一份《纽约时报》, 在草木茂盛的后花园里重新发现生活中简单的愉悦。

🌟 娱乐

★ 马乔里·艾略特的客厅爵士   爵士乐

见472页地图 (Marjorie Eliot'S Parlor Jazz; ☎212-781-6595; 555 Edgecombe Ave, Apartment 3F, 靠近160th St, Washington Heights; ⊙周日 15:30; ⑤A/C至163rd St-Amsterdam Ave; 1至157th St) 每个周日, 迷人的艾略特女士都会奉上纽约最美妙的体验: 在她自己的公寓里进行私密的免费爵士乐演奏。这是为了纪念她两个过世的儿子而举办的非正式音乐会, 很多才华横溢的音乐家轮番表演, 吸引着来自世界各地的客人。要早点去, 因为这个活动非常受欢迎(通常14:30就开始排队)。

梅索斯纪录片中心   电影院

见472页地图 (MAYSLES DOCUMENTARY CENTE; ☎212-537-6843; www.maysles.org; 343 Malcolm X Blvd, 在127th St和128th St之间, Harlem; 电影 $10起; ⑤2/3至125th St) 这个小型的非营利电影院由已故导演阿尔伯特·梅索斯[Albert Maysles; 因《灰色花园》(Grey Gardens)成名]创建, 放映纪录片和其他独立电影——尤其是一些来自非洲的优秀电影。登录网站可以查询更多即将放映的电影或活动的详细信息, 其中也包括与制片人的问答环节、讲座和现场表演。

MINTON'S   爵士乐

见472页地图 (☎212-243-2222; www.mintonsharlem.com; 206 W 118th St, 在St Nicholas Ave和Adam Clayton Powell Jr Blvd之间; $10~15; ⊙周三至周六 18:00~23:00, 周日 正午至15:00和18:00~22:00; ⑤B/C、2/3至116th St) 这个哈莱姆爵士晚餐俱乐部是咆勃爵士(bepop)的发源地, 也是欣赏现场音乐演出的一个正式场合。从迪齐·吉莱斯皮(Dizzy Gillespie)到路易斯·阿姆斯特朗(Louis Armstrong)都曾在这里即兴演出。在排着着色玻璃的餐厅里享用晚餐(主菜$22~42)也是一次值得一试的体验。最好提前预约, 精心打扮, 在欣赏现场甜蜜的爵士乐的同时享受南部风味菜肴。

购物

HARLEM HABERDASHERY   时装和配饰

见472页地图 (☎646-707-0070; www.harlemhaberdashery.com; 245 Malcolm X Blvd, 在122nd St和123rd St之间; ⊙周一至周六 正午至20:00; ⑤2/3至125th St) 清理一下你的衣柜, 给这家超级时髦的住宅区精品店留点位置,

值得一游

布朗克斯（THE BRONX）

布朗克斯的面积相当大，其多个景点相互之间都有些距离。你最好是挑选一个特定的区域，或者两个相邻的街区。你可以很容易地将游览布朗克斯动物园（Bronx Zoo）或纽约植物园（New York Botanical Garden）与探索附近贝尔蒙特（Belmont）的Arthur Ave结合起来。同样，下午早点去参观洋基体育场（Yankee Stadium），之后还可以到布朗克斯博物馆（Bronx Museum）逛逛。B/D线地铁可以让你不费吹灰之力地往来于布朗克斯博物馆和埃德加·爱伦·坡木屋（Edgar Allan Poe Cottage）之间。从埃德加·爱伦·坡木屋出发，向西步行约300米就能到达Kingsbridge Rd地铁站，这里有6条地铁线向北通往附近的伍德劳公墓（Woodlawn Cemetery）。

以下是几个亮点。

➡ 到美国最有名的体育场之一——**洋基体育场**（见472页地图；☎718-293-4300，团队游 646-977-8687；www.mlb.com/yankees；E 161st St，靠近River Ave；团队游 $25；ⓢB/D、4至61st St-Yankee Stadium），听一听并感受传说中的"纽约喷射机"（纽约洋基棒球队）上场比赛时人们如雷般的叫喊声。

➡ 花一天时间探索占地约20万平方米、景色优美的**纽约植物园**（☎718-817-8716；www.nybg.org；2900 Southern Blvd；工作日成人/儿童 $23/10，周末 $28/12，周三和周六 9:00~10:00 游乐场入场免费；◉周二至周日 10:00~18:00；🅿；ⓡMetro-North至Botanical Garden），这里的春景尤其引人入胜。

➡ 在纽约历史悠久的**布朗克斯动物园**（☎718-220-5100；www.bronxzoo.com；2300 Southern Blvd，全体验门票 成人/儿童 $37/27，周三 建议捐赠；◉4月至10月 周一至周五 10:00~17:00，周六和周日 至17:30，11月至次年3月 至16:30；ⓢ2、5至West Farms Sq-E Tremont Ave）感受不一样的野生动物奇趣。

购物

这里出售各种款式的、令人觊觎的服装。橱窗内展示的服装不断变化，包括可爱的T恤、高端运动鞋、精干的编织帽、定制牛仔夹克和非常贴身的纽扣等。

NILU 礼物和纪念品

见472页地图（☎646-964-4926；www.shopnilu.com；191 Malcolm X Blvd，在119th St和120th St之间，Harlem；◉周二至周日 11:00~20:00；ⓢB/C、2/3至116th St）如果你在附近闲逛，NiLu会是一个值得逗留的小精品店。店名来自店主的儿子奈杰尔（Nigel）和卢克（Luke），而店内的产品可谓人见人爱。这里有各式各样的哈莱姆主题商品，包括儿童（及成人）T恤、帆布包、马克杯和附近标志性景点的艺术品，还有精致的手工巧克力、男士洗漱套装、香薰蜡烛、独一无二的文具套装等。

REVOLUTION BOOKS 书籍

见472页地图（☎212-691-3345；www.revolutionbooksnyc.org；437 Malcolm X Blvd，靠近132nd St，Harlem；◉周二至周日 正午至21:00；ⓢ2/3至135th St）这家遗世独立的书店有一系列书刊，领域涵盖社会问题、政治、性别研究和人权。大约每周都举行作者读书会和讨论。可以查看网站了解即将举行的活动。

FLAMEKEEPERS HAT CLUB 时装和配饰

见472页地图（☎212-531-3542；273 W 121st St，靠近St Nicholas Ave；◉周二和周三 正午至19:00，周四至周六 至20:00，周日 至18:00；ⓢA/C、B/D至125th St）在这家别致的帽子小店里把自己装扮一番，店主是和蔼可亲的哈莱姆本地人马克·威廉森（Marc Williamson）。他精心挑选的商品是帽子爱好者的梦想：来自意大利Barbisio品牌的卷檐软呢帽、来自捷克的Selentino品牌高顶礼帽、来自爱尔兰Hanna Hats of Donegal的羊毛拼缝鸭舌帽，价格从$90~350不等。还有为真正的个性主义者提供的可选定制服务。

➡ 到**布朗克斯博物馆**（☎718-681-6000；www.bronxmuseum.org；1040 Grand Concourse，靠近165th St；◎周三、周四、周六和周日 11:00~18:00，周五 至20:00；⑤B/D至167th St）拓宽文化眼界，这里非常棒，出人意料。

➡ 和艾灵顿公爵以及赫尔曼·梅尔维尔（Herman Melville）在美丽的**伍德劳公墓**（☎877-496-6352, 718-920-0500；www.thewoodlawncemetery.org；Webster Ave，靠近E 233rd St；◎8:30~16:30；⑤4至Woodlaw）共享静谧时光。

➡ 在**埃德加·爱伦·坡木屋**（☎718-881-8900；www.bronxhistoricalsociety.org/poe-cottage；2640 Grand Concourse，靠近Kingsbridge Rd；成人/儿童 $5/3；◎周四和周五 10:00~15:00，周六 至16:00，周日 13:00~17:00；⑤B/D至Kingsbridge Rd）思忖伟大的美国作家笔下令人难忘的文字。

如果感觉饿了，就去贝尔蒙特（Belmont）的Arthur Ave，这里是深受人们喜爱的一条街道，罗列着怀旧意式餐厅和熟食店，提供来自旧世界的美食。热门餐点包括**Casa della Mozzarella**（☎718-364-3867；www.facebook.com/casadellamozzarella；604 E 187th St，靠近Arthur Ave；三明治 $6~13；◎周一至周六 7:30~18:00，周日 至13:00；⑤B/D至Fordham Rd，ⓡMetro-North至Fordham）的马苏里拉奶酪和帕尔马火腿三明治、**Zero Otto Nove**（☎718-220-1027；www.089bronx.com；2357 Arthur Ave，靠近186th St；比萨 $12~18，晚餐主菜 $18~29；◎周二至周四 正午至14:30和16:30~22:00，周五和周六 至23:00，周日 13:00~21:00；☎；⑤B/D至Fordham Rd，ⓡMetro-North至Fordham）的比萨，以及**Madonia Brothers Bakery**（☎718-295-5573；2348 Arthur Ave，靠近186th St；烘焙食品 $1.50起；◎周一至周六 6:00~19:00，周日 7:00~18:00；⑤B/D至Fordham Rd，ⓡMetro-North至Fordham）的奶油甜馅煎饼卷。

之后，到南布朗克斯的**Bronx Brewery**（☎718-402-1000；www.thebronxbrewery.com；856 E 136th St，在Willow Ave和Walnut Ave之间；◎周一至周三 15:00~19:00，周四和周五 至20:00，周六 正午至20:00，周日 正午至19:00；⑤6至Cypress Ave）享受一杯精酿啤酒。

ATMOS
鞋

见472页地图（☎212-666-2242；www.atmosnyc.blogspot.com；203 W 125th St，靠近Adam Clayton Powell Jr Blvd；◎周一至周六 11:00~20:00，周日 正午至19:00；⑤A/C、B/D、2/3至125th St）运动鞋狂热爱好者不管有钱没钱都会来Atmos买鞋子［武当派乐团（Wu-Tang Clan）的Method Man也曾来过这儿］。这里是买高端鞋品以及限量版或复刻版鞋子的首选地，还因与耐克、彪马和K-Swiss等著名品牌合作而闻名。

🏃 运动和活动

TREAD
骑车

（☎212-544-7055；www.treadbikeshop.com；250 Dyckman St；每小时/每天 $8/$30；◎周一至周六 10:00~19:00，周日 至18:00；🌐；⑤A至Dyckman St）这个适合家庭的租赁店位于茵伍德山公园内，紧邻纽约绿道自行车道（New York Greenway Bike Trail），打算骑行游览道路漫长而曲折的上曼哈顿的话，来这里租车正合适。

RIVERBANK STATE PARK
健康和健身

见472页地图（☎212-694-3600；www.nysparks.com/parks/93；通过145th St进入，靠近679 Riverside Dr, Hamilton Heights；游泳池成人/儿童 $2/1，健身房 $5，水冰成人/儿童 $5/3，旱冰 $1.5，冰鞋出租 $6；◎6:00~23:00；🌐；⑤1至145th St）这个占地28英亩的5幢楼建筑，栖息在一个废水厂之上（并没有听起来那么疯狂），设有奥林匹克规模的室内游泳池、室外游泳池、健身室、篮球场和网球场，还有围绕足球场的跑道、游乐场和一个旱冰场（如果天气允许，11月至次年3月可以滑冰）。

布鲁克林

威廉斯堡 红钩 展望高地

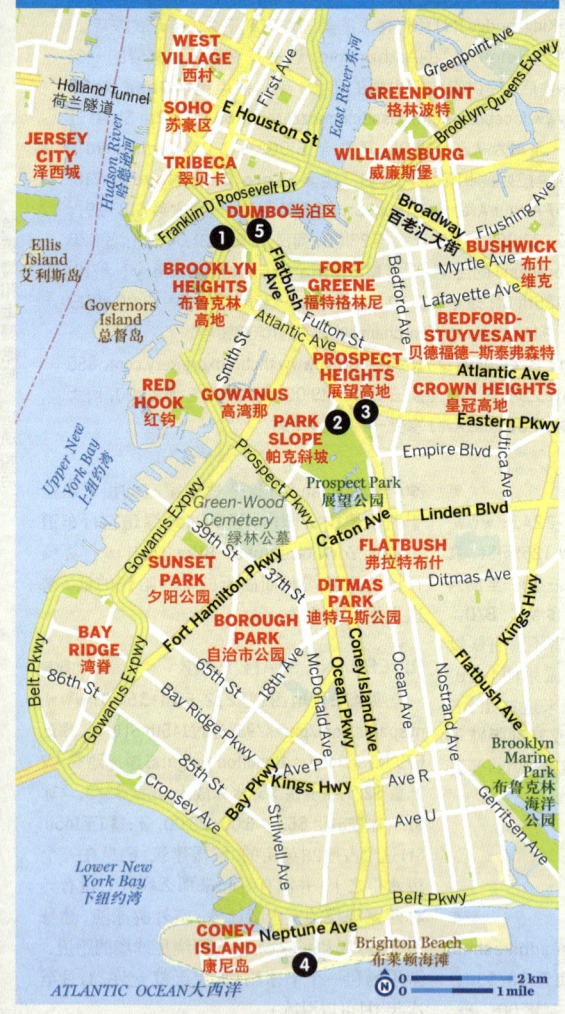

区域亮点

❶ **布鲁克林大桥公园**（见283页）这个多姿多彩的公园占地85英亩（约34.4万平方米），沿东河顺势而建，可以在公园内跑步、骑车、闲逛、溜冰、攀岩、观赏日落，或参与更多其他活动。

❷ **展望公园**（见284页）在面积将近600英亩（约243万平方米）的公园林地中，草地上、湖泊边悠然漫步。中央公园的设计师沃克斯（Vaux）和奥姆斯特德（Olmsted）认为这个公园是他们的登峰造极之作。

❸ **布鲁克林博物馆**（见285页）在布鲁克林最大的博物馆中探索其数量惊人的藏品，从全美最顶级的古希腊艺术展品之一，到20世纪70年代开创性的女性主义艺术。

❹ **康尼岛**（见296页）在这个充满乐趣的海滨地区乘坐木制过山车、在木栈道上散步，欣赏色彩缤纷的涂鸦街头艺术。

❺ **布鲁克林跳蚤市场**（见321页）到布鲁克林最受欢迎的周末市场去，浏览那罗列在几十张桌子上的复古服装、旧密纹唱片、家居用品和其他有趣的小摆设。

本地区的更多信息见474页、476页、478页、481页和482页地图 ➡

探索布鲁克林区

布鲁克林区面积有71平方英里（约184平方公里），是260万人口的家园。这里有太多东西可以欣赏，从独具魅力的褐砂石住宅群和风景优美的公园，到前卫的艺术画廊和海滨游乐场。

如果只是为了一日游，那最好是选择一个街区逛一遍。南布鲁克林，尤其是布鲁克林高地（Brooklyn Height）和当泊区（Dumbo），充满了历史气息和曼哈顿美景。展望公园的绿地和中央公园一样壮丽（只不过展望公园稍小一点），而附近的住宅区则是探寻建筑艺术、橱窗购物和品尝咖啡的好去处。这个地区还有另外两个大牌景点，庞然大物般的布鲁克林博物馆和肆意延伸的布鲁克林植物园。

老式游乐场的粉丝们和喜欢在海边漫步的人们应该去康尼岛看看。至于夜生活，就该去北布鲁克林感受一下。离曼哈顿只有一站地铁的潮流胜地威廉斯堡有许多酒吧和餐馆。格林波特和布什维克则相对小众一点，有很多相当有氛围的小酒馆和现场音乐演出。

当地生活

➡ **摇滚** 威廉斯堡和布什维克有一些热门的音乐场所。

➡ **帕克斜坡** 加入闲逛者的队伍，绕着展望公园（见284页）转一两圈。或者去第五大道逛逛精品店，体验几家咖啡馆。

➡ **农贸市场** 去周六农产品市场——福特格林尼公园（见289页）、区政府办公大厅、迈凯伦公园（见295页）——购物，然后在附近的公园野餐。

➡ **休闲娱乐** 河畔的布鲁克林大桥公园（见283页）乐趣多多：你可以懒散地躺在草地上，欣赏壮阔的大桥和天际线美景。

到达和离开

➡ **地铁** 有17条地铁线路往来布鲁克林，全部都经过市中心。从曼哈顿开出的主要线路包括A/C、2/3、4/5、D/F、N/R/Q和L线（见294页）。G线只在皇后区和布鲁克林之间运行，从长岛市到展望公园的南侧。

➡ **公共汽车** 去红钩可乘坐B61路和B57路。B62路在市中心和威廉斯堡/格林波特之间运行。

➡ **船** 纽约渡轮（NYC Ferry；见474页地图；www.ferry.nyc；S 10th St；紧邻Kent Ave, Williamsburg；单程票 $2.75；🚌B32、Q59至Kent Ave；ⓢJ/M/Z至Marcy Ave）从曼哈顿的Wall St开往E 34th St，在布鲁克林的当泊区、威廉斯堡、格林波特、科布尔山、红钩和夕阳公园（Sunset Park）停靠。

独家贴士

在布莱顿海滩大道的高架轨道下，是被称为"小奥德萨"的热闹繁华的俄罗斯区，那里挤满了蔬菜水果商店和卖熏鱼及俄式馅饼的店铺。在大街上，你会看到各色各样的人——从老奶奶到青少年——操着几十种不同的语言，喋喋不休，这才是真正的纽约。

🍴 最佳就餐

- ➡ Olmsted（见306页）
- ➡ Modern Love（见307页）
- ➡ Miss Ada（见301页）
- ➡ Smorgasburg（见307页）
- ➡ Juliana's（见297页）
- ➡ Zenkichi（见307页）

详细介绍见296页 ➡

🍷 最佳饮品

- ➡ House of Yes（见312页）
- ➡ Brooklyn Barge（见313页）
- ➡ Radegast Hall & Biergarten（见313页）
- ➡ Northern Territory（见313页）
- ➡ Union Hall（见311页）
- ➡ Maison Premiere（见312页）

详细介绍见310页 ➡

☆ 最佳绿地

- ➡ 展望公园（见284页）
- ➡ 布鲁克林大桥公园（见283页）
- ➡ 布鲁克林植物园（见292页）
- ➡ 福特格林尼公园（见289页）

详细介绍见283页 ➡

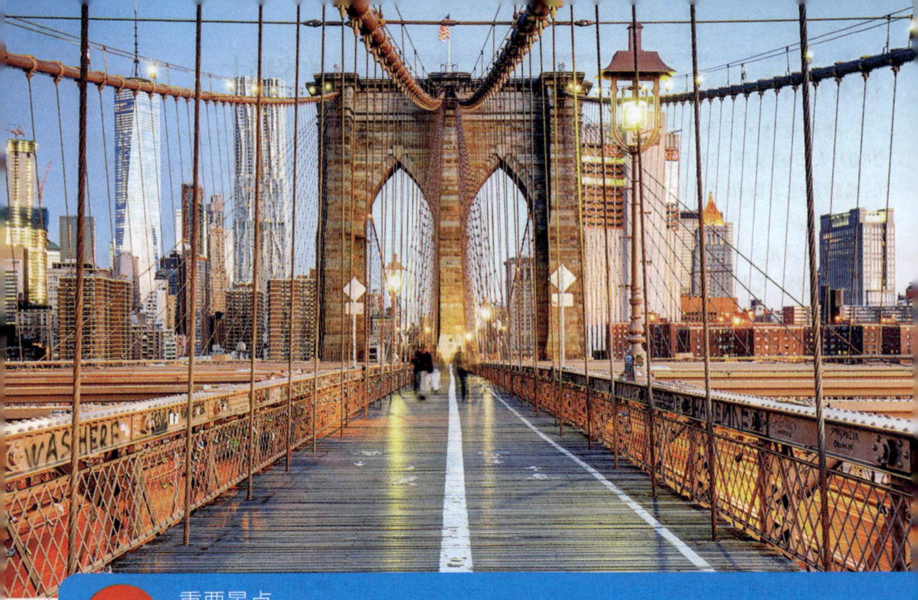

重要景点
布鲁克林大桥

布鲁克林大桥是无可争议的纽约建筑杰作之一,于1883年启用。大桥以1596英尺(约486.5米)的跨度打破纪录,是第一座连接布鲁克林和曼哈顿的桥梁,也是全世界第一座钢索吊桥。这座壮观的大桥成为城市设计的卓越典范,为诗人、作家和画家们提供创作灵感——时至今日,布鲁克林大桥依然熠熠生辉。

大桥的重大伤亡

出生于德国的工程师约翰·罗布林设计了这座大桥。1869年6月,约翰·罗布林在富尔顿码头勘测时遭遇事故,最终因患破伤风而死,去世时大桥还没有开始动工。他的儿子华盛顿·罗布林负责监督大桥历时14年的施工,但几年之后,罗布林自己也在为大桥的西塔挖掘河床时患上了严重的减压病,在大桥建设的大部分时间里他都只能瘫痪卧床,由学习高等数学和土木工程的妻子艾米丽代替他负责监督大桥施工,并解决超额预算、应对来自政客的压力。然而,不只是罗布林遭受了病痛,大桥的建筑过程中有20~30名工人死亡(无官方数字)。最后的悲剧发生在1883年,大桥正式启用后第6天,大批行人堵在一个楼梯处,导致一位年轻女性被绊倒跌下楼梯——尖叫声引发严重恐慌(显然有人以为大桥要塌了),人们落荒而逃,12人被踩踏致死。

穿过大桥

徒步穿过布鲁克林大桥在游客的"必游项目"上名列前茅。沿行人步道走可看到下曼哈顿的壮丽景色,支撑塔下的观景点能让你了解历史全貌。大桥长约1.6公里,步行需要20~40分钟,取决于你是否经常停下来欣赏风景。

你知道吗?

➡ 1884年5月,马戏团经理费尼尔司·泰勒·巴纳姆驱使21只大象步行跨越大桥,以证明大桥的安全。

实用信息

➡ Ⓢ 4/5/6至Brooklyn Bridge-City Hall; J/Z至Chambers St; R/W至City Hall

重要景点
布鲁克林大桥公园（BROOKLYN BRIDGE PARK）

这个占地面积85英亩（约34万平方米）的多用途水畔公园是布鲁克林区最受推崇的新景点之一。它被东河湾环绕着，从当泊区的Jay St至科布尔山大西洋大道（Atlantic Ave）的西端，绵延约2.1公里。它的开发使曾经贫瘠的海岸线重获生机，把一系列废弃的码头变成了公共绿地。

帝国富尔顿轮渡（Empire Fulton Ferry）

公园的这个部分就在布鲁克林大桥东边，当泊区的北部，在这片广阔的茵茵绿地上可以欣赏到东河的迷人景色。在东北端是**Jane's旋转木马**（见286页），这是一个被安置在玻璃亭中经过精心修复的1922年的旋转木马，是由普利兹克奖获奖建筑师让·努维尔（Jean Nouvel）设计的。公园一侧与**帝国大厦与烟草仓库**（见286页）接壤，它是几栋南北战争时期的建筑，现在用作餐馆、商店和一个备受赞誉的先锋剧院。

1号码头

在布鲁克林大桥的南部有个占地9英亩（约3.6万平方米）的码头，同时也是个有游乐场、步行道、港景草坪及桥景草坪的公园，从这两个草坪都可以俯瞰东河。从7月至8月，每逢周四，码头上会有免费的户外电影放映，银幕后的壮丽背景就是曼哈顿。整个夏季还会举办其他的免费露天活动（莎士比亚戏剧演出、历史之旅等），登录公园网站查看活动日程安排。在码头北端，你还可以搭乘纽约轮渡（www.ferry.nyc）到曼哈顿。

6号码头

在公园的南端、紧邻Atlantic Ave就是6号码头，那里有一个极棒的游乐场和一个小型儿童水上游乐区。6号码头还有一些季节性的商铺（5月至10月），包括供应木炭烤比萨、啤酒和意大利美食的**Fornino**（见298页地图），在那里还有个屋顶平台，适合迎着日落的景色小酌一杯。免费轮渡周末会从6号码头开到**总督岛**（见79页）。

其他区域

施贵宾公园空中栈道（Squibb Park Bridge）从位于Middagh St和Cranberry St之间的哥伦比亚高地（Columbia Heights）一直延伸到1号码头，可以让行人直接去往布鲁克林高地。

2号码头全部是运动和游乐项目，有旱冰场、配备免费健身器械的户外健身房，以及地滚球场、墙手球场、篮球场和沙狐球场地。3号码头有较多草坪和花岗岩阶梯，可供人们欣赏美景，而4号码头则有一个小沙滩，你可以探足东河，尽享清凉。5号码头有步行道、沙滩排球场、足球场和烤肉架。

主街公园（Main Street Park）在曼哈顿大桥的南边，有攀岩墙、航海主题游乐场和砾石海滩。

不要错过

- 从1号码头欣赏下曼哈顿的景色
- 日落时分的帝国富尔顿轮渡渡头
- 漫步穿越布鲁克林大桥

实用信息

- 见481页地图，B1
- 718-222-9939
- www.brooklynbridge-park.org
- 东河河滨，在Atlantic Ave和John St之间，Brooklyn Heights/Dumbo
- 入场免费
- 6:00至次日1:00，部分特定日期 至23:00，游乐场 至黄昏
- B63至Pier 6/Brooklyn Bridge Park；B25至Old Fulton St/Elizabeth Pl，东河或南布鲁克林线路至Dumbo/Pier 1；A/C至High St、2/3至Clark St，F至York St

重要景点
展望公园（PROSPECT PARK）

占地585英亩（约237万平方米）的展望公园的设计者卡尔弗特·沃克斯和弗雷德里克·奥姆斯特德认为，这个公园是他们设计的另一个纽约项目——中央公园的升级版公园。它建于1866年，与中央公园有许多相同点。

大军团广场

展望公园的入口处有一个耸立着宏伟拱门的大型景观式**交通环岛**（见478页地图；Flatbush Ave和Eastern Pkwy, Prospect Park；6:00至午夜；S 2/3至Grand Army Plaza；B、Q至7th Ave）。建于1890年的拱门是为了纪念南北战争中的美利坚合众国士兵。

全年周六8:00~16:00这里会有农贸市场（见321页），King David Tacos（见302页）每天早上都会提供正宗的奥斯汀风味墨西哥玉米卷饼。

长草地儿童角

占地90英亩（约36万平方米）的长草地在位于大军团广场的公园入口南侧，比中央公园的大草坪（Great Lawn）还要大。这是一个散步和闲坐的绝好去处，到处是玩各种球类游戏的人，或是放风筝的家庭。草地南端是野餐屋（Picnic House），带有一个小吃摊和公共盥洗室。

儿童角（Children's Corner）有一个很棒的从康尼岛搬来的1912年的旋转木马，**展望公园动物园**（Prospect Park Zoo；见478页地图；718-399-7339；www.prospectparkzoo.com；450 Flatbush Ave；成人/儿童 $8/5；4月至10月 周一至周五 10:00~17:00，周六和周日 至17:30，11月至次年3月 至16:30；）也在这里，动物园里有海狮、小熊猫、沙袋鼠和一个小型抚爱式动物园。18世纪的**莱弗茨历史故居**（Lefferts Historic House；见478页地图；718-789-2822；www.prospectpark.org/lefferts；靠近Flatbush Ave和Empire Blvd，建议捐赠 $3；4月至6月和9月至10月 周四至周日 正午至17:00，7月至8月 至18:00，11月至12月 周六和周日 至16:00，1月至3月闭馆；）有大量的老式玩具供你消磨时间。

奥杜邦中心船屋和展望公园贝壳形舞台

坐落在展望公园湖北端的船屋（AudubonCenter Boathouse）非常适合拍照，全年提供一系列活动：导览观鸟、免费瑜伽课程、自然主题艺术展览、儿童手工艺品制作活动等。从这里开始，有一条长约4公里、森林覆盖的天然步道[沿途是**静水小溪**（Lullwater Creek），风景特别美]。可以登录网站获取地图，或去船屋询问具体细节。

长草地西南部的贝壳形舞台（Prospect Park Bandshell）在夏季会举办免费户外音乐会。演出日程可以在网上或在奥杜邦中心船屋找到。

勒弗拉克湖畔活动中心

经过几年建设后，展望公园的最新景点不断吸引人们的目光。这座占地26英亩（约10.5万平方米）的综合建筑（见478页地图；718-462-0010；www.lakesideprospectpark.com；171 East Dr，靠近Ocean Ave和Parkside Ave；溜冰 $6~9，租借溜冰鞋 $6~7，租船 每小时 $15~35，租借自行车 每小时 $8~35；开放时间视季节而定；S Q至Parkside Ave）的特色是冬季的室内外水冰溜冰场和夏季的室内旱冰场（室外溜冰场会变成幼童戏水区，还有一家咖啡厅、新的步行道和一个小型演唱会场地。夏天，你还能租到脚踏船。

不要错过

➡ 从船库欣赏静谧风景
➡ 沿着静水小溪散步
➡ 在长草地（Long Meadow）上野餐和放风筝

实用信息

➡ 见478页地图，E3
➡ 718-965-8951
➡ www.prospectpark.org
➡ 大军团广场（Grand Army Plaza）
➡ 5:00至次日1:00
➡ S 2/3至Grand Army Plaza；F至15th St-Prospect Park；B、Q至Prospect Park

重要景点
布鲁克林博物馆(BROOKLYN MUSEUM)

这个5层博物馆由McKim, Mead & White在19世纪90年代早期设计,是一座面积达56万平方英尺(约5.2万平方米)的学院派风格的建筑,本意是想把它建成世界上最大的单体博物馆——但在布鲁克林被划入纽约市后,这个计划被放弃。如今,这里有超过150万件的藏品,包括古老的手工艺品、呈现19世纪时代特征的房间,以及跨越了几个世纪的雕塑和绘画作品。

埃及艺术

这里最大的亮点是埃及艺术品,跨越了5000年悠久的历史。埃及艺术展位于3楼的画廊里,收藏着浅浮雕和罗马时期的画像,其中一些展品来自博物馆在埃及持续进行的发掘。一个木乃伊展室中还有石棺和祭祀物品。但最惊人的藏品是所谓的"鸟夫人"(Bird Lady)——一个做工精细的赤陶土小雕像,雕像有抽象的脸和高举过头的手,可以追溯到公元前3650年至公元前3300年。你能在一个独立的玻璃陈列柜里找到它。

美国艺术

这座博物馆是拥有最多美国艺术品收藏的博物馆之一,包括吉尔伯特·斯图尔特(Gilbert Stuart)标志性的乔治·华盛顿肖像、柴尔德·哈萨姆(Childe Hassam)著名的1900年城市景观图——《傍晚、纽约、冬季》,以及19世纪晚期肖像画家约翰·萨金特(John Singer Sargent)的几十幅画作。千万不要错过5楼的这些艺术品。

属于她们的空间

布鲁克林艺术博物馆是少数专门为女性艺术家的作品提供永久性展示空间的主流艺术机构之一。在4楼的**伊丽莎白·萨克勒女性艺术中心**(Elizabeth Sackler Center for Feminist Art),有一系列混合着个人和历史的引人入胜的展览,探讨诸如影像或波普艺术中的女性等主题。在画廊的中心,你会发现朱迪·芝加哥(Judy Chicago)于1979年创作的影响深远的装置艺术作品《晚宴》(The Dinner Party)。

其他亮点

这里还有一些关于非洲雕塑、拉丁美洲的纺织品和当代艺术的画廊也值得一看。如果你想看些幕后的东西,就去5楼的可视存储与研究中心(Visible Storage and Study Center),这里的玻璃展柜里有各种各样的展品,从老式自行车到加斯东·拉雪兹(Gaston Lachaise)的球状雕塑,应有尽有。

在每个月(除了9月)的第一个星期六,博物馆的开馆时间会持续到23:00,举办艺术、表演和现场音乐等免费活动(有时甚至还会搭起一个舞池)。这对家庭出游者很有吸引力。

不要错过

- 埃及艺术
- 《晚宴》(The Dinner Party)
- 美国艺术
- 可视存储中心

实用信息

- 见478页地图, F3
- 718-638-5000
- www.brooklynmuseum.org
- 200 Eastern Pkwy, Prospect Park
- 建议门票 成人/儿童 $16/免费
- ⏰ 周三和周五至周日 11:00~18:00, 周四 至22:00, 10月至次年8月 每月第一个周六 至23:00
-
- Ⓢ 2/3至Eastern Pkwy-Brooklyn Museum

◎ 景点

◎ 布鲁克林高地、布鲁克林市中心和当泊区

自从19世纪初开始提供布鲁克林渡轮服务，富有的曼哈顿人就开始在布鲁克林高地建造美丽的房屋；这些房屋绿树环绕，可以饱览波光粼粼的江景，时至今日依然使人趋之若鹜。在高地之下，紧紧环绕河岸的布鲁克林大桥公园已经让过去破败的水畔重新迸发活力。于此同时，市中心发展快速。高耸的公寓大楼改变了天际线，全美国连锁的零售店的进驻也让Fulton Mall的面貌焕然一新。

当泊区布满鹅卵石的水边区域曾经是一个切切实实的工业区，但现在已经是奢华公寓、商店、艺术画廊和高端餐厅的聚集地。最东边的小住宅区名为Vinegar Hill。

布鲁克林大桥 桥梁
见282页。

布鲁克林大桥公园 公园
见283页。

Jane's旋转木马 历史景点
见481页地图（☎718-222-2502；www.janescarousel.com；Old Dock St, Brooklyn Bridge Park, Dumbo；门票$2；⊙5月中旬至9月中旬 周三至周一 11:00~19:00，9月中旬至次年5月中旬 周四至周日 至18:00；♿；⑤F至York St；A/C至High St）来看看布鲁克林大桥公园（见263页）北端的明星景点：1922年由费城雪橇公司（Philadelphia Toboggan Company）建造的老式旋转木马。1984年当泊区艺术家Jane Walentas将其购下，并在其后的20年间，如实地修复了华丽的木刻组件上的老式绘画图案。

旋转木马上有48只木马、2部双轮马车和1200盏灯，是美国国家史迹名录上首个被录入的该类型景点。这个依然能够正常运行的珍宝被置于由普里兹克奖获奖者建筑师让·努韦尔（Jean Nouvel）设计的透明丙烯酸凉亭内。

布鲁克林历史协会 博物馆
见481页地图（Brooklyn Historical Society；☎718-222-4111；www.brooklynhistory.org；128 Pierrepont St, 靠近Clinton St, Brooklyn Heights；建议门票$10；⊙周三至周日 正午至17:00；⑤R至Court St；⑤2/3、4/5至Borough Hall）这座博物馆位于一栋建于1881年的雄伟的地标性建筑中（饰有醒目的赤陶装饰），专注于收藏关于布鲁克林的一切。其珍贵藏品包括稀有的1770年纽约市地图和带签名的《解放奴隶宣言》副本，还有关于布鲁克林生活的定期轮换展览。一定要去看看2楼的奥斯默图书馆（Othmer Library），和它的19世纪黑灰阳台。大堂礼品店（每天正午至17:00营业）里有很多布鲁克林主题书籍和高级礼品。

协会还会定期举办展览及区域步行游览活动；详细信息查看网站。

纽约交通博物馆 博物馆
见481页地图（New York Transit Museum；☎718-694-1600；www.mta.info/mta/museum；Schermerhorn St, 靠近Boerum Pl, Downtown Brooklyn；成人/儿童 $10/5；⊙周二至周五 10:00~16:00，周六和周日 11:00~17:00；♿；⑤2/3、4/5至Borough Hall, 地铁R至Court St）这座很适合孩子们的博物馆就坐落在建于1936年的老地铁站里（1946年停止服务），博物馆展示了100多年来纽约的公共交通发展史。最有意思的地方是楼下区域的站台，在这里你可以攀上13辆1904年的老式地铁和高架列车。临时展览通常会展示地铁的迷人历史，包括一场有关最近开通的Second Ave线的专门展出。博物馆的礼品店出售广受欢迎的地铁地图等礼品。

帝国大厦与烟草仓库 历史建筑
见481页地图（www.empirestoresdumbo.com；53-83 Water St, 靠近Main St, Dumbo；⊙8:00~19:30；🚌B25至Water/Main Sts, ⑤F至York St；A/C至High St）帝国大厦和烟草仓库曾经一度被遗弃冷落，虚有其表的内战时期建筑经过一段长时间的转型之后，摇身一变成为高端零售店、餐厅、办公室和食品市场的聚集地。前沿的St Ann's Warehouse（见317页）剧院在2015年开幕，新近开业的还有家具店West Elm、底特律首饰店Shinola（见87页）和布鲁克林历史协会的画廊兼商店。

步行游览
褐砂石建筑和桥梁

起点 圣乔治酒店
终点 Jane's旋转木马
距离 约3.2公里;2小时

布鲁克林高地附近分布着各种历史建筑,从这里还能看见曼哈顿的壮美景色。

从Clark St和Henry St的拐角处,也就是30层楼高的 ❶ **圣乔治酒店**(St George Hotel)开始行程。酒店建于1885~1930年,曾经是全市最大的酒店,有2632间客房。

向北隔着两个街区,在Orange St上的是 ❷ **普利茅斯教堂**。在19世纪中叶,亨利·沃德·比彻(Henry Ward Beecher)领导废奴主义者在这里宣传布道,他还组织了"假拍卖",筹款为奴隶们买回自由。

继续沿Orange St向西,再沿Willow St向南走。在70 Willow,有11间卧室的黄色豪宅是 ❸ **杜鲁门·卡波特故居**(Truman Capote's house),他曾在这里写了《蒂芙尼的早餐》(Breakfast at Tiffany's)。继续往南,在Pierrepont St右转,然后沿街向前再左转。这条街通往 ❹ **蒙塔古平台**,一个街区长的小路两旁都是富丽堂皇的褐砂石建筑,托马斯·伍尔夫在这条街的5号写下了《时间与河流》(Of Time and the River)。

从这里出发,沿Remsen St西行,到达 ❺ **布鲁克林高地步行道**,这个风景优美的步行公园有美不胜收的城市景观,由规划师罗伯特·摩斯(Robert Moses)建于1942年,抚慰着因下面轰鸣的高速公路而烦躁的当地人。沿步行道向北漫步,接着继续沿哥伦比亚高地向北,通过只能走行人的 ❻ **爆竹公园大桥**(Squibb Bridge Park)下到 ❼ **布鲁克林大桥公园**(见283页)。在公园里,你可以一边在绿草茵茵的1号码头上漫步,一边欣赏风景。

附近是 ❽ **富尔顿轮渡码头**。1776年的长岛战役中,乔治·华盛顿就是在这里做出了紧急撤退的重要决定。从这里出发,沿着 ❾ **布鲁克林大桥**(1883年完工)下的 Water St走,会经过南北战争时期的砖砌建筑 ❿ **帝国大厦与烟草仓库**,如今这里是零售和办公室中心(也是就餐的绝佳去处)。步行的终点是帝国富尔顿轮渡,是布鲁克林大桥公园的一部分,在这儿你就能看到建于1922年、闪闪发光的 ⓫ **Jane's旋转木马**(见286页)。

波恩兰姆小丘、科布尔山、卡罗尔花园和红钩（Boerum Hill, Cobble Hill, Carroll Gardens & Red Hook）

就在布鲁克林高地和布鲁克林市中心的南边，是一片面向家庭、绿树成荫、布满褐砂石房屋的街区——波恩兰姆小丘（Court St以东）、科布尔山（Court St以西）和卡罗尔花园（Degraw St以南），这里没有太多旅游景点，却是吃饭和购物的好地方。再向南走，是一个与世隔绝的红钩半岛，这里曾经是世界上最繁忙的港口之一，如今则有大型零售商店和工业风的时髦餐馆驻扎。

红钩 景区

见476页地图（B61）很久以前，红钩及其码头被认为是纽约最危险的区域之一。近年来，惹事生非的码头工人已经离开，留下一个古香古色的湾畔社区，而这里提供低价饮品和现场音乐表演的喧闹酒吧、古老的鹅卵石街道、传统的联排房和唾手可得的顶级海鲜，还是能令人想起这里的航海历史。

红钩没有地铁站直达，但B61公共汽车会经过这里。Smith-9th Sts（地铁F和G线）和4th Ave-9th St（地铁R线）站外很容易就能坐到这一路公共汽车。

科菲公园 公园

见476页地图（Coffey Park; www.nycgovparks.org/parks/coffey-park; Verona St, 在Richard St和Dwight St之间, Red Hook; 黄昏至傍晚）**免费** 红钩的这个公园给人们提供了一片逃离城市烦嚣的净土。小径两旁围绕着翠绿的树篱和树木，穿过适合烧烤或者玩飞碟游戏的延绵起伏的草地。纽约市夏季舞台（NYC Summer Stage）音乐会和其他免费活动都会在科菲公园进行。

隐形狗 画廊

见476页地图（Invisible Dog; 347-560-3641; www.theinvisibledog.org; 51 Bergen St, 在Smith St和Court St之间, Boerum Hill; 周四至周六 13:00~19:00, 周日 至17:00; F、G至Bergen St）隐形狗就位于Smith St边一个经过改造的厂房里，这是一个跨领域的艺术中心，体现了布鲁克林的创新精神。一楼经常举办展览，而楼上的艺术家工作室有时会向表演团体开放。戏剧、电影放映、音乐表演为这个社区组织增加了文化吸引力。

福特格林尼、克林顿山和贝德福德-斯泰弗森特（Fort Greene, Clinton Hill & Bed-Stuy）

福特格林尼交通便捷，居住环境舒适，从布鲁克林市中心一直向东延展到Flatbush Ave。这里是两个本地机构的大本营：布鲁克林音乐学院（Brooklyn Academy of Music, BAM）和1927年威廉堡储蓄银行大厦，后者在几十年间都曾是布鲁克林最高的建筑（如今与钢筋玻璃的摩天大厦相比就显得有点相形见绌了）。保存完好（且房价惊人）的19世纪褐砂石豪宅沿着福特格林尼郁郁葱葱的街道一字排开，与其相邻的更为偏远的克林顿山亦是如此，这里是私立艺术与设计大学普瑞特艺术学院（Pratt Institute）的所在之处。Washington Ave和Clinton Ave上的内战后联排房屋尤为赏心悦目。

当代非裔移民艺术博物馆 博物馆

见476页地图（Museum of Contemporary African Diasporan Arts, 简称MoCADA; 718-230-0492; www.mocada.org; 80 Hanson Pl, 靠近S Portland Ave, Fort Greene, 成人/学生/儿童 $8/4/免费; 周三、周五和周六 正午至19:00, 周四 至20:00, 周日 至18:00; C至Lafayette Ave; B/D、N/Q/R、2/3、4/5至Atlantic Ave-Barclays Ctr）这座小型博物馆收藏了一系列发人深省的艺术藏品，探讨非洲移民面临的社会和政治问题，以期望能够重新挖掘在殖民过程和跨大西洋奴隶交易过程中失落的文化传统。不断轮换的临时展览包括摄影、雕塑、声音和多媒体作品展览。博物馆还会举行演出、音乐之夜、艺术家演讲和讨论等活动。千万不要错过博物馆内的商店，出售一系列出自当代设计师之手的独特艺术品、珠宝、配饰和家居装饰品。

在本书作者调研时，博物馆计划搬到布鲁克林音乐学院南侧的一栋大型多功能新大厦内更加宽敞的地方（展览空间是现有的3倍），在布鲁克林音乐学院费雪大厦（见317页）的对面，距离Ashland Pl只有几个街区的距离。

BRIC之家　　　　　　　　　　　文化中心

见476页地图（BRIC House；☎718-683-5600；www.bricartsmedia.org；647 Fulton St, Rockwell Pl交叉路口, Fort Greene；◉画廊 周二至周日 10:00~18:00；⑤B、Q至DeKalb Ave; 2/3、4/5至Nevins St）这个长期运营的布鲁克林艺术组织[负责在展望公园举行免费**夏季音乐会**（靠近Prospect Park W和11th St, Prospect Park Bandshell, Park Slope；◉6月至8月）及其他各种活动]位于一个4万平方英尺（约3716平方米）大的空间内，令人印象相当深刻。这个多元的、综合艺术展示空间有一个拥有400个座位的剧院，经常举办艺术展览、媒体活动以及各种文化演出，像诗歌朗诵比赛、戏剧、音乐会、舞蹈表演等。这里还有一家**Hungry Ghost咖啡厅**（见476页地图；☎718-797-3595；www.hungryghostbrooklyn.com；781 Fulton St, 靠近S Oxford St, Fort Greene；三明治 $7起，早餐 $3起，咖啡 $3起；◉7:00~20:00；⑤C至Lafayette Ave, G至Fulton St）的分店，隔壁是玻璃制品工厂（这里也有展览）。

福特格林尼公园　　　　　　　　　　　公园

见476页地图（Fort Greene Park；www.fortgreenepark.org；在Myrtle Ave、DeKalb Aves、Washington Park和St Edwards St之间, Fort Greene；◉6:00至次日1:00；🅿；⑤B、Q/R至DeKalb Ave; C至Lafayette St; G至Fulton St）这个占地约12万平方米的公园所在地曾是独立战争期间的军事要塞。1847年，这里被指定为布鲁克林的第一个公园[由报社编辑沃尔特·惠特曼（Walt Whitman）主张修建]。1896年，中央公园（见246页）和展望公园（见284页）的设计师卡尔弗特·沃克斯和弗雷德里克·奥姆斯特德公园进行重新设计，将其变成现在的迷人山林景观。这里还有人行道、网球场、球场和游乐场等设施。

在公园的中心矗立着监狱船烈士纪念碑（Prison Ship Martyrs' Monument），

绿林公墓（GREEN-WOOD CEMETERY）

如果你真的想安静地享受布鲁克林优美的风景，就去**绿林公墓**（见478页地图；www.green-wood.com；500 25th St, 靠近Fifth Ave, Greenwood Heights；◉6月至8月 7:00~19:00, 5月和9月 7:45起, 3月中旬至4月和10月 至18:00, 11月至次年3月中旬 至17:00；⑤R至25th St）**免费**。这座历史悠久的墓地坐落在布鲁克林的最高点上，覆盖了约202万平方米山地丘陵，共有7000多棵树（其中很多树龄都超过了150年）。无数的坟墓、陵园、湖泊和成片的森林都是由一条环路和小径构成的路网连接，最适合漫无目的地散步。

这个建于1838年的墓地是约560,000人的安息之地，其中包括许多名人和历史人物，例如发明家塞缪尔·莫尔斯（Samuel Morse）和伊莱亚斯·豪（Elias Howe）、废奴主义者亨利·沃德·比彻（Henry Ward Beecher）、设计师路易斯·康福特·蒂芙尼（Louis Comfort Tiffany），以及20世纪80年代的艺术家让·米切尔·巴斯奎特（Jean-Michel Basquiat）。

不要错过墓地的最高点**战役山**（Battle Hill），1776年的长岛战役中，美国大陆军队曾在这里击退英军。2.13米高的罗马智慧女神密涅瓦（Minerva）雕像纪念着这次战役，雕像高举着手，与几公里外的自由女神像隔着海港遥遥相望。战役山位于墓地东北部，紧邻Battle Ave。音乐界传奇人物伦纳德·伯恩斯坦（Leonard Bernstein）和布鲁克林道奇队老板查尔斯·爱贝茨（Charles Ebbets）都安眠在附近。

门票免费，在入口处可以获取免费地图。周三和周日的13:00，你可以参加2小时的无轨电车团队游（每人$20；建议提前预约）。留心在华丽的哥特式风格入口角落里筑巢栖息的绿和尚鹦鹉们，有些据说是自20世纪60年代从机场的装货箱里冲出来以后就占据此处，从此一直生活在这里。

提示：夏天记得带驱蚊药。

当地生活
南布鲁克林

这段约6.4公里长的步行路线会经过布鲁克林最迷人的街区,新开设的餐馆、酒吧和商店正在迅速改变着这里的城市景观。你会漫步走过绿树成荫的街区,经过排列着褐砂石建筑的街道,并穿过两个漂亮的公园。想要逛逛这里提到的农贸市场的话,就在周六来走这条路线。

❶ 福特格林尼公园

在令人愉快的占地30英亩(约12万平方米)的福特格林尼公园(见289页)散步,是开始新一天的最悠闲的方式。爬上山到监狱船烈士纪念碑,那里可以欣赏曼哈顿的景色。周六早上在公园的东南角有个农贸市场(苹果酒甜甜圈太好吃了!)。

❷ 咖啡和褐砂石建筑

公园周围令人愉悦的街区也叫福特格林尼。餐馆林立的DeKalb Ave是这里的一条主要商业街,而小巷则有布鲁克林最可爱的住宅建筑。到Fulton St的Hungry Ghost(见289页)喝杯咖啡。

❸ Vanderbilt Avenue

穿过Atlantic Ave就来到**展望高地**,这里是布鲁克林另外一个富有魅力的街区。Vanderbilt Ave是主要街道,有众多商店、餐馆和咖啡馆。

❹ 大军团广场

继续前行就来到大军团广场(见284页),这里有一个巨大的交通环岛,上面伫立着一座巨大的拱门。就在环岛南边的展望公园入口处,有另一个很受欢迎的周六农贸市场,有各家美食车轮番在此售卖。

❺ 纽约的另一个公园

展望公园(见284页)是纽约中央公园的布鲁克林版本,由相同的设计师设计,拥有许多与中央公园一样美的风景,但游人却少得多。茵茵草坪(适合野餐和放风筝)、森林小径和风景秀丽的湖泊都有着巨大的吸引力。

❻ 在第五大道逛街

走出公园向西漫步进入住宅区帕克斜坡,这里到处都是绿树成荫的街道和历史悠久的赤褐色砂岩建筑。第七大道和第五大道是这里的两条主要商业街。可以逛逛第五大道上古怪的Brooklyn Superhero Supply Co(见322页),

布鲁克林的褐砂石建筑

那里有斗篷、伪装道具和粒子枪。

❼ 独特的发现

在帕克斜坡西部边缘的大型二手店**No Relation**（见478页地图，☎718-858-4906；http://ltrainvintage.com；654 Sackett St，靠近Fourth Ave, Gowanus；⏱正午至20:00；ⓢR至Union St）好好搜罗一番，你可能在货架上收获一件旧运动衫、一件二手设计师品牌服装或是一件又丑又酷的超大码90年代毛衣。

❽ Lavender Lake

帕克斜坡西边，曾经的工业区高湾如今正在经历一场文化和住宅复兴：它以流经这里（被污染）的运河命名。去Carroll St风景如画的木栈道桥，在此看看湖景再去**Lavender Lake**（见478页地图，☎347-799-2154；www.lavenderlake.com；383 Carroll St，在Bond Sts和Gowanus Canal之间，Gowanus；⏱周一至周三 16:00至午夜，周四 至次日1:00，周五 至次日2:00，周六 正午至次日2:00，周日至午夜；ⓢF、G至Carroll St, R至Union St），这是一家迷人的酒吧，令人放松的后院夏天会开放。

高45.41米，是当时世界上最大的多立安式立柱。它由（著名建筑公司McKim, Mead & White的）斯坦福·怀特（Stanford White）设计，建于1905年，为了纪念美国独立战争中11,500名在英国监狱船的恶劣环境中丧生的美国战俘。部分遗体被埋葬在地基下方的教堂地下室里。

如果你是周六前往，别忘了到公园东南角的农贸市场（见321页）看看，市场全年开放，有各式各样的新鲜地区农产品出售。秋季（9月至11月中旬）还会和艺术家市集共同开业，主要出售当地独立艺术家制作的艺术品和手工艺品。

国王县酒厂　　　　　　　　蒸馏酒厂

（Kings County Distillery；☎347-689-4211；www.kingscountydistillery.com；299 Sands St，靠近Navy St, Brooklyn Navy Yard；团队游 $14；⏱团队游 周二至周日 15:00和17:00，周六 13:00~16:00 每30分钟一趟，品酒室周一10:00~18:00，周二至周五 至22:00，周六 正午至22:00，周日 至20:00；🚌B62、B67至Sands/Navy Sts，ⓢF至York St）这家酒厂位于布鲁克林造船厂（Brooklyn Navy Yard）的一座1899年建的砖楼内，采用纽约当地的谷物和传统设备，酿造出极为顺滑的精酿烈酒。来参加45分钟的导购团队游（建议提前预订），参观从挑选谷物到装瓶的整个蒸馏酿酒流程，了解相关历史（19世纪在附近的Vinegar Hill爆发的威士忌战争摧毁了布鲁克林）。最后，你还可以品尝部分产品。

你还可以在门房的品酒室里试几款厂家自制的经典或创新款鸡尾酒和威士忌套酒（也可以直接挑一两瓶带回家）。Kings County Distillery生产波旁威士忌（在经烘烤的美国橡木桶中变陈）、月光酒（由80%的玉米制成，虽然名字叫"月光"，但入口却没有月色那么温柔）和一些限量版的季节性品种，比如南瓜调味威士忌。有些爱酒之士喜欢这里的巧克力威士忌，这款酒加入了从附近Mast Brothers Chocolate巧克力工厂得来的可可豆壳来酿造。

BLDG 92　　　　　　　　　　博物馆

（www.bldg92.org；63 Flushing Ave，靠近at Carlton Ave, Brooklyn Navy Yard；⏱周三至周日 正

午至18:00；B57、B69至Cumberland St/Flushing Ave，SG至Fulton St；F至York St）**免费** 这个免费博物馆位于布鲁克林造船厂，在这里，你能够回顾过去200年内在这片土地上发生过的关键历史事件。美国海军船舰的制造当然是这里的重点展出项目，但是展览也会融合当地和全球舞台上的重要事件。

⊙ 帕克斜坡、高湾那和夕阳公园（Park Slope, Gowanus & Sunset Park）

帕克斜坡以林荫小道和经典的褐砂石建筑而著名，在布鲁克林与曼哈顿的上西区遥遥相望。这个曾经的工人阶级聚集区如今到处是带着学步孩童和高档狗的异性夫妻和同性伴侣，以及众多餐馆和精品店。东边是布鲁克林最重要的绿地——占地585英亩（约237万平方米）的展望公园。西边是高湾那地区，过去荒废的Fourth Ave现在新公寓林立，商铺和夜店比比皆是。

南面是具有重要历史地位的绿林公墓（见289页）和其近邻绿林高地（Greenwood Heights）以及人口多样化的夕阳公园区域。

展望公园 公园
见284页。

布什码头公园 公园
（Bush Terminal Piers Park；☎888-697-2757；Marginal St, Sunset Park；⊙黄昏至傍晚，开放时间视季节而定）**免费** 布什码头公园距离工业城（Industry City）的工作室、商店和餐馆只有短短步程，可以欣赏到一些布鲁克林最优美的风景。公园里有徒步小径、篮球场，和很多长满青草的圆丘，你可以坐在圆丘上，将远处下曼哈顿的迷人湾景尽收眼底。日落的景色尤其让人心醉。

你可以从43rd St进入公园。

夕阳公园 公园
见478页地图（www.nycgovparks.org/parks/sunset-park；41st St至44th St，在Fifth Ave和Seventh Ave之间, Sunset Park；⛴；B63至42nd或44th St，SR至45th St；D、N至36th St）夕阳公园是个迷人的的出游景点。夏天晚上，很多家庭都会到奥运会标准室外游泳池里消暑，而孩子们则喜欢先进现代的大型游乐场。这里既小得可以轻松步行，也大得足够野餐和休息。和名字一样，日落时在公园欣赏纽约港和自由女神像的景色堪称一绝。

⊙ 展望高地、皇冠高地和弗拉特布什（Prospect Heights, Crown Heights & Flatbush）

展望高地是在展望公园北面的一个随和友好的小街区，住满了家庭和年轻专业人士。宽阔的Eastern Pkwy两旁长满大树，向东延伸直到皇冠高地。这里的居民大多是来自加勒比海地区和非洲裔美籍人士，哈西德派犹太教徒也很多。

东面和南面是安静的Prospect Lefferts Gardens、Prospect Park South和Ditmas Park，有很多优美的19世纪褐砂石宅邸和房屋。更远处则是更为广阔的城郊区域弗拉特布什，这里是荷兰殖民者在17世纪中叶最初开始建立的城镇之一。

布鲁克林博物馆 博物馆
见285页

布鲁克林植物园 花园
见478页地图（Brooklyn Botanic Garden；☎718-623-7200；www.bbg.org；150 Eastern Pkwy, Prospect Park；成人/学生/儿童 $15/8/免费，周五 10:00至正午 免费，12月至次年2月 周二至周五 免费；⊙3月至10月 周二至周五 8:00~18:00，周六和周日 10:00起，11月 周二至周五 8:00~16:30，周六和周日 10:00起，12月至次年2月 周二至周日 10:00~16:30；⛴；S2/3至Eastern Pkwy-BrooklynMuseum；B、Q至Prospect Park）这座占地约2万平方米的花园是布鲁克林最美丽的景点，有成千上万的植物和树木，还有一个日本庭院，河龟就在神社边游泳。最佳游览时间是4月下旬或5月上旬，届时樱花（来自日本的礼物）盛开时，会举行樱花祭（Sakura Matsuri），即**樱花节**（Cherry Blossom Festival；⊙4月或5月）。

纵横交错的步道把日本庭院与植物园内

值得一游

迪特马斯公园（DITMAS PARK）

迪特马斯公园（见478页地图；Cortelyou Rd周边, Flatbush；**P**；**S**Q至Cortelyou Rd或Newkirk Plaza；B至Newkirk Plaza）隶属于大弗拉特布什地区，在展望公园以南几站地铁的距离，虽然就在地铁沿线，却感觉像是全然不同的另外一个世界——当然不是说这里不好。你会发现这里绿意昂扬的宁静的街道矗立着建于20世纪初的优雅独立楼房，风格多样，有殖民复兴风格、工艺美术风格、维多利亚时期、安妮女王时期以及其他建筑风格。即使是商业街Cortelyou Rd也闹中带静。来这里体验布鲁克林的另外一面。

有两个区域的建筑尤其值得留意。到展望公园南历史区可以乘搭B或Q到Church Ave下车；沿着Church Ave往西走，转左进入第一个优美的街区——白金汉区。当你走到Albemarle Rd，沿着以下三条街道——Marlborough、Rugby和Argyle——继续走过两个长长的街区，到达Cortelyou Rd，沿途欣赏庞大的老式建筑。迪特马斯公园历史区是东南面的几个街区，紧邻Dorchester Rd、Ocean Ave、Newkirk Ave和E 16th St。

在这些街区漫步结束之后，迪特马斯公园还有很多酒吧和餐馆值得探索，包括深受喜爱的**Mimi's Hummus**（见478页地图；☎718-284-4444；www.mimishummus.com；1209 Cortelyou Rd, 在Westminster Rd和Argyle Rd之间, Ditmas Park；鹰嘴豆泥 $9，主菜 $8~17；⏱周一至周四 9:00~22:30, 周五 至23:30, 周六 11:00~23:00, 周日 至22:30；**S**Q至Cortelyou Rd）和古怪的波本酒吧**Sycamore**（见478页地图；www.sycamorebrooklyn.com；1118 Cortelyou Rd, 靠近Westminster Rd, Ditmas Park；⏱周一至周四 14:00至次日2:00, 周五 至次日4:00, 周六 正午至次日4:00, 周日 至次日2:00）和当地人最喜欢的咖啡馆**Milk & Honey**（☎718-513-0441；www.milkandhoneycafeny.com；1119 Newkirk Ave, 靠近Westminster Rd, Ditmas Park；主菜 $8~14；⏱7:00~20:00；☎；**S**B、Q至Newkirk Plaza）。两条街道都有地铁站可以返程。

其他热门区域连接起来，如本地原生植物区、盆景区，以及一片长满了风铃草的树林和一个玫瑰园。探索花园（Discovery Garden）是一个让孩子们动手实践的沉浸式空间，会定期举行家庭活动。园内还有一家不错的咖啡馆（当然没有户外座位）。

植物园有3个入口，最直接的入口在布鲁克林博物馆（见285页）的西面，Washington Ave上的入口在（President St的）转角处，通向令人印象深刻的生态设计游客中心，其"鲜活"的屋顶上覆盖着40,000株植物。

威克斯韦尔遗产中心　　　　古迹

（WEEKSVILLE HERITAGE CENTER；☎718-756-5250；www.weeksvillesociety.org；1698Bergen St, 在Rochester Ave和Buffalo Ave之间, Crown Heights；团队游 成人/学生 $8/6；⏱团队游 周二至周五 15:00；**S**A/C至Ralph Ave）1838年，一位曾经是奴隶的非裔美国人詹姆斯·威克斯（James Weeks）购买了布鲁克林居住区边缘的一块土地，要将其建设成一个由企业家、医生、工人和手艺人组成的自由的非裔美国人社区。斗转星移，这个社区被并入布鲁克林，但3所历史悠久的木房子（也被称为Hunterfly Road Houses）仍可以参观。

布鲁克林儿童博物馆　　　　博物馆

（BROOKLYN CHILDREN'S MUSEUM；☎718-735-4400；www.brooklynkids.org；145 Brooklyn Ave, 靠近St Marks Ave, Crown Heights；门票 $11，周四 14:00~18:00免费；⏱周二至周三以及周五 10:00~17:00, 周四 至18:00, 周六和周日 至19:00；❋；**S**C至Kingston Ave-Throop Ave, 3至Kingston Ave）博物馆成立于1899年，位于一座亮黄色L形建筑里，可以亲自动手操作，是孩子们的最爱。馆内收藏包含近30,000件文物（乐器、面具、玩偶）和自然历史标本（岩石、矿物和一具完整的亚洲象骨架）。但博物馆里也充满了布鲁克林风情，有改造的酒窖、比萨店，和可以让孩子玩角色扮演的加勒比风情市场。博物馆毗邻布劳尔公园（Brower Park），离大军团广场约1.6公里距离。

> **❶ 地铁L关闭了!**
>
> 2019年4月,纽约计划关闭通过地铁L号线连接曼哈顿和威廉斯堡的卡纳西隧道(Canarsie Tunnel),以便进行急需的维修。关闭预计将维持15个月之久,给北布鲁克林造成了一定的恐慌。关闭期间,L号线东段自Bedford Ave至卡纳西将继续正常运营,但通往曼哈顿以及曼哈顿以内的服务将停止。如果计划从曼哈顿到威廉斯堡参观,请务必提前确认,做好准备:搭乘其他地铁线路(J、M、Z或G)、步行或搭乘公共汽车。也可以选择到Citi Bike租借自行车骑行通过威廉斯堡大桥,或者搭乘纽约渡轮(见420页)。
>
> 浏览http://web.mta.info获取最新地铁信息。

威科夫故居   历史建筑、博物馆

(WYCKOFF HOUSE MUSEUM; ☎718-629-5400; www.wyckoffmuseum.org; 5816 Clarendon Rd,靠近E 59th St, East Flatbush;建议门票 成人/儿童 $5/3; ⓗ庭院 周五和周六 正午至16:00,故居导览游 周五和周六 13:00~16:00 每30分钟一次; ♿; Ⓢ B、Q至Newkirk Plaza, 🚌 B8至Beverly Rd/E 59th St)建于1652年的彼得·克拉森·威科夫故居(Pieter Claesen Wyckoff House)是纽约市内最古老的建筑,也是全美最古老的建筑之一。直到1901年这里还是一个农场。这个荷兰殖民者留下来的H形房子有木瓦墙壁和分设的大门;导览游会介绍该家族的历史和18、19世纪对房屋进行的陆续增建。建议预约团队游。它坐落在东弗拉特布什的一个偏僻之处;致电或登录网站查询如何到达。

⊙ 威廉斯堡、格林波特和布什维克(Williamsburg, Greenpoint & Bushwick)

威廉斯堡过去曾满街都是纹有花臂、扎着丸子头的非主流人群,但后来年轻的专业人士和家庭涌入新建的公寓楼,该地区的面貌也随之改变(2016年还开了家Whole Foods超市)。不过这里依然是夜间饮食娱乐的一流去处。布鲁克林-皇后区高速路(Brooklyn-Queens Expwy,简称BQE)东边也有些很酷的景点,Division Ave的南边是非常传统的犹太人聚居地,可供游客参观的地方不多。Myrtle Ave的南边主要是住宅区。

传统上算是波兰人聚居地的格林波特和主要属于美籍拉美人的布什维克最近多了很多年轻的创意行业人群进驻,因为这里的租金比较便宜。

★ 城市旧物馆   博物馆

见474页地图(City Reliquary; ☎718-782-4842; www.cityreliquary.org; 370Metropolitan Ave,靠近Havemeyer St, Williamsburg;门票$7; ⓗ周四至周日 正午至18:00; Ⓢ L至Lorimer St; G至Metropolitan Ave)这个小小的博物馆得到了社区的支持,前身曾经是个酒窖,这里的藏品令人好奇又使人着迷,贯穿整个纽约历史,都是与该市相关的小物件。箱子里与货架上塞得满满的,都是文物,例如老商店招牌、纪念品小玩意、老式铅笔刀、地铁代币、矿泉水瓶和来自旧洋基体育场的手工艺品。轮换展览更着重纽约生活的具体方方面面。

布鲁克林艺术图书馆   画廊、图书馆

见474页地图(BROOKLYN ART LIBRARY; ☎718-388-7941; www.sketchbookproject.com; 28 Frost St, 在Union Ave和Lorimer St之间, Williamsburg; ⓗ周三至周日 10:00~18:00; Ⓢ L至Lorimer St)**免费** 这个有趣的空间墙壁上是3万多本速写本,杂糅了平面设计、抽象拼贴、精细工艺、诗歌、反传统漫画和个人随笔等。要浏览这里的收藏需要注册一张免费的图书卡,然后按主题、题目、艺术家姓名,甚至国家进行搜索(已有来自130多个国家的贡献者将他们的速写本添加到图书馆中)。可以向友好的馆长询问你的最爱。

如果你看过几页速写本后也从中获得了灵感,那就加入进来吧。你可以买一本空白速写本(每位艺术家都必须使用的5"×7"速写本售价为$30),填上你喜欢的任何东西;充分发挥你的想象力,或者利用建议的年度主题中的一个;一旦图书馆接收了作品(你也可以从家里邮寄过来),它就会被加入收藏中。

迈凯伦公园　　　　　　　　　公园

见474页地图(MCCARREN PARK；☎718-965-6580；www.nycgovparks.org/parks/mccarren-park；N 12th St，靠近Bedford Ave，Williamsburg；⏰阵亡将士纪念日至劳动节 游泳池 11:00~15:00和16:00~19:00；🚻；🚇G至Nassau Ave；L至Bedford Ave)暖和的日子里，占地35英亩(约14万平方米)、绿草如茵的迈凯伦公园是个不错的野餐地点。而在闷热的盛夏，你可能想去免费泳池——这个庞大的社区设施历史悠久，在关闭了近30年后又于2012年重新开放。早点儿去，能避开拥挤的人潮。7月和8月的周三会有免费电影和现场音乐之夜等活动(详情见www.summerscreen.org)。

东河州立公园　　　　　　　　公园

见474页地图(EAST RIVER STATE PARK；☎718-782-2731；www.parks.ny.gov/parks/155；Kent Ave，在8th St和9th St之间，Williamsburg；⏰9:00至黄昏；🚻；🚇L至Bedford Ave)占地7英亩(约2.8万平方米)、滨水而建的东河州立公园绿意盎然，可以欣赏到曼哈顿壮丽的风景。茂盛的草坪上经常举办各种赛事和活动，例如偶尔举行的夏季演唱会。这里还有仅限夏季开通的通往总督岛(Governor's Island)的渡轮服务和全年的**纽约渡轮服务**(见474页地图；www.ferry.nyc；N 6th St，紧邻Kent Ave，Williamsburg；单程票$2.75；🚌B32至N 6th St，🚇L至Bedford Ave)。禁止携带宠物。

布鲁克林酿酒厂　　　　　　　酿酒厂

见474页地图(BROOKLYN BREWERY；☎718-486-7422；www.brooklynbrewery.com；79 N 11th St，在Berry St和Wythe Ave之间，Williamsburg；团队游 周六和周日 免费，周一至周四 17:00 $15；⏰团队游 周一至周四 17:00，周六 13:00~17:00，周日 13:00~16:00；品酒室 周五 18:00~23:00，周六 正午至20:00，周日 正午至18:00；🚇L至Bedford Ave)布鲁克林酿酒厂不仅酿造和供应美味的当地啤酒，也提供参观酿酒设备的旅游，让人仿佛回到啤酒酿造中心的旧时光。

周一至周四的导览游包括品尝4种啤酒，以及了解啤酒厂历史与参观酿酒，可以在网上预订。周末有免费团队游(无须预订)，不包括品酒。但你可以买啤酒代币(每张$5，5张$20)去品尝鲜酿啤酒。或者你完全可以不去参观，把一个周末的下午都消磨在品酒室里。

有意思的是：啤酒厂的手写体商标正是由米尔顿·格拉泽(Milton Glazer)设计的，他因设计"我爱纽约"的标志而闻名，这份工作的报酬就是获取酒厂部分利润以及终身免费的啤酒。

威廉斯堡大桥　　　　　　　　桥梁

见474页地图(WILLIAMSBURG BRIDGE；www.nyc.gov/html/dot/html/infrastructure/williamsburg-bridge.shtml；S 5th St, Williamsburg；🚇J/M/Z至Marcy Ave)这座建于1903年的

布什维克街头艺术

布什维克集体创作(Bushwick Collective；www.instagram.com/thebushwickcollective；Jefferson St和Troutman St周边，Bushwick；🚇L至Jefferson St)是最能够巩固布什维克作为布鲁克林最炫酷街区的地位的地方。这是一个布满壁画的室外画廊，由纽约本地和其他地方的最有天分的街头艺术家创作。作品会定期更换，主要在Cypress Ave和Knickerbocker Ave之间的Jefferson St和Troutman St沿街可以看到，(Flushing Ave北面的)Gardner Ave上也有。

在地铁L号线的Morgan Ave站附近还可以找到其他街头艺术，尤其是在Siegel St和Grattan St。这里距离Roberta's(见309页)和Pine Box Rock Shop(见316页)很近，非常适合停下来享用一块比萨或者喝几杯。

布什维克总体来说还算安全，但偶尔还是会发生犯罪事件，所以在这个区域要留意身边的环境，尤其是深夜或者周末。

钢架悬索桥,目的是连接威廉斯堡和曼哈顿的下东区(靠近Delancey St),从而使这一地区成为一个充满活力的工业中心。从人行道和自行车道上都能看到曼哈顿和东河的迷人风景。布鲁克林大桥更具吸引力,但它连接的区域都是不太有趣的政府区域,而威廉斯堡大桥两端连接的两个街区都拥有众多的酒吧和餐馆,可以很方便地为人们"充充电"。

◉ 康尼岛和布莱顿海滩(Coney Island & Brighton Beach)

康尼岛距离曼哈顿中城有1小时地铁路程,曾经是纽约最热门的海边游乐区域。沉寂了几十年后,这里再次焕发新生,全盛时期的人流重返此地享用热狗、玩过山车、举行小型联盟棒球赛,在木板人行道上散步。沿着木板人行道一直往东走就可以到达布莱顿海滩,这里有很多乌克兰和俄罗斯家庭聚居,因此也有"小敖德萨"的别称。热闹的主街道Brighton Beach Ave在高架地铁轨道下延伸,两旁斯拉夫人的商店、餐馆和咖啡馆林立。

康尼艺术墙　　　　　　　　　公共艺术

见482页地图(CONEY ART WALLS;www.coneyartwalls.com;3050 Stillwell Ave,紧邻Surf Ave, Coney Island;◎6月至9月 正午至22:00;ⓈD/F、N/Q至Coney Island-Stillwell Ave)这个街头艺术的露天公共博物馆是康尼岛最新的景点之一,有36座独立的墙壁,由来自全世界的新晋和著名涂鸦艺术家[例如街头艺术先驱李·奎诺尼斯(Lee Quinones)]将每一个季节绘画成色彩丰富的壁画。这个景点是艺术商人和前博物馆馆长杰夫里·戴奇(Jeffrey Deitch)共同筹办的。夏季的周末,这里有很多食品小摊档和现场音乐演出,成为一场网红打卡的街头拍对。

就餐

布鲁克林的烹调特色虽然难以界定,人们也一直持着宗教般的热情争论不休,然而这里的菜肴还是受到了肯定。为什么曼哈顿人不惜长途跋涉到Kings County寻觅美食呢?资历老到的主厨们雄心勃勃,在这里创造出属于自己的亚菜系餐馆——小型、复古、定

◉ 重要景点
康尼岛(CONEY ISLAND)

康尼岛——在美国文化里是往昔海滨娱乐和嬉戏的同义词——作为20世纪初工薪阶层的游乐场兼海滨度假区,康尼岛享誉世界。经历了多年的衰败之后,这里终于迎来了21世纪的复兴。虽然如今它不再那么红火(可能只剩下一半的吸引力),但仍有大批的游客和本地人来此乘坐过山车,以及在海滨人行道上享受热狗和啤酒。

月神公园(Luna Park;见482页地图;☎718-373-5862;www.lunaparknyc.com;Surf Ave,靠近10th St, Coney Island;◎4月至10月)是康尼岛最受欢迎的游乐场之一,这里有最具传奇色彩的游乐设施:时速96.5公里、几乎直上直下的木质过山车——**旋风**(Cyclone, $10)。粉红色和淡绿色相间的**Deno's摩天轮**(Deno's Wonder Wheel;见482页地图;☎718-372-2592;www.denoswonderwheel.com;1025 Riegelmann Boardwark,靠近at W 12th St, Coney Island;乘坐$8;◎7月至8月 正午起,4月至6月和9月至10月 周六和周日 正午起;⛴)从1920年开始就一直为纽约人带来欢乐。它是俯瞰康尼岛的最佳地点。

不要错过
- ➡ 旋风过山车
- ➡ Ruby's的凉啤酒
- ➡ Nathan's Famous的热狗

实用信息
- ➡ 见482页地图,C2
- ➡ www.coneyisland.com
- ➡ Surf Ave和Boardwalk, W 15th St和8th St之间
- ➡ ⓈD/F、N/Q线到Coney Island Stillwell Ave

制、本地膳食。威廉斯堡和格林波特的品种可能是最多的,卡罗尔花园、科布尔山和帕克斜坡也不遑多让;福特格林尼/克林顿山地区有几家值得一提的餐馆。从夕阳公园一直到布莱顿海滩地区,汇集了民族风味美食家的梦中仙境。

✕ 布鲁克林高地、布鲁克林市中心和当泊区

DEKALB MARKET HALL　　　食品中心 $

见481页地图(www.dekalbmarkethall.com; City Point, 445 Albee Square W, 靠近DeKalb Ave, Downtown Brooklyn; ☺周日至周三 7:00~21:00, 周四至周六 至22:00; 🛜; Ⓢ B、Q/R至DeKalb Ave; 2/3至Hoyt St; A/C、G至Hoyt-Schermerhorn) 这个位于City Point零售中心的热门地下美食中心是在布鲁克林市中心快快吃上一顿的最佳选择之一。你可以从40家不同的供应商中选择各种各样不同的菜式: 熏牛肉三明治、委内瑞拉玉米饼、墨西哥煎玉木卷饼、酸黄瓜、波兰饺子、饭团、寿司、脆皮烤鸡、可丽饼, 应有尽有。最后以Ample Hills(见302页)冰激凌收尾。

ARCHWAY CAFÉ　　　美国菜 $

见481页地图(📞718-522-4325; www.archwaycafe.com; 57b Pearl St, 在Water St和Front St之间, Dumbo; 主菜 $11~14, 三明治 $10~12; ☺周一至周五 8:00~21:00, 周六和周日 至19:00; 🛜📶; Ⓢ A/C至High St, F至York St) 想在当泊区随意吃点东西, Archway Cafe无论何时都是最好的去处之一。加入早上拥挤的人群, 来尝尝牛油果吐司、煎鸡蛋配西班牙香肠, 或者烟熏三文鱼鸡蛋早餐三明治, 或者晚点来这里吃个三明治(烧烤手撕猪肉、蘑菇配意大利乳清干酪)或沙拉当午餐。这里的La Colombe意式浓缩咖啡和新鲜烘焙食品也很不错。

GOVINDA'S VEGETARIAN LUNCH　　　印度菜、严格素食 $

见481页地图(📞718-875-6127; www.radhagovindanyc.com; 305 Schermerhorn St, 在Bond St和Nevins St之间, Downtown Brooklyn; 主菜 $7~12; ☺周一至周五 正午至15:30; 📶; Ⓢ 2/3、4/5至Nevins St, A/C、G至Hoyt-Schermerhorn) 餐馆位于哈瑞-奎师那寺(Hare Krishna temple)的底层, 每天店里都会提供五六种不同的素食午餐以供选择, 如茄子干酪、蔬菜咖喱、扁豆汤及萨莫萨三角饺之类, 另外还有丰富的甜点, 所有这些都以自助餐的形式供应。这里没什么氛围, 但如果你是预算有限的严格素食主义者, 你一定会喜欢这里。餐馆的网站上每天会发布菜单。

★ JULIANA'S　　　比萨 $$

见481页地图(📞718-596-6700; www.julianaspizza.com; 19 Old Fulton St, 在Water St和Front St之间, Brooklyn Heights; 比萨 $18~32; ☺11:30~22:00, 15:15~16:00歇业; 📶; Ⓢ A/C至High St) 传奇的比萨大师Patsy Grimaldi带着薄脆美味的比萨重回布鲁克林, 完美的比萨结合了经典和创意——比如包括了马苏里拉奶酪、意大利烟熏牛奶奶酪、意大利培根、大葱、白松露加橄榄油的No 1。Juliana's位于布鲁克林高地, 靠近一直在开发的布鲁克林滨水区旁。(注意: Juliana's每天下午都会关门45分钟给比萨炉加火)。

GANSO RAMEN　　　拉面、日本菜 $$

见481页地图(📞718-403-0900; www.gansonyc.com; 25 Bond St, 在Fulton St和Livingston St之间, Downtown Brooklyn; 拉面 $16~17; ☺周日至周四 11:30~22:00, 周五和周六 至23:00; Ⓢ 2/3至Hoyt St; A/C、G至Hoyt-Schermerhorn) 这家店隐藏在布鲁克林一处不显眼的角落里[紧邻富尔顿购物中心(见320页)], 木质装潢气氛温馨, 供应布鲁克林最棒的拉面。辣五花肉味噌汤是招牌菜, 还有牛肉、鸡肉或鲜虾(也有素食选择)拉面。

ALMAR　　　意大利菜 $$

见481页地图(📞718-855-5288; www.almardumbo.com; 111 Front St, 在Adams St和Washington St之间, Dumbo; 主菜午餐 $11~16, 晚餐 $19~36; ☺周一至周四 8:00~22:30, 周五至23:00, 周六 9:00~23:00, 周日 10:00~17:00; 📶; Ⓢ F至York St, A/C/E至High St) 这家位于当泊区的意大利餐馆供应早餐、午餐以及晚餐, 木质装潢, 待客热情, 像家一样温馨。合伙

人Alfredo烹制的肉丸子堪称一绝,口感浓郁的肉酱千层面(Lasagna Bolognese)也是一流。如果你喜欢海鲜,不要错过简单却美味的贝壳通心粉(cavatelli),搭配青口、蛤蜊、虾和樱桃番茄——其中的贝类绝对足量。只接受现金。

SUPERFINE 新派美国菜 $$

见481页地图(☎718-243-9005;www.superfine.nyc;126 Front St,靠近Pearl St, Dumbo;主菜 午餐 $12~17,晚餐 $18~36;⊙周二至周日11:30~15:00和18:00~23:00,周日11:00~15:00和18:00~22:00;§F至York St)这家休闲风格的餐厅因其周日的早午餐而闻名,当泊人在这里一边听着DJ播放慵懒的音乐,一边享受血腥玛丽鸡尾酒(Bloody Mary)。两侧都是窗户,当头顶上曼哈顿桥铁路上的列车"隆隆"经过时,给用餐又增添了几分惊险刺激。热门菜式有午餐的鱼肉墨西哥煎玉米卷饼和晚餐的胡椒草饲牛排。

FORNINO AT PIER 6 意大利菜 $$

见443页(☎718-422-1107;www.fornino.com;Pier 6, Brooklyn Bridge Park, Brooklyn Heights;比萨 $10~26;⊙阵亡将士纪念日至9月中旬,4月、5月和10月天气允许时 10:00至午夜;🚇B63至Brooklyn Bridge Park/Pier 6, §2/3、4/5至Borough Hall;R至Court St)从5月底到9月中旬,Fornino都会在6号码头上推出美味的木烤比萨、三明治、啤酒和意大利美食。屋顶天台放置了野餐桌,可以欣赏到下曼哈顿的美景,适合多人聚会就餐。(如果天气好的话,Fornino也会在4月、5月和10月开店,但冬天完全不营业。)

RIVER CAFE 美国菜 $$$

见481页地图(☎718-522-5200, 917-757-0693;www.rivercafe.com;1 Water St,靠近Old Fulton St, Brooklyn Heights;定价菜单 晚餐 3/6道菜 $130/160, 午餐 $47, 早午餐 $60;⊙晚餐17:30~23:30, 午餐 周六 11:30~14:00, 早午餐 周日 11:30~14:00;§A/C至High St)这家餐馆位于布鲁克林大桥下一条奇妙的浮船上,能够欣赏到曼哈顿下城区无可比拟的景色——更不用说这里还有极为地道的新派美国佳肴了。这里的推荐菜有和牛鞑靼牛排(Wagyu steak tartare)、烤兔(roasted rabbit)、薰衣草脆皮鸭胸肉(lavender-glazed duck breast)和水煮新斯科舍龙虾(Nova Scotia lobster)。这里环境非常安静优雅(晚餐时段需要穿件外套),并且浪漫得无可救药。不要错过巧克力甜品"布鲁克林大桥"。

VINEGAR HILL HOUSE 美国菜 $$$

见481页地图(☎718-522-1018;www.vinegarhillhouse.com;72 Hudson Ave,在Water St和Front St之间,Vinegar Hill;主菜晚餐 $23~33, 早午餐 $14~18;⊙晚餐 周一至周四 18:00~23:00, 周五和周六 至23:30, 周日17:30~23:00, 早午餐 周六和周日 10:30~15:30;🖋;🚌B62至York Ave/Navy St, §F至York St)隐匿在僻静的Vinegar Hill(当泊区东部),这里像旧货店一样陈列着很多小古董,给人宾至如归的感觉。不要被这种低调的装饰风格骗了:主厨布莱恩·赖斯(Brian Leth)主理的菜单不断更新,非常新鲜又简单明了,比如铸铁锅鸡肉配土豆、大葱和雪莉酒醋汁或意大利猫耳朵面配煎西红柿和大蒜。

🍴 波恩兰姆小丘、科布尔山、卡罗尔花园和红钩

MILE END 熟食 $

见481页地图(☎718-852-7510;www.mileendbrooklyn.com;97a Hoyt St, Boerum Hill;三明治 $12~18;⊙周一至周五 8:00~16:00和17:00~22:00, 周六和周日 10:00起;§A/C、G至Hoyt-Schermerhorn)几乎一进波恩兰姆小丘的这家小餐馆,你就可以闻到熏肉的味道。店内采用裸露砖墙的设计,还摆着几张共用餐桌。试试烟熏牛胸配黑麦面包和芥末($15),黑麦面包很有嚼劲,而烟熏牛胸肉却入口即化。

FAIRWAY 超市 $

见481页地图(☎718-254-0923;www.fairwaymarket.com;480-500 Van Brunt St, Red Hook;⊙7:00~22:00;🖋;§F、G至Smith-9th Sts, 🚌B61至Van Brunt St和Coffee St)这家占地面积很大的超市供应一系列面包、奶酪、橄榄和熏肉,还有美味的预加工食品。店内设有一间咖啡厅,供应简单的早餐和午餐,还能欣赏到红钩海滨的美景。

布鲁克林最佳比萨

纽约的很多东西都很出名:刺耳的地铁、高耸的摩天大楼和明亮的灯光。同样出名的还有它的比萨,种类繁多,或黏稠,或耐嚼,或馅料十足。这里是几家布鲁克林最棒的比萨店,来一片尝尝,或者点上一整份。

Di Fara Pizza(☏718-258-1367;www.difarany.com;1424 Ave J, E 15th St交叉路口, Midwood;片装比萨 $5;◯周三至周六 正午至20:00,周日 13:00起;ⓈQ至Ave J)1964年开业,坐落在布鲁克林的米德伍德(Midwood)地区,店主Dom DeMarco自己亲自制作比萨,在他的悉心照料下,这个老式餐厅一直是大热门。排长队是少不了的。

Totonno's(见482页地图;☏718-372-8606;www.totonnosconeyisland.com;1524 Neptune Ave, 靠近W 16th St, Coney Island;比萨 $18~21, 配料 $2.50;◯周四至周日 正午至20:00;☏;ⓈD/F, N/Q至Coney Island-Stillwell Ave)家族经营的康尼岛经典比萨店,只要有生面团就会一直做下去。

Grimaldi's(见481页地图;☏718-858-4300;www.grimaldis-pizza.com;1 Front St, Old Fulton St交叉路口, Brooklyn Heights;比萨 $14~18;◯周一至周四 11:30~22:45,周五 至23:45,周六正午至23:45,周日 至22:45;ⓈA/C至High St)布鲁克林高地传说中的比萨(队伍的长度也是传说级别的),吸引着游客源源不断地前来。

Juliana's(见297页)著名的比萨传奇Patsy Grimaldi的大本营,在2013年华丽回归布鲁克林的餐饮业。

Lucali(见300页)开在卡罗尔花园的这家那不勒斯风格的比萨店,起初只是这位知名比萨师的爱好而已。

Roberta's(见309页)制作名字极为夸张的比萨,比如"野兽之王"。位于布什维克和东威廉斯堡交会处的艺术区内。

如果你一次想品尝多种比萨,报名参加**斯科特比萨之旅**(Scott's Pizza Tours,☏212-913-9903;www.scottspizzatours.com;含比萨的团队游 $45~65),这趟旅程会带你步行或乘公共汽车前往这个城市最负盛名的比萨圣地。

★ POK POK 泰国菜 $$

见476页地图(☏718-923-9322;www.pokpokny.com;117 Columbia St, 靠近Kane St, Columbia St Waterfront District;拼盘 $15~20;◯周一至周五 17:30~22:30,周六和周日 正午起;ⓈF至Bergen St)Andy Ricker的纽约分店一经亮相,便取得了巨大成功,店内菜肴受泰国北部街头小吃的启发,让食客惊叹于其丰富又复杂的滋味。店内供应多种口味独特的菜肴,比如鱼露腌辣鸡翅(fiery fish-sauce-slathered chicken wings)、香辣青木瓜沙拉配腌黑蟹(spicy green-papaya salad with salted black crab)、熏烤茄子沙拉和甜烧五花肉配生姜、姜黄和罗望子(smoky grilled-eggplant salad and sweet pork belly with ginger, turmeric and tamarind)等。店内陈设很有意思,但也有些破旧了。需要预约。

HOMETOWN BAR-B-QUE 烧烤 $$

见476页地图(☏347-294-4644;www.hometownbarbque.com;454 Van Brunt St, Red Hook;肉类 每磅 $12起, 配菜 $4~8;◯周二至周四 正午至22:00,周五和周六 至23:00,周日 至22:00, 周一歇业)所有喜欢大盘又多汁的烤肉以及浓烈手调鸡尾酒的人都能够在红钩的Hometown Bar-B-Que大快朵颐。这家餐馆的空间很宽敞,适合举办大型派对和带小孩的人。主餐厅提供按重量计价的肉类和配菜,而酒吧则提供饮品和现场音乐表演。

RED HOOK LOBSTER POUND 海鲜 $$

见476页地图(☏718-858-7650;www.redhooklobster.com;284 Van Brunt St, Red

Hook；龙虾卷 $24起，主菜 $18起；⊙周日至周四 11:30~21:00，周五至周六 11:30~22:00，周一歇业）你可能已经在纽约的街头看到过该店标志性的美食车，那为什么不到其旗舰店尝尝它的出品呢？这里的菜式非常丰富，有大受欢迎的东北部海鲜和有趣的主题创意组合菜品，比如龙虾奶酪意面。这里的缅因州龙虾非常新鲜，你甚至可以看到它们在变成盘中餐前还在水缸里活蹦乱跳。

BUTTERMILK CHANNEL 美国菜 $$

见476页地图（☎718-852-8490；www.buttermilkchannelnyc.com；524 Court St，靠近 Huntington St, Carroll Gardens；主菜午餐 $11~27，早午餐 $12~24，晚餐 $16~32；⊙午餐 周一至周五 11:30~15:00，早午餐 周六和周日 10:00~15:00，晚餐 周日至周四 17:00~22:00，周五和周六 至23:30；§F、G至Smith-9th Sts）还有什么可以比得上酪乳炸脆皮鸡或是一盘美味的熏鲑鱼和绿洋葱鸡蛋饼呢。Buttermilk Channel（根据布鲁克林和总督岛之间的一条水道命名）提供一系列简单、精心烹制的菜肴。丰富的特调鸡尾酒——单单是早午餐的血腥玛丽酒单就让你不虚此行了——为美味的就餐体验画上圆满的句号。

BATTERSBY 新派美国菜 $$

见478页地图（☎718-852-8321；www.battersbybrooklyn.com；255 Smith St，在Douglass St和Degraw St之间, Carroll Gardens；主菜 $16~32，品尝菜单 $75；⊙周二至周六 17:30~23:00；§F、G至Bergen St）作为布鲁克林顶级餐厅之一，这里供应绝佳的时令菜肴。菜单选择不多，但会定期更换，不要错过鸡肝慕斯（chicken-liver mousse）、红边笛鲷配菠菜和豌豆（vermilion snapper with peas and spinach）以及可口的水牛奶酪龙虾配蚕豆。店内空间窄小局促，但充满古雅奇趣的布鲁克林风格（木地板、砖墙、锡质天花板）。

LUCALI 比萨 $$

见476页地图（☎718-858-4086；www.lucali.com；575 Henry St，靠近Carroll St, Carroll Gardens；比萨 $24，馅料 $3；⊙17:45~22:00，周二歇业；⛟；▣B57至Court St和President St，§F、G至Carroll St）纽约最美味的比萨一便来自Mark Iacono经营的这家其貌不扬的小店。这里的比萨大小都一样，外皮劲道耐嚼，上面覆有新鲜的番茄酱和马苏里拉奶酪。比萨的馅料有限，却是地道的布鲁克林风味。只收现金，可以自带啤酒或葡萄酒。

FRANKIES SPUNTINO 意大利菜 $$

见476页地图（☎718-403-0033；www.frankies457.com；457 Court St，在4th Pl和Luquer St之间, Carroll Gardens；主菜 $14~22；⊙周一至周四 11:00~23:00，周五和周六 至午夜；⛟；§F、G至Smith-9th Sts）Frankies就像这地区的一块大磁石，吸引着当地的情侣、家庭以及众多曼哈顿人前来，享用这里丰盛的意大利面食，比如贝壳意面佐辣香肠（cavatelli with hot sausage）或意式宽面配红烧羊肉（pappardelle with braised lamb）。但作为一家意式小馆（spuntino），这里供应的多是精致小食，时令性的菜单上有口感极佳的新鲜沙拉、奶酪、腌肉和超好吃的香煎法棍面包片（crostini）。不接受预订。

🍴 福特格林尼、克林顿山和贝德福德-斯泰弗森特

★ DOUGH 面包房 $

（☎347-533-7544；www.doughdoughnuts.com；448 Lafayette Ave, Franklin Ave交叉路口，Bedford-Stuyvesant；甜甜圈 约 $3；⊙6:00~21:00；⛟；§G至Classon Ave）位于克林顿山和贝德福德-斯泰弗森特的交界处，这家又小又偏僻的店不太好找，但如果你是面点爱好者的话，这里还是值得一去的。发酵得十分松软的甜甜圈包裹着各种不同的糖浆，包括开心果（pistachio）、血橙（blood orange）和木槿（hibiscus）等，这里绝对是享用甜甜圈的圣地。

67 BURGER 汉堡 $

见476页地图（☎718-797-7150；www.67burger.com；67 Lafayette Ave，靠近S Elliott Pl, Fort Greene；特色汉堡 $8~11；⊙周二至周四和周日 11:30~21:00，周五和周六 至22:00；⛟；§G至Fulton St；C至Lafayette Ave；B/D、N/Q/R、2/3、4/5至Atlantic Ave-Barclays Ctr）要说到谁能够跟Shake Shack（美国著名汉堡连锁店）一较高

下,那非67 Burger莫属。挑选一款特色汉堡,例如"巴黎人"(嫩煎洋葱和蘑菇配第戎芥末酱)或"瓦哈卡"(牛油果、切达奶酪配自制墨西哥辣椒蛋黄酱),或自选牛肉、鸡肉、火鸡、蔬菜或豆腐馅饼,做一个属于自己的美味(但可能不怎么美观的)大汉堡。

福特格林尼农贸市场　　　　市场 $

见476页地图(Fort Greene Greenmarket; ☎212-788-7476; www.grownyc.org; Fort Greene Park, Cumberland St和DeKalb Ave交叉路口, Fort Greene; ◎周六 8:00~15:00; ❋; ◻B38至DeKalb Ave/Carlton St, ⓢG至Fulton St; C至Lafayette Ave)这个社区农产品市场全年逢周六在福特格林尼公园(见289页)的东南角举行,非常受欢迎。你可以在这里找到地区性的农产品,包罗万有,包括用传统方法喂养的鸭子、熟食、野生鱼和有机水果、陈年奶酪以及少量烘焙产品——苹果肉桂甜甜圈特别好吃。

GREEN GRAPE ANNEX　　　　美国菜 $

见476页地图(www.greenegrape.com/annex; 753 Fulton St, 靠近S Portland Ave, Fort Greene; 主菜 $7~9; ◎周一至周四 7:00~21:00, 周五 7:00~22:00, 周六 8:00~22:00, 周日 8:00~21:00; ⓢG至Fulton Ave; C至Lafayette Ave)想喝一杯烘焙得恰到好处的优质咖啡,又不想等太久,或是想品尝一顿丰盛的佳肴?Green Grape Annex位于福特格林尼,是一家一应俱全的咖啡馆,提供广泛的餐饮选择,空间宽敞通透,一般都不需要等位。除了咖啡吧以外还有啤酒和葡萄酒供应。

★ MISS ADA　　　　地中海菜、以色列菜 $$

见476页地图(☎917-909-1023; www.missadanyc.com; 184 DeKalb Ave, 靠近Carlton Ave, Fort Greene; 主菜 $16~28; ◎周二至周四和周日 17:30~22:30, 周五和周六 至23:30, 周一歇业; ❋; ⓢG至Fulton St; B、Q/R至DeKalb Ave)这家环境舒适的餐馆是福特格林尼众多餐饮名店中冉冉升起的一颗新星,餐馆主人兼主厨是托莫尔·布莱克曼(Tomer Blechman),之前就职于Gramercy Tavern(见180页)。托莫尔将家乡以色列的地中海式菜色融合拉脱维亚风格(向父母的家乡致敬),并加入餐厅大后院种植的香草。在暖和的月份,可以在后院的顶棚下享用晚餐。

PEACHES　　　　美国南部菜 $$

(☎718-942-4162; www.peachesbrooklyn.com; 393 Lewis Ave, 靠近MacDonough St, Bedford-Stuyvesant; 主菜 $17~21; ◎周一至周四 11:00~22:00, 周五和周六 至23:00, 周日 11:00~22:00, 16:00~17:00歇业; ⓢA/C至Utica Ave)这里宾至如归的气氛和美味的南方风味食物,使其成为贝德福德-斯泰弗森特人的最爱。最受欢迎的是石磨粗燕麦粉配熏鲶鱼,早午餐时段的法式谷麦脆吐司配鲜莓也很畅销。恐龙羽衣甘蓝沙拉、烤甜菜根沙拉和蒜炒花椰菜和黏软的奶酪通心粉等配菜是为数不多的素食菜色中最美味的。

OLEA　　　　地中海菜 $$$

见476页地图(☎718-643-7003; www.oleabrooklyn.com; 171 Lafayette Ave, 靠近Adelphi St, Fort Greene; 主菜早午餐 $13~19, 晚餐 $20~32; ◎周一至周四 10:00~23:00, 周五和周六 至午夜; ❋; ⓢC至Lafayette Ave; G至Clinton-Washington Aves)这家人声鼎沸的地中海餐厅的内部装饰独有魅力,提供世界级美食。Olea的晚餐菜单提供烤全条鲈鱼、浓郁柔滑的西班牙海鲜炒饭和清淡美味的素食意面;早午餐时段,经典的老式地中海菜是这里的特色,例如羊肉杂菜。小吃菜单适合并非想吃大餐的食客。

ROMAN'S　　　　意大利菜 $$$

见476页地图(☎718-622-5300; www.romansnyc.com; 243 DeKalb Ave, 在Clermont Ave和Vanderbilt Ave, Fort Greene; 主菜 $24~40; ◎周日至周四 17:00~23:00, 周五和周六 至午夜; ◻B38、B69至Vanderbilt/DeKalb Aves, ⓢG至Clinton-Washington Aves)在餐馆林立的DeKalb Ave上,有一家热闹的小店Roman,推崇用时令的当地食材烹调菜式,重点推荐菜单每晚都会更换。菜式主要是充满想象力的组合(材料均来自可持续生产的小农场),精心烹调:牛仔骨半月形意大利饺子(跟意大利方形饺相似)、短管意面配西洋菜苔和香肠,以及灰胡桃南瓜炖黑鱼汤。

帕克斜坡、高湾那和夕阳公园

★ AMPLE HILLS CREAMERY　　冰激凌 $

见478页地图（☎347-725-4061；www.amplehills.com；305 Nevins St，靠近Union St，Gowanus；蛋筒冰激凌 $4~7；⊙周日至周四 正午至23:00，周五和周六 至午夜，冬季营业时间较短；ⓈR至Union St；F、G至Carroll St）冰激凌爱好者们：我们找到你们的母舰了。Ample Hills的所有极具创意的口味都是在其高湾那的工厂里面调制出来的，包括脆米花口味（snap mallow pop）、墨西哥热巧克力、盐味脆焦糖等口味。点一个蛋筒冰激凌，透过厨房的窗户看看冰激凌产品是如何生产出来的。

FOUR & TWENTY BLACKBIRDS　　面包房 $

见478页地图（☎718-499-2917；www.birdsblack.com；439 Third Ave，8th St交叉路口，Gowanus；块派派 $5.75；⊙周一至周五 8:00~20:00，周六 9:00起，周日 10:00~19:00；☎；ⓈR至9th St）店主艾米丽和梅丽莎姐妹（Emily and Melissa Elsen）利用薄皮的黄油酥皮派，再加上本地的时令水果，就做出了纽约最棒的派，并流传至今。任何时候都适合来这里享用一片美味的派——李子和草莓碎配料的最好吃了——再来一杯热气腾腾的Iriving Farm咖啡，加一点鲜奶油，简直如同进入了派的天堂。

WHOLE FOODS　　市场 $

见478页地图（☎718-907-3622；www.wholefoodsmarket.com；214 3rd St，在Third Ave和Gowanus Canal之间，Gowanus；⊙8:00~23:00；☎⌨♿；ⓈR至Union；F、G至4th Ave-9th St）这里是布鲁克林的第一家Whole Foods超市，令人印象深刻。这里有你希望找到的所有美食，外加些惊喜，比如20,000平方英尺的温室（店里的一些产品就来自这里），店里自带的一间咖啡烘焙室，还有一个庞大的预加工食品专柜。领略过店内的这些惊人之处后，可以前往楼上的小酒吧，那里有16款精酿啤酒和少量食品供应。

KING DAVID TACOS　　墨西哥玉米卷饼 $

见478页地图（☎929-367-8226；www.kingdavidtacos.com；Grand Army Plaza，Prospect Park；墨西哥玉米卷饼 $4；⊙周一至周五 7:00~11:00，周六 至14:00，周日 8:00~13:00；☎；ⓈB/3至Grand Army Plaza）在得州土生土长的丽兹·所罗门（Liz Solomon）发现纽约少了一样东西：正宗的奥斯汀风格早餐墨西哥玉米卷饼。因此，2016年，她决定自己来做。她在Grand Army Plaza的户外摊档提供3种土豆、鸡蛋和奶酪墨西哥玉米卷饼，每天早上新鲜制作，打包即食：BPEC（加了培根）、"皇后豆"（素食炒斑豆）和"or'izo"（墨西哥香肠）。

BAKED IN BROOKLYN　　面包房 $

见478页地图（☎718-499-1818；www.bakedinbrooklynny.com；755 Fifth Ave；在25th St和26th St之间，Greenwood Heights；糕点 $2起；⊙周一至周六 6:30~19:00，周日 7:00~18:00；ⓈR至25th St）这家热门本地烘焙品牌的旗舰店虽然不大，但满是美味出色的美食：又大又薄脆的肉桂卷、牛油羊角包、香脆喷香的皮塔片、软曲奇等。这里也提供咖啡，来这里吃早餐或者下午茶都再合适不过，尤其是参观完街对面的绿林公墓（见289页）之后。

LUKE'S LOBSTER　　海鲜 $$

见478页地图（☎347-457-6855；www.lukeslobster.com；237 Fifth Ave，Park Slope；龙虾卷 $17，龙虾奶油浓汤 $7~11；⊙11:00~22:00；ⓈR至Union Ave.）无论分店开到哪里，提供新鲜、可持续性的美食，而且价格合理，都是让Luke's Lobster引以为傲的特点。在帕克斜坡的分店也一样，这家小分店设备齐全，提供Luke's的传奇菜品，还有一个独具魅力的后院平台。

SIDECAR　　美国菜 $$

见478页地图（☎718-369-0077；www.sidecarbrooklyn.com；560 Fifth Ave，在15th St和16th St之间，Park Slope；主菜 $14~27；⊙周一至周三 18:00至次日2:00，周四 至次日4:00，周五 15:00至次日4:00，周六 11:00至次日4:00，周日 至次日2:00；ⓈR至Prospect Ave）即便是高级的经典美国菜也未必做得比Sidecar要好。这里的氛围很好，提供简单的经典菜式，但又增加了一点现代元素，例如炸鸡配美味菜根泥和炒甘蓝配培根。Sidecar的鸡尾酒也很有特色，可以搭配餐点，或坐在吧台单独享用。

LOT 2　　　　　　　　　新派美国菜 $$

见478页地图（☎718-499-5623；www.lot2restaurant.com；687 Sixth Ave，在19th St和20th St之间，Greenwood Heights；主菜 $18~32；⏰周三和周四 18:00~22:00，周五和周六 至22:30，周日 17:00~21:30；🚌B63、B67、B69至18th St，🚇R至Prospect Ave）这家私密又带有乡村质朴气息的餐厅位于帕克斜坡以南的格林高地，供应以本地食材为原料的高档爽心美食。菜单上菜品不多，但风味无穷。可以试试香煎奶酪三明治（有车达奶酪、波罗伏洛干酪和帕马森干酪）、鲜虾玉米糊配西班牙香肠和白车达奶酪，或是多汁的草饲牛肉汉堡配鸭油炸粗薯条。周日3道菜的特选菜单价格为 $35。

🍴 展望高地、皇冠高地和弗拉特布什

★ AMPLE HILLS CREAMERY　　　冰激凌 $

见478页地图（☎347-240-3926；www.amplehills.com；623 Vanderbilt Ave，靠近St Marks Ave，Prospect Heights；蛋筒冰激凌 $4~7；⏰周日至周四 正午至23:00，周五和周六 至午夜；🚇B、Q至7th Ave；2/3至Grand Army Plaza）Ample Hills 源自华特·惠特曼（Walt Whitman）的一句诗，其出品的美妙冰激凌本身就是一种艺术；从在浓滑的香草雪糕或Nonna D的燕麦片中加入黏软的牛油蛋糕（红糖肉桂冰激凌配燕麦曲奇），到"快餐"（the munchies，在冰激凌里面加入椒盐卷饼、薯条、乐之饼干和迷你M&Ms巧克力豆）。

LOOK BY PLANT LOVE HOUSE　　泰国菜 $

见478页地图（☎718-622-0026；http://plantlovehouse.wixsite.com/thai；622 Washington Ave，在Pacific St和Dean St之间，Prospect Heights；主菜 $10~20；⏰周二至周日 正午至22:00；🅿；🚇2/3至Bergen St；C至Clinton-Washington Aves）舒适又可爱，这家超正宗的泰国咖啡馆提供份量适中的热汤（加入猪血的泰式酸辣汤是这里的特色菜）和炖猪肘子（khao kha moo）和传统的泰式鲜虾炒河粉（shrimp pad Thai）等家常菜。（如需要，很多菜式都可以改用豆腐制作）。这里的餐点会让你满意且难忘。仅收现金。

CHUKO　　　　　　　　　日本菜 $

见478页地图（☎347-425-9570；www.chukobk.com；565 Vanderbilt Ave，Pacific St交叉路口，Prospect Heights；拉面 $15；⏰正午至15:00和17:30~23:00；🅿；🚇B/Q至7th Ave，2/3至Bergen St）这家当代风格的极简拉面店给展望高地带来了一流的美味面条。一碗热气腾腾的劲道拉面，配上独特的柔滑高汤，可以选美味的烤猪肉汤或是浓郁的蔬菜汤。这里的开胃小食也值得一试，特别是芳香四溢的椒盐鸡翅。

LINCOLN STATION　　　　　咖啡馆 $

见478页地图（☎718-399-2211；www.stationfoods.com；409 Lincoln Pl，靠近Washington Ave，Prospect Heights；三明治 $10~12，晚餐主菜 $8~16.50；⏰周一至周五 7:00~21:00，周六和周日 8:00起；🛜🅿；🚇2/3至Eastern Pkwy-Brooklyn Museum）白天，来这个街区内最受欢迎的咖啡馆，跟背着手提电脑的人们一起在店中间的长桌上品尝一流的意式浓缩咖啡，或是在晚上烛光摇曳的浪漫气氛中，来一杯生啤酒（$6）。这里的优质餐品也是重点：下午5点后的菜单有美味的烤鸡（$16.50）和足够2人分享的素食千层面（$16）。

Lincoln Station位于靠皇冠高地一边的Washington Ave上，非常适合在参观完布鲁克林博物馆（见285页）后来这个仅仅隔着一个街区的咖啡馆。

BERG'N　　　　　　　　　美食中心 $

见478页地图（www.bergn.com；899 Bergen St，在Classon Ave和Franklin Ave之间，Crown Heights；主菜 $7~14，比萨 $19~28；⏰食品 周二至周四 9:00~22:00，周五和周六 10:00~23:00，周日 10:00~22:00，酒吧 周二至周四和周日 11:00~23:00，周五和周六 11:00至深夜；🛜🅿；🚇C、2/3、4/5至Franklin Ave）Berg'n是一个坐落于砖楼内的大型美食中心，由Smorgasburg（见307页）背后的同一支团队运营。店内有不少木制长桌，你可以坐在桌边尽情享用烟熏肋骨（Mighty Quinn's）、炸鸡三明治和牛肉或素食汉堡（Land Haus）、受菲律宾人

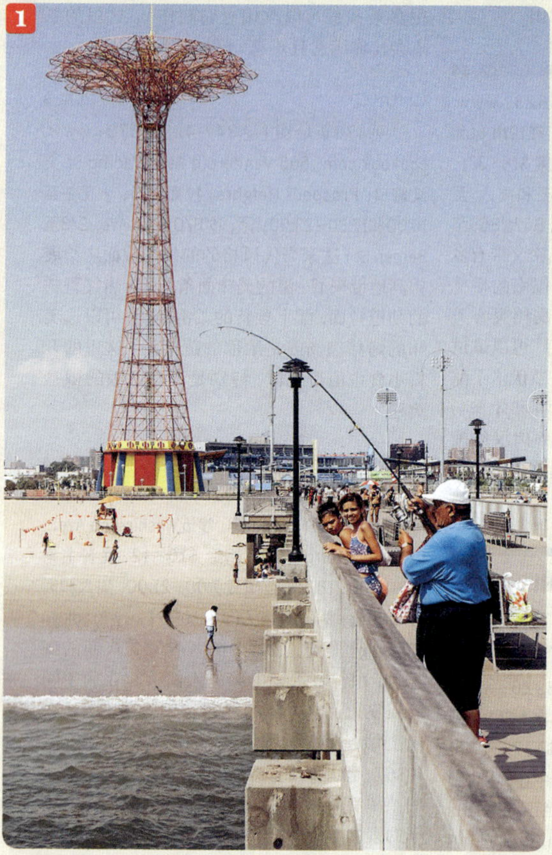

GUILLAUME GAUDET / LONELY PLANET ©

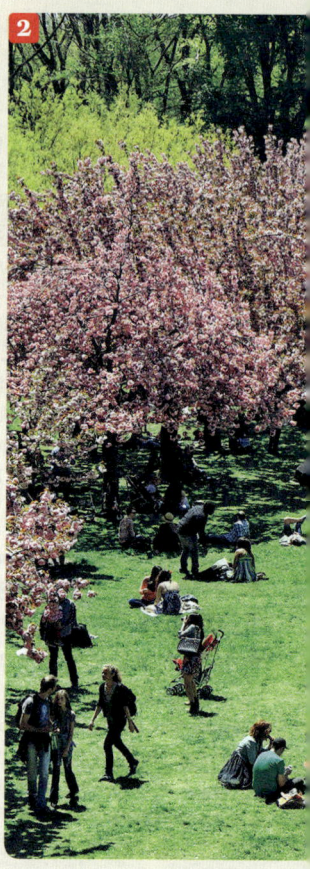

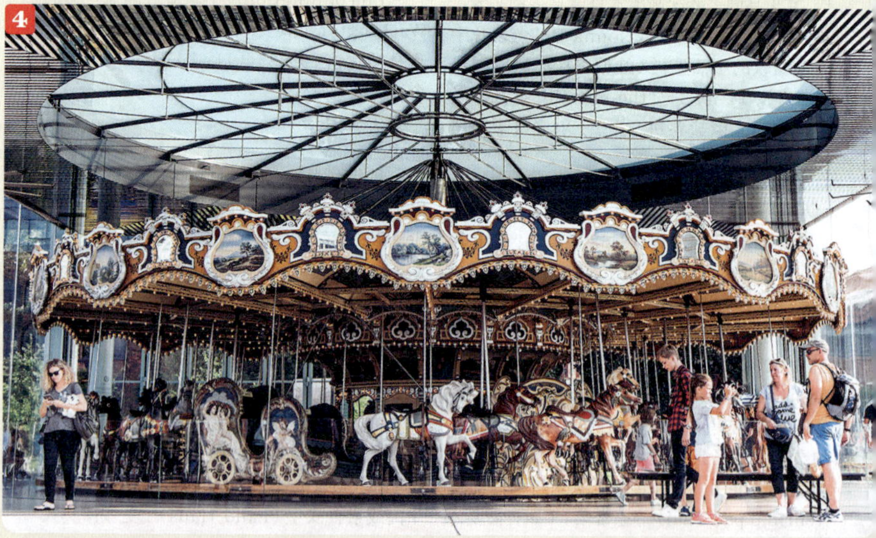

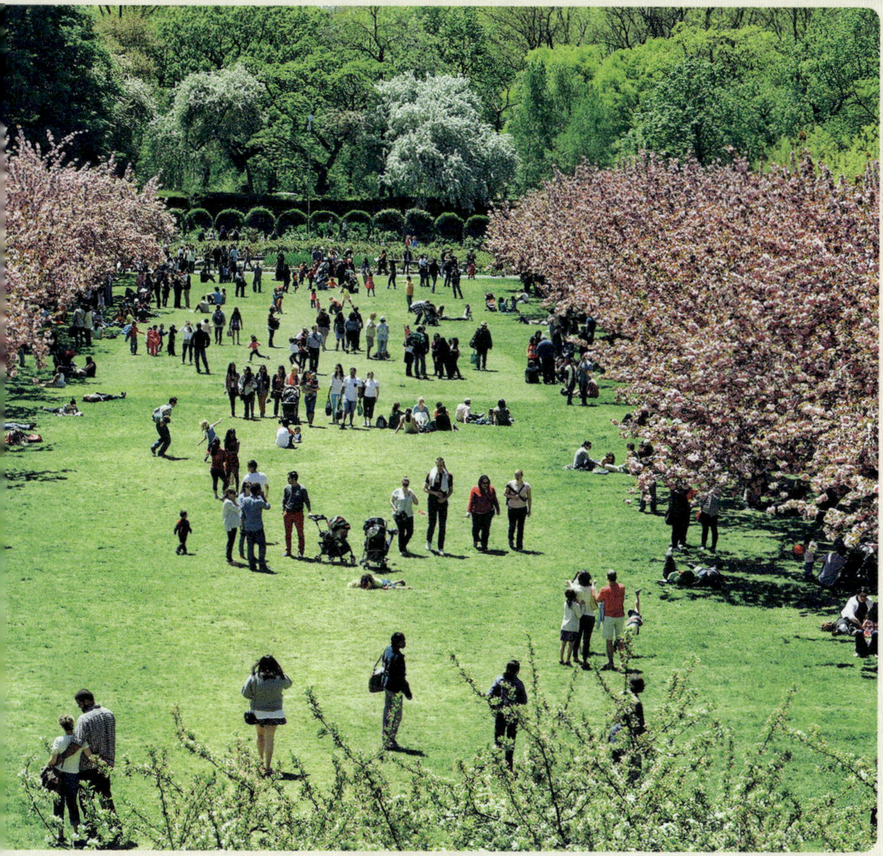

T PHOTOGRAPHY / SHUTTERSTOCK ©

1. 康尼岛（见295页）
康尼岛是海滨玩乐和嬉游的代名词。

2. 布鲁克林植物园（见292页）
每逢樱花节，这个花园的樱花就会怒放争艳。

3. 当泊区（见286页）
这个布鲁克林社区的名字源于其所处位置：曼哈顿大桥天桥的正下方。

4. Jane' s旋转木马（见286页）
这座1922年建成的旋转木马是布鲁克林大桥公园（见283页）的明星景点。

YOUPRODUCTION / SHUTTERSTOCK ©

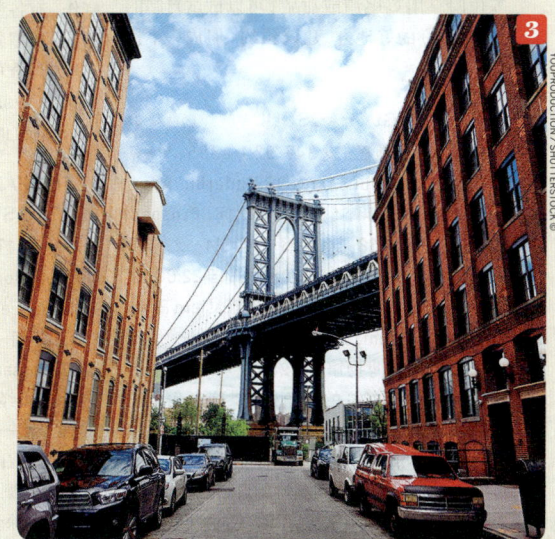

启发的饭团（Lumpia Shack）和美味的比萨（Brooklyn Pizza Crew）。

TOM'S RESTAURANT
美式小馆 $

见478页地图（☎718-636-9738；782 Washington Ave，靠近Sterling Pl, Prospect Heights；主菜 $8~14；◐周一至周六 7:00~16:00，周日 8:00起；⑤2/3至Eastern Pkwy-Brooklyn Museum）于1936年开业的这家美式小馆，成功将老派的布鲁克林情怀表达得淋漓尽致，店内提供质优价廉的美食，且离布鲁克林博物馆（见265页）只有3个街区。这里全天都供应早餐，价格便宜，多数菜品的价格都不高于$15。墙上贴着各种招牌特色菜：蓝莓乳清干酪煎饼（blueberry-ricotta pancakes）再配上柠檬碎，口味一绝。

★ OLMSTED
新派美国菜 $$

见478页地图（☎718-552-2610；www.olmstednyc.com；659 Vanderbilt Ave，在Prospect Pl和Park Pl之间, Prospect Heights；小份菜 $13~16，大份菜 $22~24；◐17:00~22:30；⑤B、Q至7th Ave）主厨兼店主格雷格·巴克斯特朗姆（Greg Baxtrom）受季节启发创作的菜品烹饪得如此精妙，以至于曼哈顿人都渡河而来，到这家极为热门的餐厅用餐。显而易见，Olmsted使用本地出产的农产品：菜单上多数食材都来自餐馆自己的后院——也是等位时享用鸡尾酒或甜品（可以试试自制的s'mores）的好地方。建议预约（但周一不接受预约）。

CHERYL'S GLOBAL SOUL
创意菜 $$

见478页地图（☎347-529-2855；www.cherylsglobalsoul.com；236 Underhill Ave，在Eastern Pkwy和St Johns Pl之间, Prospect Heights；三明治 $8~14，晚餐 主菜 $14~21；◐周一 8:00~16:00，周二至周四和周日 至22:00，周五和周六 至23:00；⑤2/3至Eastern Pkwy-Brooklyn Museum）这家舒适的砖木结构餐馆位于布鲁克林博物馆（见285页）和布鲁克林植物园（见293页）的拐角处，供应新鲜而朴素的美食，吸引了来自世界各地的食客。从米酒浇汁的鲑鱼配香米饭（sake-glazed salmon with jasmine rice）到独特的自制乳蛋饼，还有各种美味的三明治，选择多多。这里还有素

食选择，以及单独的儿童菜单。周末早午餐等位的队伍相当长。

🍴 威廉斯堡、格林波特和布什维克

CRIF DOGS
热狗 $

见474页地图（☎718-302-3200；www.crifdogs.com；555 Driggs Ave，靠近N 7th St, Williamsburg；热狗 $3.50~6；◐周日至周四 正午至次日2:00，周五和周六 至次日4:00；⚡；⑤L至Bedford Ave）很多在比尔博格（Billyburg）晃荡到深夜的人都会来这家悠闲惬意的热狗摊，这里的牛肉和素食热狗都能按照客人的要求制作，有20多种配料供选择。来一杯桶装啤酒和一份炸薯球小吃，让派对时间再延长一点。

DUN-WELL DOUGHNUTS
严格素食、面包房 $

见474页地图（☎347-294-0871；www.dunwelldoughnuts.com；222 Montrose Ave，靠近Bushwick Ave, East Williamsburg；甜甜圈 $2~2.75；◐周一至周五 7:00~19:00，周六和周日 8:00起；📶⚡；⑤L至Montrose Ave）"布鲁克林最好的手工素食甜甜圈"听起来像是网红潮店的噱头，但事实胜于雄辩。尽情享受可口的素食美食，每天采用有机食材手工制作，有各种不同口味，包括法式吐司、蛋奶酒、柠檬罂粟、花生黄油和果酱、蓝莓椰子、肉桂糖、香草炸薯片、巧克力花生和《辛普森一家》（Simpsons）中奇怪的甜甜圈"霍默"（Homer）的实物版。

PETER PAN DONUT & PASTRY SHOP
面包房 $

见474页地图（☎718-389-3676；www.peterpandonuts.com；727 Manhattan Ave，在Norman Ave和Meserole Ave, Greenpoint；小吃 $1~3；◐周一至周六 5:30~20:00，周日 至19:00；⑤G至Nassau Ave）Peter Pan是格林波特主干道上一家经典面包房，其简单但制作精良的烘焙产品——尤其是甜甜圈——还有用自制面包卷或百吉饼做成的美味早餐三明治（试试用烤罂粟籽面包卷做成的培根鸡蛋奶酪三明治）都深受欢迎，而且全都非常实惠。你可

以在有围挡的柜台边找个位子，或带到迈凯伦公园（见295页）好好享用。

CHAMPS DINER
严格素食、美式小馆 $

见474页地图（☏718-599-2743；www.champsdiner.com；197 Meserole St，在Humboldt St和Bushwick Ave之间，East Williamsburg；三明治和沙拉 $11~13；◉9:00至午夜；🅿；Ⓢ L至Montrose Ave）这家通透的小餐馆提供美味的全素美式舒心菜品。实惠的价格以及全天供应的早餐让这家餐馆从早到晚都非常忙碌（别指望服务速度快）。试试法式吐司大满贯（French toast slam，配炒嫩豆腐和印尼豆豉或素培根）、巧克力脆片和香蕉薄饼、芝士通心粉或"培根芝士汉堡"（黑豆汉堡配印尼豆豉培根和植物奶酪）。

MILK & PULL
咖啡馆 $

（☏347-627-8511；www.milkandpull.com；181 Irving Ave, Bushwick；咖啡 $3~5；◉周一至周五 7:00~18:00，周六和周日 8:00~17:00；Ⓢ L至DeKalb Ave）没有东西可以替代一杯煮得恰到好处的咖啡或拥有香热奶泡的卡布奇诺。位于布什维克的Milk & Pull咖啡店的服务生都是咖啡大师，无论你想如何享用你的咖啡，他们都可以满足你。这里也提供来自布鲁克林周边面包房的烘焙食品，比如Dough又大又有嚼劲的甜甜圈和其他更为丰盛的美食。

★ MODERN LOVE
严格素食、美国菜 $$

见474页地图（☏929-298-0626；www.modernlovebrooklyn.com；317 Union St，靠近S 1st St, East Williamsburg；主菜早午餐 $16，晚餐 $19~24；◉周三和周四 18:00~22:30，周五至23:00，周六 17:30~23:00，周日 11:00~15:00和17:00~22:30，周一和周二歇业；🅿；Ⓢ L至Lorimer St；G至Metropolitan Ave）这家由知名主厨艾莎·钱德拉·莫斯科维茨（Isa Chandra Moskowitz）主理的新餐厅提供"一流的舒心素食"，对该地区来说可谓锦上添花。以植物为基础的经典美味菜肴包括腰果奶酪通心粉（香浓的腰果奶酪搭配山核桃玉米粉脆皮豆腐）、曼哈顿蘑菇蔬菜杂烩汤、面筋菲力奶酪油炸牛肉面包卷和松露西红柿酱薯条。这里总是人满为患，所以提前预约会是一个好主意（虽然不是必须预约）。

当地知识

SMORGASBURG!

布鲁克林最大的美食活动（www.smorgasburg.com；◉4月至10月周六和周日 11:00~18:00）汇集100多名商家，售卖一系列令人难以置信的美食：意大利街头小吃、油封鸭肉、印度扁面包夹饼、烤蘑菇汉堡、埃塞俄比亚素食休闲小吃、海盐焦糖冰激凌、百香果甜甜圈、精酿啤酒等。Smorgasburg的举行地点随季节变化，因此最好查阅官网确定最新地点。

最近一期Smorg周日在威廉斯堡的河畔（见295页）举行，4月至10月每周六在展望公园湖畔（见284页）举行，另外还有一个小场地在曼哈顿SoHo，一直持续到12月底。

★ ZENKICHI
日本菜 $$

见474页地图（☏718-388-8985；www.zenkichi.com；77 N 6th St，靠近Wythe Ave, Williamsburg；品尝菜单素食/普通 $65/75；◉周一至周六 18:00至午夜，周日 17:30~23:30；🅿；Ⓢ L至Bedford Ave）Zenkichi是一座精致的日本料理殿堂，在极富情调的环境中呈现精心烹调的菜肴，使得来自五湖四海的吃货们赞口不绝。推荐享用主厨的无菜单料理，厨师会根据时令食材定制8道菜式，其中亮点包括用紫苏和罗勒侵泡腌制、并点缀以鱼子酱的三文鱼，或烤哈德逊河谷鸭胸肉配时令蔬菜。

★ FETTE SAU
烧烤 $$

见474页地图（☏718-963-3404；www.fettesaubbq.com；354 Metropolitan Ave，在Havenmeyer St和Roebling St之间, Williamsburg；肉类 每磅 $23~29；◉周一 17:00~23:00，周二至周日 正午至午夜；Ⓢ L至Bedford Ave）喜欢吃烧烤的布鲁克林人基本都会来这家水泥地面、木头房梁（之前是一家汽车修理店）、名为"肥猪"（Fette Sau）的餐馆就餐。这里供应排骨、牛胸肉、五花肉和鸭肉，所有食品都是在自家熏制的。此外还有很多配菜。试试焦烤焗豆（burnt-end baked beans），这种菜味道辛辣，不是很甜，塞满了肉粒。这里还有很多不错的波旁酒、威士忌和啤酒可供选择。

FIVE LEAVES 新派美国菜 $$

见474页地图（☎718-383-5345；www.fiveleavesny.com；18 Bedford Ave，靠近Lorimer St, Greenpoint；主菜午餐 $12~18，晚餐 $16~22；⏱8:00至次日1:00；🚍B48、B62至Lorimer St，🚇G至Nassau Ave）Five Leaves是格林波特的餐饮顶梁柱，吸引了大量住在附近的常客，在店前的室外餐桌和充满复古情调的室内都营造出一种活跃热闹的氛围。早上顺路过来试试乳清干酪薄饼、新鲜烘焙的酥饼和美味的咖啡（来自Parlor Coffee），或是中午来试试鲁宾三明治、松露薯条和恐龙羽衣甘蓝丝沙拉。

RABBITHOLE 新派美国菜 $$

见474页地图（☎718-782-0910；www.rabbitholerestaurant.com；352 Bedford Ave，在S 3rd St和S 4th St, Williamsburg；主菜早餐和午餐 $12~19，晚餐 $16~24；⏱9:00~23:00；🅿；🚍B62至S 4th St，🚇J/Z, M至Marcy Ave）位于南威廉斯堡，独具魅力的Rabbithole的氛围非常温馨，是一个藏匿自己的好地方，尤其是如果你特别爱吃早餐（提供至17:00）。店前有休闲的咖啡座椅，可供品尝美味的咖啡和更为可口的自制糕点。店后还有舒适的后花园，你可以在这里品尝柔滑细腻的班尼迪克蛋、新

布鲁克林食谱

如今布鲁克林的餐饮有口皆碑，采用当地食材、讲求生态可持续性和极富创意是其标志性的特色。为了探求美食背后的神奇，更重要的是在家也能做出这些美味，可以看看下列书目：

➜ 《新布鲁克林食谱》（*The New Brooklyn Cookbook*，2010年）由布鲁克林31家顶级餐厅提供的食谱、故事以及美食鉴赏。

➜ 《*Pok Pok*》（2013年）作者安迪·雷克（Andy Ricker）深入探索了泰国北部的饮食，书中还有如何制作这些复杂而美味的食物的精确步骤。

➜ 《罗伯塔的食谱》（*Roberta's Cookbook*，2013年）其中包括淋上李子汁的潜水员扇贝、配上牛尾肉酱的猫耳朵意大利面和极致美味的比萨。

➜ 《Four & Twenty Blackbirds的馅饼食谱》（*Four & Twenty Blackbirds Pie Book*，2013年）通过爱尔森（Elsen）姐妹介绍的这些诱人食谱，让你的糕点制作技术迈上一个新台阶。

➜ 《弗兰尼氏：简单的时令意式料理》（*Franny's: Simple, Seasonal, Italian*，2013年）要想在家制作令人难忘的比萨、意大利面和意式冰激凌，这本书不可或缺。

➜ 《弗兰基家的厨房》（*The Frankies Spuntino*，2010年）这本食谱设计美观，包含了很多改造后的意大利-美国式休闲食品。

➜ 《一个女孩的小甜点》（*One Girl Cookie*，2012年）书中介绍了柔软湿润的无比派（whoopie pies）以及其他甜食。

➜ 《麦尔安德食谱》（*The Mile End Cookbook*，2012年）改头换面的犹太美食。

➜ 《布鲁克林酿造厂的啤酒酿造书》（*Brooklyn Brew Shop's Beer Making Book*，2011年）简单易学的指南，可以在家试着制作鲜酿啤酒。

➜ 《Veganomicon: 10周年版本》（*Veganomicon: 10th Anniversary Edition*，2017年）著名的布鲁克林主厨艾莎·钱德拉·莫斯科维茨（Isa Chandra Moskowitz）教你如何制作出在她的威廉斯堡餐厅里尝到过的美味素食。

想了解布鲁克林餐饮的最新信息，可以查阅《布鲁克林美食》（*Edible Brooklyn*；www.ediblebrooklyn.com）杂志。

鲜水果和格兰诺拉麦片。

PAULIE GEE'S　　比萨、严格素食 $$

（☎347-987-3747；www.pauliegee.com；60 Greenpoint Ave, 在West St和Franklin St之间, Greenpoint；比萨 $12~19；⊙周一至周五18:00~23:00, 周六 17:00起, 周日 17:00~22:00；🚇🏠；ⓢG至Greenpoint Ave）格林波特最好的比萨店, 有舒适的林中小屋的气息, 烛光摇曳, 头上飘荡着老歌的节奏旋律。食客们围在大木桌上, 享用铺满新鲜食材的美味薄脆比萨。想获得完整的体验, 搭配精酿啤酒、价格合理的葡萄酒、清脆的沙拉和甜品（无面粉巧克力蛋糕、Van Leeuwen冰激凌）。

OKONOMI & YUJI RAMEN　　日本菜 $$

见474页地图（www.okonomibk.com；150 Ainslie St, 在Lorimer St和Leonard St之间, Williamsburg；定食 $21~35, 拉面 $15~20；⊙定食 周一至周二和周四至周五 9:00~15:00, 周六和周日 10:00~16:00, 拉面 周一至周五 18:00~23:00；ⓢL至Lorimer St; G至Metropolitan Ave）想吃一份没有鸡蛋或法式吐司的美味早餐, 就在白天来这家位于东威廉斯堡、名为Okonomi的精致木屋小店朝圣吧。只提供定食：一小碟蔬菜、烘蛋、七谷饭和嫩鱼肉（比如盐烤金枪鱼或味增腌鲭鱼）, 搭配玄米绿茶——完美。

ROBERTA'S　　比萨 $$

见474页地图（☎718-417-1118；www.robertaspizza.com；261 Moore St, 靠近Bogart St, East Williamsburg；比萨 $12~19；⊙周一至周五 11:00至午夜, 周六和周日 10:00起；🚇；ⓢL至Morgan Ave）这家充满时尚气息的仓库式餐馆位于布什维克, 这里的比萨一直是纽约最棒的。服务可能比较懈怠, 等待时间也较长（最好去吃午餐）, 但是这里砖砌烤炉烤出的馅饼真是又耐嚼又新鲜。经典的玛格丽特简单而美好; 不过那些敢于尝鲜的食客可以选择时令热卖品种, 比如"烟肉狼"（speckenwolf, 马苏里拉奶酪、肥肉、蘑菇和洋葱）。

MONTANA'S TRAIL HOUSE　　新派美国菜 $$

（☎917-966-1666；www.montanastrailhouse.com；445 Troutman St, 在Cypress Ave和St Nicholas Ave之间, Bushwick；主菜 $14~24；⊙周一至周四 17:00至午夜, 周五 15:00至次日4:00, 周六 11:00起, 周日 11:00至午夜；ⓢL至Jefferson Ave）Montana's对原本的加油站进行了异想天开的改造, 如今店内都是用回收的厚板材铺就的墙面, 工业风的灯具、标本和隐藏着通往室外平台的秘密通道的书架。点一杯鸡尾酒（有时候酒里会有黑麦或龙舌兰）, 品尝季节性的舒心菜品, 比如甜菜根啤酒炖肉、茶香卤味炸鸡和炸绿番茄小汉堡。

MISS FAVELA　　巴西菜 $$

见474页地图（☎718-230-4040；www.missfavela.com；57 S 5th St, Wythe St交叉路口, Williamsburg；主菜 $22~30；三明治 $14；⊙周日至周四 正午至午夜, 周五和周六 至次日1:00；ⓢJ/Z、M至Marcy Ave, L至Bedford Ave）这家摇摇欲坠的小店位于威廉斯堡大桥附近, 供应各种丰盛的巴西菜肴, 比如椰奶味的炖鱼（moqueca）和鲜嫩多汁的上好牛排（picanha）, 最好再来一份炸鳕鱼丸（bolinhos de bacalhau）, 喝上一杯卡比丽娜鸡尾酒（caipirinha, 一种巴西鸡尾酒）。又或是多喝几杯? 周四晚上和周六下午会有现场拉丁音乐演出, 天气暖和时会在人行道上摆出座位。

MARLOW & SONS　　新派美国菜 $$$

见474页地图（☎718-384-1441；www.marlowandsons.com；81 Broadway, 在Berry St和Wythe Ave之间, Williamsburg；主菜 午餐 $16~18, 晚餐 $34~36；⊙周日至周四 8:00~23:00, 周五和周六 至午夜, 16:00~17:30歇业；ⓢJ/Z、M至Marcy Ave, L至Bedford Ave）灯光朦胧、带木衬的空间就像一个古老的农舍咖啡馆, 夜晚十分热闹, 食客和酒客们为了生蚝、一流的鸡尾酒和每天更换的本地特色菜（味增炖牛肉、脆皮比萨、松软的西班牙式玉米饼）蜂拥而来。早午餐也极具魅力, 准备好要排队等位。（提示：现在可以在网上预约）。

🍴 康尼岛和布莱顿海滩

NATHAN'S FAMOUS　　热狗 $

见482页地图（☎718-333-2202；www.nathansfamous.com；1310 Surf Ave, Stillwell Ave

交叉路口, Coney Island; 热狗 $4起; ◐10:00至午夜; ☎; ⑤D/F至Coney Island-Stillwell Ave)热狗是1867年在康尼岛发明的, 这意味着在康尼岛吃上一根法兰克福香肠几乎势在必行。首选就是Nathan's Famous, 这家店1916年就在这里开业了。热狗全都货真价实, 但菜单上从炸蛤蜊到炸鸡柳条等一应俱全——没错, 重点就在于油炸。

饮品和夜生活

🍷 布鲁克林高地、布鲁克林市中心和当泊区

FLOYD 酒吧

见481页地图 (📞718-858-5810; www.floydny.com; 131 Atlantic Ave, 在Henry St和Clinton St之间, Brooklyn Heights; ◐周一至周四 17:00至次日4:00, 周五 16:00起, 周六和周日 正午起; 🚌B61、B63至Atlantic Ave/Henry St, ⑤2/3、4/5至Borough Hall; R至Court St)这家有玻璃门的酒吧很受年轻人欢迎, 他们喜欢蜷在破旧的老式沙发上互相调情。而啤酒爱好者们则时常聚在室内滚球场 (indoor bocie court) 旁开怀畅饮 (场地免费, 先到先得, 联盟比赛夜除外)。这里也是个消磨时光的好去处。

🍷 波恩兰姆小丘、科布尔山、卡罗尔花园和红钩

ROBERT BAR 酒吧

见476页地图 (📞347-853-8687; www.robertbarbrooklyn.com; 104 Bond St, 在Atlantic St和Pacific St之间, Boerum Hill; ◐周一至周四 17:00至次日2:00, 周五和周六 至次日3:00, 周日 至次日1:00; ⑤A/C、G至Hoyt-Schermerhorn) 侧厅有飞镖和播放20世纪七八十年代流行音乐的自动点唱机, 这个地方像是一个廉价酒吧, 但年轻的布鲁克林潮人都会聚集在这里, 欣赏现场DJ在多米诺瓷砖铺设的天花板下打碟, 给这里增加了一丝时髦气息。提供精酿啤酒和以自动点唱机里面的歌曲名字命名的鸡尾酒。

CLOVER CLUB 酒吧

见476页地图 (📞718-855-7939; www.cloverclubny.com; 210 Smith St, Baltic St和Butler St之间, Carroll Gardens; ◐周一至周四 16:00至次日2:00, 周五 至次日4:00, 周六 10:30至次日4:00, 周日 至次日1:00; 🚌B57至Smith & Douglass Sts, ⑤F、G至Bergen)这家可爱的鸡尾酒吧有美丽的红木吧台、复古的陈设和身穿马甲的服务员, 带给你一种19世纪的优雅感。这里精心调制的鸡尾酒吸引了许多当地人前来, 边与朋友高谈阔论, 边品尝精制的美酒, 如改良了的威士忌鸡尾酒 (黑麦威士忌、黑樱桃酒、苦艾酒和苦味酒) 来助兴。每到周末, 酒吧还会奉上丰盛的早午餐, 搭配绝佳的血腥玛丽或其他酒水。

61 LOCAL 酒吧

见476页地图 (📞718-875-1150; www.61local.com; 61 Bergen St, 在Smith St和Boerum Pl之间, Boerum Hill; ◐周一至周四 7:00至午夜, 周五 至次日1:00, 周六 9:00至次日1:00, 周日 至午夜; ☎; ⑤F、G至Bergen) 这家砖木结构的宽敞酒吧位于波恩兰姆小丘, 酒吧里有很多张大型共用餐桌, 还有多种纽约和其他地区的精酿啤酒可供选择。整体氛围柔和, 既时髦又温馨。这里还供应简单的熟食、奶酪切片和其他零食, 如手撕猪肉小汉堡、蛋奶馅饼和配有3款蘸汁的地中海拼盘搭配烤面包片和橄榄等。

SUNNY'S 酒吧

见476页地图 (📞718-625-8211; www.sunnysredhook.com; 253 Conover St, 在Beard St和Reed St之间, Red Hook; ◐周二 18:00至次日2:00, 周三至周五 16:00至次日4:00, 周六 14:00起, 周日 16:00~23:00; 🚌B61至Coffey St和Conover St; ⑤F、G至Carroll St) 这家酒吧位于红钩的偏远地带, 从19世纪末开始以不同形式持续营业, 店内充满怀旧风情, 简直就像来到了电影《码头风云》(On the Waterfront) 中。当然, 这里早就没有了码头工人, 取而代之的是满怀激情的忠实常客和追求真实的时髦新顾客。每周六的22:00, 这里会举行让人雀跃的蓝草音乐 (bluegrass) 即兴演奏。有时还有班卓琴表演和其他有趣的活动。

飓风桑迪给酒吧带来了沉重的打击, 但其依然奋力重整旗鼓。颇具传奇色彩的店主桑尼·巴尔扎诺 (Sunny Balzano) 在2016年去世, 在本书作者调研之时, 酒吧是否存续下去

依然是个未知数，而这次更多是因为常见的房地产因素影响。提姆·苏尔坦（Tim Sultan）2016年撰写的《桑尼的夜生活：世界边缘的酒吧失物招领处》（*Sunny's Nights: Lost and Found at a Bar on the Edge of the World*）描述了酒吧和店主之间的有爱的故事。

TRAVEL BAR   酒吧

见476页地图（☏718-858-2509；www.travelbarbrooklyn.com；520 Court St，在Nelson St和Huntington St之间，Carroll Gardens；⊙周二至周四 17:00至午夜，周五 15:30至次日2:00，周六 正午至次日2:00，周日 至21:00；Ⓢ F、G至Smith-9th Sts）如果你想在旅途中稍作休息，不妨到卡罗尔花园（Carroll Gardens）的这家绝妙酒吧品尝套酒，从酒店的200款来自世界各地的威士忌中挑选的精品让你仿佛喝遍了全世界。或者你也可以品尝纽约的精酿啤酒，近距离感受本地滋味，包括来自4个街区外的Other Half Brewery酿酒厂生产的印度淡色艾尔、福特格林尼、克林顿山和贝德福德-斯泰弗森特。

BLACK FOREST BROOKLYN   啤酒馆

见476页地图（☏718-935-0300；www.blackforestbrooklyn.com；733 Fulton St，在S Elliot Pl和S Portland Ave之间，Fort Greene；⊙周日至周四 7:00至午夜，周五和周六 至次日2:00；Ⓖ 至Fulton St；C至Lafayette Ave）两位德裔布鲁克林人在一个传统啤酒馆的基础上开设了这家时髦的酒馆，有着深色木材的天花板和裸露的砖墙，穿着红色格子衬衫的帅气侍应生为客人提供数以升计的进口巴伐利亚拉格啤酒、比尔森啤酒、小麦啤酒和更多其他桶装啤酒。（感觉无从下手？试试含13种啤酒的套酒吧）。丰富的德国餐点菜单中有多款素食选择，还有香肠和炸肉排。

🍺 帕克斜坡、高湾那和夕阳公园

UNION HALL   酒吧

见478页地图（☏718-638-4400；www.unionhallny.com；702 Union St，靠近Fifth Ave，Park Slope；饮品 $7起；⊙周一至周五 16:00至次日4:00，周六和周日 13:00至次日4:00；Ⓢ R至Union St）所有希望体验正宗布鲁克林夜生活的人都应该来Union Hall。这家酒吧和活动空间位于一座改造的仓库里，内有双面火炉、高耸的书架、皮质沙发和两个标准尺寸的室内滚球场。可到地下室观看现场音乐和喜剧表演。

SEA WITCH   酒吧

见478页地图（☏347-227-7166；www.seawitchnyc.com；703 Fifth Ave，在21st St和22nd St之间，Greenwood Heights；⊙周一至周五 17:00至次日4:00，周五 16:00起，周六和周日 正午起，厨房周日至周四 开放至次日00:30，周五和周六 至次日1:30；🚌B63至5th Ave/21st St，Ⓢ R至25th St）除了鲨鱼的下颚骨、美人鱼壁画、热带活鱼这些与航海有关的稀奇古怪之物，Sea Witch还提供一流的时令鸡尾酒、不时变换的精酿啤酒、偶尔演出的DJ音乐和精彩的深夜小吃菜单，包括鱼肉墨西哥玉米卷饼、波兰烟熏红肠三明治、炸原粒蛤蜊卷以及其他舒心食物。后院空间宽敞的露台是放松和分享你的水手轶事的地方。

EXCELSIOR   同性恋酒吧

见478页地图（☏718-788-2710；www.excelsiorbrooklyn.com；563 Fifth Ave，在15th St和16th St之间，Park Slope；⊙周一至周五 18:00至次日4:00，周六和周日 14:00起；Ⓢ R至Prospect Ave）这家受人喜爱的同性恋酒吧在新地址重新开张，经过一番时髦的改造，包括一个后院露台，以及2楼的活动区域，可以举行跳舞派对、变装表演和卡拉OK。精细的刨花装饰似乎比较符合年长人群的口味（当然，欢迎所有人光临），友善的氛围和幽默的酒保也非常有名。

ROYAL PALMS   酒吧

见478页地图（☏347-223-4410；www.

> ### ℹ️ 最新资讯
>
> 访问Free Williamsburg（www.freewilliamsburg.com）、Brooklyn Based（www.brooklynbased.com）、Greenpointers（www.greenpointers.com）和Bushwick Daily（www.bushwickdaily.com）网站，密切关注最新的音乐演出、艺术开幕式等信息。

royalpalmsshuffle.com; 514 Union St, 在Third Ave和Nevins St之间, Gowanus; ⊙周一至周四 18:00至午夜, 周五 至次日2:00, 周六 正午至次日2:00, 周日 至22:00; **S** R至Union St) 如果你希望运动一下, 又不想弄得自己满身大汗, 或是走得离酒吧太远, Royal Palms就最适合你了。店里17,000平方英尺的空间容纳了10个标准的推移板游戏场地 (每小时$40), 另外还有桌面游戏(巨大的叠叠乐、超大尺寸的四子棋)、精酿啤酒、鸡尾酒和美食车上供应的小吃零食(餐品每周轮换)。

GREENWOOD PARK　　　　　　啤酒园
见478页地图 (☏718-499-7999; www.greenwoodparkbk.com; 555 Seventh Ave, 在19th St和20th St之间; Greenwood Heights; ⊙周日至周四 正午至次日2:00, 周五和周六 至次日3:00, 冬季营业时间较短; 🛜🍴; 🚌B67、B69至18th St, **S** F、G至Prospect Park) 这家占地13,000平方英尺的宽敞的室内外酒吧位于林木茂密的绿林公墓(见289页)拐角处, 开放且具工业化风格, 是由一个加油站和汽修商店巧妙改建而成的。(找到由旧运货板建成的巨大外墙就到了。) 你可以找到20多种桶装啤酒, 还有帕尼尼三明治、汉堡、沙拉以及其他酒吧食物。

GINGER'S　　　　　　　女同性恋酒吧
见478页地图 (☏718-788-0924; www.gingersbarbklyn.com; 363 Fifth Ave, 靠近5th St, Park Slope; ⊙周一至周五 17:00至次日4:00, 周六和周日 14:00起; **S** F、G、R至4th Ave-9th St) 这家以明亮的蓝黄色调装饰的女同性恋酒吧有友好的酒保、自动唱机、台球桌、后阳台和很多常客。欢乐时光直至20:00。

🍷 展望高地、皇冠高地和弗拉特布什

★ BUTTER & SCOTCH　　　　　　酒吧
见478页地图 (☏347-350-8899; www.butterandscotch.com; 818 Franklin Ave, 在Eastern Pkwy和Union St之间, Crown Heights; ⊙周一 17:00至午夜, 周二至周四 9:00起, 周五 9:00至次日2:00, 周六 10:00起, 周日 10:00至午夜; **S** 2/3至Eastern Pkwy-Brooklyn Museum) 立马回答! 你更喜欢哪一个——喝酒还是吃蛋糕? 这家酒吧兼面包房聪明的女主人认为你其实不必做选择……除非是要在加了酒的奶昔和伏特加马天尼配奇异果青柠派里面选一个。这里有蛋糕、派、冰激凌等, 还有桶装精酿啤酒和十几款时令性的鸡尾酒[每卖出一杯鸡尾酒, 酒吧就会向美国计划生育联合会(Planned Parenthood)捐出$1]。

WEATHER UP　　　　　　鸡尾酒吧
见478页地图 (www.weatherupnyc.com; 589 Vanderbilt Ave, 靠近Dean St, Prospect Heights; ⊙周日至周四 17:30至午夜, 周五和周六 至次日2:00) 穿过入口处的幕帘, 你会发现自己来到一片灯光昏暗的乐土, 这里用深色木材和地铁瓷砖做装饰。坐在吧台, 看酒保为你调配时令酒单上的鸡尾酒, 或者在后院舒适的卡座里远离喧嚣。后院平台以烛光照明, 昏暗幽静, 绿叶围绕, 用方格墙面分隔。只接受现金。

🍷 威廉斯堡、格林波特和布什维克

★ HOUSE OF YES　　　　　　夜店
(www.houseofyes.org; 2 Wyckoff Ave, 靠近Jefferson St, Bushwick; 门票 免费~$40; ⊙周二至周六 营业时间视活动而异; **S** L至Jefferson St) 任何活动都能在这个备受推崇的仓库里举行, 这里有2个舞台、3张吧台和一个有顶棚的户外区域, 举行布鲁克林最有创意的主题表演和舞会之夜。你可能会见到空中钢丝杂技表演、朋克乐队、滑稽喜剧表演、变装皇后或表演艺术家, 还有DJ打碟, 为具有艺术感、包容性强的人们带来浩室及其他深度节奏音乐。

★ MAISON PREMIERE　　　　　　鸡尾酒吧
见474页地图 (☏347-335-0446; www.maisonpremiere.com; 298 Bedford Ave, 在S 1st St和Grand St之间, Williamsburg; ⊙周一至周三 14:00至次日2:00, 周四和周五 至次日4:00, 周六 11:00至次日4:00, 周日 至次日2:00; **S** L至Bedford Ave) 这家优雅的酒吧里满是糖浆和香精的气味, 身着吊带裤的酒吧服务员和爵士背景音乐进一步烘托出法语区的新奥尔良的氛围, 仿佛多罗茜·帕克(Dorothy Parker)将摇摇

晃晃地走进这个充满怀旧时光的地方。在这里，鸡尾酒是件严肃的事：叙事诗般的酒单里包括一打以上的苦艾酒、各种薄荷酒和大量特色鸡尾酒。

BROOKLYN BARGE 啤酒园

(☎929-337-7212；www.thebrooklynbarge.com；3 Milton St，紧邻West St，Greenpoint；⏰5月至10月 周一至周五 正午至次日2:00，周六和周日11:00起；🚻；🚇G至Greenpoint Ave)格林波特最新的夏季畅饮热门地点，不只是在水畔——而是就在水上。这家露天酒吧就在通过一座木桥与河岸相接的浮动驳船上，提供当地桶装啤酒、夏季特调鸡尾酒和若干葡萄酒和苹果酒，由船运集装箱改造的厨房供应一系列共享拼盘、玉米片、墨西哥卷饼和三明治。

TOBY'S ESTATE 咖啡馆

见474页地图 (☎347-457-6155；www.tobysestate.com；125 N 6th St，在Bedford Ave和Berry St之间，Williamsburg；⏰7:00~19:00；🚻；🚇L至Bedford Ave)这家小批量生产的烘焙店凭借香浓的手冲咖啡、奶油般柔滑细白的cortados（加入少许牛奶的特浓咖啡）为比利博格（Billyburg）街区带来了真正的好味道。这家店有几个沙发和几张长条公共餐桌，通常挤满了拿着MacBook打发时间的客人。

RADEGAST HALL & BIERGARTEN 啤酒馆

见474页地图 (☎718-963-3973；www.radegasthall.com；113 N 3rd St，靠近Berry St，Williamsburg；⏰周一至周五 正午至次日3:00，周六和周日 11:00起；🚇L至Bedford Ave)威廉斯堡这家奥匈帝国风格的啤酒馆供应大量的巴伐利亚啤酒，厨房里堆满了快餐肉食。你可以在幽暗的木质吧台区徘徊，也可以在附近的大厅里坐坐，那里有可伸缩的屋顶，还有几张公用餐桌，非常适合坐下来吃点儿椒盐饼干、香肠和汉堡。每晚都有现场音乐表演；不收取入场费。

SPUYTEN DUYVIL 酒吧

见474页地图 (☎718-963-4140；www.spuytenduyvilnyc.com；359 Metropolitan Ave，在Havemayer St和Roebling St之间，Williamsburg；⏰周一至周五 17:00至次日2:00，周六和周日午至次日2:00；🚇L至Lorimer St, G至Metropolitan Ave)这家低调的威廉斯堡酒吧看起来像是用清仓大甩卖的物品拼凑而成的：天花板被刷成了红色，墙上有老式地图，家具看起来像是二手市场淘来的。但这里可供选择的啤酒和葡萄酒种类却多得惊人，不同年纪的当地人也都聊得挺开心。天气好的时候，还可以在这里一个枝繁叶茂的大庭院里坐坐。

NORTHERN TERRITORY 屋顶酒吧

见474页地图 (☎347-689-4065；www.northernterritorybk.com；12 Franklin St，靠近Meserole Ave, Greenpoint；⏰夏季 周一至周五17:00至深夜，周五和周六 正午起，冬季周一和周二歇业；🚌B32至Franklin St/Meserole Ave, 🚇G至Nassau Ave)这家澳大利亚屋顶酒吧位于格林波特边缘的一个小河湾上，地处偏远，和其名字颇为契合。但上楼看看河景和曼哈顿的天际线在眼前展开，你也就不会介意得多走几个工业街区了。手里拿着饮品，欣赏着日落美景，实在是太美好了。

ROCKA ROLLA 酒吧

见474页地图 (486 Metropolitan Ave，靠近Rodney St, Williamsburg；⏰正午至次日4:00；🚇L至Lorimer St; G至Metropolitan Ave)这家中西部复古摇滚酒吧坐落在布鲁克林-皇后区高速公路的立交桥下方的一片沙砾地上，有廉价的饮品和深夜狂欢的人群。同时经营**Skinny Dennis**（见474页地图；www.skinnydennisbar.com；152 Metropolitan Ave，靠近Berry St, Williamsburg；⏰正午至次日4:00；🚇L至Bedford Ave)的店主从20世纪70年代末、80年代初找寻灵感：唱机上播放着AC/DC乐队的歌曲，店内用乡村风格的啤酒标牌做装饰，还有$3一杯的百威啤酒。

ROOKERY 酒吧

(www.therookerybar.com；425 Troutman St，在St Nicholas Ave和Wyckoff Ave之间，Bushwick；⏰周一至周五 正午至次日4:00，周六和周日 11:00起；🚇L至Jefferson St)工业风格Rookery坐落于街头艺术林立的Troutman Ave上，是布什维克一带酒吧的中坚力量。来这儿喝一杯鸡尾酒、精酿啤酒，品尝创意酒吧

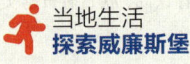

当地生活
探索威廉斯堡

威廉斯堡曾是拉丁裔工薪阶层的生活堡垒，如今已经成为北布鲁克林的餐饮和夜生活中心。这里曾经对不羁的艺术家们充满吸引力，如今却眼睁睁看着穷困的艺术家因更便宜的租金搬至布什维克，将光鲜的公寓大楼和奢华的褐砂石建筑留给了专业人士和时髦的年轻家庭。这里有很多东西值得探索，从复古的鸡尾酒吧，到出售本地手工艺人独一无二作品的商店，应有尽有。

❶ 欣赏绿色
东河州立公园（见295页）是一个开放的绿色空间，能欣赏到美妙的曼哈顿水畔美景，还能野餐，以及欣赏不定期举办的音乐会，是夏季人们最爱去的地方。

❷ 本地自酿啤酒
威廉斯堡曾经是纽约的酿酒中心。布鲁克林酿酒厂（见295页）继续延续这个传统，不仅酿造和供应美味的当地啤酒，也提供参观酿酒的参观游览。

❸ 感受嬉皮士
如果你想扩充一下你的衣柜，添加一些本地元素，到**Buffalo Exchange**（见474页地图；☎718-384-6901；www.buffaloexchange.com；504 Driggs Ave，靠近 N 9th St；⊙周一至周六11:00～20:00，周日 正午至19:00；Ⓢ L至Bedford Ave）去，这是一个深受喜爱的二手商店，在这里你会发现9成新的时尚男女服饰。

❹ 窖藏老物件
想看看这个城市昔日的稀奇老物件，去参观城市旧物馆（见294页），里面充满了纽约市的文物，包括1939年世界博览会的展品。

❺ 拉美环游
一个值得一游的有趣小店铺。**Fuego 718**（见474页地图；☎718-302-2913；www.fuego718.com；249 Grand St，在Roebling St和Driggs Ave之间，Williamsburg；⊙正午至20:00；Ⓢ L至Bedford Ave）送你去美国南部边境，看看墨西哥亡灵节（Day of the Dead）的盒子、多彩的框架和镜子，以及来自墨西哥、秘鲁等地的粗俗艺术品和手工艺品。

❻ 更多布鲁克林美酒
复古的Maison Premiere（见312页）有专门定制的特色鸡尾酒、牡蛎和其他带有南方风情的食物，快把时光机再往回拨一档。

布鲁克林酿酒厂（见295页）

❼ 手工艺者的平衡宇宙

如果是在周末，到Artists & Fleas（见321页）逛逛，这里聚集了几十个摊档，出售当地手工制作的珠宝、配饰、艺术品、化妆品、家居用品、二手唱片和服装。

❽ 黑胶唱片殿堂

威廉斯堡是英国传奇唱片行 **Rough Trade**（见474页地图；☎718-388-4111；www.roughtradenyc.com；64 N 9th St，在Kent Ave和Wythe Ave之间；⏱周一至周六 11:00~23:00，周日 至21:00；🛜；Ⓢ L至Bedford Ave）在美国开设的唯一一门店的所在地。这个仓库大小的商店是所有音乐爱好者和密纹唱片收藏者们的梦想，也会经常在店内举办新人演唱会，门票价格通常不会超过$15。你可以到店内的咖啡馆喝一杯新鲜的拿铁，结束在该地区的这次漫步。

菜肴（咖喱羊肉牧羊人派、牛尾肉碎汉堡），享受晦涩的电子流行乐和舒适的氛围。高挑的天花板让整个空间更有通透的感觉，如果天气暖和，后院露台是下午或晚上逗留的好去处。

SPRITZENHAUS   啤酒馆

见474页地图（☎347-987-4632；www.spritzenhaus33.com；33 Nassau Ave，靠近 Guernsey St, Greenpoint；⏱周日至周四 16:00至次日1:00，周六和周日 正午至次日4:00；Ⓢ G至Nassau Ave）喜爱啤酒的人不应错过这里。酒馆坐落在迈凯伦公园的边缘，这个开放式、略带工业气息的啤酒馆占地6000平方英尺，提供20多种桶装啤酒，还有几十种瓶装酒可供选择，德国、比利时和北美的微酿啤酒居多。还有很多肉类的酒吧小吃（主要是香肠，但加入松露油的比利时薯条也很受欢迎）。

IDES   酒吧

见474页地图（☎718-460-8006；www.wythehotel.com/the-ides；80 Wythe Ave, Wythe Hotel，靠近N 11th St, Williamsburg；入场费 周六和周日 18:00后$10；⏱周一至周四 16:00至午夜，周五 14:00起，周六和周日正午起；Ⓢ L至Bedford Ave）Wythe Hotel（见372页）的天台酒吧可以欣赏到曼哈顿的华丽景色，22:00前还会提供高级酒吧食品。不接受预约，所以要早点来才能躲开人群。周六和周日晚会对非酒店住客收取入场费。

HOTEL DELMANO   鸡尾酒吧

见474页地图（☎718-387-1945；www.hoteldelmano.com；82 Berry St，靠近N 9th St, Williamsburg；⏱周一至周四 17:00至次日2:00，周五 至次日3:00，周六 13:00至次日3:00，周日 至次日2:00；Ⓢ L至Bedford Ave）这家昏暗的鸡尾酒吧追求地下酒吧的氛围，有模糊的老式镜子、未抛光的地板和老式吊灯。在后面找个角落将自己隐匿起来，或是在弯曲的大理石桌面吧台旁找个座位，观看调酒师当场调制出各种不断变化的创意鸡尾酒（黑麦、金酒和龙舌兰很受青睐）。

BOSSA NOVA CIVIC CLUB   夜店

（☎718-443-1271；1271 Myrtle Ave，靠近

Hart St, Bushwick; ⏰周一至周六17:00至次日4:00,周日至午夜; ⓈM至Central Ave)这就是另一个你永远不需要离开布鲁克林的原因——这家狭小的夜店有DJ在(带些)热带风情的室内环境里播放各种各样的音乐,让你随着音乐舞动。音响效果很棒,饮料的价钱也相当合理(至少相对于其他俱乐部来说),如果你饿了,这里还有小吃可供选择(拉丁风味肉馅卷饼、慢炖猪肉、委内瑞拉玉米饼)。

这儿吸引了一群迫不及待想要起舞的人。周一至周四免费,周五和周六收取$10入场费。

PINE BOX ROCK SHOP   酒吧

见474页地图(☏718-366-6311; www.pineboxrockshop.com; 12 Grattan St, 在Morgan Ave和Bogart St之间, East Williamsburg; ⏰周一和周二16:00至次日2:00, 周三至周五 至次日4:00, 周六14:00至次日4:00,周日 正午至次日2:00; ⓈL至Morgan Ave)洞穴般的Pine Box Rock Shop之前是一家制箱厂。这里有17种桶装啤酒可供选择,还有辛辣的小瓶血腥玛丽酒。这个酒吧由一对友善的严格素食音乐家夫妇经营,所以这里供应的所有产品都不含动物成分,包括拉丁风味馅饺和其他酒吧食品。当地艺术品让墙壁增色不少,后面还有一个可以定期举办演奏会的演出区域。

Blue Bottle Coffee   咖啡馆

见474页地图(☏718-387-4160; www.bluebottlecoffee.net; 160 Berry St, 在N4th St和N5th St之间, Williamsburg; 咖啡$3~5; ⏰周一至周五6:30~19:00, 周六和周日7:00~19:00; ⓈL至Bedford Ave)为咖啡行家们开设的这家顶级咖啡馆从前是一家绳索店,用老式的Probat烘焙机加工咖啡豆。所有的饮品都是特制的,所以请耐心等待你的京都冰咖啡。烘焙食物种类不多,其中有加入布鲁克林酿酒厂巧克力黑啤酒(见295页)的咖啡蛋糕——这种黑啤酒是当地生产的。

CLEM'S   小酒馆

见474页地图(☏718-387-9617; www.clemsbrooklyn.com; 264 Grand St, 靠近Roebling St, Williamsburg; ⏰周一至周五14:00至次日4:00,

周六和周日 正午起; ⓈL至Lorimer St, G至Metropolitan Ave)这家干净的威廉斯堡小酒馆让人很放松,这里有长长的吧台、友好的调酒师和几张室外的桌子——这一切都非常适合夏季来打发时间。欢乐时光(20:00前)来这里喝一杯啤酒和小杯烈酒,只要$6。

🍷 康尼岛和布莱顿海滩

RUBY'S BAR & GRILL   酒吧

见482页地图(☏718-975-7829; www.rubysbar.com; 1213 Riegelmann Boardwalk, 在Stillwell Ave和12th St之间, Coney Island; ⏰4月至9月 周日至周四 11:00~22:00, 周五和周六 至次日1:00, 10月仅周末营业; ⓈD/F、N/Q至Coney Island-Stillwell Ave)这是康尼岛木板人行道上最古老的一家酒吧,也是唯一一家,相当有名:Ruby's自1934年就已开始营业,由于开发商希望升级改造人行道而几乎面临倒闭——但目前依旧还在继续营业。拿张凳子,点一品脱Ruby's Ale淡啤酒,看潮起潮落(还有俏皮的本地人)。不要点吃的。

☆ 娱乐

★ 布鲁克林音乐学院   表演艺术

见476页地图(BROOKLYN ACADEMY OF MUSIC, 简称BAM; ☏718-636-4100; www.bam.org; 30 Lafayette Ave, 靠近Ashland Pl, Fort Greene; 📶; ⓈB/D,N/Q/R、2/3、4/5至Atlantic Ave-Barclays Ctr)建于1861年的布鲁克林音乐学院是这个国家最古老的表演艺术中心。这个综合性建筑群在附近的福特格林尼地区还有几处场馆,提供富有创意、前卫的歌剧、现代舞、音乐、电影和戏剧作品——从摩斯·肯宁汉(Merce Cunningham)的作品回顾展和劳里·安德森(Laurie Anderson)的多媒体展出,到对莎士比亚和其他经典作品的前卫演绎。

在意大利文艺复兴风格的彼特·J.夏普大楼(Peter J Sharp Building)内有霍华德·吉尔曼歌剧院(Howard Gilman Opera House; 见476页地图),演出歌剧、舞蹈、音乐等;拥有4块屏幕的玫瑰电影院(Rose Cinemas; 见476页地图)放映首轮上映影片,独立制作电影和外国电影;场内的酒吧餐厅**BAM咖啡馆**(BAMcafe,见476页地图;晚餐预订 718-623-7811)周末会有免费的爵士、R&B和流行音乐演出。在一个街区外的Fulton St上坐落着**哈维剧场**(Harvey Lichtenstein Theater,见476页地图;651 Fulton St,靠近Rockwell Pl,Fort Greene;⑤B、Q/R至DeKalb Ave;2/3、4/5至Nevins St),也被简称为"哈维",上演前卫的当代戏剧,有时候也有对经典作品的全新演绎。在夏普大楼转角处是**费雪大厦**(Fisher Building,见476页地图;718-636-4100;bam.org/fisher;321 Ashland Pl,靠近Lafayette Ave, Fort Greene),大厦中有一个更为私密的可容纳250人的剧院。

从9月到12月,布鲁克林音乐学院会承办**下一波艺术节**(Next Wave Festival;门票$20;9月至12月),呈上一系列国际前卫戏剧作品、舞蹈和艺术家讲座。要提前购票。

★ ST ANN'S WAREHOUSE 剧院

见481页地图(718-254-8779;www.stannswarehouse.org;45 Water St,靠近Old Dock St, Dumbo;B25至Water/Main Sts,⑤A/C至High St;F至York St)这家前卫的演出艺术公司举办了很多创新的戏剧、音乐和舞蹈演出——从新兴作曲家创作的另类音乐到奇妙怪异的木偶戏,应有尽有。2015年,St Ann's Warehouse 从几个街区外的旧址迁至位于布鲁克林大桥公园历史悠久的烟草仓库(见286页)的这一新址。

★ BARBES 现场音乐

见478页地图(718-965-9177;www.barbesbrooklyn.com;376 9th St,靠近Sixth Ave, Park Slope;要求为现场音乐捐赠$10;周一至周四 17:00至次日2:00,周五和周六 14:00至次日4:00,周日 至次日2:00;⑤F、G至7th Ave;R至4th Ave-9th St)这家小巧紧凑的酒吧兼音乐表演场所根据巴黎的一个北非社区命名,由一位(长期定居布鲁克林的)法国音乐人奥利维耶·科南(Olivier Conan)经营,他有时候会在这里和他的拉丁音乐乐队Las Rubias del Norte一起演出。每个晚上都会有整晚的现场音乐表演;让人印象深刻的歌单包括非洲秘鲁的节奏、西非放克以及吉卜赛摇摆乐等。

★ NATIONAL SAWDUST 现场表演

见474页地图(646-779-8455;www.nationalsawdust.org;80 N 6th St,靠近Wythe Ave, Williamsburg;⑤L至Bedford Ave)这个被色调狂野的壁画覆盖的艺术空间自2015年大张旗鼓地开幕以来专门演出最尖端、涉猎广泛的各种节目。你可以看到像现代歌剧搭配多媒体投影、由实验作曲家创作的电声爵士大乐队演出的和音乐会等大胆的作品,还有充满全球性元素的表演——因纽特人喉音唱法、非洲部落放克、冰岛传奇故事的颂唱等。

BROOKLYN BOWL 现场音乐

见474页地图(718-963-3369;www.brooklynbowl.com;61 Wythe Ave,在N 11th St和N12th St之间, Williamsburg;周一至周三 18:00至午夜,周四和周五 至次日2:00,周六 11:00至次日2:00,周日 至午夜;⑤L至Bedford Ave, G至Nassau Ave)这片23,000平方英尺的场地曾是赫克拉钢铁公司(Hecla Iron Works Company)的办公所在地,现在已经成为集保龄球(见323页)、微酿啤酒、美食和一流的音乐于一体的娱乐场所。除了激情四射的定期现场乐队演奏(和不时的DJ打碟)之外,在这里还可以观看NFL(国家橄榄球联盟)的美式橄榄球比赛、卡拉OK,以及DJ之夜。除周末的"亲子保龄球"时段(周日11:00~17:00,周日至18:00)外,这里只招待21岁以上的成年人。

BELL HOUSE 现场演出

见478页地图(718-643-6510;www.thebellhouseny.com;149 7th St,在Second Ave和Third Ave之间, Gowanus;17:00至深夜;⑤F、G、R至4th Ave-9th St)这个有点年头的巨大场地坐落在工业化的高湾那一片颇为空旷的地区,主打备受瞩目的现场表演、独立摇滚、DJ之夜、喜剧表演和滑稽剧派对。这是个由仓库改建而成的漂亮场地,有一个宽敞的舞台表演区域,在前部的房间里还有一个小酒吧,烛光摇曳,气氛融洽,还有皮质扶手椅和10余种桶装啤酒供你享用。

JALOPY 现场音乐

见476页地图(718-395-3214;www.jalopy.biz;315 Columbia St,在Hamilton Ave和Woodhull

阅读布鲁克林

布鲁克林的文学渊源深厚。前任区长马蒂·马科维茨(Marty Markowitz)曾将这里形容成"纽约的左岸",考虑到大批本地的人才塑造了今日的美国文学,更不用提现在就有无数作家居住在此,他说的话也并不为过。

以下是部分布鲁克林的精华读物,作者为布鲁克林当今或过去的名人。

➡ 《草叶集》(*Leaves of Grass*, 1855年)其中《穿过布鲁克林渡口》(*Crossing Brooklyn Ferry*)是沃尔特·惠特曼(Walt Whitman)写给纽约的情书,是他对生命诗意的歌颂。

➡ 《布鲁克林有棵树》(*A Tree Grows in Brooklyn*, 1943年)贝蒂·史密斯(Betty Smith)关于成长的动人故事,背景就在威廉斯堡的肮脏公寓里。

➡ 《苏菲的选择》(*Sophie's Choice*, 1979年)威廉·斯蒂伦(William Styron)的轰动一时之作,围绕战后弗拉特布什的一间寄宿屋而作。

➡ 《布鲁克林孤儿》(*Motherless Brooklyn*, 1999年)乔纳森·勒瑟姆(Jonathan Lethem)精彩又阴郁的关于小人物的喜剧故事,背景在卡罗尔花园和布鲁克林其他的一些地方。

➡ 《布鲁克林文学》(*Literary Brooklyn*, 2011年)埃文·休斯(Evan Hughes)描述了布鲁克林的伟大作家及其所在社区的全貌,从亨利·米勒(Henry Miller)的威廉斯堡到杜鲁门·卡波特(Truman Capote)的布鲁克林高地。

➡ 《曼哈顿海滩》(*Manhattan Beach*, 2017年)普利策奖获奖作家珍妮弗·伊根(Jennifer Egan)的小说,刻画了一个"二战"时期在布鲁克林造船厂工作的年轻女性。

布鲁克林 娱乐

St之间, Columbia St Waterfront District; ⓒ周一16:00~21:00, 周二至周日 正午至午夜; 🅷; 🚌B61至Columbia & Carroll Sts, Ⓢ F、G至Carroll St)在这家位于卡罗尔花园和红钩地区边缘的班卓琴商店兼酒吧里,有个很有趣的DIY区,供应冰啤,经常会有蓝草音乐、乡村音乐、东欧犹太音乐(Klezmer)和尤克里里琴(ukulele)的表演,包括每周三21:00举办的根源与骚动(Roots 'n' Ruckus)摇滚表演也不错,不需要收取入场费。演出时间安排请参阅网站。

NITEHAWK CINEMA 电影院

见474页地图(📞718-782-8370; www.nitehawkcinema.com; 136 Metropolitan Ave, 在Berry St和Wythe St之间, Williamsburg; 门票 成人/儿童 $12/9; 🅷; Ⓢ L至Bedford Ave)这个小众的3层电影院有很多首映和定期换映的电影、顶尖的音响系统和舒适的座椅……但最好的一点是,你可以在观影的整个过程中进食。享受你的鹰嘴豆泥、甜土豆调味饭团或者排骨馅卷饼,搭配一杯Blue Point焦香拉格啤酒、内格罗尼酒或是特地为电影主题而调配的鸡尾酒。

ALAMO DRAFTHOUSE 电影院

见481页地图(📞718-513-2547; www.drafthouse.com; 445 Albee Square W, 靠近DeKalb Ave, City Point, Downtown Brooklyn; 门票 $15; Ⓢ B、Q/R至DeKalb Ave; 2/3至Hoyt St; A/C、G至Hoyt-Schermerhorn)这家总部位于德州的非凡电影院的纽约分店,上映首播电影以及特殊巨幕电影,座位宽敞、柔软舒适,还配有小桌子;在放映过程中,侍应会把你点的餐食与饮品直接送到你的座位上。给自己来一份含酒精冰激凌吧——我们最喜欢的是黑白曲奇"白俄罗斯"。

LITTLEFIELD 现场演出

见478页地图(www.littlefieldnyc.com; 635 Sackett St, 在Third Ave和Fourth Ave之间, Gowanus; Ⓢ R至Union St)这个占地6200平方英尺的表演及艺术空间以前是一个纺织品仓库。这里举行一系列现场音乐和其他演出,包括喜剧、说书、戏剧、舞蹈、电影和益智问答之夜。怀亚特·瑟纳克(Wyatt Cenac)主持的热门喜剧表演"夜间火车"(Night Train)在周一上演;其他定期活动包括引人声声叹息的游戏节目Punderdome 3000,以及惹人尴尬爆笑的故事之夜Mortified。21岁以下不得进场。

KINGS THEATRE 剧院

见478页地图(718-856-2220; www.kingstheatre.com; 1027 Flatbush Ave, 靠近Tilden Ave, Flatbush; 售票处 周一至周六 正午至17:30; S 2、5或Q至Beverly Rd)远离人声喧嚷的麦迪逊广场花园(见222页),这个曾经的华丽电影宫会让你追忆往昔,也是一个一流的音乐会场地。建于1929年,最近经过翻新,突出了非凡的历史细节。大厅富丽堂皇,以红金两色装饰,剧场设有3000个座位,天花板壁画和豪华的座椅让人惊叹。

MCU公园 棒球

见482页地图(718-372-5596; www.brooklyncyclones.com; 1904 Surf Ave, 靠近17th St, Coney Island; 门票 $10~20, 周三所有门票$10; S D/F、N/Q至Coney Island-Stillwell Ave)隶属于纽约-宾州联盟的美国职业棒球小联盟球队布鲁克林旋风队(Brooklyn Cyclones)在这个海滨公园内进行比赛,公园距离康尼岛木板人行道仅有几步之遥。几乎每场比赛都会有一个有趣的主题,比如《宋飞正传》或"公主与海盗",在温暖的夏天夜晚,无论球场上发生了什么,都会给人一种魔幻的感觉。

THEATER FOR A NEW AUDIENCE 表演艺术

见476页地图(门票866-811-4111; www.tfana.org; 262 Ashland Pl, Fulton St交叉路口, Fort Greene; S 2/3、4/5至Nevins St; B、Q/R至Dekalb Ave)2013年年底开业的这家剧院是以伦敦科特斯洛剧院(Cottesloe Theatre)为灵感建成的,属于布鲁克林音乐学院(见316页)周边新兴文化区的一部分。表演包括前卫的莎士比亚、易卜生和斯特林堡作品创作,还有更近期的话剧作品,比如理查德·马克斯韦尔(Richard Maxwell)和他的戏剧公司New York City Players的作品。

PUPPETWORKS 木偶戏

见478页地图(718-965-3391; www.puppetworks.org; 338 Sixth Ave, 靠近4th St, Park Slope; 成人/儿童 $11/10; 周六和周日 12:30和14:30; ; S F、G至7th Ave)在帕克斜坡的一个小剧场里,这个非营利机构上演令小观众们赞不绝口的牵线木偶戏。不妨观看经典作品的改编木偶剧,比如《美女与野兽》(Beauty and the Beast)、《金发女孩和三只熊》(Goldilocks and the Three Bears),当然了,还有《匹诺曹》(Pinocchio)。大多数的演出都在周六和周日的12:30和14:30进行。详细时间安排请查阅官网。

威廉斯堡音乐厅 现场音乐

见474页地图(Music Hall of Williamsburg; 718-486-5400; www.musichallofwilliamsburg.com; 66 N 6th St, 在Wythe Ave和Kent Ave之间, Williamsburg; 门票 $15~40; S L至Bedford Ave)这个位于威廉斯堡的音乐场所非常受欢迎,是布鲁克林观看地下乐队演出的地方——从"明日巨星合唱团"(They Might Be Giants)到肯德里克·拉马尔(Kendrick Lamar),大家都曾在这里演出过。(对于许多来纽约观光的旅游团来说,这里是他们唯一的目的地。)这里气氛私密(可容纳550人),几乎每晚都举行的演出安排也可圈可点。

WARSAW 现场音乐

见474页地图(718-387-5252; www.warsawconcerts.com; Polish National Home, 261 Driggs Ave, Polish National Home, 靠近Eckford St, Greenpoint; B43至Graham/Driggs Aves, S G至Nassau Ave, L至Bedford Ave)Warsaw位于波兰民族之家(Polish National Home)内,是布鲁克林发展极其迅速的一家音乐场所。在漂亮的老式舞厅里,可以欣赏到很多重量级乐队的表演,如独立音乐乐队死亡送奶工(the Dead Milkmen),以及传奇放克歌手乔治·克林顿(George Clinton)。迪斯科舞池里还会有波兰女士奉上波兰饺子、波兰香肠三明治和啤酒。

KNITTING FACTORY 现场音乐

见474页地图(347-529-6696; http://bk.knittingfactory.com; 361 Metropolitan Ave, 靠近Havemayer St, Williamsburg; 门票 $10~30; S L至Lorimer St, G至Metropolitan Ave)长期以来,这里都是纽约民俗音乐、独立音乐以及实验

音乐的前哨，在这里可以感受到从宇宙空间爵士乐到摇滚乐的各种音乐类型。舞台小而私密，这里还有一个独立酒吧，透过酒吧的隔音窗，还能看到舞台上的表演。

BARGEMUSIC 古典音乐

见481页地图（☎718-624-4924；www.bargemusic.org；Fulton Ferry Landing，Brooklyn Heights；门票 成人/学生 $40/20；⛴；ⓈA/C至High St）这个由原先的咖啡驳船（建于1899年）改建而成的音乐场地，可一次性容纳125人，在此举办的室内音乐会独特又私密。置身于此，你能欣赏到东河和曼哈顿的美景，近40年来，这里一直广受欢迎。在大多数周六的16:00还会举办免费的家庭音乐会。

巴克莱中心 表演赛、演出场地

见478页地图（Barclays Center；☎917-618-6100；www.barclayscenter.com；Flatbush Ave和Atlantic Ave交叉路口，Prospect Heights；ⓈB/D, N/Q/R, 2/3, 4/5至Atlantic Ave-Barclays Ctr）道奇队（Dodgers）仍在洛杉矶打棒球比赛，不过，如今这个2012年开放的高科技体育场，是美国职业男子篮球协会（NBA）最近表现不太好的布鲁克林篮网队（Brooklyn Nets，原新泽西篮网队）的主场。除了举行篮球比赛，巴克莱中心还会举办大型演唱会和演出：布鲁斯·斯普林斯汀（Bruce Springsteen）、贾斯汀·比伯（Justin Bieber）、芭芭拉·史翠珊（Barbara Streisand）、太阳马戏团（Cirque de Soleil）和迪士尼冰上世界（Disney on Ice）等。

🛍 购物

🛍 布鲁克林高地、布鲁克林市中心和当泊区

POWERHOUSE @ THE ARCHWAY 书籍

见481页地图（☎718-666-3049；www.powerhousebooks.com；28 Adams St，Water St交叉路口，Dumbo；⏲周一至周五 11:00~19:00，周六10:00起，周日 11:00~18:00；🚇；ⓈA/C至High St, F至York St）这家店是当泊地区文化街景的重要组成部分，在这个位于曼哈顿大桥正下方的巨大、通透的新建筑内会举行不同的艺术展览、新书发布会和各种稀奇古怪又充满创意的活动。你还会找到许多关于都市艺术、摄影和流行文化的有趣书籍——所有书上都印着与书店同名的出版社名字。

MODERN ANTHOLOGY 服装

见481页地图（☎718-522-3020；www.modernanthology.com；68 Jay St，在Water St和Front St之间，Dumbo；⏲周一至周六 11:00~19:00，周日 正午至18:00；ⓈF至York St; A/C至High St）对于那些住在城里、手头宽裕的硬汉们来说，Modern Anthology是一个很有吸引力的地方。你可以在这里找到形形色色的产品：优雅而不乏男人气概的皮革背包、形状如同动物头部的黄铜开瓶器、彭德顿（Pendleton）牌羊毛毯、皮靴、柔软的棉质纽扣衬衫和合身的深色牛仔裤。

FULTON MALL 购物中心

见481页地图（Fulton St，从from Boerum Pl到Flatbush Ave，Downtown Brooklyn；ⓈA/C、F、R至Jay St-Metrotech；B、Q/R至DeKalb Ave；2/3、4/5至Nevins St）这个户外购物中心由来已久，从梅西百货之类的大牌百货公司到Dr Jay's这种本地热门小店都有。最近新增的店铺有H&M、Banana Republic和Nordstrom Rack，让这里成了所有想在布鲁克林剁手一番的人的必去之处。

SAHADI'S 食品

见481页地图（☎718-624-4550；www.sahadis.com；187Atlantic Ave，在Court St和Clinton St之间，Brooklyn Heights；⏲周一至周六 9:00~19:00；Ⓢ2/3、4/5至Borough Hall）一踏入这家让人钟情的中东美食店，新鲜的烘焙咖啡和香料的香气就扑面而来。橄榄吧里有超过20多种选择，还有很多面包、奶酪、坚果和鹰嘴豆泥。在前往布鲁克林大桥公园（见283页）野餐之前，可以来这里给自己搭配一份野餐美食。

🛍 波恩兰姆小丘、科布尔山、卡罗尔花园和红钩

BLACK GOLD RECORDS 音乐

见476页地图（☎347-227-8227；www.

blackgoldbrooklyn.com；461 Court St，在4th Pl和Luquer St之间，Carroll Gardens；⏰周一至周五 7:00～20:00，周六 8:00～21:00，周日至19:00；SF、G至Smith-9th Sts）在不断扩张的卡罗尔花园Court St上，有一家小小的商店，那里有各种唱片、咖啡、古董和动物标本在等着你。黑胶唱片中选一张放在唱机上——从约翰·柯川（John Coltrane）和奥兹·奥斯本（Ozzy Osborne）——再享受一杯为你单独研磨冲泡的超棒咖啡。想要欧扎克高原（the Ozarks）上的鬣狗标本吗？来这里就能找到。

TWISTED LILY 香水、化妆品

见476页地图（☎347-529-4681；www.twistedlily.com；360 Atlantic Ave，在Bond St和Hoyt St之间，Boerum Hill；⏰周二至周日 正午至19:00；SF、G至Hoyt-Schermerhorn）从这家专门调制全球小众香味的精品店中走出去，你闻起来就会像玫瑰一样。根据味调选购香水和香薰蜡烛（佛手柑、鼠尾草、忍冬和更多其他香味）；热情的职员会帮你选购你喜欢的味道。这家商店还有护肤、护发和男士梳洗产品的柜台。

BROOKLYN STRATEGIST 游戏

见476页地图（☎718-576-3035；www.thebrooklynstrategist.com；333 Court St，在Sackett St和Union St之间，Carroll Gardens；⏰11:00～23:00；👪；SF、G至Carroll St）无论你是喜欢玩《卡坦岛》（Settlers of Catan）还是喜欢下棋，这个社区游戏商店都能满足你。除了出售一系列游戏之外，（每人）$10的价格就能够让你在庞大的游戏库里面玩上4个小时，几百种游戏任你挑选。周二晚上有象棋和桌游公开赛；小咖啡馆能够让你充充电。这里是下雨天的好去处。

🅰 福特格林尼、克林顿山和贝德福德-斯泰弗森特

GREENLIGHT BOOKSTORE 书籍

见476页地图（☎718-246-0200；www.greenlightbookstore.com；686 Fulton St，靠近S Portland Ave，Fort Greene；⏰10:00～22:00；SC至Lafayette Ave；B/D、N/Q/R、2/3、4/5至Atlantic Ave-Barclays Ctr）8年多以来，这家独立书店一直是附近街区的一个热点。在如今这个网购盛行

布鲁克林市场

周末来临之际，布鲁克林人会选择外出，在各种摊位前和市场里消磨时光。以下是几处值得一逛的地方，在那里可以发现一些不同寻常的东西。

布鲁克林跳蚤市场（见481页地图；www.brooklynflea.com；80 Pearl St, Manhattan Bridge Archway, Anchorage Pl靠近Water St, Dumbo；⏰4月至10月 周日 10:00～18:00；👪；🚌B67至York/Jay Sts，SF至York St）4月至11月的周日，曼哈顿大桥下的一个大型拱廊内会摆出100多个摊位。你会看到古董、唱片、二手衣服、手工艺品、珠宝等，小吃摊上往往摆满了美食（周六和周日还会有一个规模较小的室内跳蚤市场，不过是在苏豪区）。

Artists & Fleas（见322页）自2003年在威廉斯堡开市以来，这个云集了艺术家、设计师和古董的市场备受欢迎，在这里可以找到许多精美的手工艺品。

Grand Army Plaza Greenmarket（见478页地图；www.grownyc.org；在Prospect Park W和Flatbush Ave, Grand Army Plaza, Prospect Park；⏰全年周六 8:00～16:00；S2/3至Grand Army Plaza）全年的周六开放，在去展望公园前，可以来这个农贸市场为即兴野餐采买点儿食物。

街区农贸市场（Neighborhood Greenmarkets）你还可以找到其他全年营业的农贸市场：周二在**布鲁克林区政府办公大厅**（Brooklyn Borough Hall; Downtown Brooklyn；S2/3、4/5至Brooklyn Borough Hall），周日在**卡罗尔公园**（Carroll Park; Carroll Gardens；SF、G至Carroll St），周六在**福特格林尼公园**（Fort Greene Park; Fort Greene；SB、Q/R至DeKalb Ave）。登录网站www.grownyc.org查询纽约其他农贸市场的详细信息。

帕克斜坡、高湾那和夕阳公园

BEACON'S CLOSET
二手店

见478页地图（☎718-230-1630; www.beaconscloset.com; 92 Fifth Ave, Warren St交叉路口, Park Slope; ⏱周一至周五 正午至21:00, 周六和周日 11:00~20:00; ⓢ2/3至Bergen St, B、Q至7th Ave）这家出色的旧货商店里有各种鞋、珠宝和让人眼前一亮的老物件。格林波特的分店规模更大（见322页），另外还有一家在布什维克（见320页）。

BROOKLYN SUPERHERO SUPPLY CO
礼品与纪念品

见478页地图（☎718-499-9884; www.superherosupplies.com; 372 Fifth Ave, 在5th St和6th St之间, Park Slope; ⏱11:00~17:00; 🅟; ⓢG、F、R至9th St, F、G至4th Ave-9th St）这家充满乐趣的商店出售斗篷、面具、多功能腰带、隐形护目镜、反物质水桶和其他小小超级英雄们所需要的工具。所有收益都会为826NYC提供支持，这是一个致力于帮助学生提高写作和文化技能的非营利组织（教室区位于其中一个货架后）。

INDUSTRY CITY
家庭用品、餐饮

见478页地图（☎718-965-6450; www.industrycity.com; 220 36th St, 在Second Ave和Third Ave之间, Sunset Park; 🅟; ⓢD、N/R至36th St）在短短几年里，Industry City已经从几个仓库摇身一变，变成了热闹的艺术、商务和办公用品集散地。白天来这里参观画廊，选购配饰和家具，或者到其中一家餐厅或咖啡馆就餐。晚上，极具品位的灯光笼罩下的超现代庭院经常会举办活动。

威廉斯堡、格林波特和布什维克

★ ARTISTS & FLEAS
市场

见474页地图（www.artistsandfleas.com; 70 N 7th Ave, 在Wythe Ave和Kent Ave之间, Williamsburg; ⏱周六和周日 10:00~19:00; ⓢL至Bedford Ave）这个颇受欢迎的威廉斯堡跳蚤市场营业已经超过了10年时间，有很多手工良品。超过100位艺术家、设计师和二手店商在这里销售他们的商品：服装、唱片、绘画、摄影作品、帽子、手工珠宝、独一无二的T恤、帆布包等。曼哈顿的两个市场规模比较小，但每天都开放：一个在苏豪区，另外一个在切尔西市场（见142页）里。

QUIMBY'S BOOKSTORE NYC
书籍

见474页地图（☎718-384-1215; www.quimbysnyc.com; 536 Metropolitan Ave, 在Union Ave和Lorimer St之间, Williamsburg; ⓢL至Lorimer St; G至Metropolitan Ave）著名的芝加哥小众书店最近在这里开了分店，是一个另类出版物的宝藏，涵盖一系列有趣的主题，比如朋克音乐、电影和玄学。这里还有几百本来自世界各地的杂志（更有出售动物标本）。每周活动包括读书会和摄影展览。

CATBIRD
珠宝

见474页地图（☎718-599-3457; www.catbirdnyc.com; 219 Bedford Ave, 在N 4th St和5th St之间, Williamsburg; ⏱周一至周五 正午至20:00, 周六 11:00~19:00, 周日 中午至18:00; ⓢL至Bedford Ave）🌱在威廉斯堡开业14年以来，这家珠宝商点一直客似云来，商品既有自家品牌的珠宝——在几个街区外的工作室生产——也有来自全球各地的独立制造商制作的珠宝。所有产品都是标准纯度的银或者纯金，使用无冲突的纯正宝石。Catbird专门出产戒指，尤其是叠戴套装和订婚戒指（嘿，可不是给你们压力噢）。

DESERT ISLAND COMICS
书籍

见474页地图（www.desertislandbrooklyn.com; 540 Metropolitan Ave, 在Union Ave和Lorimer St之间, Williamsburg; ⏱周一 14:00~19:00, 周二至周六 正午至21:00, 周日 至19:00; ⓢL至Lorimer St; G至Metropolitan Ave）Desert Island是一家很棒的独立漫画书店，位于威廉斯堡曾经的一家面包店里。店内有数以百计的漫画、图画小说、地下杂志、印刷出版物和卡片。店里还出售阿德里安·图曼（Adrian Tomine）和彼

得·巴格（Peter Bagge）等艺术家的原版或平版印刷品。后面的唱机上还播放着动听的旋律。

BEACON'S CLOSET　　　　　　二手店

见474页地图（☎718-486-0816；www.beaconscloset.com; 74 Guernsey St, 在Nassau Ave和Norman Ave之间, Greenpoin; ⊙11:00~20:00; ⓈL至Bedford Ave; G至Nassau Ave）20多岁的淘宝者们会发现在这座占地5500平方英尺的旧式衣服大仓库中，既埋着宝藏，也有破烂。这里的很多外套、涤纶上衣和20世纪90年代风格的T恤衫都按照颜色排列，但要从这一堆堆衣服中淘宝确实是个大工程。你还可以找到各式各样的鞋子、法兰绒衣服、帽子、手袋、大件珠宝和色彩鲜艳的太阳眼镜。在**布什维克**（见474页地图；☎718-417-5683; 23 Bogart St, 在Varet St和Cook St之间; ⊙11:00~20:00; ⓈL至Morgan Ave）和帕克斜坡（见322页）还有其他分店。

A&G MERCH　　　　　　　　家庭用品

见474页地图（☎718-388-1779; www.aandgmerch.com; 111 N 6th St, 在Berry St和Wythe St之间, Williamsburg; ⊙11:00~19:00; ⓈL至Bedford Ave）结合了古怪和优雅，A&G Merch是一家值得探索的有趣小店。看看这里的饰有动物头像的古董碟子、残旧的柳枝篮子、铸铁鲸鱼书挡、树枝形的银烛台、工业风的黄铜台灯以及其他能够让你的家充满布鲁克林乡村艺术感的商品。

SPOONBILL & SUGARTOWN　　书籍

见474页地图（☎718-387-7322; www.spoonbillbooks.com; 218 Bedford Ave, 在N 5th St和N 4th St之间, Williamsburg; ⊙10:00~22:00; ⓈL至Bedford Ave）威廉斯堡最受欢迎的书店之一，为顾客提供了非常多的诱人选择，有艺术书和大型画册，也有文化期刊、二手的珍品以及别处找不到的当地人著作。登录官网查询即将举办的读书会和新书发布会。

🏃 运动和活动

BROOKLYN BOULDERS　　　　攀岩

见478页地图（☎347-834-9066; www.brooklynboulders.com; 575 Degraw St, 靠近Third Ave, Gowanus; 一日通票$32, 鞋和攀岩绑带租借$12; ⊙周一至周五 7:00至午夜, 周六和周日 至22:00; ⓈR至Union St）布鲁克林最大的室内攀岩场地位于高湾那工业街区一个既通风又充满活力的空间里。这家占地18,000平方英尺的攀岩场地有高9.14米的天花板，其岩洞、独立的5.18米高的抱石和攀岩墙为初学者及攀岩行家提供了多种不同线路。还有外倾15度、30度和45度角的高难度攀爬区域。提供攀岩课程。

BROOKLYN BRAINERY　　　　步行

见478页地图（☎347-292-7246; www.brooklynbrainery.com; 190 Underhill Ave, 在Sterling Pl和St Johns Pl之间, Prospect Heights; Ⓢ2/3至Grand Army Plaza）这个社区教育资源会举办一次性讲座和手工课程——主题包罗万象，从洗手间历史，到制作属于你自己的润唇膏——还会提供导览步行游览一些相对小众的景点，例如绿林公墓（见289页）或者高湾那运河，让游客了解有关当地历史、建筑和生态问题。

RED HOOK BOATERS　　　　　皮划艇

见476页地图（www.redhookboaters.org; Louis Valentino Jr Pier Park, Coffey St和Ferris St交叉路口, Red Hook; ⊙6月至9月 周日 13:00~16:00和6月中旬至8月中旬 周四18:00~20:00; ⓈF、G至Smith St-9th St, 🚌B61至Coffey St）**免费** 船库位于地理位置偏远的红钩区，在Louis Valentino Jr Pier Park公园的一处小海湾提供免费的皮划艇体验。一旦进入水域，你就会欣赏到下曼哈顿和自由女神像的美景。在去之前记得登录官网查看最近的开放时间。

BROOKLYN BOWL　　　　　　保龄球

见474页地图（☎718-963-3369; www.brooklynbowl.com; 61 Wythe Ave, 在N 11th St和N12th St之间, Williamsburg; 租球道 每30分钟$25, 租鞋$5; ⊙周一至周五 18:00至次日2:00, 周五和周六 11:00起; ⓈL至Bedford, G至Nassau Ave）这个惊人的球道位于占地23,000平方英尺的前赫克拉钢铁公司（Hecla Iron Works Company），这家钢铁公司曾在20世纪初为纽约几处地标性建筑提供了精美的装饰。

16个球道被舒适的沙发和裸露的砖墙环绕着。除了保龄球，Brooklyn Bowl整周都会举办音乐会，而且你还能随时买到可口的食物。

周六11:00~17:00、周日至18:00是不限年龄的家庭保龄球时段。(夜间保龄球仅限21岁及以上人士。)

AREA YOGA & SPA
瑜伽、水疗

见476页地图(☎718-797-3699; www.areayogabrooklyn.com; 389 Court St, 在1st Pl和2nd Pl之间, Carroll Gardens; 课程 $18, 瑜伽垫租借 $2; ⊙课程 周一至周四 7:00~20:30, 周五 至19:30, 周六 8:30~18:00, 周日 8:00~18:00; ⑤F、G to Carroll St) Area Yoga提供一系列课程, 在科布尔山、布鲁克林高地和帕克斜坡都有分店。部分分店还有提供深层组织按摩和红外线桑拿。

ON THE MOVE
自行车

见478页地图[☎718-768-4998; www.onthemovenyc.com; 219 9th St, 在Third Ave和Fourth Ave之间, Gowanus; 自行车(含头盔)租金 每天$35; ⊙10:00~18:00; ⑤F、G、R至4th Ave-9th St] 位于布鲁克林展望公园(见284页)以西不足2公里处, On the Move租赁和出售各种自行车和装备。如果遇到天气恶劣时, 有时会歇业, 因此最好提前打电话咨询。

皇后区

长岛市 阿斯托利亚 杰克逊高地 法拉盛区和科洛纳 埃尔姆赫斯特 伍德赛德

区域亮点

❶ **现代艺术博物馆PS1馆**（见327页）在这座与现代艺术博物馆同属一家、隔河相望的博物馆寻找灵感。这一文化中心展出前卫的世界级艺术品，还组织讲座、演出和一系列令人激动的夏日派对。

❷ **运动影像博物馆**（见330页）在阿斯托利亚（Astoria）的这座博物馆里重温你喜欢的影视片断，这里简直是一曲当代电视与电影的颂歌。

❸ **洛克威**（见331页）坐上地铁（渡轮更佳）到海边，在钟情摇滚的海滨小餐馆用餐，欣赏延绵数英里，闪闪发光的沙滩。

❹ **Roosevelt Ave**（见338页）在这条融合了各民族文化的大道上，沿着美食车缓步而行，大快朵颐，体会拉美洲的风情。

❺ **法拉盛区**（见331页）沉浸在熙熙攘攘的亚洲街头生活中，尽情享用劲道的面条和薄皮大馅饺子等各式美食。

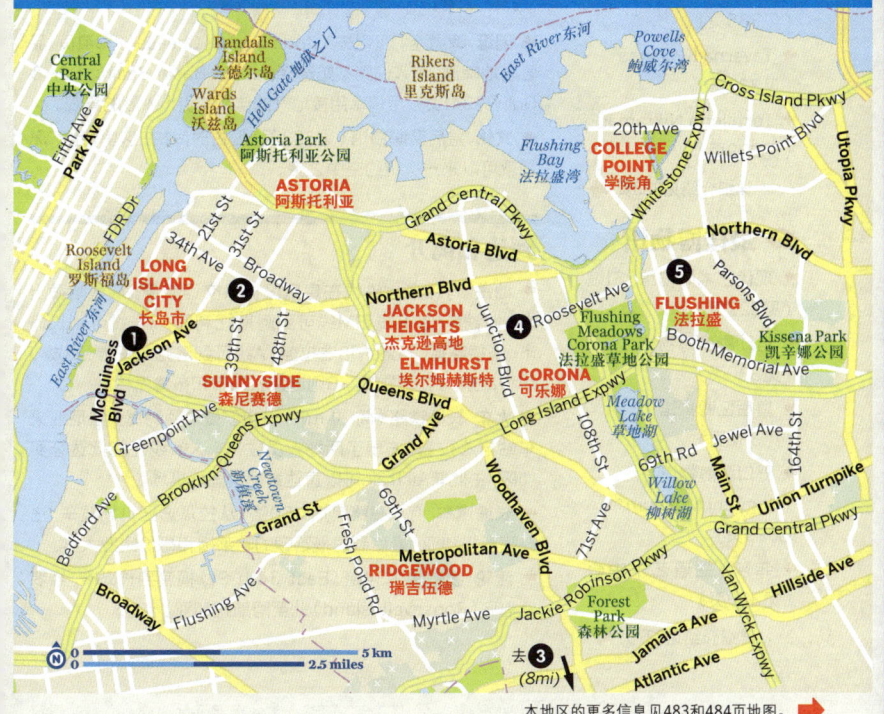

本地区的更多信息见483和484页地图。

独家贴士

不要错过菲莎·兰道艺术中心(见329页),在那里可以免费欣赏现代艺术,而且游人不多。艺术中心位于长岛市一个老旧的降落伞背带厂内,其核心收藏品包括20世纪60年代至今的绘画、摄影、雕塑和装置艺术品。轮换展览主打罗伯特·劳森伯格(Robert Rauschenberg)、赛·托姆布雷(Cy Twombly)和贾斯培·琼斯(Jasper Johns)等一线艺术家的作品。

◎ 最佳就餐

➡ Bahari(见337页)

➡ Mombar(见337页)

➡ Casa Enrique(见335页)

➡ Taverna Kyclades(见337页)

➡ Tortilleria Nixtamal(见339页)

详细介绍见333页 ➡

◎ 最佳博物馆

➡ 现代艺术博物馆PS1馆(见327页)

➡ 运动影像博物馆(见330页)

➡ 皇后区博物馆(见332页)

➡ 野口勇博物馆(Noguchi Museum,见329页)

➡ 菲莎·兰道艺术中心(见329页)

详细介绍见327页 ➡

探索皇后区

在纽约的5个区中,皇后区的面积位居第一,人口数量位居第二。它本身就可以算得上是个大城市了。

假设不是周二或周三(这两天很多画廊不开放),可从长岛市开始一天的旅程——这里是当代艺术枢纽现代艺术博物馆PS1馆(见327页)、雕塑中心(见329页)、菲莎·兰道艺术中心(见329页)的所在地。傍晚,在龙门广场州立公园(见330页)看日落,再到邻近的Vernon Blvd小酌几杯。

花一两天的时间在阿斯托利亚游览一番,尝尝各餐馆里的异域美食和当地佳酿,参观运动影像博物馆(见330页)。夏天可在苏格拉底雕塑公园(见329页)看一场露天电影。

法拉盛(纽约最大的唐人街就在这里)有杂乱的港式街边小吃、亚洲杂货店、俗气的购物中心。时间不够?那早上逛逛Main St和Roosevelt Ave,然后去参观纽约皇后区博物馆(见332页)、路易·阿姆斯特朗博物馆(见332页)或孩子最爱的纽约科技厅(见333页)。

天热就去洛克威海滩(见331页)冲浪。那有纽约最酷的海滩风光,你可以带自己的冲浪板乘地铁A线抵达。

当地生活

➡ **闲逛** 啤酒迷们可以去Astoria Bier & Cheese(见341页)品尝当地啤酒。潮人们则不妨选择Anable Basin Sailing Bar & Grill(见341页),尽情享用接地气的佳酿和引人入胜的景观。

➡ **文化** 皇后区博物馆(见332页)复古时尚,在这里,足不离地就可以来一次纽约空中之旅。

到达和离开

➡ **地铁** 有12条地铁线在皇后区提供交通服务。从曼哈顿出发,地铁N/Q/R线和M线可到阿斯托利亚,7号线可到长岛市、伍德赛德、科洛纳和法拉盛,A线可到洛克威海滩。E线、J线和Z线可到牙买加区,G则连接长岛市和布鲁克林。

➡ **火车** 长岛铁路(简称LIRR)连接了曼哈顿的宾夕法尼亚火车站与法拉盛,方便了两地人员往来。这条线还能抵达牙买加区,由此转AirTrain可以直达肯尼迪国际机场。

➡ **长途汽车** 汽车线路包括M60路,从拉瓜迪亚机场发车,途经阿斯托利亚,最后到达曼哈顿的哈莱姆和哥伦比亚大学。

➡ **渡轮** 渡轮从东34街(East 34th St)横渡到长岛市,经罗斯福岛(Roosevelt Island)北至阿斯托利亚。

重要景点
现代艺术博物馆PS1馆（MOMA PS1）

现代艺术博物馆PS1馆和曼哈顿现代艺术博物馆同属一家，与后者相比，它更小但更前卫。它由一所学校改造而成，一直致力于搜集并展示先锋艺术品。别再想镀金画框里的百合花池塘了。在这里，你可以透过地板观看录像，还可以一边透过墙洞观察，一边探讨非静态结构的含义——一切都让人难以琢磨。最棒的是，凭现代艺术博物馆的门票可以免费参观PS1馆。

建筑

现代艺术博物馆PS1馆所在的新文艺复兴建筑建于19世纪90年代早期，是长岛市第一所学校的故址——这所学校由于学生人数过少，在1963年被迫关闭。20世纪90年代中期，在洛杉矶工作的建筑师弗雷德里克·费舍尔（Frederick Fisher）对其进行了为期3年、斩获殊荣的整修工程，为原建筑增修了室外游廊和主楼梯。

坚持激进，PS1的经典展品

20世纪70年代是诞生了方块艺术（Dia）、艺术家空间和新博物馆等新生代项目兴起的时代，PS1馆正是于这时首次面世，展示了纽约繁荣的艺术风貌，包括实验艺术和多媒体艺术等。1976年，一位另类空间艺术的支持者——阿兰那·海斯（Alanna Heiss）买下了皇后区一栋废弃的教学楼，并邀请理查德·塞拉（Richard Serra）、詹姆斯·特瑞尔（James Turrell）和基斯·索尼尔（Keith Sonnier）等艺术家到这里就

不要错过

➡ 临时展览和长期展览
➡ 夏季"热身"派对
➡ 周日课堂

实用信息

➡ 见484页地图，B5
➡ ☎718-784-2084
➡ www.momaps1.org
➡ 22-25 Jackson Ave，长岛市
➡ 建议捐赠 成人/儿童 $10/免费，持现代艺术博物馆门票者免费；"热身"派对门票 网上/现场 $18/22
➡ ⏲周四至周一 正午至18:00，"热身"派对 7月和8月 周六 正午至21:00
➡ ⓢE、M至Court Sq-23rd St；G、7号线至Court Sq

休息一下

M Wells Dinette（见333页）将当地食材改头换面，调制成加拿大魁北克的特别风味。离博物馆只有几个街区的LIC Market（见335页）会为你提供创意美式菜肴。

出发之前先上网查好展览信息，有时博物馆展出的藏品有限，尤其是在两场大型展览之间。

特定场地进行艺术创作。经过一番努力，最终举办了PS1馆的开幕展览——《房间》（*Rooms*）。保留至今的作品包括理查德·阿茨希瓦格（Richard Artschwager）创作的椭圆形墙——《信号》（*blimps*）、阿兰·萨雷特（Alan Saret）的光束作品《PS1馆的洞》（*The Hole at P.S.1*）以及《第五太阳系闪灵墙寺》（*Fifth Solar Chthonic Wall Temple*），这些都现存于展馆北翼3层，是展馆长期展示的装置艺术品的一部分。其他长期展示艺术品还包括皮皮洛蒂·瑞斯特（Pipilotti Rist）的录像《忘我的熔岩浴》（*Selbstlos im Lavabad*）——可以透过大厅地板观看，以及特瑞尔令人惊叹的《会面》（*Meeting*）——在这件作品中，天空是最大的看点。

夏季"热身"派对

7月至9月初，每逢周六下午，你都可以来这儿参加名为"热身"（Warm Up）的文化音乐节，参加这个盛会的既有货真价实的潮人，也有潮流音乐极客。他们蜂拥进入PS1馆，在庭院中一边吃喝，一边欣赏众多顶尖乐队的精彩演出，聆听实验音乐和DJ大师的音乐。经常来表演的艺术家有迷幻浩室传奇DJ皮埃尔（Pierre）和高科技舞曲先锋胡安·阿特金斯（Juan Atkins）。这就像是一场大型的社区派对，但音乐和艺术都比通常的社区聚会要好得多。与之相关的是一年一度的青年建筑师计划（Young Architects Program，YAP）大赛，大赛会选出一组设计团队来对博物馆的庭院进行改造，而这一改造建筑物会提供隐蔽和富有创意的派对空间。

周日课堂

另一场文化盛宴是周日课堂，于9月至次年5月的每个周日举行，包括讲座、电影放映、音乐表演，甚至是建筑项目等多种形式。届时你将有机会欣赏到实验喜剧、后工业时代噪声音乐和拉丁艺术舞蹈等演出。每周上演不同内容，这一周也许是一部交响乐的首演，下一周则可能是来自马德里的建筑成果展示。PS1馆的网站上会列出即将举行的活动。

书店

到PS1馆的书店Artbook（见343页）继续寻求启发。尽情采购PS1馆的展览目录、茶几上随时翻阅的大部头书籍、艺术理论著作和已经绝版的精神食粮。你还可以找到当代文化、电影和表演艺术类书目，艺术、建筑、设计类期刊，杂志，CD和新媒体资料。浏览Artbook的网站查看不定期举办的读书会和相关展览活动。

 景点

皇后区旅游委员会（Queens Tourism Council; www.itsinqueens.com）网站提供景点和活动方面的信息，而皇后区艺术委员会（Queens Council on the Arts; www.queenscouncilarts.org）则致力于促进皇后区艺术产业的发展。想要获得更多个性化的介绍，可以跟随亨特学院（Hunter College）的城市地理学教授杰克·艾肯鲍姆（Jack Eichenbaum）在皇后区周边的少数民族社区进行一次不同寻常的步行游览（见344页），行程包括步行及乘坐地铁7号线路游览社区，历时一整天。

长岛市（Long Island City）

尽管乘坐地铁7号线只需10分钟就能到达中城区，但长岛市在数十年间都一直未经开发、鲜为人知。如今虽说已经历了几年短暂的繁荣，但长岛市依然处于潮流的边缘。几座前沿艺术博物馆和改造后的工业建筑赋予其一种刚刚度过初建阶段的纽约时尚街区的典型氛围。这里的景色非常棒，尤其是沿河的龙门广场州立公园（Gantry Plaza State Park）。

乘地铁G线到21st St或者乘纽约市轮渡都能抵达长岛市。

现代艺术博物馆PS1馆（MOMA PS1） 画廊

见327页。

★ 菲莎·兰道艺术中心 博物馆

见484页地图（Fisher Landau Center for Art; www.flcart.org; 38-27 30th St,Long Island City; ⊙周四至周一 正午至17:00; ⓢN/Q至39th Ave）免费 很难理解，一家展品档次如此之高的私人艺术博物馆竟会如此冷清，但它到底还是现代和当代艺术拥趸的必到之处。在这座改头换面的工厂大楼里，你能见到赛·托姆布雷、珍妮·霍尔泽（Jenny Holzer）、艾格尼丝·马丁（Agnes Martin）或其他近50年来的艺术大师的作品。

已故英国建筑师马克斯·高登[Max Gordon，伦敦萨奇美术馆（Saatchi Gallery）的设计者]参与了菲莎·兰道艺术中心的设计。每年5月，这里还会举办哥伦比亚大学视觉艺术学院艺术硕士毕业作品展。这个展览备受尊崇，很多艺术人才在这里崭露头角。

野口勇博物馆 博物馆

见484页地图（Noguchi Museum; www.noguchi.org; 9-01 33rd Rd, Long Island City; 成人/儿童 $10/免费，每月第一个周五捐赠入场; ⊙周三至周五 10:00~17:00, 周六和周日 11:00~18:00; ⓢN/Q至Broadway）这里展示的是日裔美籍雕塑家、家具设计师兼园林设计师野口勇（Isamu Noguchi）的艺术作品和建筑作品。野口勇以标志性的台灯、咖啡桌设计以及优雅的抽象石雕知名，这些代表作品都陈列在这座沉静的水泥画廊和一个极简主义的岩石庭院中——浑然是美的幻境与静谧的绿洲。如果想要深入了解野口勇的作品，不妨移步二层画廊，观看介绍艺术家生平的短片。

建筑物本身与野口勇工作室隔街相望，原本是一个照相制版厂。除了艺术品之外，这里还有一个小咖啡馆和礼品商店。商店里有野口勇设计的台灯和家具，还有少量他在20世纪中期设计的其他作品。

雕塑中心 画廊

见484页地图（SculptureCenter; ☏718-361-1750; www.sculpture-center.org; 44-19 Purves St, Long Island City; 建议捐赠 $5; ⊙周四至周一 11:00~18:00; ⓢ7至45th Rd-Court House Sq, E、M至23rd St-Ely Ave, G至Long Island City-Court Sq）雕塑中心位于一条死胡同里，原本是一个有轨电车修理站。这里的前卫艺术和工业化背景会让观众感觉仿佛来到了柏林。飞机库房般的主展厅和洞穴式的地下空间用来展示艺坛新秀和知名艺术家的作品。逛完不远处的PS1馆（见327页），总值得来这里看一看。

苏格拉底雕塑公园 公园

见484页地图（Socrates Sculpture Park; www.socratessculpturepark.org; 32-01 Vernon Blvd, Long Island City; ⊙9:00至黄昏; ⓢN/W至Broadway）免费 苏格拉底公园原先是一座废弃的垃圾堆，是雕塑家马克·迪·苏维罗（Mark di Suvero）把它重塑成了一座城市公园，如今临河坐拥美丽的景致和时常轮换展览的装置作品。你可以趁着公园举办免费活动时来参观：5月中旬至9月下旬，每个周末这

里都会举办免费的瑜伽课程；7月和8月的每周三则是免费的电影之夜。

龙门广场州立公园
州立公园

见484页地图（Gantry Plaza State Park；☎718-786-6385；www.nysparks.com/parks/149；4-09 47th Rd, Long Island City；Ｓ7至Vernon Blvd-Jackson Ave）这座占地约73亩的河滨公园与联合国大楼隔水相望，让你尽览曼哈顿无与伦比的天际线。这座精心设计的公园设有躺椅，让游客完全沉浸、放松，吸引皇后区形形色色的人群举家前来。已经修复好的龙门起重机架（一直使用到1967年）证明这里曾经是一个装卸码头，主要为运送火车车厢的平底船和驳船服务。

巨大的百事可乐（Pepsi-Cola）标志建于1936年，是长岛市的地标。这一标志原先设置在附近的百事可乐装瓶厂屋顶，装瓶厂被拆除后，标志被挪到公园的北端。从这里能方便地乘渡轮过河抵达E 43th St，也可以北上罗斯福岛和阿斯托利亚。

考夫曼艺术区
艺术中心

见484页地图（The Kaufman Arts District；www.kaufmanartsdistrict.com；34-12 36th St；ＳM/R至Steinway St; N/Q至36th St）这片具有传奇色彩的考夫曼工作室坐镇的艺术区在长岛市崭露头角，值得一看——你可以说你早就料到它会成为又一个切尔西般的地方。和野口勇博物馆一样，考夫曼艺术区也在周边地区组织活动和公共艺术的陈列。参观画廊之余有很多餐厅和酒吧供你造访。

⊙ 阿斯托利亚（Astoria）

世界上除希腊以外最大的希腊社区就在此地。显然，这里可以找到正宗的希腊面包房、餐厅和美食商店，主要是在百老汇大街上。东欧、中东和拉美移民纷纷涌入，再加上文艺青年（尤其是志向远大的演员），形成了丰富多样的社群氛围。在此提个醒，电影制作就是在20世纪20年代发源于阿斯托利亚。运动影像博物馆在其翻修过的华丽影院里组织展映活动，和精彩的展览一同展示了电影这门神秘的技艺。

★ 运动影像博物馆
博物馆

见484页地图（Museum of the Moving Image；☎718-777-6888；www.movingimage.us；36-01 35th Ave, Astoria；成人/儿童 $15/7，周五 16:00～20:00 门票免费；◎周三和周四 10:30～14:00，周五 至20:00，周六和周日 11:30～19:00；ＳM/R至Steinway St）这个超酷的综合建筑是目前全世界最顶尖的影视、录像博物馆之一。展厅中展示着130,000多件藏品，其中包括伊丽莎白·泰勒（Elizabeth Taylor）在《埃及艳后》（Cleopatra）中所戴的假发、《宋飞正传》（Seinfeld）的几乎所有周边、以及一整屋的老式街机。DIY手翻书小站这一类交互式展品展示了艺术背后的科学。

在这里，你还可以尝试剪辑电影（包括给《绿野仙踪》中的"我们已经不在堪萨斯了"那一场重新配音），还可以带着怀旧的心情看一看博物馆收藏的老式电视机和摄像机。博物馆的临时展览通常都很不错，定期放映的影片也都很精彩。详细情况请登录网站查询。

大阿斯托利亚区历史学会
博物馆

见484页地图（Greater Astoria Historical Society；☎718-278-0700；www.astorialic.org；35-20 Broadway四层，Astoria；◎周一和周三 14:00～17:00，周六 正午至17:00；ＳN/Q至Broadway, M/R至Steinway）居民们爱的奉献成就了这个社区场所，从中可以领略到旧时的阿斯托利亚。这里总会展出一些在该地区昙花一现的东西，还会主办讲座和电影放映活动。

⊙ 杰克逊高地（Jackson Heights）

北至34th St、南至罗斯福大道、东西涵盖70th St和90th St之间，这片横跨50个街区的区域是纽约市最好的社区之一，却连纽约人也很少知道。罗斯福大街不容错过——这是个名副其实的联合国，最佳体验方式就是吃上一家或者好几家餐厅。这片区域生活着很多南亚人和美籍拉美裔人——他们可能来自美国国境以南直至巴塔哥尼亚最南端的任何一个地方。

乘7号线至74th St-Broadway，或者乘E, F/M, R线至Roosevelt Ave-Jackson Heights。

⊙ 法拉盛区和科洛纳（Flushing & Corona）

Main St和Roosevelt Ave的交会处是法拉盛的中心地带，仿佛是纽约之外的又一个时代广场。来自亚洲各国的移民组成了这个热闹的社区，其中尤以中国人和韩国人为主，到处都开满了出售物美价廉的美食市场和餐馆。

东南方就是以法拉盛草地公园（见332页）而闻名的科洛纳。这里不光有值得一逛的博物馆，该公园（为举办1939年世界博览会而

值得一游

洛克威海滩（ROCKAWAY BEACH）

雷蒙斯乐队（Ramones）1977年创作的一首《洛克威海滩》令洛克威海滩名垂千古。它是美国最大的城市海滩，也是纽约最好的海滩之一，只需要花$2.75乘坐地铁A线就能从曼哈顿抵达（乘轮渡也是同样价格）。洛科威海滩没有康尼岛那么拥挤，更能亲近自然，长长的海岸线设有两处社区中心。

西端是**雅各布里斯公园**[Jacob Riis Park; ☎718-318-4300; www.nyharborparks.org/visit/jari.html, Gateway National Recreation Area, Rockaway Beach Blbd, Queens; ⊙阵亡将士纪念日至劳动节 9:00~17:00; P; 🚻; 🚌Q35、Q22至Jacob Riis Park; ⛴周六、周日和假期从Pier 11（Wall St）至Riis Landing（Rockaway）]，是占地26,000英亩（约2400平方米）的盖特韦国家休闲区（Gateway National Recreation Area）的一部分，主要吸引家庭前来。这片区域也是蒂尔顿堡（Fort Tilden）充满阴凉的绿色废墟的所在地——这是第一次世界大战留下的沿海炮兵设施，现已废弃。

东端从Beach 108th St往东、面对城市唯一指定的冲浪海滩（从Beach 92nd St往东），则是潮人、艺术家和提供本地膳食的餐厅的迅速增长的领地。这里的木板路上有一排水泥售货亭，出售龙虾卷、橘汁腌鱼（ceviche）和流行口味的比萨等美食。

从肯尼迪国际机场不远处延伸过来的盐沼地带就是**牙买加湾野生动物保护区**（Jamaica Bay Wildlife Refuge），覆盖了洛科威堰洲岛以北的水域。它是东海岸最重要的候鸟和湿地动物栖息地之一。每到春秋季节有超过325种鸟类在这里休憩和觅食，捕食如蛤蜊、龟、虾和牡蛎等各种海洋生物。每个季节来的鸟类各不相同：春天主要是鸣禽；3月下旬到访的北美山鹬；8月中旬，滨鸟开始从加拿大向南迁徙，并在这里停靠，为前往墨西哥的旅程补充能量；秋季，迁徙的鹰隼等猛禽与野鸭、野鹅、大斑蝶以及成千上万只蜻蜓并肩前进。观鸟者和自然学家多在保护区的东池塘附近活动，一般游客则在西池塘享受更为优美的风景，以及长达2英里（约3.2公里）、受到妥善维护的环形徒步道。一定要穿上防泥的鞋子，带上驱虫剂和防晒霜，随身携带一些水，并注意避开毒藤。

前往**游客中心**（☎718-318-4340; www.nyharborparks.org; Cross Bay Blvd, Broad Channel; ⊙步道 日出至日落，游客中心 9:00~17:00; 🚌Q53至Cross Bay Blvd/Wildlife Refuge; 🚇A/S至Broad Channel）就到Broad Channel站下车，沿Noel Rd向西走到Cross Bay Blvd，向右（北）拐，再走0.7英里（约1.1公里），就能看到路左侧的游客中心。

当你需要补充能量的时候，**Rippers**（☎718-634-3034; 8601 Shore Front Pkwy; 芝士汉堡$7.50起; ⊙11:00~20:00）是木板路上最受欢迎的聚会场所，这里有多汁的汉堡、泡沫丰富的啤酒和热情洋溢的人群——尤其是常有现场音乐的周末。

往北几个街区就是波希米亚风的**洛克威冲浪俱乐部**（Rockaway Surf Club; www.rockawaybeachsurfclub.com; 302 Beach 87th St; 墨西哥玉米卷饼$3.50起，鸡尾酒$9; ⊙正午至23:00），供应美味的玉米卷饼和热带鸡尾酒，后院色彩缤纷，酒吧里四处都放着冲浪板。

建）还设有美国网球协会比利·简·金国家网球中心（见342页），主办每年八月的美国网球公开赛。

路易·阿姆斯特朗博物馆 知名建筑

见483页地图（Louis Armstrong House；☎718-478-8274；www.louisarmstronghouse.org；34-56 107th St, Corona；成人/儿童 $10/7；◎周二至周五 10:00~17:00，周六和周日 正午至17:00，最后一场团队游 16:00；⑤7至103rd St-Corona Plaza）就在阿姆斯特朗职业生涯达到巅峰并誉满全球时，这位传奇的小号手迁入了皇后区这所简朴的房子，并定居于此，直到1971年逝世。这个地方完整地保留了其时髦格调，包括让人眼花缭乱的绿松石色厨房设施。导览游（40分钟）通过音频资料和相关物品的深入讲解让人真正了解了这位伟大的爵士乐手。

"书包嘴"（Satchmo，路易·阿姆斯特朗的外号）和他的第四任妻子露西尔·威尔逊（Lucille Wilson）一起居住在这座房子里。露西尔是棉花俱乐部（Cotton Club）的一位舞者。在阿姆斯特朗最引以为豪的小巧书房里挂着一幅精美的肖像画，这正是由托尼·班奈特（Tony Bennett，或称Benedetto，也是一位伟大的爵士乐歌手）为阿姆斯特朗绘制的。夏天，花园里会举办现场音乐会（票很早就会抢售一空）。

值得一游

农场生活

皇后县农场博物馆（Queens County Farm Museum；☎718-347-3276；www.queensfarm.org；73-50 Little Neck Pkwy, Floral Park；◎10:00~17:00；☐Q46至Little Neck Pkwy）里奶牛、绵羊和山羊欢快嬉戏，这里是城区内最后一片农场。虽说这里离曼哈顿很远，但对于任何对城市农业感兴趣的人和想逃离城市压力的孩子来说，这里是个宁静的好去处。这里每年都会为来自全美国各部落的人举办帕瓦仪式（powwow，北美印第安人的盛宴和舞蹈节日），此外还有很多节令活动（10月末会搭起鬼屋）。

皇后区博物馆 博物馆

见483页地图（Queens Museum, 简称QMA；☎718-592-9700；www.queensmuseum.org；Flushing Meadows Corona Park, Queens；建议捐赠：成人/儿童 $8/免费；◎周三至周日 11:00~17:00；☎；⑤7至111th St或Mets-Willets Point）皇后区博物馆是纽约市能带给人们最多惊喜的地方之一。"纽约市全景"（Panorama of New York City）是这里的镇馆之宝。这个面积达9335平方英尺（约867平方米）的纽约市缩微模型将纽约市所有建筑都纳入其中，并可以在15分钟内模拟纽约一天当中从黄昏到黎明的光影变化，其精致巧妙的程度令人瞠目结舌。这里还经常举办一流的国际现代艺术展览，充分展示了皇后区的多样文化。即将举办的新展探索最有趣、最前卫却从未实现的纽约设计作品，但草图和模型也能让你大开眼界。

博物馆位于一栋专为1939年世界博览会建造的历史建筑中（这里还曾经是联合国的驻地）。这里现在还收藏着大量1939年和1964年世界博览会上展出过的古旧纪念品（礼品商店里有复制品出售）。

法拉盛草地公园 公园

见483页地图（Flushing Meadows Corona Park；www.nycgovparks.org/parks/fmcp；Grand Central Pkwy, Corona；⑤7至Mets-Willets Point）**免费**公园是为1939年世界博览会而建的，占地1225英亩（约7436亩），是该地区最具吸引力的景点。镇园之宝是公园内高高耸立的皇后区最著名的地标**独立球体**（Unisphere）。这个不锈钢地球仪高120英尺（约36.6米），重380吨，是世界上最大的地球仪。它对面是以前的纽约市政厅大楼（New York City Building），现在已经改建成美轮美奂的皇后区博物馆（见本页）。

南边不远处有3座饱经风霜的冷战时期的纽约州展馆塔（New York State Pavilion Towers），是1964年世界博览会期间纽约州展馆（New York State Pavilion）的一部分。（你可能会认出它们就是《黑衣人》片中的外星人飞船。）如果搭乘地铁7号线从北边入园，留意观看由萨尔瓦多·达利（Salvador Dalí）和安迪·沃霍尔（Andy Warhol）为

1964年世界博览会创作的马赛克镶嵌画。附近还有**花旗球场**（见343页）和美国网球协会比利·简·金国家网球中心（见342页）。沿Grand Central Pkwy往西还有几个景点，其中包括**纽约科技厅**（New York Hall of Science）。公园里也有些运动场地，分别在公园东南两个边缘。一流的人造草皮足球场很受有组织的和临时拼凑的足球队的欢迎。这里还有一个晚上也营业的小型高尔夫球场，高尔夫爱好者们可以前来挑灯夜战。

纽约科技厅   博物馆

见483页地图（New York Hall of Science; ☎718-699-0005; www.nysci.org; 47-01, 111th St; 成人/儿童 $16/13, 周五 14:00~17:00和周日 10:00~11:00免费; ⏱周一至周五 9:30~17:00, 周六和周日 10:00~18:00; Ⓢ7至111th St）科技厅占据了一座建于1965年的怪异建筑，楼体是彩色玻璃组成的大波浪，毫无疑问适合科技迷们。室外迷你高尔夫球场和游乐场不太费脑子。

独立球体   纪念碑

见483页地图（Unisphere; Flushing Meadows Park; Ⓢ7至111th St或Mets-Willets Point）这个12层楼高的不锈钢地球仪是为1964年世界博览会设计的，是法拉盛草地公园（Flushing Meadows Park）的焦点所在，也是皇后区名副其实的象征。（如今，人们或许最容易从Beastie Boys的Licensed to lll专辑封面或电影《黑衣人》和《钢铁侠2》的场景中认出它来。）夏天，独立球体被喷泉环绕，其他时候，有滑板高手在周围穿梭。

就餐

长岛市

M. WELLES DINETTE   加拿大菜 $

见484页地图（☎718-786-1800; www.magasinwells.com; 22-25 Jackson Ave, Long Island City; 主菜 $9~14; ⏱周四至周一 正午至18:00; Ⓢ E、M至23rd St-Court Sq, G、7至Court Sq）这个超级火爆的餐厅就开在由学校改造而成的现代艺术博物馆PS1馆内，来到这里就像重返学校一样（只是伙食更好）。像课桌一样的餐桌正对着开放式厨房，在那里，来自魁北克的主厨Hugue Dufour每周更新菜单，在全球美食中搜罗灵感：比如配有梅子酱和木鱼花的日式炒面蛋饼。

CYCLO   越南菜 $

见484页地图（☎718-786-8309; www.cyclolic.com; 5-51 47th Ave, Long Island City; 主菜 $9~12; ⏱正午至22:00; Ⓢ7至Vernon Blvd-Jackson Ave）Cyclo位于Vernon Blvd附近的一座小砖楼里，木板墙和质朴餐桌营造出舒适的氛围，正好搭配热乎乎又口感劲道的越南法式三明治，里边夹的食材让你大饱口福。

除了越南法式三明治（Banh mi）之外还有牛尾汤粉、辣木瓜、鲜虾沙拉以及油滋滋的砂锅饭。

SWEETLEAF   咖啡馆 $

见484页地图（☎917-832-6726; sweetleafcoffee.com; 10-93 Jackson Ave, Long Island City; ⏱周一至周五 7:00至次日2:00, 周六和周日 8:00起; Ⓢ G至21st St-Van Alst, 7至Vernon Blvd-Jackson Ave）想找一个能蜷起身来喝杯热饮，看本好书的地方？Sweetleaf有书房式的氛围，配有舒适的沙发和座椅，让你享受轻松、低调的咖啡厅体验，很受欢迎。到了晚上，这里会变身为一处充满生气的酒吧，鸡尾酒和其他饮料会让附近的居民彻底放松下来。

JOHN BROWN SMOKEHOUSE   烧烤 $

见484页地图（☎347-617-1120; www.jakessmokehousebbq.com; 10-43 44th Dr, Long Island City; 主菜 $10~16; ⏱周一至周四 正午至22:00, 周五和周六 至23:00, 周日 至21:00; Ⓢ E、M至Court Sq-23rd St）红格子桌布、当地桶装精酿啤酒和香气逼人的牛胸肉——这家堪萨斯风情的烧烤天堂为你准备好了肉食盛宴。这个地方不是很隆重，在柜台点餐然后入座，后边还有露台座位，晚上大多会有乐队演出（晚上7点至9点）。

这家餐厅人气火爆，记得早点去抢位。

LIC CORNER CAFE   咖啡馆 $

见484页地图（☎718-816-1432; 21-03 45th Rd; 糕点 $3起, 咖啡 $3~5; ⏱周一至周五 7:00~18:00, 周六和周日 9:00~17:00; Ⓢ E和M至Court

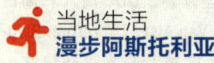

当地生活
漫步阿斯托利亚

阿斯托利亚距曼哈顿中城区仅几步之遥，是个迷人的多元街区——满街的餐厅、林荫小路、独立商店和咖啡馆。一定要带着胃口来，因为吃吃喝喝是体验阿斯托利亚的重要组成部分。最佳游览时间是在周末——这儿最热闹的时候。

❶ 苏格拉底雕塑公园

这个风光如画的水滨公园（见329页）中满是前卫的装置作品和丛丛的桦树，在这里你还能观赏到河对岸曼哈顿的景致。令人难以置信的是这个公园的前身是一个废弃的填埋场，曾是非法的垃圾丢弃处。夏天的周末这里总有活动，瑜伽、太极、集市，还能在哈雷特海湾（Hellets Cove）划皮划艇。

❷ King Souvlaki

沿着31st St飘荡的烟雾找到这个好评如潮的餐车（见336页），这可是阿斯托利亚最棒的餐车之一。皮塔饼（pita）里塞满了令人垂涎的猪肉、鸡肉或牛肉，配上撒有羊奶干酪的希腊式薯条。

❸ Astoria Bookshop

这家备受喜爱的**独立书店**（见484页地图；☏718-278-2665；www.astoriabookshop.com；31-29 31st St, Astoria；⏱11:00~19:00；ⓈN、W至Broadway）有大量留给本土作家的书架。你可以翻翻皇后区餐饮盛况的介绍，或者通过阅读了解这里的多元文化。作为社区的中坚，这里还会组织作家读书会、讨论会乃至写作研讨会——磨练叙事技巧的机会来了。

❹ Lockwood

你可以在这家天马行空的**小店里**（见484页地图；☏718-626-3040；http://lockwoodshop.com；32-15 33rd St, Astoria；⏱11:00~20:00；ⓈN、W至Broadway）找到大量创意礼品，包括很多有趣的皇后区周边礼品——复古壁挂、女性名人的纸娃娃书（paper doll book）、骷髅头蜡烛、香薰蜡烛、惹眼的保温瓶等。Lockwood在几个店面开外还有一家文具店。

❺ Astoria Bier & Cheese

这是家服务邻里居民的熟食店兼啤酒屋（见341页），提供各种各样的诱惑，包括美味的烤奶酪、芝士通心粉、牛油果吐司和填满

运动影像博物馆（见330页）

意大利熏火腿（prosciutto）与其他美味的豪华三明治。时常轮换的精酿啤酒人气更旺。餐厅后边有露天座位，适合温暖的日子小坐。

❻ George's

位于考夫曼工作室内的George's（见337页）深藏不露，入口在侧面，昏暗的室内弥漫着复古的氛围。你可以到吧台点一杯招牌鸡尾酒，边喝边听现场音乐，顺便端详一番20世纪20年代的室内装饰。这里供应融合了现代风格的美式经典菜单。

Sq-23rd St；7至Court Sq；G至Court Sq）顾名思义，这家咖啡馆位于长岛市Hunter's Point一座公园对面一处不起眼的角落。咖啡厅显眼的店面是店内氛围的完美注脚：舒适的环境、丰盛的烘焙糕点、店内自制的乳蛋饼（quiche）还有精致的咖啡和茶。

CANNELLE PATISSERIE　　　面包房 $

见484页地图（☎718-937-8500；5-11 47th Ave, Long Island City；糕点 $3起；⊙周一至周五6:30～20:00，周六 7:00起，周日 7:00～17:00；Ⓢ7至Vernon Blvd-Jackson Ave）在这家咖啡厅你能找到完美的法式糕点，它坐落在新建的LIC一座光鲜的大楼里，但一口酥松的牛角包或宝石般的水果挞就能让你直飞巴黎。这家是分店，总店店址有些难以置信，位于杰克逊高地一片死气沉沉的购物广场里。

LIC MARKET　　　咖啡馆 $$

见484页地图（☎718-361-0013；www.licmarket.com；21-52 44th Dr, Long Island City；主菜午餐 $11～14，晚餐 $18～28；⊙周一 8:00～15:30，周二至周五 至22:00，周六 10:00～22:00，周日 10:00～15:30；☎；ⓈE、M至23rd St-Ely Ave，7至45th Rd-Court House Sq）不论是当地艺术家还是公司员工，人人都喜欢来这家酷酷的小咖啡馆，一边吃，一边欣赏店里出自当地艺术家之手的艺术品。店里最受欢迎的早餐是"香肠加洋葱"三明治（有煎蛋、早餐香肠、切达干酪和焦糖洋葱）。午餐和晚餐的菜单时常更新，包括扇贝、正宗意大利炖饭和当季野味。

CASA ENRIQUE　　　墨西哥菜 $$

见484页地图（☎347-448-6040；www.henrinyc.com/casa-enrique.html；5-48 49th Ave, Long Island City；主菜 $18～28；⊙周一至周五17:00～23:00，周六和周日 11:00～15:30和17:00～23:00；Ⓢ7至Vernon Blvd-Jackson Ave，G至21st St/Van Alst）不要被这家餐厅低调的外观欺骗——这可是米其林星级高档餐厅，供应纽约市最好的墨西哥美食。菜单上满是墨西哥最受欢迎的美味高端搭配，如龙舌兰浸制的烤牛肉（carne asada，专用侧腹横肌部位的烤牛排）和普埃布拉地方风味的鸡肉和配有辣巧克力酱的米饭（mole de piaxtla）。

座位有限，建议预订。

M WELLS STEAKHOUSE　　牛排 $$$

见484页地图（☎718-786-9060；www.magasinwells.com；43-15 Crescent St, Long Island City；主菜 $24~65；⊙周三至周六 17:00~23:00；ⓈE和M至Court Sq-23rd St，7至Court Sq）🍴饥肠辘辘的食肉动物会喜欢魁北克大厨Hugue Dufour烹饪的牛排。试试涂有韩式枫糖浆的纽约牛排（New York strip），或者嫩得无可挑剔的和牛牛排（Wagyu flank steak）。这里还为半素食主义者供应整条鳟鱼和青口，为想家的加拿大人准备了肉汁奶酪薯条（poutine）。餐厅环境嘈杂而充满活力。周末需要订位。

小费不用单给，所有餐费均加收20%的服务费——所有员工收入公平。

🍴 阿斯托利亚

希腊菠菜馅饼（Spanakopita）？鸡饭（Khao man gai）？海鲜煲（Encebol de mariscos）？只要这些东西存在，你就一定能在皇后区吃到。到长岛市的餐馆品尝当地菜，到阿斯托利亚品尝从希腊菜到百吉饼等各种美食——这里的美食热门区域有30th Ave、百老汇大街（在31st St和35th St之间）和31st Ave。Astoria Blvd和30th Ave之间的Steinway Ave号称阿斯托利亚的"小开罗"。再往东，埃尔姆赫斯特（Elmhurst）聚集着一系列正宗的泰国菜餐厅，而Roosevelt Ave是拉美流动餐车的集结地。位于地铁7号线终点的法拉盛区号称是纽约"没有观光客的唐人街"。

★ PYE BOAT NOODLE　　泰国菜 $

见484页地图（☎718-685-2329；35-13 Broadway, Astoria；面 $10~13；⊙11:30~22:30，周五和周六 至23:00；ⓈN/W至Broadway, M、R至Steinway）统一戴着费多拉呢帽的年轻泰国服务生迎接顾客，给人一种置身老式乡间别墅的感觉。特色菜是滋味丰富、带有八角茴香的香味和脆皮烤猪的船面（boat noodle）。此外还有精致的海鲜yen ta fo（粉红色的清淡海鲜汤），算是纽约独一份——配一份木瓜沙拉刚刚好（秘密菜单：附加最潮的腌蟹）。

KING SOUVLAKI　　餐车 $

见484页地图（☎917-416-1189；www.facebook.com/kingSouvlaki；31st St, 近31st Ave；主菜 $6~10；⊙周一至周三 9:00~23:00，周四至周六至17:00，周日 11:00~23:00；ⓈN、W至Broadway）沿着让人堕落的烧烤香气（更不必提沿着31 St飘出的烟）找到这个著名的餐车，这是阿斯托利亚的招牌。皮塔饼（pita）里塞满令人垂涎的猪肉、鸡肉或牛肉，配上撒有羊奶干酪的希腊式薯条。

JERUSALEM PITA HOUSE　　中东菜 $

见484页地图（☎718-932-8282；http://jerusalempitaastoriany.com；25-13 30th Ave, Astoria；主菜 $5~11；⊙正午至22:00；ⓈN/W至30th Ave）这间小巧的家庭式餐厅让你感觉宾至如归。特色是塞满辛香烤肉或酥脆鹰嘴豆球（falafel）的皮塔饼，你可以打包带走也可以当场速战速决。

THE STRAND SMOKEHOUSE　　烧烤 $

见484页地图（☎718-440-3231；www.thestrandsmokehouse.com；25-27 Broadway, Astoria；烧烤每磅 $16~20；⊙周一至周四 16:00至午夜，周五 至次日2:00，周六 正午至次日4:00，周日 正午至午夜；ⓈN/W至Broadway）来这家风格古朴的南方风格烧烤餐厅吃饭，总像是参加一场大型派对。周末有现场音乐，酒吧供应当地精酿啤酒和月光鸡尾酒。当然，还有丰富的烤猪排、牛腩和手撕猪肉，正好配上美味可口的配菜，比如餐厅自制的玉米面包和辣味奶酪通心粉。

BROOKLYN BAGEL & COFFEE COMPANY　　面包房 $

见484页地图（☎718-204-0141；www.brooklynbagelandcoffeecompany.com；35-05 Broadway, Astoria；百吉饼 $1.25；⊙6:00~16:30；ⓈN/Q至Broadway, M、R至Steinway St）它并不在布鲁克林区，而是在皇后区。名字可能有点迷惑人，但这里出品的百吉饼的水准绝不含糊：饼皮脆实、饼心耐嚼，还有一些新口味，例如芝麻味、洋葱味和大蒜味，甚至是加了燕麦和葡萄干的全麦百吉饼。另有五花八门的风味奶油奶酪，如芥末熏鲑鱼味和烤苹果。

★ BAHARI 希腊菜 $$

见484页地图（☎718-204-8968；31-14 Broadway, Astoria；主菜 $14~29；⊙正午至午夜；🅿️🚇；ⓈN/Q至Broadway）阿斯托利亚的许多希腊餐厅都主打烧烤。Bahari还把菜单拓展到各式各样的砂锅和炖菜：茄盒（moussaka）配细腻的贝夏美调味白汁、丝滑的慢炖豆子和拌有菠菜的米饭。这些丰盛的菜肴非常便宜，尤其考虑到餐厅环境的优美程度（注意：鱼比较贵）。与大多数纽约餐厅相比，这里的员工尤其出色，空间格外充裕。

KABAB CAFE 埃及菜 $$

见484页地图（☎718-728-9858；25-12 Steinway St, Astoria；主菜 $12~26；⊙周二至周日 13:00~17:00和18:00~22:00；🅿️；ⓈN/Q至Astoria Blvd）主厨阿里是位传奇人物，是Steinway商业街上小埃及（Little Egypt）地区的顶梁柱，不过他充满新意又接地气的菜式远远超出了他的家乡传统菜肴范围，往往一旦新鲜出锅就直接呈至你的餐桌。从开胃菜点起，绿色埃及风味法拉费（falafel，一种油炸鹰嘴豆饼）口感蓬松，任何羊肉菜肴都不会错。

素食者可以选择素食拼盘，包括茄泥酱（baba ghanoush）、鹰嘴豆泥（hummus）和法拉费，或者可以接着来一道埃及穆沙卡（moussaka，炒茄子配上西葫芦、土豆、西红柿和多种调味料）。

MOMBAR 埃及菜 $$

见484页地图（☎718-726-2356；25-22 Steinway St, Astoria；主菜 $14~26；⊙周二至周日 17:00~22:00；🅿️；ⓈN/Q至Astoria Blvd）这家餐厅是Steinway阿拉伯商业区的一个传奇，光是餐厅内饰就值得一看。主厨穆斯塔法（Mustafa）白手起家开了这家餐厅，多年来，他随手收集来的物品都成就了餐厅装饰的混搭风格。环境衬托着他高超的埃及料理烹饪水平，一定要试试招牌菜mombar，一种口味清淡的米肠。

TAVERNA KYCLADES 希腊菜 $$

见484页地图（☎718-545-8666；www.tavernakyclades.com；33-07 Ditmars Blvd, Astoria；主菜 $18~32；⊙周一至周六 正午至23:00，周日 至22:00；ⓈN/Q至Ditmars Blvd）一提到希腊海鲜，这里自然是首选——这里的常客比尔·莫瑞（Bill Murray）对此深表赞同。鲜美多汁的烤章鱼和烤全鱼是必点菜肴，此外可以搭配铁板煎奶酪（saganaki）和美味的沙拉。Kyclades Specialty这道特色菜不值那个价格，不建议品尝。此外，建议尽量早早去排队。（奇怪的是曼哈顿东村的分店反而没有那么旺的人气）。

GEORGES'S AT KAUFMAN ASTORIA STUDIOS 美国菜 $$

见484页地图（☎718-255-1947；www.georges.nyc；35-11 35th Ave；主菜 $15~33；⊙周二至周四 16:00~22:00，周五和周六 至23:00，周日 11:30~21:00；ⓈM、R至Steinway St）这间典雅的餐厅和酒吧藏匿在考夫曼阿斯托利亚工作室内，提供高端的适口美食，包括俄式炖牛仔骨（stroganoff）、炸鸡配小白菜和蟹饼。如果你还不饿，那么不妨在洋溢着20世纪20年代氛围的酒吧里待一会儿，品尝一款精心调制的鸡尾酒。

这里有现场音乐、喜剧表演和其他活动，每天都有欢乐时光特价饮品（下午4点至7点）。天气暖和的时候，拐角处的户外Landmark Café是享用茶点的好地方。

SEK'END SUN 美国菜 $$

见484页地图（☎917-832-6414；www.sekendsun.com；32-11 Broadway, Queens；⊙周一至周四 17:00至次日2:00，周五 11:00至次日4:00，周日 11:00至次日2:00；ⓈN/W至Broadway）这家餐吧有着轻松的乡村氛围，是享用随意的傍晚小酌或者不落俗套的晚餐的理想去处。这里能尝到高级酒吧小食，比如陈年切达和帕尔玛奶酪制成的通心粉（mac and cheese，没准还有手撕猪肉），可以完美搭配精心调制的招牌鸡尾酒。

VESTA TRATTORIA & WINE BAR 意大利菜 $$

见484页地图（☎718-545-5550；www.vestavino.com；21-02 30th Ave, Astoria；比萨 $15~17，主菜 $19~26；⊙周一至周四 11:00~16:00和17:00~22:00，周五 至23:00，周六 11:00~15:00和16:30~23:00，周日 11:00~15:00和16:00~22:00；ⓈN/Q至30th Ave）这里是邻里间家喻户晓的"秘密"。酒吧里经常有健谈的常

客光临，墙上挂着当地艺术家的作品，有机食材则取自布鲁克林的一个屋顶农场。菜单很简单，随季节调整，有令人满足的清蒸贻贝配烤面包片（crostini），热气腾腾的薄皮比萨，以及各式各样的主菜，包括配有鱿鱼和鳀鱼的意式细面、煎鲈鱼和野猪肉千层面。

周末早午餐中最受欢迎的明星餐是宿醉比萨（Hangover Pizza），主料有辣番茄酱、土豆、培根、香肠和烘蛋。

✖ 伍德赛德（Woodside）

SRIPRAPHAI 泰国菜 $$

见484页地图（☏718-899-9599；64-13 39th Ave, Woodside；主菜 $12~24；◷周四至周二11:30~21:30；⑤7至69th St）纽约城第一家毫无保留地为泰国人提供泰国菜的餐厅。某种程度上，这家餐厅已经被一些更新潮、选择更为有限的餐厅赶超（这里的菜单极长，囊括了泰国全国的料理），但它依然是个业界传奇，也是大吃一顿的好去处，从咖喱到炸软壳蟹应有尽有。只收现金。

✖ 杰克逊高地（Jackson Heights）

LITTLE TIBET 中国菜 $

见484页地图（☏718-505-8423；72-19 Roosevelt Ave, Jackson Heights；主菜 $7~12；◷正午至22:00；⑤7至74 St-Braodway, E、F/M、R至Roosevelt Ave-Jackson Heights）整个杰克逊高地和中国西藏很像，旧日的印度商店和餐厅逐渐被喜马拉雅地区来的生意人们取代。这家小店有一批住在附近的忠实食客，木板墙的内饰营造出温馨的环境。店内有一长串皇后区的微酿啤酒酒单，就着啤酒品尝藏式饺子（momo）吧。

✖ 埃尔姆赫斯特（Elmhurst）

KHAO KANG 泰国菜 $

见484页地图（☏718-806-1807；76-20

ROOSEVELT AVE上的流动餐车

说到路边摊，几乎没有哪里能比得上Roosevelt Ave。深夜，成群结队的拉美人开着流动餐车、推着手推车、带着秘密配方的熟食闪亮登场了。你只需从90th St漫步到103rd St，就能喝到champurrados（浓稠的玉米巧克力热饮），品尝到cemita（墨西哥三明治），别忘了留点肚子给厄瓜多尔炖鱼。这就是典型的皇后区，便宜又地道。饿了吧？那就到Roosevelt Ave上最棒的几家餐厅来一次品鉴之旅吧。

从罗斯福大道南侧与Forley St的交会处进发，你会找到人气超高的**Taco Veloz**（见484页地图；86-10 Roosevelt Ave, Jackson Heights；墨西哥玉米卷饼 $2.50起；◷正午至次日2:00；⑤7至90th St-Elmhurst），供应制作迅速的美味玉米卷饼和一流的cemita（$7）。

沿着罗斯福大道再向东走一会儿，你就能在街角看见熟食店**La Esquina del Camarón**[见484页地图；☏347-885-2946；80-02 Roosevelt Ave, Jackson Heights；鲜虾杯（shrimp cocktail）$8~12；◷11:00至次日2:00；⑤7至82nd St-Jackson Hts]不要被毫无个性的入口蒙蔽，进了餐厅往里走，里面的食品柜台有技巧熟练的店员为你准备世界上最棒的鲜虾杯——杯里盛满了虾（还可以选择章鱼），顶上盖着几片牛油果，清新、爽口、美味得令人垂涎。

继续沿罗斯福大道走到Warren St，这条街上的明星摊点是**El Guayaquileño**（Warren St, Roosevelt Ave和40th Rd之间, Jackson Heights；菜品 $5~11；◷周日至周四8:00~22:30，周五和周六 至次日4:00左右；⑤7至Junction Blvd），这里的招牌菜是厄瓜多尔炖鱼（encebollado），里面加了木薯、金枪鱼、香菜叶、洋葱、柠檬、小茴香和烤玉米粒。炖鱼味道鲜美，肉质细嫩，只点一份就足够饱餐一顿了。如果你吃肉心切，在不远处的餐车能买到带着脆皮和配料的烤猪。

Woodside Ave,Elmhurst; 主菜 $9~10; ⊙周二至周日 11:00~21:00; Ⓢ E、F/M、R至Roosevelt Ave-Jackson Heights, 7至74 St-Braodway）最出色的新生代泰餐就在这里，你可以像吃曼谷工作餐一样点餐，点两三个热菜——热腾腾的绵软南瓜配鸡蛋和罗勒、焦糖猪肉等——就着米饭吃。吃起来又快又便宜，又完全不失格调。甜点也很诱人。

法拉盛区和科洛纳

★ Tortilleria Nixtamal　　　墨西哥菜 $

见483页地图（☎718-699-2434；www.tortillerianixtamal.com; 104-05 47th Ave, Corona; 玉米卷饼 $3~4，主菜 $10~14；⊙周四和周日 11:00~21:00，周五和周六 至23:00; Ⓢ7至103rd St-Corona Plaza）这里是lo-fi（一种地下音乐风格）一族的最爱。店里摆放着红黄两色的野餐长凳，饕客来来往往，络绎不绝，都是为了能一品这里超级正宗的墨西哥小吃。鲁布·戈德堡（Rube Goldberg）机械（一种复杂的机器装置）是这里的秘密武器，它能把不含添加剂的玉米粉团变成超级美味的墨西哥玉米卷（tacos）和玉米粽子（tamales）。

这里的店员都是纯粹主义者，他们会在墨西哥玉米卷上放些香菜、洋葱、酸橙等简单配菜加以点缀。其他必品美食还有肉羹玉米粥（pork-broth pozole soup），里面加了碎洋葱、萝卜、牛至和辣椒粉。在为三色旗（指墨西哥国旗）欢呼加油的时候，不妨喝一杯冰凉的horchata fresca（一种香喷喷的大米杏仁乳饮料）。

赋润东北美食　　　中国菜 $

见483页地图（Fu Run; ☎718-321-1363; www.furunflushing.com; 40-09 Prince St, Flushing; 主菜 $12~27；⊙11:30~23:00; Ⓢ7至Flushing-Main St）这里人气旺是有原因的：这里的东北菜做得实在是太棒了——质朴、有时颇为清淡、炒法永远super一流。尝尝这些地道的中国东北风味：酸菜猪肉水饺或者让人难忘的清真煎羊排（煎羊肋骨撒上干辣椒、孜然和芝麻）。

南翔小笼包　　　有馅食品 $

见483页地图（☎718-321-3838; 38-12 Prince St, Flushing; 主菜 $6~10；⊙8:30至午夜；Ⓢ7至Main St）美味多汁的小笼包、劲道的面条、香辣的馄饨——你能在这家店里找到点心店的一切招牌美味。整个店面简单质朴，总是非常繁忙，但人们通常速战速决，上菜速度也快，因而等位不会很久。建议你带几个朋友然后多点几样。只收现金。

GOLDEN SHOPPING MALL　　　中国菜 $

见483页地图（41-28 Main St, Flushing; 餐 $5起; ⊙10:00~22:00; Ⓢ7至Flushing-Main St）这里的地下美食广场就像大排档一样嘈杂混乱，随处可见倒挂的鸭子、抻在半空中的面条和油腻腻的耐美力（Laminex）餐桌，桌上摆着的各种奇形怪状的食品。在这里找不到英文菜单也不要紧，大多数摊位至少有一个会讲英语的人，众多回头客也会很乐于为你指出自己的心头好，比如兰州拉面、麻辣猪耳等。

一定要尝尝天津饺子馆（Tianjin Dumpling House）滋味浓郁的饺子（猪肉茴香值得一试）。没有标识的入口很容易被错过，通往餐馆的楼梯就离41st Rd不远。

NEW WORLD MALL　　　美食广场 $

见483页地图（www.newworldmallny.com; Main St, 在41st Ave和Roosevelt Ave之间, Flushing; 主菜 $4起; ⊙10:00~22:00; Ⓢ7至Flushing-Main St）地下一层汇集了各式东方美食奇迹，从手工兰州拉面到韩式烧烤，饺子、寿司、珍珠奶茶和越南粉只是帮你开开胃——一定要带着胃口来。这里还有一家颇具规模的亚洲超市，罗斯福大道上还有一个入口。

故湘味　　　中国菜 $$

见483页地图（Hunan Kitchen of Grand Sichuan; ☎718-888-0553; www.thegrandsichuan.com; 42-47 Main St, Flushing; 主菜 $12~23; ⊙11:00~21:30; Ⓢ7至Flushing-Main St）法拉盛这家著名饭店以湘菜著称，保证吃出你一身汗。其招牌菜包括：咸香的白辣椒腊牛肉、辣子鸡和热腾腾的鱼汤。如果是一大帮人一起来，不妨点一份这里的特色菜：湘式烤鸭。

敦城海鲜酒家　　　点心 $$

见483页地图（Asian Jewels; ☎718-359-8600; 13330 39th Ave, Flushing; 主菜 $14~24; ⊙11:00~21:30; ⓅⓈ7至Main St）任何精通美食

步行游览
法拉盛唐人街

起点 芳茗轩
终点 Leaf Bar & Lounge
全程 1英里(约1.6公里),2.5小时

为这趟法拉盛的吃货之旅留好肚子。这里是纽约规模最大、最正宗的唐人街所在地。开吃之前先到 ❶ **芳茗轩**(见342页)品一杯精心沏的乌龙茶,这家茶室藏在一个小型购物中心的后边,极富禅意的空间令你远离尘嚣。横穿繁忙的罗斯福大道,找到 ❷ **999花城**(Soy Bean Chen Flower Shop),除了美丽的玫瑰和芬芳的牡丹之外,这家店前边还有一个柜台可以买到嫩滑的豆腐,以姜糖浆作浇头。你可以端着温热的豆腐走到 ❸ **布兰德游戏场**(Bland Playground)找个长椅坐下放松一下。

继续沿着40th St走,右转进入人潮汹涌的Main St,这是法拉盛最有活力的大道。经过41st St找到通往 ❹ **Golden Shopping Mall**的下行楼梯(见339页)。在这里,喧喧嚷嚷的摊贩给你准备了各种美味。你可以在天津饺子馆,坐下享用皮薄馅大的饺子。

一旦吃得心满意足,就回到Main St,然后右转入Kissena Ave,很快就能找到那家 ❺ **功夫茶**(Kung Fu Tea),这是城里最好的珍珠奶茶店之一。令人难以置信的是有几十种口味可供选择,包括抹茶红豆、香芋奶绿和绿豆沙(mung bean),此外还有菠萝、桃子、百香果之类的水果口味。奶茶在手,回到Maint St,走半个街区到 ❻ **New World Mall**(见339页),这个繁华的购物中心楼下是个巨大的美食广场,除了中餐,你还能找到韩国、泰国和越南料理。千万不要错过兰州拉面。离开购物商城,继续走到39th Ave然后左转。过两个街区就到了Hyatt Place Hotel。进入酒店坐电梯上10层,那里就是 ❼ **Leaf Bar & Lounge**,俯瞰脚底的喧嚣,你可以品着鸡尾酒回想这一天的寻味之旅。

的纽约人都会告诉你全城最好的中餐就在皇后区，而敦城就是那家口碑最好的点心店。这是家传统广式茶餐厅，餐厅很大，不过人气更旺，所以等位是常事。然而，当摆满饺子和各种诱人茶点的小推车从你身旁经过，你一定无怨无悔。

敦城为食客提供代客泊车服务。

饮品和夜生活

四衢八街的皇后区为当地多元的人群提供各种夜生活的选择，希腊、克罗地亚、爱尔兰、牙买加风格的酒吧夜店不胜枚举。临河的阿斯托利亚和长岛市往往会吸引许多曼哈顿岛人来此度过一个特别的夜晚。

BOHEMIAN HALL & BEER GARDEN　　啤酒园

见484页地图（☎718-274-4925；www.bohemianhall.com；29-19 24th Ave, Astoria；◎周一至周四 17:00至次日1:00，周五 至次日3:00，周六 正午至次日3:00，周日 正午至午夜；◎N/Q至Astoria Blvd）这个捷克人据点开启了纽约市的啤酒园热潮，此地却还是在环境和人气上脱颖而出，一到夏天，喧嚷举杯的人群就占满了树下所有的野餐桌。这里提供必尝的美食（饺子、香肠），重点还在泡沫浓密的捷克冰啤酒。有些晚上会有民谣乐队的现场演出，这时偶尔会收取$5的入场费。

THE COOP　　酒吧

见483页地图（☎718-358-9333；www.thecoopnyc.com；133-42 39Ave #103, Flushing；◎周日至周三 正午至次日2:00，周四至周六 正午至次日3:00；◎7至Main St）时髦的鸡尾酒文化和韩国创意料理在法拉盛喧嚷的人群中心相遇。享用全套韩国料理大餐，或者点一轮小碟尝鲜，比如五花肉夹馍（pork belly slider）或辣白菜蛋卷（主菜$12～25）。别致的气氛使这里成为你开始夜生活的绝佳去处。

DUTCH KILLS　　酒吧

见484页地图（☎718-382-2724；www.dutchkillsbar.com；27-24 Jackson Ave, Long Island City；◎17:00至次日2:00；◎E、M/R至Queens Plaza, G至Court Sq）Dutch Kills的入口是长岛旧工业大楼一扇不起眼的门，走进这里就仿佛回到过去。这家地下风格的酒吧全靠氛围和精彩的手工鸡尾酒脱颖而出，特色自创饮品众多，但偏爱传统鸡尾酒的你也完全可以信赖调酒师的专业程度。

ASTORIA BIER & CHEESE　　啤酒馆

见484页地图（☎718-545-5588；www.astoriabierandcheese.com；34-14 Broadway, Astoria；◎周一至周四 正午至23:00，周五和周六 至午夜，周日 至22:00；◎N/Q至Broadway, M、R至Steinway）在阿斯托利亚这家时髦别致的酒吧兼商店里，最吸引人的就是奶酪和啤酒。在这里可以畅饮10种泡沫丰富的当季啤酒，多是本地的桶装啤酒。还有多达数百种精心挑选的听装和瓶装啤酒。你可以把它们带回家里喝，或者干脆就地豪饮吧。这里奶酪和猪肉熟食的品种无比丰富，还有新奇的烤奶酪和令人垂涎的三明治套餐，比如伊比利亚猪的腊火腿（Iberian jamón serrano）搭配陈年格吕耶尔芝士（Gruyère）。

VITE BAR　　葡萄酒吧

见484页地图（☎347-813-4702；www.facebook.com/vitebar；25-07 Broadway, Astoria；◎周一至周四 正午至午夜，周五至周日 至次日1:00；◎N/Q至Broadway）这家让人放松的葡萄酒吧离地铁站只有几步之遥，却有很多吸引你的理由：按杯供应的一流葡萄酒、丰盛的意大利美食和温馨的氛围。这里的环境将破旧别致的旧木板墙与古董相结合，背景音乐是皇后乐队的歌曲，不过这些完全不会降低口感均衡的奈皮奥罗葡萄酒（一种意大利酒）和入口即融的帕尼尼三明治带来的满足感。

ANABLE BASIN SAILING BAR & GRILL　　酒吧

见484页地图（☎718-433-9269；www.anablebasin.com；44th Dr & East River,Long Island City；◎周一至周五 16:30至次日2:00，周六和周日 11:30起；◎E、M至Court Sq-23rd St）去这家酒吧的途中会见识到沉睡的仓库和工业区颠簸的石子路，给人一种探险的感觉。然而你一旦成功抵达，等着你的就是水边露台和令人着迷的曼哈顿景色。在日落时分占一张野餐桌，一边喝着Kona Longboard，一边看着中城区的群楼顶端闪起灯光。

BIEROCRACY
啤酒馆

见484页地图（☎718-361-9333；www.bierocracy.com；12-23 Jackson Ave,Long Island City；◉周一至周三 16:00至午夜，周四 至次日1:00，周五 16:00至次日2:00，周六 11:00至次日2:00，周日 11:00至午夜；☒7至Vernon Blvd-Jackson Ave, G至 21st St-Van Alst St）任何想要边喝酒边看比赛的人会在长岛市这家酒馆里感到宾至如归，这个大型啤酒屋最适合大型团体聚餐或家庭聚会，座位区四处可见大屏电视。这里供应的啤酒种类相当可观，还有炸鱼薯条、薄饼比萨（flatbread pizza）和巨型的椒盐卷饼（pretzel）。

芳茗轩
茶室

见483页地图（Fang Gourmet Tea；☎888-888-0216；www.fangtea.com；135-25 Roosevelt Ave,Flushing；◉10:30～19:30；☒7至Flushing-Main St）虽说位于法拉盛唐人街的中心地带，这家小茶馆却能让你感到远离尘嚣。这家藏在一个小商场旁边的茶馆供应各种高端茶品，口味微妙的熟乌龙、草本绿茶，还有一些别具风味的选择，比如白毫银针和云南普洱。

品茶会每人$5起，你可以和茶艺大师隔案对坐，看大师沏茶的手艺，还能与大师对饮！

STUDIO SQUARE
啤酒园

见484页地图（☎718-383-1001；www.studiosquarebeergarden.com；35-33 36th St,Astoria；◉周一至周四 16:00至次日4:00，周五 15:00起，周六和周日 正午至次日4:00；☒M, R至36th St, N/Q至36th Ave）这是一家新生代啤酒园，虽说没有大树也没有怀旧氛围，但它胜在可观的啤酒种类、充足的活动空间和皇后区特有的形形色色的顾客群体。这里一年到头活动不断，包括大屏体育赛事直播、电影之夜、音乐会和夏季烧烤。

ICON BAR
同性恋酒吧

见484页地图（☎917-832-6364；www.iconastoria.com；31-84 33th St,Astoria；◉17:00至次日4:00；☒N/W至Broadway）纽约市著名的同性夜生活可不限于曼哈顿。Icon Bar比够劲的饮品和暧昧的气氛带来阿斯托利亚。这里长期举办特色DJ之夜和变装表演，工作日的傍晚还有买一赠一的欢乐时光特惠活动。这都是让你到河这边来的绝佳理由。

THE REAL KTV
卡拉OK

见483页地图（☎718-358-6886；136-20 Roosevelt Ave 3层,Flushing；包间 $15起；◉每日 13:00至次日4:00；☒7至Main St）很少有地方像皇后区一样痴迷于卡拉OK，而Real KTV则是这一片唱得最欢的一家。包间价格公道，设施和氛围上却毫不马虎，立式麦克风马上让你高调起来。员工服务周到，饮品和小吃也很丰富，当然，最重要的还是那份过瘾的歌单。

娱乐

★ Terraza 7
现场音乐

见484页地图（☎718-803-9602；http://terraza7.com；40-19 Gleane St, Elmhurst；◉16:00 至次日4:00；☒7至82nd St-Jackson Hts）先到皇后区体验多元的美食，然后不妨来这家两层楼的演出现场听听同样多元的音乐。小小的空间在这里被创造性地有效利用，现场乐队位于吧台上方的越层。拉丁爵士是这里的主流，但表演者的故乡可能远至摩洛哥。

CREEK AND THE CAVE
喜剧

见484页地图（☎917-865-4575；www.creeklic.com；10-93 Jackson Ave,Long Island City；◉周日至周四 11:00至次日2:00，周五和周六 至次日4:00；☒7至Vernon Blvd-Jackson Ave）这片区域只有零星几个小众喜剧俱乐部，这家Creek and the Cave就是最大最知名的那家，整个俱乐部有两个舞台、一家墨西哥餐厅、一个休闲的后院和一家酒吧——酒吧里的弹球机维护状况良好。一间俱乐部能提供这么多乐趣，不难理解为什么很多年轻喜剧选手把这里当成根据地。

美国网球协会比利·简·金国家网球中心
表演赛

见483页地图（USTA Billie Jean King National Tennis Center；☎718-760-6200；www.usta.com；Flushing Meadows Corona Park, Corona；◉6:00 至午夜；☒7至Mets-Willets Pt）美国网球公开赛（US Open）在8月下旬举行，是全城范围内的

体育盛事。2016年，亚瑟·阿什球场（Arthur Ashe Stadium，能容纳23,771人）新修了可开合的屋顶，新的体育馆已经建成（即Grandstand体育馆，以取代老Grandstand体育馆），外部球场也已经翻修完毕。门票通常于4月或5月在票务大师（Ticketmaster）有售，但重大赛事的票很难买到。前几轮比赛的普通座位比较容易买到票。

美国网球协会拥有12个德克瑞（Deco Turf）硬地球场、19个草地球场、4个可以控制温湿度的黏土软性球场和3个可供出租的体育馆球场（每小时价格各不相同）。最多可提前2天预约。

花旗球场　　　　　　　　　　　　　体育馆

见483页地图（Citi Field; www.newyork.mets.mlb.com; 120-01 Roosevelt Ave, Flushing; Ⓢ7至Mets-Willets Pt）这里是屡败屡战的纽约大都会棒球队的主场。球场于2009年开放，代替了早先的大都会总部，谢亚球场（Shea Stadium）。外立面采用重复的拱形图案，与现代的内部装饰相比显得有点过时——场馆内售卖的食物倒是很新鲜，老一套的热狗和花生被完全抛弃，你能买到的是烧烤牛腩和薄底比萨。球场里还有一个小型的大都会名人堂和博物馆。

购物

LOVEDAY 31　　　　　　　　　　　二手店

见484页地图（☎718-728-4057; www.facebook.com/loveday31nyc; 3306 31st Ave, Astoria; ⊙周二至周五 13:00~20:00，周六 正午起，周日 正午至19:00; ⓈN、W至30th Ave）讲究穿搭的阿斯托利亚居民对这家精美的小店情有独钟，连衣裙、衬衫、上衣、围巾、鞋子、首饰和墨镜都流露出好品位。周到的员工更是加分项。衣服价钱比较合理，店前经常有一个打折货架。

MIMI & MO　　　　　　　　　　时装&饰品

见484页地图（☎718-440-8585; www.mimiandmonyc.com; 4545 Center Blvd, Long Island City; ⊙周一至周六 11:00~19:00，周日 至17:00; Ⓢ7至Vernon Blvd-Jackson Ave）这家阳光充足的临河小店为你准备了各种各样的好玩意，柔软的棉质图案T恤、Herschel的帽子、Happy Socks、Nest蜡烛还有独一无二的礼品卡。孩子们也有选择——彩色铅笔、手工游戏还有衣服等。

ARTBOOK　　　　　　　　　　　　　书籍

见484页地图（☎718-433-1088; www.artbook.com/artbookps1.html; 22-25 Jackson Ave, Long Island City; ⊙周四至周一 正午至18:00; ⒺE、M至23rd St-Court Sq, G、7至Court Sq）这家位于现代艺术馆PS1馆的书店恰如其分地摆满了美丽的大部头书籍和吸引眼球的期刊。

🏃 运动和活动

WORLD'S FARE TOURS　　　　　　步行

（www.chopsticksandmarrow.com; 2/3小时团队游 含餐 $75/85）皇后区的美食达人乔·迪斯泰法诺（Joe DiStefano）可以带你在民族风味间穿梭，3条美食路线供你选择。美食之旅主要集中在法拉盛活力满满的唐人街、聚集在杰克逊高地的喜马拉雅风味饺子馆或者埃尔姆赫斯特的东南亚料理。

CLIFFS　　　　　　　　　　　　　　攀岩

见484页地图（☎718-729-7625; www.thecliffsclimbing.com; 11-11 44th Dr, Long Island City; 一日通票 $30，攀岩鞋/保护带租赁 $6/5; ⊙周一至周五 6:00至午夜，周六和周日 9:00~22:00; ⒺE、M至Court Sq-23rd St, 7至Court Sq）这里是纽约最大的室内攀岩场所，提供超过约2787平方米的攀岩岩面，有超过125个顶绳保护站，16英尺（约4.9米）高的抱石墙，一座垂降塔，以及为独行的攀岩者准备的自动保护装置。这里还有一家健身房，配有心肺训练器材、健身器材和团体操课（如瑜伽和核心肌肉训练）。

NEW YORK SPA CASTLE　　　　　　水疗

（☎718-939-6300; www.nyspacastle.com; 131-10 11th Ave, College Point; 门票 工作日/周末 $40/50; ⊙8:00至午夜; Ⓢ7至Flushing-Main St）这家面积达约9290平方米的水疗中心位于皇后区的工业区，让你体验到时兴的韩国澡堂文化，矿泉池、按摩池、各式桑拿房、蒸汽浴室和瀑布让你沉浸在一场热气腾腾的梦中。

这里还有一个美食广场,并提供美容护理和按摩(30分钟$50起),周末人太多,最好避开。

会有免费班车往返于Northern Blvd和Union St交叉路口的One Boutique Hotel,酒店就在Flushing-Main St地铁站往北几个街区。班车一般在整点后的10分和40分发车,不过出门前最好还是上网确认车次安排。

GEOGRAPHY OF NEW YORK CITY WITH JACK EICHENBAUM 步行

(☎718-961-8406;www.geognyc.com;2小时/全天团队游 $20/49)都市地理学家杰克·艾肯鲍姆(Jack Eichenbaum)带你体验皇后区的步行(有时乘地铁)深度游,重点关注规划与现实、历史与现代多样性之间的奇异碰撞。

皇后区历史协会 步行

见483页地图(Queens Historical Society;☎718-938-0647;www.queenshistoricalsociety.org;143-35 37th Ave, Flushing;门票 $5,团队游 $20起;◎周二、周六和周日 14:30~16:30;⑤7至Flushing-Main St)皇后区历史协会坐落在建于18世纪的金士兰庄园(Kingsland Homestead)旧址上,设有一家小博物馆,并组织皇后区各个街区的步行活动。其中包括于附近与早期宗教自由运动和后期地下铁路(Underground Railroad,北美帮助黑奴逃离奴隶州的秘密避难所网络)相关的地点。

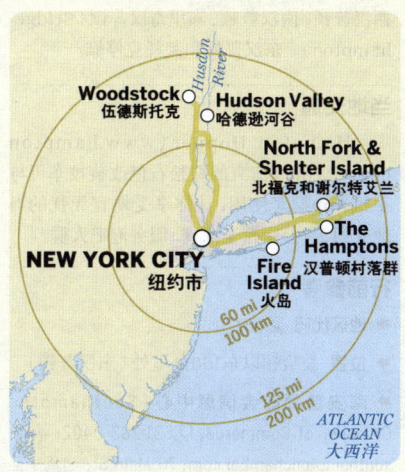

纽约周边
一日游

汉普顿村落群 见346页
作为纽约的"马利布"(Malibu,加州著名海滩),这里有漫长的海岸线、遍布华丽的豪宅和相互打量的夏日派对人群,除此之外还有更多惊喜,包括美洲原住民遗址、迷人的乡村主街,以及让你亲近自然的州立公园。

火岛 见348页
这片车辆禁止入内的度假胜地会在夏天热闹起来,有袖珍的出租房、休闲的沙滩酒吧,沙滩的其中一端活跃着同性恋群体,变装皇后们妆容艳丽,夜店让人无忧无虑。狂欢后回到细沙街道和绵延的沙滩中,便可重拾宁静。

北福克和谢尔特艾兰 见349页
漫步在长岛的葡萄园里,赏景品酒,其乐无穷。然后沿着主街信步闲游,最后在格林波特(Greenport)的海滨享受室外用餐之乐,结束愉快的一天。

哈德逊河谷 见351页
该地区值得你花上几周时间细细探索,来一次美妙的徒步旅行,看一看露天雕塑,逛一逛迷人的城镇,瞻仰一下众多美国伟人(欧文、罗斯福等)的故居。

伍德斯托克 见354页
作为嬉皮士"圣地"朝圣之旅的补充,你可以受保护的公园里静静地散步。

汉普顿村落群
(The Hamptons)

探索

这一串村落是曼哈顿富人的夏季度假胜地，他们乘直升机空降于此地的豪宅，而普通老百姓普遍还是乘坐汉普顿小巴（Hampton Jitney），并努力为了租一间隔音效果一般的房子合伙凑钱。浮华背后藏着一段悠久的文化史，因为很多知名艺术家和作家都曾居住于此。光芒笼罩下，这里的居民却依旧保持着坚韧的性格，不惧危险地延续着捕鱼传统。该地区面积很小，经常堵车的蒙托克高速（Montauk Hwy）是汉普顿与外界往来的通道。

最佳……

➡ **最佳景点** 波洛克-克瑞斯娜之家（见347页）

➡ **最佳就餐** Clam Bar at Napeague（见348页）

➡ **最佳沙滩漫步** 蒙托克角州立公园（见347页）

独家贴士

夏季，如果你喜欢清静，就将出游安排在工作日。因为一到周末，很多人便会从城市水泥森林中逃离，导致这里人满为患。

到达和离开

➡ **自驾** 取道中城区隧道（Midtown Tunnel）出曼哈顿，上I-495州际公路/长岛高速公路（Long Island Expwy）。

➡ **长途汽车** 汉普顿小巴（www.hamptonjitney.com；单程 $33）是一种"豪华"快速巴士，开行的"蒙托克线"（Montauk line）起点设在曼哈顿东区：在77th St和76th St之间的Lexington Ave上，以及69th St、59th St和40th St都有站点。在汉普顿村落群的Rte 27公路沿线村庄均设有站点。

➡ **火车** 长岛铁路（The Long Island Rail Road，简称LIRR；www.mta.info/lirr；最远距离 单程 非高峰/高峰 $22/30）从曼哈顿的宾夕法尼亚火车站（Penn Station）起始，在西汉普顿、南汉普顿、布里奇汉普顿（Bridgehampton）、东汉普顿和蒙托克停靠。

当地交通

Hampton Hopper（www.hamptonhopper.com）清爽的绿松石色改装校车可与手机App配套使用，让你享受便宜无忧的当地交通，并且运营至深夜，服务泡吧人群。

行前参考

➡ **地区代码** ☏631

➡ **位置** 曼哈顿以东160公里处（东汉普顿）

➡ **南安普顿商会信息中心**（Southampton Chamber of Commerce；☏631-283-0402；www.southamptonchamber.com; 76 Main St；⊙周一至周五 10:00~16:00，周六 10:00~14:00）

◉ 景点

汉普顿村落群实际上是一系列村庄的总称，这些村庄的名字中大都有"汉普顿"一词。西端的村庄——当地人也称这片地区为"运河以西"，因其位于辛纳科克运河（Shinnecock Canal）的另一侧——包括汉普顿湾（Hampton Bays）、库格尤（Quogue）和西汉普顿。这些村庄不像从南汉普顿开始的东部村庄那么疯狂。

◉ 南汉普顿（Southampton）

与邻近的一些村庄相比，南汉普顿继承了更多的历史财富，思想也较为保守。一些老宅占地甚广，教堂让人神往，海滩美丽宜人，但主街上不允许穿泳装。

帕里什艺术博物馆 博物馆

（Parrish Art Museum；☏631-283-2118；www.parrishart.org；279 Montauk Hwy, Water Mill；成人/儿童 $10/免费，周三 免费；⊙周一、周三、周四、周六和周日 10:00~17:00，周五 10:00~20:00）这家美术馆位于一座优美的长形厂棚，出自Herzog & de Meuron建筑师事务所之手。这里着重展出当地艺术大家，包括杰克逊·波洛克（Jackson Pollock）、

威廉·德·库宁（Willem de Kooning）和查克·克洛斯（Chuck Close）的作品。

如果波洛克还没看过瘾，可以参观他颜料四溅的工作室兼住所，就在附近，需要预约。

南汉普顿历史博物馆　　　　　博物馆

（Southampton Historical Museum；☎631-283-2494；www.southamptonhistoricalmuseum.org；17 Meeting House Lane；成人/儿童 $4/免费；◎3月至12月 周三至周六 11:00~16:00）当汉普顿这个地方还不叫汉普顿的时候，这批建筑就已经坐落在这里了，它们散布于南汉普顿各处，如今得到了精心的维护。博物馆主楼是罗杰斯楼（Rogers Mansion），曾是一位捕鲸队长的住处。你还可以到主街的拐角看看干货店的旧址，现今的主人是当地的一家珠宝商。建于17世纪的民宅Halsey House（7月至10月 周六）也值得一去。

◎ 布里奇汉普顿和萨格港（Bridgehampton & Sag Harbor）

布里奇汉普顿位于南汉普顿以东，虽然地方不大，但街上满是时尚精品店和餐馆。从这里往北约11公里就是萨格港的捕鲸老镇，旁边的佩科尼克湾（Peconic Bay）岸边有许多名人故居和历史景点。你可以在位于主街尽头长码头（Long Wharf）的萨格港商会（Sag Harbor Chamber of Commerce）取一份步行游览图。

萨格港捕鲸和历史博物馆　　　　博物馆

（Sag Harbor Whaling & Historical Museum；☎631-725-0770；www.sagharborwhalingmuseum.org；200 Main St；成人/儿童 $6/2；◎4月至11月 10:00~17:00）这里的酷炫藏品包括19世纪捕鲸船上的原物：锋利的刮刀、熬鲸脂的锅、精致的牙雕等。在一个如今是可爱度假小镇的地方看到巨型哺乳动物的照片简直有点超现实。

◎ 东汉普顿（East Hampton）

不要被休闲随便的夏装、浓艳的配色和系在脖子上的卫衣所迷惑——光是那副墨镜可能就够抵你一个月的房租了。不少最大牌的名人定居此地。

东汉普顿海洋博物馆　　　　　博物馆

（East Hampton Town Marine Museum；www.easthamptonhistory.org；301 Bluff Rd, Amagansett；票价 $4；◎4月至10月 周六 10:00~17:00，周日 正午至17:00）这里是你驱车前往蒙托克之前的最后一站，这家以渔业和捕鲸业为主题的小型博物馆跟萨格港的那家一样有意思，鱼叉很有年头，捕鲸船只有猎物的一半大小，还有一张保存完好的黑白老照片，向当地渔民和他们的家人致敬。

波洛克-克瑞斯娜之家　　　　　艺术中心

（Pollock-Krasner House；☎631-324-4929；www.stonybrook.edu/pkhouse；830 Springs Fireplace Rd；一般门票 $5，导览游票价 $10；◎5月至10月 周四至周六 13:00~17:00）一定要来艺术家伴侣杰克逊·波洛克和李·克拉斯纳（Lee Krasner）的家里看一看，光是波洛克工作室洒满颜料的地板就值得一看。正午有导览游，需要预约。

◎ 蒙托克（Montauk）

蒙托克位于长岛最东端。曾几何时，它在汉普顿村落群的众多村庄中曾经就像谦恭的继妹一样沉闷低调。如今，冲浪海滩Ditch Plain已经把这个小地方推上了潮流最前端。这里聚集了富裕的潮人和文艺人流的酒店，不过还是比汉普顿亲民得多，住着不少昂首挺胸的蓝领居民，也能找到很多随性的海鲜餐馆。

蒙托克被亲切地称作"尽头"（The End），和汉普顿之间隔着希泽尔山州立公园（Hither Hills State Park）的绿林沙丘，公园里可以野营、钓鱼或徒步。公路在公园前分岔，你可以选择直行穿过，也可以沿着Old Montauk Hwy沿线的海滨蜿蜒而行。道路在镇里重新会合，然后止于岛最东端的**蒙托克角州立公园**（Montauk Point State Park，☎631-668-3781；www.parks.ny.gov；2000 Montauk Hwy/Rte 27；门票 每辆车 $8；◎黎明至黄昏），这里有**蒙托克角灯塔**（Montauk

Point Lighthouse；☎631-668-2544；www.montauklighthouse.com；2000 Montauk Hwy；成人票/儿童票 $11/4；⏰6月中旬至8月 周日至周五 10:30～17:30，周六 10:30～19:00，4月中旬至6月中旬、9月至11月开放时间缩短）作为地标。

 就餐

CANDY KITCHEN　　美式小餐馆 $

（☎631-537-9885；2391 Montauk Hwy, Bridgehampton；主菜 $5～12；⏰7:00～21:00；🍴）拐角处的这家小馆是浮华的解药，从1925年起就一直供应美味的浓汤、自制冰激凌和其他主食。规矩也是一样地老派，只收现金。

★ CLAM BARATNAPEAGUE　　海鲜 $$

（☎631-267-6348；www.clambarhamptons.com；2025 Montauk Hwy, Amagansett；主菜 $15～30；⏰4月至10月 11:30～18:00，11月和12月周六和周日 11:30～18:00）只有在这里你才能碰到这么新鲜的海鲜和这么粗线条的服务员，以及，龙虾卷未免也太好吃了吧！虽然价格有点嚇人。这家餐馆已经开了30多年，大众的口味很能说明问题，这里也是当地人的最爱。当然了，只收现金。餐馆位于Amagansett和Montauk之间的公路上。

NICK & TONI'S　　地中海菜 $$$

（☎631-324-3550；www.nickandtonis.com；136 N Main St, East Hampton；比萨 $17，主菜 $24～42；⏰周三和周四 18:00～22:00，周五和周六 18:00～23:00，周日 11:30～14:30，18:00～22:00）汉普顿的这家餐厅供应采用当地食材精心制作的意大利特色美食，周一、周四和周日能吃到火炉比萨。尽管名人时常出没，寻常老百姓也不会被怠慢，甚至还能等到一张桌子呢。

火岛 (Fire Island)

探索

火岛是一座长80公里的狭长的屏障岛，最特别的就是全岛看不到一辆车。沙子路、水泥路和木板路连接着大约十几个小型住宅区，唯一的交通工具就是胖胎自行车和手推车，你常会看见车主人奋力装车的情形。岛上有几处著名的同性恋社区，但不管是家庭游客、情侣还是个人旅游者，不管是同性恋还是异性恋，所有人都可以在这里找到适合自己的休闲方式。联邦政府将这里划为火岛国家海滨公园（Fire Island National Seashore）并加以保护，大部分区域是自然沙丘和随风摇曳的树林。夏季，夜店比比皆是，邻近的沙滩沿线则满是搭起的帐篷和鹿。别忘记带驱虫剂，这里的蚊子又多又猛。虽说这里一天就可以轻松逛完，但留宿一两晚真的太美了（虽然酒店条件一般），较安静的春秋时节更佳。

最佳……

➡ **最佳景点** 下沉森林（Sunken Forest，见349页）

➡ **最佳就餐** Sand Castle（见349页）

➡ **最佳饮品** CJ's（见349页）

独家贴士

夏季周末务必于周日15:00前离开，或者更好的选择是在岛上过夜，等到周一再离开。周日晚上通往渡口的道路拥挤不堪，几乎无法通行。

到达和离开

➡ **自驾** 沿长岛高速公路行至Exit53（Bayshore）、59（Sayville）或63（Patchogue），即可前往火岛。

➡ **火车** 乘长岛铁路（LIRR）在Bay Shore、Sayville或Patchogue下车，这三站都可以换乘轮渡。

➡ **轮渡** 火岛轮渡（Fire Island Ferries；☎631-665-3600；www.fireislandferries.com；99 Maple Ave, Bay Shore；单程 成人/儿童 $10/5，凌晨1:00班次 $19）从Bay Shore近旁的长岛铁路车站开往Kismet、Ocean Beach及火岛西部的其他地方。Sayville轮渡（Sayville Ferry Service）从Sayville开往Cherry Grove和火岛松林（Fire Island Pines）。Davis Park轮渡（Davis Park Ferry）开往Davis Park和Watch Hill，这是轮渡可以到达的岛上最靠东的目的地。

行前参考

→ **地区代码** ☎631
→ **位置** 曼哈顿以东约97公里处
→ **实用信息**（www.fireisland.com）

◎ 景点

火岛中心（并非尽头，可通过堤道抵达）有几个禁止车辆通行的区域，堪称火岛明珠，包括Davis Park、Fair Harbor、Kismet、Ocean Bay Park和Ocean Beach。这些地方将小巧玲珑的避暑小屋与集中一处的超市和餐馆相结合，形成若干社区。Ocean Beach（当地人称之为"OB"）是其中最活跃的，临着轮渡码头有一个小小的中心区域，聚集着一小排酒吧。位于岛中心的**Cherry Grove**和**松林**（The Piness）已经演变成同性恋聚集之地。在镇与镇之间骑车不太可行，因为村子外没有街道，沙子路很容易下陷。如果想要去比步行距离更远的地方探索，可以乘坐火岛水上出租车——提供沿海湾的支线轮渡服务，10月停止运营，其他做旅游生意的店家也大多如此。

下沉森林　　　　　　　　　　　森林

（Sunken Forest；☎631-597-6183；www.nps.gov/fiis；Fire Island；⊙游客中心 5月中旬至10月中旬）**免费** 这片森林已有300年历史，在沙丘后伸展的树林惊人地浓密，沿着一条2.4公里的环形木栈道就能轻松到达。这里夏天有怡人的浓荫，秋天有多彩的叶子。离轮渡站（Sailor's Haven，此处也有一个游客中心）很近，冬季轮渡停运的时候步行一阵也能抵达。你还可以让守林人做你的导游。

正南方的海滩也是火岛原生态的延伸地带，并不是很难抵达。

✕ 餐饮

SAND CASTLE　　　　　　　　海鲜 $$

☎637-597-4174；www.firelslandsandcastle.com；106 Lewis Walk, Cherry Grove, Fire Island；主菜 $15~30；⊙5月至9月 周一、周二、周四至周六 11:00~23:00，周日 9:30~23:00）火岛为数不多的靠海（而不是靠海湾）餐馆之一，供应可口的开胃菜（炸鱿鱼、炸蘑菇条）和各种美味的海鲜（青口、蟹肉饼、煎扇贝等）。这里适合品着鸡尾酒，看人来人往。

CJ's　　　　　　　　　　　　美国菜 $$

（☎631-583-9890；www.palmshotelfireisland.com；479 Bay Ave, Ocean Beach, Fire Island；主菜 $12~18；⊙5月至9月 11:00至次日凌晨3:00）这家餐厅全年开放，喧闹欢快的气氛正适合等轮渡的你来消磨时光。夏天周末的晚上人气超旺，所以最好早点来。这家餐厅隶属于附近的Palms Hotel，人称"火箭燃料"的冰饮最为闻名。

北福克和谢尔特艾兰（North Fork & Shelter Island）

探索

位于长岛的北福克以田园牧场和葡萄庄园闻名（周末满是打算尝遍各酒庄的声势浩大的豪华轿车）。Rte 25是通往Jamesport、Cutchogue和Southold等小镇的主干道，沿途都是美丽的农场。

北福克最大的小镇是安逸的格林波特，居民曾以捕鲸为业，如今则有渔船作业，港前公园（Harbor Front Park）里还有一个很有年头的旋转木马。小镇面积不大，从长岛铁路火车站轻轻松松就能走到。

谢尔特艾兰就像是被长岛这只巨鳌夹住的一颗小珍珠，位于北福克和南福克的分叉之间。这座小岛就是低调版的小型汉普顿，附加一丝航海时代新英格兰的气息。停车位有限，以Crescent Beach为例，停车位只有持许可证的车辆才能停。如果你不介意轻微的地形起伏，骑车游览是很好的选择。

最佳……

→ **最佳景点** 马绍马克自然保护区（见350页）
→ **最佳就餐** North Fork Table & Inn（见351页）
→ **最佳饮品** 普利亚葡萄庄园（见350页）

值得一游

长滩（LONG BEACH）

美丽的长滩是该地区最好的沙滩之一，在纽约市边界之外仅数公里的地方，火车易达，沙滩干净，主商业街充满活力，冰激凌店和餐厅距大海几步之遥，冲浪运动蓬勃发展，城市潮人云集于此。缺点是：每人每天要买$15的通票。长岛铁路提供的夏日"海滩之旅"包含打折门票和往返火车票，从宾夕法尼亚火车站和布鲁克林的大西洋车站（Atlantic Terminal）发车。

独家贴士

北福克的各个葡萄庄园非常适合自助游览。建议先乘火车到长岛，然后在长岛租一辆小汽车（River-head是一个很好的选择）——这样不但租车价格比曼哈顿低，还能节省时间和汽油，并且可以减少旅途中不必要的麻烦。

到达和离开

➜ **长途汽车** 汉普顿小巴在曼哈顿东部的96th St、83rd St、77thSt、69th St、59th St和40th St停靠。在北福克的10个村庄也有停靠站点。

➜ **自驾** 取道中城区隧道出曼哈顿，上I-495州际公路/长岛高速公路。沿路行驶到位于尽头的Riverhead，然后按照指示牌上Rte25公路，即可到达东边所有目的地。

➜ **火车** 长岛铁路是Ronkonkoma支线（Ronkonkoma Branch），从宾夕法尼亚车站（Penn Station）和布鲁克林发车，一路开到格林波特。

行前参考

➜ **地区代码** ☎631
➜ **位置** 曼哈顿以东160公里处
➜ **实用信息** 长岛葡萄酒协会（☎631-369-5887; liwines.com）

 景点

马绍马克自然保护区　　　　　自然保护区

（Mashomack Nature Preserve; ☎631-749-1001; www.shelter-island.org/mashomack.html; Rte 114, Shelter Island; 建议捐赠 成人/儿童 $3/2; ◐3月至9月 9:00~17:00, 10月至次年2月 9:00~16:00）这个占地8平方公里的谢尔特艾兰保护区遍布小溪和沼泽，非常适合划船、观鸟和徒步（自行车禁入）。小心防范蜱虫，这是岛上一直存在的问题。

奥连特海滩州立公园　　　　　海滩

（Orient Beach State Park; ☎631-323-2440; www.parks.ny.gov; 40000 Main Rd, Orient; 门票 每车 $10, 皮划艇 每小时 $25; ◐8:00至日落, 仅限7月至8月开放游泳）在北福克尽头有一片沙滩，你可以在平静的海水中游泳（7月和8月），也可以租皮划艇在小海湾中泛舟。有四处灯塔可供灯塔爱好者尽情探索，奥连特角灯塔（Orient Point Lighthouse）是其中之一，水手们根据其短粗的外形称之为"咖啡壶"。

普利亚葡萄庄园　　　　　葡萄酒厂

（Pugliese Vineyards; ☎631-734-4057; www.pugliesevineyards.com; 34515 Main Rd, Cutchogue; 品酒 每位 $12起; ◐周日至周五 11:00~17:00, 周六 11:00~18:00）普利亚自1980年开始酿造葡萄酒，起泡酒最为出色。这个酒庄由家庭经营（有些老酒是以最可亲的小姨命名的），规模很小，和周围企业化的其他酒庄很不一样。一定要在外边的锦鲤池旁喝一口。

伦茨酒庄　　　　　葡萄酒厂

（Lenz Winery; ☎631-734-6010; www.lenzwine.com; 38355 Main Rd, Peconic; ◐6月至9月 10:00~18:00, 10月至次年5月 10:00~17:00）这家酒庄建于1978年，是北福克最古老的酒庄之一，还是最与众不同的一家酒庄——专注于欧洲风格的传统葡萄酒。起泡酒和琼瑶浆（Gewürztraminer）尤其出色。品尝之旅每人$12起。

酒庄游览　　　　　葡萄酒厂

（Vintage Tours; ☎631-765-4689; www.vintagetour1.com; 游览 含午餐 $99~112）尽情畅饮吧——有司机带你在北福克的4个酒庄转上五六个小时，还有机会在其中一家酒庄看看幕后操作。有专车到客人住处接送。

餐饮

LOVE LANE KITCHEN
新派美国菜 $$

(☏631-298-8989; www.lovelanekitchen.com; 240 Love Lane, Mattituck; 主菜 午餐$13~16, 晚餐 $16~32; ☉周二和周三 8:00~21:30, 周四至周一 8:00~21:30)这家很受欢迎的餐厅在一条可人的小街上, 采用当地食材制作菜单上的全球美食: 当然有汉堡, 还有辣鹰嘴豆和烩鸭肉。

NORTH FORK TABLE & INN
美国菜 $$$

(☏631-765-0177; www.nofoti.com; 57225 Main Rd, Southold; 三道主菜定食 $70; ☉周四和周日 17:30~20:00, 周五和周六 17:30~22:00)这家只有4间客房(房间 $250起)的小旅馆是吃货的最爱, 餐厅里供应的菜品都是用农场采摘的新鲜食材烹饪而成, 由著名曼哈顿餐厅Gramercy Tavern的老板的校友经营。周四至周一供应晚餐, 但如果你对精品外带午餐垂涎($11~15), 要盯紧周四至周一11:30~15:30停在旅馆门口的餐车。

CLAUDIO'S
海鲜 $$$

(☏631-477-0627; www.claudios.com; 111 Main St, Greenport; 主菜 $25~36; ☉5月至10月 周日至周四 11:30~21:00, 周五和周六 11:30~22:00)这家餐厅是格林波特的传奇, 从1870年起由葡萄牙Claudio家庭经营至今, 如果想吃顿便饭, 就去附近码头上的Claudio's Clam Bar。

哈德逊河谷
(Hudson Valley)

探索

哈德逊河沿岸蜿蜒曲折的公路两旁, 有风景如画的农场、维多利亚式别墅、苹果园, 以及纽约精英们购置的老式宅邸。哈德逊画派的画家们以浪漫的笔触描绘了这些景观——你可以在本地区及纽约市的各美术馆看到他们的画作。这里的秋季特别美丽, 是前来旅游的最佳时间。哈德逊河东岸人口较为稠密, 越往北人烟越稀少; 西岸的山丘一直通向卡茨基尔(Catskills)山区, 一派田园风光。

最佳……

➡ **最佳景点** 迪亚比肯美术馆(见352页)

➡ **最佳就餐** Roundhouse Restaurant & Lounge(见354页)

值 得 一 游

琼斯海滩(JONES BEACH)

琼斯海滩州立公园(Jones Beach State Park; ☏516-785-1600; www.parks.ny.gov; 1 Ocean Pkwy, Wantagh; 门票 每车 $10, 躺椅 $10, 游泳池 成人/儿童 $3/1, 迷你高尔夫 $5; ☉不同区域开放时间各异)绵延约10公里, 沙滩干净, 上面满是人群。沙滩也分"片", 每片沙滩的风格各不相同。比如, 2号沙滩适合冲浪者, 6号沙滩适合家庭游客, 东边则有一片同性恋沙滩——但不管你选择将毯子铺在哪片沙滩, 都能欣赏到无敌美景。

仲夏时节, 海水会变得相当温暖, 最高可达到21℃左右, 到处都能看到救生员。除了享受阳光浴和乘风破浪, 你还可以一头扎进两个巨大天然泳池中的一个游泳, 或是在海滨球场打沙弧球或篮球, 或者沿着约3.2公里长的木板路漫步, 到海湾沙滩的静水区戏水, 或者在沙堡区(Castlesinthe Sand)感受一下建筑大师罗伯特·摩斯(Robert Moses)是如何在20世纪40年代通过开辟琼斯海滩而一举改变了长岛的面貌。

你也可以沿着公园内一条绵延约6.4公里的小径骑自行车或跑步, 海滩沿线都可以租到自行车。日暮时分, 你可以在沙滩找个烧烤摊吃烤肉, 也可以到沙滩附近的当地餐馆吃汉堡, 还可以去**琼斯海滩剧院**(Jones Beach Theater; Northwell HealthatJones Beach Theater; ☏866-558-8468, 516-785-1600; www.jonesbeach.com; 1000 Ocean Pkwy, Wantagh; ☉音乐会 5月至9月), 在星空下欣赏露天音乐会, 有不少流行明星在此演出。

➜ **最佳徒步** 哈里曼州立公园（见352页）

独家贴士

吃货们应该前往哈德逊或莱茵贝克镇（Rhinebeck）或者比肯（Beacon），那里有本地区最好的一些餐厅。

到达和离开

➜ **自驾** 从曼哈顿出发，沿Henry Hudson Pkwy跨越乔治·华盛顿大桥（George Washington Bridge），即I-95州际公路，至Palisades Pkwy。沿New York State Thruway行驶至Rte 9W或Rte 9，这是观赏河景的两条主要线路。还可以从Ossining出发，沿Taconic State Pkwy向北行驶，秋季时这条公路的沿线风景格外秀丽。

➜ **长途汽车** 短途客运（Short Line；www.coachusa.com）定期前往大熊山（Bear Mountain）、哈里曼（Harriman）、海德公园（Hyde Park）、莱茵贝克（Rhinebeck）和其他地点。

➜ **火车** 大都会北方铁路（Metro-North；www.mta.info/mnr）是一条通勤列车线路，在下哈德逊河谷（Lower Hudson Valley）和中哈德逊河谷（Middle Hudson Valley）有几个停靠站点（坐哈德逊线）。乘Amtrak也能到达哈德逊。

行前参考

➜ **地区代码** ☎845

➜ **位置** 曼哈顿以北约153公里（海德公园）处

➜ **实用信息** Dutchess Tourism（☎800-445-3131；www.dutchesstourism.com；3 Neptune Rd；🕐周一至周五 8:00~17:00），Hudson Valley Network（www.hudsonvalleyvoyager.com）

⦿ 景点

⦿ 下哈德逊河谷（Lower Hudson Valley）

哈德逊河东岸的柏油村（Tarrytown）和断头谷（Sleepy Hollow）附近有几座华丽的豪宅。再往北，冷泉镇（Cold Spring）有很棒的徒步线路，离火车站不远。曾经是工业区的比肯已改头换面，成为前卫主义的重镇，火车也可轻松到达。如果你有辆车，不妨到哈德逊河西岸的哈里曼州立公园（Harriman State Park）和不远处的大熊山州立公园（Bear Mountain State Park）一游，可以站在400米高的山顶上俯瞰曼哈顿。

★ 迪亚比肯美术馆　　画廊

（Dia: Beacon；☎845-440-0100；www.diaart.org；成人/儿童 $15/免费；🕐4月至10月 周四至周一 11:00~18:00，11月至次年3月 周五至周一 11:00~16:00）这片曾是Nabisco包装印刷厂的建筑占地近3万平方米，紧邻哈德逊河，如今成了一系列经典艺术作品的仓库，你能看到理查·塞拉（Richard Serra）、丹·弗莱文（Dan Flavin）、路易丝·布尔乔亚（Louise Bourgeois）、格哈德·里希特（Gerhard Richter）等艺术家的作品。除了永久性藏品的展出，还会有大型雕塑和装置作品的临时展览，因此是当代艺术爱好者必去之处。

哈里曼州立公园　　州立公园

（Harriman State Park；☎845-947-2444；www.parks.ny.gov；Seven Lakes Dr,Bear Mountain Circle,Ramapo；每车入场费 4月至10月 $10；🕐黎明至黄昏）哈里曼州立公园位于哈德逊河西岸，占地约186平方英里（约482平方公里），园内可以游泳、徒步、露营，有300多公里的步行线路，还有一个游客中心。

Appalachian Trail（www.appalachiantrail.org）长达11公里的一段步道经过这里，这条路上经常可以见到拄着拐杖、头发花白的登山者，身负全副行装的他们会沿着高速公路行进，或者出没在林间，像是属于另一个神秘的世界。

大熊山州立公园　　州立公园

（Bear Mountain State Park；☎845-786-2701；www.parks.ny.gov；Palisades Pkwy/Rte 6, Bear Mountain；每车入场费 4月至10月 $10；🕐8:00至黄昏）这里最吸引人的就是高约398米的山顶上（驱车可到达）的景致——你可以看到曼哈顿的天际线。此外冬天可以滑冰，夏天可以划船、游泳。园中还有一些风景如画的小径蜿蜒穿行，途经与世隔绝的湖泊。

暴风国王艺术中心 画廊

（Storm King Art Center; ☎845-534-3115; www.stormking.org; 1 Museum Rd, 紧邻Old Pleasant Hill Rd, New Windsor; 成人/儿童 $18/8; ◎4月至10月 周三至周日 10:00~17:30, 11月 10:00~16:30）这座占地2平方公里的雕塑公园建于1960年，收藏着芭芭拉•赫普沃斯（Babara Hepworth）、马克•迪•苏维洛（Mark di Suvero）、安迪•高兹沃斯（Andy Goldsworthy）和野口勇（Isamu Noguchi）等大师的作品。所有作品都根据这片草地的起伏地形来精心布置。

园内还有游客中心、咖啡厅和几个室内画廊。可以上网查询从纽约市里出发的大巴游套餐。

森尼赛德 历史建筑

（Sunnyside; ☎914-591-8763, 周一至周五 914-631-8200; www.hudsonvalley.org; 3 W Sunnyside Lane, Tarrytown; 成人/儿童 $12/6; ◎导览游 5月至11月中旬 10:30~15:30; ⓟ）以《断头谷》（The Legend of Sleepy Hollow）等小说而闻名的作家华盛顿•欧文（Washington Irving），建起了这座极富想象力的住所，他说这里不为人知的边边角角数不胜数。身着19世纪服装的导游知识渊博、娓娓道来，欧文一个世纪前种下的紫藤至今还在攀墙。

到森尼赛德最近的火车站是Irvington, Tarrytown的前一站。

洛克菲勒庄园 历史建筑

（Kykuit; ☎914-366-6900; www.hudsonvalley.org; 200 Lake Rd,Pocantico Hills; 导览游 成人/儿童 $25/23; ◎导览游时间不定, 5月至9月 周四至周日, 10月 周三至周一）这是石油大亨约翰•洛克菲勒为自己建的夏宫，于1913年完工。这座有40个房间的豪宅已被列入国家史迹名录（National Register），美丽的庭院由弗里德里克•奥姆斯特德（Frederick Law Olmsted）设计。庄园四处散布着雕塑作品，在地下画廊里还展出着一批了不起的现代艺术收藏，包括毕加索、夏加尔和沃霍尔的作品。

只有参加导览游才能参观，从Phillipsburg Manor（☎周一至周五 914-631-8200, 周六和周日 914-631-3992; www.hudsonvalley.org; 381 N Broadway, Sleepy Hollow; 成人/儿童 $12/6; ◎导览游 5月至11月中旬 周三至周日 10:30~15:30）出发，摆渡车会从这里把你带到庄园。

⦿ 波基浦西和海德公园 (Poughkeepsie & Hyde Park)

富兰克林•D.罗斯福故居 历史建筑

（Franklin D Roosevelt Home; ☎845-486-7770; www.nps.gov/hofr; 4097 Albany Post Rd; 成人/儿童 $18/免费, 仅参观博物馆 成人/儿童 $9/免费; ◎9:00~17:00）史普林伍德（Springwood）导览游在有趣的一个小时里，由公园巡守员带你探访富兰克林•罗斯福的故居。罗斯福创纪录地连任了四届美国总统，从大萧条时期到第二次世界大战一直引领着美国。和他的家庭财富相比，这处住所算是非常低调，但夏天也可能有点挤。许多生活的细节都被保存了下来，书桌还保持着他去世前一天的原状，还有那部手拉式升降梯——晚年患脊髓灰质炎的总统就是靠它上二楼的。

这处约6平方公里的地产曾是一座农场，除故居外，还有步道和**罗斯福总统图书馆和博物馆**（FDR Presidential Library and Museum; ☎845-486-7770; www.fdrlibrary.org; 4079 Albany Post Rd; 成人/儿童 $18/免费; ◎4月至10月 9:00~18:00, 11月至次年3月 9:00~17:00），详细介绍罗斯福总统的重要成就。门票包含史普林伍德导览游和总统图书馆，两天内有效。

哈德逊步道 公园

（Walkway Over the Hudson; ☎845-834-2867; www.walkway.org; 61 Parker Ave; ◎7:00至黄昏）东部主入口有停车场，这个铁路桥跨越哈德逊河，如今是世界上最长的步行大桥——长达2公里，同时也是一个州立公园。大桥的跨度提供极佳的视野，让你欣赏到令人屏息的沿河景观。

如果时间充裕，你还可以沿着这座桥走完5.7公里长的环形步道，然后从中哈德逊大桥（Mid-Hudson Bridge）返回波基浦西。

菜茵贝克和哈德逊
（Rhinebeck & Hudson）

★ 奥拉那
历史建筑

（Olana；☏518-828-0135；www.olana.org；5720 Rte 9G；建筑导览游 成人/儿童 $12/免费；◎庭院 每天 8:00至黄昏，建筑导览游 6月至10月 周二至周日 10:00~16:00，11月至次年5月 周五至周日 11:00~15:00）这是哈德逊河谷最美丽的豪宅之一，每一处细节都由房主也就是著名风景画家弗雷德里克·丘奇（Frederic Church）精心设计，灵感来自于他的中东之旅和他对哈德逊到卡茨基尔沿路美丽风景的欣赏。这座"波斯梦幻"建筑极具特色，值得一看。建议你提前预约室内导览游，房中挂了许多丘奇的画作。

游客全年都可自主参观奥拉那约1平方公里的户外园林（$5）的一部分。天气条件允许的时节，还可以选择步行（$12）或乘电动车（$25）的导览游。

就餐

★ Roundhouse Restaurant & Lounge
美国菜 $$

（☏845-765-8369；www.roundhousebeacon.com；2 E Main St；拉面 $16~21，主菜 $26~36，品尝菜单 每位 $85起；◎周一和周二 15:00~21:00，周三和周四 11:30~21:00，周五和周六 11:30~22:00，周日 11:00~20:00；✐）Roundhouse的菜单上穷尽了各路美食，哈德逊河谷的特产更是不容错过。虽说很多菜肴充分利用了动物身上的各个部位，但也有创意素食料理，包括品尝菜单和素拉面。不过话说回来，还是肥美的鸭腿拉面最是招牌，可以在菜式较为随意的休闲菜单（lounge menu）中找到。

★ BLUE HILL AT STONE BARNS
美国菜 $$$

（☏914-366-9600；www.bluehillfarm.com；630 Bedford Rd, Pocantico Hills；定食菜单 $258；◎周三至周六 17:00~22:00，周日 13:00~19:30）✐到主厨丹·巴伯（Dan Barber）的农场尽情享用当地美食吧（该农场同时也为他位于曼哈顿的另一家餐厅供应食材）！大餐的多道菜式完全取决于当天农场的收成，准备好大开眼界吧，至少持续3个小时的用餐过程让你感觉自己身在其中。请务必提前两个月左右订位，并且注意着装要求：男士尽量考虑西装领带，不允许穿短裤。

白天的时候，客人们可以逛一逛 **Stone Barn Center for Food & Agriculture**（☏914-366-6200；http://story.stonebarnscenter.org；630 Bedford Rd, Pocantico Hills；成人/儿童 $20/10；◎周三至周日 10:00~17:00），这里还有一个外带咖啡厅可以满足你的基本需求。

FISH & GAME
美国菜 $$$

（☏518-822-1500；www.fishandgamehudson.com；13 S 3rd St；主菜 $26~45；◎周四和周五 17:30~22:00，周六和周日 正午至22:00）在这家荣获美食界奥斯卡James Beard Award的餐吧里，纽约美食让人目眩，可以领略到质朴而优雅的现代美式菜肴。主厨扎卡里·佩拉乔（Zakary Pelaccio）常常顺手用当地最好的食材，向食客演绎他的美食创作，友好的服务令人放松。

伍德斯托克
（Woodstock）

探索

伍德斯托克镇位于卡茨基尔南部，是狂热的20世纪60年代的象征。当时的年轻人质疑权威，崇尚自由，重新定义了流行文化。

如今，伍德斯托克依然吸引着一众热爱艺术和音乐的人群，并延续着那个年代的自由精神，有彩虹扎染，也有本土草根文化的一切精髓，有调频广播，还有口碑很好的独立电影节和农贸市场（名正言顺地被称作农场节）。

最佳……

➡ **最佳景点** 贝塞尔森林艺术中心（见355页）

➡ **最佳就餐** Garden Cafe（见356页）

➡ **最佳饮品** Shindig（见356页）

独家贴士

带上个空包——这个地区有很多古玩店和古玩市场（再加上周末的庭院旧货市场），说不定会淘到什么宝贝呢。

到达和离开

➡ **自驾** 取道New York State Thruway（从曼哈顿出发经Henry Hudson Pkwy向北行）或从I-87州际公路上Rte 375公路前往伍德斯托克。Rte 32公路通往索格蒂斯（Saugerties），沿Rte 28公路则可前往其他地方。

➡ **长途汽车** 从纽约市前往索格蒂斯和伍德斯托克的长途汽车班次很多（$29，车程3小时），运营公司为Trailways（www.trailwaysny.com）。

行前参考

➡ **地区代码** ☎845
➡ **位置** 曼哈顿以北约177公里处（索格蒂斯）

 景点

贝塞尔森林艺术中心　　　　　　艺术中心

（Bethel Woods Center for the Arts；☎866-781-2922；www.bethelwoodscenter.org；200 Hurd Rd, Bethel；博物馆 成人/儿童 $15/6；⏰5月至9月 每日 10:00~19:00, 10月至次年4月 周四至周日 10:00~17:00）1969年，在伍德斯托克镇西南方约113公里处，伍德斯托克音乐艺术节（Woodstock Music & Art Fair）就在小镇贝塞尔（Bethel）郊外的Max Yasgur农场举行。现在这里是一个露天圆形剧场的所在地，经常举办精彩的夏季室外音乐会，还有一座极具感染力的博物馆，正是展览中所介绍的音乐和影像成就了伍德斯托克的文化底蕴。

伍德斯托克摄影中心　　　　　　艺术中心

（Centerfor Photographyat Woodstock；☎845-679-9957；www.cpw.org；59 Tinker St；⏰周四至周日 正午至17:00）**免费** 这个创意空间成立于1977年，提供课程、组织讲座、举办展览，通过生气勃勃的艺术家驻地计划不断扩展对艺术形式的严格定义。

此地的前身为Café Espresso, 鲍勃·迪伦（Bob Dylan）曾在这家咖啡厅的二层有一个写作工作室。1964年，他就是在这里为《鲍勃·迪伦的另一面》（*Another Sideof Bob Dylan*）写下了专辑封套上的文字。詹尼斯·乔普林（Janis Joplin）也经常在这里演出。

噶玛三乘法轮寺　　　　　　佛教寺院

（Karma Triyana Dharmachakra；☎845-679-5906；www.kagyu.org；335 Meads Mountain

---

值得一游

索格蒂斯（SAUGERTIES）

伍德斯托克的东北方约16公里处就是索格蒂斯镇（www.discoversaugerties.com），小镇的历史可以追溯到17世纪中期的荷兰殖民时期。如今，当地的不少景点都值得探访。**欧普斯40雕塑公园和博物馆**（Opus 40 Sculpture Park & Museum；☎845-246-3400；www.opus40.org；50 Fite Rd, Saugerties；成人/儿童 $10/3；⏰5月至9月 周四至周日 11:00~17:30），艺术家哈维·菲特（Harvey Fite）花了近40年时间把一处废弃的采石场打造成了一件巨型的大地艺术作品，由起伏的墙体、峡谷和水池组成。风景如画的**1869索格蒂斯灯塔**（Saugerties Lighthouse；☎845-247-0656；www.saugertieslighthouse.com；168 Lighthouse Dr, Saugerties；导览游 建议捐献 成人/儿童 $5/3；⏰步道 黎明至黄昏）位于Esopus Creek和哈德逊河的交汇处，从自然风光宜人的小径即可到达，只需步行不到1公里。经典摇滚爱好者可以了解一下**Big Pink**（www.bigpinkbasement.com；Parnassus Lane, West Saugerties；别墅 住宿 $480；❄☕），这栋房子因为鲍勃·迪伦和The Band乐队而出名，不过要注意——它在一条私家道路上。你可以考虑在灯塔或Big Pink留宿，不过一定要早早预订。

Rd；◎8:30~17:30）和心力交瘁的纽约客与其他需要精神喘息的人一起来这座充满喜乐的佛教寺庙里吧，知晓一下自己的业力和脉轮。这里离伍德斯托克有约4.8公里的距离。这片被精心照看的庙宇能让你安心沉浸在宁静之中。佛殿里一尊巨大的金色佛像安座其中。只要脱下鞋，你就可以放心进殿打坐。

可以在线查看每日祷告打坐、导览游和静修活动的详细信息。

就餐

SHINDIG
美国菜 $

（☎845-684-7091；www.woodstockshindig.com；1 Tinker St；主菜 $10~15；◎周二至周四 10:00~21:00，周五和周六 9:00~22:00，周日 9:00~21:00）有什么理由能让你拒绝这家欢快的潮流咖啡吗？早餐供应至下午3点，还有各式精酿啤酒和创意鸡尾酒，鳟鱼BLT（经典的培根生菜番茄三明治）为经典三明治增添新滋味。

★ GARDEN CAFE
严格素食 $

（☎845-679-3600；www.thegardencafewoodstock.com；6 Old Forge Rd；主菜 $9~20；◎周一、周三至周五 11:30~21:00，周六和周日 10:00~21:00；☎）这家闲适而迷人的咖啡馆所用的食材全是有机产品。供应的食物美味、新鲜，十分诱人，有沙拉、三明治、盖饭和素千层面。除此之外还供应现做的果汁、奶昔、有机葡萄酒、精酿啤酒和咖啡——有多种代乳制品可供选择。

饮品和夜生活

STATION BAR & CURIO
酒吧

（☎845-810-0203；www.stationbarandcurio.com；101 Tinker St；◎周一至周四 16:30至次日 2:00，周五至周日 正午至次日2:00）这家酒吧占据了1900年Ulster & Delaware铁路公司车站的旧址，车站曾经位于往南16公里的Brown's站，那附近的村庄现在沉没于Ashokan水库的水底。酒吧供应8种当地精酿啤酒，也有多种瓶装酒、鸡尾酒和葡萄酒。

大多数周末这里都会有爵士和蓝调现场演出。

住宿

每年有超过6000万游客涌入这座城市,可想而知酒店房间很快就会爆满。住宿选择范围很大,有中城区高层酒店里千篇一律的格子房间,也有下城区时髦雅致的精品酒店。你还可以考虑住宅区里的民宿以及散布在都市各处的便宜的青年旅舍。

预订住宿

纽约的平均住宿房价在$300以上。不过千万不要被高昂的价格吓倒,这里还是有很多特价房源的,几乎都可以在网上查到。想要获得最优惠的价格,就要采用双管齐下的方法:如果你没有特定要住的酒店,那么可以查询一些常见的订房网站;如果你明确知道自己想要住哪里,那么就很简单了,但最好还是从你心仪的酒店的官网入手,酒店官网经常会提供优惠折扣或是套餐价格,方便客人直接预订。

房价

与海边度假胜地不同,纽约并没有传统意义上的"旺季"一说。当然,一年之中也会有相对繁忙、游客爆满的时段,但一年到头客源不断到来的游客使这里永远都不会为客房空置的问题而忧心。正因如此,房价也会随着房间的使用率高低而上下波动。其实,大多数的酒店都有一个预订算法——房间报价与当晚已被预订的房间数量紧密相关——当晚已被预订的房间越多,房价就会越高。若想找到价格最优惠的房间,行程的灵活度是关键——工作日期间的房价会便宜些,并且通常情况下冬季的房价更便宜。如果在周末到访,可以尝试位于金融区的商务酒店,此类酒店在工作日以外往往会比较空。

酒店

纽约市的酒店客房总计超过10万间,选择空间的确不小。你能找到设计出色的精品酒店或者千篇一律的连锁酒店,以及介于两者之间的一切住宿选择。条件较好的酒店会提供各类设施,包括露台酒吧、优质餐厅或者贵宾级顾客不时光顾的潮流酒吧。即使最贵的住处也不能保证房间全都很宽敞,但大体上家具陈设都很上档次,细节也都格外讲究(超大的花洒、优质的洗浴用品和超级舒服的床)。

客栈和民宿

在纽约还是能找到一些小型客栈和民宿的。你会在这座城市树木更为茂盛的区域找到这些住处,特别是在西村(West Village)、切尔西(Chelsea,)、哈莱姆(Harlem)和布鲁克林(Brooklyn.)。住宿品质当然各有高下,但总的来说会比普通的纽约酒店更有氛围和人情味。很多民宿主人竭尽全力让客人有回家的感觉,提供的周边游览建议也往往很实用。

青年旅舍

精打细算的游客们在纽约也有充足的选择——曼哈顿和布鲁克林青年旅舍遍布。近年来出现了一种新型廉价公寓,有些地方还附设有户外空间和咖啡吧。

行前参考

价位
以下价格是每家酒店的标准双床房价，未考虑季节因素。除非特殊说明，通常情况下房价中含早餐。

$ $200以下
$$ $200~350
$$$ $350以上

预订
提前预订住宿非常重要，未预订的客人几乎找不到房间，而且与在线价格相比，门市价非常不划算。尽早预订房间，并确保了解酒店的取消政策。入住时间通常是在午后，退房时间则是在临近中午的时候。

网络资源
Newyorkhotels.com（www.newyorkhotels.com）自称为纽约酒店的官方网站。

NYC（www.nycgo.com/hotels）从纽约市官方指南里摘录的大量酒店清单。

Lonely Planet（www.lonelyplanet.com/usa/new-york-city/hotels）提供住宿评论以及在线预订服务。

小费
一定要给酒店服务员小费——每晚将$3~5的小费放在显眼的地方，并附上便条。给行李员的小费有$1~2即可。如果叫了客房服务，也应该相应地给服务员小费。

独家推荐

Crosby Street Hotel（见361页）
Bowery Hotel（见362页）
NoMad Hotel（见367页）
Gramercy Park Hotel（见366页）

按价位推荐

$
Local NYC（见373页）
Harlem Flophouse（见370页）
Carlton Arms（见365页）
Boro Hotel（见373页）

$$
Citizen M（见367页）
Wall Street Inn（见360页）

$$$
Knickerbocker（见367页）
Hôtel Americano（见364页）

最佳精品酒店

Chatwal NewYork（见368页）
Wythe Hotel（见372页）
Ace Hotel（见368页）

最佳家庭住宿

Hotel Beacon（见370页）
Bubba & BeanLodges（见369页）
Nu Hotel（见373页）

最佳蜜月酒店

Lafayette House（见362页）
Andaz Fifth Avenue（见367页）
Plaza（见368页）

最佳富豪酒店

Hotel Gansevoort（见365页）
Broome（见361页）
McCarren Hotel & Pool（见373页）

最佳观景住宿

Standard（见364页）
Z Hotel（见374页）
Four Seasons（见368页）
Williamsburg Hotel（见372页）

布鲁克林最佳

Henry Norman Hotel（见372页）
Lefferts Manor Bed & Breakfast（见371页）
Wythe Hotel（见372页）
Akwaaba MansionInn（见372页）

住在哪

街区	优点	缺点
金融区和下曼哈顿	从这里望去，翠贝卡的夜生活一览无余，乘坐轮渡也极为方便，商务酒店的周末房价非常便宜。	城市南端没有什么特色，不过翠贝卡还是有很多不错的餐厅可供选择。
苏豪区和唐人街	商店鳞次栉比，近在咫尺。	苏豪区的商业街时时刻刻都人头攒动（大部分是游客）。
东村和下东区	这里既时尚新颖又充满乐趣，不论是对游客还是对曼哈顿本地人来说，这里都是最具"纽约"风格的地区。	住处大多不是太贵就是太简单，中间的选择很有限。
西村、切尔西和肉类加工区	在这个蓬勃发展、风景如画的地区，一切仿佛触手可及，几乎有一种身处欧洲的感觉。	传统酒店的房价急剧上涨，但是民宿的房价仍然可以接受。
联合广场、熨斗区和格拉梅西	搭乘地铁前往城市的任何角落都很方便，距东村和中城区都仅数步之遥。	价格较高，缺少邻里气息。
中城区	明信片版纽约市的中心地带：有摩天大楼、博物馆、购物中心以及百老汇演出。	这里是房价最昂贵的区域之一，而且别指望房间会很大。充满旅游气息，没什么鲜明的特色。
上东区	这里距离一流的博物馆以及中央公园起伏的群山仅一箭之遥。	可供选择的余地很小，并且房价会让你大出血，而且准确地说，这里并不算是市中心。
上西区和中央公园	从这里前往中央公园、林肯中心和美国自然历史博物馆非常方便。	不太热闹，适合家庭入住。
哈莱姆和上曼哈顿	邻里气氛非常好，价格比较合适，离中央公园很近。	去下城区或布鲁克林都需要坐很长时间的地铁（或者花大价钱坐出租车）。
布鲁克林	价格实惠，可以探索纽约一些最具创意的社区。	离中城区和北部地区都很远。
皇后区	房价比较便宜，游人稀少，优质特色餐馆众多，从中城区到长岛市只需坐一小段地铁。	如果选择住在较远的皇后区，尤其是法拉盛，就要花很长时间在地铁上。

下曼哈顿和金融区（Lower Manhattan & the Financial District）

金融区的大多数旅馆都是做商务旅行者生意的，这意味着周末往往有折扣。北边的翠贝卡码头有几家时髦的酒店，其中包括罗伯特·德尼罗（Robert De Niro，美国著名演员和制片人）的Greenwich Hotel。

ROXY HOTEL TRIBECA 酒店 $$

（☎212-519-6600；www.roxyhotelnyc.com；2 Sixth Ave, 靠近White St；标准间/高级房/豪华房 $235/255/335起；❉❉❉；🚇1至Franklin St；A/C/E至Canal St）Roxy是什么情况？让我们来告诉你——201间客房以醒目的棕色和金色为主色调，屋内设施现代感十足。正中是敞亮的中央正厅，设有几家酒吧、一家**精品艺术影院**（☎212-519-6820；www.roxycinematribeca.com；票价$10起），以及一家地下爵士俱乐部。宠物可以免费带入，不过如果发财和咪咪没能跟着你来，你也可以免费领一只金鱼带到房间里做个伴。

ANDAZ WALL ST 精品酒店 $$

见444页地图（☎212-590-1234；http://wallstreetandaz.hyatt.com；75 Wall St, 靠近Water St；房间$215起；❉@❉；🚇2/3至Wall St）时尚的下城区商务型酒店的新宠，拥有253个房间，设计美观大方，气氛轻松，新意十足。客人可以在iPad上办理入住手续，酒店提供的免费设施和服务包括：Wi-Fi、拨打市内电话，以及迷你酒吧里的苏打水和小吃。客房宽敞、现代化，流露出一种低调的奢华气质。此外还有2米高的窗户、橡木地板以及超舒适的大床，铺有纱织密度300根的柔软棉质床单。

在Andaz季节性开放的啤酒花园小酌几杯精酿啤酒或者在全年开放的Dina Rata品一杯手工鸡尾酒，然后去水疗中心或24小时开放的健身房消耗一把能量。周末房价可以降至每晚$300以下。

GILD HALL 精品酒店 $$

见444页地图（☎212-232-7700；www.thompsonhotels.com/hotels/gild-hall；15 Gold St, 位于Platt St；房间$229起；❉❉；🚇2/3至Fulton St）Gild Hall时尚而又富丽堂皇，门廊通往一座双层图书馆和葡萄酒吧，散发着一种猎人小屋般的古雅气息。客房的整体设计将欧洲的高贵典雅与美国的舒适安逸有机融合。室内有镀锡的挑高天花板、玻璃墙阳台、斯凡诺（Sferra）床品以及选择丰富的迷你酒吧。特大号床配有皮革床头板，和整个房间的暖色调和简约风格完美融合。

周末房价经常下调。

WALL STREET INN 酒店 $$

见444页地图（☎212-747-1500；www.thewallstreetinn.com；9 S William St；房间$140~280；❉❉；🚇2/3至Wall St）这家平价酒店给人一种亲近的感觉，石质外墙庄重肃穆，内部装潢则是温暖的殖民风格。大床舒适豪华，房间配有光亮的木质家具和长长的窗帘。浴室设施齐备，在细节之处考虑周到，豪华客房里配有按摩浴缸，其他房间则是普通浴缸。房费含Wi-Fi和早餐。

这座建筑本身也拥有一段历史，酒店入口处的"LB"瓷砖源自这栋建筑曾经的住户——雷曼兄弟银行（Lehman Brothers banking company）。

★ GREENWICH HOTEL 精品酒店 $$$

见444页地图（☎212-941-8900；www.thegreenwichhotel.com；377 Greenwich St, N MooreSt和Franklin St之间；房间$625起；❉❉❉；🚇1至Franklin St, A/C/E至Canal St）从豪华舒适的客厅（设有真火壁炉）到修葺一新的带有灯笼照明泳池的日式农舍，罗伯特·德尼罗的这家酒店在各个方面都非同凡响。88间客房都是独立设计的，配有年代悠久的硬木地板、贴满卡拉拉大理石（Carrara marble）或摩洛哥式瓷砖的浴室。有些房间的法式玻璃窗朝向托斯卡纳风的中心庭院。

SMYTH TRIBECA 精品酒店 $$$

见444页地图（☎212-587-7000；www.thompsonhotels.com/hotels/nyc/smyth；85 W Broadway, Warren St和Chambers St之间；房间$415起；❉❉；🚇A/C线、1/2/3至Chambers St）经Gachot Studios重新修缮过的Smyth豪华而又低调惬意，和它的姊妹酒店Gild Hall及Beekman一脉相承。现代风格的家具、地毯

和满当当的书架为大厅营造出了一种舒适、雅致的北欧氛围,隔音效果良好的100间客房配有深灰色地毯、胡桃木镶板和设计优美的浴室,超大的头顶花洒让人不可抗拒。

酒店的附加服务包括:一家美食界明星安德鲁·卡尔梅利尼(Andrew Carmellini)一手经营的季节性高档餐厅、免费的市内豪华轿车服务和一天两次的客房服务。

CONRAD NEW YORK 豪华酒店 $$$

(☎212-945-0100; www.conradnewyork.com; 102 North End Ave, 近Vesey St; 房间 $300~700; ❄@☎; ⑤A/C至Chambers St)这家奢华考究的全套房酒店是希尔顿集团的一个品牌,位于炮台公园城(Battery Park City),是商务旅客的首选。酒店在金融区有着很好的声誉。也许正因如此,酒店四处陈列着艺术品,其中包括索尔·勒维特(Sol LeWitt)在16层中庭的大幅壁画。客房设计精美,以大地色调和高端家具为特色。

套房内可以安排会议。磨砂玻璃移门将休息室与卧室隔开。最棒的客房可以看到哈德逊河的好风光。

🛏 苏豪区和唐人街

苏豪区格外入时的街道能让那些讲究格调的旅客兴奋起来,酒店老板们意识到了这一点。在这些名人云集的小道上有很多不错的酒店可供选择,不过价格也很昂贵。值吗?当然。很多一流的世界购物中心和美食广场近在咫尺,前往曼哈顿其他主要街区也非常便利,乘地铁或出租车均可到达。想找较为便宜的酒店,可以考虑唐人街和诺莉塔(Nolita)。如果想找真正平价的酒店,建议你还是到别的区考察一下。

BOWERY HOUSE 青年旅舍 $

见446页地图 (☎212-837-2373; www.thebowery house.com; 220 Bowery, Prince St和Spring St之间, Nolita; 标单/双 带公共浴室 $80/130起; ❄@☎; ⑤R/W至Prince St)新当代艺术博物馆(New Museum)对面这家旅舍,前身是一个建于20世纪20年代的廉价旅馆,如今以高档旅舍的姿态重新亮相,客房装饰有以鲍厄里街为主题的电影海报,还有特别定制的床垫(更短更窄)。公共浴室配有头顶花洒和加热地板。旅舍里还设有一处很有格调的休闲区,配有切斯特菲尔德沙发和枝形吊灯,此外还有一家人气很旺的酒吧和一个屋顶露台。

睡眠浅的人尽量别来,因为很多住客的夜生活比较丰富,耳塞是每个房间内的标配。

LEON HOTEL 酒店 $$

见449页地图 (☎212-390-8833; www.leon hotelnyc.com; 125 Canal St, Bowery St和Chrystie St之间, Chinatown; 双 $170~300; ❄@☎; ⑤B/D至Grand St)位于曼哈顿大桥的桥头,周围环绕着繁忙的街道,这家四四方方的旅馆提供干净、基本的住宿条件,在格外破费的纽约城里性价比颇高。客房舒适,布置简约,部分客房享有下曼哈顿迷人的景色,还能看到冲袭天际的新世贸大厦。工作人员十分友好,地理位置非常便利,方便游览唐人街、诺莉塔和下东区。

★ CROSBY STREET HOTEL 精品酒店 $$$

见446页地图 (☎212-226-6400; www.firm dalehotels.com; 79 Crosby St, Spring St和Prince St之间, SoHo; 房间 $695起; ⊖❄☎; ⑤6至Spring St, N/R至Prince St)这里的下午茶让人流连忘返。除了司康和凝脂奶油,富有个性的阁楼式大堂、热闹的酒吧、电影放映室以及独特的房间设计也会吸引你。一些客房采用酷酷的黑白配色,另一些则装饰着英式花园的花卉图案。不过所有房间都舒适豪华,格调优雅,并显露出恰到好处的活泼。

BROOME 精品酒店 $$$

见446页地图 (☎212-431-2929; www.the broomenyc.com; 431 Broome St, 靠近Crosby St, SoHo; 房间 $460起; ❄☎; ⑤N/R至Prince S, 6至Spring St)酒店坐落在一栋经过精心修复的19世纪建筑内,2014年开业。酒店共有14间客房,分散在5个楼层中,每一间都是简约、低调和优雅的典范。每间客房的设施均产自本地,包括Mitchell Goal+Bob Williams的家具和BDDW的超大镜子。最值得称道的还是恰到好处的出色服务,以及舒缓、宁静的氛围,让你在耗人精力的苏豪区中喘口气。

LAFAYETTE HOUSE 客栈 $$$

见446页地图(646-306-5010; www.lafayettehousenyc.com; 38 E 4th St, Fourth Ave和Lafayette St之间, NoHo; 房间 $367; ❋ 🛜; S 6至Bleecker St, B/D/F/M至Broadway-Lafayette St)酒店前身是一座联排别墅,这座维多利亚风格的漂亮建筑里有8个温馨的房间,配有舒适的大床、厚厚的帷帘、大理石壁炉以及老式衣橱。两间房拥有私人花园,另两间房有私人露台或阳台。睡眠浅的人要留意,临街的房间会有点吵。

🛏 东村和下东区

一座座特色鲜明的建筑在原本荒芜的东村和下东区拔地而起,令这里趣味十足,既有国际风范,又不失纽约特色。寻求真正都市感的游客会非常乐于居住在这些安静的街道上,尤其当你有幸预订到鲍厄里街或库珀广场(Cooper Square)的酒店的廉价房间时。如果想方便地搭乘地铁,最好住在西边,因为越往东走地铁线路越少,过了First Ave后就不太容易搭乘地铁了。

ST MARK'S HOTEL 酒店 $

见450页地图(212-674-0100; www.stmarkshotel.net; 2 St Marks Pl, 靠近Third Ave, East Village; 双 $130起; ❋ 🛜; S 6至Astor Pl)东村这家经济实惠的酒店吸引来了一群痴迷夜生活的年轻人,因为门口就是全城范围内酒吧和餐馆最密集最活跃的地方之一。不过这么低的价格,你也不要抱太多期待,房间相当小,设施也比较陈旧,街上的噪声可能会影响到睡眠浅的人,而且楼里没有电梯。

EAST VILLAGE HOTEL 酒店 $$

见450页地图(646-429-9184; www.eastvillagehotel.com; 147 First Ave, 靠近9th St, East Village; 双 $312起; ❋ 🛜; S 6至Astor Pl)这家位于东村热门地带的住处提供干净、简单的房间,房内有外露的砖墙(比起纽约的大多数住处都要宽敞一点)、舒服的床垫、壁挂式平板电视和一个小厨房。嘈杂的街道是个问题(睡眠浅的人注意了),建筑也比较老旧,所以你可能必须拎着行李爬几层楼。

这里没有大堂或者其他公共空间,所以不会和其他住客有太多交集,住客会收到进门密码,可以随意出入。

LUDLOW 酒店 $$

见452页地图(212-432-1818; www.ludlowhotel.com; 180 Ludlow St, Houston St和Stanton St之间, Lower East Side; 双 $355起,阁楼 $465起; ❋ 🛜; S F至2nd Ave)这家精品酒店酝酿了快十年,终于在2014年盛大开业。184间客房设计精美又各具特色(部分客房有石化木材制成的树干床头柜),浴室里铺着马赛克瓷砖,还配有小阳台。楼下最便宜的房间相当小,让人感觉狭窄拘束。

酒店设有华丽的大堂酒吧和户外露台,还有一家时髦的法式小馆。

SAGO HOTEL 精品酒店 $$

见452页地图(212-951-1112; www.sagohotel.com; 120 Allen St, Rivington St和Delancey St之间, Lower East Side; 房间 $250起, 单间公寓 $320起; ❋ 🛜; S F至Delancey, J/M/Z至Essex)无论纽约天气如何,Sago永远都很凉爽。这家酒店位于下东区繁华的中心,所有房间都透露着这一街区的风情:简洁的线条,灰色的砖墙,还有当代风格的简约家具。高层房间都有露台,能欣赏到迷人的城市景观。

客房有不到20平方米的袖珍套房,也有多层的顶层豪华公寓。晚间上楼看看,品尝红酒奶酪,跟其他住客聊聊天。

BLUE MOON BOUTIQUE HOTEL 酒店 $$

见452页地图(347-294-4552; www.bluemoon-nyc.com; 100 Orchard St, Broome St和Delancey St之间, Lower East Side; 铺/双 $60/229起; ❋ 🛜; S F至Delancey St, J/M至Essex St)你可能永远都猜不到这个舒适的砖房旅馆过去曾是一栋又脏又乱的廉价公寓(1879年),如今,随处可见的黄色、蓝色和绿色令这里显得格外喜气。房间袖珍而质朴,保留了从前的木质百叶窗和铁质床架,复古而舒适。最好的房间采光很棒,还有能够观景的阳台。

这家酒店还有两间宿舍房,每间有四张床位(不是上下铺),其中一间男女混住,另一间只住女宾。

BOWERY HOTEL 精品酒店 $$$

见450页地图(212-505-9100; www.

thebowery hotel.com; 335 Bowery, 2nd St和3rd St之间, East Village; 房间 $295～535; ❄@🛜; ⓢF/V至Lower East Side-2nd Ave, 6至Bleecker St) 幽暗寂静的大厅中摆着古旧的天鹅绒座椅, 铺着褪色的波斯地毯, 你可以在这里领取饰有红色流苏的金色老式房门钥匙, 然后踩着饰有马赛克图案的地板进入你的房间。房间里有巨大的工厂式窗户, 还有优雅的四柱床。你可以在42寸等离子电视上看看电影, 也可以扫荡一番豪华浴室里配备的高档洗浴用品。

鲍厄里街金属台面的酒吧、室外的花园露台和充满田园风情的意大利餐馆Gemma总是挤满了人。

STANDARD EAST VILLAGE   酒店 $$$

见450页地图 (☏212-475-5700; www.standardhotels.com; 25 Cooper Sq (Third Ave), 5 th St和6th St之间, East Village; 标单 $349起, 双 $499起; ❄🛜; ⓢR/W至8th St-NYU, 4/6至Bleecker st, 4/6至Astor Pl) 这家酒店闪闪发光的白色建筑像一张展开的帆一样在东村升起, 在周边的低矮建筑之中显得鹤立鸡群, 酒店设计师还在酒店入口处放了一面假涂鸦墙。如果想要进一步了解东村真正的传统面貌, 不如去室外的露台酒吧逛逛。

客房配有舒适的床、大窗户 (多是落地窗)、蓝牙音箱和高档洗浴用品。

🏠 西村、切尔西和肉类加工区

西村是纽约房价最高的区域, 酒店价格也证明了这一点。不过多花点儿钱是值得的, 因为你将入住城中最令人难忘的酒店, 享受最优质的服务, 感受精彩至极的街区氛围。肉类加工区以出色的精品酒店闻名, 再走几个街区就到了切尔西, 在那里你会见到一大群阔气的建筑, 它们拥有最前沿的设计, 简直能直接登上北欧设计杂志的封面。在切尔西的晚上, 想前往市中心的时尚购物和餐饮中心地也非常方便, 走着就到了。

JANE HOTEL   酒店 $

见454页地图 (☏212-924-6700; www.thejanenyc.com; 113 Jane St, Washington St和West Side Hwy之间; 房间 带公共/独立浴室 $115/295起; 🅿❄🛜; ⓢA/C/E、L至8th Ave-14th St, 1至

Christopher St-Sheridan Sq) 这里的袖珍房间不足5平方米, 幽闭恐惧症患者肯定会避而远之。不过如果你喜欢所谓奢侈的水手生活, 可以选择入住这个新近翻修过的酒店。这家酒店本是为20世纪早期的水手们建造的 (泰坦尼克号的幸存者也曾于1912年暂住此地)。富丽堂皇的舞厅酒吧是五星级酒店的水准。稍贵一点的船长房带有独立卫生间。

CHELSEA INTERNATIONAL HOSTEL   青年旅舍 $

见458页地图 (☏212-647-0010; www.chelseahostel.com; 251 W 20th St, Seventh Ave和Eighth Ave之间, Chelsea; 铺 $55, 标单 $68～107, 双 $127起; ❄@🛜; ⓢ1、C/E至23rd St, 1至18th St) 位于切尔西的黄金地段, 如果酒店的地理位置是你首要考虑的问题, 那么这座旧式的背包客大本营便是绝佳选择。由于地理位置优越, 哪怕装潢毫不讲究, 房价也绝对不低, 不过房间倒是干净。旅舍设有公共休息室和厨房, 一些背包客会泡在这里。

INCENTRA VILLAGE HOUSE   民宿 $$

见454页地图 (☏212-206-0007; www.incentravillage.com; 32 Eighth Ave, 12th St和Jane St之间, West Village; 房间 $239起; ❄🛜; ⓢA/C/E、L至8th Ave-14th St) 这两座地标式红砖联排别墅位于西村的最佳地段, 建于1841年, 后来成为该市第一家同性恋旅馆。如今, 这里的11间客房经常提前很久就被同性恋旅客订满, 所以尽早打电话预订。这家旅店有华丽的维多利亚式门厅和摆满古董的美式客房。

花园套房尤其秀丽, 可直通楼后方的小花园。酒店称所有房间都提供Wi-Fi, 但信号并不总是很可靠。门厅有一台供住客免费使用的电脑。

CHELSEA PINES INN   民宿 $$

见454页地图 (☏888-546-2700, 212-929-1023; www.chelseapinesinn.com; 317 W 14th St, Eighth Ave和Ninth Ave之间, Chelsea; 标单/双 $229/269起; ❄🛜; ⓢA/C/E、L至8th Ave-14th St) 这间民宿共有26间客房, 分布在5个楼层中, 没有电梯。各个楼层的配色呼应了彩虹旗的颜色——这里是男女同性恋的聚集地, 不过向所有顾客敞开大门。酒店内随处可见

出演希区柯克电影的美人们，墙上不仅贴满了老电影的宣传海报，房间还以女明星们的名字命名，如金·诺瓦克（Kim Novak）、多丽丝·黛（Doris Day）和安·玛格丽特（Ann-Margret）等。

标间的步入式衣帽间配有洗面盆，沿走廊直走便是干净的卫生间。楼下的小休息室通往后方的一个小庭院。房费含早餐。

COLONIAL HOUSE INN 民宿 $$

见458页地图（☎800-689-3779, 212-243-9669；www.colonialhouseinn.com；318 W 22nd St, Eighth Ave和Ninth Ave之间, Chelsea；房间 $130~350；❉🛜；Ⓢ1、C/E至23rd St）这个态度友善、装潢简单的同性恋酒店共有20个房间，室内干净整洁，但稍有破损，房间也不大。大多数房间配有步入式衣帽间（有1台小电视和1个冰箱）和洗面盆。天气晴朗时会有住客在屋顶露台上赤身裸体地享受日光浴。小一点的房间需要共用浴室，豪华套房配有独立浴室和通往后花园的私人通道。

客人可以在大堂享用欧陆式早餐和咖啡，包含在房费内。旅店大堂和公共空间同时也是画廊，陈列着酒店创始人梅尔·切伦（Mel Cheren）的作品，他是切尔西的标志性人物。

TOWNHOUSE INN OF CHELSEA 民宿 $$

见458页地图（☎212-414-2323；www.townhouseinnchelsea.com；131 W 23rd St, Sixth Ave和Seventh Ave之间, Chelsea；双 $150~300；❉🛜；Ⓢ1、F/M至23rd St）这座有14间客房的民宿位于繁忙的23rd St，坐落在一栋建于19世纪的独立式5层联排别墅内，是切尔西的一块宝地，室内有裸露的砖墙和硬木地板。1998年这座建筑被买下并进行了大规模翻修（加装了电梯），房间宽敞而温馨，配有巨大的黄铜床或者柱床，上面铺有华丽的床具，巨大的衣橱里还有电视。

休闲室还有一家诚信酒吧（凭自觉留下饮品钱）和一架很有年头的钢琴，邀你弹一曲爵士带动气氛。二层是一间维罗利亚式图书馆，兼作早餐室。

GEM 酒店 $$

见458页地图（☎212-675-1911；www.thegemhotel.com；300 W 22nd St, Eighth Ave和Ninth Ave之间, Chelsea；房间 $210起；🅿🛜；Ⓢ1、C/E至23rd St）占据切尔西中心的绝佳位置，再加上干净的房间、友好的员工和屋顶露台酒吧，这家酒店在下曼哈顿还算定价合理。不过，大堂的家具有些脏兮兮的，有些房间的开放式浴室可能不适合有伴的住客。

STANDARD 精品酒店 $$$

见454页地图（☎212-645-4646；www.standardhotels.com；848 Washington St, 靠近13th St, Meatpacking District；双 $509起；❉🛜；ⓈA/C/E, L至8th Ave-14th St）时髦的酒店老板安德烈·巴拉兹（AndréBalazs）建造了这座宽敞的盒状玻璃塔楼，横跨纽约高线公园（High Line）。每个房间都可以俯瞰肉类加工区的风景，倾泻而入的阳光洒满了整个房间。光洁的木架睡床以及大理石浴室的柔和光线会令客人感到宾至如归。东村也有一家超现代化的 **Standard**。

设施全是一流标准，酒店一层有一家热闹的德式啤酒园和一家法式餐馆（冬天还有溜冰场），顶层还有一家高调的夜店。这家酒店的地理位置绝佳，纽约城最精彩的地方就在你的门外。

MARITIME HOTEL 精品酒店 $$$

见458页地图（☎212-242-4300；www.themaritimehotel.com；363 W 16th St, Eighth Ave和Ninth Ave之间, Chelsea；房间 $403起；❉🛜；ⓈA/C/E、L至8th Ave-14th St）这座带有舷窗的白色塔楼现已改造成一个航海主题的豪华旅馆，由一个新潮的建筑师团队操刀设计。酒店内部与电影《爱之船》（Love Boat）的场景很为相似，135个房间均带有独立的圆窗，结构紧凑，还饰有柚木镶板。20英寸平板电视和DVD播放器更是锦上添花。

最贵的房间配有室外淋浴设施和私人花园，向外望去，哈德逊河的美景一览无余。这座建筑原是美国国家海事联盟（National Maritime Union）的总部（后又成为青少年流浪汉的避难所）。

HÔTEL AMERICANO 酒店 $$$

见458页地图（☎212-216-0000；www.hotel-americano.com；518 W 27th St, Tenth Ave

在Eleventh Ave之间，Chelsea；房间$245起；❄🖥🏊；Ⓢ1、C/E至23rd St)设计爱好者要是走进这家酒店里完美雕琢的房间恐怕会深感陶醉。人就像睡在便当盒里，只不过盒子里的不是食物，而是精心挑选却分外低调的极简主义家具。噢！天花板上垂下来的是机器人的脑袋吗？不，那当然是悬空的壁炉——这还用说吗？

HOTEL GANSEVOORT 豪华酒店 $$$

见454页地图（☎212-206-6700；www.hotelgansevoort.com；18 Ninth Ave，靠近13th St，Meatpacking District；房间$475起；❄🖥🏊；ⓈA/C/E、L至8th Ave-14th St）这座有着镀锌外立面的14层建筑自2004年盛大开业以来，便在肉类加工区出尽了风头。房间宽敞舒适，通风良好，还有巧克力色的绒面革床头板、等离子电视以及装饰华丽的浴室门。屋顶酒吧Plunge门口等位的客人大排长龙，在细长的泳池里游泳的客人可以俯瞰哈德逊河美景。

酒店一楼有家餐厅，以及一家非常奢华的鸡尾酒吧兼夜店——Provacateur，还有一叫Exhale的水疗中心，提供全套服务。

HIGHLINE HOTEL 酒店 $$$

见458页地图（☎212-929-3888；www.thehighlinehotel.com；180 Tenth Ave，20th St与21st St之间，Chelsea；双 $470起；Ⓢ1、C/E至23rd St）这座新哥特式建筑曾经是纽约圣公会总会神学院（General Theological Seminary；仍活跃在拐角处的那栋楼里）的一部分，在这里住上一天保证让你心平气和。这家酒店有60间十分迷人的客房，融合了现代风格和古董家具。这里离切尔西的画廊区很近，也方便到枝繁叶茂的高线公园遛弯。

楼前的庭院是个放松身心的好地方，手上端着一杯咖啡就更悠闲了（Intelligentsia供应咖啡的那辆雪铁龙复古H型货车就停放在大门里侧）。晚上还可以在藏在里侧的酒吧里喝杯啤酒、葡萄酒或鸡尾酒，后边的露台环境也很好。客人可以借一辆靓丽的Shinola自行车在城里兜兜风。

🛏 联合广场、熨斗区和格拉梅西

数不胜数的游客选择在灯火通明的时代广场（Times Square）歇脚，多是因为它的便利，其实联合广场及其邻近街区也很方便。浏览一下地铁地图就可以看到好几条线路在此交会，你可以搭乘地铁直抵下曼哈顿以及上东区的博物馆，距离格林尼治村许多迷人的角落也只有几步之遥。这片区域的住宿选择不拘一格，应有尽有，有价格不菲、充满格调的精品酒店，也有一些共用浴室的经济选择。

CARLTON ARMS 酒店 $

见460页地图（☎212-679-0680；www.carltonarms.com；160 E 25th St，靠近3rd Ave，Gramercy；双 带公共/独立浴室$120/150；❄🖥；Ⓢ6至23rd St或28th St）Carlton Arms的每个角落都装饰着来自世界各地艺术家的作品，将昔日闹市区前卫艺术世界的风貌展露无遗。壁画挂满了5层楼的楼梯间，并且延伸进了每间小小的客房和公共浴室（每间客房都有洗手池）。

毫无疑问，这里吸引了一众艺术范儿的旅客，他们不介意质朴的住宿环境——毕竟省了一大笔钱。准备好锻炼你的双腿：这里没有电梯。

这家酒店在其100年的历史中体验了多重生命，经历过瞒天过海的夜晚（酒店大堂在禁酒期间是家地下酒吧），也曾有过边缘化的岁月（20世纪60年代是瘾君子和妓女的避难所）。

MARCEL AT GRAMERCY 精品酒店 $$

见460页地图（☎212-696-3800；www.themarcelatgramercy.com；201 E 24th St，近3rd Ave，Gramercy；双 $300起；❄@🖥；Ⓢ6至23rd St）有97间客房的Marcel崇尚极简主义，是一家穷人的精品酒店，而这并非坏事。客房简约而现代（标准间跟步入式衣帽间一般大小），切斯特菲尔德床头板大胆的金丝雀黄色与灰色米色的主题配色形成了鲜明碰撞。浴室没有什么特色，但十分干净。临街的客房有着优美的景色，楼下简约优美的休息室绝对能让你身心放松。

位于10层的商务休息室提供免费Wi-Fi，客房内上网每天加收$10。

HOTELHENRI 酒店 $$

见460页地图（☎212-243-0800；www.

wyndham.com; 37 W 24th St, Fifth Ave和Sixth Ave之间, Flatiron District; 房间 $247起; ❄ 🕾; Ⓢ F/M, N/R至23rd St)这家酒店与切尔西和联合广场的距离几乎相等,是Wyndham酒店集团的一个品牌。这里曾是一家条件尚可、位置优越但略显沉闷的酒店,改头换面之后室内装潢十分别致(灰色的石板墙配上20世纪60年代风格的家具),服务和设施也值得称道。

GRAMERCY PARK HOTEL　　精品酒店 $$$

见460页地图 (📞212-920-3300; www.gramercyparkhotel.com; 2 Lexington Ave, 靠近21st St, Gramercy; 房间 $600起, 标单 $800起; ❄🕾; Ⓢ 6、R/W至23rd St)之前是一座气派的老式修道院,经过大规模翻修后变得魅力四射。进入大堂,首先映入眼帘的是深色木质镶板、红色山羊皮地毯和椅子。客房里摆着特别定制的橡木家具,大床上铺着纱织密度达到400根的意大利床具和羽绒床垫,从这里还可以俯瞰附近格拉梅西公园(Gramercy Park)的美景。色彩丰富艳丽的房间很像西班牙大公的卧室。

顶级套房$800起价,室内的法式落地双扇玻璃门将客厅与卧室分隔开来。想要为生活增添趣味就去名人云集的Rose和Jade酒吧小酌一杯,也不妨尝试一下由丹尼·迈耶(Danny Meyer)经营的意大利餐厅Maialino(见180页)。

HOTEL GIRAFFE　　精品酒店 $$$

见460页地图 (📞212-685-7700; www.hotelgiraffe.com; 365 Park Ave S, 靠近26th St, Gramercy; 房间 $368起; ❄🕾; Ⓢ R/W、6至23rd St)这家12层的酒店可能不够酷也不够前卫,但颇具亲和力。凭借其整洁、雅致的房间、免费早餐和17:00~20:00免费供应的葡萄酒和奶酪小食赢得了好评。72个房间大都附带小阳台,所有房间都配有平板电视、DVD播放器以及花岗岩写字台。转角的套房更有1间带折叠沙发床的客厅。

🛏 中城区

如果你想住在最活跃的热门区域,可以考虑一下东中城区(Midtown East),此区域包括纽约中央火车站(Grand Central Terminal)和联合国(UN)附近的几个街区。虽然这里不像西中城区(Midtown West)那样疯狂和不拘一格,但是有无数酒店可供选择,价位和住宿条件各不相同:既有只提供公共浴室但设计考究的廉价旅馆,也有自带私人露台、可以俯瞰哥谭市(Gotham,纽约市的昵称)耀目灯火的千元级豪华套房。睡眠轻的人需要注意:西中城区是一座不夜城,当然,这一片对百老汇迷来说再合适不过了。

MURRAY HILL EAST SUITES　　酒店 $

见462页地图 (📞212-661-2100; http://murrayhillsuites.com; 149 E 39th St, Lexington Ave和Third Ave之间, Midtown East; 房间 $163起; ❄@🕾; Ⓢ S、4/5/6、7至Grand Central)古旧砖外墙准确地预告了房间内的风格——家具和地毯都能勾起喇叭裤和垫肩时代的记忆。如果忽略设计上的不足,带有独立起居室和小厨房的房间真的非常宽敞。酒店附近有大批餐厅和酒吧。特别须知:最少30天起住。

PARK SAVOY　　酒店 $

见466页地图 (📞212-245-5755; www.parksavoyny.com; 158 W 58th St, Sixth Ave和Seventh Ave之间; 房间 $145起; ❄🕾; Ⓢ N/Q/R至57th St-7th Ave)这家酒店最吸引人的就是便宜的房价和紧邻中央公园的优越位置,可想而知,房间的条件不会太好:地毯略显破旧,床具廉价,淋浴水压不足,工作人员不太友好,在线预订系统也经常崩溃。

★ YOTEL　　酒店 $$

见466页地图 (📞646-449-7700; www.yotel.com; 570 Tenth Ave, 靠近41st St, Midtown West; 房间 $250起; ❄🕾; Ⓢ A/C/E至42nd St-Port Authority Bus Terminal、1/2/3、N/Q/R、S、7至Times Sq-42nd St)一半是未来宇宙中心的感觉,一半是《王牌大贱谍》(*Austin Powers*)的风格。超级炫酷的669间客房根据飞机的舱位等级分为高级间(经济舱)、头等间(商务舱)和VIP套间(头等舱)。有些头等间和VIP套间配有一个带热水浴缸的私人露台,高级间则是麻雀虽小、五脏俱全,配有可自动调节的大床。所有房间都配有观景落地窗、华丽的浴室和iPod基座。

福利包括免费早餐麦芬蛋糕、健身房和

纽约市最大的室外公共露台，高耸的摩天大楼是它天然的背景。

POD 39 HOTEL　　　　　　　　酒店 $$

见462页地图（☎212-865-5700；https://thepodhotel.com/pod-39；145 E 39th St, Lexington Ave和Third Ave之间, Midtown East；房间 $240起；❄🔊；🚇S、4/5/6/7至Grand Central-42nd St）别致的Pod 39很好地贯彻了小而美这个理念，这是轻奢旅店Pod 51（见本页）的姊妹店。367间客房的设计很好地平衡了时代感和功能性，房间内有私人浴室，还能透过Pod连锁酒店标志性的小窗户欣赏城市风景。色彩鲜明的墨西哥玉米卷饼店、风格独特的大堂休息室、点缀着灯泡的屋顶酒吧以及游戏室（复古乒乓球桌是亮点）令这里备受千禧一代的青睐。

POD 51　　　　　　　　　　　酒店 $$

见462页地图（☎212-355-0300；www.thepodhotel.com；230 E 51st St, Second Ave和Third Ave之间, Midtown East；房间 带公共/独立浴室 $165/210起；❄🔊；🚇6至51stSt, E/M至Lexington Ave-53rd St）对于那些有蜗居梦想的游客来说，这里能让他们的梦想成真。这家人气超旺的经济型酒店拥有多种不同的房型，大多数房间勉强可以摆下一张床。胶囊房里提供颜色亮丽的床上用品、紧凑的工作空间、平板电视、iPod基座以及"雨滴"淋浴头。在温暖的季节里一定要在屋顶露台上喝一杯。

CITIZEN M　　　　　　　　　酒店 $$

见466页地图（☎212-461-3638；www.citizenm.com；218 W 50th St, Broadway和Eighth Ave之间, Midtown West；房间 $270起；❄🔊；🚇1、C/E至50thSt）离时代广场只有几步之遥，Citizen M是真正的千禧一代。自助柜台让你的入住和退房手续快如闪电，公共区域轻快、热闹、现代感十足，房间设计巧妙而紧凑，配有能够控制灯光、百叶窗和室温的触屏台，舒适的床垫、免费电影和舒服的花洒把客人伺候得没话说。酒店内还配有健身房、屋顶酒吧和24小时餐室。

★ NOMAD HOTEL　　　　　　精品酒店 $$$

见466页地图（☎212-796-1500；www.thenomadhotel.com；1170 Broadway, 靠近28th St, Midtown West；房间 $479起；❄🔊；🚇N/R至28th St）顶部是一座铜塔楼, 内部由法国设计师雅克·加西亚（Jacques Garcia）操刀，这座学院派风格的建筑是纽约最热门的住宿地之一。室内设计融合了纽约与巴黎的审美理念，充满怀旧气息。再生硬木地板、皮革行李箱似的迷你吧、四脚浴缸、平板电视与高科技LED照明灯巧妙融合在一起。免费提供Wi-Fi, 酒店内的餐吧NoMad（见212页）是社区最热门的休闲场所之一。

★ ANDAZ FIFTH AVENUE　　精品酒店 $$$

见462页地图（☎212-601-1234；http://newyork5thavenue.andaz.hyatt.com；485 Fifth Ave, 靠近41st St, Midtown East；房间 $465起；❄🔊；🚇S、4/5/6至Grand Central-42nd St, 7至5th Ave, B/D/F/M至42nd St-Bryant Park）时尚有活力的Andaz酒店标新立异，这里没有乏味的前台接待，当客人走进洋溢着艺术气息的大厅时，工作人员便会迎上前去，用笔记本电脑为客人办理入住手续。酒店的184间客房装饰优雅现代，随处可见具有纽约特色的细节设计，比如房间里有"时装区"精品店经常用的滚轮衣架，还有地铁风格的灯具。浴室既宽敞又有情调，配有淋浴花洒、黑瓷足浴盆以及Beekman 1802提供的洗浴用品。

酒店里有一家"隐秘"的地下室酒吧，供应限量版烈酒。还有一家专做当地特色美食的餐厅，特邀艺术家和策展人会定期举行讲座。登录网站可查看特价优惠。

★ QUIN　　　　　　　　　　　酒店 $$$

见466页地图（☎212-245-7846；www.thequinhotel.com；101 W 57th St, 靠近Sixth Ave, Midtown West；双 $492起；❄🔊；🚇F至57th St, N/W至5th街 57th St）Quin在2013年底一开业就受到广泛好评，流露出一种新式的奢华风格。美丽而紧凑的公共区域很有特色：酒店休息室配有15英寸的视频墙，用于艺术装置的展示。客房安静而格外舒适，优雅内敛，配有定制的特大号Duxiana床，精致的大理石浴室带有玻璃淋浴间，客房还配有Nespresso咖啡机。

★ KNICKERBOCKER　　　　精品酒店 $$$

见466页地图（☎212-204-4980；http://theknickerbocker.com；6 Times Sq, 靠近42nd St;

双 $654；❄ 📶；🚇 A/C/E、N/Q/R/W、S、1/2/3、7至Times Sq-42ndSt）这家有330间客房的酒店最初由约翰·雅各布·阿斯特（John Jacob Astor）于1906年创立，优雅内敛，色调和谐（很不符合时代广场的风格！）客房别具一格，时尚而现代，配有可调节的55英寸平板电视、床头触屏控制台和USB充电接口。卡拉拉大理石浴室里有空间宽敞的淋浴房，部分浴室配有独立浴缸。

其他设施包括一处格调优雅的休息室、鸡尾酒吧和新派美式餐厅，屋顶酒吧环境一流，还可以预订私人包间，供应雪茄，不时有DJ演出。

住宿 中城区

ACE HOTEL 精品酒店 $$$

见462页地图（☎212-679-2222；www.acehotel.com/newyork；20 W 29th St, Broadway和Fifth Ave之间, Midtown West；房间 $454起；❄ 📶；🚇 N/R至28th St）风靡一时的Ace酒店创意十足，标间和豪华客房令人回想起高档的单身公寓——格子床单、图案诡异的墙纸、皮质家具和冰箱。有的房间甚至还有吉普森吉他和转盘唱机。提供免费Wi-Fi。酒店还为那些没多少钱又想追求时尚的年轻人准备了"迷你房"和"宿舍房"（上下铺），冬季这两种房型的价格会降到$200以下。

Ace酒店总是保持着轻松与热闹的氛围。时尚现代化的大厅里有现场乐队和DJ驻场表演，此外还有一间意式咖啡吧Stumptown Coffee Roasters（见213页），以及两家在该地区数一数二的优秀餐厅——以草地运动为主题的**Breslin Bar & Dining Room**（见462页地图；☎212-679-1939；www.thebreslin.com；16 West 29th St, Broadway和Fifth Ave之间；午餐 主菜 $17~-27, 晚餐 主菜 $27~39；⏰7:00至午夜）和以冲浪为主题的**John Dory Oyster Bar**（见462页地图，☎212-792-9000；www.thejohndory.com；1196 Broadway, 近29th St；拼盘 $11~55；⏰正午至午夜）。

CHATWAL NEW YORK 豪华酒店 $$$

见466页地图（☎212-764-6200；www.thechatwalny.com；130 W 44th St, Sixth Ave和Broadway之间, Midtown West；房间 $695起；❄ 📶 📶；🚇 N/Q/R, S, 1/2/3, 7至Times Sq-42nd St）这座经过重新装修的装饰艺术建筑杰作坐落于剧院区的中心地带，具有浓厚的历史氛围，弗雷德·阿斯泰尔（Fred Astaire）和欧文·柏林（Irving Berlin）等都曾在酒店餐吧Lambs Club享用晚餐并饮酒献唱。超级豪华的客房里挂着复古的百老汇海报，房间的设计灵感来自轮船的客舱，配有山羊皮墙纸和400根纱织的意大利Frette牌床品，此外还有调酒器具供你在房间里独酌。

额外的福利包括免费使用管家服务、代客泊车服务、笔记本电脑和预置的iPod，酒店自带的高档水疗护理让你随时随地纵情享受。这座学院派风格建筑是斯坦顿·怀特（Stanton White）的作品，他也是华盛顿广场拱门（Washington Square Arch）的设计者。

四季酒店 豪华酒店 $$$

见462页地图（Four Seasons；☎212-758-5700；www.fourseasons.com/newyork；57 E 57th St, Madison Ave和Park Ave之间, Midtown East；房间 $825起；❄ @ 📶；🚇 N/W/R至Fifth Ave-59th St, 4/5至Lexington Ave & 59thSt）坐落于一座由贝聿铭（IM Pei）设计的52层高的塔楼里，这个五星级连锁酒店极尽奢华之气。客房颜色淡雅，就连最小的房间都非常宽敞，里面有大衣橱，全部以托斯卡纳大理石铺装的浴室里还安装了高清电视。从园景房可欣赏到中央公园的无限美景，让人嫉妒。酒店内的水疗中心备受好评。

PLAZA 豪华酒店 $$$

见462页地图（☎888-240-7775, 212-759-3000；www.theplazany.com；768 5th Ave, 靠近Central Park S；房间 $995起；❄ 📶；🚇 N/R至Fifth Ave-59th St）酒店位于一座地标性的法国文艺复兴风格建筑里，282间标志性的Plaza客房装饰得如帝王宫殿般豪华气派，配有奢华的路易十五式家具和24克拉镀金浴室水龙头。酒店里的亮点包括娇兰水疗中心（Guerlain Spa）和传说中的棕榈阁（Palm Court），后者最著名的当属装饰着彩色玻璃的天花板和下午茶。不过使用Wi-Fi要加收$14.95，让人多少有些扫兴，在线预订会有优惠。

INK48 精品酒店 $$$

见466页地图（☎212-757-0088；www.ink48.com；653 Eleventh Ave, 靠近48th St, Midtown

West；房间 $459；❋☎；ⓢC/E至50th St）中城区偏远的西部比较荒凉，人烟稀少，但是Kimpton连锁酒店还是决定把Ink48放在这片地铁都到不了的曼哈顿边缘地带。酒店坐落于一座改建后的印刷厂内，星空璀璨的天际线和哈德逊河的美景弥补了它的不足。时尚且现代化的房间、高档水疗中心和餐厅、令人难忘的屋顶酒吧等设施也为其增色不少。最棒的是一抬脚就能到地狱厨房（Hell's Kitchen）地区那一片热闹的餐饮区。

狗主人们会对大堂外的免费狗粮和水盆留下好印象。只有成为Kimpton的会员才能享有免费Wi-Fi，否则每天要付$13.95的高价才能上网。

🛏 上东区

上东区包括了这个国家最富庶的几个街区，所以这里的住宿并不便宜（不过偶尔还是会有特价活动的）。但住在这里也有好处，步行即可抵达纽约一些最宏伟气派的文化景点，非常方便。

BUBBA & BEAN LODGES 民宿 $

见468页地图（☎917-345-7914；www.bblodges.com；1598 Lexington Ave, E 101st St和102nd St之间；双 $110~190，标三 $120~230，四 $130~260；❋☎；ⓢ6至103rd St）老板乔纳森（Jonathan）和克莱门特（Clement）把这座独具魅力的曼哈顿联排别墅改造成了一家非常舒适的民宿，很有家的感觉。5间客房摆着简单的家具，雪白的墙壁、硬木地板和深蓝色的床品使这里看上去既时尚又富有活力。这栋3层楼的建筑不带电梯，所有客房都带独立浴室和设施齐全的小厨房。

1871 HOUSE 旅馆 $$

见468页地图（☎212-756-8823；www.1871house.com；130 E 62nd St, Park Ave和Lexington Ave之间；半层套房 $220~345，整层套房 $365~645；❋☎；ⓢN/Q/R至Lexington Ave-59th St）这座具有历史意义的建筑以建成年份命名，如今是一座古色古香的旅馆。7间独立设计的套房就像是小型公寓，带有小厨房、独立浴室、双人床和古老的家具（独占一层的套房有多间卧室，最多可容纳5人）。所有房间的天花板都是3.8米高，空气流通且采光充足。

这是该区域性价比很高的住处。但是请注意，这是个富有特色的古老建筑：没有电梯，地板嘎嘎响，冬季用蒸汽暖气取暖。自助早餐篮（提供优质食材供你亲自准备）额外收费。

FRANKLIN 酒店 $$

见468页地图（☎212-369-1000；www.franklinhotel.com；164 E 87th St, Lexington Ave和Third Ave之间；双 $299起；❋☎；ⓢ4/5/6、Q至86th St）这座年代久远的建筑带有一种20世纪30年代的氛围——门廊上有一个古朴典雅的金色遮雨篷，一进门就是复古的电梯。就像很多老式纽约建筑一样，房间和浴室都非常袖珍，但是装修风格很现代，工作人员服务热情周到，地理位置非常优越，步行即可到达中央公园和很多博物馆。

另外，晚上供应葡萄酒和奶酪，非常讲究。背街的房间更安静一些。

MARK 酒店 $$$

见468页地图（☎212-744-4300；www.themarkhotel.com；25 E 77th St, Madison Ave路口；双 $750起，套 $1300起；❋☎；ⓢ6至77th St）Mark是法国设计师雅克·格兰奇（Jacques Grange）留下的一件艺术品，大胆的几何形状和丰富、活泼的装饰结构在大堂欢迎来宾（斑马纹效的大理石地板绝对养眼）。楼上，大刀阔斧翻新过的房间和多卧室套房更具柔和的美感，而高雅的格调则一以贯之。

明亮通风的客房配有花格镶板天花板、精致的意大利床品和典雅的定制家具。触屏控制面板能够控制室温、灯光和Bang & Olufsen品牌的音响。大理石浴室配有两个洗脸池、独立淋浴间和泡澡浴缸——甚至还配有嵌入镜子的平板电视。不过缺点是最便宜的房间可能还是偏小，员工有时会有点傲慢。

🛏 上西区和中央公园

如果你热爱文艺，上西区就太适合你了，众多的著名剧院、电影院和音乐厅（特别是林肯中心）就在门口，更别提丰茂的绿洲中央公园（见246页）和静谧的河边公园（见251页）就在几步之遥。住宿选择从经济实惠的旅馆到昂贵的豪华酒店一应俱全。

JAZZ ON THE PARK HOSTEL 青年旅舍 $

见470页地图（☎212-932-1600；www.jazzhostels.com；36 W 106th St, Central Park West和Manhattan Ave之间；铺 $48~70，双 $165~200；❄@🛜；⑤B, C至103rd St）这是一家由廉价旅馆改建而成的青年旅舍，恰好位于中央公园附近，是一个相当不错的选择。提供干净的宿舍房，分为男女混合宿舍和男女分住宿舍两种，每间宿舍房里有4~12个铺位。这里的社交氛围很好，每晚都有免费的活动（喜剧和电影之夜、串酒吧和夏季烧烤）。楼下的休息室光线较暗，又名"地牢"（dungeon），有一张台球桌、若干长沙发和一个大屏幕电视。

这里还有用餐区域、一个可进入的屋顶和几个小露台。

HOTEL NEWTON 酒店 $

见470页地图（☎212-678-6500；www.thehotelnewton.com；2528 Broadway, 94th St和95th St之间；双 $100~300；❄🛜；⑤1/2/3至96th St）9层高的Newton酒店不可能获得任何一项室内设计奖，不过干净的房间和有序的管理使这里成为一个不错的经济型住宿选择。108间客房虽小却配有电视、迷你冰箱、咖啡机和微波炉。浴室的维护保养工作做得非常好。大一点的"套房"更宽敞，带起居室。Wi-Fi需额外付费，每天$6。

NYLO HOTEL 精品酒店 $$

见470页地图（☎212-362-1100；www.nylo-nyc.com；2178 Broadway, 靠近77th St；房间 $299起；❄🛜；⑤1至77th St）这间现代化的精品酒店有285间装饰风格时尚随意的房间，以温暖的大地色为主色调。客房里配有柔软的床品、木地板、雅致的灯具、宽敞的浴室（相对于纽约的常规浴室尺寸而言）、咖啡机和平板电视。"NYLO全景间"（NYLO Panoramic）有带家具的私人露台，从上面望去，曼哈顿的美景一览无余。

累了一天后，一楼设计考究的休息厅和酒吧是不错的去处。服务周到，地理位置优越。

LUCERNE 酒店 $$

见470页地图（☎212-875-1000；www.thelucernehotel.com；201 W 79th St, Amsterdam Ave路口；双 $300起；❄🛜；⑤B, C至81st St）这座与众不同的酒店建于1903年，摒弃了学院派建筑风格，代之以巴洛克风格装潢，赤陶色的外墙上装饰着华丽的雕刻。这座宏伟气派的酒店有200间客房，是情侣和带孩子出行的家庭游客的理想之选（距离中央公园和美国自然历史博物馆非常近）。9种类型的客房都呈现出维多利亚风格的当代改良面貌。

你可以想想花卉图案的床罩、涡卷装饰的床头板以及带流苏的舒适枕头。工作人员友好而有礼貌，酒店内还有一家味道鲜美的法式地中海餐厅Nice Matin。

HOTEL BEACON 酒店 $$

见470页地图（☎212-787-1100，预订 800-572-4969；www.beaconhotel.com；2130 Broadway, 74th St和75th St之间；双 $175~350；🛜；⑤1/2/3至72nd St）这家颇受家庭青睐的酒店毗邻比肯剧院（Beacon Theatre），提供细心周到的服务、舒适的房间和优越的地理位置。260间客房（包括一些多卧室套房）的主色调是柔和的陶瓷绿。客房保养得很好，非常宽敞，所有的房间都提供咖啡机和小厨房。酒店里还有1个健身房和1个自助洗衣房。

从楼上的房间可以眺望远处中央公园的美景。算得上是物超所值，淡季还经常有大幅优惠。

EMPIRE HOTEL 酒店 $$$

见470页地图（☎212-265-7400；www.empirehotelnyc.com；44 W 63rd St, 靠近Broadway；房间 $370起；❄🛜🏊；⑤1至66th St-Lincoln Center）这家酒店位于林肯中心正对面，经历了一场从头到脚的翻新工程，只留基础结构还保持原状。酒店以大地色为主色调，风格凸显当代感，有一个带天篷的泳池、一个颇具情调的屋顶酒吧和一个幽暗的大堂休闲区，大厅里还摆着印有斑马图案的长沙发。酒店共有400多间客房，房型布局多种多样。客房的墙壁都粉刷成亮丽的色彩，配有高档的深色皮质家具。

🛏 哈莱姆和上曼哈顿

HARLEM FLOPHOUSE 客栈 $

见472页地图（☎347-632-1960；www.harlemflophouse.com；242 W 123rd St, Adam Clayton Powell

Jr & Blvd和Frederick Douglass Blvd之间, Harlem；双带公共浴室 $99~150；❀；Ⓢ A/B/C/D, 2/3至125th St）这座19世纪90年代的联排别墅会令人联想到爵士乐时代。怀旧风格的房间摆着铜床和老式收音机（可以收听本地爵士乐电台）。在此你可以体验一把回到过去的感觉，当然这也就意味着这里只有公共浴室，没有空调和电视。老板是一位百事通，精通当地信息。

此外，这里还有一只温顺的家猫Phoebe，为这里平添一种温馨、惬意的氛围。

LA MAISON D'ART 客栈 $

见472页地图（☎718-593-4108；www.lamaisondartny.com；259 W 132nd St, Adam Clayton Powell Jr Blvd和Frederick Douglass Blvd之间, Harlem；房间 $183起；❀❀；Ⓢ 2/3至135th St）这个温馨的小宅位于一家画廊的楼上，设有5间舒适而充满个性的客房。每间客房都有独特之处：有的房间有古董和四柱床，有的房间有超大的按摩浴缸（维多利亚风格的房间里有丁香色的墙和金色窗帘，可能不是每个人都能欣赏得来）。楼背后还有一个小花园，让你静静享受放松的时光。

客栈位于哈莱姆经典的褐砂石建筑中，附近有不少不错的饮食选择，乘地铁前往中城区或曼哈顿的其他地方也很方便。

MOUNT MORRIS HOUSE B&B 客栈 $$

见472页地图（☎917-478-6213；www.mountmorrishousebandb.com；12 Mt Morris Park W, 121st St和122nd St之间, Harlem；套/公寓 $175/235起；❀❀；Ⓢ 2/3至125th St）从1888年开始，这个舒适安逸的客栈就坐落在这座镀金时代的别墅里，有3间奢华宽敞的房间可供选择：1间一居室套房，1间两居室套房，1间自带全套厨房设施的单间公寓。每间套房都是按照特定的历史时期精心布置的：波斯风格的地毯和织锦长沙发，还有壁炉和复古浴缸。

不提供早餐，但是全天免费供应咖啡、茶和蛋糕。从客栈可以步行到达125th St。最好用现金结账。

ALOFT HARLEM 酒店 $$

见472页地图（☎212-749-4000；www.aloftharlem.com；2296 Frederick Douglass Blvd, 123rd St和124th St之间, Harlem；双 $227起；❀❀；Ⓢ A/C, B/D, 2/3至125th St）这家酒店是为年轻旅客设计的，兼顾奢华感和合适的价格。124间客房空间紧凑（约26平米）但时尚现代，提供干净雪白的床上用品、蓬松柔软的被子和彩色条纹的长枕头。时尚的浴室面积虽小（没有浴缸）但功能齐全，各种洗浴用品均由高端水疗连锁品牌Bliss提供。

地下休闲吧有很多张台球桌，热闹非凡，但离你的房间有点儿远。总的来说，这里非常方便——出门便是阿波罗剧院（Apollo Theater）和繁华的125th St商业区，是个不错的选择。

🏠 布鲁克林

LEFFERTS MANOR BED & BREAKFAST 民宿 $

见478页地图（☎347-351-9065；www.leffertsmanorbedandbreakfast.com；80 Rutland Rd, Flatbush Ave和Bedford Ave之间, Prospect Lefferts Gardens；房间 带公共浴室 $109~139, 带独立浴室 $149；➡@❀；Ⓢ B、Q至Prospect Park）🍃位于布鲁克林经典褐砂石建筑中的6间客房采光良好，设有瓷砖面封闭式壁炉，配色精致，内饰充满历史感。楼上的5间客房共用2间洁白的浴室，Parlor Suite套房设有独立厕所，四脚浴缸被浴帘环绕成一处私密空间。距离曼哈顿市中心仅有30分钟的地铁路程。有欧陆式早餐可供选择，至少入住3晚。

民宿老板在附近还有两处类似的住处，在福特格林尼（Fort Greene）还有两处带全套厨房设施的公寓。

SERENITYAT HOME 民宿 $

见478页地图（☎646-479-5138；www.serenityah.com；57 Rutland Rd, Flatbush Ave和Bedford Ave之间, Prospect Lefferts Gardens；标双/房间 带公共浴室 $75/130起，房间 带独立浴室 $165；❀❀；Ⓢ B、Q至Prospect Park）🍃这家迷人的旅馆距布鲁克林的展望公园（Prospect Park）仅有几步之遥，坐落在一座战前排屋中。4间客房均设有木地板、漂亮的家具、高品质的床垫和床品。请注意有3个房间是共用浴室，1间宽敞的房间独享私人浴室（还有让人惊喜的四脚浴缸）。

房主斯诺比亚（Zenobia）让客人有家的

感觉，还能为你在周边地区或全城的探索之旅提供大量实用建议。请注意，屋里不让穿鞋（建议自带拖鞋）。至少入住3晚。

EVEN HOTEL　　　　　　　　　精品旅馆 $

见481页地图（☎718-552-3800；www.evenhotels.com；46 Nevins St，靠近Schermerhorn St, Downtown Brooklyn；房间 $149起；❋❐❀；Ⓢ2/3、4/5至Nevins St, A/C、G至Hoyt-Schermerhorn）这家以健康生活为主题概念的酒店为关注健康的旅客准备了一切：室内健身区（提供瑜伽垫、泡沫滚轮、瑜伽砖和平衡球）、24小时健身房，咖啡厅里提供有机食品和鲜榨橙汁机，还有免费的洗衣服务让你放心挥洒汗水。这家旅馆位于布鲁克林市中心，乘地铁也很方便。

LORALEI BED & BREAKFAST　　民宿 $

（☎646-228-4656；www.loraleinyc.com；667 Argyle Rd，紧邻Foster Ave, Ditmas Park；房间 $145~195；P❐；⒮B、Q至Newkirk Plaza）这座酒店所在的独栋房屋建于1904年，带有环绕式门廊，仿佛一家小型的新英格兰民宿。2间位于2层的套房设有双人床、维多利亚式家具、起居室和独立浴室。"the Sutton"的起居室里还可以住1个人。房价包含欧陆式早餐，至少入住2晚。距离曼哈顿市中心约45分钟的地铁路程。

WYTHE HOTEL　　　　　　　　精品酒店 $$

见474页地图（☎718-460-8000；www.wythehotel.com；80 Wythe Ave，靠近N 11th St, Williamsburg；双 $265起；❋❐；ⓈL至Bedford Ave, G至Nassau Ave）红砖砌成的Wythe酒店位于一座改建后的1901年的工厂里，其高水准的设计风格震撼了威廉斯堡。以工业风为特色的房间令人眼前一亮，配有用再生木材制造的床，贴有定制墙纸（来自布鲁克林本土品牌Flavor Paper），砖墙外露，地面则铺着光亮的混凝土地板，4米高的木质天花板也被原封不动地保留了下来。

在酒店1楼，Reynard餐厅为客人提供法式啤酒屋的经典餐饮，餐厅装修得非常漂亮，有瓷砖地板、砖墙、高耸的木质天花板和复古装置。位于顶层的Ides Bar是啜饮日落鸡尾酒和精酿啤酒的好地方，而且还能欣赏曼哈顿令人难忘的天际线。

WILLIAMSBURG HOTEL　　　　精品酒店 $$

见474页地图（☎718-362-8100；www.thewilliamsburghotel.com；96 Wythe Ave，靠近N 10th St, Williamsburg；双 $250起；❐ⓈL至Bedford Ave）这是威廉斯堡最新建成的精品酒店，离河只有2个街区，110间客房可以观赏壮丽的河景和曼哈顿的城市风光，北侧的露台（"terrace"）客房有铺着人造草坪的阳台（有些还设有秋千椅），让你欣赏到帝国大厦、克莱斯勒大厦和上东区的全景——多花一笔钱也值得了。

房间不是很大，但是落地窗和装饰有亮色地铁瓷砖的玻璃淋浴间让整个空间显得比实际上更敞亮。迷你吧、保险箱和当地制造商Apotheke供应的精油系列沐浴产品都是房间标配。屋顶酒吧（经典的纽约水塔形状）和游泳池已于2018年开放。

HENRY NORMAN HOTEL　　　精品酒店 $$

（☎646-604-9366；www.henrynormanhotel.com；251 N Henry St, Norman Ave和Meserole Ave之间，Greenpoint；阁楼 $299起；❋❐❀B48至Nassau av Bedford Ave/Monitor St；ⓈG至Nassau Ave）这栋引人注目的砖砌建筑（曾是艺术家们的公寓）建在一座19世纪的仓库旧址上，客房内天花板很高，充满了波希米亚的文艺韵味，还有硬木地板、柔和的配色（白色和灰色是主题色）、墙上的艺术品以及iPod基座。较贵的客房设有露台（部分享有城市景观）和设备齐全的小厨房。网站上往往有折扣。

酒店位于工业区，但距离格林波特（Greenpoint）的潮流酒吧、商店和咖啡馆只有15分钟的步行路程。如果想躲过索然无味的城市景观，也可以乘坐酒店的免费班车。酒店老板在更靠北部的格林波特还经营着**Box House Hotel**（☎646-582-0172；www.theboxhousehotel.com；77 Box St，靠近McGuinness Blvd, Greenpoint；房间/阁楼/一居室套房/两居室套房 $170/249/379/699起；❋❐；❀B43至Box St/Manhattan Ave；Ⓢ7至Vernon Blvd-Jackson Ave, G至Greenpoint Ave）。

AKWAABA MANSION INN　　　民宿 $$

（☎718-455-5958, 866-466-3855；www.

akwaaba.com; 347 MacDonough St, Lewis Ave和Stuyvesant Ave之间, Bedford-Stuyvesant; 房间$195~225; ❄️🎧; Ⓢ A/C至Utica Ave)这间雅致的民宿位于贝德福德-斯泰弗森特的一座豪宅中, 这座意大利风格的豪宅是当地一位啤酒大亨在1860年建造的, 周围绿树成荫, 还有整齐划一的联排别墅——这些别墅已有上百年的历史了。民宿内部设计得古朴典雅, 有铜床、大理石壁炉、经典的镶木地板以及带屏风的环形门廊——在这里阅读一本好书, 会令人感到非常惬意。

非洲纺织品和复古照片也为这里增添了亲近感。4个宽敞的套房都配有独立浴室(其中3个房间提供可容纳2人的按摩浴缸)。

MCCARREN HOTEL & POOL 精品酒店 $$

见474页地图(📞718-218-7500; www.mccarrenhotel.com; 160 N 12th St, Bedford Ave和Berry St之间, Williamsburg; 双$300起; ❄️🎧🍴; Ⓢ L至Bedford; G至Nassau)这家位于迈凯伦公园(McCarren Park)对面的酒店简直有点太潮了, 63间极简主义客房配有竹地板和大理石浴室。较贵的客房设有阳台和花洒淋浴。楼上的酒吧有可开合的屋顶, 让你尽览曼哈顿的迷人美景。盐水游泳池很大, 天晴的时候正好下水。还有一家住客专用的健身房。

NU HOTEL 酒店 $$

见476页地图(📞718-852-8585; www.nuhotelbrooklyn.com; 85 Smith St, 靠近Atlantic Ave, Boerum Hill; 双$220起; ❄️@🎧; Ⓢ F, G至Bergen St)这家酒店位于波恩兰姆小丘(Boerum Hill)和布鲁克林市中心的交界处, 共有93间客房, 室内装饰简单朴素, 大部分的物品都是白色的(床单、墙壁和羽绒被等)。家具以再生柚木制成, 地面铺着软木地板。结伴出游的旅客可以考虑包含一张双人床和一个上下铺的宿舍套间("Bunkbed"), 想来点儿更特别的, 那就预订这里的全景房("NU Perspectives")吧, 房间里饰有布鲁克林艺术家创作的彩色壁画。

酒店里有一个小型的大堂休息区, 还向客人提供自行车。如果你是一位浅眠者, 可以要求入住离繁华的Atlantic Ave较远的房间。

HOTEL LE BLEU 酒店 $$

见478页地图(📞718-625-1500; www.hotellebleu.com; 370 Fourth Ave, 靠近5th St, Gowanus; 双$220起; 🅿️❄️🎧; Ⓢ F、G、R至4th Ave-9th St)这家酒店位于高湾那(Gowanus)一条繁忙的大街上, 提供48间以棕色、白色和蓝色为主色调的极具吸引力的客房——"Le Bleu"(法语中的"蓝色")不是白叫的。房间里生活设施齐全, 提供浴袍和咖啡机, 房价含1份清淡的早餐。淡季时房价较低, 非常划算。

虽说Fourth Ave并不美观, 位置却是绝佳的——走路就能到达帕克斜坡(Park Slope)中心的餐馆和酒吧以及高湾那的音乐演出场地。街角的Whole Foods超市(见302页)是购买简餐的好去处。

🛏️ 皇后区

这个占地面积很大的行政区就精品酒店和民宿的魅力而言, 比不上曼哈顿和布鲁克林。不过, 长岛市近年来涌现了一批新酒店, 可以欣赏曼哈顿美得惊人的景色, 也很方便去往中城区。多数为连锁酒店, 也有几家独立住所, 都会有不少特价活动。

BORO HOTEL 设计师酒店 $

见484页地图(📞718-433-1375; www.borohotel.com; 38-28 27th St, Long Island City; 房间$189起; 🅿️❄️🎧🍴; Ⓢ N/Q至39th Ave)Boro提供极简主义的都市奢华(Frette床品、舒适的浴袍和泡澡浴缸), 用远远低于曼哈顿的价格享受同等体验——从落地窗望出去就是明明灭灭的天际线。超简约的客房设有木地板和高高的天花板, 很多客房都有宽敞的阳台。欧陆式早餐包括酥松的牛角包和希腊酸奶, 高于平均水准。

LOCAL NYC 青年旅舍 $

见484页地图(📞347-738-5251; www.thelocalny.com; 13-02 44th Ave, Long Island City; 铺/双$60/169起; ❄️🎧; Ⓢ E、M至Court Sq-23rd St)这家旅舍的客房干净小巧、设计简约, 配有舒适的床垫, 享有充足的采光。房客可以使用设备齐全的厨房, 空间通透的咖啡吧是和其他旅客闲聊的好地方, 早上有咖啡, 晚上供应葡萄酒和啤酒。整个星期都会有定期举办的活

动（电影之夜、现场音乐和酒吧知识竞赛）。

友好的员工能为你重点推荐一些纽约鲜为人知的好去处。不要错过屋顶的好风光。

PAPER FACTORY HOTEL 酒店 $

见484页地图（☎718-392-7200；www.thepaperfactoryhotel.com；37-06 36th St, Long Island City, Queens；双 $120~309；❄☎；⑤M、R至36th St）这家个性十足的酒店位于长岛市的半工业区，所在建筑的前身是造纸厂兼仓库。和附近的连锁汽车旅馆不同，该酒店工业风格的房间相当精致；而和曼哈顿的酒店相比，这里的房间简直大得惊人。酒店大堂里的回收旧家具和抛光水泥（地板上嵌有旧版地图）流露出鲜明的特色。

客房本身延续了复古的美感，虽说其内部陈设着舒适的现代床和淋浴设施，并能看到大都市的景观。约3.7米高的天花板和巨大的窗户让房间显得更加宽敞，当地艺术家的作品和旧式家具令每间客房都显得与众不同。在满是涂鸦的屋顶上能欣赏到令人陶醉的曼哈顿景色，酒店内的餐厅Mundo供应不拘一格的全球美食。

Z HOTEL 精品酒店 $$

见484页地图（☎877-256-5556，212-319-7000；www.zhotelny.com；11-01 43rd Ave, Long Island City；房间 $230起；❄☎；⑤F至21st-Queensbridge；E, M至Court Sq-23rd St）虽然坐落于令人抓狂的"工业废墟"区，但是这家高层酒店在设计方面匠心独运，让你尽览曼哈顿迷人的景色。共有100间客房，虽说空间紧凑但很有格调，以深色为主色调，极富现代感，浴室里的加热地板和超大淋浴头都是加分项。在屋顶酒吧还可以欣赏到更为震撼心的景致。

使用Wi-Fi、拨打市内及国际长途电话以及租用自行车都是免费的。网上有时会有特价房。

RAVEL 精品酒店 $$

见484页地图（☎718-289-6101；www.ravelhotel.com；8-08 Queens Plaza S, Long Island City；房间 $210起；🅿❄☎；⑤F至21st St-Queensbridge）酒店的位置可能给人一种荒凉的感觉，不过这家位于长岛的酒店距离中城区仅2站地铁的距离。房间也许不像酒店宣称的那样豪华，但还算是美观现代、充满生气，还提供舒适的床品和带有淋浴花洒的浴室（高级客房配有浴缸）。从时尚的屋顶餐吧望去，可以尽览曼哈顿的美景。

了解纽约

今日纽约 **376**
贫富差距和城市基础设施老化是纽约急需应对的最大挑战。

历史 **378**
史诗般的壮举、非法交易、激增的人口和毁灭性的风暴构成了纽约的过去,这一切要比狄更斯的小说更具吸引力。

纽约美食 **388**
既能满足快餐爱好者,又有革新的慢食运动,还有不断兴起的各式精致鸡尾酒、微酿啤酒和咖啡——这一切构成了纽约的饮食特色。

艺术 **393**
作为美国文化产业的中心,这里涌现出了极为缤纷的艺术形式,从百老汇的夺目灯光到陋巷的爵士乐根据地,不一而足。

建筑 **399**
殖民地时期的住所、哥特复兴式教堂、摩天大楼以及建筑大师的作品充分证明了纽约是一张令人惊奇的建筑图板。

酷儿之都:从石墙到婚姻平等 **405**
纽约敞开心胸、满怀骄傲,这座城市长期以来一直引领着同性恋权利运动。这一过程并非总是一帆风顺,但这从来都是一条了不起的道路。

银幕上的纽约 **409**
纽约拥有世界上最多的电影取景地,是银幕上经验丰富的明星。

今日纽约

纽约依然是那部动力十足的经济发电机,失业率创历史新低,城市金库满满,建筑热潮席卷五大区。但在光鲜的表面之下,却有许多潜在的问题,包括老化的公共交通系统、愈发严重的流浪汉问题和持续存在的恐怖主义威胁。然而,这座城市对一切都能应付自如。正如前总统巴拉克·奥巴马(Barack Obama)2017年发的推特所说:"纽约人都是最坚强的人。"

最佳影片

《蒂凡尼的早餐》(*Breakfast at Tiffany's*; 1961年)全面展现纽约的光彩与特质。

《出租车司机》(*Taxi Driver*; 1976年)由马丁·斯科塞斯(Martin Scorsese)执导,讲述了一位深受困扰的越战退伍军人转业为出租车司机的故事。

《为所应为》(*Do the Right Thing*; 1989年)斯派克·李(Spike Lee)广受好评的剧情喜剧片,探讨了暗潮汹涌的种族冲突。

《梦之安魂曲》(*Requiemfora Dream*; 2000年)一位布鲁克林瘾君子和溺爱他的犹太母亲之间不寻常的故事。

《玛格丽特》(*Margaret*; 2015年)肯尼斯·洛纳根(Kenneth Lonergan)执导的第二部影片,探讨一场事故对一位曼哈顿少年造成的破坏性影响。

最佳书籍

《卡瓦利与克雷的神奇冒险》[*The Amazing Adventures of Kavalier & Clay*; 迈克尔·夏邦(Michael Chabon); 2000年]涉及布鲁克林、逃避和核心家庭。

《看不见的人》[*Invisible Man*; 拉尔夫·艾里森(Ralph Alison); 1967年]深刻探讨了20世纪初美国黑人的处境。

革新主义市长

市长白思豪(Bill de Blasio)于2014年上任,致力于解决纽约市严重的贫富差距问题。他早期的一大成就是创建了向所有纽约家庭开放的免费学前教育。截至2015年9月,大约68,000名4岁儿童参加了为期一年的免费学前班,为之后的教育抢得先机。2015年和2016年间,白思豪还在纽约实行了租金冻结计划(Rent Freeze),使居住在租金管制公寓里的200多万居民从中受益。

落实经济适用房是他议程中的另一核心要务——计划在2024年前建设或保留20万套平价住宅单元。截至2017年他的首个任期结束,市长宣布已有77,000套经济适用房成功建成。

在工资方面,白思豪给全部5万名城市工人加薪,将最低工资水平上调至每小时$15,于2018年底生效。在市长的领导下,失业率也创下历史新低——4.3%,这是近40年来的最低水平,在他的首个任期内,私营企业每年新增10万个工作岗位。与此同时,该市的犯罪率也创下历史新低。

鉴于他的诸多成就,白思豪在2017年的市长选举中轻松连任,继续担任美国最大城市的首脑。

地铁蓝调

纽约所面临的一大挑战就是公交运输系统的维护工作。已有上百年历史的地铁最近饱受困扰,出现许多问题。过分拥挤的列车和频发的故障引起了市民对纽约大都会交通运输管理局(Metropolitan Transit Authority,人称MTA)的普遍不满。高峰时段的车厢非常拥挤,通勤乘客必须等上一两趟车才能挤进去。引发问题的一个原因是地铁陈旧的信号系统——该系统从20世纪30年代一直沿用至今。MTA官员表示，信号系统的更新将会耗资数十亿美元，并且需要耗费数十年时间才能完成。

L线的停运维修计划更是给纽约人雪上加霜。2012飓风桑迪来袭期间，东河下方的卡纳西隧道（Canarsie Tunnel）被数百万加仑的海水淹没，造成严重破坏。这是曼哈顿和布鲁克林之间的要道，每天运输40万乘客。L线于2019年4月起暂停运行，暂定停运时长为15个月，在此期间这些人就都要为通勤另作打算了。

双城记

纽约的贫富差异在很多方面愈发凸显，惊人的地产开发项目和天价公寓拔地而起，有耗资45亿美元的哈德逊城市广场（Hudson Yards），也有拉斐尔·维诺利（Rafael Viñoly）操刀设计的公园大道432号（432 Park Avenue），这栋超细长塔楼的顶层豪华公寓最近挂出了8200万美元的高价。对于富人来说，纽约是他们最棒的游乐场。位于上东区的一处售价8500万美元的房产还附带1艘价值100万美元的游艇和2辆劳斯莱斯幻影。

开发商争相在全城建造更高更奢华的公寓，与此同时，无家可归者的阵营却持续增大。如今，纽约城有超过63,000名流浪汉，数量是2002年的两倍多。停滞不涨的工资和暴涨的房租恶化了这种令人堪忧的局面。从2000年到2014年，纽约市房租的中位数增长了近20%，而收入仅增加了5%。

大多数纽约人并不处在上述两个极端，但平价住房的短缺依然对当地居民形成了巨大压力。越来越多的社区都在经历高档化过程，价格的普遍上涨让房东们开始打租金稳定公寓的主意，以求更高的回报。这让很多纽约人身负难以为继的天价租金——平均而言，纽约居民要把近60%的收入花在房租上。难怪住在纽约市无家可归者收容所里的家庭中，有三分之一的成年人都有工作。

每平方英里人口

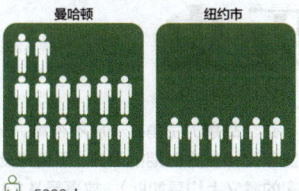

≈ 5000 人

住房(人口百分比)

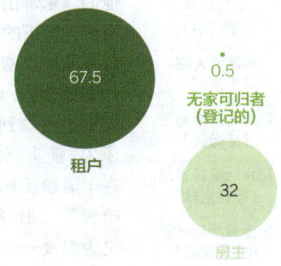

67.5 租户

0.5 无家可归者（登记的）

32 房主

如果纽约有100人

34个是白种人
28个是拉美裔
23个是非洲裔美国人
13个是亚裔
2 个是其他人种

历史

这个故事的主角是一座不夜城,一个聚集了巨富和全球领导者的王国,同时也是一个见证了鼎盛年代和谷底时期的地方。尽管如此,它依旧在不停地向着天空的方向迈进(不论在比喻还是现实的意义上均是如此)。故事是从24美元和一堆珠子开始的……

纽约最佳历史景点

艾利斯岛
(纽约港)

格雷西大厦
(上东区)

商人之家博物馆
(诺荷区)

Jane's旋转木马
(布鲁克林)

里士满历史名镇
(史丹顿岛)

靠山吃山,靠水吃水

远在欧洲人统治之前,后来成为纽约市的这块土地属于当时的印第安人德拉瓦族(Lenape,"原住民"),他们居住在一系列季节性的营地中。他们以东部沿海地带为据点,沿着崎岖的海岸线来回迁徙,或生活在经冰河时代留下的冰川雕刻形成的丘陵和山谷中。冰河时代留给纽约的冰碛物现在叫作汉密尔顿高地(Hamilton Heights)和湾脊(Bay Ridge)。冰川冲刷掉软岩,留下曼哈顿鲜明的片麻岩和片岩的岩石根基。在第一批欧洲人穿过海峡到来之前约11,000年,德拉瓦人在此区域觅食、打猎和捕鱼,矛尖、箭头、骨堆和贝冢证明了他们的存在。他们走过的一些小径仍然存在于诸如百老汇之类的街道下面。在德拉瓦族的蒙西语(Munsee)中,"曼哈顿"一词可能被译为了"多山的岛屿",而另一种对于词意的理解则显得更为浪漫——"令人陶醉的地方"。

大梦初醒

德拉瓦人一直平静地生活在这片土地上,直到第一批欧洲探险者乘着法国轮船王妃号(La Dauphine)来到这里。这艘轮船由意大利佛罗伦萨探险家乔瓦尼·达·韦拉扎诺(Giovanni da Verrazano)领航,他于1524年发现了上纽约湾(Upper Bay),认为它是个"非常美丽的湖泊"。他在史丹顿岛(Staten Island)停泊时试图绑架遇到的一些美洲原住民。这开启了

大事年表	约公元1500年	1625~1626年	1646年
	约有15,000名印第安人生活在全岛的80处地方,包括长期不和的易洛魁族人(Iroquois)和阿尔冈昆人(Algonquins)。	随着新阿姆斯特丹人口达到200人,荷兰西印度公司从非洲向新阿姆斯特丹输送奴隶,从事毛皮贸易和建筑施工。	荷兰人在长岛的东河海岸创建了一个小村庄,并以荷兰语将其命名为Breukelen村。在1898年之前,它一直作为独立城市存在。

欧洲探险者对德拉瓦族村庄长达数十年的劫掠,并导致德拉瓦人对外来者产生了强烈的不信任感。1609年,当荷兰西印度公司(Dutch West India Company)的员工亨利·哈德逊(Henry Hudson)来到这个地方时,对美洲原住民的描述常常呈现为截然不同的两种版本:"可爱的原始人"和"未开化的野蛮人"。

购买曼哈顿

1624年,为了创建贸易站,荷兰西印度公司派遣了110名移民去往曼哈顿。他们定居在下曼哈顿(Lower Manhattan),将他们的殖民地称为新阿姆斯特丹(New Amsterdam),并在这里与坚不可摧的德拉瓦人展开了血战。1626年,战斗达到了最高潮。当时殖民地的首任统治者彼得·米努伊特(Peter Minuit)成了该城市第一个,但绝不是最后一个无良房地产经纪人——他用60荷兰盾($24)和一些玻璃珠从德拉瓦人手里购买了曼哈顿14,000英亩(近57平方公里)的土地。

兴衰更替

在1626年曼哈顿交易之后,殖民地在威廉·凯夫特(Willem Kieft)的统治下迅速败落。后来彼得·史蒂文森(Peter Stuyvesant)进行了干预,忙于着手整修破败不堪的定居点,与德拉瓦人言归于好,建立市场和守夜岗哨、修炮台、挖运河(位于现在的运河街下面),并批准建立了一个市政码头。他对贸易站井然有序并繁荣昌盛的美好愿景,部分来源于他之前担任库拉索岛(Curaçao)总督时的经历,而加勒比海地区蓬勃发展的制糖经济也促进了对奴隶贸易的投资。其结果就是没过多久,新阿姆斯特丹的奴隶劳力便增长至总人口的20%。长期服役后的奴隶有的获得了部分自由,并被授予土地"黑人区",即今天的格林尼治村、下东区和市政厅附近。荷兰西印度公司鼓励人们在这些岛屿上开展富有成效的种植园经济,并且发布广告宣传、授予特权,以吸引商人到这个不断发展的港口。起初,那些逃离西班牙宗教法庭(Spanish Inquisition)的犹太人没有获得这些"自由",但是荷兰西印度公司改变了史蒂文森对这些逃犯的不宽容态度。到了17世纪50年代,仓库、工场和带山墙的房屋从河滨Pearl St上密集的定居点不断向外铺散开来。

1664年,英格兰人乘着战列舰来到这里,做好了开战的准备。但史蒂文森已经疲于战斗,为避免生灵涂炭,他选择了不战而降。英王查理二世

纽约市的名称及其荷兰语来源

格拉梅西: Kromme Zee("弯弯曲曲的湖泊")

康尼岛: Konijneneiland("兔子岛")

扬克斯: jonker("乡绅")

鲍厄里: bouwerij("农场"的旧词)

布朗克斯:以乔纳斯·布朗克命名

1754年	1776年	1784年	1789年
依照《皇家宪章》,乔治二世成立了最早的高等教育机构——国王学院(King's College)。美国独立战争之后,该学院更名为哥伦比亚大学(Columbia University)。	7月4日,美洲殖民地签署了《独立宣言》(Declaration of Independence)。帮助起草此宣言的重要人物包括约翰·汉考克、塞缪尔·亚当斯和本杰明·富兰克林。	亚历山大·汉密尔顿(Alexander Hamilton)创立纽约银行,持有$500,000资产。大约10年后,纽约银行的股票成为在纽约证券交易所交易的第一支公司股票。	在结束了家乡维农山庄(Mount Vernon)举办的历时7天的欢送游行后,乔治·华盛顿在联邦大厅就任美国第一任总统。

(Charles Ⅱ)立即将殖民地改名,以他弟弟约克公爵(Duke of York)的名字命名。到18世纪中期,纽约州成为一个繁荣的英属港口,人口达到11,000。纽约在全球奴隶和货物贸易行业的地位日渐提升,不过可惜好景不长。

出版自由和"黑人大阴谋"

愈发紧张的局势在殖民地报刊宣传中展露无遗。约翰·彼得·曾格(John Peter Zenger)的《纽约新闻周报》(*New York Weekly Journal*)时不时地对国王和皇室总督严加批评,所以当局者于1733年试图以"煽动性诽谤"的名义宣判曾格有罪。但是曾格被无罪释放,这就是我们今天所熟知的"出版自由"的开端。

1741年,城市各处接连发生了几场大火,其中一起就在乔治堡(Fort George),时任副州长乔治·克拉克(George Clarke)的故乡。大火被众人归罪于黑奴,很快有谣传称这是黑人和较为贫穷的白人策划的叛乱,蓄意烧毁纽约城。尽管言论自相矛盾,证据也不充分,这场所谓的"黑人大阴谋"却让许多奴隶和他们所谓的同谋被捕并遭处决。

革命和战争

爱国者与忠于国王的英国保守党在公共场所发生了冲突,亚历山大·汉密尔顿中校(Lieutenant Colonel Alexander Hamilton)从一位知识分子变成了一名勇猛的反英格兰组织者。意识到战争即将到来的市民纷纷逃离纽约城。革命战争于1776年8月爆发,乔治·华盛顿将军(General George Washington)的军队在几天内就损失了四分之一,他被迫暂时撤退。殖民地的大部分地区硝烟弥漫。但是不久后,英格兰殖民者撤退了,华盛顿的军队夺回了他们的城市。人们在鲍灵格林公园(Bowling Green)举行了一系列的庆祝活动、宴会和烟花表演,华盛顿将军在如今已成为法兰西斯酒馆博物馆(Fraunces Tavern Museum)的地方与属下作别,从总指挥官的位置上退了下来。

然而这位已退休的将军自己也没有想到,1789年他会在联邦大厅发表演说,成千上万的民众聚集在一起,共同见证了他的总统就职典礼。与此同时,亚历山大·汉密尔顿开始重建纽约,他成为华盛顿的财务部长,致力于建立纽约证券交易所(New York Stock Exchange)。但是人们不希望国会和华尔街商人的金融势力距离太近,于是没过多久,费城便取代纽约市成了新的政府所在地。

纽约市是美国第一个首都,1789年乔治·华盛顿在联邦大厅(Federal Hall)宣誓就任美国第一任总统。

1835年12月16日,汉诺威广场(Hanover Square)附近一家干货店内的天然气管道破裂,引发一场大火,火势迅速向南蔓延至Stone St、向东北蔓延至华尔街(Wall St)。大火肆虐了一天有余,严重摧毁了当初荷兰和英国殖民者所遗留下的城市面貌。

1811年	1825年	1853年	1863年
曼哈顿的网格街道是由时任市长德威特·克林顿(DeWitt Clinton)主持规划的,通过整平山头、填充沼泽和规划街道实现了对城市的重新改造。	伊利运河隆重竣工,它被认为是那个时代最伟大的工程之一,极大地影响了纽约的商业贸易。	州议会批准了公共用地的分配,从房地产市场中移除了17,000个潜在的建筑工地,后来这些土地被用来建造中央公园。	南北战争期间,纽约爆发了为期3天的征兵暴动。直到林肯总统从联邦军队中派遣作战部队恢复秩序,暴动才结束。

人口膨胀，基建发展

19世纪，纽约经历了许多挫折：1863年血腥的征兵暴动（Draft Riots），大范围霍乱病的流行，新"旧"移民之间日益紧张的关系，五角区（Five Points）严重的贫困状况和犯罪活动（五角区位于今天唐人街的所在地，是该市的首个贫民窟）。不过，该城最终还是日渐繁荣，并找到了建设大型公共工程的资源。一个巨大的输水管道系统将克罗顿河（Croton Water）的水资源输送给城市居民，缓解了城市的缺水问题，治愈了弥漫全城的霍乱病。爱尔兰移民帮忙挖掘了长363英里（584公里）的"沟渠"——伊利运河（Erie Canal），打通了哈德逊河与伊利湖（Lake Erie）。市长德威特·克林顿（DeWitt Clinton）是运河的主要支持者，为庆祝该运河的竣工，他将一桶来自伊利运河的水注入了大海之中。克林顿也是如今曼哈顿棋盘式街道布局的策划者，他的委员会制定了这套城市布局方案，以便确保纽约能够应对即将到来的人口大爆炸。

另外，为保证居住在狭小经济型公寓里的居民的健康，政府还启动了另一项宏伟的工程——一座占地3.4平方公里的公园。1855年，中央公园远离城镇住宅区选址修建，一些移民甚至在此饲养猪、绵羊和山羊。中央公园不仅是对绿化改革的美好愿景，同时也为房地产业炒卖创造了商机。

出生于德国的工程师约翰·罗布林（John Roebling）实现了另一个构想。冬季结冰会中断连接曼哈顿市中心和布鲁克林（那时的布鲁克林还是一个独立的城市）的轮渡系统，针对这一问题，他找到了解决方案。他设计的布鲁克林大桥（Brooklyn Bridge）横跨东河之上，完美地将悬索和哥特式拱形设计融为一体，如同一首建筑的交响乐，促进了周边城市的融合。

20世纪初，高架火车每天运送进城和出城的客流量高达100万。布朗克斯（Bronx）和上曼哈顿开通了快速交通，带动了位于该区域地铁线附近的小型建筑的繁荣发展。与此同时，大量来自意大利南部和欧洲东部的移民涌入这座大都市，致使其人口激增至300万人左右。这些移民从位于城堡花园（Castle Garden）的移民登陆站和艾利斯岛一路来到下东区。沿途街道上标有多种语言（犹太语、意大利语、德语和中文等）的商店招牌说明了这里曾是各色人种以及多国移民混居的地方。

阶级启示录

19世纪末，形形色色的人生活在肮脏凄惨的环境中，当位于艾利斯岛的移民中心开放时，短短一年时间就迎来了百万移民。他们涌入了拥挤的

1883年5月24日，布鲁克林大桥（Brooklyn Bridge）举行了足够隆重的通车仪式。在纽约市长富兰克林·爱迪生（Franklin Edison）和布鲁克林市长瑟斯·劳（Seth Low）陪同总统切斯特·阿瑟（Chester Arthur）和州长格罗弗·克利夫兰（Grover Cleveland）横穿该桥后，超过15万民众随后也体验了这一建筑带来的便利，并且每人为这份荣幸支付了1便士。

1882年	1883年	1886年	1898年
在华尔街23号的摩根大通银行内，托马斯·爱迪生打开了这座城市的第一盏电灯。同年11月，曼哈顿的85个地方通上了电。	造价为1550万美元（和27条人命）的布鲁克林大桥交付使用。在启用典礼上，有15万人从桥面上走过。	自由女神像的底座落成，数千名纽约市民于揭幕仪式上见证了这座巨大的女神像的亮相。	《纽约宪章》（The Charter of New York）获得批准，布鲁克林、史丹顿岛、皇后区、布朗克斯和曼哈顿五大区合并为纽约市，纽约成为美国最大的城市。

公寓,颤抖着排队领取热汤,铲雪换取微薄的收入。

与此同时,受到金融家约翰·皮尔庞特·摩根(JP Morgan)发起的经济活动的激励,新晋富人开始在第五大道(Fifth Avenue)上修建越来越奢华的豪宅。约翰·皮尔庞特·摩根对纽约市衰落的铁路业伸出了援手,并将标准石油公司(Standard Oil)和美国钢铁公司(US Steel)的总部设在这里。这些富人的豪宅多以欧洲城堡为范本,例如位于52nd St和第五大道交叉路口的范德比尔特(Vanderbilt)故居便是这类极尽奢华的住宅中的一座。大理石铺就的大厅里饰有壁毯,舞厅里的镜子照射出佩戴着珠宝的狂欢者,穿制服的侍者搀扶着仕女名媛从她们的镀金马车上下来。这是一个由类似阿斯特(Astor)、弗里克(Frick)和卡内基(Carnegie)这样的资本家所统治的社会。记者兼摄影师雅各布·里斯(Jacob Riis)在《纽约论坛报》(*New York Tribune*)和他的1890年典范之作《另一半人如何生活》(*How the Other Half Lives*)中对不同社会阶层间日益扩大的差距做出了阐释,最终迫使该城市通过了急需住房改革方案。

工厂悲剧,妇女权利

20世纪初期,工厂工人的待遇极差:工资低、工作时间长,还经常会遭到雇主的虐待。1911年的悲剧性事件充分凸显了这一现象。在臭名昭著的三角女衫公司(Triangle Shirtwaist Company)火灾中,迅速蔓延的火苗点燃了工厂里成堆的织物,女工被困在锁着的门后难以逃脱,最终500名女工中有146人葬身火海。事后,20,000名女性服装厂工人到市政厅游行,此事引发了全面的劳动改革。同时,为了使妇女获得选举权,提倡扩大选举权的人们还举行了街头集会。护士兼助产士玛格丽特·桑格(Margaret Sanger)在布鲁克林开设了首家节育诊所,随即被"正派警察"(purity police)逮捕。1921年获释后,桑格成立了美国节育联盟(American Birth Control League;即现在的计划生育部门,Planned Parenthood),专为年轻女性提供服务,并研究安全节育的方法。

爵士时代

20世纪20年代是爵士时代的开端:禁酒令禁止销售酒精饮料,从而刺激了非法制造和贩卖酒类、非法经营的酒吧以及有组织的犯罪。性格温和的市长詹姆斯·沃克(James Walker)于1925年当选,贝比·鲁斯(Babe Ruth)称霸洋基球场(Yankee Stadium),南方大移民引发哈莱姆文艺复

纽约大约有长1062公里的地铁轨道用于客运服务,算上铁路站场和其他非客运服务轨道,总长度超过1352公里。

1904年	1919年	1931年	1939年
康尼岛的月神公园(Luna Park)和Dreamland游乐园先后向公众开放。另外,跨区地铁公司(Interborough Rapid Transit Company,简称IRT)的地铁在运营首日运送乘客15万人。	洋基队从波士顿红袜队手中争取到强击手贝比·鲁斯(Babe Ruth),并在他的带领下取得首个冠军。	帝国大厦(443米高)取代克莱斯勒大厦成为世界最高的摩天大楼,世贸中心的北塔于1970年夺走了这一荣誉。	世界博览会(The World's Fair)在皇后区开幕。此次世博会的主题是未来,邀请游客们参观"明日世界"。

兴（Harlem Renaissance），社区成为非裔美国人的文化和社会中心。诗歌、音乐和绘画层出不穷，革新思想应运而生，继续影响并启发着人们。20世纪二三十年代，哈莱姆的大胆夜生活吸引了众多年轻女性和饮酒狂欢者，正是他们宣告了禁酒运动的彻底失败，人们初尝到了如今纽约人所享受到的自由夜生活的滋味。但好日子不会持续太久，经济的崩溃近在眼前。

艰难岁月

1929年华尔街股市暴跌，开启了20世纪30年代的大萧条时期。整座城市鼓足勇气积极应对，通过房租筹措晚会和一连串的公共工程项目来解决困难。胡佛总统拒绝对贫困之人伸出援手，曾经辉煌一时的中央公园搭起了简陋的棚屋，人们讽刺地将其称之为胡佛村（Hoovervilles）。但是市长菲奥雷洛·拉瓜迪亚（Fiorello La Guardia）找到了与富兰克林·罗斯福（Franklin Roosevelt）总统私交甚好的一位朋友，利用他在华盛顿的关系和巨大的影响力筹到了救援资金，随后带领纽约走向繁荣。

第二次世界大战为纽约带来了大量军队，在被派遣至欧洲前，士兵们准备在时代广场举行狂欢派对，花掉口袋里的最后一分钱。当地工厂纷纷转为军事工业，在工厂里工作的都是女性和非裔美国人，在此之前他们很少有机会可以得到这样不错且有工会组织的工作。战时活动造成了严重的住房紧缺问题，因此纽约出台了一项被争相效仿的《房租管制法》（Rent Control Law），该法律保护租户的权利不受侵犯。

战后的中城区摩天大楼林立，政府没有对商业的发展进行过多的干涉和控制。金融中心北移，银行家大卫·洛克菲勒（David Rockefeller）和他的弟弟——州长纳尔逊·洛克菲勒（Nelson Rockefeller）为赋予市中心新的活力而设计了世贸中心的双子塔。

进入罗伯特·摩斯时代

与市长拉瓜迪亚共同努力将纽约带入现代化时代的是罗伯特·摩斯，他是一位城市规划师。20世纪时，他对纽约的外观设计有巨大的影响力，无人能及。精彩也好，不佳也罢，见仁见智。他设计了罗伯特·肯尼迪大桥（Robert F Kennedy Bridge）、琼斯海滩州立公园（Jones Beach State Park）、韦拉札诺海峡大桥（Verrazano-Narrows Bridge）、West Side Hwy和长岛林荫大道系统，以及不计其数的高速公路、隧道和桥梁。

在皇后区(Queens)土生土长的凯文·沃尔什（Kevin Walsh）在其网站Forgotten-NY.com上对纽约市的历史进行了简述。网站上记录着很多在别处找不到的故事，从古老的地铁站到墓地，应有尽有。

1941年	1945年	1963年	1969年
艾灵顿公爵乐团的领队比利·史崔洪（Billy Strayhorn）受到通往哈莱姆的地铁线的启发，创作了歌曲《搭乘A号列车》（Take the A Train），成为乐团的成名曲。	50国代表在旧金山就宪章达成一致后，联合国正式成立总部，并设在曼哈顿东区。	原来的宾夕法尼亚火车站被拆除，用以修建麦迪逊广场花园（Madison Square Garden）。人们的强烈抗议促成了地标保存委员会的创立。	6月28日，8名警察突袭了欢迎同性恋的石墙酒吧（Stonewall Inn）。顾客的反抗引发了数日的骚乱，该事件也成为现代同性恋权利运动的开端。

改变纽约的3位女性

玛格丽特·桑格（Margaret Sanger, 1879~1966年）一位护士、助产士和激进主义者，玛格丽特于1916年在纽约开设了全国首家节育诊所。最终她成立了美国节育联盟（American Birth Control League），即后来的计划生育部门（Planned Parenthood）。

简·雅各布斯（Jane Jacobs, 1917~2006年）罗伯特·摩斯（Robert Moses）为修建公房而计划清除简·雅各布斯所在社区的大片土地，简迅速采取了行动进行对抗，支持建立保护区。在她的影响下，地标保存委员会（Landmarks Preservation Commission，美国首个此类组织）建立。

克莉丝汀·奎恩（Christine Quinn, 生于1966年）2006年成为首位公开同性恋身份的女性市议会议长。作为在市政府中权力仅次于市长的第二大政府要员，她打破了性别和性取向的限制。

纽约最高建筑

伍尔沃斯大楼（241米，1913~1930年）

克莱斯勒大厦（319米，1930~1931年）

帝国大厦（443米，1931~1972年和2001~2012年）

世界贸易中心（417米，1972~2001年）

新世贸大厦（541米，2012年至今）

他构想着拆除老式社区的褐沙石房屋和连栋房屋，改而修建广阔的公园和高耸入云的塔楼。环境保护者对这一设想气愤不已，竭尽全力阻止他把社区夷为平地，并为此于1965年成立了地标保存委员会（Landmarks Preservation Commission）。

垮掉的一代到来了

20世纪60年代开启了一个具有传奇创造力的时代，充满了反体制和反主流言论，格林尼治村的中心地区成为众多创作者聚集的场所。美国的绘画界爆发了一场大规模的抽象表现主义（abstract expressionism）运动，画家们肆意地挥洒热情，偏爱充斥着无人能懂的不规则曲线和斑点的抽象画法。马克·罗斯科（Mark Rothko）、杰克逊·波洛克（Jackson Pollock）、李·克拉斯纳（Lee Krasner）、海伦·弗兰肯沙勒（Helen Frankenthaler）和威廉·德·库宁（Willem de Kooning）是这场绘画运动的代表人物。文学领域同样新人辈出，例如，垮掉派诗人艾伦·金斯伯格（Allen Ginsberg）和杰克·凯鲁亚克（Jack Kerouac），还有小说家兼剧作家珍·柏尔斯（Jane Bowles）。他们聚集在格林尼治村的咖啡馆交换意见，寻找灵感。这些灵感常常来源于一些名人的民谣音乐，例如鲍勃·迪伦（Bob Dylan）的作品。

1977年	1988年	1993年	2001年
由于变电站遭遇雷击，这场夏日断电事件让纽约人度过了黑暗闷热的24小时，引发了城市骚乱。	非法占据者将东村的汤普金斯广场公园（Tompkins Square Park）变成了流浪者大本营，当警察试图将他们赶走时发生了暴乱。	2月26日，恐怖分子引爆了放置在世贸中心北塔下的炸弹。爆炸导致6人死亡，1000余人受伤。	9月11日，恐怖分子劫持了两架飞机撞击双子塔，摧毁了世界贸易中心，造成近3000人遇难。

"去死吧"

20世纪70年代初,财政赤字造成了严重的财政危机,时任市长亚伯拉罕·比姆(Abraham Beame)成为傀儡,纽约真正的财政大权转移到州长凯里(Carey)和他所任命的人手中。总统福特(Ford)拒绝对纽约市进行联邦援助,《每日新闻》(Daily News)恰到好处地把新闻标题总结为《福特告诉城市:去死吧!》,标志着美国和纽约这个其由爱生恨的城市之间的关系糟糕透顶。大规模裁员令纽约的工人阶级元气大伤,无人照料的大桥、马路和公园里弥漫着艰难时世的气息。

1977年,一场全市大停电和一位令人胆战心惊的连环杀手大卫·伯克维兹(David Berkowitz)将20世纪70年代正处于水深火热之中的纽约市彻底推入低谷。然而,经济危机引发的租金下跌却孕育出了激动人心的非主流文化。人们开始在废弃学校的舞台上表演,利用闲置的店面开设画廊,而朋克摇滚美学的出现则为染发行业注入了新鲜的活力。例如,电影《名扬四海》(Fame)拍摄于9th St的PS 122和第五大道,其票房收入用于整修至今仍广受欢迎的表演场地。热爱雷蒙斯(Ramones)的朋克乐队将之前的仓库改造为活力四射的夜生活圣地,原来的工业区则变身为苏豪区(SoHo)和翠贝卡(Tribeca)。南·戈尔丁(Nan Goldin)著名的摄影作品《性依赖的叙事曲》(The Ballad of Sexual Dependency)名垂千古。这股文艺复兴式的社会风潮对性别角色提出了挑战,并将东村变为美国文身和独立制片的中心。

浴火重生

20世纪70年代,一系列纵火事件将南布朗克斯数个街区的公寓烧成了灰烬。影响深远的嘻哈文化正是诞生于这片烟雾之中,波多黎各人的萨尔萨舞曲采用的打击乐节奏使嘻哈文化得到进一步发展。绰号为"疯狂双腿"的理查德·科龙(Richie Colón)带领稳步摇摆舞团(Rock Steady Crew)开创了活力四射的竞技性舞蹈——霹雳舞。DJ库尔·赫克(Kool DJ Herc)为彻夜的热辣派对曲曲打碟。另一位嘻哈音乐鼻祖DJ阿弗里卡·班巴塔(Afrika Bambaataa)成立了祖鲁王国(Zulu Nation),带领DJ、霹雳舞者和涂鸦艺术家一起终结暴力。

在公共场所,随处可见大胆的涂鸦作品,画幅长度堪比一列火车,令人瞠目结舌。最广为人知的"杰作"使创作者被冠以"破坏公物者"的恶名: Lee 163和Fab 5的一众成员在一整节火车车厢上喷涂的"圣诞快乐,纽

书页中的纽约历史

《纽约的历史地图册:一场纽约400年历史的视觉盛宴》作者:艾瑞克·杭伯格(Eric Homberger),1998年

《哥谭镇: 1898年之前的纽约历史》作者:埃德温·G.伯罗斯(Edwin G Burrows)和迈克·华莱士(Mike Wallace),2003年

《不夜城:从殖民地时期至今的纽约简史》作者:乔安妮·雷塔诺(Joanne Reitano),2006年

《出租车!纽约市出租车司机社会史》作者:格雷厄姆·郝吉思(Graham Russell Gao Hodges),2007年

《纽约》作者:爱德华·拉瑟福德(Edward Rutherford),2010年

2002年	2008~2009年	2009年	2011年
因谋杀、诈骗、逃税等罪名被判入狱的甘比诺黑帮家族老大约翰·戈蒂(John Gotti,又名Dapper Don)在监狱服刑期间患癌症去世。	由于美国主要金融机构管理不善,股市崩盘。金融危机波及全世界。	1月15日,全美航空公司1549号航班飞机引擎失去动力,在哈德逊河上紧急迫降。机上150名乘客和5名机组成员全部成功撤离。	纽约高线公园(High Line)二期向公众开放,公园面积翻倍。三期工程于2014年9月开放,翻修了West 30th St至West 34th Sts的工业用地。

约"字样。在这些拿喷漆罐的大师中,也有一些人成功地融入了艺术界,令人印象最为深刻的当属让·米切尔·巴斯奎特(Jean-Michel Basquiat),他曾被称为"萨摩"(Samo)。

20世纪80年代,随着股市迅猛发展,一部分从股市上赚来的钱被用于艺术,但是年轻的投资者们还是把更多的钱花在了吸毒上面。曼哈顿街区极力抵制可卡因的扩散,纽约深受毒品和全市范围内的犯罪活动的不良影响,社会上还流行着艾滋病。

网络时代

1990年的一期《时代》(Time)杂志以新闻报道《纽约:腐烂的苹果》做了封面。尚未从20世纪80年代末房地产泡沫中完全恢复元气的纽约市又面临着桥梁和道路倒塌、就业岗位外流南方、世界500强公司纷纷迁往郊区寻求发展等多方面的困境。随后,互联网市场迅速发展,许多电脑极客成为大富豪,纽约证券交易所成了投机商的乐园。首次公开募股(initial public offering, IPO)盈利所产生的税收收入大幅增加,使得纽约在建筑、时装和社交方面迎来了自20世纪20年代以来最为迅猛的大发展。

亲商且主张法治的鲁迪·朱利安尼(Rudy Giuliani)担任市长后,衣衫褴褛的穷人被从曼哈顿雅皮士化的大街上赶至郊区,为"被遗忘的一代"(Generation X)腾出了空间,他们在这里创造机会,享受上流社会的生活。朱利安尼市长利用他的竞选活动吸引了民众的眼球,他致力于杜绝犯罪行为,甚至关闭了臭名昭著、低俗下流的42nd St上的情趣商店。通过锁定高犯罪率地区,利用统计数据集中警力,这位精力充沛的市长成功地将纽约市变成了美国最安全的大城市。犯罪率下降,餐饮业蓬勃发展,房地产价格上涨,《欲望都市》(Sex and the City)的播出在全世界投射了脚蹬马诺洛高跟鞋的纽约时髦单身女性形象。

新千禧年开始之际,纽约却变得举步维艰。2001年,灾难性的一天到来,它永远地改变了纽约和整个世界。

9月11日

2001年9月11日,恐怖分子劫持两架飞机撞击世界贸易中心的双子塔,使得整个建筑群变成了一堆废墟,造成近3000人遇难。数月之后曼哈顿的闹市区又从废墟产生的恐怖浓烟中恢复过来,砖墙上孤零零的寻人启事变得破烂不堪。整座城市都在悼念死者,救援队在残骸中寸步难行,与此同

历史 网络时代

大卫·柏克维兹(David Berkowitz;人称"山姆之子")在1976年至1977年间制造了一连串枪击事件,致死6人、致伤7人,震惊纽约。这一系列的袭击残忍无情又出人意料,有几名受害者是坐在自己的车中被杀害的。1977年8月被捕时,柏克维兹还调侃道:"你们竟然才找到我?"

2012年	2013年	2014年	2017年
10月,飓风桑迪袭击了纽约,造成严重的洪水灾害和财产损失,飓风还造成了电力中断,并导致纽约证券交易所被迫休市两天。	比尔·白思豪(Bill de Blasio)在市长选举中击败对手乔·洛塔(Joseph J Lhota),成为近20年来纽约首位民主党市长。	随着9·11国家纪念碑和博物馆及新世贸大厦对公众开放,世贸中心的重建工作接近尾声。	市长白思豪在创立学前义务教育政策、降低失业率和提高最低工资等方面取得诸多成就,成功连任,开始第二个市长任期。

时，纽约的民众勇敢地面对持续不断的恐怖警报和炭疽恐慌。震惊和悲痛将人们团结在一起，一种非常坚定的、不向绝望妥协的态度将难以控制的全体市民团结了起来。

示威、风暴和政治改革

"9·11"事件后的10年是重建时期，不论是在物质层面上还是情感层面上。2002年，时任市长迈克尔·布隆伯格（Michael Bloomberg）临危受命，接受了这项艰难的任务——重建遭受重创的纽约。而布隆伯格的重建计划却使得人们转而支持前任市长朱利安尼，"9·11"事件令这位前辈人气倍增。

令布隆伯格高兴的是，纽约市的修复和重建工作效果显著，尤其是在2005年游客人数激增之后，纽约开始迅猛发展。然而到了2008年，经济不堪重负，之后广为人知的全球金融危机爆发。民众对美国金融机构不计后果的举动感到愤怒，2011年9月17日，几千名示威者在金融区（Financial District）的祖科蒂公园（Zuccotti Park）游行，反对美国对个人财富的分配不均。这就是著名的"占领华尔街"（Occupy Wall Street）运动，类似的抗议活动随后蔓延至全球数百个城市。

于2012年袭击纽约的飓风桑迪充分表达了自然的暴怒。10月28日，飓风登陆前的狂风暴雨将布鲁克林和新泽西州的局部地区变成了新大陆的威尼斯。桑迪在次日才使出浑身解数，龙卷风和瓢泼大雨在纽约肆虐，对纽约的地铁交通系统、休·凯里隧道（Hugh L Carey Tunnel）和世贸中心地区都造成了严重的洪涝灾害和财产损失。一场大断电使下曼哈顿的大部分地区陷入了难以置信的黑暗，纽约证券交易所也因为飓风关闭了2天，这是纽交所自1888年以来首次因天气原因暂停交易。

2013年11月比尔·白思豪成为该市自1989年以来的首位民主党籍市长，政治改革随之席卷全城。这位52岁的市长以"革新主义者"自居，他也是纽约市第一位有非裔配偶的白人市长。

> "9·11"恐怖袭击事件对世贸中心造成了约600亿美元的损失，包括对基础设施、地铁系统和周边建筑造成的破坏。工作人员花了310万工时才将180万吨瓦砾清理干净，花费了7.5亿美元。

2019年

哈德逊城市广场30号（30 Hudson Yards）于2019年3月15日开幕，以387米的高度位居纽约第三高楼。

纽约美食

与加利福尼亚州（California，简称加州）和美国南部都不一样，纽约州并没有一道最具代表性的美食。若想点些"纽约小吃"，从砖炉比萨到哈莱姆的素食料理，各种选择应有尽有。纽约这座多元文化城市名副其实地囊括了全球各色美食，移民们正是带着自家的菜谱在城中的各个角落安顿了下来。和这座城市一样，餐桌上的选择也一直处于发展演化之中，从不满足于现状。

从城市农场到餐桌

无论是Bedford Cheese Shop（见185页）北部风味的三倍乳脂Kunik奶酪还是高档餐厅Craft（见180页）奉上的蒙托克珍珠牡蛎，纽约城始终对别具匠心的本土美食情有独钟。这个城市本身已经成为一个让人有些难以置信的粮仓，越来越多的屋顶露台、住宅后院和社区花园都被改造成了市区农场。

你可能会在上东区的熟食店楼顶发现有机番茄，也可能在东村的经济公寓房顶找到几个蜂箱，目前收成最好的是布鲁克林农庄（Brooklyn Grange, www.brooklyngrangefarm.com），这家有机农场占据了长岛市和布鲁克林海军船厂（Brooklyn Navy Yards）的两片屋顶，面积超过15亩，据称是全球最大的屋顶农场。布鲁克林农庄每年出产5万磅的有机作物，包括鸡蛋、胡萝卜、甜菜叶和纯种番茄。该项目是青年农场主本·弗兰纳（Ben Flanner）的创意。这位前E*Trade市场经理痴迷于"农场到餐桌"的饮食方式，于2009年在附近的格林波特（Greenpoint）建起第一个屋顶农场——鹰街屋顶农场（Eagle Street Rooftop Farm），开启了纽约市的屋顶革命。弗兰纳的合作商包括布鲁克林的Marlow & Sons（见309页）、Roberta's（见309页）和曼哈顿的Dutch（见103页）等城中顶级餐厅。

吃货中的省钱达人对一年两度的纽约美食周（NYC Restaurant Week）情有独钟。纽约美食周于每年1月至2月及7月至8月举行，包括某些顶级餐厅在内的许多纽约餐厅会提供标价$29的3道菜午餐，或标价$42的3道菜晚餐。更多细节和订位信息详见www.nycgo.com/restaurantweek。

特色食品

虽说"纽约美食"本身是个模糊的概念，纽约到底还是不乏特色食品的。人们谈及纽约风味特色时，通常想到的总是那些历史最为悠久的美食，百吉饼和比萨就位列其中。东欧犹太人和意大利人随着早期移民热潮抵达纽约州时带来了它们。来一个！或者来三个！不过要留些胃口给芝士蛋糕、蛋蜜乳和热狗。

百吉饼（Bagles）

百吉饼或许源于欧洲，但却是在18世纪末19世纪初，在纽约市日臻完美。一旦品尝过这里的百吉饼，就很难再对其他地方的百吉饼感兴趣了。百吉饼的制作过程很简单，但口味堪称一绝：将未着色的酵母面揉成圈状，放至沸水中煮过后再进行烘烤。做成后既可直接食用，也可撒上芝麻籽或巧克力屑等作为最后的装饰。美国其他地区制作的"百吉饼"通常在烘烤前不经过水煮的步骤，因此只是中间有洞的面包而已。即使别处的百吉饼经过了水煮步骤，纽约的面包师也会声称纽约的水会为其平添一分难以捉摸的香甜，这分香甜在纽约之外无处可寻。对于纽约"哪家面包店的百吉饼最美味"这一问题颇有争议。不过多数人认为曼哈顿的Ess-a-Bagel（见207页）以及皇后区的Brooklyn Bagel & Coffee Company（见336页）的排名非常靠前。在纽约点百吉饼时最地道的方式就是喊上一句"bagel and a schmear"，意思是说，自己的百吉饼上要涂一层厚厚的奶油乳酪。如果想再奢侈一点儿，可以再加一些薄切熏鲑鱼片（lox）。这些熏鱼片和20世纪初下东区那些犹太移民手推车上兜售的熏鲑鱼是一样的。

比萨（Pizza）

比萨当然不是"哥谭市"的本土特产，但纽约式比萨风味独特。**Lombardi's**（地图446页；☎212-941-7994; www.firstpizza.com; 32 Spring St, Mulberry St和Mott St之间, Nolita; 小份/大份比萨 $21.50/24.50起; ◎周日至周四11:30~23:00, 周五和周六 11:30至午夜; ⓢ6至Spring St, J/Z至Bowery）是美国的第一家比萨店，位于曼哈顿的小意大利区（Little Italy），于1905年开业。

芝加哥式比萨（Chicago Style）是深盘比萨；加利福尼亚式比萨（California Style）的饼底较轻且松软；纽约式比萨的饼底较薄，酱更薄，饼块为三角形（西西里式比萨饼则为矩形）。20世纪初，比萨经意大利移民之手引入纽约州，很快便发展出了独特的地域风格。纽约市的生活节奏很快，饼底较薄的纽约式比萨缩短了烘烤时间，加快了供餐速度。

如今，每10个街区就有几家比萨店，尤其是在曼哈顿和布鲁克林的大部分地区，一块标准尺寸的比萨售价为$3。地域不同，比萨风味也略有不同。有些地方出售饼底又薄又脆的比萨，有些地方出售的比萨的饼底则略厚且更有嚼劲。最新风味的比萨上撒有虾和樱桃等各种配料。纽约市蓬勃发展的土食运动也延伸到了比萨制作领域——布鲁克林的新潮比萨店Roberta's推出了木炭烤制的饼底，配有用可持续种植方法生产的本地农产品。

热狗（Hot Dog）

19世纪初，各路欧洲屠夫将热狗带到了纽约。其中，出生于德国的查尔斯·费尔特曼（Charles Feltman）显然是第一位推着手推车沿康尼岛（Coney Island）海岸兜售热狗的人。内森·汉德克（Nathan Handwerker）原来受雇于Feltman's，后来在街对面自立门户，同样经营热狗。内森的热狗定价是Feltman's的一半，抢走了Feltman's的大部分客源，Feltman's被迫关张。如今，传奇的Nathan's总店仍原封不动地伫立在康尼岛，同时在全球范围内不断扩大经营规模。纽约各个社区的街角都有几家热狗摊，但有些居民从来不吃这类路边摊上的"劣质热狗"（dirty-water dogs），而更愿意赶个时髦，光顾店面讲究的热狗店。这类热狗店在城镇中随处可见。不管你从哪儿购买热狗，都请加上辣味的棕色芥末、调味酱、泡菜和洋葱屑等所有配料，然后尽情享用吧！

城市丰收（City Harvest; www.cityharvest.org）是一家非营利组织，每年向生活窘迫的纽约居民分配闲散食物，受益人数超过140万人。该组织的工作人员每天从纽约市的餐馆、面包房和餐饮公司运出的食物总量可达15万磅。个人也可通过City Harvest官网捐款。

蛋蜜乳（Egg Creams）

不要期待蛋蜜乳中能有鸡蛋或奶油，这种老式泡沫饮料里只有牛奶、苏打水和大量巧克力糖浆（最好是布鲁克林产的经典的Fox's U-Bet牌）。布鲁克林的路易斯·奥斯特（Louis Auster）在下东区有家冷饮店，1890年，奥斯特发明了这种饮品。当时奥斯特使用的糖浆确由鸡蛋制成，他为了让调和物变得更浓稠还添加了奶油。尽管配方有所变化，"蛋蜜乳"一名却已根深蒂固。很快，改版后的蛋蜜乳成为纽约各冷饮柜台的主打产品。奥斯特先生当时将蛋蜜乳的售价定为每份¢3（3分），如今蛋蜜乳的定价则在$2.50到$5之间。价格高低取决于冷饮店的位置，不论是在下东区的Katz's Delicatessen（见126页）等老式商店，还是在布鲁克林的汤姆餐厅（Tom's Restaurant，见306页），你都可以找到这种热门饮品。

纽约式芝士蛋糕（Cheesecake）

以各种品类面世的芝士蛋糕的历史堪称悠久。2400年前，希腊史学家修昔底德（Thucydides）和他的朋友们就已经将蜂蜜和新鲜的菲达奶酪揉合，然后在滚烫的炭块上将其烘焙成甜点。几个世纪之后，罗马人在此基础上作了改进，通过混入小麦粉使这种甜品的形式更接近"蛋糕"。在此后的好几个世纪中，欧洲各地涌现出了不同的改良版本。

然而，成就纽约风味芝士蛋糕的关键成分——奶油奶酪——其实源于一场失误。19世纪，一位纽约农夫尝试制作法国纳沙泰尔奶酪（Neufchâtel cheese）未遂，反而做出了一种质地酷似聚乙烯塑料的奇异成品。这时，卡夫食品公司（Kraft Foods）的创始人詹姆斯·卡夫（James Kraft）登上历史舞台，他于1912年习得并改进了这一配方，包上锡纸，让全国人民认识了奶油奶酪这个业界传奇。

位于纽约中城区的Lindy's restaurant使经典纽约式芝士蛋糕经久不衰。该餐厅在1921年由利奥·林德曼（Leo Lindemann）创立，出售一种由奶油奶酪、重奶油、少许香草香精和曲奇饼底做成的特制甜品，在20世纪40年代广受追捧。如今，不论是在希腊餐厅还是热门的高级料理餐厅里，你总能在甜点菜单中找到这道肥美无双的本地名点。纽约市最著名的（也可以说是最好的）芝士蛋糕来自布鲁克林强大的Junior's（www.juniorscheesecake.com），奥巴马就是这里著名的常客之一。

特色饮品
鸡尾酒

纽约市是调制混合酒的大师。毕竟，这里居住着曼哈顿人，有传说中的地下酒吧，也有热爱时尚紧随潮流的专栏作家。传说，纽约有一款与曼哈顿同名的饮品，由威士忌、甜苦艾酒和苦啤酒混合制成，首次亮相于26th St和Madison Ave交叉路口东南角早已停业的Manhattan Club。那里于1874年举行了一场派对，据说派对是珍妮·丘吉尔（Jennie Churchill，英国首相温斯顿·丘吉尔的母亲）为庆祝塞缪尔·J.蒂尔顿（Samuel J Tilden）成功当选纽约州长而举办的。一位酒保决定创制一款饮品来纪念这一时刻，并以酒吧的名字将其命名为Manhattan。

正是在同一年，还诞生了一款名为Tom Collins的纽约经典夏季饮

关于纽约烹饪历史的书籍不计其数。热门书籍包括威廉·格兰姆斯（William Grimes）的《欲望城市：纽约的烹饪历史》（*Appetite City: A Culinary History of New York*）、阿瑟·斯沃特兹（Arthur Schwartz）的《纽约食物：一段坚持己见的历史和100多份传奇食谱》（*New York City Food: An Opinionated History and More Than 100 Legendary Recipes*），以及由安妮·豪克·劳森（Annie Hauck Lawson）和乔纳森·多伊奇（Jonathan Deutsch）合著的《Gastropolis：食物和纽约》（*Gastropolis: Food & New York City*）。

品。这款大杯鸡尾酒是由干杜松子酒、糖、柠檬汁和苏打水混合调制而成的。名字来源于一个精心设计的恶作剧：当地的数百名居民被告知有一个叫汤姆·柯林斯（Tom Collins）的人背后说他们的闲话，于是很多人开始搜寻这位虚构的捣乱者，而深明恶作剧原委的调酒师们则乐在其中，调制了这款鸡尾酒，并将其命名为Tom Collins。当人们愤愤不平地冲进酒吧寻找"汤姆·柯林斯"时，调酒师会奉上这款鸡尾酒以平息众人的怒气。

近年来，纽约鸡尾酒吧流行重新挖掘配方，搜集历史轶事，复兴复古地下酒吧之风。像哈里·约翰逊（Harry Johnson）和杰瑞·托马斯（Jerry Thomas）这样曾经很不起眼的调酒师如今却备受追捧。他们以古法调配的饮品在身穿背带的新生代调酒师手中重获新生。紫罗兰甜露酒（Crème de Violette）、老汤姆杜松子酒（Old Tom gin）和巴达维亚亚力酒（Batavia Arrack）等古老的配料如今又流行起来。金融区的鸡尾酒吧Dead Rabbit（见84页）更是重新引入17世纪pop inns的格调，其饮品常将麦芽酒、利口酒、香料和植物萃取物混合在一起。

纽约市有不少备受推崇的单种烈酒酿造厂，包括位于翠贝卡的威士忌专业户**Ward III**（见地图406页；☎212-240-9194；www.ward3tribeca.com；111 Reade St，在Church St和W Broadway之间；◎周一至周五 16:00至次日4:00，周六 17:00至次日4:00，周日 至次日2:00；🚇Ⓢ A/C, 1/2/3至Chambers St），以及位于翠贝卡的Brandy Library（见84页）和中城区的Rum House（见213页）——两家的特色不言自明。另外，东村竟然还有一家专门向月光私酿酒（禁酒时期人们自家私酿酒讳称为Moonshine）致敬的Wayland（见128页）。

城市酿造

啤酒酿造曾是纽约的发达产业。到19世纪70年代，布鲁克林的啤酒厂已增至48家。啤酒厂大部分建于威廉斯堡（Williamsburg）、布什维克（Bushwick）和格林波特，这些社区住满了掌握丰富酿酒技术的德国移民。在1919年禁酒令（Prohibition）颁布前夕，布鲁克林是美国重要的啤酒产地之一。拎着啤酒壶打啤酒的孩子们与布鲁克林大桥一样著名。到了1933年，禁酒运动接近尾声，但大部分啤酒厂已停止营业。虽然啤酒行业自"二战"后又重新崛起，过去的地方风味却只能让步于中西部强大的啤酒品牌。

如今，某些手工酿酒厂重建品牌，这使得布鲁克林再次成为高质啤酒的代名词。在众多啤酒厂中，布鲁克林酿酒厂（Brooklyn Brewery，见295页）堪称翘楚，该厂出产的季节性饮品包括肉豆蔻风味的Post Road Pumpkin Ale（每年8月至11月有售）以及甘美的巧克力黑啤（Black Chocolate Stout），后者是帝王世涛（Imperial Stout）的一种，每年10月至次年3月有售。与布鲁克林酿酒厂同为顶级工艺酿酒厂的还有Six Point Craft Ales（www.sixpoint.com）、Threes Brewing（www.threesbrewing.com）和Other Half Brewing Co（www.otherhalfbrewing.com）。Other Half Brewing Co的啤酒花和麦芽由当地农场供应，以其带有松木和啤酒花香气的帝国IPA（Imperial IPA）Green Diamonds赢得口碑。

后起之秀皇后区拥有微型酿酒厂Transmitter Brewing（www.

美国第一家大众啤酒厂由殖民地总督彼得·米努伊特（Peter Minuit, 1580~1638年）在贸易区（Marckvelt）建立。该贸易区即如今下曼哈顿的金融区。人们普遍认为，正是米努伊特在1626年5月从德拉瓦族原住民手中"买下了"曼哈顿。

transmitterbrewing.com)和毗邻海滩的Rockaway Brewing Company（www.rockawaybrewco.com）。不过皇后区的领头品牌还是Single Cut Beersmiths（www.singlecutbeer.com）。Single Cut Beersmiths成立于2012年，是自禁酒令颁布以来皇后区的首家啤酒厂，酒单上列有多种别具新意的拉格（lager），其中Jan White Lagrrr在酿造过程中加入了香菜、春黄菊花、橙子、无酵饼（matzo）和花椒。再往北，布朗克斯榜上有名的有Bronx Brewery（见279页）和Gun Hill Brewing Co（http://gunhillbrewing.com），后者供应的漆黑世涛Void of Light，烘焙焦香浓郁，让你难以抗拒。

艺术

百老汇的精彩演出,切尔西耀眼的白盒子画廊,小餐馆里的爵士乐,音乐厅里震耳欲聋、情绪充沛的独立摇滚乐,以及歌剧院中煽情夸张的歌剧表演……一个多世纪以来,纽约一直是美国的文化之都。虽然城市士绅化现象迫使许多艺术家离开城市,前往城市边缘或是更远的地方,纽约却仍旧是视觉艺术、音乐、戏剧、舞蹈和文学的神经中枢。

艺术发电机

纽约拥有全球最震撼人心的艺术博物馆,它们见证了纽约令人仰慕的艺术血统。从波洛克(Pollock)和罗斯科(Rothko)到沃霍尔(Warhol)和劳森伯贝格(Rauschenberg),这座城市孕育了许多美国最伟大的艺术家,以及众多声势浩大的艺术运动。

> 纽约每周都有无数艺术展览、装置作品展和艺术表演。更多展览信息参见www.nyartbeat.com。

艺术中心的诞生

20世纪初,纽约吸引并留住了一群起到关键作用的思想家、艺术家、作家和诗人,他们开始在各个艺术领域大展拳脚。也正是在这一时期,纽约的本土艺术初现雏形。1905年,摄影师阿尔弗雷德·斯蒂格利茨[Alfred Stieglitz,即乔治娅·欧姬芙(Georgia O Keeffe)的丈夫]的"291号画廊"(Gallery 291)开业。画廊位于第五大道(Fifth Ave),为美国艺术家提供了一个重要平台,也使得摄影作为一种艺术形式被人们广泛接受。

20世纪40年代,从"二战"大屠杀中逃离的文化名流大量涌入纽约,他们带来了新思想,使纽约成为一个重要的文化中心。佩姬·古根海姆(Peggy Guggenheim)在57th St成立了世纪画廊(The Art of This Century Gallery)。在那里,许多画家开启了自己的职业生涯,如杰克逊·波洛克(Jackson Pollock)、威廉·德·库宁(Willem De Kooning)和罗伯特·马瑟韦尔(Robert Motherwell)。这些居住在曼哈顿的艺术家形成了抽象表现主义运动(又名纽约画派)的核心力量,由此诞生了一种粗犷而又极富争议的绘画形式,并改变了我们所熟知的现代艺术的进程。

> 布鲁克林经常会上演独立音乐会,当地乐队定期在威廉斯堡和布什维克举办演出。若想欣赏最新的音乐会,请访问www.newtownradio.com。

美国先锋派

抽象表现主义画家帮助纽约成为全球艺术中心,新一代艺术家则拾起了接力棒。20世纪50年代至60年代,罗伯特·劳森伯格(Robert Rauschenberg)、贾斯培·琼斯(Jasper Johns)和李·邦泰科(Lee Bontecou)将绘画变成了稀奇怪诞的雕塑建筑,包括焊接钢、山羊标本等各式作品。20世纪60年代中期,波普文化兴起。波普文化是一场倡导利用流行文化意象和生产工艺进行创作的艺术运动,中坚人物是安迪·沃霍尔(Andy Warhol)。

20世纪60年代至70年代,纽约经济低迷,苏豪区大部分地区陷入衰退的境地。纽约这座城市成了观念艺术和行为艺术的温床。戈登·玛塔·克拉克(Gordon Matta-Clark)用链锯将废弃建筑物切割成小片,激浪派(Fluxus)艺术家们则在市中心的街道上呈现他们的表演。卡罗里·施尼曼(Carolee Schneemann)在其行为艺术表演中加入了人体元素。1964年,在格林尼治村教堂的剧院中上演了轰动的一幕:卡罗里让一群裸体舞者在由油漆、香肠和死鱼组成的令人反胃的混合物中来回翻滚。

艺术进行时

如今的艺术形式五花八门,涉猎广泛。主要艺术展馆有大都会艺术博物馆(Metropolitan Museum of Art,见230页)、现代艺术博物馆(Museum of Modern Art,见194页)、惠特尼美国艺术博物馆(Whitney Museum,见147页)、古根海姆博物馆(Guggenheim Museum,见229页)、大都会艺术博物馆布劳耶分馆(Met Breuer,见234页)和布鲁克林博物馆(Brooklyn Museum,见265页)。这些展馆设有重要艺术作品的回顾展,覆盖了从文艺复兴时期的肖像画到现代装置艺术等各类艺术作品。位于下东区的新当代艺术博物馆(New Museum,见116页)比较大胆前卫。而无数小型展馆则专注于艺术史中某一时期的作品,其中包括优秀的布朗克斯博物馆(Bronx Museum,见278页)、巴里奥博物馆(El Museo del Barrio,见269页)以及哈莱姆画室博物馆(Studio Museumin Harlem,见271页)。

纽约有800多间画廊,在全城各个角落展出各色艺术作品,是全世界范围内当之无愧的画廊之都。最顶级的画廊集中在切尔西和上东区,新兴艺术家和处于职业发展中期的艺术家的作品则散布于下东区的美术馆。然而高昂的房租把更多新兴艺术家和实验艺术推离城市中心,使艺术根据地转移到了哈莱姆和布鲁克林周边的布什维克、格林波特、克林顿山(Clinton Hill)和贝德福德-斯泰弗森特(Bedford-Stuyvesant)等区域。

涂鸦和街头艺术

我们所熟知的当代涂鸦艺术诞生于纽约。20世纪70年代,布满涂鸦的地铁列车成为强有力的城市标志,唐纳(Dondi)、布雷德(Blade)和Lady Pink等涂鸦艺术家的作品开始闻名全球。此外,让·米切尔·巴斯奎特(Jean-Michel Basquiat)和基思·哈林(Keith Haring)等优秀艺术家开始在自己的作品中融入涂鸦元素。

20世纪90年代末期,涂鸦艺术运动重获新生。有艺术学院背景的新一代艺术家开始在涂鸦中运用剪纸等材料,或加入雕塑元素。采用这种方式进行创作的著名纽约艺术家包括约翰·费克纳(John Fekner)、以Espo为艺名的斯蒂芬·鲍沃斯(Stephen Espo Powers)、斯沃恩(Swoon)以及Skewville家的两位孪生兄弟。

2013年,纽约涂鸦圣地5Pointz被迫关闭,那是长岛市布满了彩色涂鸦的仓库聚集地。即使是英国传奇艺术家班克斯(Banksy)的恳请也没能阻止这座名副其实的艺术画廊被拆除。现在,涂鸦艺术热门地包括威廉姆斯堡大桥(Williamsburg Bridge)的布鲁克林一侧和布什维克的Troutman St和St Nicholas Ave交叉路口,也是在布鲁克林。在皇后区的阿斯托利亚(Astoria),要去Welling Ct和30th Ave一带寻找艳丽多彩的涂鸦作品。

2018年1月,大都会艺术博物馆(见230页)宣布将向州外游客收取入场费,改变了1970年以来的免票传统。该决定备受争议:虽说许多人认识到博物馆拮据的财务状况——只有8%的收入是政府拨款;另一些人则为开放政策的结束而表示惋惜,毕竟这一政策曾让每个人都享有欣赏世界级艺术收藏的福利。

音乐大都会

正是在纽约，奥尼特·科尔曼（Ornette Coleman）和迈尔斯·戴维斯（Miles Davis）等爵士乐手在20世纪50年代将即兴创作这一音乐创作形式推至巅峰；恰恰、伦巴和曼波等各种拉丁音乐混合成了我们所熟知的萨尔萨舞曲；鲍勃·迪伦（Bob Dylan）和琼·贝兹（Joan Baez）等乡村歌手在咖啡厅低声吟唱抗议歌曲；"纽约妞"（New York Dolls）和雷蒙斯（Ramones）等乐队"撕裂"了曼哈顿市中心的舞台。这里是迪斯科的发源地，而作为文化的大熔炉，这里也见证了嘻哈音乐从诞生到红遍全球的整个成长过程。

直至今日，纽约对于音乐家来说依旧充满吸引力。纽约当地的地下摇滚音乐尤为活跃：耶耶耶合唱团（Yeah Yeah Yeahs）、液晶大喇叭（LCD Soundsystem）和动物共同体（Animal Collective）等乐队都发源于纽约本土。威廉斯堡是地下摇滚活动的中心，这里有众多夜店、酒吧、独立唱片公司和互联网广播电台。最好的摇滚场馆包括威廉斯堡音乐厅（Music Hall of Williamsburg，见319页）、Brooklyn Bowl（见317页）以及曼哈顿的鲍厄里剧场（Bowery Ballroom，见135页）。

布鲁克林的地下音乐相当活跃，本地乐队定期在威廉斯堡和布什维克演出。想聆听最新音乐，登录www.newtownradio.com。

爵士春秋

从传统爵士乐到实验爵士乐，爵士乐依旧是音乐界的中坚力量。欣赏

纽约嘻哈乐单

纽约是嘻哈音乐的摇篮。以下是纽约市说唱音乐中最棒的部分经典曲目，赶快跟着嘻哈起来吧。

"Rapper's Delight"，Sugarhill Gang（1979年）纽约-新泽西三人乐队创作的单曲，标志着嘻哈音乐正式诞生。

"White Lines"，Grandmaster Flash and the Furious Five（1983年）布朗克斯20世纪80年代的派对终极曲目。

"It's Like That"，Run DMC（1983年）皇后区传奇三人组的真实写照。

"Fat Boys"，Fat Boys（1984年）布鲁克林顶级Beatbox歌手。

"No Sleep Till Brooklyn"，Beastie Boys（1986年）纽约市的三人乐队，为派对权利而战。

"Ain't No Half Steppin'"，Big Daddy Kane（1988年）布鲁克林音乐大师创作的流畅韵律。

"Fight the Power"，Public Enemy（1989年）长岛一流嘻哈乐队充满政治色彩的完美杰作。

"C.R.E.A.M."，Wu-Tang Clan（1993年）史丹顿岛的最佳团体——指出街头资本主义的规则。

"N.Y. Stateof Mind"，NAS（1994年）生于布鲁克林、长于皇后区的嘻哈天团首张专辑中的一曲。

"99 Problems"，Jay-Z（2004年）这位来自布鲁克林贝德福德-斯泰弗森特（Bed-Stuy）的男孩如今已成为音乐界大亨。

爵士乐的最好去处就是西村的先锋村俱乐部（Village Vanguard，见168页）以及麦迪逊广场公园（Madison Square Park）附近的Jazz Standard酒吧（见218页）。更高雅的场所则有位于中城区的林肯中心爵士乐厅（Jazz at Lincoln Center，见219页），这家爵士乐社由小号手温顿·马沙利斯（Wynton Marsalis）创办，常常举办重要音乐人的独奏演出，以及向迪齐·吉莱斯皮（Dizzy Gillespie）和塞隆尼斯·孟克（Thelonious Monk）等爵士乐大师致敬的音乐会。

古典音乐与歌剧

音乐经典在林肯中心（见250页）洋溢着勃勃生机。这里的大都会歌剧院（Metropolitan Opera，见257页）会上演一系列著名歌剧，从威尔第（Verdi）的《阿依达》（*Aida*）到莫扎特的《唐璜》（*Don Giovanni*）。纽约爱乐团（New York Philharmonic，见260页）的总部也位于此处，修缮一新的大卫·格芬音乐厅（David Geffen Hall）就是乐团的主场，20世纪最伟大的指挥家之一伦纳德·伯恩斯坦（Leonard Bernstein）曾在该交响乐团担任指挥。卡内基音乐厅（Carnegie Hall，见219页）、梅尔金音乐厅（Merkin Concert Hall，见260页）和弗里克私人博物馆（Frick Collection，见234页）也为欣赏古典音乐提供了更为舒适怡人的空间。

若要欣赏更为前卫的作品，不妨前往现代歌剧中心（Center for Contemporary Opera，http://centerforcontemporaryopera.org）和布鲁克林音乐学院（Brooklyn Academy of Music，简称BAM，见316页）。后者是纽约重要的歌剧和古典音乐中心。另一个绝佳的场所是布鲁克林的圣安艺术仓库（St Ann's Warehouse，见317页），这里常常上演极其前卫的作品。如果你喜欢观看奇特怪诞的歌剧，请多留意圣安艺术仓库的演出日程。

百老汇与非百老汇

20世纪初，大批戏院在时代广场（Times Square）周围落户，上演了一出出广受欢迎的戏剧和暗示性喜剧，这一运动起源于早期的歌舞杂耍表演。20世纪20年代，这些杂乱的戏剧作品逐渐变为像《画航璇宫》（*Show Boat*）那样的舞台作品，该作品是奥斯卡·汉默斯坦二世（Oscar Hammerstein）倾注心力的佳作，讲述了密西西比河游船上歌舞女郎的故事。1943年，百老汇首次全美巡回演出的音乐剧《俄克拉荷马》（*Oklahoma!*）获得了巨大成功，该剧创下了2212场公演的纪录。

今天，在百老汇40所官方戏院上演的各种音乐剧如同20世纪早期一颗颗灿烂的艺术明珠，点缀在时代广场四周，它们已成为纽约文化生活中的重要组成部分。如果你的预算有限，也可以选择一些非百老汇剧院演出的作品，它们往往更接地气、更实惠，而演出水准却不输百老汇。

除了百老汇剧目，纽约常有其他戏剧作品上演，从莎士比亚的经典作品到大卫·马麦特（David Mamet）的当代剧目，以及扬·吉恩·李（Young Jean Lee）等新兴的先锋剧作家的作品。除了剧作家地平线剧院（Playwrights Horizons，见220页）和第二舞台剧院（Second Stage

Theatre,见221页)等位于中城区的主要剧院以外,林肯中心的各大剧院以及Soho Rep等规模较小的剧团也是现代和当代剧作家作品演出的重要中心。

东河另一侧,布鲁克林音乐学院(见316页)、PS 122(见131页)和圣安艺术仓库(见317页)排演的剧目相对更加前卫。纽约国际艺穗节(Fringe NYC; ewww.fringenyc.org; ⊙10月),BAM主办的下一波艺术节(Next Wave Festival,见317页)和纽约行为艺术双年展(Performa,www.performa-arts.org; ⊙11月)也是领略新作的大好机会。

想要获得更多剧院的详细名单,或了解剧院相关的新闻和评论(无论赞誉还是批判),请登录www.nytimes.com/section/theater。你还可以在www.playbill.com上找到剧目列表、剧目梗概和行业新闻。

纵情跳跃:舞蹈和纽约

近百年来,纽约市一直是美国舞蹈的中心。在传说中的乔治·巴兰钦(George Balanchine)领导下,美国芭蕾舞剧院(American Ballet Theatre,简称ABT)于1949年在纽约市成立。该公司所推崇的理念是培养美国人才、聘用本土舞者,以及上演由舞蹈编导所导演的作品,著名编舞大师有杰罗姆·罗宾斯(Jerome Robbins)、特怀拉·萨普(Twyla Tharp)和艾文·艾利(Alvin Ailey)。该公司一直在纽约及世界各地举办公演。

不过,最为知名的可能还是纽约孕育的一批现代舞编舞大师。比如,玛莎·葛兰姆(Martha Graham)挑战了传统舞蹈观念,提倡在空旷乃至抽象的布景中表演机械有力、带有工业风格的动作。摩斯·肯宁汉(Merce Cunningham)进一步深化了该理念,主张将舞蹈从音乐中分离出来。如今,STREB(http://streb.org)等公司更是将舞蹈艺术推向了巅峰。

林肯中心(见250页)和布鲁克林音乐学院(见316页)定期会举办演出。新兴戏剧在切尔西的Kitchen(见169页)、乔伊斯剧院(见168页)、纽约现场艺术剧院(见165页)和中城区的巴瑞辛尼科夫艺术中心(Baryshnikov Arts Center; http://bacnyc.org)等场所上演。

纽约的文学作品

纽约有着美国最大的出版社,也诞生了许多著名的作家。在19世纪,《白鲸记》(*Moby Dick*)的作者赫尔曼·梅尔维尔(Herman Melville)、《欢乐之家》(*The House of Mirth*)的作者伊迪丝·华顿(Edith Wharton)以及《草叶集》(*Leaves of Grass*)的作者沃尔特·惠特曼(Walt Whitman)都聚集于此。20世纪前半叶,纽约著作界日益群星闪耀。20世纪初,诗人兼共产主义者约翰·里德(John Reed)举办了以酒会友的文学沙龙;20世纪20年代,阿冈昆圆桌会(Algonquin Round Table)上流传着阵阵尖刻的俏皮话;20世纪40年代,道恩·鲍威尔(Dawn Powell)尖酸刻薄而又晦涩难懂的小说将矛头直指纽约各大媒体。

20世纪50年代至60年代,大批作家对社会现状提出质疑。诗人兰斯顿·休斯(Langston Hughes)调查了哈莱姆非裔美国人的生活状态,艾伦·金斯伯格(Allen Ginsberg)等垮掉派诗人拒绝传统的押韵规则,崇尚自由韵律。到了20世纪最后几十年,文学作品的题材变得更为多样,如杰·麦克伦尼(Jay McInerney)对贪欲和毒品盛行的80年代的记录,皮尔·托马斯(Piri Thomas)和奥德丽·罗德(Audre Lorde)则深入描写了城市弱势群体的心声。

从殷波洛·姆布(Imbolo Mbue)讲述的移民体验到詹妮弗·伊根(Jennifer Egan)笔下的曼哈顿音乐行业,以及迈克尔·夏邦(Michael Chabon)在其普利策奖获奖作品《卡瓦利与克雷的神奇冒险》(*The Amazing Adventures of Kavalier & Clay*)中所描绘的绝无可能在纽约发生的疯狂之事——纽约市的文人墨客一如既往地在其作品中表现现实世界。最新近的一批"哥谭市"文才中有一位值得一提的获奖作者本·勒尔(Ben Lerner),他的超小说《10:04》既讲述了城市本身的深层力量,也描绘了城市里焦虑而困扰重重的故事主人公。

建 筑

建筑师们用一座座建筑杰作将融会了思想与风格的纽约建筑史镌刻在这座城市的街道上。简朴的殖民时期农舍、优雅的联邦风格建筑和20世纪早期学院派建筑风格的华美宫殿并列于纽约街头。这里既有重获新生的希腊风格、哥特风格、罗马艺术风格及文艺复兴风格的建筑,也有不加粉饰的国际风格作品。近年来,纽约又出现了解构主义建筑的变种。对于建筑爱好者来说,这座城市就是一处丰饶的建筑艺术宝地。

殖民时期建筑

纽约建筑业的起源朴实而简单。早期荷兰殖民地农舍完全是为实用

上图:为克莱斯勒大厦(Chrysler Building,见199页)

而建：这些小屋都带有木质的护墙板，屋顶是复折式的，屋顶木瓦的摆放方式不仅确保了房屋采光良好，还能在冬季达到很好的蓄热效果。许多这样的建筑不知何故存留至今。最具代表性的还是位于布鲁克林东弗拉特布什（East Flatbush）的威科夫故居（见294页）。该建筑始建于1652年，多年来几经修缮扩建，是整个纽约城里最古老的房屋。

1664年，新阿姆斯特丹的荷兰殖民地被英国人接管并改名为纽约，其建筑也随之转变成乔治亚风格。带有四坡屋顶的四四方方的砖石建筑开始出现。在曼哈顿北部的茵伍德区（Inwood）内，建于1765年的莫里斯-朱梅尔大厦（见272页）就是此类建筑风格的变体。朱梅尔大厦采用了乔治亚风格，由罗杰·莫里斯（Roger Morris）所建，后来被斯蒂芬·朱梅尔（Stephen Jumel）收购。19世纪，朱梅尔又为该建筑增添了新古典主义的外观。另一座比较有趣的英国殖民地建筑是法兰西斯酒馆（见74页）。乔治·华盛顿就是在此处与一位独立战争期间陪伴过自己的老将深情告别的。如今，该建筑内有一个博物馆和餐厅。

举办仪式典礼的最佳场所是位于市政厅公园南侧的圣保罗教堂（见75页）。圣保罗教堂建于18世纪60年代，是纽约市现存的最古老的教堂。其设计灵感源自位于伦敦的规模更大的英国圣马丁教堂（St Martin-in-the-Fields church）。

新共和国的建筑

不要错过的建筑

克莱斯勒大厦（中城区）

纽约中央火车站（中城区）

莫里斯-朱梅尔大厦（华盛顿高地）

帝国大厦（中城区）

以马内利会堂（上东区）

新当代艺术博物馆（下东区）

19世纪初，建筑的色调变得更明亮，构造也变得更精致。所谓的联邦风格建筑引入了许多古典主义风格的建筑式样：带立柱的狭窄入口、屋檐线上的三角楣装饰以及门窗上的圆形气窗。保存最好的联邦风格建筑大多隶属于市政府。建于1812年的**市政厅**（见444页地图；导览游 212-788-2656；Park Row, City Hall Park；导览游 周三正午；4/5/6至Brooklyn Bridge-City Hall；R/W至City Hall；J/Z至Chambers St）免费 既有法国流亡建筑师约瑟夫·弗朗索瓦·曼金（Joseph François Mangin）所赋予的法式建筑风格，又有出自美国建筑师小约翰·麦克康博（John McComb Jr）之手的联邦风格细节设计，内部包含一个通风的圆形大厅和弧形的悬臂式楼梯。

坐落于上东区的格雷西大厦（见235页）建于1799年。自1942年起便成为纽约市长的官方府邸。面朝水景的宽阔长廊和带铅质边框的玻璃侧窗使其成为联邦风格宅邸的典范。这片滨河地区曾经立有成排的联邦风格建筑。亚历西斯·德·托克维尔（Alexis de Tocqueville）19世纪初来美国时曾被这样的景象所吸引。

其他联邦风格建筑的实例包括建于1793年的詹姆斯·沃森宅邸（James Watson House），该建筑位于7 State St，就在炮台公园（Battery Park）的正对面。还有诺荷区建于1832年的商人之家博物馆（见95页），其内部空间保存得非常完整。

希腊式、哥特式和罗马式复兴

从发表的有关18世纪末期希腊式建筑的重要论文中可以看出，建筑师开始对纯粹的古典风格式样产生了新的兴趣。在美国，这一潮流的有力推动者就是米纳德·拉费佛（Minard Lafever）。米纳德出生于新泽西州，曾是一名木匠，后转行做了建筑师，最后专注于建筑式样图书的创作。19

中央火车站（见196页）

世纪30年代，双柱式希腊复兴建筑在纽约大量兴建。

曼哈顿有许多这样的建筑，包括灰色花岗岩结构的圣彼得教堂（St Peter's Church，1838年），还有白色大理石结构的联邦大厅（1842年，见75页）。二者都坐落于金融区。19世纪20年代，在格林尼治村的华盛顿广场（1~13号，见146页）北面建成的一排列柱式房屋，是希腊式宅邸建筑的最好诠释。

自19世纪30年代后期起，简单的乔治亚风格和联邦风格开始让位于采用哥特式和罗马式元素的华丽建筑风格。这一现象在教堂建筑中尤为突出。早期实例有格林尼治村的升天教堂（church of the Ascension，1841年），这座赤褐色砂石建筑宏大壮观，布满尖拱，还有一个雉堞状塔。该教堂的建筑师理查德·厄普约翰（Richard Upjohn）还在曼哈顿市中心设计了同样风格的圣三一教堂（1846年，见74页）。

到19世纪60年代，教堂的大小和规模都在不断扩大。最为华丽的就是圣帕特里克大教堂（1858~1879年，见205页），它占据了第五大道和51st St间的整个街区；还有位于晨边高地（Morningside Heights）的一直处于在建状态的圣约翰大教堂（1911年至今，见266页）。实际上，当时哥特风极为流行，就连纽约市最具代表性的地标性建筑布鲁克林大桥（1870~1883年）也属于哥特复兴式建筑。

圆拱等罗马式建筑元素也出现在纽约各处的建筑上。其中最为著名的是格林尼治村的约瑟夫帕普公共剧院（Joseph Papp Public Theater），建于1853~1881年，原为阿斯特图书馆（Astor Library）。还有震撼人心的以马内利会堂（1929年，见235页），坐落于上东区第五大道。

《纽约建筑指南》（第五版）[AIA Guide to New York (5th edition)]是关于纽约市最主要建筑的综合指南。

伍尔沃斯大楼（见78页）

学院派明星建筑

20世纪末21世纪初，纽约进入了镀金时代。约翰·皮尔庞特·摩根（JP Morgan）、亨利·克莱·弗里克（Henry Clay Frick）和约翰·D.洛克菲勒（John D Rockefeller）等强盗般的资本家利用钢铁和石油赚得的大量财富为自己建造了豪华府邸。公共建筑在规模和装饰上变得更加奢华。许多建筑师曾在法国进修，并将欧洲的设计理念带回国内：闪闪发光的白色石灰石开始取代褐砂石；建筑的第一层被抬高，以便能够建造带有台阶的夸张入口；而建筑本身则装饰有雕工精致的拱顶石和科林斯式石柱。

McKim Mead & White 设计的维拉德宅邸（Villard Houses，如今的Palace Hotel）建于1844年，展示了这一变化的早期根源。该建筑借鉴了罗马文书院宫（Palazzo della Cancelleria）的设计，引入了意大利文艺复兴时期对称与优雅的建筑特点。其他经典建筑包括由卡尔雷尔（Carrère）和黑斯廷斯（Hastings）设计的纽约公共图书馆（1911年，见203页）的中央分馆，由理查德·莫里斯·亨特（Richard Morris Hunt）在1902年设计扩建的大都会艺术博物馆（见230页），以及由Warren and Wetmore公司建成的宏伟的中央火车站（1913年，见196页），车站正门上方装饰着一尊商业之神墨丘利的雕塑。

直冲云霄

进入20世纪以后，电梯和钢架工程使得纽约这座城市实实在在地向上发展。这一时期出现了摩天大楼的建设热潮。第一栋摩天大楼是卡斯·

吉尔伯特（Cass Gilbert）设计的57层新哥特式建筑：伍尔沃斯大楼（1913年，见78页）。直至今日，这座大楼仍是美国最高的50座建筑之一。

之后，更多的摩天大楼拔地而起。1930年，克莱斯勒大厦（见199页）成为全球最高的建筑。这座由威廉·凡·阿伦（William Van Alen）设计的77层建筑是装饰艺术风格的杰作。在接下来的一年，帝国大厦（见192页）就打破了这一纪录。这座线条鲜明的现代风格大厦选用了大量印第安纳石灰岩建成。为了达到更好的宣传效果，设计者本打算将大厦尖顶用作飞艇碇泊塔，不过事实证明这一想法不切实际，难以实施。

大批流离失所的欧洲建筑师和其他思想家在"二战"结束后来到纽约定居，这为美国建筑师和欧洲的建筑师创造了对话的机会。城市规划师罗伯特·摩斯（Robert Moses）开始疯狂整修纽约的大量建筑，这对许多社区都造成了损害。设计师和艺术家开始痴迷于干净、朴素的国际风格建筑轮廓。

在这方面，最早的建设项目之一是联合国大厦（1948~1952年，见202页）。大厦由多位建筑师组成的委员会协力设计，包括生于瑞士的勒·柯布西耶（Le Corbusier）、巴西的奥斯卡·尼迈耶（Oscar Niemeyer）以及美国的华莱士·K.哈里森（Wallace K Harrison）。秘书处大楼（Secretariat）是纽约首座应用玻璃幕墙的建筑，俯瞰着联合国大会（General Assembly）的雪坡式弧形屋顶。建于同一时期的其他重要现代派建筑包括戈登·邦沙夫特（Gordon Bunshaft）设计的利华大厦（见204页），这是一座玻璃建造的悬浮建筑，位于Park Ave和54th St的交会处；还有路德维格·密斯·凡·德罗（Ludwig Mies van der Rohe）设计的西格拉姆大厦（见204页），其设计朴素，不加修饰，共38层，坐落于利华大厦以南两个街区处。

前卫风格

到了20世纪晚期，一众建筑师开始反对现代主义建筑风格犀利而朴素的设计。其中一位就是菲利普·约翰逊（Philip Johnson），他设计的玫瑰色花岗岩的AT&T大厦（如今的索尼大厦；1984年）顶端加有涡卷装饰的新乔治亚风格三角楣饰，已经成为中城区群楼之中标志性的后现代主义建筑。

而丹尼尔·里伯斯金（Daniel Libeskind）为新世贸大厦（One World Trade Center; 2013年）设计的盘绕式棱角建筑方案未被采纳，没能成为地标，取而代之的是建筑委员会设计的四四方方的玻璃方尖碑式建筑。与此同时，由于预算超支，圣地亚哥·卡拉特拉瓦（Santiago Calatrava）为世贸中心交通枢纽（World Trade Center Transportation Hub, 2016年）设计的发光建筑方案不得不做出调整。如评论家所言，本该是翱翔的鸽子，如今却变成了长翅膀的恐龙。世贸中心原址上最新的争论是关于世界贸易中心二号大楼（Two World Trade Center），诺曼·福斯特爵士（Sir Norman Foster）最初起草的设计方案被丹麦公司比雅克英格斯（Bjarke Ingels Group，简称BIG）的创意所取代。根据21世纪福克斯公司首席运营官詹姆斯·默多克（James Murdoch）的说法，福斯特的设计过于传统，难以代表媒体公司新总部的形象。BIG以其标志性的非传统主义风格作为回应：他们的方案是由不同大小的方盒组成的一座直飞天际的巨塔。

不过福斯特爵士在前卫风格上也不遑多让，这位英国建筑师设计的

德高望重的纽约建筑评论家埃达·露易丝·贺克斯苔博（Ada Louise Huxtable）在 *On Architecture: Collected Reflections on a Century of Change* 一书中收录了自己最重要的一些论文。

赫斯特大厦（见204页）以其锯齿形线条在周边一众20世纪20年代的砂石建筑中间脱颖而出，这座玻璃摩天大楼至今仍是中城区的前卫先驱。不过该大楼只是21世纪纽约众多标新立异的建筑景观中的一例，此外还有布鲁克林极具科幻感的巴克莱中心（2012年；见320页）、东村汤姆·梅恩（Thom Mayne）充满折叠和切割几何结构的**库珀广场41号**（2009年；见450页地图；www.cooper.edu/about/history/41-cooper-square；41 Cooper Sq, 6th St和7th St之间；⑤6至Astor Pl）和金融区弗兰克·盖里（Frank Gehry）波浪形外墙的76层公寓塔楼云杉街8号（New York by Gehry；2011年）。

明星建筑师的出现

弗兰克·盖里的IAC大厦（2007年）主体为巨浪般的白色玻璃结构，常被比作婚礼蛋糕。由铁道改建而成的高线公园（High Line）周边，明星建筑层出不穷，IAC大厦只是其中之一，最显眼的要数伦佐·皮亚诺（Renzo Piano）设计的惠特尼美国艺术博物馆（2015年，见147页），其夸张的非对称结构由蓝灰色钢板包覆，与半空中的公园浑然一体，赢得极高的赞誉。北侧8个街区之外坐落着100 Eleventh Ave（2010年），这座23层高的豪华公寓楼出自法国建筑师让·努维尔（Jean Nouvel）之手，其肆意纵横的斜角窗设计令人目眩，建筑本身既前卫又沿承了该地区的历史元素——外立面的装饰让人联想到西切尔西的工业建筑，这并非巧合。

该地区的新宠是扎哈·哈迪德（Zaha Hadid）设计的公寓大楼，这座位于520 West 28th St的奢华建筑有11层，是这位伊拉克籍英国建筑师在该市的第一个住宅项目，曼妙的曲线极具科幻感，锦上添花的是252平方米的雕塑露台，高线之友（Friendsofthe High Line）的艺术作品在此展出。令人遗憾的是，这位普利兹克建筑奖得主未能看到此建筑的完工——扎哈·哈迪德于2016年去世。

《公共艺术：纽约》（*Public Art:New York*），作者：珍·帕克·菲佛（Jean Parker Phifer），摄影：Francis Dzikowski公司。这是一本有关纽约公共纪念碑的指南，内容翔实。

酷儿之都：从石墙事件到婚姻平等

在纽约，我出柜，我骄傲！这里是石墙暴动（Stonewall Riots）的发生地，是现代同性恋权利运动蓬勃开展的摇篮，也正是在这里，美国的同性恋者首次走上街头，开创了全美骄傲游行的先河。早在同性恋解放运动（Gay Lib）之前，就已有各种荒诞古怪之事在纽约上演：从鲍厄里街的同性恋沙龙，到关于女同性恋的萨福体乡村诗歌，再到哈莱姆的变装舞会。纽约同性恋运动的发展虽然算不得一帆风顺，却始终勇往直前。

石墙暴动前
格林尼治村的颠覆

19世纪90年代，纽约市的下东区风气粗犷，以诸多令人侧目的地下"休闲"场所而闻名：舞厅、酒吧和妓院，这些都是城市"另类人群"经常光顾的地方。从5th St和鲍厄里街的"销魂厅"（Paresis Hall）到157 Bleecker St的Slide，这类场所上演着异装秀和反串舞蹈，也有同性嬉闹的包间，当真是无奇不有。对于尚未出柜的中产男性来说，这些隐匿之所都是暗中寻乐的去处。他们在这些场所享受难得的隐秘快感，从同道中求得理解与放纵不羁的禁忌之乐。至于那些对同性充满好奇的富有直男，光顾这些诱人而又淫荡的场所只不过是为了满足好奇心的窥探式"贫民窟之旅"。

进入20世纪后，诸多作家和放荡不羁的人也为纽约格林尼治村廉价的租金和浪漫曲折的小街所吸引，纷纷搬至此处。格林尼治村早先就以不拘条规、崇尚自由而闻名，这使其成为男女同性恋者的天堂。这里不乏单身公寓，周围的居民也对同性恋者抱有包容之心。即使颁布了酒吧禁令，同性恋者还是可以无所顾忌地前往地下酒吧。MacDougal St上随处可见同性恋者自营的酒吧，其中就包括位于129号、富有传奇色彩的Eve's Hangout。这里由一位名叫夏娃·亚当斯（Eve Addams，原名Eva Kotchever）的波兰犹太人经营，其最著名的就是店内的诗歌朗诵会和门上的标牌，标牌写道："男士准入，恕不恭迎。"1926年6月，当男性警察突击检查这里时，多半也没有受到欢迎。因夏娃撰写了自己的诗选集 *Lesbian Love*，警方指控她犯有猥亵罪并将她遣返回欧洲。3年后，格林尼治村剧院的一个剧团为了向夏娃致敬，将她的诗集改编成了戏剧，并在位于克里斯托弗街（Christopher St）的地下表演舞台Play Mart上演。

歌姬、变装秀和哈莱姆

虽然时代广场以吸引众多男同性恋者而知名（很多人都在该区的剧

1964年，纽约市见证了美国的首次同性恋权利倡议集会。这次集会由纽约同性恋联盟（Homosexual League of New York）和性自由联盟（League for Sexual Freedom）领导，在Whitehall St上的美国部队征兵中心（Army Induction Center）外举行。抗议者要求废除在军队中实施的反同性恋政策。

院、餐厅或地下酒吧工作），但在20世纪20年代，北边的哈莱姆地区才是同性恋群体最为活跃的区域。此区的音乐环境蓬勃发展，可以见到许多男女同性恋歌手的身影。这其中就包括格拉迪斯·班特利（Gladys Bentley）和埃塞尔·沃特斯（Ethel Waters）。班特利的歌声令人难忘，而她标志性的男式无尾晚礼服打扮以及身边的一众女友同样令人瞩目。她从在地下俱乐部和廉价公寓聚会进行一次性演出，一路攀升到了133rd St著名的Ubangi俱乐部的歌舞剧主角。在她合作的剧团中还有一个由女演员组成的专门模仿男性的歌舞团。

哈莱姆的变装舞会更为著名。在咆哮的20世纪20年代，纽约的男性，无论是同性恋还是异性恋都热爱变装舞会。最大的变装舞会是汉密尔顿变装舞会（Hamilton Lodge Ball）。该舞会由Grand United Order of Odd Fellows的710号乡间小屋（Lodge #710）组织，每年在155th St华丽的罗克兰宫殿（Rockland Palace）中举办。汉密尔顿变装舞会通常又被称为"同性舞会"（Faggot's Ball），男女同性恋者都可以在此处合法参与变装舞会和同性交际舞会，赶时髦的非同性恋者也可以在这里稍微满足一下自己的猎奇心理。夜晚的选美大赛是最受瞩目的环节。身着异性服装的男性选手会为"舞会女王"的头衔展开激烈角逐。同性恋作家兰斯顿·休斯（Langston Hughes）称该舞会是"色彩的盛会"。休斯也和纽约众多文人作家一样，常常光顾舞会。下至妓女，上至阿斯特和范德比尔特这样的上流家庭，都是同性舞会的常客。甚至报纸都会对这一盛会进行报道，舞会上夸张离谱的礼服还会成为全城的谈资。

石墙暴动

受经济大萧条、"二战"和冷战的影响，20世纪早期相对反叛的社会现象在接下来的几十年内被新保守主义所替代。保守主义在美国参议员约瑟夫·雷芒德·麦卡锡（Joseph Raymond McCarthy）的推动下正式确立。麦卡锡表示，美国国务院内同性恋者的存在威胁到了美国国家安全，危害美国儿童的成长。警务监管更加严格，目的是让同性恋群体从公众视野中彻底消失。因此，20世纪40年代至50年代，相关场所转入地下，变得更加隐秘。尽管打压一直存在，同性恋场所却变得越来越常见。

1969年6月28日，8名警员对格林尼治村的同性恋酒吧石墙酒吧（Stonewall Inn）实施突击检查。不可思议的是，酒吧顾客进行了反抗。当时，同性恋酒吧的老板大都是犯罪组织的成员，警员从他们手中收受贿赂，石墙酒吧的顾客早已厌烦了连续不断的骚扰，因此开始将硬币、酒瓶和砖块砸向警员，并反复高喊"同性恋者有力量！"和"我们赢定了！"等口号。当时在场的还有一群跳踢腿舞的"变装皇后"，他们当时喊的口号流传至今，成为传奇："我们是石墙女孩，我们的秀发卷又翘，我们不穿内裤，我们秀出阴毛，我们穿上工装裤，露出娘气的膝盖……"

他们团结一致，群情激奋，引发了关于歧视问题的激烈讨论，这也使得石墙事件成为同性恋维权史的重要转折点，并成为纽约乃至整个美国，以及荷兰、澳大利亚等其他国家现代同性恋权利运动的催化剂。

艾滋病阴影下

20世纪80年代初，HIV病毒和艾滋病不断登上全球各大媒体头条，

LGBT经典电影

《同性三分亲》
(Torch Song Trilogy, 1988年)

《乐队男孩》
(The Boys in the Band, 1970年)

《巴黎在燃烧》
(Paris Is Burning, 1990年)

《天使在美国》
(Angels in America, 2003年)

《你爱他》
(Jeffrey, 1995年)

LGBT激进主义迅速白热化。一些人将艾滋病视为"同性恋癌"。面对这部分人的无知、恐惧和道德上的愤怒，作家拉里·克莱默（Larry Kramer）等激进主义者开始着手解决艾滋病流行的问题。在克莱默的努力下，ACT UP组织于1987年成立。Act Up是"Aids Coalition To Unleash Power"的缩写，意为"团结就是力量艾滋病患者联盟"。该宣传组织旨在与身边的"恐同症"抗争，并抗议时任美国总统罗纳德·里根（Ronald Reagan）的冷漠态度，反对制药公司哄抬艾滋病药物价格。最为大胆的一次抗议示威发生在1989年9月14日，当时威康制药公司（Burroughs Wellcome）的艾滋病药物AZT的费用为每位病患每年$10,000，7名ACT UP组织的抗议者将自己锁在纽约证券交易所的VIP包厢中，强烈要求该公司降低药价。数日内，AZT的价格降至每病患每年$6400。

艾滋病本身也对纽约艺术界产生了极大的影响。艺术界最知名的艾滋病感染者包括艺术家凯斯·哈林（Keith Haring）、摄影师罗伯特·梅普尔索普（Robert Mapplethorpe）和时装设计师侯司顿（Halston）。虽然疾病导致艺术界损失了一系列伟大的艺术家，但同时也催生了一批与艾滋病相关的戏剧和音乐剧作品。这些作品不仅赢得了广泛的国际赞誉，也成了美国主流文化经典的重要组成部分，其中包括托尼·库什纳（Tony Kushner）的政治史诗《天使在美国》（Angels in America）和乔纳森·拉尔森（Jonathan Larson）的音乐剧《吉屋出租》（Rent），这两部作品都获得了托尼奖和普利策奖。

同性婚姻与千禧年

2011年，LGBT运动争取完全平等的斗争取得了两项巨大成就。9月20日，经过游说者长达数年的不懈努力，联邦法律终于取消了对同性恋者在军中公开服役的禁令，即所谓"不许问，不许说"政策。早在3个月前，长期的坚持换来了纽约同性恋者婚姻权，相比而言这一胜利更为显著。6月15日，纽约州众议院以80票对63票的优势，通过了《婚姻平等法》（Marriage Equality Act）。6月24日，纽约市同性恋骄傲大游行前夕，该法案获宣被视为立法会议的最终法案。经过审议和补充，该法案以33票对29票的优势通过，并由纽约州州长安德鲁·科莫（Andrew Cuomo）于当地时间23:55签署法律生效。在纽约州的胜利基础上，同性恋群体于2015年6月26日迎来了全国性的胜利，美国最高法院宣告同性婚姻在全国范围内合法，13个州对同性婚姻的限制就此解除。

就在同一年，纽约市圣帕特里克节游行（St Patrick's Parade）的组织者解除了长期以来对LGBT群体的禁令，允许Out@NBCUniversal这个由NBC环球集

LGBT历史

1927年
越来越多的同性恋题材的剧目在百老汇上演，为此纽约州重新修订了"公共猥亵罪"相关条例，禁止舞台剧中出现同性恋者或讨论同性恋相关内容。

1966年
4月21日，同性恋权利组织玛特欣协会（Mattachine Society）在纽约市最古老的同性恋酒吧Julius Bar发起了主题为"Sip-In"的活动，反对禁止向LGBT群体提供酒水服务的禁令。

1969年
6月28日，警方突击检查格林尼治村的石墙酒吧，引发了长达数日的暴乱，该事件也标志着现代同性恋权利运动的开端。

1987年
ACT UP组织成立，质疑美国政府在应对艾滋病问题过程中的迟缓反应。3月24日，该激进主义组织在华尔街举行了首次大规模抗议游行。

2011年
2011年7月24日子夜零点，纽约《婚姻平等法》正式生效。零点刚过，布法罗（Buffalo）的一对女同性恋者就在尼亚加拉大瀑布（Niagara Falls）前宣读了婚礼誓言。

2016年
奥巴马总统宣布西村的一片区域（包括标志性的克里斯托弗公园）为美国国家纪念园，这是首个纪念LGBT平权运动的地方。

LGBT 相关书籍

《来自舞蹈的舞者》(Dancer from the Dance) 作者：安德鲁·霍勒伦 (Andrew Holleran)

《通向布鲁克林的最后出口》(Last Exit to Brooklyn) 作者：休伯·塞尔比 (Hubert Selby)

《另一个国家》(Another Country) 作者：詹姆斯·鲍德温 (James Baldwin)

《城市男孩》(City Boy) 作者：埃德蒙·怀特 (Edmund White)

团（NBCUniversal）旗下男女同性恋、双性恋和跨性别者雇员组成的团体加入庆祝活动。禁令的取消无疑得到了纽约市市长比尔·白思豪的批准——众所周知，他曾经抵制这项游行活动。

尽管成绩斐然，纽约仍然不能彻底摒除偏见，做到完全宽容。2013年，一名布鲁克林男子马克·卡森（Mark Carson）在格林尼治村被枪杀，而这里正是曼哈顿在历史上最为宽容的区域之一，纽约人为此感到愤怒。5月18日凌晨，卡森和一位朋友沿着8th St散步，在与一群辱骂同性恋者的男子发生了短暂争执之后，32岁的卡森被近距离射杀。这次袭击过后，纽约人发起了一次纪念卡森的守夜活动，这一事件也让人们清醒地认识到，即使在这座崇尚自由的纽约城里，也不是所有人都能快乐地生活，也不是所有人都能宽以待人。

银幕上的纽约

纽约市的银幕历史漫长而传奇,其大街小巷是众多经典电影的拍摄地:《安妮·霍尔》(Annie Hall)中笨拙邂逅的伍迪·艾伦(Woody Allen)在此处爱上了黛安·基顿(Diane Keaton);《当哈利碰上莎莉》(When Harry Met Sally)中的梅格·瑞恩(Meg Ryan)在此处伴装性高潮;《欲望都市》(Sex & the City)中的莎拉·杰西卡·帕克(Sarah Jessica Parker)在这里大谈约会与Jimmy choo(名鞋品牌)之间的微妙关系。对于影迷来说,穿行于这座城市的街道之间,那些记忆中的场景、人物和俏皮妙语仿佛也跟着浮现于脑海中,一种似曾相识之感油然而生。

好莱坞的起源与复兴

信不信由你,美国的电影业起源于东海岸。20世纪初期,福克斯电影公司(Fox)、环球影片公司(Universal)、Metro制片公司、塞尔兹尼克国际影片公司(Selznick)与Goldwyn制片公司都成立于此。在加利福尼亚州和科罗拉多州成为西部片的拍摄地之前很长一段时间,人们是在如今已经消失不见的新泽西州荒野地带拍摄西部片。到了20世纪20年代,好莱坞全年普照的阳光吸引了大量美国电影人西行至此,大展拳脚。即便如此,你仍能在纽约市频繁听到"灯光,摄像,开拍!"的声音。

考夫曼·阿斯托利亚工作室的传奇故事

纽约的一大旅游景点就是皇后区依旧令人兴奋的考夫曼·阿斯托利亚工作室(Kaufman Astoria Studios)。1920年,该工作室由杰西·拉斯基(Jesse Lasky)和阿道夫·朱克(Adolph Zukor)共同创立,是名演员-拉斯基公司(Famous Players–Lasky Corporation)的一站式制片地,出产

经典银幕场景

中央公园 成为无数影片的亮点,包括伍迪·艾伦的《安妮·霍尔》、《曼哈顿》和《汉娜姐妹》(Hannah & Her Sisters)。

佩里街64号(64 Perry St)《欲望都市》中凯莉·布拉德肖(Carrie Bradshaw)的公寓住处。

Katz's Delicatessen《当哈利碰上莎莉》中的梅格·瑞恩就在此处伪装高潮。

汤姆餐厅(Tom's Restaurant)《宋飞正传》(Seinfeld)中Monk咖啡厅的替身。

蒂芙尼公司《蒂芙尼早餐》(Breakfast at Tiffany's)中奥黛莉·赫本(Audrey Hepburn)在这家品牌店前做着白日梦。

了一系列无声电影时代的成功作品。其中包括《沙漠情酋》(*The Sheik*; 1921年)和《博凯尔先生》(*Monsieur Beaucaire*; 1924年),这两部影片的主演都是出生于意大利的万人迷——鲁道夫·瓦伦蒂诺(Rudolph Valentino);《虐待》(*Manhandled*; 1924年)则由早期银幕天后葛洛丽亚·斯旺森(Gloria Swanson)担任主演。1927年,派拉蒙影业公司(Paramount Pictures)并入名演员-拉斯基公司,遂改名为派拉蒙-名演员-拉斯基公司,并将大量好莱坞明星打造成大银幕偶像。其中包括马克斯兄弟(Marx Brothers)、弗雷德·阿斯泰尔(Fred Astaire)和金吉·罗杰斯(Ginger Rogers)。金吉·罗杰斯以摩登女郎的形象出演了处女作《曼哈顿的青年》(*Young Man of Manhattan*; 1930年)。

1932年,派拉蒙将其全部故事片的拍摄地搬到了好莱坞,但更名为Eastern Services Studio之后,这里仍是派拉蒙的新闻片部门。整个20世纪30年代,该工作室还以短片著称,许多本土演员如乔治·伯恩斯(George Burns)、鲍勃·霍普(Bob Hope)和丹尼·凯耶(Danny Kaye)在此开始了他们的职业生涯。从"二战"到1970年,该工作室一直在为美国军队做宣传,并制作训练用影片,曾一度被称为美国陆军通信兵摄影中心(US Signal Corps Photographic Center)。直到1983年,房地产经纪人乔治·S.考夫曼(George S Kaufman,并非剧作家乔治·西门·考夫曼)将其更名为考夫曼·阿斯托利亚工作室(Kaufman Astoria Studios)。在完成了现代化改建和扩建工作后,该工作室制作了一系列影片,包括《爵士春秋》(*All That Jazz*; 1979年)、《布里顿海滩》(*Brighton Beach Memoirs*; 1986年)、《复制娇妻》(*The Stepford Wives*; 2004年)和《黑衣人3》(*Men in Black* III; 2012年)。正是在纽约,20世纪80年代的电视情景喜剧《考斯比一家》(*The Cosby Show*, 1984年)中的哈斯代博一家在布鲁克林过上了中产阶级生活;也正是在纽约,《芝麻街》(*Sesame Street*)、《女子监狱》(*Orange is the New Black*)等备受观众喜爱的小银幕作品得以拍摄。

其他影视工作室

斯坦纳电影工作室(Steiner Studios)恰好位于史上著名的布鲁克林造船厂(Brooklyn Navy Yard),工作室占地26英亩,是洛杉矶以东最大的演播中心。在此拍摄的著名影片包括《金牌制作人》(*The Producers*; 2005年)、《革命之路》(*Revolutionary Road*; 2008年)、《欲望都市》第一季(2008年)和第二季(2010年)以及《华尔街之狼》(*The Wolf of Wall Street*; 2013年)。该工作室也用于拍摄众多电视节目,如马丁·斯科塞斯(Martin Scorsese)广受好评的黑道剧集《大西洋帝国》(*Boardwalk Empire*; 2010年)和同在HBO播出的摇滚剧集《黑胶时代》(*Vinyl*),由斯科塞斯、米克·贾格尔(Mick Jagger)和特伦斯·温特(Terence Winter)联合打造。

回到皇后区,你会发现这座城市另外一家重要的制片公司:Silvercup工作室。该工作室摄制的故事片包括纽约经典剧集弗朗西斯·福特·科波拉(Francis Ford Coppola)的《教父》第三部(*The Godfather:Part* III; 1990年)、伍迪·艾伦(Woody Allen)的《丹尼玫瑰》(*Broadway Danny Rose*; 1984年)和《开罗的紫罗兰》(*The Purple Rose of Cairo*; 1985年)、

米高梅电影公司(Metro Goldwyn Mayer)著名的标志"雄狮利奥"(Leo the Lion)由霍华德·迪兹(Howard Dietz)设计。霍华德作为米高梅的广告总经理,曾在纽约的哥伦比亚大学进修过新闻学,其设计灵感就来源于哥伦比亚大学的吉祥物。1928年,雄狮利奥的咆哮首次被添加到影片中。

还有作为电视剧明星的黑手党剧集《黑道家族》(The Sopranos),以及同样广受赞誉的《我为喜剧狂》(30 Rock)。在《我为喜剧狂》中,蒂娜·菲(Tina Fey)饰演一个电视编剧,而亚历克·鲍德温(Alec Baldwin)饰演了洛克菲勒中心的一个电视广播公司高管。

现实中,美国全国广播公司(NBC TV network)的总部确实设在洛克菲勒中心。NBC长期拍摄的综艺节目《周六夜现场》(Saturday Night Live)就是《我为喜剧狂》剧本的灵感来源。曼哈顿的其他媒体广播公司包括美食频道(Food Network)和氧气频道(Oxygen Network),二者的总部均设于切尔西市场(Chelsea Market)。此外还有罗伯特·德尼罗(Robert De Niro)的翠贝卡制片公司(Tribeca Productions),总部设于翠贝卡电影中心(Tribeca Film Center)。

除了众多制片工作室和影业公司总部,纽约还有一些顶级电影学校。比如,纽约大学电影学院(Tisch Film School)、纽约电影学院(New York Film Academy)、视觉艺术学校(the School of Visual Arts)、哥伦比亚大学(Columbia University)和新学院(The New School)。不过你并不一定非得成为一名学生才能学习,皇后区阿斯托利亚的运动影像博物馆(见330页)和曼哈顿中城区的佩利媒体中心(见206页)会举办很多老电影和时下新片的放映会,还会组织很多研讨会,就过去和目前的电影制作方式展开讨论。

银幕上的地标
从市中心剧情片到中城区爱情戏

许多初来乍到的游客往往觉得纽约有种莫名的熟悉感,这不足为奇。纽约这个城市出现在银幕上的时间超过了众多好莱坞女星出镜时间的总和,而纽约的地标建筑和走红毯的纽约名流一样,都是美国电影电视文化的重要组成部分。《上班女郎》(Working Girl;1988年)中,备受欺压的秘书梅拉尼·格里菲(Melanie Griffith)就是乘坐史丹顿岛轮渡(见420页)走出郊区,入职华尔街的;在炮台公园(见78页),《寻找苏珊》(Desperately Seeking Susan;1985年)中的麦当娜吸引了艾丹·奎因和罗姗娜·阿奎特(Aidan Quinn);在纽约县法院(New York County Courthouse),电影《华尔街》(Wall Street;1987年)、《好家伙》(Goodfellas;1990年)以及小银幕经典剧《警花拍档》(Cagney & Lacey)、《纽约重案组》(NYPD Blue)和《法律与秩序》(Law & Order)中的坏人都得到了应有的惩罚。

纽约其他地标的出镜时间鲜有能超过帝国大厦(见192页)的。电影《金刚》(King Kong;1933年和2005年)中的金刚紧紧攀附于帝国大厦尖塔上,而在大厦观景台上更是上演了无数次的浪漫邂逅。最著名的场景之一就是《西雅图夜未眠》(Sleepless in Seattle;1993年)中梅格·瑞恩和汤姆·汉克斯(Tom Hanks)深夜在此相聚。拍摄这组镜头时,创作团队在真实的大厅里进行了实地拍摄,但观景台则是在摄影棚里搭建的布景。这是为了向电影《金玉盟》(An Affair to Remember;1957年)致敬,片中加里·格兰特(Cary Grant)和黛博拉·蔻儿(Deborah Kerr)相约在帝国大厦重聚,他们的爱情如愿在这座摩天大楼顶端终成正果。

莎拉·杰西卡·帕克(Sarah Jessica Parker)在《欲望都市》(2008年)

电影《七年之痒》(The Seven Year Itch;1955年)中地铁通风口的撩人一幕拍摄于586 Lexington Ave现已拆毁的Trans-Lux 52街剧院(Trans-Lux 52nd Street Theatre)外。影片中玛丽莲·梦露(Marilyn Monroe)任凭风将裙子吹起并乐在其中。

纽约电影精选

将所有跟纽约有关的电影都看遍是一个巨大的工程,不妨先从以下热门电影入手。

《出租车司机》(Taxi Driver; 1976年)马丁·斯科赛斯执导,罗伯特·德尼罗、斯碧尔·谢波德(Cybill Shepherd)和朱迪·福斯特(Jodie Foster)担任主演。德尼罗饰演一位精神不稳定的越战老兵,城市的紧张节奏加剧了他内心的暴力冲动。该影片是一部妙趣横生却又令人压抑的经典佳作,深刻地提醒着人们,纽约这座城市曾经是怎样的残酷。

《曼哈顿》(Manhattan; 1979年)伍迪·艾伦执导,伍迪·艾伦、黛安·基顿和玛瑞儿·海明威(Mariel Hemingway)担任主演。电影讲述了一位离过婚的纽约男人和一个高中女孩约会(女孩由拥有娃娃音的海明威饰演),却又被自己最好朋友的情妇所吸引。该影片实际就是伍迪写给纽约的情书。观影时多多留意皇后区大桥(Queensborough Bridge)和上东区那充满浪漫气息的城市景色。

《寻找苏珊》(Desperately Seeking Susan; 1985年)苏珊·塞德尔曼(Susan Seidelman)执导,麦当娜、罗珊娜·阿奎特(Rosanna Arquette)和艾丹·奎因(Aidan Quinn)担任主演。讲述了新泽西州一名无聊主妇因失忆导致身份错乱,从而开启了探索曼哈顿亚文化地带的奇幻之旅。你可以在这部影片中重温一下20世纪80年代中期的东村和早已停业的Danceteria夜店。

《山姆的夏天》(Summer of Sam; 1999年)斯派克·李(Spike Lee)执导,约翰·雷吉扎莫(John Leguizamo)、米拉·索维诺(Mira Sorvino)和珍妮弗·艾斯波西多(Jennifer Esposito)担任主演。本片改编自1977年夏天发生在纽约的真实历史事件,导演斯派克·李在其中混入了连环杀手"山姆之子"、灯火管制、种族矛盾、布鲁克林一对迪斯科小夫妻的不幸遭遇等元素。影片中还出现了CBGB俱乐部和Studio 54录音室等经典场景。

《天使在美国》(Angels in America; 2003年)迈克·尼科尔斯(Mike Nichols)执导,阿尔·帕西诺(Al Pacino)、梅丽尔·斯特里普(Meryl Streep)和杰弗里·怀特(Jeffrey Wright)担任主演。该片为托尼·库什纳(Tony Kushner)百老汇戏剧的电影版,以1985年的曼哈顿为背景。影片围绕艾滋病的侵袭、人际关系的破裂展开,讲述了罗纳德·里根总统的顾问——罗伊·科恩(Roy Cohn)的故事。科恩是没有出柜的同性恋者,因恐惧自己染上艾滋病而惶惶度日。影片场景在布鲁克林、下曼哈顿和中央公园中轮流转换。

《珍爱人生》(Precious; 2009年)李·丹尼尔斯(Lee Daniels)执导,加布蕾·丝迪贝(Gabourey Sidibe)担任主演,改编自美国作家Sapphire的作品《推》(Push)。该片以哈莱姆为背景,讲述了一位没文化的肥胖少女受尽父母虐待却永不退缩的励志故事。影片同时展现了许多街景和纽约贫民窟的状态。

《鸟人》(Birdman; 2014年)亚利桑德罗·伊纳里图(Alejandro G Iñárritu)执导,这部获得奥斯卡奖的黑色喜剧兼剧情片由迈克尔·基顿(Michael Keaton)领衔主演,扎克·加利凡纳基斯(Zack Galifianakis)、爱德华·诺顿(Edward Norton)和安德丽亚·瑞斯波罗格(Andrea Riseborough)、艾米·莱安(Amy Ryan)、艾玛·斯通(Emma Stone)和娜奥米·沃茨(Naomi Watts)联袂主演。《鸟人》记录了一位过气的好莱坞演员努力尝试在百老汇登台的艰难故事。

《捉鬼敢死队》(Ghostbusters; 2016年)保罗·费格(Paul Feig)执导,重新演绎了1984年的同名经典影片,四位女性捉鬼特工(喜剧明星梅丽莎·麦卡西、克里斯汀·韦格、凯特·麦克金农和莱斯莉·琼斯)和鬼怪之间的交手唤醒了纽约城。尽管评价有好有坏,但这部电影还是以全女性主角阵容在影视界开了先河。

中可没这么幸运。紧张的准新郎克里斯·诺斯（Chris Noth）在纽约公共图书馆（见203页）抛弃了身穿Vivienne Westwood婚纱的莎拉。也许是因为他看了太多遍《捉鬼敢死队》（*Ghostbusters*；1984年），影片开头分别给了闹鬼的纽约公共图书馆中标志性的大理石狮子和玫瑰主阅读室（Rose Main Reading Room）特写镜头。在《天罗地网》（*The Thomas Crown Affair*; 1999年）中，纽约公共图书馆的门厅悄悄代替了大都会艺术博物馆，皮尔斯·布鲁斯南（Pierce Brosnan）饰演的盗贼花花公子在此棋逢对手，与蕾妮·罗素（Rene Russo）饰演的热辣侦探展开较量。《曼哈顿神秘谋杀案》（*Manhattan Murder Mystery*；1993年）中，亲自出马的侦探黛安·基顿在布莱恩特公园（见204页）的喷泉边向丈夫伍迪·艾伦盘问了关于邻家老头嗜血劫命的事情。一如往常，艾伦利用影片展现了众多的纽约场景，其中有格拉梅西公园（Gramercy Park）的国家艺术俱乐部（见178页）及1703 Second Ave上的伊莲餐厅（Elaine's），艾伦自己过去也是该餐厅的常客。正是在这家早已关张的上东区餐厅里，基顿在晚餐时向艾伦·艾尔达（Alan Alda）与朗·瑞弗金（Ron Rifkin）解释了自己的犯罪理论。该餐厅经常出现在艾伦的电影中，在《曼哈顿》（1979年）和《名人百态》（*Celebrity*；1998年）中也有出镜。

中央公园（见246页）在无数电影场景中出现过，如催人泪下的《往日情怀》（*The Way We Were*；1973年）中芭芭拉·史翠珊（Barbra Streisand）和罗伯特·雷德福（Robert Redford）泛舟湖上的一幕。而穿过中央公园即可到达坐落达科塔大厦（见247页），该建筑曾在经典恐怖片《魔鬼圣婴》（*Rosemary's Baby*；1968年）中出现过。汤姆餐厅（Tom's Restaurant，见274页）地处上西区，该餐厅曾多次在《宋飞正传》（*Seinfeld*）中出现。另一个有名的地点就是高雅的林肯中心（见250页），心理惊悚片《黑天鹅》（*Black Swan*；2010年）中的娜塔莉·波特曼（Natalie Portman）就是在这里渐渐迷失了自己，《月色撩人》（*Moonstruck*；1987年）中爱意满满的雪儿（Cher）和尼古拉斯·凯奇也是在此约会。林肯中心所在的位置过去曾是一片破败的公寓区，荣获奥斯卡奖的黑帮音乐剧《西区故事》（*West Side Story*；1961年）曾拍摄过这片区域。

往近了说，奥斯卡获奖影片《鸟人》（*Birdman*；2014年）将众人的目光引向了中城区耀眼的剧院区——片中一直饱受内心煎熬的迈克尔·基顿（Michael Keaton）尝试在W44th St的圣詹姆斯剧院（St James Theatre）上演一部百老汇改编剧目；某天，被意外锁在楼外的基顿只穿着一件内衣，窘迫地站在时代广场前；再往东几个街区，他在历史悠久的酒馆Rum House（见213页）与琳赛·邓肯（Lindsay Duncan）为了他的剧目而争论不休。

街头起舞

受小众追捧的音乐剧《名扬四海》（*Fame*；1980年）中，刀剑也得让位于身着紧身衣的舞者。剧中来自纽约表演艺术中学（High School of Performing Arts）的学生在市中心的街头随音乐起舞，吸引了路人的目光。纽约市教育局无法接受影片中直白的内容，不允许在纽约表演艺术中学进行实地拍摄，剧组转而在120 W 46th St进行拍摄。也因为教育局的反对，摄制组不得不利用学校对街的废弃教堂门口作为学校的入口，并利用

纽约市电影节

- 舞蹈影像艺术节 (Dance on Camera; 1月/2月)
- 纽约国际儿童电影节 (New York International Children's Film Festival; 2月/3月)
- 翠贝卡电影节 (Tribeca Film Festival; 4月)
- 人权观察国际电影节 (Human Rights Watch International Film Festival; 6月)
- 新节日:纽约同性恋电影节 (LGBT Film Festival; 10月)
- 纽约电影节 (New York Film Festival; 9月/10月)

Haaren大厅(Tenth Ave和59th St交叉路口)来拍摄室内镜头。

除了《名扬四海》,还有很多音乐剧使纽约成为魅力四射的舞池。《锦城春色》(*On the Town*; 1949年)中的追星水手法兰克·辛纳屈(Frank Sinatra)、吉恩·凯利(Gene Kelly)和Jules Munshin坐在Pride船上航行,看到对面美好的纽约城,激动得又跳又唱,从自由女神像(见66页)脚下一路跳到了洛克菲勒广场(见198页)和布鲁克林大桥(见282页)。《绿野仙踪》(*The Wizard of Oz*)的奇幻版《新绿野仙踪》(*The Wiz*; 1978年)中也出现了布鲁克林大桥的场景,影片中黛安娜·罗斯(Diana Ross)和迈克尔·杰克逊(Michael Jackson)穿过布鲁克林大桥;片尾,小矮人生活在法拉盛草地公园(见332页);而翡翠城就建在世贸中心双子塔的脚下。在此之前,《周末夜狂热》(*Saturday Night Fever*; 1977年)中身穿喇叭裤的约翰·特拉沃尔塔(John Travolta)在布鲁克林大桥上祭奠自己的青春,他选择离开少年时期居住的闲逸的布鲁克林,来到曼哈顿更大更闪亮的舞台。特里·吉列姆(Terry Gilliam)执导的《渔王》(*The Fisher King*; 1991年)的片尾镜头远比以上的场景都要震撼,纽约中央火车站的候车大厅(见196页)成了通勤者的华尔兹舞厅。

纽约剧集

有70余部电视剧集在纽约摄制,包括《法律与秩序:特殊受害者》(*Law & Order: Special Victims Unit*)和《傲骨之战》(*The Good Fight*)之类的热门剧集,也有《大城小妞》(*Broad City*)这样的奇葩喜剧,还有《肥伦今夜秀》(*he Tonight Show Starring Jimmy Fallon*)和《周六夜现场》这类经久不衰的经典节目。此外,该市的影视行业每年总计花费超过80亿美元用于影视制作,提供104,000个工作岗位。美国超过三分之一的专业演员都在纽约。

实地游

电影电视场景实地团队游可以带你游览你所钟爱的电影电视作品的拍摄地,On Location Tours(见422页)就是这类活动中的一个。你可以和团队一起前往《穿普拉达的恶魔》(*The Devil Wears Prada*)、《蜘蛛侠》(*Spider-Man*)和《老爸老妈的浪漫史》(*How I Met Your Mother*)等电影电视作品的拍摄地。或者你可以选择自己出行,登录On the Set of New York全面的综合网站www.onthesetofnewyork.com获取详细信息,还可以免费下载曼哈顿各地的实地地图。

生存指南

交通指南 **416**
抵达纽约 **416**
肯尼迪国际机场 416
拉瓜迪亚机场 417
纽瓦克自由国际机场 ... 417
港务局客运总站 418
长途汽车站 418
宾夕法尼亚火车站 418
当地交通 **419**
地铁 419
出租车 420
轮渡 420
巴士 421
自行车 421
火车 421
团队游 421

出行指南 **423**
签证 423
保险 423
现金 424
打折卡 424
电源 424

使领馆 424
海关条例 425
医疗服务 425
旅游信息 426
营业时间 426
节假日 427
邮政 427
税收和退税 427
电话 427
上网 427
时间 427
厕所 427
旅行安全 428
紧急情况和重要号码 ... 428
法律事宜 428
残障旅行者 428
志愿服务 428

幕后 **429**
索引 **430**
纽约地图 **441**
我们的作者 **486**

交通指南

抵达纽约

纽约有3个客流量很大的机场、2个主要火车站和1个庞大的公交总站,热情接待每年前往纽约一睹其风采的千百万游客。

直飞航班大多来自美国各大城市和国际都市。从洛杉矶到纽约为6小时,从伦敦和阿姆斯特丹到纽约为7小时,从东京到纽约为14小时。还可以选择乘火车而非汽车或飞机,沿途欣赏田园和城市风光,既不会受到交通堵塞、安全检查的干扰,也不会产生过多碳排放。

机票、团队游和火车票可在www.lonelyplanet.com/bookings上预订。

肯尼迪国际机场 (John F Kennedy International Airport)

肯尼迪国际机场(JFK;☎718-244-4444; www.kennedyairport.com)距皇后区东南部的中城区24公里,拥有6个在用航站楼,每年接待近5000万名乘客,世界各地的航班都在此起降。中国国际航空和中国东方航空分别运营从北京和上海往返肯尼迪国际机场的直飞航班。你可以搭乘机场快轨(Air Train;机场内免费)往返于不同航站楼。

最近,一项耗资$100亿的机场重修计划获批,但具体时间尚未确定。该计划的重点在于建筑和结构变化,但也要求全面升级便利设施和交通连接方案。

出租车

曼哈顿至机场的黄色出租车使用计价器计价,价格取决于交通情况,通常约为$60,耗时45~60分钟。从肯尼迪国际机场开往曼哈顿任意地点的出租车统一收费$52(不包括通行费和小费),前往曼哈顿大部分地区都要耗时45~60分钟。往返布鲁克林用计价器计费,价格为$45(康尼岛)到$62(布鲁克林市区)。要注意的是,从威廉斯堡、曼哈顿、布鲁克林和昆斯博罗桥(Queensboro Bridge,又名59th St Bridge)往返机场都无须缴付通行费,而从皇后区中城隧道(Queens-Midtown Tunnel)和休·凯里隧道[Hugh L Carey Tunnel,又名布鲁克林—炮台公园隧道(Brooklyn–Battery Tunnel)]前往曼哈顿则需花费$8.50。

打车应用程序Lyft和Uber的资费根据每天时段的不同而变化。

穿梭公车和小汽车服务

曼哈顿超级短程穿梭公车(Super Shuttle Manhattan; www.supershuttle.com)等公司提供小客车拼车服务,每人票价为$20~26,具体价格取决于目的地。由纽约市开往机场,汽车服务定价$45起。

快速巴士

纽约机场巴士(NYC Airporter; www.nycairporter.com)从肯尼迪国际机场出发,开往中央火车站、宾夕法尼亚火车站或港务局客运总站。单程票价为$18。

地铁

地铁是到曼哈顿最省钱的方式,但也最慢。从机场登上机场快轨坐到Sutphin Blvd-Archer Ave(牙买加站),票价$5,出站付款,可换乘E线、J线、Z线或长岛铁路(Long Island Rail Road)。搭乘机场快轨抵达Howard Beach站以转乘A线。前往中城区的E线火车中途停靠次数最少。前往中城区的整趟行程耗时1个小时多一点。

长岛铁路（Long Island Rail Road, 简称LIRR）

迄今为止前往纽约市最轻松的方式就是搭乘长岛列车。从机场登上机场快轨坐到Jamaica站（票价$5，出站付款）。从此处开往曼哈顿的宾夕法尼亚火车站或布鲁克林的大西洋车站（Atlantic Terminal；福特格林尼、波恩兰姆小丘和巴克莱中心附近）的车次较多，站与站之间耗时约20分钟。前往宾夕法尼亚火车站或大西洋车站的单程票价为$10.25（非高峰期为$7.50）。

拉瓜迪亚机场（LaGuardia Airport）

拉瓜迪亚机场（LaGuardia, 简称LGA；☎718-533-3400；www.panynj.gov）比肯尼迪机场小，主要运营国内航班，距离曼哈顿中城仅13公里，每年客流量近3000万。

饱受政客和普通旅客诟病的拉瓜迪亚机场将对航站楼设施进行翻修。这项耗资$40亿的工程计划从2018年到2021年分阶段实行，最终将建成1个一体化的单体航站楼，以取代现存的4个独立航站楼，同时升级设施和交通方案。

出租车

往返于曼哈顿的出租车半小时车程的费用约为$42，打表计费，无固定费用。用Lyft和Uber等打车软件的费用会有变动。

小汽车服务

前往拉瓜迪亚机场的小汽车车费约为$35。

快速巴士

纽约机场巴士（NYC Airporter; www.nycairporter.com）票价为$15，往返于机场与中央火车站、宾夕法尼亚火车站和港务局客运总站。

地铁和巴士

搭乘公共交通工具前往拉瓜迪亚机场不如去其他机场便利。最佳地铁换乘点在皇后区的74st-Broadway车站（7号线或E/F/R线的Jackson Heights- Roosevelt Ave站），在那里搭乘Q70公交快线（Q70 Express Bus），10分钟左右抵达拉瓜迪亚机场。或者你也可以在上曼哈顿和哈莱姆的几个地铁站、或在Hoyt Ave-32st St的N/Q站乘坐M60公交。

纽瓦克自由国际机场（Newark Liberty International Airport）

当查看前往纽约州的飞机票价时，不要忘记新泽西州。纽瓦克自由国际机场与肯尼迪机场距纽约中城区的距离相同，都是25.7公里，有很多纽约人喜欢从**纽瓦克自由国际机场**（EWR；☎973-961-6000；www.panynj.gov）乘坐航班，该机场年客流量约4000万。它是联合航空（United Airlines）的枢纽机场，有这片区域唯一直飞到古巴哈瓦那的航班，他们也负责运营北京和上海直飞纽瓦克自由国际机场的航班。A航站楼投入$24亿进行扩建，预计于2022年完工。

小汽车服务

从纽约中城区出发，45分钟的车程花费$50~70，与出租车的票价基本一样。经由林肯隧道（Lincoln Tunnels；靠近42nd St）和荷兰隧道（Holland Tunnels；靠近Canal St）前往纽约市需要花

气候变化和旅行

任何使用碳基燃料的交通工具都会产生二氧化碳，这是人为导致气候变化的主要原因。现代旅行主要依赖飞机，飞机耗费的燃料，以每公里人均计算或许比汽车少，但其行驶的距离却远很多。飞机在高空所排放的气体（包括二氧化碳）和颗粒同样会对气候变化造成影响。许多网站提供"碳排量计算器"，以便人们估算个人旅行所产生的碳排量，并鼓励人们参与减缓全球变暖的旅行计划，以抵消个人旅行对环境所造成的影响。Lonely Planet会抵消其所有员工和作者旅行所产生的碳排放影响。

费$15的通行费，而从更靠北的华盛顿大桥（Washington Bridge）返回新泽西州则不收通行费。新泽西州高速公路通行费也非常便宜，除非经过1号公路（HWY 1）及9号公路（HWY 9），费用会稍高一些。

地铁和火车

新泽西铁路（NJ Transit；www.njtransit.com）提供客运服务（与纽约机场快轨联运，$5.50），往返于纽瓦克自由国际机场和纽约州宾夕法尼亚火车站之间，单程花费$13，耗时25分钟。凌晨4:20至次日凌晨1:40之间，每隔20~30分钟就会有一班列车。注意保管好车票，在离开机场时需要向工作人员出示。

快速巴士

纽瓦克自由国际机场快速公交（Newark Liberty Airport Express；www.newarkairportexpress.com）有往返于机场与港务局客运总站、布莱恩特公园和中城区中央火车站的客运服务，单程票价$16。6:45~23:15，每隔15分钟有1班巴士；4:45~6:45、23:15至次日1:15，每隔半小时有1班巴士，车程都为45分钟。

港务局客运总站 （Port Authority Bus Terminal）

若喜欢长距离的巴士车程，你可以选择全球最繁忙的巴士车站：**港务局客运总站**（见466页地图；212-502-2200；www.panynj.gov；625 Eighth Ave, 靠近W 42nd St; S A/C/E至42nd St-Port Authority Bus Terminal），年客流量6500多万。新建一个车站取代这个年老失修的车站一直在议程之上。从该车站发车的巴士公司如下：

灰狗长途汽车（Greyhound；www.greyhound.com）穿行于纽约和全国各主要城市之间。

彼得潘客运（Peter Pan Trailways；www.peterpanbus.com）每天有前往波士顿、华盛顿和费城的快速巴士。

短线巴士（Short Line Bus; www.shortlinebus.com）通往新泽西州北部和纽约州的边远地区，主要是去伊萨卡（Ithaca）、新帕尔茨（NewPaltz）等大学集中的地方。隶属于美国长途汽车公司（Coach USA）。

Trailways（www.trailwaysny.com）巴士开往纽约北边的城市，包括奥尔巴尼（Albany）、伊萨卡和锡拉丘兹（Syracuse）以及加拿大的蒙特利尔。

长途汽车站

中城区西面的一些地方有若干廉价长途汽车运营服务。

BoltBus（见466页地图；877-265-8287；www.boltbus.com；W 33rd St, 在Eleventh Ave和Twelfth Ave之间；）运营从纽约州到费城、波士顿、巴尔的摩和华盛顿的汽车。越早购票越实惠。车上有免费Wi-Fi覆盖，格外引人瞩目，不过多数情况下信号较弱。

Megabus（见466页地图；https://us.megabus.com；34th St, 在11th Ave和12th Ave之间；；S 7至34th St-Hudson Yards）往返于纽约州、波士顿、华盛顿和多伦多等多个站点。有Wi-Fi覆盖，信号时好时坏。发车位置在靠近贾维茨会议中心（Jacob K Javits Convention Center）的34th St, 抵达停靠在27th和7th。

Vamoose（见466页地图；212-695-6766；www.vamoosebus.com; Seventh Ave和30th St的交叉路口；$30起；S 1至28th St; A/C/E, 1/2/3至34th St-Penn Station）前往弗吉尼亚州的阿林顿（Arlington）和马里兰州的贝塞斯达（Bethesda），离华盛顿哥伦比亚特区都不远。

宾夕法尼亚火车站（Penn Station）

宾夕法尼亚火车站（W 33rd St, Seventh Ave和Eighth Ave之间；S 1/2/3, A/C/E至34th St-Penn Station）常被诟病的宾夕法尼亚火车站是**美国铁路公司**（Amtrak; www.amtrak.com）所有列车的始发站，包括前往新泽西州的普林斯顿和华盛顿的阿西乐特快（Acela Express；但要注意该特快的费用较一般车费高出一倍）。一周内的日期不同、一天内的时间不同，票价也有所不同。宾夕法尼亚火车站无行李寄存设施。2017年春，宾夕法尼亚火车站的美国铁路公司线路出现了列车脱轨和维护不当等问题；但由于修理会影响日常服务，还不确定问题什么时候才能解决。

长岛铁路（Long Island Rail Road；www.mta.info/lirr）每日客流量超过30万，往返于宾夕法尼亚火车站与布鲁克林、皇后区和长岛的各个站点。价格依据不同地区而划分。在高峰期时从宾夕法尼亚火车站前往牙买加车站（途中搭乘机场快轨可抵达肯尼迪机场），若现场购票，价格为$10.25；若上车后购票，票价为$16。

新泽西铁路（NJ Transit；www.njtransit.com）也经营由宾夕法尼亚火车站发车去往郊外和泽西海岸（Jersey Shore）的列车。

纽新铁路（New Jersey PATH；www.panynj.gov/path）可搭乘此列车前往新泽西北部的站点，如霍博肯（Hoboken）和纽瓦克。列车（票价$2.75）自宾夕法尼亚火车站出发，沿着Sixth Ave，经停33rd St、23rd St、14th St、9th St、Christopher St以及重新开放的世贸中心等地。

大都会北方铁路（Metro-North Railroad；www.mta.info/mnr）最后一条自庞大的中央火车站出发的铁路线，经过康涅狄格州、威斯特彻斯特郡（Westchester County）以及哈德逊河谷。

当地交通

一旦你到达了纽约市，四处逛逛是很轻松的事。这里660英里（1062公里）的地铁系统实惠且高效，可以带你抵达城市的任意角落。若无法乘坐地铁，还有巴士、轮渡、火车、三轮车和无处不在的黄色出租车（不过不要指望在雨天能打到出租车），可以供你四处穿梭或出城游玩。

不过，纽约的人行道是交通方式中最惹人注目的。纽约是理想的步行之地。城市规划也越来越适合骑自行车。最近几年纽约建设了数百英里的新自行车道和林荫道。

地铁

纽约地铁系统由大都会运输署（Metropolitan Transportation Authority；www.mta.info）运营，是纽约标志性的交通方式，票价实惠（不管车程远近，搭乘一次$2.75），全天运营，通常是最快捷的和最可靠的出行方式。与过去相比，安全性更高，车站和车厢的环境也更干净。所有地下车站都覆盖免费Wi-Fi。

从地铁站工作人员手中要一张免费地图也是不错的想法。如果你有智能手机，请下载功能强大的应用程序（比如免费的Citymapper），其中自带地铁地图和列车运行中断警报。若有疑惑，可以咨询一些看起来比较了解搭乘地铁

地铁备忘单

纽约地铁令人抓狂，以下是一些帮你看懂地铁线路及运行时间的小贴士。

数字、字母、颜色 按颜色编码的地铁线路以数字或字母命名，大多数铁路轨道上有2~4辆列车通行。

快车和慢车（Express & Local Lines） 人们常常会在无意间犯这样的错误：登上一班快车，却错过了自己想去的站点。要知道，慢车和快车共享同一种颜色编码的线路，后者在曼哈顿只有个别停靠站（在地铁地图上用一个白胸标注了出来）。例如，在红色线路上，2号和3号是快车，而车速较慢的1号是慢车。如果你的目的地较远，比如从上西区到华尔街，那你最好换乘快车以节省时间，通常只需穿过慢车的站台即可。

找对地铁站 有些地铁站（如6号线在苏豪区的Spring St station）通往下城（downtown）和上城（uptown）的线路分别在不同的入口，请仔细阅读标志。如果你走错地铁站（即使是本地人也时常犯这样的错误），可以选择搭乘错误列车到达可以免费换乘的地铁站，或是损失$2.75，重新进站（通常需要走到街对面）。同时也要注意每个地铁站入口处楼梯上的绿色和红色指示灯：绿色代表着该入口一直开放，红色代表着该入口在特定时间段（尤其是在深夜）会对外关闭。

迷失在周末 一到周末，所有规则就都有变动。有的线路与其他线路合并，有的暂停运营，有的站点不停车，有的则会新增停靠站。不仅仅是游客，甚至本地人也会困惑地杵在站台上，有时甚至恼羞成怒。查询确认周末列车表，请登录www.mta.info。不过有时只有到达站台后，才能看到张贴的列车班次调整信息。

的人士。他们也许并不特别在行，但对地铁的困惑与焦虑在这座多样的城市中实属常见。头几次坐地铁时，请不要在乘车时戴耳机，因为你有可能会错过关于更改驾驶轨道及甩站的重要公告。

出租车

出门打车曾是纽约的惯例，但如今正在被Lyft和Uber这类打车应用程序取代。事实上，这两个应用程序就有5万多辆车在纽约5个行政区运营，而黄色的出租车只有13,580辆。不过，与许多国际大都市相比，纽约市的大多数出租车都是比较干净和实惠的。当你遇到一个神经质的急速狂魔司机时（经常如此），别忘记扣好安全带。

出租车委员会（Taxi & Limousine Commission，简称TLC；www.nyc.gov/html/tlc/html/home/home.shtml）它是出租车的管理部门，它制定了出租车的统一价格（可用信用卡或借记卡支付）。起步价为$2.50，涵盖第一个0.2英里。每加0.2英里50¢，堵车附加费为每60秒50¢，高峰期（工作日16:00~20:00）附加费为$1，20:00至次日6:00的夜间附加费为50¢，每次乘车还要收取50¢的大都会运输署附加费。小费一般是票价的10%~15%，若是服务不周，可以少给小费。记得要一张收据并用它记下司机的执照号码。

乘客权利 出租车委员会可以维护乘客的权利，你有权告诉司机自己想选择哪条路线，或是要求司机关掉恼人的收音机。同时，司机无权因你的目的地位置而拒载。重要提示：先上车，然后告诉司机你想去哪儿。

私家车 除出租车外，在外区还可以选择私家车服务。依据社区位置和车程距离，价格有所不同。不过由于司机没有计价器，所以要提前商定好价格。布鲁克林和皇后区内，这种"黑车"比较常见，不过不论你在哪个区，倘若司机随意停下来提供载客服务，就是属于非法行为。布鲁克林的汽车服务包括威廉斯堡的**北区汽车服务**（Northside; www.northsideservice.com 718-387-2222）以及帕克斜坡（Park Slope）的**阿雷西博汽车服务**（Arecibo; 718-783-6465）。

Boro出租车

2013年，绿色的Boro出租车开始在外区和上曼哈顿区运营。人们在黄色出租车很少出现的街区就可以拦下一辆Boro出租车。与黄色出租车相比，该出租车票价相当，特征一样，是前往纽约外区的不错选择（比如，可以往返于阿斯托利亚和威廉斯堡，或是帕克斜坡和红钩之间）。司机并不情愿（却有义务）送乘客去曼哈顿，因为在曼哈顿96th St以南区域是禁止拉客上车的。

打车软件

手机应用打车服务已经全面覆盖五大行政区的各个街道。现在，打车平台运营的汽车数量已经是黄色出租车的近5倍了，而且还在增长，它们当然方便、对于某些人来说是交通出行中不可缺少的一部分，但同时也加剧了本来就很严重的交通问题。强烈建议给司机小费；如果你不给，司机会给你打低分。

轮渡

纽约城轮渡（NYC Ferry; www.ferry.nyc；单程$2.75）纽约城轮渡2017年5月才开始在东河运营（代替了之前的东河轮渡），往返于曼哈顿、布鲁克林、皇后区和布朗克斯。单程只需$2.75（多花$1可以带自行车上船），船上有充电座和迷你便利店，总体来说比挤在地铁里更舒服。人们越来越喜欢乘轮渡到皇后区洛克威的沙滩，沿途还能欣赏风景。

纽约水上的士（New York Water Taxi; www.nywatertaxi.com）拥有一支迅捷的黄色船队，在曼哈顿（靠近W 39th St的79号码头；世界金融中心和靠近Wall St的11号码头）和布鲁克林（当泊区的1号码头）附近的几个站点提供随上随下的运载服务，此外在11号码头和布鲁克林红钩的宜家商店之间也有**轮渡服务**（Ikea Express；见476页地图；212-742-1969；www.nywatertaxi.com/ikea；500 Van Brunt St, behind Fairway, Red Hook；成人/儿童$5/免费，周六和周日免费）。水上的士与其说是交通运输服务，倒不如说是观光游船，可以花$35购买全日票。

史丹顿岛轮渡（Staten Island Ferry；见444页地图；www.siferry.com; Whitehall Terminal, 4 South St, 靠近Whitehall St；⏰24小时；S1至South Ferry；R/W至Whitehall St; 4/5至Bowling Green）**免费**史丹顿岛渡轮是明亮的橘色，船体很大，主要面向通勤人士，横穿纽约港，开往史丹顿岛，班次很多。即使你只是掉头重新从史丹顿岛上岸，下曼哈顿和自由女神的景致也足以成就一次美妙的观光之旅和纽约最省钱的浪漫约会。

巴士

巴士服务隶属于大都会运输总署（www.mta.info），如果你要穿越市区或短途出行，又不想坐地铁，那么乘坐巴士非常方便。巴士车费与地铁一样（单程票$2.75），上车后可以刷地铁卡或现金支付（不找零）。如果用地铁卡支付，你从巴士换乘地铁、巴士换巴士或地铁换巴士时，可免费换乘一次。如果用现金支付，记得向巴士司机索取换乘凭证（只适用于巴士与巴士之间的换乘）。

巴士站柱子上的小展示灯箱上有路线图。

自行车

过去十多年间，纽约建起了数百英里的专用自行车道，自行车共享系统Citi Bike（www.citibikenyc.com）更是为此锦上添花，纽约由此堪称是一个意料之外非常适合骑车的城市。在曼哈顿和布鲁克林部分地区的数百座Citi Bike存车亭中存放着标志性的亮蓝色自行车，短期使用收费非常合理。2016年，Citi Bike "出行"次数多达近1400万次，该系统约有12,000辆自行车。

要使用Citi Bike的自行车，到任何一个Citi Bike存车亭购买一张24小时或3日通票（含税价格分别约为$12或$24）。然后你会收到一个5位的开锁密码。30分钟内到任何一个自行车站还车则不需额外付费。然后可以重新插入信用卡（不会被扣款），按照提示再打开一辆车。24小时或3天内，可以不限次数地以30分钟为单位使用自行车。

没有法律规定你一定要佩戴头盔，但强烈建议你佩戴。你得自备头盔。中央公园、布鲁克林水滨林荫道（Brooklyn Waterfront Greenway）和展望公园（Prospect Park）等城市公园环境骑车比较轻松，可以去测试一下自己骑自行车的熟练程度，比直接去路况复杂的马路骑车要安全。最重要的是，记得为了自己和他人的安全，遵守交通规则。

你会在**纽约自行车地图**（NYC Bike Maps；www.nycbikemaps.com）上找到每个区的路线和自行车道。若需要可下载的地图和点对点路线生成程序，请访问**纽约市交通局**（NYC DOT；www.nyc.gov/html/dot/html/bicyclists/bikemaps.shtml）。多数自行车店也都有免费的自行车地图。

火车

长岛铁路（www.mta.info/lirr）、**新泽西铁路**（www.njtransit.com）、**纽新铁路**（www.panynj.gov/path）和**大都会北线铁路**（Metro-North Railroad；www.mta.info/mnr）都可以带你周游纽约和周边地区。

团队游

纽约市里的团队游不胜枚举。你可以参加探寻历史的徒步游、品尝多民族风味的美食游，或者运动量大一点的骑车游、皮划艇游或是观鸟游。

Big Apple Greeter（☎212-669-8159；www.bigapplegreeter.org）如果你想深入了解纽约，可以预订附近地区的徒步旅行，该组织会派当地志愿者陪同你在纽约旅游，当地志愿者会迫不及待地为你介绍他（她）的家乡。你可以选择一个可满足你需要的志愿者，这需求可能是会讲西班牙语或会美国手语的人，或是知道最好的无障碍通道在哪儿的人。提前4周预订。

Big Onion Walking Tours（☎888-606-9255；www.bigonion.com；团队游$25）提供近30种方案，包括参观布鲁克林大桥和布鲁克林高地、纽约"官方"黑帮游、同性恋历史游——在石墙前（Before Stonewall）、以及切尔西和高线公园游。

Bike the Big Apple（☎347-878-9809；www.bikethebigapple.com；团队游 含自行车和头盔$99）骑车旅行会比徒步旅行游历的地方更多，而且还是帮助你锻炼身体的一个好方式。该旅游公司提供10套团队游方案，由纽约市官方旅游机构NYC & Company（也是www.nycgo.com的运营商）权威推荐。

Circle Line Boat Tours（见466页地图；☎212-563-3200；www.circleline42.com；Pier 83, 42nd St靠近Twelfth Ave；游船 成人/儿童 $30/25；❑M42或M50向西至12th Ave，⑤A/C/E至42nd St-Port Authority）经典的Circle Line带你在船上一路航行，并饱览各大景点。航行方案有两个半小时的全岛航行和耗时稍短（90分钟）的"半环线"航行，还有两小时的夜航。从5月到10月，高速Beast游船会提供超刺激的

极速航行。

New York City Audubon（见460页地图；☎212-691-7483；www.nycaudubon.org；71 W 23rd St, Suite 1523, 靠近Sixth Ave, Flatiron District；团队游和课程免费至$170；ⓈF/M至23rd St）New York City Audubon Society全年组织观鸟野外旅行（包括在纽约港看海豹和观鸟，以及在哈德逊河谷看老鹰）、演讲和初学者观鸟课程。

Foods of New York（☎855-223-8684；www.foodsofny.com；团队游 $54起）NYC & Company会为你提供3小时的官方美食之旅，从美食店到餐馆，不论是在西村、切尔西，还是在唐人街、诺莉塔，让你一路尽享美食。准备好享受一场移动的美食盛宴，包括法式面包、新鲜的意大利面食、寿司、全球各地的奶酪、正宗的纽约比萨、当地产的鱼，以及刚出炉的馅饼。

Nosh Walks（www.noshwalks；团队游 $60起）知识渊博的美食家Myra Alperson组织的美食游带你游遍纽约、吃遍美食，尤其关注皇后区和布鲁克林区多民族聚居的街区。

New York Gallery Tours（见458页地图；☎212-946-1548；www.nygallerytours.com；526 W 26th St, 靠近Tenth Ave, Chelsea；规定路线/私人路线 每人 $25/最低$300；⊙规定路线 周六，私人路线 周二至周日 10:00~18:00；Ⓢ1、C/E至23rd St）你应该参观一下切尔西诸多令人叹为观止的现代艺术画廊。但是从哪里开始呢？这个很棒的导览游将带你参观一系列的画廊，并且沿途提供讲解，他们还提供专注于"酷儿美学"的同性恋旅游。每周六都有围绕不同主题的规定路线游览，时间和地点都有所不同。

Museum Hack（☎347-282-5001；https://museumhack.com；2小时团队游 $59起）要想了解大都会艺术博物馆迷人、特别的一面，就参加Museum Hack组织的团队游吧。知识渊博又有点玩世不恭的导游会带你了解"邪恶的巫师"（有关埃及和中世纪的黑魔法）、颠覆传统的女权主义艺术家和"非亮点游"，带你去逛鲜为人知的博物馆角落。Museum Hack还组织去自然历史博物馆的团队游，其中包括适合家庭参加的方案：深入探索神奇动物背后的科学知识，或是了解收集标本的探险者动人心魄的故事。

On Location Tours（☎212-683-2027；www.onlocationtours.com；团队游 $49）承认吧，你就想坐在凯莉·布拉德肖（Carrie Will & Grace）公寓的门廊或者去光顾迈克尔·基顿在《鸟人》（*Birdman*）里经常去的那家酒吧。该公司提供各种景点——包括《绯闻女孩》（*Gossip Girl*）、《欲望都市》（*Sex and the City*）、《黑道家族》（*The Sopranos*）、《纽约娇妻》（*Real Housewives of NYC*）普通外景地和中央公园的取景地点——那会满足你娱乐无极限的遐想。有两条线路可用法语或德语讲解。

Wildman Steve Brill（☎914-835-2153；www.wildmanstevebrill.com；建议捐赠 $20）纽约最著名的博物学家——想来大家都不知道有这么个人吧——30多年来一直带领人们穿过城市公园进行搜寻考察。他会与你一同穿过中央公园、展望公园、茵伍德公园（Inwood Park）和更多地方，一路上教你辨认自然财富，如榛木、繁缕、银杏果、大蒜和野生蘑菇。

出行指南

签证

申请签证

除了多数加拿大公民和那些来自"免签证计划"成员国家和地区的公民,所有外国游客都需要向美国领事馆或大使馆申请办理签证。多数申请人都必须亲自前往使领馆完成面试,面试时需随身携带所有相关文件和签证费缴费证明。等待面试的时间长短不一。如果没有问题的话,面试后几天到几周内便可获得签证。

中国旅行者赴美国旅行应申请B-2签证。一般而言,B-1签证颁发给赴美从事短期商务活动、参加科技/教育/专业/商务领域的会议、处置房产或洽谈合同的申请人。B-2签证颁发给赴美休闲/娱乐的申请人,包括旅游观光、探亲访友、医疗以及其他联谊、社交或服务性质的活动。B-1和B-2签证通常会合二为一,作为一类签证颁发(B-1/B-2)。

注意,你所持护照的有效期必须超过在美国预计停留时间的6个月以上。申请签证需要一张近期照片(50毫米×50毫米),并支付$160不予退款的签证费。此外需在线填写一份DS-160非移民签证电子申请表(切勿找他人代填)。在线申请美国签证,请登录http://www.ustraveldocs.com。注意签证政策随时变化,申请前请仔细查看网站的细则。

除了在线填写DS-160表格之外,还需尽量准备足够的证明,包括能够证明你经济稳定性和在本国有"不容割舍的责任"的证明,包括但不限于:收入证明、工作证明、纳税证明、银行卡流水、房产证等,你可以在申请签证网站的"常见问题FAQ"中找到更详细的说明。

一份详细的旅游计划也会让你的签证申请过程更为顺利。首次签证需本人面试,续签如最近一份签证过期不足12个月,可申请免面签。详情可查阅http://www.ustraveldocs.com/cn_zh/cn-niv-visarenew.asp,需要特别注意的是,在申请免面签(续签)时,请尽量重新拍摄一张证件照,以免增加不必要的麻烦。

目前,中国大陆旅行者可申请的美国旅游签证有效期一般为10年(最终拿到的年限由大使馆决定,更换护照后签证依然有效),每次最长可停留180天(最终可停留时间由你入境时的海关工作人员决定)。自2016年11月起,中国大陆旅行者赴美还需通过签证更新电子系统(EVUS)来登记个人基本信息,每两年或更换新护照后更新一次即可。稳妥起见,建议在出行前至少一周完成登记。详情请见www.cbp.gov/EVUS。

在www.usembassy.gov有美国境外所有使领馆的链接。你最好在所在国申请签证,不要上路再说。

保险

无论你的旅程是长是短,一定要确保购买恰当的旅行保险,建议出发前购买。保险至少应该覆盖紧急情况下的医疗费用,包括住院费用以及紧急情况下回国的机票款项。美国的医疗条件非常好,但昂贵的费用却可能让你的钱包大出血。

全世界范围内的旅行保险均可在www.lonelyplanet.com/travelinsurance上查到。你可以随时购买、延保和索赔,哪怕你已经在路上了。

中国旅行者还可以考虑在慧择网(www.huize.com)上查找更多的保险选择。

现金

自动柜员机

自动柜员机几乎随处可见。你可以选择到银行用卡取现——通常是24小时营业的大厅,主要营业网点布满摄像头;或者可以选择去位于熟食店、餐馆、酒吧和杂货店的单独取款机,这些地方收取颇高的服务费,平均$3,但也可能高达$5。纽约的大部分自动柜员机已经可以支持银联卡(储蓄卡)取现,如花旗银行等,但注意根据发卡行不同,可能会被收取一定的费用。

货币兑换

银行和货币兑换机遍布纽约(包括三个主要的机场),会根据当前汇率兑换美元。

Travelex(212-265-6063;www.travelex.com;1578 Broadway,在47th St和48th St之间,Midtown West;周一至周六 9:00~22:00,周日 9:00~19:00;N/Q/R至49th St)在时代广场有兑换点。

信用卡

在纽约,大部分旅馆、餐馆和商店都可以使用主流的信用卡支付。事实上,若不携带信用卡你会发现很难进行某些交易,例如购买演出门票和租用汽车等。

你可以选择这三种信用卡:Visa、万事达(MasterCard)或美国运通(American Express)。可使用Visa和万事达的地方也可使用借记卡。务必要找办卡银行了解清楚,确保你的借记卡在美国可以使用。

如果你的卡丢失或者被盗,请立即联系信用卡公司。

打折卡

如果你打算突击游览各大景点,那么可以考虑买张涵盖多个景点的通票(登录www.nycgo.com/attraction-passes)。以下打折卡可以帮你省不少钱。登录网站查询更多信息及购卡。

New York City PASS(www.citypass.com)花$122购得此卡,可以去6大主要景点(含帝国大厦),比单独购买这些景点的票省40%。

The New York Pass(www.newyorkpass.com)花$119购得这张1日卡,可以去90多个不同景点。也可购买多日卡(从2~10天不等)。

Downtown Culture Pass(www.downtownculturepass.org)花$25购得这张3日卡,即可免费参观下曼哈顿的数个景点(并享受商店折扣),包括美国金融博物馆和犹太遗产博物馆——也可在这两处购买此卡。

Explorer Pass(www.smartdestinations.com)此卡有含3~10个景点打折门票的不同选择。你可以从63个景点里选择搭配组合,包括现代艺术博物馆、"无畏号"海洋航空航天博物馆(Intrepid)、观景游轮和峭石之巅(Top of the Rock)。通票价格从3个景点$84至10个景点$199不等。

电源

美国使用110~150伏特、60赫兹的交流电。电源插座一般为两扁孔插头(通常有第三个圆孔接地线)。如果你的设备适用于另一种用电系统(如220伏特),那么你需要一个电压转换器,在五金店或药店有售。不过,大多数电子设备(笔记本电脑、相机电池充电器等)都能适应这两种电压范围,只需要一个插头适配器即可。

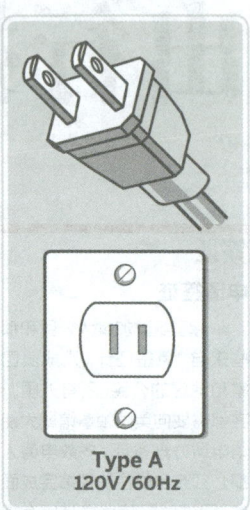

Type A
120V/60Hz

Type B
120V/60Hz

使领馆

除了少数国家在华盛顿(哥伦比亚特区)设有大使馆外(完整名单见www.

embassy.org),大多数国家的使馆都设在联合国总部所在地纽约。有些国家在其他大城市还有领事馆。可上网查看、在黄页上找领事馆或者拨打当地查询服务电话联系领事馆。

中华人民共和国驻美利坚合众国大使馆(☎202-495-2266;www.china-embassy.org/chn;3505 International Place, N.W.Washington, D.C.20008)

中华人民共和国驻纽约总领事馆(☎212-2449392, 212-2449456;www.nyconsulate.prchina.org;520 12th Avenue, New York, NY 10036)

海关条例

美国海关允许法定年龄超过21岁的人员携带1升液体和200支香烟免税进入美国境内。但禁止携带肉类、水果、蔬菜、植物和土壤等农副产品入关。美国公民可免税携带上限为价值$800的礼物,非美国公民仅能免税携带价值不超过$100的礼物进入美国,如果携带超过价值$10,000的外币、旅行支票或邮政汇票,就需要对超出的金额进行申报。虽然法律没有明文规定进口数量,但海关会对超过$10,000的未申报金额进行调查。如果你带了处方药品,一定要保证将其放在标识明确的容器内。当然,非法麻醉药品禁止带入海关。查阅最新信息请登录网站www.cbp.gov。

医疗服务

请联系你的健康保险公司,弄清楚你的保险所包含的外地(或国外)医疗保险的类型。海外旅行者应购买涵盖美国境内医疗服务的旅行保险,因为对没有保险的患者来说,非急诊医疗服务是极其昂贵的。在医院进行非急诊的预约时,你需要出示保险证明或支付现金。即使你买了医疗保险,接受非急诊服务时你也很可能需要先付钱,然后再找你的保险公司索赔。

旅行代理(Travel MD;☎212-737-1212;www.travelmd.com)为去纽约的游客提供24小时医疗建议服务,还可预订到宾馆的上门医疗服务。

急诊室和医院

急诊室工作负荷大,效率不高。如果可以使用其他医疗服务,就不要来这里了。

纽约长老会医院(New York-Presbyterian Hospital;☎212-305-2500;www.nyp.org/locations/newyork-presbyterian-columbia-university-medical-center;630 W 168th St,靠近Ft Washington Ave;ⓈA/C、1至168th St)这家医院声名赫赫。

贝勒维医疗中心(Bellevue Hospital Center;☎212-562-4141;www.nychealthandho-spitals.org/bellevue;462 First Ave,靠近27th St, Midtown East;Ⓢ6至28th St)主要的公立医院,有急诊室和创伤中心。

纽约县医疗协会(New York County Medical Society;☎21-2684-4670;www.nycms.org)该协会将基于病情类型和所需语言为病人电话推荐医生。

纽约大学朗恒医院(Tisch Hospital; New York University Langone Medical Center;☎212-263-5800;www.nyulangone.org/locations/tisch-hospital;550 First Ave;⏱24小时)这家大型医院设备先进,各种危重病症专科都备受称赞。

考伦-洛德社区健康中心(Callen-Lorde Community Health Center;☎212-271-7200;www.callen-lorde.org;356 W 18th St,在Eighth Ave和Ninth Ave之间;⏱周一至周四 8:15~20:15,周五 8:15~16:45,周六 8:30~15:15;ⓈA/C/E、L至8th Ave-14th St)致力于服务LGBT社区和艾滋病毒携带者,该医疗中心不计较病人的支付能力,尽心服务群众。

勒诺克斯山医院(Lenox Hill Hospital;☎212-434-2000;www.northwell.edu/find-care/locations/lenox-hill-hospital;100 E 77th St,靠近Lexington Ave;⏱24小时;Ⓢ6至77th St)这家位于上东区的医院有24小时急诊室和多语种翻译。

西奈山医院(Mount Sinai Hospital;☎212-241-6500;www.mountsinai.org/locations/mount-sinai;1468 Madison Ave,靠近E 101st St;⏱24小时;Ⓢ6至103rd St)上东区一家很好的医院。

美国计划生育联合会(Planned Parenthood; Margaret Sanger Center;☎212-965-7000;www.plannedparenthood.org;26 Bleecker St,在Mott St和Elizabeth St之间, NoHo;⏱周一、周二、周四和周五 8:00~18:30,周三 8:00~20:30,周六 8:00~16:30;ⓈB/D/F/V至Broadway-Lafayette St;6至Bleecker St)为群众提供节育、性病筛查和妇科护理服务。

药房

在纽约,24小时营业的

"pharmacy"（药房）随处可见，可以非常方便地买到非处方药物。处方药柜台则有营业时间限制。主要的连锁药店包括CVS、Duane Reade、Rite Aid和Walgreens。

旅游信息

身处无所不在的网络世界，你可从无限的网络资源中搜到有关纽约的最新消息，也可以亲临**纽约市信息中心**（NYC Information Center；☎212-484-1222；www.nycgo.com）的分支机构，分别位于**时代广场**（见466页地图；Broadway Plaza，在W 43rd St和44th St之间；⏰12月至次年4月 9:00~18:00，5月至11月 8:00~20:00；ⓈN/Q/R/W、S、1/2/3、7，A/C/E至Times Sq-42nd St）、**梅西百货先驱广场店**（Macy's Herald Square；见466页地图；Macy's，151 W 34th St，靠近 Broadway；⏰周一至周六 10:00~22:00，周日 10:00~21:00；ⓈB/D/F/M，N/Q/R/W至34th St-Herald Sq）、**市政厅**（见444页地图；City Hall Park，靠近Broadway；⏰周一至周日 9:00~18:00；Ⓢ4/5/6至Brooklyn Bridge-City Hall；R/W至City Hall；J/Z至Chambers St）和南街海港（South Street Seaport）。

探索布鲁克林（Explore Brooklyn；www.explorebk.com）网站上有这个区最新的活动信息及大量其他资讯。

营业时间

标准营业时间如下：

银行 周一至周五 9:00~18:00，一

实用信息

报纸和杂志

《纽约邮报》（New York Post；www.nypost.com）邮报以其醒目的标题、保守的政治观点和备受欢迎的第6版八卦专栏而闻名。

《纽约时报》（New York Times；www.nytimes.com）"灰色女士"一点也不保守，它有言辞犀利的政治报道，以及科技、艺术和外出就餐等专栏。

《华尔街日报》（Wall Street Journal；www.wallstreetjournal.com）尽管国际传媒大亨鲁伯特·默多克（Rupert Murdoch）已将其内容的覆盖范围扩大，但是这份充满智慧的日报仍着重报道财经新闻。

《纽约杂志》（New York Magazine；www.nymag.com）该双周刊有专题报道以及纽约市的大事要事，并有一个不可或缺的网站。

《纽约客》（New Yorker；www.newyorker.com）这份趣味高雅的周刊以其长篇深度报道闻名于世，内容涵盖政治和文化等方面，同时发表小说和诗歌。

《纽约消费导刊》（Time Out New York；www.timeout.com/newyork）该周刊发布重要活动信息，以及餐厅和夜生活综合信息。

电台

在纽约，除了商业流行音乐电台，还有另外一些优秀的无线电台。《纽约时报》会在周日的娱乐版面刊登节目详单。我们推荐纽约的公共电台**WNYC**（820 AM和93.9FM；www.wnyc.org），这是全国公共广播电台（National Public Radio）的附属机构，提供全国和地方性的脱口秀以及访谈节目，该电台的调频广播在白天会转而播放古典音乐。

死忠的运动迷可以全天都调到WFAN（660AM和101FM）收听热线节目。洋基队和大都会队的球迷大概是最喜欢打电话参与的人了，一般都不愿意把机会让给对手的球迷。

吸烟

任何公共场所都严禁吸烟，包括地铁站、餐馆、酒吧、出租车和公园。有些酒店有吸烟室，但大部分酒店是完全禁烟的。

些银行周六9:00至正午也营业

酒吧 17:00至次日4:00

企业 周一至周五9:00~17:00

夜店 22:00至次日4:00

餐馆 早餐 6:00~11:00,午餐11:00~15:00,晚餐17:00~23:00。周末 早午餐11:00~16:00。

商店 工作日10:00~19:00左右,周六11:00~20:00,周日情况各有不同,一些商店会休息,另一些商店会像工作日一样营业。在市中心附近,商店往往营业到更晚。

节假日

在主要节假日里,许多商业部门可能会闭业休业,而游人增多,因此外出就餐和订旅馆变得比较困难。

元旦 1月1日

马丁·路德·金纪念日 1月的第三个星期一

总统日 2月的第三个星期一

复活节 3月/4月

阵亡将士纪念日 5月下旬

同性恋骄傲日 6月的最后一个星期日

美国独立日 7月4日

劳动节 9月上旬

犹太新年和赎罪日 9月中旬至10月中旬

万圣节 10月31日

感恩节 11月的第四个星期四

圣诞节 12月25日

除夕 12月31日

邮政

访问**美国邮政服务**(US Postal Service; www.usps.com)

的网址可查看有关邮费和全市各个邮局地址的最新信息。

税和退税

餐饮和零售价格不包括消费税(8.875%),所以如果你只有$5,点$4.99的特价午餐一定要小心。几种所谓的"奢侈消费项目",包括租车和干洗,附带5%的城市附加税,所以你最终会为了享受这些服务额外支付13.875%的金额。采购服装和鞋类,$110以下免税,超过$110要付消费税。政府对纽约市的酒店房间征收14.75%的税,外加每夜$3.50的公寓占用税。由于美国没有全国统一的增值税,所以无法为国外旅客提供"免税"购物的权利。

电话

美国的电话号码由3位地区代码加7位本地号码构成。在纽约打电话须先拨1,然后加3位数字的地区代码加7位数字,打国际电话(除加拿大外)则须拨☑011+国家区号+区号+当地号码。

上网

纽约市的公园大部分都提供免费Wi-Fi,其中比较重要的公园有高线公园、布莱恩特公园、炮台公园、中央公园、市政厅公园、麦迪逊广场公园、汤普金斯广场公园(Tompkins Square Park)和联合广场公园(布鲁克林和皇后区也广泛覆盖有Wi-Fi)。登录www.nycgovparks.org/facilities/Wi-Fi查询更多有

Wi-Fi覆盖的地点。

现在就连很多地铁站也提供免费Wi-Fi,可以在等待解决信号问题或者其他延迟问题的同时上网消磨时间或者完成工作。2016年推出的LinkNYC(www.link.nyc)用免费的网络亭取代了年代久远的付费电话亭(曾经是纽约的城市标志之一,超人就是在付费电话亭里换上战服的),里面有充电点和免费的Wi-Fi。该网络的目标是在5个行政区安装约7500个网络亭。

纽约的大部分旅店都提供Wi-Fi,不过并非每家都免费。大多数咖啡馆都向客人提供Wi-Fi,城内无处不在的星巴克也一样。

时间

纽约市位于(美国)东部标准时间(EST)区域——比格林尼治标准时间(伦敦)晚5个小时,比太平洋标准时间(加利福尼亚)早3个小时。美国绝大部分地区都使用夏令时:在3月份的第二个周日把时钟调快1小时;在11月份的第一个周日再调慢1小时。

厕所

考虑到行人的数量,可以明显看出纽约市内的公共厕所有待增加。你会在这些地方找到厕所:中央火车站、宾夕法尼亚火车站、港务局客运总站,还有几个公园,如麦迪逊广场公园、炮台公园、汤普金斯广场公园、华盛顿广场公园和唐人街的哥伦布公园,另外还有中央公园周边的几个

地方。另外，如厕的好选择是钻进星巴克咖啡店（大约每隔三条街便有一处），去百货公司（梅西百货，Century 21，Bloomingdale's），或者逛逛公园，比如东村的汤普金斯广场公园，或西村的布里克广场（Bleecker Playground，靠近W 11th和Hudson）。

旅行安全

纽约是美国最安全的城市之一——2017年凶杀案不到300起，创历史新低，整体暴力犯罪统计数据连续27年下降。不过还是有必要谨记一些常识：

➡ 夜间不要在陌生且人烟稀少的地方独自行走。

➡ 把你的日常零用钱放在你衣服里面或前面的口袋里，而不是放在手袋或衣服后面的口袋中。

➡ 要提防扒手，尤其是在人多的地方，比如高峰时段的时代广场或宾夕法尼亚火车站。

➡ 一般情况下，午夜过后乘坐地铁很安全，不过你最好还是选择改乘出租车，特别是独自旅行的时候。

紧急情况和重要号码

本地目录	☎411
市政府和信息	☎311
全国目录信息	☎212-555-1212
话务员	☎0
消防、警察和急救	☎911

法律事宜

如果你被捕，你有权保持沉默。如果你不愿与警方交谈，便可保持沉默——尤其是当你说出的话可能成为不利于你的证据时——但是在未获许可之前也不能擅自离开警局。所有人员在被捕后都有权打一个电话，如果你没有律师或家人的帮助，可向你国家的领事馆打电话求助。如果你提出该要求，警局会告诉你领事馆的电话号码。

残障旅行者

纽约市大部分地方都有供轮椅使用者行进的路缘坡。所有主要景点都有（比如大都会艺术博物馆、古根海姆博物馆和林肯中心）。有些（并不是所有）百老汇剧院也有。

但是，纽约的468个地铁站只有约100个有完全的无障碍通道。一般来说，大站会有无障碍通道，比如West 4th St、14th St-Union Sq、34th St-Penn Station、42nd St-PortAuthority Terminal、59th St-Columbus Circle和66th St-Lincoln Center。想获取设有无障碍通道的地铁站的完整清单，可以访问http://web.mta.info/accessibility/stations.htm，或www.nycgo.com/accessibility。

从好的方面来说，纽约市所有大都会运输署运营的巴士上都有无障碍通道，比起拥挤的地铁是个更好的选择。

纽约市还有辅助客运巴士穿行于城市各处，车票和地铁票的价格相同，不过因为坐这种车要提前24小时预订，所以不太方便。可拨打**Access-a-Ride**（☎877-337-2017）预订车辆。

更简单的办法是通过**Accesible Dispatch**（☎646-599-9999；http://accessibledispatch.org）叫无障碍出租车；还有一个手机应用程序可以帮你叫到离你最近的无障碍出租车。

另一个重要的资源是**Big Apple Greeter**（☎212-669-8198；www.bigapplegreeter.org）免费项目，50多名身有残障的志愿者带你游览纽约市。

可登录http://lptravel.to/AccessibleTravel下载Lonely Planet提供的免费Accessible Travel指南。

志愿服务

纽约有很多志愿服务可以参加。你可以辅导学习上有困难的学生，帮助清扫公园，陪老人们玩宾果游戏（Bingo），或者在施食处当帮手（无家可归者或低收入居民可以在此领取免费餐食）。以下是几家你可以申请参加志愿服务的机构：

New York Cares（www.newyorkcares.org）

NYC Service（www.nycservice.org）

Street Project（www.streetproject.org）

幕后

说出你的想法

我们很重视旅行者的反馈——你的评价将鼓励我们前行,把书做得更好。我们同样热爱旅行的团队会认真阅读你的来信,无论表扬还是批评都非常欢迎。虽然很难一一回复,但我们保证将你的反馈信息及时交到相关作者手中,使下一版更完美。我们也会在下一版特别鸣谢来信读者。

请把你的想法发送到china@lonelyplanet.com.au,谢谢!

请注意:我们可能会将你的意见编辑、复制并整合到Lonely Planet的系列产品中,例如旅行指南、网站和数字产品。如果不希望书中出现自己的意见或不希望提及你的名字,请提前告知。请访问lonelyplanet.com/privacy了解我们的隐私政策。

声明

气象图表数据引用自Peel MC, Finlayson BL & McMahon TA (2007) 'Updated World Map of the Köppen-Geiger Climate Classification', *Hydrology and Earth System Sciences*, 11, 1633-44.

248~249页插图由哈维尔·萨拉希纳(Javier Zarracina)绘制。

封面图片:布鲁克林大桥, Alan Copson/AWL ©

本书部分地图由中国地图出版社提供,审图号GS(2019)4171号。

关于本书

这是Lonely Planet《纽约》的第11版。本书的作者为雷吉斯·圣路易斯(Regis St Louis)、罗伯特·鲍尔科维奇(Robert Balkovich)、雷·巴特利特(Ray Bartlett)、阿里·勒梅尔(Ali Lemer)、迈克尔·格罗斯贝格(Michael Grosberg)、布莱恩·克鲁菲尔(Brian Kluepfel)。上一版同样由雷吉斯·圣路易斯以及克里斯蒂安·博内托(Cristian Bonetto)、佐拉·奥尼尔(Zora O'Neill)写作。雷吉斯和克里斯蒂安还参与了本书第9版的工作。

本书为中文第二版,由以下人员制作完成:

项目负责	关媛媛
项目执行	丁立松
翻译统筹	肖斌斌 李昱臻
翻译	黄祎杰 杨楚怡 杨柳青青
内容策划	林妍 徐黄兆 刘维佳
视觉设计	庹桢珍
协调调度	沈竹颖
责任编辑	叶思婧
执行编辑	周琳
编辑	戴舒 朱思旸
地图编辑	刘红艳
制图	张晓棠
流程	孙经纬
终审	杨帆
排版	北京梧桐影电脑科技有限公司

感谢肖潇、徐维为本书提供的帮助。

索引

6th & B Garden 123
库珀广场41号 362
432 Park Avenue 205
555 Edgecombe Ave 272

A

Abingdon Square 阿宾登广场 148
Abyssinian Baptist Church 阿比西尼亚浸信会教堂 248
African Burial Ground National Monument 非洲（黑奴）公墓国家纪念碑 80
All People's Garden 全民公园 123
American Folk Art Museum 美国民间艺术博物馆 252
American Museum of Natural History 美国自然历史博物馆 252
Anastasia Photo 安娜斯塔西亚照片画廊 121
Apollo Theater 阿波罗剧院 270
Artists Space 艺术家空间 76
Asia Society & Museum 亚洲协会和博物馆 235
Astor Place 阿斯特广场 118
Astoria 阿斯托利亚 330
Audubon Center Boathouse 奥杜邦中心船屋 284

B

Bank of America Tower 美国银行大厦 205
Barbara Gladstone Gallery 芭芭拉·格莱斯顿美术馆 156
Basilica of St Patrick's Old Cathedral 老圣帕特里克天主教堂 96
Battery Park 炮台公园 78
Battery Park City 炮台公园城 78
Bear Mountain State Park (Hudson Valley) 大熊山州立公园（哈德逊河谷）352
Boerum Hill 波恩兰姆小丘 288
Bowery 鲍厄里街 120
Bowling Green 鲍灵格林公园 77
Bridgehampton 布里奇汉普顿 347
Brighton Beach 布莱顿海滩 296
Brill Building 布里尔大厦 190
Brisas del Caribe 瓦拉德罗酒店 123
Broadway 百老汇 7
Bronx, the 布朗克斯 278
Bronx Museum 布朗克斯博物馆 278
Bronx Zoo 布朗克斯动物园 278
Brooklyn 布鲁克林 280
Brooklyn Art Library 布鲁克林艺术图书馆 294
Brooklyn Botanic Garden 布鲁克林植物园 292
Brooklyn Brewery 布鲁克林酿酒厂 295
Brooklyn Bridge 布鲁克林大桥 282
Brooklyn Bridge Park 布鲁克林大桥公园 283
Brooklyn Children's Museum 布鲁克林儿童博物馆 293
Brooklyn Heights 布鲁克林高地 286
Brooklyn Historical Society 布鲁克林历史协会 286
Brooklyn Museum 布鲁克林博物馆 285
Bryant Park 布莱恩特公园 204
Bush Terminal Piers Park 布什码头公园 292
Bushwick 布什维克 294
Bushwick Collective 布什维克集体创作 295

C

Canaan Baptist Church 迦南浸信会教堂 268
Capote, Truman 杜鲁门·卡波特 287
Carroll Gardens 卡罗尔花园 288
Castle Clinton 克林顿城堡 78
Cathedral Church of St John the Divine 圣约翰大教堂 266
Center for Photography at Woodstock (Woodstock) 伍德斯托克摄影中心（伍德斯托克）355
Central Park 中央公园 246
Central Park Zoo 中央公园动物园 246
Chanin Building 查宁大厦 200
Cheim & Read 切姆和里德美术馆 155

000 地图页码
000 图片页码

Chelsea 切尔西 140
Chelsea Hotel 切尔西酒店 149
Chelsea Market 切尔西市场 142
Cherry Blossom Festival 樱花节 30
Children's Museum of the Arts 儿童艺术美术馆 94
Chinatown 唐人街 92
Chrysler Building 克莱斯勒大厦 199
Citi Bike 纽约自行车共享系统 23
Citigroup Center 花旗集团中心 204
City Hall 市政厅 426
City Reliquary 城市旧物馆 294
Clinton Hill 克林顿山 288
Cloisters Museum & Gardens 修道院博物馆和花园 271
Cobble Hill 科布尔山 288
Coffey Park 科菲公园 288
Columbia University 哥伦比亚大学 268
Columbus Park 哥伦布公园 97
Coney Art Walls 康尼艺术墙 296
Coney Island 康尼岛 296
Conservatory Garden 保护水域花园 247
Conservatory Water 保护水域 249
Convent Avenue Baptist Church 修道院大街浸信会教堂 268
Cooper-Hewitt National Design Museum 库珀休伊特国家设计博物馆 234
Cooper Union 库珀联盟学院 118
Corona 科洛纳 331

D

David Geffen Hall 大卫·格芬厅 250
David H Koch Theater 大卫·H.科赫剧院 250
David Rubenstein Atrium 大卫·鲁宾斯坦礼堂 250
David Zwirner 大卫·兹维那 157
Delacorte Theater 戴拉寇持剧院 247
Deno's Wonder Wheel Deno's摩天轮 296
Dia: Beacon (Hudson Valley) 迪亚比肯美术馆 (哈德逊河谷) 352
Ditmas Park 迪特马斯公园 293
Donald Judd Home Studio 唐纳德·嘉德家庭工作室 95
Drawing Center 素描中心 94
Dyckman Farmhouse Museum 迪克曼农庄博物馆 271

E

East Hampton 东汉普顿 347
East Hampton Town Marine Museum (East Hampton) 东汉普顿镇海洋博物馆 (东汉普顿) 347
East River Park 东河公园 121
East River State Park 东河州立公园 295
East Village 东村 113
Edgar Allan Poe Cottage 埃德加·爱伦·坡木屋 278
El Museo del Barrio 巴里奥博物馆 269
Elizabeth Sackler Center for Feminist Art 伊丽莎白·萨克勒女性艺术中心 285
Ellis Island 艾利斯岛 68
Elmhurst 埃尔姆赫斯特 338
Empire State Building 帝国大厦 192

F

FDR Presidential Library and Museum (Hudson Valley) 罗斯福总统图书馆和博物馆 (哈德逊河谷) 353
Federal Hall 联邦大厅 75
Federal Reserve Bank of New York 纽约联邦储备银行 75
Fifth Avenue 第五大道 203
Financial District 金融区 64
Fire Island 火岛 348
Flatiron Building 熨斗大厦 177
Flushing 法拉盛区 331
Flushing Meadows Corona Park 法拉盛草地公园 332
Fort Greene Park 福特格林尼公园 289
Fraunces Tavern Museum 法兰西斯酒馆博物馆 74
Frick Collection 弗里克私人博物馆 234

G

Gagosian 高古轩画廊 150
Gantry Plaza State Park 龙门广场州立公园 330
General Theological Seminary 纽约圣公会总会神学院 149
Governors Island 总督岛 79
Grace Church 恩典教堂 147
Gracie Mansion 格雷西大厦 235
Gramercy 格拉梅西 174
Gramercy Park 格拉梅西公园 178
Grand Army Plaza 大军团广场 284
Grand Central Terminal 中央火车站 196
Great Lawn 大草坪 247
Green-Wood Cemetery 绿林公墓 289
Guggenheim Museum 古根海姆博物馆 229

H

Hamptons, the 汉普顿村落群 346
Harlem 哈莱姆 264
Harriman State Park (Hudson Valley) 哈里曼州立公园 (哈德逊河谷) 352

Hearst Tower 赫斯特大厦 204

Hell's Kitchen 地狱厨房 216

Herald Square 先驱广场 207

High Line 高线公园 144

Historic Richmond Town 里士满历史名镇 76

Hole 霍尔美术馆 120

Hudson River Park 哈德逊河公园 148

Hudson Valley 哈德逊河谷 351

I

International Center of Photography 国际摄影中心 94

Intrepid Sea, Air & Space Museum "无畏号"海洋航空航天博物馆 207

Invisible Dog 隐形狗 288

Inwood Hill Park 茵伍德山公园 271

J

Jackson Heights 杰克逊高地 330

Jacob Riis Park 雅各布里斯公园 331

Jacqueline Kennedy Onassis Reservoir 杰奎琳·肯尼迪·奥纳西斯水库 247

Jamaica Bay Wildlife Refuge 牙买加湾野生动物保护区 331

000 地图页码
000 图片页码

Japan Society 日本协会 202

Jewish Museum 犹太人博物馆 234

John F Kennedy International Airport 肯尼迪国际机场 416

Jones Beach State Park 琼斯海滩州立公园（琼斯海滩）351

K

Kaufman Arts District 考夫曼艺术区 330

Kaufman Astoria Studios 考夫曼·阿斯托里亚工作室 409

Kehila Kedosha Janina Synagogue & Museum 加尼那犹太教会堂与博物馆 121

Koreatown 韩国城 209

Kykuit (Hudson Valley) 洛克菲勒庄园（哈德逊河谷）353

L

LaGuardia Airport 拉瓜迪亚机场 417

Le Petit Versailles 小凡尔赛公园 123

LeFrak Center 勒弗拉克湖畔中心 284

Lehmann Maupin 莱曼莫平画廊 120

Lenz Winery (North Fork & Shelter Island) 伦茨酒庄（北福克和谢尔特艾兰）350

Lesley Heller 莱斯利海勒 120

Lever House 利华大厦 204

Lincoln Center 林肯中心 250

Literary Walk 文学大道 246

Little Italy 小意大利 96

Long Beach 长滩 350

Lower East Side 下东区 113

Lower East Side Tenement Museum 下东区廉租公寓博物馆 115

Luna Park 月神公园 296

M

Madison Square Park 麦迪逊广场公园 177

Mahayana Temple 大乘寺 92

McCarren Park 迈凯伦公园 295

Metropolitan Museum of Art 大都会艺术博物馆 230

Metropolitan Opera 大都会歌剧院 257

Midtown 中城区 187

Montauk 蒙托克 347

Montauk Point Lighthouse (Montauk) 蒙托克角灯塔（蒙托克）347

Montauk Point State Park (Montauk) 蒙托克角州立公园（蒙托克）347

Morgan Library & Museum 摩根图书馆与博物馆 202

Morningside Heights 晨边高地 268

Morris-Jumel Mansion Museum 莫里斯一朱梅尔大厦博物馆 272

Mulberry Street 桑树街 97

Museum at Eldridge Street Synagogue 埃尔德里奇街犹太教堂博物馆 121

Museum at FIT 时装技术学院博物馆 207

Museum of American Finance 美国金融博物馆 75

Museum of Arts & Design 艺术和设计博物馆 206

Museum of Contemporary African Diasporan Arts 当代非裔移民艺术博物馆 288

Museum of Jewish Heritage 犹太遗产博物馆 78

Museum of Modern Art (MoMA) 现代艺术博物馆 194

Museum of Sex 性爱博物馆 202

Museum of the City of New York 纽约市立博物馆 235

Museum of the Moving Image 运动影像博物馆 330

N

National Arts Club 国家艺术俱乐部 178

National Museum of the American Indian 美国国立印第安人博物馆 74

National September 11

Memorial Museum 9·11国家纪念碑和博物馆 70

Neue Galerie 新美术馆 235

Newark Liberty International Airport 纽瓦克自由国际机场 417

New York Botanical Garden 纽约植物园 278

New York City Fire Museum 纽约市消防博物馆 94

New York Earth Room 纽约土壤之屋博物馆 95

New York Hall of Science 纽约科技厅 333

New York Public Library 纽约公共图书馆 203

New York Transit Museum 纽约交通博物馆 286

New York University 纽约大学 148

Nicholas Roerich Museum 尼古拉斯·罗维奇博物馆 252

Noguchi Museum 野口勇博物馆 329

NoHo 诺荷区 94

Nolita 诺莉塔 94

North Fork & Shelter Island 北福克和谢尔特艾兰 349

NYC Pride 纽约骄傲大游行 30

O

Olana (Hudson Valley) 奥拉那(哈德逊河谷) 354

One World Trade Center 新世贸大厦 72

P

Pace Gallery 佩斯美术馆 156

Paley Center for Media 佩利媒体中心 206

Park Slope 帕克斜坡 292

Penn Station 宾夕法尼亚火车站 418

Poughkeepsie 波基浦西 353

Prospect Heights 展望高地 292

Prospect Park 展望公园 284

Prospect Park Bandshell 展望公园贝壳形舞台 284

Pugliese Vineyards (North Fork & Shelter Island) 普利亚葡萄庄园(北福克和谢尔特艾兰) 350

Q

Queens 皇后区 325

Queens County Farm Museum 皇后县农场博物馆 332

Queens Museum 皇后区博物馆 332

R

Radio City Music Hall 无线电城市音乐厅 206

Ramble 漫步区 247

Red Hook 红钩 288

Rhinebeck 莱茵贝克 354

Riverside Church 河边教堂 269

Riverside Park 河边公园 251

Rockaway Beach 洛克威海滩 331

Roosevelt Island 罗斯福岛 201

Rubin Museum of Art 鲁宾艺术博物馆 149

S

Sag Harbor 萨格港 347

Saugerties 索格蒂斯 355

Saugerties Lighthouse (Saugerties) 索格蒂斯灯塔(索格蒂斯) 355

Schomburg Center for Research in Black Culture 尚博格黑人文化研究中心 269

SculptureCenter 雕塑中心 329

Seagram Building 西格拉姆大厦 204

Sheridan Square 谢里登广场 149

Skyscraper Museum 摩天大楼博物馆 78

Snug Harbor Cultural Center & Botanical Garden 斯纳格港文化中心和植物园 76

Socrates Sculpture Park 苏格拉底雕塑公园 329

SoHo 苏豪区 90

Southampton 南汉普顿 346

Southampton Historical Museum (Southampton) 南汉普顿历史博物馆(南汉普顿) 347

St Patrick's Cathedral 圣帕特里克大教堂 205

St Paul's Chapel 圣保罗教堂 75

Staten Island 史丹顿岛 76

Statue of Liberty 自由女神像 66

Stonewall National Monument 石墙国家纪念碑 147

Storm King Art Center (Hudson Valley) 暴风国王艺术中心(哈德逊河谷) 353

Straus Park 施特劳斯公园 251

Sunken Forest (Fire Island) 下沉森林(火岛) 349

Sunnyside (Hudson Valley) 森尼赛德(哈德逊河谷) 353

T

Theodore Roosevelt Birthplace 西奥多·罗斯福出生地 177

Tibet House 西藏大厦 178

Times Square 时代广场 189

Tompkins Square Park 汤普金斯广场公园 119

Top of the Rock 峭石之巅 198

Tribeca Film Festival 翠贝卡电影节 30

Trinity Church 圣三一

教 堂 7 4

U

Union Square 联合广场 176
Upper East Side 上东区 227
Upper Manhattan 上曼哈顿 264
Upper West Side 上西区 244

V

Village Halloween Parade 万圣节游行 32

W

Wall Street 华尔街 74
Washington Heights 华盛顿高地 271
Washington Square Park 华盛顿广场公园 **146**
Weeksville Heritage Center 威克斯韦尔遗产中心 293
West Village 西村 140
Whitney Museum of American Art 惠特尼美国艺术博物馆 147
Williamsburg Bridge 威廉斯堡大桥 295
Woodlawn Cemetery 伍德劳公墓 279
Woodside 伍德赛德 338
Woodstock 伍德斯托克 354
Woolworth Building 伍尔沃斯大楼 78
Wyckoff House Museum 威科夫故居 294

Y

Yankee Stadium 洋基体育场 278

000 地图页码
000 图片页码

记事本

记事本

记事本

记事本

记事本

记事本

纽约地图

景点
- 海滩
- 鸟类保护区
- 佛教场所
- 城堡
- 基督教场所
- 孔庙
- 印度教场所
- 伊斯兰教场所
- 耆那教场所
- 犹太教场所
- 纪念碑
- 博物馆/美术馆
- 历史遗址
- 温泉
- 神道教场所
- 锡克教场所
- 道教场所
- 酒庄/葡萄园
- 动物园
- 其他景点

活动、课程和团队游
- 人体冲浪
- 潜水
- 划艇
- 课程/团队游
- 滑雪
- 浮潜
- 冲浪
- 游泳/游泳池
- 徒步
- 帆板
- 其他活动

住宿
- 住宿场所
- 露营地

就餐
- 餐馆

饮品
- 酒吧
- 咖啡馆

娱乐
- 娱乐场所

购物
- 购物场所

实用信息
- 银行
- 使领馆
- 医院/医疗机构
- 网吧
- 警察局
- 邮局
- 电话
- 公厕
- 旅游信息
- 其他信息

地理
- 海滩
- 棚屋/栖身所
- 灯塔
- 瞭望台
- 山峰/火山
- 绿洲
- 公园
- 关隘
- 野餐区
- 瀑布

人口
- 首都、首府
- 一级行政中心
- 城市/大型城镇
- 镇/村

交通
- 机场
- 过境处
- 公共汽车
- 缆车/索道
- 自行车路线
- 轮渡
- 地铁
- 单轨铁路
- 停车场
- 加油站
- 铁路/火车站
- 出租车
- 有轨电车
- 地铁
- 地铁
- 地铁
- 其他交通方式

注:并非所有图例都在此显示。

路线
- 收费公路
- 高速公路
- 一级公路
- 二级公路
- 三级公路
- 小路
- 未封闭道路
- 在建道路
- 购物中心/商业街
- 台阶
- 隧道
- 步行天桥
- 步行游览路
- 步行游览支路
- 小路

境界
- 国界
- 一级政区界
- 未定国界
- 地区界
- 海洋公园
- 悬崖
- 墙

水文
- 河流、小溪
- 间歇河
- 运河
- 水域
- 干/盐/间歇湖
- 冰川

地区特征
- 机场/跑道
- 海滩/沙漠
- 基督教墓地
- 其他墓地
- 冰川
- 泥滩
- 公园/森林
- 景点(建筑物)
- 运动场
- 沼泽/红树林

地图索引

1. 下曼哈顿和金融区（见444页）
2. 苏豪区、诺荷区和诺莉塔（见446页）
3. 唐人街和小意大利（见449页）
4. 东村（见450页）
5. 下东区（见452页）
6. 西村和肉类加工区（见454页）
7. 切尔西（见458页）
8. 联合广场、熨斗区和格拉梅西公园（见460页）
9. 东中城区和第五大道（见462页）
10. 西中城区和时代广场（见466页）
11. 上东区（见468页）
12. 上西区和中央公园（见470页）
13. 哈莱姆和上曼哈顿（见472页）
14. 威廉斯堡（见474页）
15. 波恩兰姆小丘、卡罗尔花园、科布尔山、福特格林尼和红钩（见476页）
16. 帕克斜坡和展望公园（见478页）
17. 布鲁克林高地、布鲁克林市中心和当泊区（见481页）
18. 康尼岛和布莱顿海滩（见482页）
19. 法拉盛（见483页）
20. 阿斯托利亚（见484页）

下曼哈顿和金融区

见444页地图

◎ 重要景点 (见66页)
- 1 艾利斯岛 ... B8
- 2 9·11国家纪念碑和博物馆 ... C5
- 3 新世贸大厦 ... B4
- 4 自由女神像 ... C8

◎ 景点 (见74页)
- 5 非洲(黑奴)公墓国家纪念碑 ... D3
- 6 艺术空间 ... D2
- 7 炮台公园城 ... C7
- 8 鲍灵格林公园 ... C7
- 9 克林顿城堡 ... D4
- 10 市政厅 ... D6
- 11 联邦大厅 ... D5
- 12 纽约联邦储备银行 ... D7
- 13 法兰西斯酒馆博物馆 ... D6
- 14 美国金融博物馆 ... B7
- 15 犹太遗产博物馆 ... D7
- 16 美国国立印第安人博物馆 ... D6
- 17 纽约证券交易所 ... C7
- 新世贸大厦观景台 ... (见3)
- 18 Pier 15 ... F6
- 19 摩天大楼博物馆 ... C7

- 20 南街海港博物馆 ... E5
- 21 圣保罗教堂 ... C4
- 22 圣三一教堂 ... C6
- 23 美国海岸警卫队快艇"丁香号" ... A2
- 24 伍尔沃斯大楼 ... C4

⊗ 就餐 (见80页)
- 25 Arcade Bakery ... C3
- 26 Bâtard ... C2
- 27 Brookfield Place ... B5
- 28 Da Mikele ... C3
- 29 El Luchador ... E5
- 30 Grand Banks ... A3
- Hudson Eats ... (见27)
- Le District ... (见27)
- 31 Locanda Verde ... B2
- 32 North End Grill ... B4
- 33 Shake Shack ... B4
- 34 Two Hands ... C2

ⓢ 饮品和夜生活 (见84页)
- 35 Bluestone Lane ... D6
- 36 Brandy Library ... C2

- 37 Cowgirl SeaHorse ... F4
- 38 Dead Rabbit ... D7
- 39 Kaffe 1668 South ... B4
- 40 La Colombe ... C1
- 41 Macao Trading Co. ... C1
- 42 Pier A Harbor House ... C7
- Smile Newstand ... (见88页)
- 43 Smith & Mills ... B2
- 44 Terroir Tribeca ... B2
- 45 Ward III ... C3
- 46 Weather Up ... C3

✪ 娱乐 (见86页)
- 47 City Vineyard ... A2
- 48 跳蚤剧院 ... C3
- 49 Roxy Tribeca Cinema ... C2
- 50 Soho Rep ... C1

⊙ 购物 (见87页)
- 51 Best Made Company ... C2
- 52 Bowne Stationers & Co. ... E5
- 53 Century 21 ... C5
- 54 CityStore ... D3

- 55 Pasanella & Son ... F5
- 56 Pearl River Mart ... D2
- 57 Philip Williams Posters ... C3
- 58 Shinola ... B2
- 59 Steven Alan ... C2

◉ 运动和活动 (见88页)
- 60 Downtown Boathouse ... A2
- 61 烹饪教育学院 ... B5
- 62 Pioneer ... E5
- 63 史丹顿岛轮渡 ... D8

⊚ 住宿 (见360页)
- 64 Andaz Wall St. ... E6
- 65 Conrad New York ... A4
- 66 Gild Hall ... D5
- Greenwich Hotel ... (见31)
- Roxy Hotel Tribeca ... (见49)
- 67 Smyth Tribeca ... C3
- 68 Wall Street Inn ... D6

下曼哈顿和金融区

443

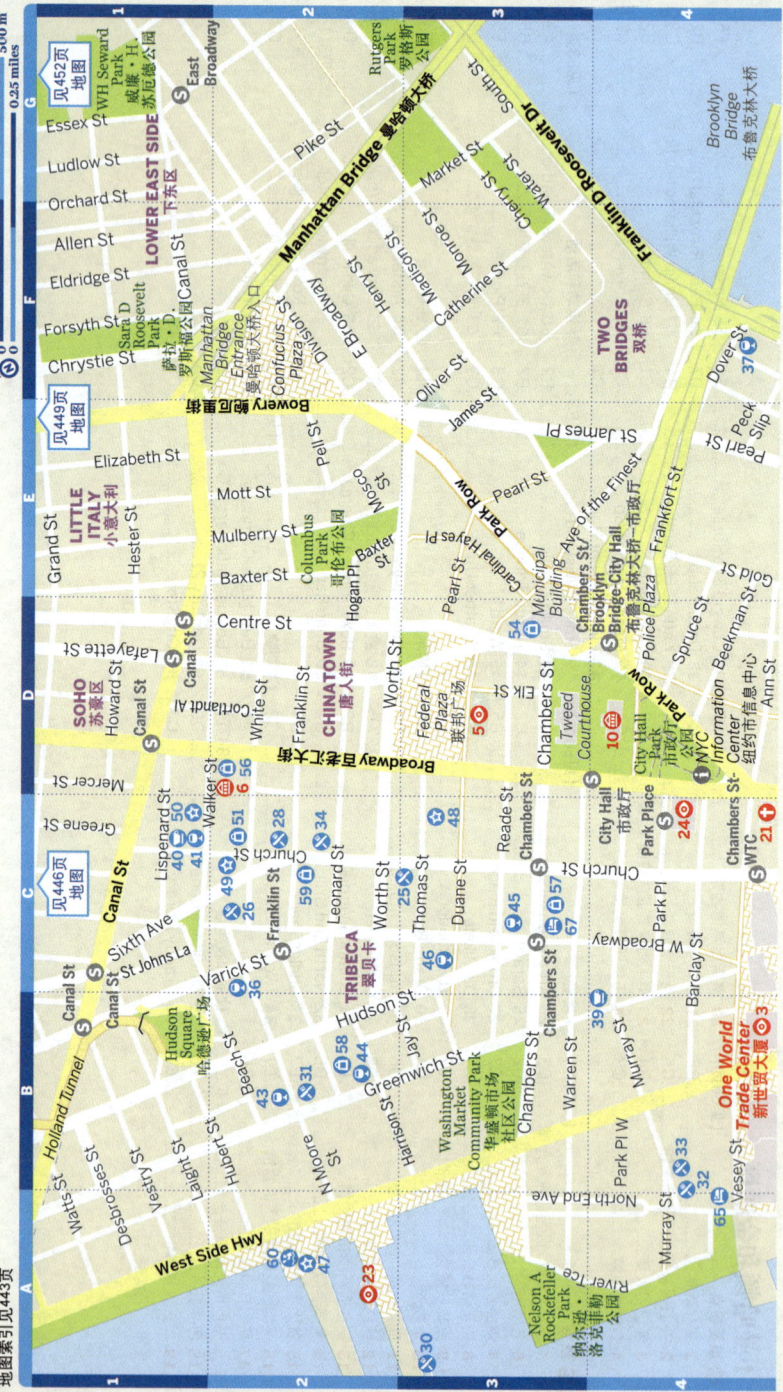

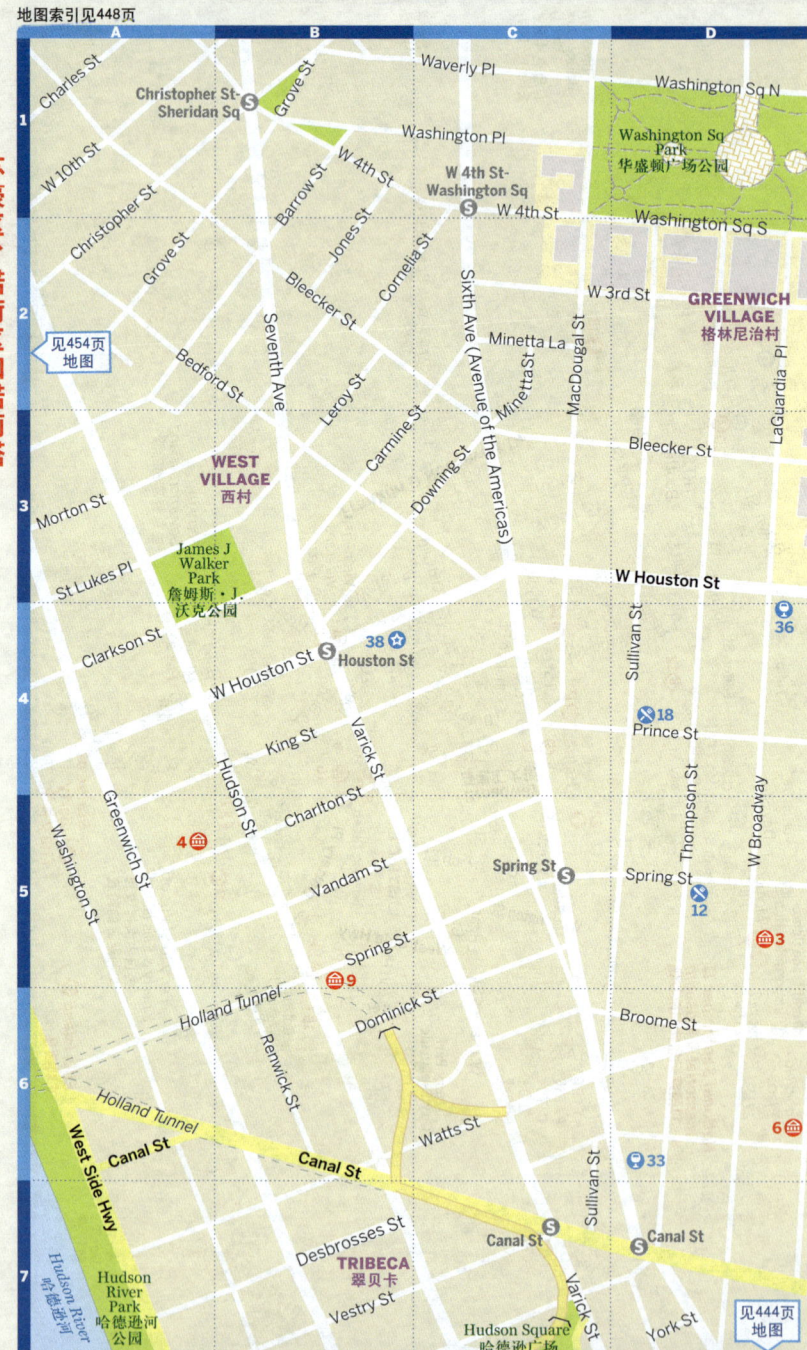

苏豪区、诺荷区和诺莉塔 见446页地图

◎ 重要景点 (见95页)
1 商人之家博物馆 G2

◎ 景点 (见94页)
2 老圣帕特里克大教堂 G4
3 折断千米 D5
4 儿童艺术博物馆 A5
5 唐纳德·嘉德家庭工作室 E5
6 素描中心 D6
7 国际摄影中心 G4
8 莱斯利洛曼男女同性恋艺术博物馆 E6
9 纽约消防博物馆 B5
10 纽约土壤之屋博物馆 E4
11 Ravenite Social Club G4

❌ 就餐 (见97页)
12 Bistro Les Amis D5
13 Butcher's Daughter H5
14 Café Gitane G4
15 Chefs Club F4
16 Cherche Midi G3
17 Dean & DeLuca F4
18 Dutch D4
19 Estela G4
20 Grey Dog G4
21 Il Buco Alimentari & Vineria G2
22 La Esquina F6
23 Lombardi's G5
24 Lovely Day H5
25 Prince Street Pizza G4
26 Ruby's G5
27 Siggi's G3
28 Tacombi Fonda Nolita G4
29 Uncle Boons H5

🍸 饮品和夜生活 (见105页)
30 Café Integral H6
31 Fanelli's Cafe E4
32 Ghost Donkey G3
33 Jimmy D6
34 La Colombe F2
35 La Colombe F4
36 Pegu Club D4
37 Spring Lounge G5

✪ 娱乐 (见108页)
38 Film Forum B4
39 Joe's Pub G1
Public Theater ....(见39)

🛍 购物 (见109页)
40 3x1 .... E7
41 Adidas F3
42 Adidas Flagship Store E5
43 De Vera F7
44 Fjällräven E6
45 Housing Works
　　Bookstore F4
46 INA Men G4
47 INA Women G4
48 Joe's Jeans E6
49 McNally Jackson F4
50 MiN New York F4
51 MoMA Design Store F5
52 Opening Ceremony F7
53 Purl Soho E6
54 Rag & Bone E5
55 Resurrection G2
56 Rudy's Music E6
57 Saturdays F6
58 优衣库 F5

🏃 运动和活动 (见112页)
59 Great Jones Spa G2

🛏 住宿 (见361页)
60 Bowery House H5
61 Broome F6
62 Crosby Street Hotel F5
63 Lafayette House G2

| ◉ 重要景点 | （见92页） | Bakery................B1 | 🍸 饮品和夜生活 | （见105页） |

- ◉ 重要景点　（见92页）
  - 1 唐人街..............B3
  - 2 小意大利............B2

- ◉ 景点　（见96页）
  - 3 基督变容教堂........B4
  - 4 哥伦布公园..........B4
  - 5 东部州佛教寺庙......B3
  - 6 意裔美国人博物馆....A2
  - 7 大乘寺..............C2
  - 8 桑树街..............B2
  - 9 美国华人博物馆......A2

- 🍴 就餐　（见103页）
  - 10 皇上皇.............B3
  - 11 富瑶奥菜馆.........A2
  - 12 Bánh Mì Saigon
     Bakery..............B1
  - 13 Baz Bagels........A2
  - 14 佛菩提素食.........B4
  - 15 Da Gennaro........B2
  - 16 Deluxe Green Bo...B3
  - 17 Di Palo............B1
  - 18 Ferrara Cafe &
     Bakery..............B1
  - 19 蒸包皇.............B2
  - 20 Lan Larb...........A1
  - 21 Marché Maman......A1
  - 22 南华茶室...........B4
  - 23 Nyonya.............B1
  - 24 Peking Duck
     House...............B3
  - 25 Two Hands.........B1
  - 26 西安名吃...........B3

- 🍸 饮品和夜生活　（见105页）
  - 27 Apothéke..........B4
  - 28 Genuine Liquorette....B1
  - 29 La Compagnie des
     Vins Surnaturels....A1
  - 30 Mulberry Project...A2
  - 31 Mulberry Street Bar...B1
  - 32 Randolph...........B1

- 🛍 购物　（见109页）
  - 33 Aji Ichiban........B3
  - 34 Alleva.............B1
  - 35 New Kam Man.......B3
  - 36 Odin...............A1

- 🛏 住宿　（见361页）
  - 37 Leon Hotel.........C2

东村

East River 东河

Franklin D Roosevelt Dr

East River Park 东河公园

Franklin D Roosevelt Dr

Columbia St

Ave D

Szold Pl

Hamilton Fish Park 汉密尔顿菲什公园

Ave C

Pitt St

ALPHABET CITY 字母城

Ave B

Clinton St

E 14th St
E 13th St
E 12th St
E 11th St
E 10th St
E 9th St
E 8th St
E 7th St
E 6th St
E 5th St
E 4th St
E 3rd St
E 2nd St
E Houston St

LOWER EAST SIDE 下东区

Tompkins Square Park 汤普金斯广场公园

Essex St

见452页地图

Ave A

1st Ave

First Ave

First Ave

2nd Ave

St Marks Place 圣马可坊街

Stuyvesant St

Second Ave

Second Ave

Bowery 鲍厄里街

E Houston St

3rd Ave

Third Ave

NOHO 诺荷区

Great Jones St

Bond St

Bleecker St

Mercer St

Cooper Square 库珀广场

Lafayette St

见460页地图

Astor Pl

见446页地图

Fourth Ave

Broadway 百老汇大街

GREENWICH VILLAGE 格林尼治村

14th St-Union Sq

E 8th St-NYU

Astor Pl

Broadway 百老汇大街

Waverly Pl

W 4th St

W 3rd St

Bleecker St

Broadway-Lafayette St

见454页地图

东村

◎ 重要景点 (见118页)
- 1 圣马可坊街...................................C2

◎ 景点 (见120页)
- 2 库珀广场41号.............................B3
- 3 6th & B Garden............................D3
- 4 全民公园......................................E3
- 5 阿斯特广场..................................B2
- 6 瓦拉德罗酒店..............................E4
- 7 库珀联盟学院..............................B2
- 8 东河公园......................................G3
- 9 霍尔美术馆..................................B4
- 10 广场文化公园.............................E2
- 11 小凡尔赛公园.............................E4
- 12 鲍厄里街圣马可教堂.................B2
- 13 汤普金斯广场公园.....................D2

⊗ 就餐 (见121页)
- 14 Artichoke Basille's Pizza............C1
- 15 Bait & Hook................................B1
- 16 Cafe Mogador.............................C2
- 17 Degustation................................B3
- 18 Esperanto...................................E2
- 19 Hearth...C1
- 20 Ippudo NY..................................B2
- 21 Lavagna.....................................D3
- 22 Luzzo's......................................C1
- 23 Mamoun's..................................B2
- 24 Mighty Quinn's...........................B3
- 25 Mikey Likes It............................D1
- 26 Momofuku Noodle Bar..............C2
- 27 MUD...C2
- 28 Prune...C4
- 29 Rai Rai Ken................................C2
- 30 Upstate......................................C3
- 31 Veselka.....................................C2
- 32 Westville East...........................D2

◎ 饮品和夜生活 (见126页)
- 33 ABC Beer Co.............................E3
- 34 Angel's Share.............................B2
- 35 Beauty Bar.................................B1
- 36 Berlin...D4
- 37 Cock..B3
- 38 Crocodile Lounge......................C1
- 39 Death & Co................................C3
- 40 Immigrant..................................B2
- 41 Jimmy's No 43..........................D2
- 42 Lucy's..D2
- 43 McSorley's Old Ale House.......B2
- 44 Nowhere....................................C1
- 45 PDT...C2
- 46 Phoenix.....................................D1
- 47 Pouring Ribbons.......................E1
- 48 Proletariat.................................C2
- 49 Rue B..D1
- 50 Ten Degrees Bar......................D2
- 51 Three Seat Espresso & Barber...B2
- 52 Wayland....................................E2
- 53 Webster Hall.............................B1

◎ 娱乐 (见131页)
- 54 电影资料馆...............................C4
- 55 La MaMa ETC..........................B3
- 56 New York Theatre Workshop...E4
- 57 Nuyorican Poets Café..............C2
- 58 Performance Space New York...D3
- 59 Sidewalk Café..........................D2
- 60 Stone...E4

◎ 购物 (见135页)
- 61 A-1 Records..............................D3
- 62 Dinosaur Hill.............................C2
- 63 John Derian Company.............B4
- 64 John Varvatos...........................B4
- 65 Lodge..C2
- 66 No Relation Vintage.................C1
- 67 Obscura Antiques....................D1
- 68 Still House.................................D2
- 69 Tokio 7......................................D2
- 70 Trash & Vaudeville..................C3
- 71 Verameat..................................C2

◎ 运动和活动 (见138页)
- 72 俄罗斯-土耳其浴浴...................C2

◎ 住宿 (见362页)
- 73 Bowery Hotel.............................B4
- 74 East Village Hotel.....................C2
- 75 St Mark's Hotel.........................B2
- 76 Standard East Village.............B3

⊙ 重要景点 (见115页)
1 下东区廉租公寓博物馆 B3
2 新现代艺术博物馆...............A3

⊙ 景点 (见120页)
3 Anastasia Photo C2
4 加尼那犹太教会堂与
   博物馆..............................B4
5 莱曼莫平画廊......................A2
6 莱斯利·海勒......................C4
7 Mesler/Feuer B4
8 埃尔德里奇街犹太教堂
   博物馆..............................B5
9 94号沙龙鲍厄里街 A2
10 94号沙龙 Freeman............A3
11 萨拉·D.罗斯福公园............A3
12 斯佩罗·韦斯特沃美术馆..A2

⊙ 就餐 (见125页)
13 An Choi B4
14 Clinton Street Baking
    Company D2
15 Dimes....................................C5
16 Fat Radish.............................C5
17 Freemans...............................A3
18 Katz's Delicatessen...............B2
19 Kuma Inn C3
20 Meatball Shop......................B2
21 Russ & Daughters Cafe........B3
22 Spaghetti Incident...............B2
23 Vanessa's Dumpling
    House B4

⊙ 饮品和夜生活 (见130页)
24 Attaboy................................B4
25 Bar Goto B2

26 Barrio Chino.........................C4
27 Beauty & Essex....................C2
28 Jadis B3
29 Round K B4
30 Ten Bells C4

⊙ 娱乐 (见131页)
31 Abrons Arts Center E4
32 鲍厄里剧场 A3
33 Mercury Lounge C2
34 Metrograph C5
35 Pianos C2
36 Rockwood Music Hall..........B2
37 Slipper Room B2

⊙ 购物 (见137页)
38 Assembly..............................C2
39 Bluestockings B2
40 By Robert James C4
41 Economy Candy C3
42 Edith Machinist...................C3
43 Moo Shoes C4
44 Reformation C2
45 Russ & Daughters................B2
46 Tictail Market C4
47 Top Hat C4
48 Yumi Kim C2

⊙ 运动和活动 (见138页)
49 Jump into the Light VR B2

⊙ 住宿 (见362页)
50 Blue Moon Boutique
   Hotel C3
51 Ludlow C2
52 Sago Hotel...........................B3

西村和肉类加工区 见454页地图

◎ 重要景点 （见144页）
1 高线公园 A2
2 哈德逊河公园 C7
3 华盛顿广场公园 F4

◎ 景点 （见147页）
4 阿宾登广场 C3
5 恩典教堂 H2
6 纽约大学 G4
7 45号码头 A6
8 萨玛港笛艺术馆 G2
9 谢里登广场 E4
10 石墙国家纪念碑 D4
11 惠特尼美国艺术博物馆 A2

✕ 就餐 （见150页）
12 Alta F3
13 Babu Ji G2
14 Barbuto B3
15 Blue Hill F4
16 Café Cluny C2
17 Chumley's D5
18 Corner Bistro C2
19 Cotenna E6
20 Doma Na Rohu D5
21 Dominique Ansel Kitchen D3
22 Dominique Bistro E3
23 Fifty F4
24 Gansevoort Market B1
25 Jeffrey's Grocery E3
26 Mah Ze Dahr E3
27 Malaparte B3
28 Mamoun's F5
29 Mermaid Oyster Bar F5
30 Minetta Tavern F5
31 Morandi D3
32 Moustache D5
33 Nix G2
34 P.S. Burgers F5
35 Peacefood H2
36 Red Bamboo F4
37 RedFarm C4
38 Rosemary's E3
39 Saigon Shack F5
40 Snack Taverna D5
41 Taïm D2
42 Two Boots Pizza D2
43 Umami E3
44 Urban Vegan Kitchen E5
45 Village Natural E2

◎ 饮品和夜生活 （见159页）
46 11th St Cafe B4
47 124 Old Rabbit Club F5
48 Aria C4
49 Art Bar C2
50 Bell Book & Candle E3
51 Boots and Saddle D4
52 Brass Monkey A2
53 Buvette D4
54 Cielo B2
55 Cubbyhole C2
56 Employees Only C4
57 Fat Cat D4
58 Happiest Hour E3
59 Henrietta Hudson D5
60 Joe the Art of Coffee E3
61 Julius Bar D3

| 62 Kettle of Fish D3
| Le Bain ....（见67）
| 63 Little Branch D6
| 64 Marie's Crisis D4
| 65 Matcha Bar C1
| 66 Monster E4
| Standard ....（见67）
| 67 Standard Biergarten A2
| 68 Stonewall Inn E3
| 69 Stumptown Coffee
| Roasters F3
| Top of the Standard ....（见67）
| 70 Troy Liquor Bar B1
| 71 Ty's D4
| 72 Uncommons G5
| 73 Vin Sur Vingt D2
| 74 Vol de Nuit E4

🎭 娱乐　　　　　　　　　　（见164页）
55 Bar ....（见70）
75 Angelika Film Center H6
76 Bar Next Door F4
77 Barrow Street Theater D4
78 Blue Note F4
79 Cherry Lane Theater D5
80 Comedy Cellar F5
81 Cornelia Street Café E4
82 Duplex D3
83 IFC Center E4
84 Le Poisson Rouge F5
85 LGBT社区中心 D1
86 Mezzrow D3
87 Smalls D3
88 Village Vanguard D2

🛍 购物　　　　　　　　　　（见170页）
89 Aedes de Venustas E3
90 Beacon's Closet F2
91 CO Bigelow Chemists E3
92 Evolution Nature Store H5
93 Flight 001 .... D2
94 Forbidden Planet H2
95 Greenwich Letterpress E3
96 Idlewild Books D3
97 Mask Bar E5
98 McNulty's Tea & Coffee Co, Inc D4
99 Murray's Cheese E5
100 Odin D2
101 Personnel of New York E3
102 Saturdays D3
103 Screaming Mimi's C1
104 Strand Book Store H2
105 Three Lives & Company E3
106 Trina Turk B2
107 Yoya C3

🏃 运动和活动　　　　　　　（见173页）
108 MNDFL G3
109 New York Trapeze School B7
110 Waterfront Bicycle Shop B5
111 West 4th Street Basketball Courts E4

🛏 住宿　　　　　　　　　　（见363页）
112 Chelsea Pines Inn C1
113 Hotel Gansevoort B2
114 Incentra Village House C2
115 Jane Hotel A3
Standard ....（见67）

西村和肉类加工区

切尔西

◎ 重要景点 (见142页)
1 切尔西市场...................D5

● 景点 (见149页)
2 芭芭拉·格莱斯顿美术馆...................C2
3 切姆和雷德美术馆...................B2
4 切尔西酒店...................F3
5 大卫·兹维那...................C3
6 高古轩画廊...................B2
7 纽约圣公会总会神学院...................D3
8 玛丽·布恩画廊...................C2
9 马修·马克斯美术馆...................C3
10 佩斯美术馆...................C2
11 宝拉·库珀艺术馆...................C3
12 鲁宾艺术博物馆...................G4

⊗ 就餐 (见158页)
13 Amy's Bread...................D3
   Blossom...................(见1)
   Chelsea Market...................(见1)
14 Chelsea Square Diner...................D3
15 Cookshop...................C3
16 Foragers Table...................E3
17 Heath...................C1
18 Jun-Men...................D2
19 Le Grainne...................D3
20 Tia Pol...................C3
   Tuck Shop...................(见1)

● 饮品和夜生活 (见163页)
21 Bathtub Gin...................D4
22 Blue Bottle...................D5
23 Eagle NYC...................C1
   Gallow Green...................(见34)
24 Gym Sportsbar...................E4
25 Peter McManus Tavern...................F4
26 Pier 66 Maritime...................A2

★ 娱乐 (见164页)
27 Atlantic Theater Company...................E3
28 Cinépolis Chelsea...................F3
29 Gotham Comedy Club...................F3
30 Irish Repertory Theatre...................G3
31 乔伊斯剧院...................E4
32 Kitchen...................C4
33 New York Live Arts...................E3
34 Sleep No More...................C1

⊙ 购物 (见172页)
35 192 Books...................C3
36 Housing Works Thrift Shop...................G4
37 Nasty Pig...................E4
38 Printed Matter...................B2
39 Story...................C4

◉ 运动和活动 (见173页)
40 Chelsea Piers Complex...................B3
41 New York Gallery Tours...................C2
42 Schooner Adirondack...................B3

⊕ 住宿 (见363页)
43 Chelsea International Hostel...................F3
44 Colonial House Inn...................E3
45 GEM...................D3
46 High Line Hotel...................C3
47 Hôtel Americano...................C1
48 Maritime Hotel...................E4
49 Townhouse Inn of Chelsea...................G2

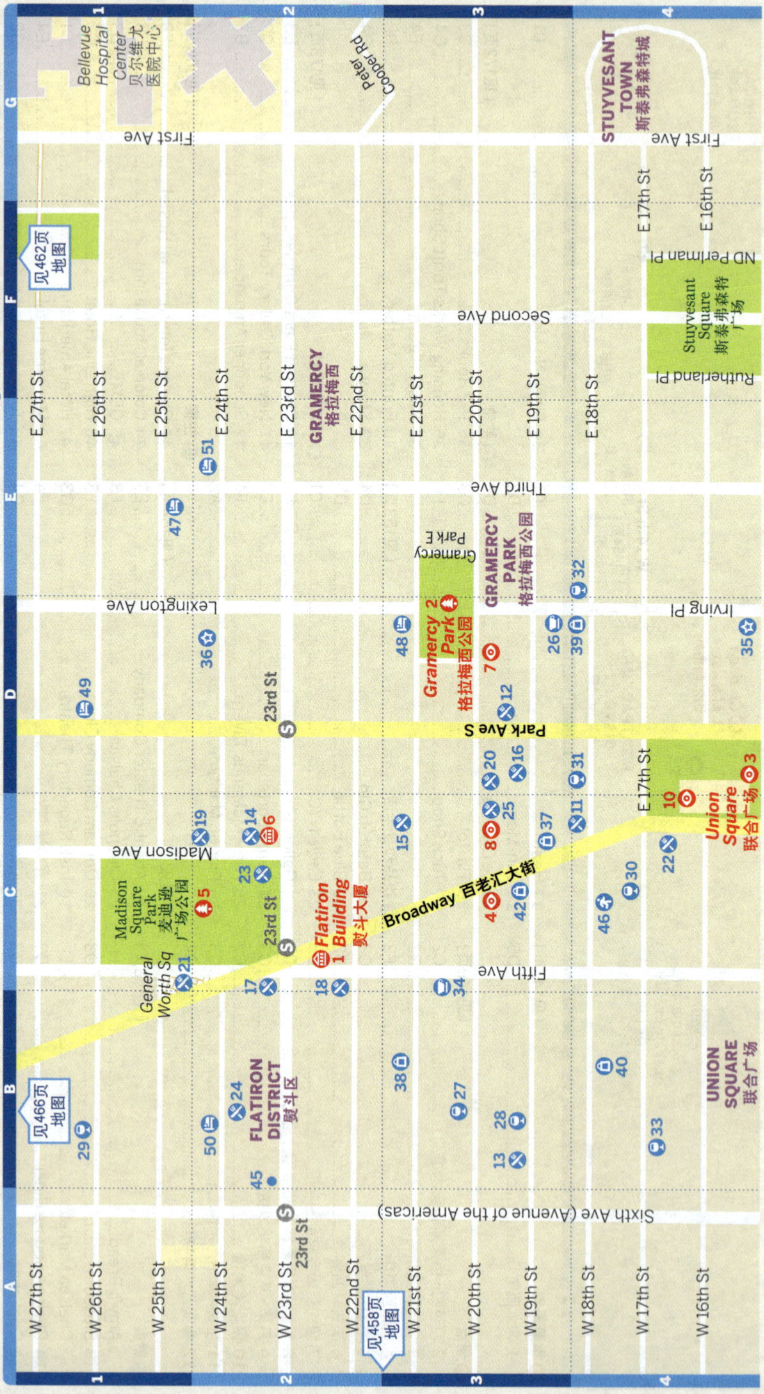

联合广场、熨斗区和格拉梅西公园

◎ 重要景点
1 熨斗大厦	(见176页)
2 格拉梅西公园	C2
3 联合广场	D3

◎ 景点
4 罗德与泰勒百货	(见177页)
5 麦迪逊广场公园	C3
6 大都会人寿保险大楼	C2
7 国家艺术俱乐部	D3
8 西奥多·罗斯福出生地	C3
9 西藏大厦	B5
10 联合广场农贸市场	C4

⊗ 就餐
11 ABC Kitchen	C4
12 Big Daddy's	D3
13 Boqueria Flatiron	B3
14 Clocktower	C2
15 Cosme	C3
16 Craft	D3
17 Eataly	C2
18 Eisenberg's Sandwich Shop	C2
19 Eleven Madison Park	C2
20 Gramercy Tavern	D3
21 Mad Sq Eats	C1
Maialino	(见48)
22 Republic	C4
23 Shake Shack	C2
24 Tacombi Café El Presidente	B2
25 Trattoria Il Mulino	C3

● 饮品和夜生活
26 71 Irving Place	D3
Birreria	(见17)
27 Boxers NYC	B3
28 Flatiron Lounge	B3
29 Flatiron Room	B1
30 Lillie's Victorian Establishment	C4
31 Old Town Bar & Restaurant	D4
32 Pete's Tavern	E4
33 Raines Law Room	B4
34 Toby's Estate	C3

◎ 娱乐
	(见183页)
35 Irving Plaza	D4
36 Peoples Improv Theater	D2

◎ 购物
	(见183页)
37 ABC Carpet & Home	C3
38 Abracadabra	B3
39 Bedford Cheese Shop	D4
40 Books of Wonder	B4
41 DSW	C5
42 Fishs Eddy	C3
43 Rent the Runway	B5
联合广场农贸市场	(见10)

◎ 运动和活动
	(见185页)
44 Jivamukti	D5
45 New York City Audubon	B2
46 Soul Cycle	C4

⊜ 住宿
	(见365页)
47 Carlton Arms	E1
48 Gramercy Park Hotel	D3
49 Hotel Giraffe	D1
50 Hotel Henri	B2
51 Marcel at Gramercy	E2

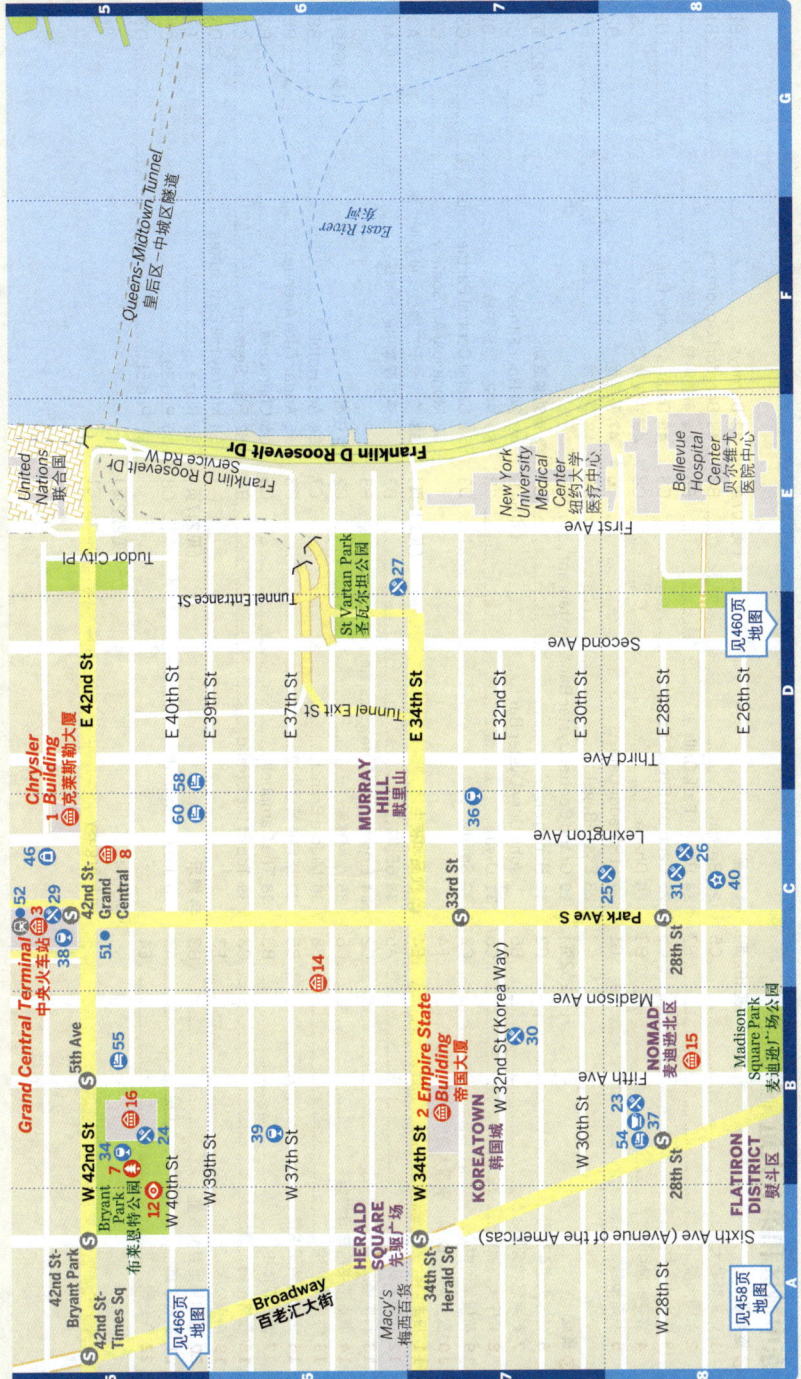

东中城区和第五大道

东中城区和第五大道 地图见462页

◎ 重要景点 (见192页)
- 1 克莱斯勒大厦...................C5
- 2 帝国大厦...........................B7
- 3 中央火车站.......................C5
- 4 洛克菲勒中心...................B3
- 5 罗斯福岛...........................G1

◎ 景点 (见202页)
- 6 公园大道432号.................C2
- 7 布莱恩特公园...................B5
- 8 查宁大厦...........................C5
- 9 花旗集团中心...................C2
- 10 富兰克林·D.罗斯福四大自由公园.....F4
- 11 日本协会...........................E4
- 12 旋转木马...........................A5
- 13 利华楼...............................C2
- 14 摩根图书馆与博物馆.......C6
- 15 性爱博物馆.......................B8
- 16 纽约公共图书馆...............B5
- 17 佩利媒体中心...................B3
- 18 西格拉姆大厦...................C3
- 19 南点公园...........................F3
- 20 圣帕特里克大教堂...........B3
- 21 哨石之巅...........................A3
- 22 联合国...............................E4

❌ 就餐 (见207页)
- 23 Breslin..............................B8
- 24 Bryant Park Grill..............B5
- 25 Cannibal Beer & Butcher...C8
- 26 Dhaba................................C8
- 27 El Parador Cafe................E6
- 28 Ess-a-Bagel......................D3
- 29 Grand Central Oyster Bar & Restaurant.....C5
- 30 Hangawi............................B7
- 31 John Dory Oyster Bar......(见54)
- 32 O.ya...................................C8
- 33 Smith.................................D3

⊙ 饮品和夜生活 (见212页)
- 33 65酒吧...............................B3
- 34 Bryant Park Cafe..............B5
- 35 小啊林斯..........................C2
- 36 Middle Branch..................C7
- 37 斯坦普顿咖啡馆...............B8
- 38 The Campbell...................C5
- 39 Top of the Strand.............B6

☆ 娱乐 (见217页)
- 40 Jazz Standard...................C8

🛍 购物 (见222页)
- 41 Argosy..............................C1
- 42 Barneys.............................B1
- 43 Bergdorf Goodman...........B1
- 44 布鲁明戴尔百货公司.......C1
- 45 Dylan's Candy Bar...........D1
- 46 中央大市场.......................C5
- 47 蒂芙尼...............................B2
- 48 优衣库...............................B3

⊙ 运动和活动 (见225页)
- 49 24 Hour Fitness................C2
- 50 中央公园保护协会..........B1
- 51 Grand Central Partnership...C5
- 52 Municipal Art Society......C5
- 53 美国全国广播公司摄影棚之旅...A3
- 洛克菲勒中心溜冰场.........(见4)

◎ 住宿 (见366页)
- 54 Ace Hotel..........................B8
- 55 Andaz Fifth Avenue..........B5
- 56 Chambers..........................B2
- 57 Four Seasons....................C2
- 58 Murray Hill East Suites....D5
- 59 Plaza..................................B1
- 60 Pod 39...............................C5
- 61 Pod 51...............................D3

西中城区和时代广场

西中城区和时代广场 (见189页)

◎ 重要景点
1 现代艺术博物馆......G2
2 无线电城音乐厅......F3
3 时代广场......E5

◎ 景点 (见206页)
4 美国银行大厦......F5
5 布里尔大厦......E3
6 钻石区......G4
7 赫斯特大厦......E2
8 先驱广场......F6
9 "无畏号"海空航天博物馆......A4
10 时装技术学院博物馆......E8
11 艺术和设计博物馆......E1

✖ 旅餐 (见210页)
12 Bengal Tiger......F2
13 Burger Joint......F2
14 Cafe 2......(见1)
15 Danji......D3
16 FIKA......C2
17 Fuku+......G2
18 Larb Ubol......D6
19 Le Bernardin......F3
20 Margon......F4
Modern......(见1)
21 NoMad......G8
22 Souvlaki GR......E2
23 Taboon......C3
24 Terrace Five......D4
25 ViceVersa......D3
26 Whole Foods超市......D1

❂ 饮品和夜生活 (见213页)
27 Bar Centrale......D4
28 Barrage......D4
29 Flaming Saddles......D2
30 Industry......D3
31 Jimmy's Corner......F4
32 Lantern's Keep......G4
Robert......(见11)
33 Rudy's Bar & Grill......D4
34 Rum House......E4

35 Therapy......D3
36 Waylon......C3

◎ 娱乐 (见217页)
37 艾尔·赫什菲尔德剧院......D4
38 大使剧院......E3
39 AMC Empire 25......E5
40 Birdland......D4
41 卡内基音乐厅......E2
42 Caroline's on Broadway......E3
43 CBS广播中心......C2
44 Don't Tell Mama......D4
45 艾德·苏利文剧院......E2
46 尤金·奥尼尔剧院......B5
47 格什温剧院......E3
48 Harold and Miriam Steinberg Center for Theatre......F4
49 兰心大戏院......E4
50 麦迪逊广场花园......E7
51 磁石剧院......E8
52 明斯科夫剧院......E4
现代艺术博物馆......(见1)
53 新阿姆斯特丹剧院......E5
54 新胜利剧院......E5
55 纽约城市中心......F2
56 剧作家地平线剧院......D5
57 理查德·罗杰斯剧院......E4
Roundabout Theatre Company......(见48)
58 第二舞台剧院......D5
59 舒伯特剧院......E4
60 签名剧院......C5
61 特雷弗·诺亚每日秀......B3
62 正直公民旅团剧院......B5

⌒ 购物 (见224页)
63 B&H Photo Video......D7
64 Drama Book Shop......E5
65 地狱厨房跳蚤市场......D6
66 梅西百货......F7
MoMA Design & Book Store......(见1)

67 Nepenthes New York......D6
68 时代华纳中心......D1

✿ 运动和活动
69 Central Park Bike Tours......E1
70 Circle Line Boat Tours......A5
71 Lucky Strike......B5
72 Manhattan Community Boathouse......A2
73 Simple Studios......F8

⌂ 住宿 (见366页)
74 Chatwal New York......F4
75 Citizen M......E3
76 Ink48......B4
Iroquois......(见32)
77 Knickerbocker......F5
NoMad Hotel......(见21)
78 Park Savoy......F1
79 Quin......F1
80 Yotel......C5

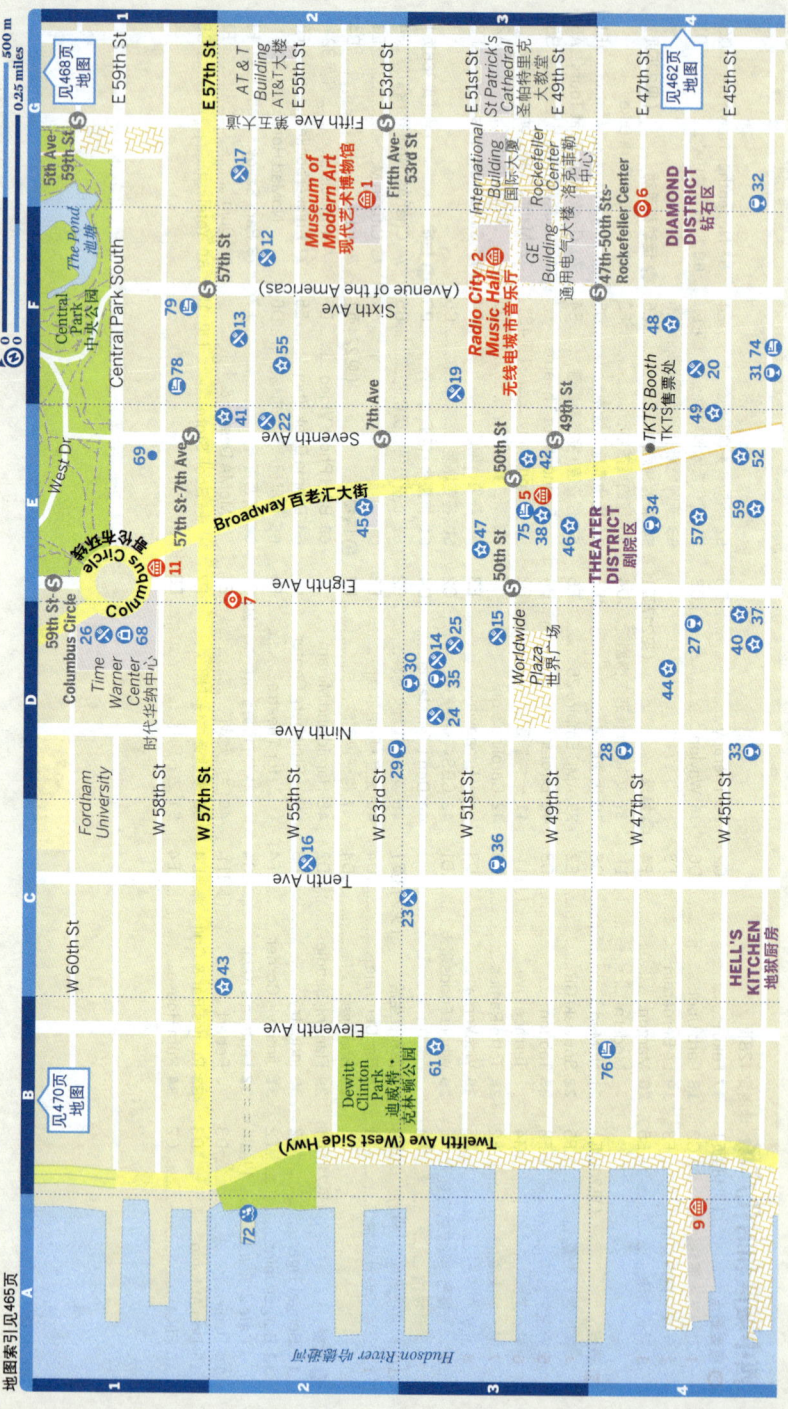

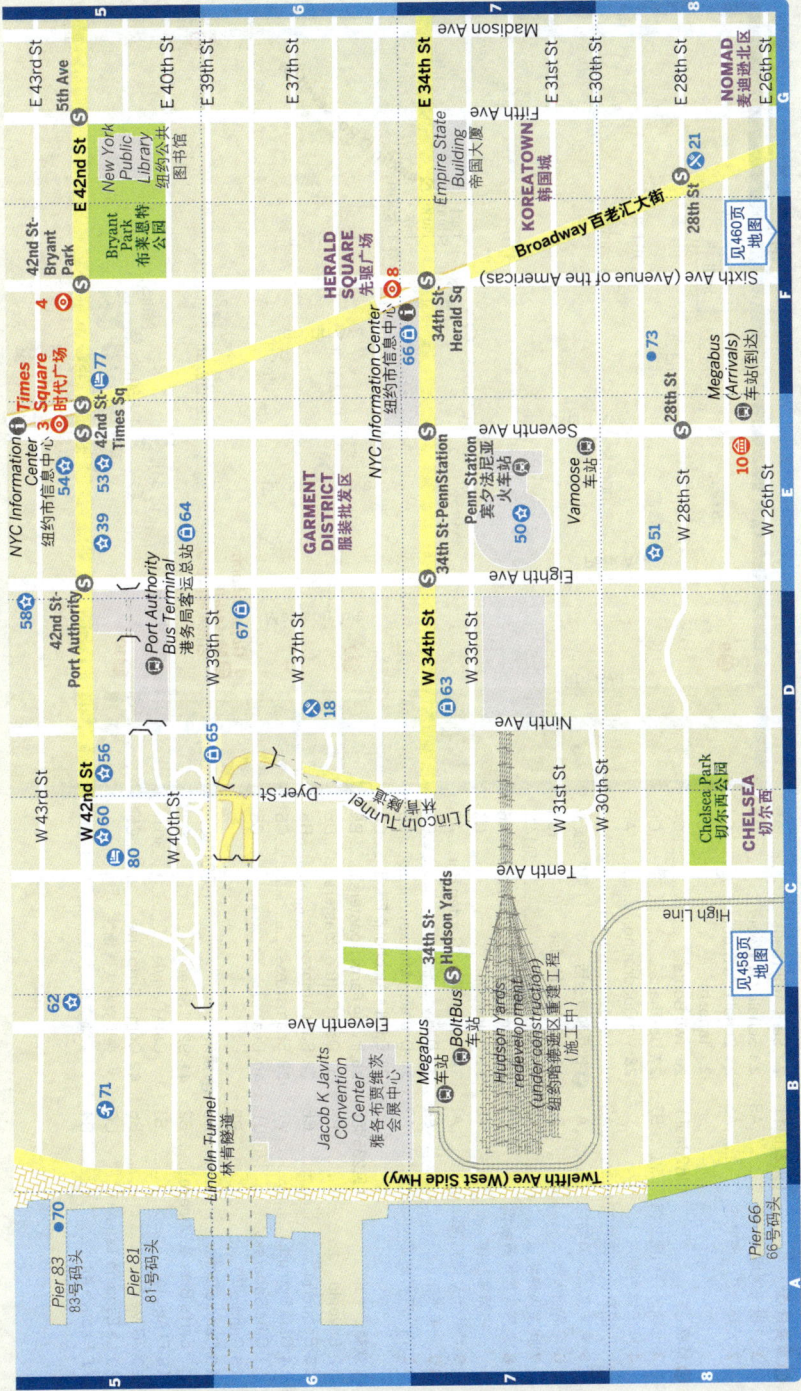

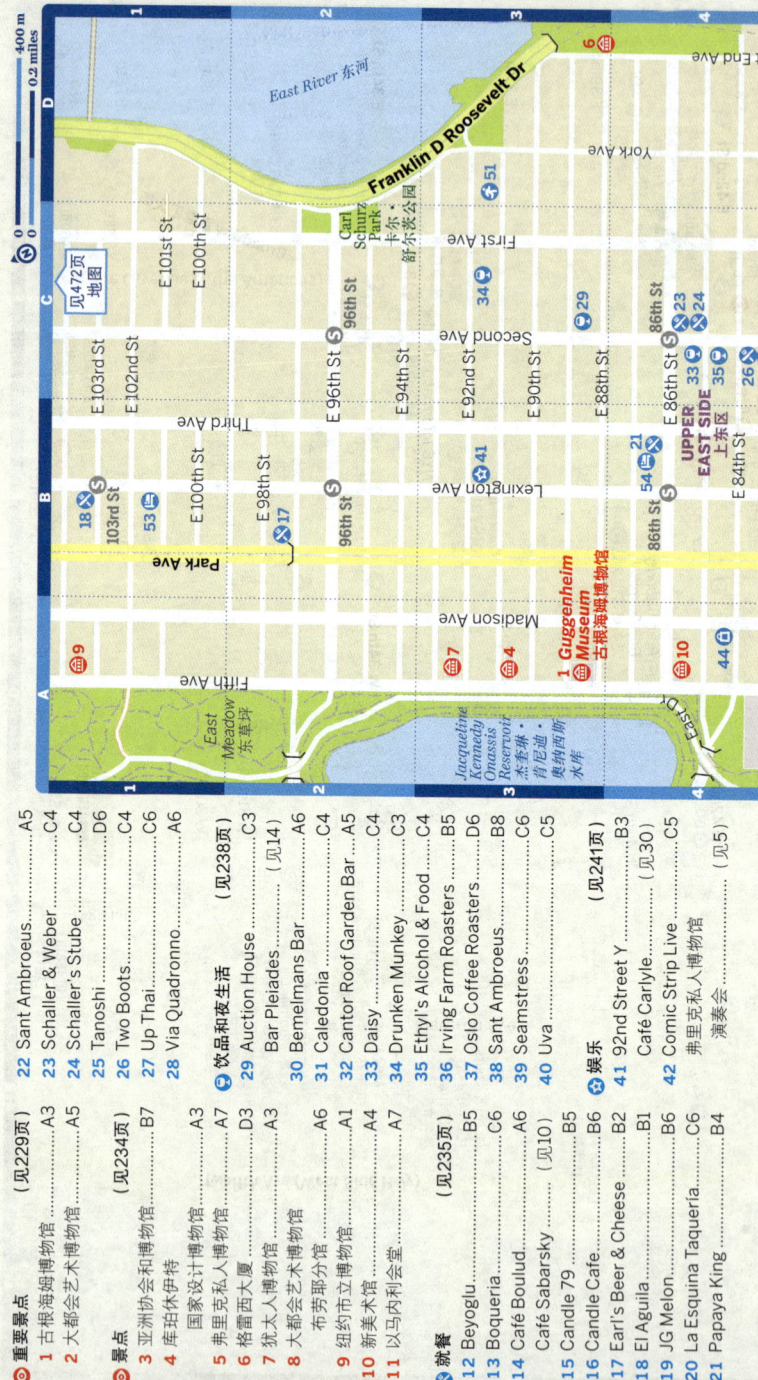

上东区

◉ 重要景点 (见229页)
1 古根海姆博物馆 A3
2 大都会艺术博物馆 A5

◎ 景点 (见234页)
3 亚洲协会和博物馆 B7
4 库珀休伊特国家设计博物馆 .. A3
5 弗里克私人博物馆 A7
6 格雷西大厦 D3
7 犹太人博物馆 A3
8 大都会艺术博物馆布劳耶分馆 .. A6
9 纽约市立博物馆 A1
10 新美术馆 A4
11 以马内利会堂 A7

⊗ 就餐 (见235页)
12 Beyoglu B5
13 Boqueria C6
14 Café Boulud A6
15 Café Sabarsky .... (见10)
16 Candle 79 .... B5
17 Candle Cafe. B6
18 Earl's Beer & Cheese B2
19 El Aguila B1
20 JG Melon B6
21 La Esquina Taqueria C6
22 Sant Ambroeus A5
23 Schaller & Weber C4
24 Schaller's Stube C4
25 Tanoshi D6
26 Two Boots C4
27 Up Thai C6
28 Via Quadronno A6

⊘ 饮品和夜生活 (见238页)
29 Auction House C3
30 Bar Pleiades .... (见14)
31 Bemelmans Bar A6
32 Cantor Roof Garden Bar .. A5
33 Caledonia C4
34 Daisy C3
35 Ethyl's Alcohol & Food C3

★ 娱乐 (见241页)
36 Irving Farm Roasters B5
37 Oslo Coffee Roasters D6
38 Sant Ambroeus B8
39 Seamstress C6
40 Uva C5

★ 娱乐
41 92nd Street Y B3
42 Café Carlyle .... (见30)
43 Comic Strip Live C5
   弗里克私人博物馆演奏会 .... (见5)

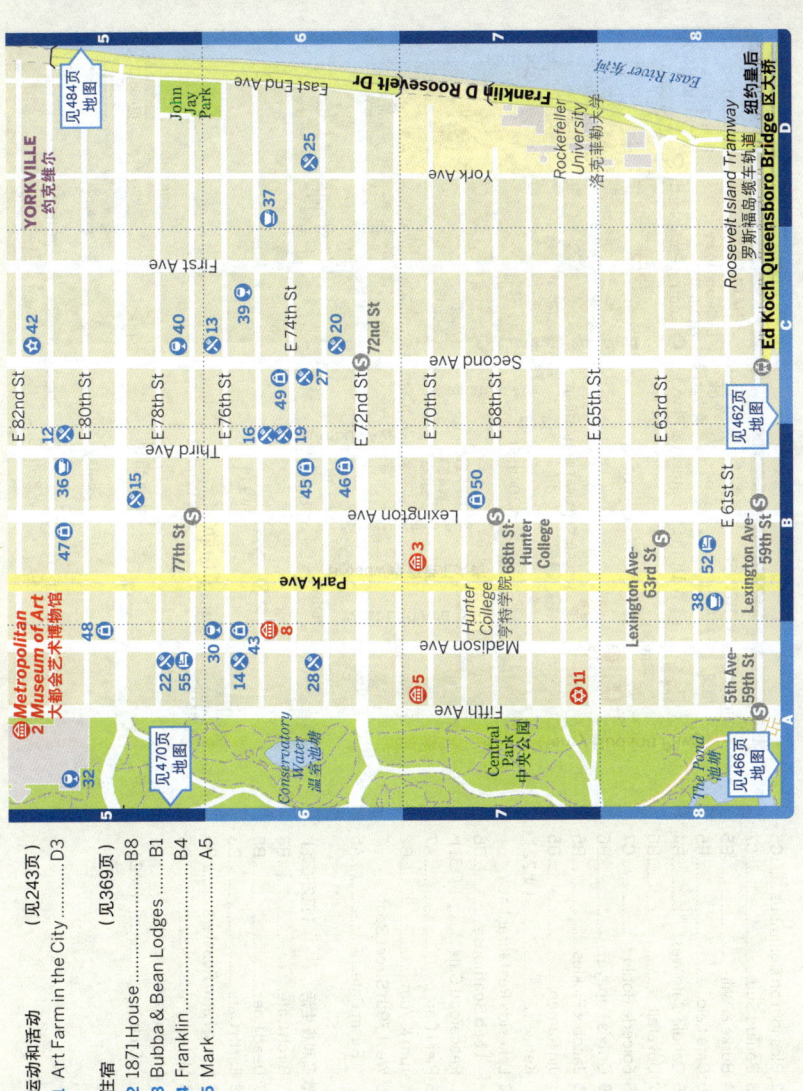

购物 (见241页)
- 43 Diptyque ... A6
- 44 Encore ... A4
- 45 Flying Tiger Copenhagen ... B6
- 46 Jacadi ... B6
- 47 Mary Arnold Toys ... B5
- 48 Michael's ... A5
- 49 Ricky's NYC ... C6
- 50 Shakespeare & Co. ... B7

运动和活动 (见243页)
- 51 Art Farm in the City ... D3

住宿 (见369页)
- 52 1871 House ... B8
- 53 Bubba & Bean Lodges ... B1
- 54 Franklin ... B4
- 55 Mark ... A5

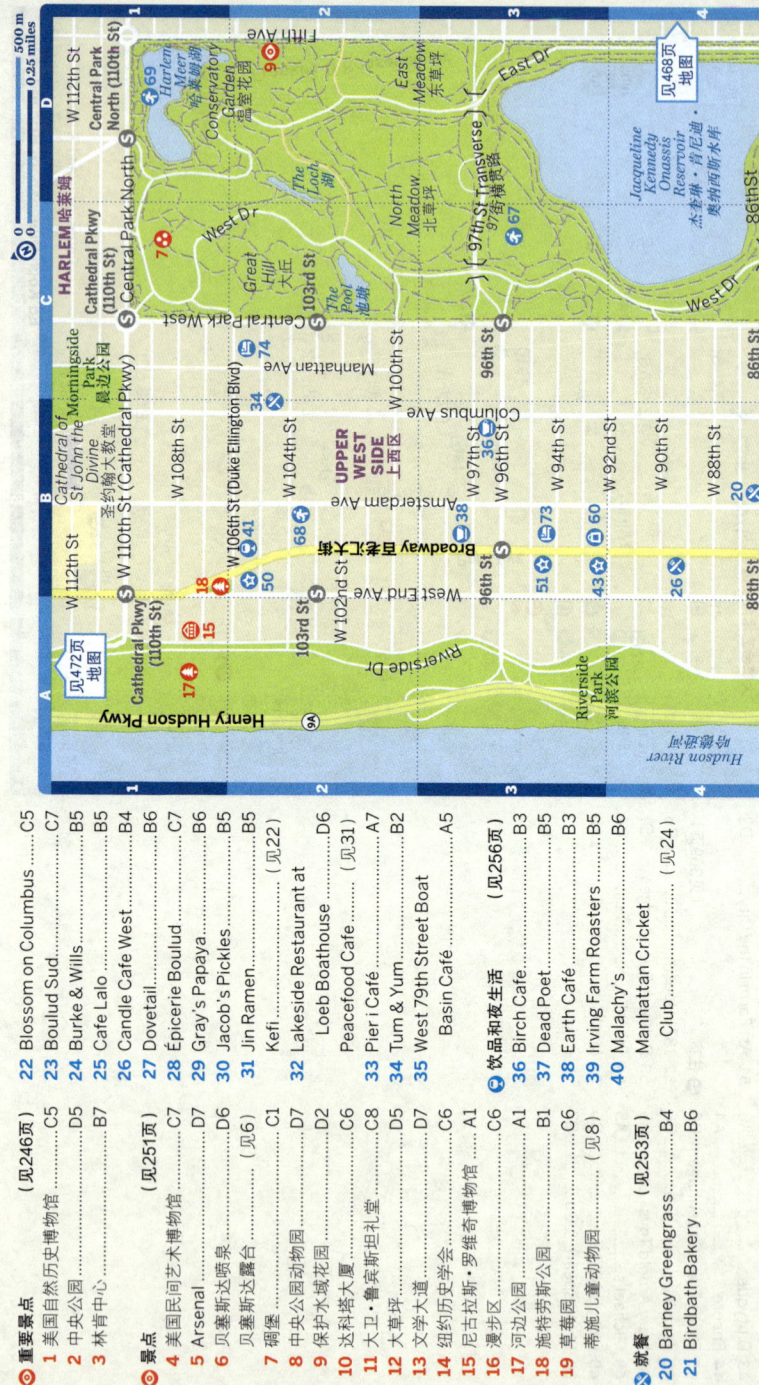

上西区和中央公园

◎ 重要景点 (见246页)
1 美国自然历史博物馆 C5
2 中央公园 D5
3 林肯中心 B7

◎ 景点 (见251页)
4 美国民间艺术博物馆 C7
5 Arsenal D7
6 贝塞斯达喷泉 D6
7 贝塞斯达露台 ...... (见6)
8 碉堡 C1
9 中央公园动物园 D7
10 保护水域花园 D2
11 达科塔大厦 C6
12 大卫·鲁宾斯坦礼堂 C8
13 大草坪 D5
14 文学大道 D7
15 纽约历史学会 C6
16 尼古拉斯·罗维奇博物馆 A1
17 漫步区 C6
18 河边公园 A1
19 施特劳斯公园 B1
20 草莓园 C6
21 蒂施儿童动物园 ...... (见8)

⊗ 就餐 (见253页)
20 Barney Greengrass B4
21 Birdbath Bakery B6
22 Blossom on Columbus C5
23 Boulud Sud C7
24 Burke & Wills B5
25 Cafe Lalo B5
26 Candle Cafe West B4
27 Dovetail B6
28 Épicerie Boulud C7
29 Gray's Papaya B6
30 Jacob's Pickles B5
31 Jin Ramen B5
Kefi ...... (见22)
32 Lakeside Restaurant at
   Loeb Boathouse D6
   Peacefood Cafe ...... (见31)
33 Pier i Café A7
34 Tum & Yum B2
35 West 79th Street Boat
   Basin Café A5

◎ 饮品和夜生活 (见256页)
36 Birch Cafe B3
37 Dead Poet B1
38 Earth Café B3
39 Irving Farm Roasters B5
40 Malachy's B6
   Manhattan Cricket
   Club ...... (见24)

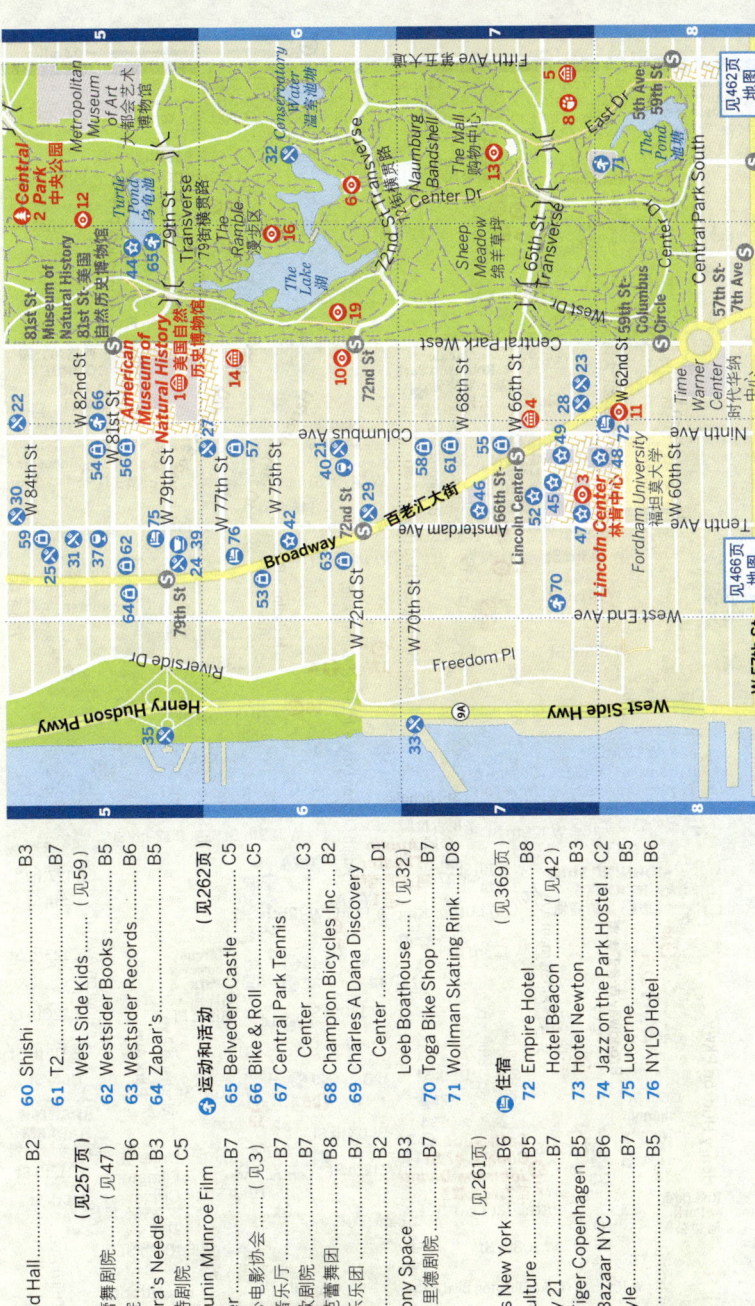

哈莱姆和上曼哈顿

◎ 重要景点 （见266页）
1 阿波罗剧院 C5
2 圣约翰大教堂 B6

◎ 景点 （见268页）
3 555 Edgecombe Ave B1
4 阿比西尼亚浸信会教堂 C4
5 迦南浸信会教堂 C6
6 哥伦比亚大学 B6
7 修道院大街浸信会教堂 B3
8 巴里奥博物馆 D7
9 尤里西斯·S. 格兰特将军
   国家纪念馆 A5
10 汉密尔顿庄园 B3
11 汉密尔顿高地历史区 B3
12 美籍西班牙裔协会
    博物馆及图书馆 A2
13 马尔克姆·沙巴兹·
    哈莱姆市场 C6
14 莫里斯—朱梅尔大厦
    博物馆 B1
15 河边教堂 A5
16 尚博格黑人文化研究中心 C4
17 奋斗者街 C4
18 哈莱姆画室博物馆 C5
19 Sylvan Terrace B1
20 洋基体育场 C1

⊗ 就餐 （见272页）
21 Amy Ruth's Restaurant C6
22 BLVD Bistro C5
23 Charles' Pan-Fried
   Chicken B2
24 Community Food & Juice .. A6
25 Dinosaur Bar-B-Que A4
26 Harlem Public A3
27 Maison Harlem B5
28 Pikine C6
29 Pisticci A5
30 Red Rooster C5
31 Seasoned Vegan C6
32 Sylvia's C5
33 Tom's Restaurant B6

◎ 饮品和夜生活 （见276页）
34 67 Orange Street B6
35 Bier International B6
   Ginny's Supper Club ......(见30)
36 Shrine C4
37 Silvana B6
   The Chipped Cup ....(见26)

✪ 娱乐 （见277页）
38 Amore Opera A5
   马乔里·艾略特的
   客厅爵士 .... （见3）
39 梅索斯纪录片中心 C5
40 Minton's C6

🔒 购物 （见277页）
41 Atmos C5
42 Flamekeepers Hat Club C5
43 Harlem Haberdashery C5
44 NiLu C5
45 Revolution Books C4

◎ 运动和活动 （见279页）
46 Riverbank State Park A3

◎ 住宿 （见370页）
47 Aloft Harlem B5
48 Harlem Flophouse C5
49 La Maison d'Art C4
50 Mount Morris House B&B . C5

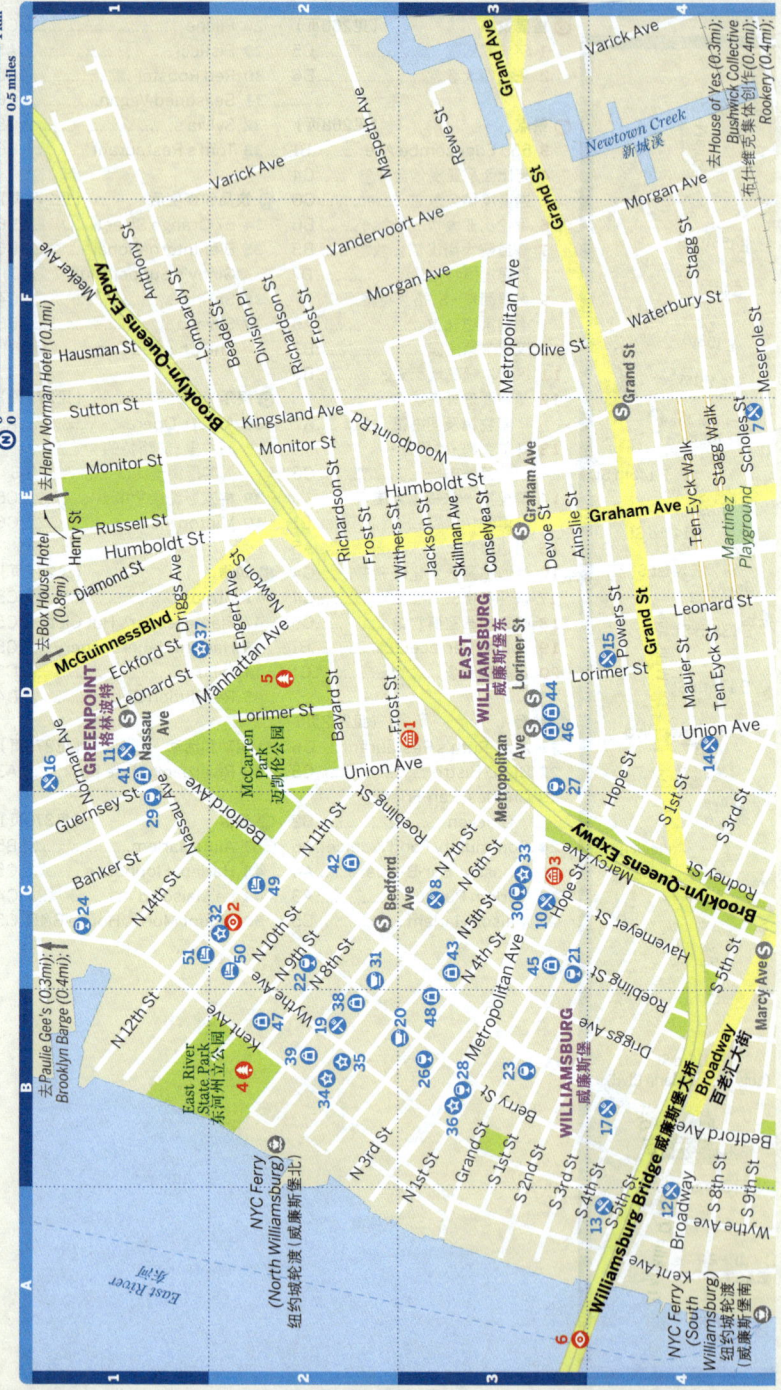

威廉斯堡

◎ 景点 (见294页)
1 布鲁克林艺术图书馆.................D3
2 布鲁克林酿酒厂.....................C2
3 城市旧物馆.........................C3
4 东河州立公园.......................B2
5 迈凯伦公园.........................D2
6 威廉斯堡大桥.......................A3

⊗ 掇餐 (见306页)
7 Champs Diner......................E4
8 Crif Dogs.........................C3
9 Dun-Well Doughnuts................F5
10 Fette Sau........................C3
11 Five Leaves......................D1
12 Marlow & Sons....................A4
13 Miss Favela......................A4
14 Modern Love......................D4
15 Okonomi & Yuji Ramen.............C3
16 Peter Pan Donut & Pastry Shop....D1
17 Rabbithole.......................B4
18 Roberta's........................G5
19 Zenkichi.........................B2

◎ 饮品和夜生活 (见312页)
20 Blue Bottle Coffee...............B3
21 Clem's...........................C3
22 Hotel Delmano....................C2
 Ides............................(见51)
23 Maison Premiere..................B3
24 Northern Territory...............C1
25 Pine Box Rock Shop...............G5
26 Radegast Hall & Biergarten.......B3
27 Rocka Rolla......................D3
28 Skinny Dennis....................B3
29 Spritzenhaus.....................C1
30 Spuyten Duyvil...................C3
31 Toby's Estate....................C2

★ 娱乐 (见316页)
32 Brooklyn Bowl....................C2
33 Knitting Factory.................C3
34 威廉斯堡音乐厅...................D1
35 National Sawdust.................B2
36 Nitehawk Cinema..................B3
37 Warsaw...........................D1

⊙ 购物 (见320页)
38 A&G Merch........................B2
39 Artists & Fleas..................B2
40 Beacon's Closet..................G5
41 Beacon's Closet..................D1
42 Buffalo Exchange.................C2
43 Catbird..........................C3
44 Desert Island Comics.............D3
45 Fuego 718........................D3
46 Quimby's Bookstore
   NYC.............................D3
47 Rough Trade......................B2
48 Spoonbill & Sugartown............B3

✪ 运动和活动 (见323页)
 Brooklyn Bowl..................(见32)

⌂ 住宿 (见371页)
49 McCarren Hotel & Pool............C2
50 Williamsburg Hotel...............C2
51 Wythe Hotel......................C1

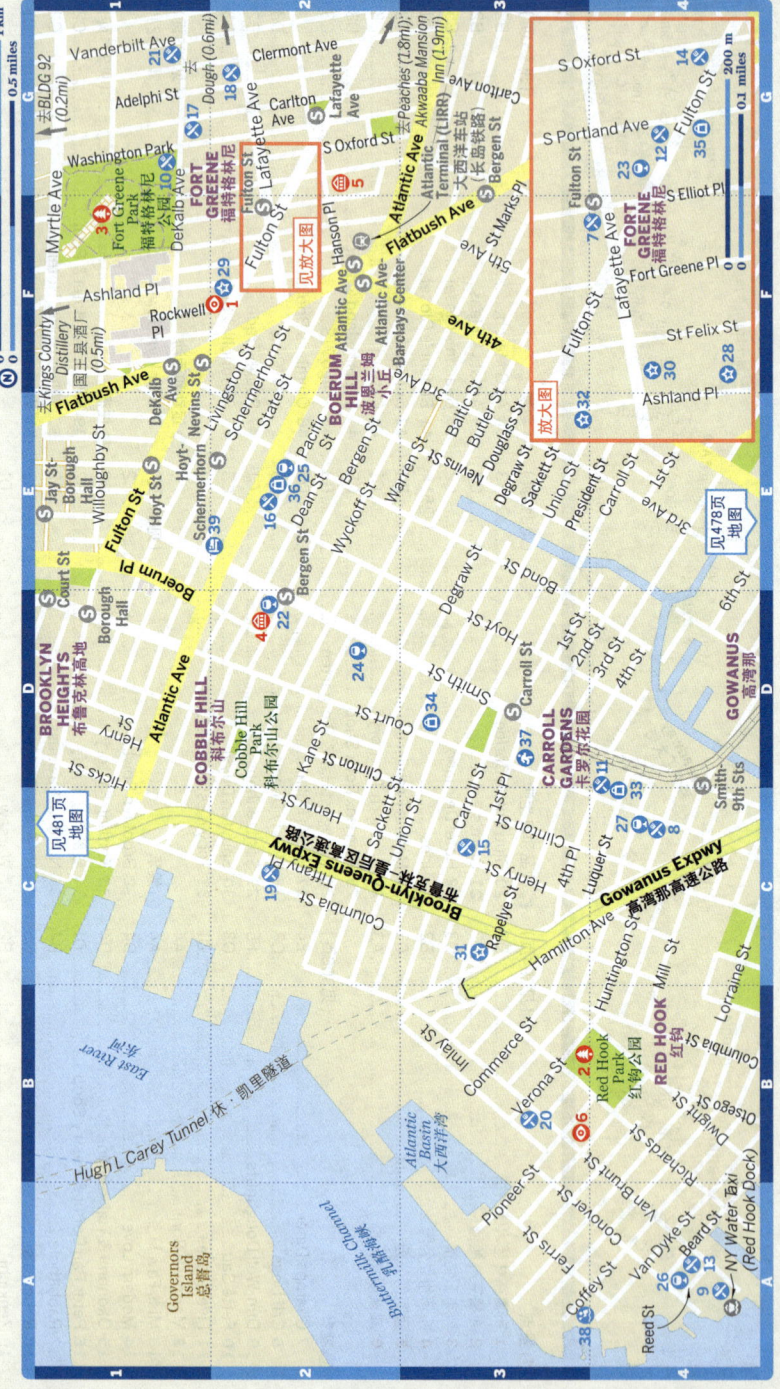

波恩兰姆小丘、卡罗尔花园、科布尔山、福特格林尼和红钩

◎ 景点 (见286页)
1 BRIC之家 F2
2 科菲公园 B3
3 福特格林公园 F1
4 隐形狗 D2
5 当代非裔移民艺术博物馆 G2
6 红钩 B3

⊗ 就餐 (见298页)
7 67 Burger F4
8 Buttermilk Channel C4
9 Fairway A4
10 福特格林尼农贸市场 G1
11 Frankies 457 Spuntino D4
12 Green Grape Annex G4
13 Hometown Bar-B-Que A4
14 Hungry Ghost G4
15 Lucali C3
16 Mile End E2
17 Miss Ada G1
18 Olea G2
19 Pok Pok C2
20 Red Hook Lobster Pound B3
21 Roman's G1

⊕ 饮品和夜生活 (见310页)
22 61 Local D2
23 Black Forest Brooklyn G4
24 Clover Club D2
25 Robert Bar E2
26 Sunny's A4
27 Travel Bar C4

☆ 娱乐 (见316页)
28 费雪大厦 F4
29 哈维剧院·吉尔曼歌剧院 F2
霍华德 .... (见30)
玫瑰电影院 .... (见30)
30 BAM咖啡馆 F4
布鲁克林音乐学院 .... (见30)
31 Jalopy C3
32 新观众剧院 E3

🛍 购物 (见320页)
33 Black Gold Records C4
34 Brooklyn Strategist D3
35 Greenlight Bookstore G4
36 Twisted Lily E2

⊛ 运动和活动 (见323页)
37 Area Yoga & Spa D3
38 Red Hook Boaters A3

⌂ 住宿 (见371页)
39 Nu Hotel E2

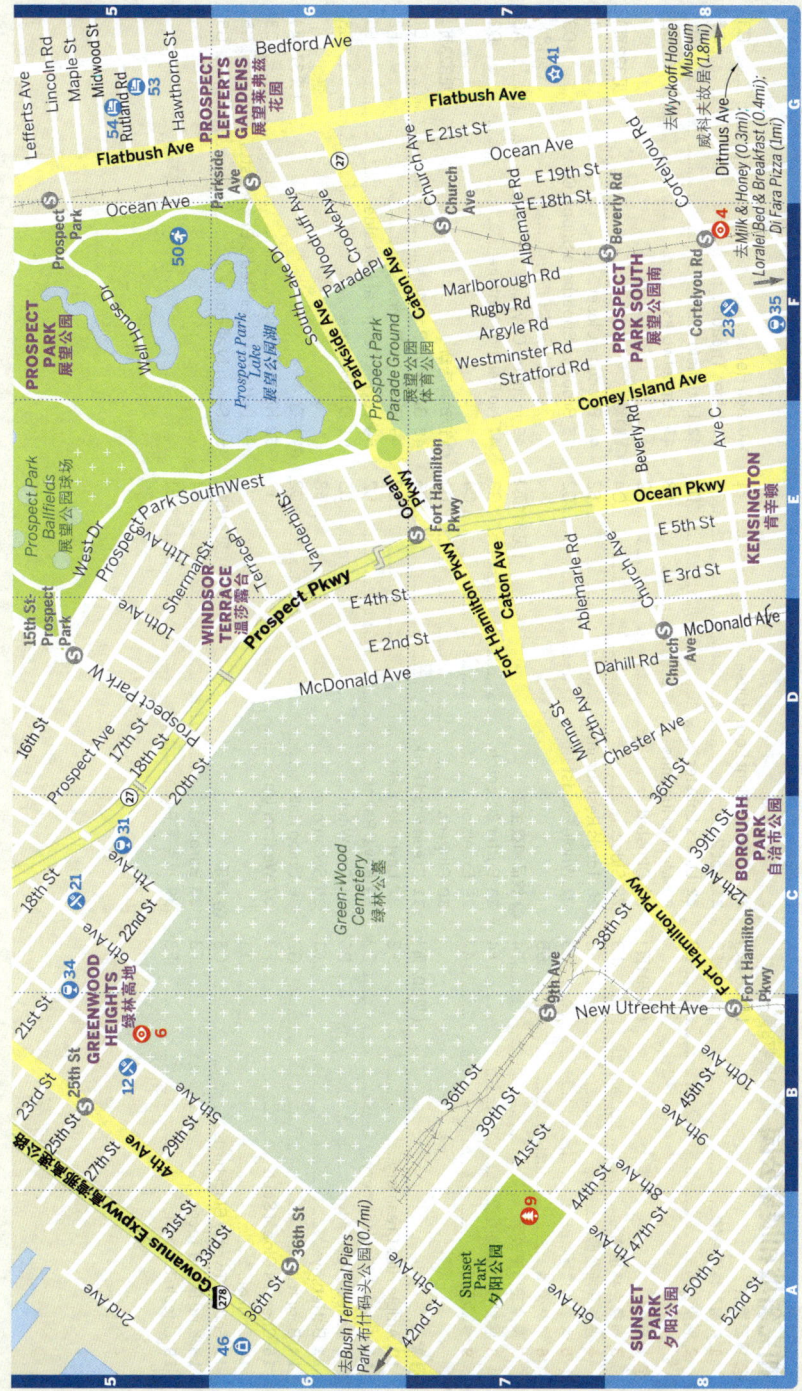

帕克斜坡和展望公园

地图见478页

重要景点 (见284页)
- 1 布鲁克林博物馆 ... F3
- 2 展望公园 ... E3

景点 (见291页)
- 3 布鲁克林植物园 ... F3
- 4 迪特马斯公园 ... F8
- 5 大军团广场 ... E3
- 6 绿林公墓 ... B5
- 7 莱弗茨历史故居 ... F4
- 8 展望公园动物园 ... F4
- 9 夕阳公园 ... A7

就餐 (见302页)
- 10 Ample Hills Creamery ... F2
- 11 Ample Hills Creamery ... C2
- 12 Baked in Brooklyn ... B5
- 13 Battersby ... C1
- 14 Berg'n ... G2
- 15 Cheryl's Global Soul ... F3
- 16 Chuko ... F1
- 17 Four & Twenty Blackbirds ... C3
- 18 King David Tacos ... F3
- 19 Lincoln Station ... F3
- 20 LOOK by Plant Love House ... F1
- 21 Lot 2 ... C5
- 22 Luke's Lobster ... D2
- 23 Mimi's Hummus ... F8
- 24 Olmsted ... F2
- 25 Sidecar ... C4
- 26 Tom's Restaurant ... F2
- 27 Whole Foods超市 ... C2

饮品和夜生活 (见311页)
- 28 Butter & Scotch ... G3
- 29 Excelsior ... C4
- 30 Ginger's ... D3
- 31 Greenwood Park ... C5
- 32 Lavender Lake ... F2
- 33 Royal Palms ... C2
- 34 Sea Witch ... C2
- 35 Sycamore ... C5
- 36 Union Hall ... F8
- 37 Weather Up ... D2

娱乐 (见316页)
- 38 Barbès ... F1
- 39 巴克莱中心 ... D4
- ... E1
- 40 Bell House ... C3
- 41 Kings Theatre ... G7
- 42 Littlefield ... D2
- 43 Puppetworks ... D3

购物 (见322页)
- 44 Beacon's Closet ... D1
- 45 Brooklyn Superhero Supply Co. ... D3
- 大军团广场农贸市场 ... (见18)
- 46 Industry City ... A6
- 47 No Relation Vintage ... D2

运动和活动 (见323页)
- 48 Brooklyn Boulders ... D1
- 49 Brooklyn Brainery ... F2
- 50 LeFrak Center at Lakeside ... F5
- 51 On the Move ... C3

住宿 (见371页)
- 52 Hotel Le Bleu ... G5
- 53 Lefferts Manor Bed & Breakfast ... G5
- 54 Serenity at Home ... G5

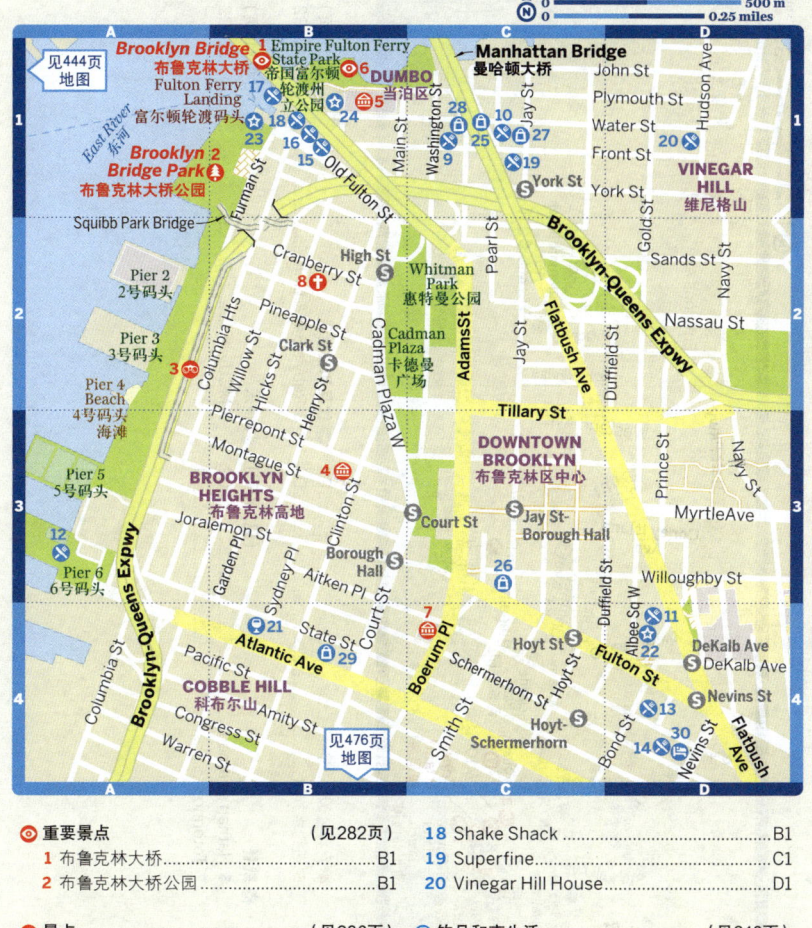

布鲁克林高地、布鲁克林市中心和当泊区

◎ 重要景点	（见282页）
1 布鲁克林大桥	B1
2 布鲁克林大桥公园	B1

◎ 景点	（见286页）
3 布鲁克林高地步行道	A2
4 布鲁克林历史协会	B3
5 帝国商店与烟草仓库	B1
6 Jane's 旋转木马	B1
7 纽约交通博物馆	C4
8 普利茅斯教堂	B2

⊗ 就餐	（见294页）
9 AlMar	C1
10 Archway Cafe	C1
11 DeKalb Market Hall	D4
12 Fornino at Pier 6	A3
13 Ganso Ramen	D4
14 Govinda's Vegetarian Lunch	D4
15 Grimaldi's	B1
16 Juliana's	B1
17 River Cafe	B1
18 Shake Shack	B1
19 Superfine	C1
20 Vinegar Hill House	D1

◎ 饮品和夜生活	（见310页）
21 Floyd	B4

◎ 娱乐	（见316页）
22 Alamo Drafthouse	D4
23 Bargemusic	B1
24 St Ann's Warehouse	B1

◎ 购物	（见320页）
25 布鲁克林跳蚤市场	C1
26 Fulton Mall	C3
27 Modern Anthology	C1
28 Powerhouse @ the Archway	C1
29 Sahadi's	B4

◎ 住宿	（见371页）
30 EVEN Hotel	D4

康尼岛和布莱顿海滩

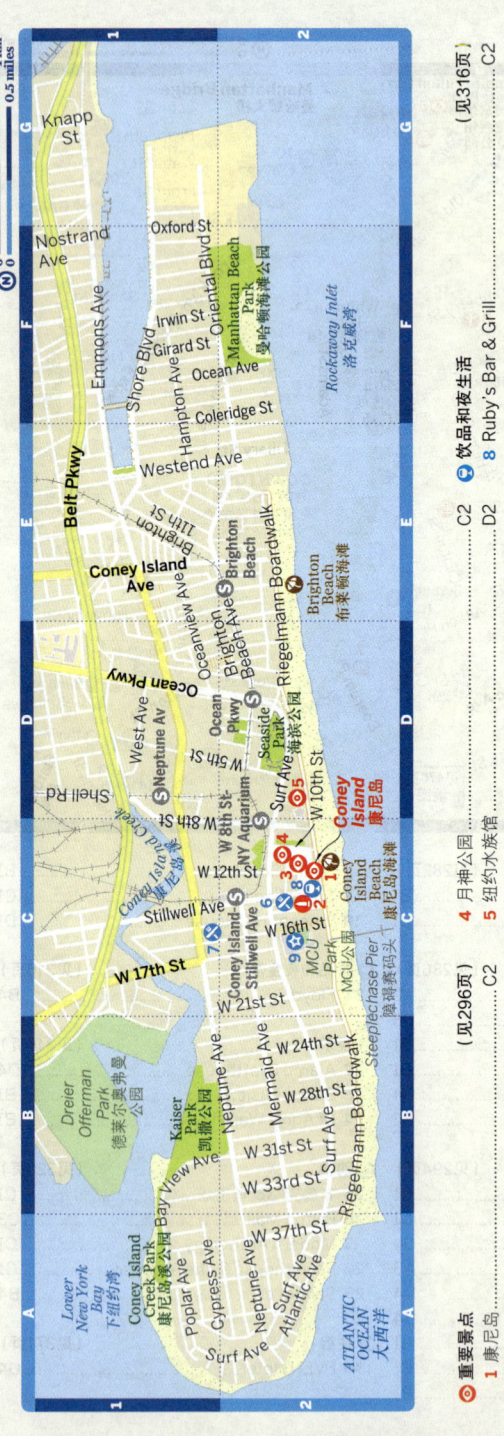

◎ 重要景点
1. 康尼岛 C2 (见296页)

◎ 景点
2. 康尼艺术墙 C2 (见296页)
3. Deno's 摩天轮 C2

◎ 就餐
4. 月神公园 C2 (见309页)
5. 纽约水族馆 C2
6. Nathan's Famous C2
7. Totonno's C1

◎ 饮品和夜生活
8. Ruby's Bar & Grill C2 (见316页)

◎ 娱乐
9. MCU公园 C2 (见316页)

	(见331页)	8 Golden Shopping Mall ...D3	17 The COOP.................A1
◎ 景点		9 故湘味.................D3	18 The Real KTV B1
1 法拉盛草地公园............C4		10 南翔小笼包 A1	
2 路易・阿姆斯特朗		11 新世界商城 B1	✪ 娱乐 (见342页)
博物馆.......................A3		12 999花城 A1	19 Citi Field.....................B3
3 纽约科技厅 B4		13 Tortilleria Nixtamal A4	20 美国网球协会比利・简・金
4 皇后区博物馆 B4			国家网球中心 B4
5 独立球体....................C4		◎ 饮品和夜生活 (见341页)	
		14 Fang Gourmet Tea.......A1	✪ 运动和活动 (见343页)
✗ 就餐 (见339页)		15 Kung Fu Tea................B1	21 Queens Historical
6 敦城海鲜酒家 A1		16 Leaf Bar & Lounge A1	Society D2
7 赋润东北美食 A1			

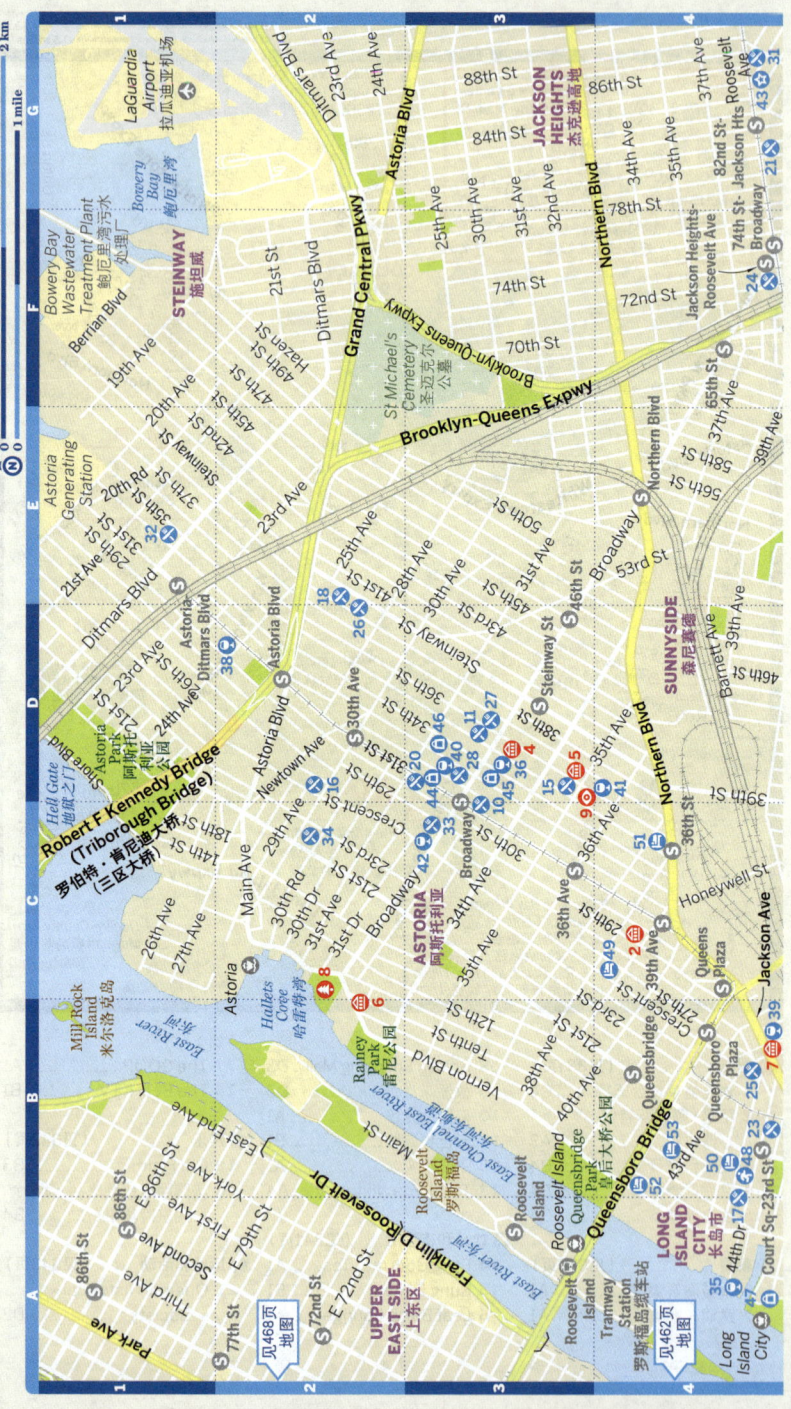

阿斯托利亚

重要景点 (见325页)
1 现代艺术博物馆PS1馆 B5

景点 (见329页)
2 菲莎·兰道艺术中心 C4
3 龙门广场州立公园 A5
4 大阿斯托利亚区历史学会 D3
5 运动影像博物馆 D3
6 野口勇博物馆 B2
7 雕塑中心 B4
8 苏格拉底雕塑公园 C2
9 考夫曼艺术区 D3

就餐 (见333页)
10 Bahari D3
11 Brooklyn Bagel & Coffee Company ... D3
12 Cannelle Patisserie A5
13 Casa Enrique A5
14 Cyclo A5
15 George's at Kaufman Astoria Studios . D3
16 Jerusalem Pita House D2
17 John Brown Smokehouse A4
18 Kabab Cafe E2
19 Khao Kang G5
20 King Souvlaki D3
21 La Esquina del Camarón G4
22 LIC Corner Cafe B5
23 LIC Market B4
24 Little Tibet F4
25 M Wells Dinette .... (见1)
26 M Wells Steakhouse B4
27 Mombar D2
28 Pye Boat Noodle D3
29 Sek'end Sun D3
30 Sripraphai F5
31 Sweetleaf A5
32 Taco Veloz G4

饮品和夜生活 (见341页)
33 Taverna Kyclades E1
34 The Strand Smokehouse C3
35 Vesta Trattoria & Wine Bar C2
36 Anable Basin Sailing Bar & Grill A4
37 Astoria Bier & Cheese D3
38 Bierocracy A5
39 Bohemian Hall & Beer Garden D2
40 Dutch Kills B4
41 Icon Bar D3

娱乐 (见342页)
41 Studio Square D4
42 Vite Bar C3

购物 (见343页)
43 Creek and the Cave .... (见30)
44 Terraza 7 .... G4
45 Artbook .... (见1)
46 Astoria Bookshop D3
47 Lockwood D3
48 LoveDay 31 .... D3
49 Mimi & Mo A4

运动和活动 (见343页)
48 Cliffs B4

住宿 (见373页)
49 Boro Hotel C4
50 Local NYC B4
51 Paper Factory Hotel C4
52 Ravel B4
53 Z Hotel B4

我们的故事

一辆破旧的老汽车,一点点钱,一份冒险的感觉——1972年,当托尼(Tony Wheeler)和莫琳(Maureen Wheeler)夫妇踏上那趟决定他们人生的旅程时,这就是全部的行头。他们穿越欧亚大陆,历时数月到达澳大利亚。旅途结束时,风尘仆仆的两人灵机一闪,在厨房的餐桌上制作完成了他们的第一本旅行指南——《便宜走亚洲》(Across Asia on the Cheap)。仅仅一周时间,销量就达到了1500本。Lonely Planet 从此诞生。

现在,Lonely Planet在都柏林、富兰克林、伦敦、墨尔本、奥克兰、北京和德里都设有公司,有超过600名员工和作者。在中国,Lonely Planet被称为"孤独星球"。我们恪守托尼的信条:"一本好的旅行指南应该做好三件事:有用、有意义和有趣。"

我们的作者

雷吉斯·圣路易斯 (Regis St Louis)

雷吉斯在美国中西部一个小镇长大,那种地方容易让人滋生出旅行梦想,他很小就对外语和世界文化产生了兴趣。在其成长期间,雷吉斯学会了俄语和一些罗曼语系的语言,后来在全世界旅行的时候都派上了用场。雷吉斯参与撰写了50多本Lonely Planet旅行指南,涉及的目的地跨越六大洲。他爬过勘察加(Kamchatka)半岛的大山,也去过美拉尼西亚偏远岛屿上的村落,还欣赏过很多壮观的城市景观。雷吉斯不外出旅行时住在新奥尔良。请关注他的Instagram主页:www.instagram.com/regisstlouis。

罗伯特·鲍尔科维奇 (Robert Balkovich)

罗伯特出生并成长于俄勒冈,但他在纽约生活已经有近10年了。孩童时代,当其他人去主题公园或者奶奶家玩的时候,他去了墨西哥城,还坐火车环游东欧。他现在是一位作家和旅行爱好者,追求稍微有点离经叛道的经历,然后分享给大家。请关注他的Instagram账号:oh_balky。

雷·巴特利特 (Ray Bartlett)

雷是一位旅行作家,足迹集中在日本、韩国、墨西哥和美国。从2004年的《日本》开始到现在,他参与过多本Lonely Planet旅行指南的撰写工作。

阿里·勒梅尔 (Ali Lemer)

阿里从2007年开始就成为Lonely Planet旅行指南的作者和编辑,参与过俄罗斯、纽约、洛杉矶、墨尔本、巴厘岛、夏威夷、日本和苏格兰旅行指南和旅游文章的撰写工作。阿里是土生土长的纽约人,已入籍澳大利亚,还曾在芝加哥、布拉格和英国生活过,到过欧洲和北美的很多地方旅行。

特约作者:迈克尔·格罗斯贝格(Michael Grosberg)和布莱恩·克鲁菲尔(Brian Kluepfel)。

纽 约

中文第二版

书名原文:*New York City*(11th edition, Aug 2018)
© Lonely Planet 2019
本中文版由中国地图出版社出版

© 书中图片由图片提供者持有版权,2019

版权所有。未经出版方许可,不得擅自以任何方式,如电子、机械、录制等手段复制,在检索系统中储存或传播本书中的任何章节,除非出于评论目的的简短摘录,也不得擅自将本书用于商业目的。

图书在版编目(CIP)数据

纽约/澳大利亚Lonely Planet公司编;黄祎杰等译.--2版.--北京:中国地图出版社,2019.10
书名原文:New York City
ISBN 978-7-5204-1295-7

Ⅰ.①纽… Ⅱ.①澳…②黄… Ⅲ.①旅游指南-纽约 Ⅳ.①K971.29

中国版本图书馆CIP数据核字(2019)第221409号

出版发行	中国地图出版社
社　　址	北京市白纸坊西街3号
邮政编码	100054
网　　址	www.sinomaps.com
印　　刷	北京华联印刷有限公司
经　　销	新华书店
成品规格	197mm×128mm
印　　张	15.75
字　　数	830千字
版　　次	2019年10月第2版
印　　次	2019年10月北京第3次印刷
定　　价	118.00元
书　　号	ISBN 978-7-5204-1295-7
审 图 号	GS(2019)4171号
图　　字	01-2015-0942

如有印装质量问题,请与我社发行部(010-83543956)联系

> 虽然本书作者、信息提供者以及出版者在写作和出版过程中全力保证本书质量,但是作者、信息提供者以及出版者不能完全对本书内容之准确性、完整性做任何明示或暗示之声明或保证,并只在法律规定范围内承担责任。

Lonely Planet与其标志系Lonely Planet之商标,已在美国专利商标局和其他国家进行登记。不允许如零售商、餐厅或酒店等商业机构使用Lonely Planet之名称或商标。如有发现,急请告知;lonelyplanet.com/ip。